명나라 후궁 비사

# 명나라 후궁 비사

2019년 5월 31일 초판 1쇄 발행

글쓴이    후단(胡丹)
옮긴이    이성희
펴낸이    권이지

편 집    권이지 · 황태령
디자인    이선화(표지) · 권이지(내지)

홍 보    팀 휴일책방 by holidaybooks

제 작    동양인쇄주식회사

펴낸곳    홀리데이북스
등 록    2014년 11월 20일 제2014-000092호
주 소    서울시 금천구 가산디지털1로 168 우림라이온스밸리 B동 712호
전 화    02-2026-0545
팩 스    02-2026-0547
E-mail   editor@holidaybooks.co.kr

ISBN  979-11-954120-6-8 03910

이 도서의 국립중앙도서관 출판예정도서목록(CIP)은 서지정보유통지원시스템 홈페이지
(http://seoji.nl.go.kr)와 국가자료종합목록 구축시스템(http://kolis-net.nl.go.kr)에서 이용하
실 수 있습니다. (CIP제어번호 : CIP2019019672)

# 명나라 후궁 비사

후단(胡丹) 지음
이성희 옮김

HOLIDAYBOOKS

# 이야기를 시작하며…

본서는 졸필의 '명나라 황궁의 비밀' 시리즈 중 두 번째 저작이다.

첫 번째 저작인 《대명왕조의 집안일들大明王朝家裡事兒》*의 주인공은 대명제국의 '첫 번째 가정'의 '어르신들' 즉, 황제 부자와 숙부, 조카 등 남성 구성원을 대상으로 한다. 본서는 그 책의 자매편이므로 여기서는 이 가정의 여성 구성원이 등장한다. 현대인의 말로 해석하면 첫 번째 저작은 이 '명대 대전'의 신사판이고, 두 번째 저작은 숙녀판이다.

이 책을 완전히 탈고한 후 목록을 다시 한번 살펴보며, 이 '숙녀판' 황궁역사에는 어떤 따뜻함이나 낭만, 자녀를 향한 사랑은 찾아보기 힘들다는 것을 발견했다. 서적은 전체적으로 시대 순서에 따라 기록되었지만, 하나하나 모두 궁중의 거대한 사건과 관계가 있었다!

고대의 시가 속에 등장하는 궁중 여인은 하나 같이 깊은 절망에 빠져 있고, 극본 소설 속에 나오는 궁중사 역시 거의 궁중 암투극이 되어버리는 것도 이해할 수 있을 듯하다. 예술 창작은 역사에 근거하지만 역사가 우리에게 보여주는 것은 확실한 '보보경심步步驚心(걸음마다 살얼음판)'이다.

과거 우리가 '명 황궁 사건'이라고 하면 명말의 '정격挺擊, 홍환紅丸, 이궁移宮'의 세 가지 사건을 언급했는데, 말하는 사람이 너무 많아서 본서에서는 다루지 않기로 한다. 졸필이 말하려는 것은 큰 사건, 미스터리를 안은 사건, 대

---

\* (편집자 주) 국내 발간 예정.

부분 다른 사람이 언급하지 않았거나 관심을 가지는 사람은 있지만 제대로 결론을 내리지 않은 사건이었다.

본서는 대략 세 부분으로 나눌 수 있다.

첫 번째 부분은 주원장이 어떤 방법으로 자신의 후궁을 채웠는가 하는 것이다. 본래 '홍무대제' 역시 '용이 노닐며 봉황과 함께 놀기'를 좋아하여 황당하고 부도덕한 일을 많이 저질렀다! 그가 여인을 확보한 방법은 매우 많았는데, 어떤 경우는 함부로 빼앗아 오기도 했기 때문에 이로 말미암아 황자 탄생의 미스터리가 촉발되었다. 황궁에는 두터운 의심의 구름이 일어나 후대에는 풍부한 전기적인 색채를 더하며 독자의 설전을 불러일으켰다.

두 번째 부분은 대명왕조가 이미 '포스트 홍무시대'에 진입했음에도 후궁은 여전히 피비린내가 자욱했다는 것이다. '위대한 제왕'의 반열에 올랐던 명 성조는 후궁에서 수차례 대학살을 시행했으며, 조선 비 권씨 살해 사건, 내란 사건, 유례없이 참혹했던 4제왕 비빈의 순장 등…… 너무 많아 후궁을 소재로 한 스릴러극 시리즈를 보는 듯하다.

세 번째 부분은 인선의 치仁宣之治 이후, 대명왕조의 후궁이 점차 평정을 되찾는 것이었다. 적어도 표면적으로는 그랬다. 대규모의 참혹한 학살은 없었지만 궁정에 관계된 큰 사건, 궁인 간의 암투는 끊이지 않아 평화로운 적이 없었다. 후비들의 운명과 그들의 친정(외가라고도 부르던 대명 제국의 외척)은 긴밀하게 연결되어 있었다. 이 시기에 4가지 큰 사건이 명나라 왕조 정치와 긴밀하게 연결되었으며, 구체적으로는 효종 초년의 '황친 사칭 사건', 효종 말년에서 무종 초년에 이르는 '정왕 유언비어 사건', 가정 시기의 '장황친 사건', 천계 연간의 '황친 진위 사건' 등을 들 수 있다. 당시에는 앞다퉈 황제의 친척이 되고 싶어 하는 사람들이 있었고, 일부 외척들은 황제의 잔혹한 견제를 받아 읽는 사람들의 공분을 자아내기에 부족함이 없다. 본서가 출간되기 이전에 명나라 황궁의 큰 사건, 미스터리 사건을 체계적으로 연구하고 정리한 서적은 없었다. 본서에서는 충분한 자료와 증거 제시를 통해 수많은 사료를 까발리며, 역사의 현장에 깊이 들어가 쉽고 생생한 언어로서 이 큰 사건들을 더욱 확실하고 철저하게 써내고 있다.

현재 텔레비전에서 방송되는 중국 사극 말미에는 항상 '본 드라마의 내용은 허구일 뿐이며 역사적인 사실과는 다를 수 있습니다'라는 주의사항을 달곤 한다. 그러나 졸필은 본서는 완전히 확실한 역사 사료의 기초 위에서 쓰였으며, 어떤 창작(합리적인 상상은 허락됨)도 하지 않았기에 독자는 안심하고 독서가 가능하다고 말하고 싶다.

이쯤에서 '입 가리고 웃는' 표정을 집어넣어야 하지 않을까? 독자 여러분께서도 이 책을 다 읽고 마지막을 덮은 후에 모두 진정 환한 미소를 지을 수 있기를 바란다.

# 차 례

# 제1권

중팔공(重八公)의 행복 인생

# 제1장 주씨 집안의 '할머님'은 "옴메, 무서워!"

중국은 가정을 핵심 구성단위로 하는 부계사회로서, 가정마다 독특한 문화와 역사적인 전통을 가지고 있다. 즉 흔한 말로 각 가정에 가문 대대로 내려오는 가르침, 법도나 가풍 등이 있다는 말이다.

명明 태조太祖 주원장朱元璋은 대명 왕조의 창건자이자, 주씨 대가족에서 제일 유명한 가장으로서 이 황제 가정의 가풍을 수립한 최고 책임자였다!

부계 사회제도가 확립되어 있는 동양이든 그렇지 않은 서양이든, 뼈대 있는 가문의 이야기에는 항상 권위가 하늘을 찌를 듯한 연장자가 등장하기 마련이다. 그리고 그 연장자의 역할은 대개 할머니가 맡았다. 할머니의 명언, 선행과 미덕이 자손에게 평생 잊을 수 없는 교훈을 남겨주고, 일생을 인도하는 신조로까지 작용하는 경우가 많았기 때문이다. 한 가정에서 맺어지는 관계는 대개 부부, 부자(모녀), 형제, 자매 등의 몇 가지로 나뉠 수 있지만 황제의 가정에는 다른 가정과 달리 군신관계가 더해진다. 이 주씨 대가족에서 주원장은 아버지이자 지아비이며, 군주의 역할을 하고 있기에, '군위신강君爲臣綱, 부위자강父爲子綱, 부위부강夫爲婦綱[1]'이라는 삼강오륜처럼, 그의 행동은

---

1   삼강오륜은 각각, 군왕은 신하가 섬겨야 할 도리가 되며, 아버지는 아들이 섬겨야 할 도리, 지아비는 지어미가 섬겨야 할 도리가 된다는 뜻.

모두 대 주씨 가문의 '법도와 기강'이 되었다!

그렇다면 과연 주원장은 어떤 식으로 가정의 최고 권위자, '할머님'의 역할을 했을까?

여기서 일단 주원장이 이 가정에서 어떤 가족법과 규율을 정했는지부터 소개하는 것이 우선일 듯하다. 우선 이 주씨 아저씨가 어떤 성격의 인물이었는지부터 파악해보자. 주원장의 성품과 위인을 정확하게 이해해야만 그가 후대 자손에게 어떤 종류의 모범을 보였는지 알 수 있기 때문이다. 여기서 우리가 관심을 가질 부분은 홍무洪武[2]황제로서 주원장의 '역사적 공적'이 아니라 그의 '개인적인 인품이 어떠했는가?'라는 것이다. 이런 관심은 구체적으로 아래 세 가지 질문으로 요약된다.


주원장은 정부인과 후궁들을 어떤 방법으로 얻게 되었을까?

주원장은 수많은 비빈과의 문제를 어떻게 처리했을까?

후궁의 분위기는 어떠했을까? 따사로운 햇살이 비치는 '즐거운 나의 집'의 분위기였을까? 아니면 오싹하고 으스스한 '귀신의 집'의 분위기였을까?

민간에 전해오는 옛말 중에 새겨들을 경구 두 구절이 있다. 하나는 "누군가의 말을 들을 때는 반드시 그 행동을 살펴봐야 한다"는 것이고, 또 하나는 "입으로 하는 가르침도 필요하지만 몸소 행하는 가르침도 필요하다"는 말이다. 그럼, 이 두 마디를 주원장을 연구하는 기준으로 삼아보자.

---

2   명의 첫 번째 연호이자, 태조 주원장의 재위기간 유일한 연호.

그러니까 주원장이 했던 말도 중요하지만, 그보다는 그가 했던 행동에 초점을 맞추고 관찰해보자는 말이다(사실 주원장은 마음 속 이야기를 솔직하게 털어놓고 진솔한 감정을 고백하기를 좋아해서 정사와 유훈,《대고大誥》[3], 황제의 조서에도 수많은 인생 격언과 교훈을 남겼다). 이제부터 우리가 해야 할 일은 그의 행적과 말(그중에는 타인이 전한 말도 많다)을 하나하나 대조 확인함으로써 어떤 것이 진짜이고 어떤 것이 유명무실한 가짜인지를 찾아내는 것이다.

땡중에 비유하자면 염불을 하루 종일 외워도 그 말을 진정으로 믿고 신봉하지는 않을 수 있다는 것이다. 하지만 굳은 의지로 두려움 없이 전진하는 사람이라면 단 한 걸음을 내딛더라도 자신이 믿는 소우주의 진리를 실천하기 위해 행동할 것이다. 그러므로 한 사람을 진정 이해하려면 우선 그 사람의 내면세계를 이해해야 하며, 그러기 위해서는 그가 남긴 행적의 발자국을 놓치지 말고 추적해야만 한다.

우리의 조상 혹은 연장자인 가장의 행동이 올바르고 몸가짐이 단정해 누구에게나 떳떳하고, 스스로도 적극적으로 인생을 개척해 타인에게 본이 된다고 치자. 그러면 이런 사람은 가문에 유익한 본보기와 법도를 확립할 조건을 구비했다고 볼 수 있다. 만일 '타인에게는 엄격하지만 자신에게는 너그러우며 무슨 일을 하든 표리부동하고 마음이 음습하기 그지없는 사람'이라면, 아무리 때마다 이상과 꿈을 들먹인다 해도 안 좋은 선례를 남겼다는 사실만은 바꿀 수 없을 것이다. 그러면 결과적으로 '윗물이 흐리면 아랫물도 흐리

---

3  명 태조 주원장이 직접 쓴 형법 법전.

고, 아랫물이 흐리면 먹을 물이 없다!'는 현실을 직시할 수밖에 없다.

이 이야기는 대 주씨 가문의 주원장 '할머님'에서부터 시작된다.


명나라 건국 이전의 건강성建康城(남경南京의 옛 명칭, 이하 '남경')은 그야말로 군관과 병사, 군대에서 잡일을 하는 잡역부 등, 온갖 군대 관련자가 사방에 넘쳐나는 하나의 거대한 병영이었다.

그런데 그 군대의 남녀 성비는 어땠을까? 한마디로 극심한 불균형을 이루었다. 군대는 여자에 굶주린 야성의 늑대로 가득 차 있었고, 여자는 극소수였다. 게다가 이 극소수의 여자마저 이미 결혼한 기혼녀거나 다른 남자의 애첩 신분이었다. 역사책에서는 이런 상황을 "군웅자기, 불과자녀옥백〔群雄滋起, 不過子女玉帛〕"이라는 한마디 말로 요약한다. 즉 이 혼란한 세상에서 일어난 이가 폭도든 정부군이든 그들이 추구하는 것은 약탈을 할 백성과 재물에 불과하다는 뜻이다. 특히 여성은 살아 있는 전리품 취급을 받아, 온갖 잡군이 서로 빼앗는 비참한 운명의 대상이 되었다.

원나라 지정至正 15년(1355년) 초, 저주滁州에 할거하던 소군벌 하나가 남쪽으로 세력을 확장하며 장강 북쪽 강변의 화주和州(지금의 안후이성安徽省 허현和縣)를 점령했다. 그런데 이 부대가 화주성에 들어서자마자 성은 순식간에 아수라장이 되었다. 큰길과 골목 곳곳에서 민가를 약탈하고 아녀자를 강탈하는 일대 노략질이 벌어졌기 때문이다.

이 부대의 총사령관은 호주濠州 사람 곽자흥郭子興이었는데, 그는 화주를 총괄할 '총수'로 자신의 호위병이자 양녀의 사위인 대장 주원장을 파견했다.

당시만 해도 주원장은 '주원장'이 아닌 '주중팔朱重八'로 불렸다.

사실 주원장은 화주성을 함락시킨 장군이 아니었지만 감이 떨어지자마자 그것을 냉큼 주울 수 있는 행운을 차지했다. '총수'라는 직위는 지금으로 따지자면 도시 방위사령관으로, 당시 곽자흥 부대가 점령한 근거지는 겨우 도시 두 곳이었기 때문에 최고 사령부가 있던 저주를 빼고 나면 나머지는 새로 점령한 화주뿐이었다. 그런 상황이었으니 이 인사발령만 봐도 곽자흥이 얼마나 주원장을 신임했는지 잘 알 수 있다. 곽자흥이 주원장을 신임하게 된 내막은 앞으로 차차 설명하도록 하겠다.

그럼 부연설명은 이만하고, 다시 본론으로 돌아가자. 곽자흥 부대의 군사는 전부 홀아비 냄새에 찌든 독신남에 군기와는 전혀 거리가 먼 부류였기 때문에 성에 들어서자마자 무분별한 약탈을 시작했다. 여염집 대문만 봤다 하면 무단침입을 하고 아녀자는 무단납치를 하니, 손바닥만 한 화주성은 족제비가 뛰어든 닭장마냥 온통 쑥대밭이 되어버렸다.

그렇게 욕구해소를 하도록 방관하는 것이 능사는 아니었다. 물론 주원장도 약탈금지령을 내리고는 싶었지만, 상황을 완벽히 수습할 방법이 떠오르지 않아 고민하는 중이었다. 전 성에 포진한 군사는 대부분 주원장의 부하가 아니었다. 그 앞에서는 굽실거리며 명령을 듣는 체 해도 등 뒤로는 규율을 어기기 일쑤였고 심지어 귓등으로도 듣지 않는 사람도 있었다. 무엇보다도 군량미 문제는 발등에 떨어진 불이나 마찬가지였다. 군사 편에서 '보급난'이라는 합리적인 이유가 있는 한, 주원장으로서도 '인도주의적인 방법'을 강구해야만 했다. 일단 지도자가 된 이상, 이런 기회를 활용해 군심을 얻을 줄도 알아야 할 것 아닌가?

장고 끝에 주원장은 이런 방을 내걸었다.

"형제들 보시오. 저주에 온 여러분이 모두 처자식이 없는 홀몸인 줄로 알고 있소. 지금 새로운 근거지를 점령했으니, 내친 김에 도랑 치고 가재 잡고, 각시도 얻고 장가도 가고 싶은 여러분 심정을 본 장수는 십분 이해하고도 남소. 그러나 무슨 일을 하든지 항상 법도는 지켜야 하는 법이오. 여러분이 잡아온 아녀자는 각자 데려갈 수 있는 권리를 주겠소. 다만 이미 결혼해서 남편이 있는 유부녀는 무슨 일이 있어도 절대 함부로 데려갈 수 없소이다!"

주원장은 곧 군사가 잡아온 유부녀를 전부 풀어주고, 그 다음날 군영 문 앞에서 온 성의 여성과 그녀들의 남편이 함께 만나 친가족을 확인할 시간을 주라고 명했다.

그 다음날 새벽부터 군영 문 앞에는 남녀노소를 불문하고 이산가족이 구름떼처럼 몰려들었다. 그들은 울며불며 아버지와 어머니를 외쳤고, 사랑하는 아내와 딸을 찾아 헤맸다. 주원장은 다음과 같은 명령을 내렸다.

"결혼을 한 아녀자는 현장에서 친가족이 확인하여 데려갈 수 있지만, 실제 결혼한 부부가 아닐 경우에는 함부로 데려갈 수 없다."

그리고 대문이 열리자 가족을 찾는 여인들이 들여보내졌다. 남자들은 군영문 밖 양쪽 끝에서 여인들을 기다렸다. 곧이어 사로잡혀갔던 여인이 하나둘씩 군영 문에서 나와 각자 자신의 가족을 따라 귀가하는 모습이 보였다.

이렇게 곽자흥 군대가 강제로 사로잡아갔던 유부녀는 대부분 집으로 돌려보내졌다(그중에는 여자를 빼돌리고 풀어주지 않는 경우도 많았다. 곽자흥의 군대에는 파벌이 유독 많아 주원장을 무시하며 그의 명령을 업신여기는 병사도 많았기 때문이다).

역사 속에서 이 일은 주원장이 군대를 장악한 초기에 군의 기강을 바로잡기 위해 백성에게 베푼 선정으로 기록된다. 이 조치는 백성이 감격하며 지지한 정책으로서, 훗날 역사가가 태조의 어진 덕을 길이 칭송하고 기리는 중요 근거가 되었다.

이 사건만 보더라도 주원장은 확실히 당시의 일반 '군웅'보다 단수가 높았다.

전국 사방에서 국지전이 벌어지던 긴박한 전시상황에서 말단 사병이 생리적인 욕구를 채우려면 노략질을 하거나 강간 같은 방법을 동원할 수밖에 없었다. 반면 중견 군관에게 전쟁은 자신이 원하는 배우자를 우선적으로 차지할 수 있는 절호의 기회였다.

화주를 점령한 그해 여름, 주원장은 부대를 이끌고 장강長江을 넘어서 장강 이남으로 뻗어나가기 시작했고, 곧이어 원나라 시대 강남 제일의 대도시였던 집경로集慶路(남경)를 차지하게 되었다. 이때부터 주원장은 중원통일의 다크호스로 떠오르며, 강력한 실력을 갖춘 대군벌로 발돋움한다.

한편 주씨가 다스리는 이 할거 정권은 여성 '배급'제를 실시하는 사회였다. 여성 '배급'제라니, 그게 도대체 무슨 말일까? 간단히 말하자면, 군관이 되기만 하면 나라에서 알아서 아냇감을 일괄 배분해 준다는 이야기다.

명나라 시대 유진劉辰의 《국초사적國初事迹》이라는 책에는 다음 같은 에피소드가 실려 있다. 주원장 군대의 대장군이자 절강 제기諸暨의 절제군마節制軍馬였던 사재흥謝再興 장군은 주원장의 조카이자 대도독부의 현임 대도독인 주문정朱文正에게 장녀를 시집보낸 주원장의 엄연한 사돈댁이었다.

그러나 알 사람은 다 알다시피, 주원장은 사돈어른과 사부인을 뭣같이 대하기로 유명한 위인이었다. 훗날 황제의 친지를 무참히 학살한 누런 떡잎을 일찍이 여기서 찾아볼 수 있다. 사돈 중 최고 연장자인 사재홍이 제기를 무던하게 지키고 있는 상황에서, 주원장은 얼토당토않게 참군參軍 이몽경李夢庚을 파견해 사재홍의 자리를 빼앗았다. 그러면서 사재홍에게는 인사이동의 이유 설명 하나 없이 일방적인 복종을 강요했다.

그러나 사재홍을 극도로 분노케 한 것은 이 사건이 아닌 또 다른 사건이었다. 과연 그 사건은 무엇이었을까? 사재홍이 불만에 가득 차 남경에 돌아와 보니 자기 둘째딸이 주원장의 명령에 따라 이미 우승상右丞相 서달徐達의 처가 되어 있었던 것이다. 그런데 친아버지인 자신은 딸의 결혼 사실조차 까맣게 모르고 있었단 말이다!

사재홍이 울화를 꾹 참으며 남경에 한동안 머물자니, 그에게 또다시 제기로 돌아가 도시 방어 임무를 맡으라는 명이 떨어졌다. 그러나 이번에는 최고 책임자가 아니라 절제사로서 참군 이몽경을 받들어야만 했고, 과거 대장군의 직위는 비장裨將으로 강등되어 있었다.

처음에는 자기 딸을 빼앗기고 이번에는 자기 자리마저 빼앗기자, 사재홍의 인내심은 한계에 도달했다. 그는 분노하며 외쳤다.

"내 딸을 시집보내는데 친아비한테는 한마디 언질도 없어? 딸은 배급을 해버리고, 이젠 후임의 말이나 듣는 절제사 노릇을 하라니 세상에 이런 말도 안 되는 일이 어디 있어!"

화가 머리끝까지 치민 그는 이몽경을 결박한 후, 도시의 전체 병마를 다 이끌고 소흥紹興으로 내달아 장사성張士誠에게 투항해버렸다. 그때 군대의 고위 장성 중에서 사재홍을 거역한 사람은 아내를 버리고 혈혈단신으로 주원장에게 도망친, 총관 오덕명吳德明 한 사람뿐이었다.

이 오 총관은 어쩌면 아내를 죽이면서까지 장군직을 구했던 오기吳起[4]의 후예인지도 모르겠다. 가족 간의 정마저 무 베듯 단칼에 잘라버렸으니 말이다! 주원장은 반드시 포상을 통해 오 총관의 충정을 표창하기는 해야 했기에, 어린 우于 원수의 처를 그에게 하사한다. 하지만 오덕명에게 이는 아침에 잃어버린 물건을 저녁에 다시 찾은 것과 진배없는 일이었다. 어찌되었든 마누라는 옷이나 마찬가지 아닌가? 그동안 입었던 낡은 옷을 벗어버린들 어떠하리? 갈아입을 새 옷이 준비되어 있으니 어찌 즐겁지 않으리?

어린 우 원수가 누구인지는 알려져 있지 않으며, 주원장 군대에 살해당한 적장이거나, 주원장 군대에서 죄를 범하여 군적이 없어진 장수 중 하나로 추정된다. 아무튼 스스로 운명을 선택할 자율권이 없었던 그 아내만 불쌍한 신세가 되었다. 결국 그녀는 주원장이 부하의 '충성'을 격려하는 하사품으로 전락해버렸으니, 이것이 바로 '배급제'의 진면목을 보여주는 사건이다.

서달의 아내 사謝씨 역시 배급을 통해 얻은 신붓감으로서, 다른 말로 하자

---

4   전국시대 초기 위(衛)나라 사람, 오자병법(吳子兵法)의 저자, 노(魯)나라와 제(齊)나라의 전쟁 중에 노나라의 장군이 되기 위해, 제나라 재상의 딸이었던 자신의 아내를 죽여 충성을 맹세하고 공명을 얻고자 함.

면 그녀는 조직의 하사품이었다.

그럼 이 관계를 한번 자세히 살펴보자. 사재흥은 주원장의 친조카 주문정 朱文正과 서달의 장인어른이기에 주원장과도 사돈관계가 된다. 서달은 사재 흥의 사위로서, 서달과 사씨 간에 낳은 딸 서씨가 연왕燕王 주예朱棣에게 시 집을 갔기 때문에 서달 역시 주원장과 사돈관계가 되었다. 그런가 하면 연왕 의 비인 서씨는 훗날 영락조永樂朝에 서황후徐皇后로 등극한다. 즉 사재흥, 서 달은 각각 황후의 외조부와 부친이 되었을 뿐 아니라, 영락제의 외척으로 등 극한 것이다.

명나라 초기의 국가 유공자와 외척은 이렇게 얽히고설킨 터라, 일단 주원 장이 유별난 성질을 부려 그들을 본척만척 외면해버리면, 권문세가와 대족 이 고구마가 줄줄이 뽑히듯이 뿌리째 뽑혀나갔다. 그들은 영광도 함께 누리 고, 파멸도 함께 당한 것이다.

사재흥과 주씨 집안은 2대에 걸쳐 긴밀한 친인척 관계를 유지하고 있었기 에 가장 가까운 친척이라고 할 수 있었다. 그런데 그런 그가 이 왕조를 반역 하는 데 가장 앞장선 반역자가 되었으니 이 무슨 아이러니란 말인가?

한 야사의 자료를 살펴보면 서달의 부인 사씨는 체력이 엄청나서 항상 백 근짜리 무쇠 병기를 들고 다니며 남편을 따라 군에서 전투임무를 수행했다 고 한다. 사씨는 분명 명나라 버전의 양홍옥樑紅玉[5]이었을 것이다. 명나라 건 국 이래 사씨는 항상 궁정에 드나들며 마황후를 알현했는데, 너무 잘나가는

---

5    남송(南宋) 시기, 한세충(韓世忠) 장군의 아내로 한세충과 함께 금나라에 대항하던 여걸.

대발이 황후[6]를 보고 내심 마음이 불편했던 탓에 "우리 집안이 마황후 집안보다 못하지요" 같은 비관적인 말을 자주 하곤 했다. 그런데 마황후는 그 말을 마음에 새겨두었다가 자기 남편 주원장에게 고자질해버렸다. "사씨가 잠자리에서 그런 말을 자꾸 하면 제 아무리 충성스런 서달이라도 마음이 변하지 않겠어요?" 생사람 잡는 간언도 눈 깜짝하지 않고 황제에게 올리는 이 마황후는 과연 여성 중의 영웅호걸이었다. 잠자리에서 다른 사람을 음해하고 있는 건 자신이면서, 오히려 사씨가 자기 남편에게 속닥질을 할 수 있다고 고자질을 했으니, 그야말로 뭐 묻은 개가 뭐 묻은 개를 나무라는 격 아닌가?

아내의 말에 일리가 있다고 생각한 주원장은 궁중 연회를 빌미로 서달을 초청해 술을 마시게 하면서, 곧바로 서달의 집에 무사를 급파해 침실에 있던 사씨 부인을 살해해 버렸다.

그런데 전해지는 바에 따르면, 이 사건은 주원장이 공신의 아내를 죽인 두 번째 사례라고 한다('전해지는 바에 따르면'이라는 말을 붙인 까닭은 야사의 기록은 검증이 불가능하고 사실 여부도 판단할 수 없기 때문이다. 야사는 그저 검증을 기다리며 보관될 뿐이므로).

명나라 건국 후, 많은 사람이 죽은 후에야 왕으로 추증되었다. 위국공魏國公 서달이 죽은 후에 중산왕中山王으로 봉해졌으며, 악국공鄂國公 상우춘常遇春 역시 저승에서야 왕이 되었다(즉 개평왕開平王). 야사의 기록으로는 상우춘

---

6    일명 '대각황후(大脚皇后)', 마황후는 당시 습속대로 전족을 하지 않고 발을 그대로 유지하고 있었기 때문에 '큰 발'이라는 별명으로 불렸다.

은 후사가 없어(실제로는 아들이 세 명이나 있고, 게다가 모두 주원장이 이름을 내려주었다!) 주원장이 보다 못해 그에게 두 명의 궁녀를 하사했다고 한다. 하지만 상 대장군의 처는 암호랑이처럼 사납기 그지없었으니 아무리 아름다운 여인도 가까이 둘 복이 없었다. 신체 건강한 남성이 무슨 생고생인가!

어느 날, 상장군은 새벽에 일찌감치 일어났다. 본래 하루 중 이 시간은 남자의 물건이 하늘로 치솟는 시간으로, 그는 여색이 간절하고 무료하기 그지없었다. 그런데 갑자기 황제가 하사하신 그 궁녀 한 명이 대야를 들고 들어오는 게 아닌가? 보일 듯 말 듯 가녀린 섬섬옥수가 옷자락과 함께 나긋나긋 춤을 추며 장군의 얼굴을 씻겨주었다. 상우춘은 순간 몸이 근질거려 자기도 모르게 감탄사를 내뱉고 말았다. "손이 어쩌면 이리 하얗고 예쁠까!" 추측컨대 상 대장군은 말만 한 게 아니라 몸까지 움직여 콩고물을 챙긴 것이 분명하다.

그 후 바로 입조한 상우춘은 이 일은 전혀 마음에 두지 않았다. 그런데 조회를 마치고 돌아와 보니 안방에서 시종이 붉은색 상자 하나를 건네는 게 아닌가? 상자를 열어보니, 아뿔싸! 그 안에는 선혈이 채 가시지도 않은 손목 한 쌍이 담겨 있었다. 바로 아침에 그렇게 칭찬을 하던 '하얗고 예쁜 손'이었던 것이다.

이런 대담무쌍한 일을 할 사람은 자기 부인뿐이었다. 이 여자는 정말이지 악독해도 너무 악독했다!

제아무리 살인과 토벌에 익숙한 용맹한 장수 상우춘이라지만 이 일은 큰 충격이었다. 쇼크에 빠진 그는 트라우마에서 벗어날 수가 없었다. 그 후 입조를 할 때면 넋이 빠진 모습에 허둥지둥하기 일쑤였다. 그의 모습이 너무 기이하니 걸핏하면 사람 의심하기 좋아하는 주원장이 그 이유를 물어보지 않을 수 없었다. 상우춘은 대답하지 않았으니, 이것 참 큰일이었다. 주원장의 의심병이 도지고 만 것이다. 주원장은 수차례 힐문을 하다못해 심지어 그의 앞에서 대놓고 단죄를 했다.

"상우춘이날마다 나를 만나는데 당황해 어쩔 줄 몰라 하니, 필시 마음에 반역할 꿍꿍이를 감춰둔 것 아닌가?"

더 이상 진실을 감추었다가는 반역자로 몰릴 판국이었다. 상우춘은 어쩔 수 없이 사실을 털어놓을 수밖에 없었다.

"황상께서 소신을 불쌍히 여기시어 궁녀 두 명을 하사해 주셨으니 그 은덕에 황공무지하올 뿐입니다. 그러나 소신의 악처가 이렇게까지 포악할 줄은 미처 몰랐습니다. 진정 황상의 성은은 이 몸이 천만 번 죽어도 다 갚지 못할 터인데, 이런 일이 일어나 날마다 불안하고 초조하여 그리했습니다."

주원장은 그의 말을 듣자, 껄껄 웃으며 말했다. "궁녀야 내가 다시 하사해 주면 되는 거지, 그게 뭐 대수라고 그러나? 이제 그런 걱정은 할 필요 없네. 기분도 안 좋은데 나랑 같이 궁궐에 들어가서 술이나 마시며 기분이나 풀지."

상우춘은 황상이 자신을 책망하지 않자 그제야 잡생각을 물리치고 마음을 다잡기로 했다. 그리고 황상을 따라 입궐해 거나하게 술을 마셨다. 하지만 누가 알았겠는가? 주원장은 상우춘과 헤어지자마자 상우춘의 집에 천하장사를 급파해 그의 아내를 살해해 버린 것이다. 게다가 아내의 사지를 전부 잘라 공신에게 나눠주었는데, 그 살코기를 담은 상자 뚜껑에는 친절하게 이름표까지 붙여주었다고 한다. 이름표에 쓰인 제목은 '포악한 악처 고기'였다.

상우춘이 술을 마시고 집으로 돌아와 보니 아내가 보이지 않았다. 그제야 아내가 순식간에 푸줏간의 고깃덩이로 변해버렸음을 알게 되었다. 이것은 더 감당할 수 없는 충격이었다. 상우춘은 곧이어 간질병을 앓기 시작했다.

서달, 상우춘은 주원장의 가장 중요한 조력자이자 장군들이었지만, 야사는 그들의 아내가 모두 주원장에게 참혹한 죽임을 당했다고 전하고 있다. 이런 이야기가 나온 데에는 어쩌면 이런 가능성이 있을 수도 있다. 서달의 아내 사씨는 반역자인 사재흥의 딸이고, 상우춘의 아내(이 이야기에서는 이름이 나오지 않음)는 남옥藍玉의 누나인데 양국공凉國公 남옥은 홍무 26년(1393년)에 남옥 모반을 일으킨 주범이었다. 사재흥, 남옥 두 사람이 결국 형장의 이슬로 사라진 것을 생각하면, 두 사람의 가족 역시 좋은 결말을 맞이하기는 어려웠다. 아마도 이렇게 추측하는 것이 비교적 합리적일 것이다.

어쩌면 사씨와 남씨의 살로 인육 고기만두를 해 먹었다는 이야기는 그저 민간의 고사에서만 전해지는 허무맹랑한 야설野說일지 모르잖은가?

아무튼 주원장은 수하 대장군의 가정에서 남 대신 기강 잡기를 매우 좋아하는 위인이었던 것 같다. 역시 야사의 기재를 보면 그는 항상 수도에 주둔한 장수와 고관의 집에 정탐꾼을 파견해 집안일을 캐내는 데 몰두했다고 한다. 한번은 정탐꾼을 통해 화고華高와 호대해胡大海의 아내가 두 여승(비구니)을 모시고 집에서 금천교金天敎의 설법을 듣는다는 보고를 전해 들었다. 옛

말에 '3고三姑'와 '6파六婆'[7]에 들지 않으면 괜찮은 사람이라는 말이 있듯이, 주원장이 이 세상에서 제일 혐오하는 일이 바로 이 '고'자로 끝나는 사람이 명나라 관원의 집에 얼쩡거리면서 집안의 아녀자를 유혹하고 가풍을 흐리는 일이었다. 그는 정탐꾼의 말을 듣자마자 불같이 화를 내며, 화, 호 두 사람의 아내를 비구니들과 함께 당장 장강에 수장시켜 물고기 밥으로 만들라는 명령을 내렸다.

그런데 화고와 호대해는 사회적인 신분이 보통 대단한 인물이 아니었다. 둘은 모두 '국공國公'급 고관으로 책봉된 대명 제국의 개국 원로였다. 그럼에도 그 둘과, 왕으로 추증되었던 서달과 상우춘 두 사람, 즉 네 공신의 아내가 모두 주원장의 손에 처단되었다.

독자 여러분은 어떻게 생각하는가? 이 정도라면 주씨 아저씨는 아주 엄격하고 잔인한 '할머님'이 아닐까?

주원장은 이렇게 말한 적이 있다.

"천하를 다스리는 사람이라면, 가정을 바로 세우는 일이 최우선이다〔治天下者, 正家爲先〕"

그는 궁정의 내부 규율을 무섭게 휘어잡았을 뿐 아니라, 비빈을 양순한 양처럼 다스렸다. 또한 신하의 가정사도 세심한 관심을 기울여 말 안 듣는 부

---

7  원(元)나라 말기 도종의(陶宗儀)가 편찬한 수필《철경록(輟耕錄)》권 13에 의하면, "3고란 비구니, 여자 도인, 여자 점술가를 말하며, 6파란 여자 인신매매인, 매파, 여자 무당, 여자 포주, 여자 약장수, 산파를 가리킨다"라는 말이 있다(三姑者, 尼姑, 道姑, 卦姑也; 六婆者, 牙婆, 媒婆, 師婆, 虔婆, 藥婆, 穩婆也).

인은 대신 손봐주었고, 흐르는 선혈로 가정의 기강을 세워갔다.

그런데 이 인정 많고 다정다감해야 할 주원장 '할머님'이 가문 대대로 전해주신 최고의 전통요리가 바로 '포악한 악처 고기'라니, 사실 이 '할머님'은 자비라고는 손톱만큼도 없는 사나운 마귀할멈이었다!

이 이야기의 진위 여부를 떠나서 사람들이 그리는 '주원장'의 이미지는 잔인하고 무정한 캐릭터다. 이처럼 주씨 가족의 할머님 이야기는 후대 사람을 격려하는 미담이 되기는커녕, 그 정반대로 방실거리던 아기도 울게 만들고, 어른의 머리카락을 곤두서게 하는 공포의 스릴러가 되었다.

# 제2장 사내대장부에게 기개는 중요하지 않다

유진의 《국초사적》은 이런 일을 기록하고 있다. 주원장이 아직 황제가 되기 전, 친히 무주婺州를 정벌하던 때에 남자 조카 하나(이름은 기록되어 있지 않음)가 그에게 미인 한 명을 진상한 적이 있었다고 한다. 나이 갓 20세를 넘긴, 시를 잘 짓는 재기 넘치는 미녀였다. 그런데 이 주원장이 뭐라고 했는지 아는가?

"나는 천하를 제패할 사람이거늘, 어찌 여색에 마음을 뺏기겠느냐[我取天下, 豈以女色為心]?"

그는 이 말과 함께 당장 그녀를 번화한 시내로 끌고 가 처형시키도록 했다. 그 어린 아가씨가 무슨 죄가 있다고 죽이기까지 하란 말인가?

그녀는 당연히 아무런 죄가 없었다. 죄가 없는 정도가 아니라, 아주 가련하기까지 했다. 그럼에도 주원장은 그녀의 머리를 내걸어서 사람들에게 '진상품 사절'이라는 본보기를 확실히 보여준 것이다. "머리가 거기에 걸려 있으니 미녀를 바치려는 사람은 여기를 보시오!"라고 말이다.

명청의 수많은 서적에 하나같이 기록된 이 사건은 명 태조의 영웅호걸다운 기개를 방증하는 증거가 되었다. 이 사건은 독자에게 이런 사실을 알려준다.

"홍무제洪武帝는 한마음 한뜻으로 전심전력을 다해 천하를 제패한 제왕의 표준이요 모범이다."

물론 그 원대한 가슴 속에 흘러넘치는 것이 연약한 여인의 선혈이라는 사실에는 누구도 신경 쓰지 않는다.

확실히 중국의 역사책을 들춰봐도, 좋은 동기를 가지고 미녀를 진상했던 사람은 없었으며, 미녀를 진상 받았던 군주도 폭군 아니면 혼군이었다.

'여인을 총애하면 나라를 망치고, 미녀는 화의 근원이 된다. 대부분의 왕조가 미녀 때문에 국정을 그르쳤다.'

이는 옛사람이 하늘이 두 쪽이 나도 의심하지 않았던 역사관이었다. 그 실례는 말하자면 입이 아프고, 손을 꼽자면 손가락이 모자랄 정도다. 그래도 예를 들자면, 엄청나게 졸렬한[8] 월왕越王 구천勾踐을 들 수 있다. 구천은 자신은 가시나무 덤불에 누워 쓸개를 맛보며 복수의 칼날을 갈았다면서, 오나라 왕 부차夫差에게는 절세의 미인 서시西施를 바쳐 부차의 혼을 쏙 빼놓는 치사한 미인계를 썼다. 구천의 이런 행동은 개별국가의 이해를 초월하여 모든 민족·국가 간의 협조·연대·통일을 지향한다는 국제주의를 춘추시대에도 널리 전파하기 위함이었을까? 절대 아니다. 부차를 한번 살펴보자. 미녀의 옥체에서 풍기는 그윽한 향기에 그의 눈, 코, 귀, 입이 다 막혀가는 동안, 오나라의 조정은 황폐해졌다. 결국 지극한 즐거움 후에 슬픔이 찾아온다는 말처럼 오나라는 패망하고 부차 자신은 생명을 잃었다. 부차는 "십 년간 국민을 생육 번성시켜 물자를 모으고, 십 년간 훈련을 시켰다"는 구천의 복수 신화에 자신의 두개골을 제물로 바친 셈이다.

---

8  중국어 발음을 이용한 언어유희, '구천(勾踐)'과 '충분히 졸렬한, 비열한(夠賤)'은 같은 음이다.

미녀는 대개 적국의 비밀스파이 겸 육탄이 되기 쉬웠다. 의심 많기로는 영웅 레벨에 속하는 주원장은 '역사를 거울로 삼아' 그의 조카(조카라고는 유일한 조카 주문정 한 사람뿐인데, 어떤 책에는 '무주婺州 사람'이라고 기록되어 있다)가 불량한 동기로 여자를 바쳤다고 의심할 충분한 이유가 있었으며 분기탱천하여 조카를 죽일 수도 있었다. 만일 그랬다면 나도 주원장에게 "좋아요"를 눌렀을 것이다. 그러나 주원장은 떨치고 일어나 그 가련한 소녀를 처형했고 이는 오히려 사람들의 호평을 이끌어냈다.

이 이야기가 전하는 행간의 진실은 무엇일까? 아름다운 여인은 나라를 망치나 위대한 영웅은 '절대 아름다운 여인을 가까이 하지 않는다'가 아니다. 위대한 영웅은 '절대 여자를 사람 취급하지 않는다'는 것이다! 중국 속담에는 '여인은 옷과 같다'라는 말이 있다. 혹은 '형제는 손발과 같고 아내는 옷과 같다'라는 말이 전해진다. 이 명언은 별 볼 일 없는 시정잡배가 한 이야기가 아니라, 삼국지에서 최고의 영웅으로 칭송받는 유비가 자기 입으로 직접 한 이야기이다.

대단한 인물은 옷장마다 새 옷이 그득그득하고 처첩이 떼를 이룬다. 그래서 집 안팎이 왁자지껄해야만 그가 얼마나 위대한 인물인지를 과시할 수 있다. 그러나 어떤 공경公卿이 현인인지, 혹은 성인인지는 그의 '돈륜敦倫(성생활을 '부부 간의 인륜을 돈독히 하는 일'로 비유한 것은, 중국 성현이 제창한 '뒤로 호박씨 까기'의 최고봉이다!)'의 횟수와는 전혀 상관이 없는 일이었다. 그 공경은 어쩌면 가는 곳마다 여자 문제를 일으키는 유명한 호색한일 수도 있지만, 절대, 절대 여인과 열병 같은 사랑에 죽네 사네 하는 사고를 쳐서는 안 되었다.

그래서 군왕이라도 진한 스캔들 몇 번만 터지면 우매하고 어리석은 위인 취급받는 것은 시간문제였다. 여기에 충신이라도 나서 간언이라도 하면 곧바로 무능한 왕으로 전락해야 했다.

독자 여러분은 어떻게 생각하는가? 고대의 정사와 전설을 살펴보면 뜨거운 러브스토리가 있었던 왕조는 모두 비참한 결말을 맞이해야 했다. 마치 오강烏江에서 애가를 부르던 항우項羽와 우희虞姬처럼 이는 거의 정해진 법칙이었다.

중국의 역사를 되짚어보면 제대로 된 사내대장부는 함부로 감정 표현을 해서는 안 될 뿐 아니라 자기 여자를 남다른 기개로 쫓아내거나 죽일 수 있어야 했다. 역사적으로 사내대장부는 매번 절체절명의 순간마다 아주 대담하게 여인과 아이를 전부 위험 속으로 몰아넣었다. 가족을 분신자살시키거나 목을 베고 우물이나 강에 뛰어들어 자살하도록 하는 일은 물론이고, 부하의 사기를 진작시키기 위해서 사랑하는 자기 아내의 인육을 먹이기까지 했다(당대에 수양睢陽을 지키던 장순張巡의 이야기). 이렇듯 중국에서는 여인과 원수가 되지 않으면 절대 사내대장부가 될 수 없는 듯하다. 부디 이 책이 삶을 비참하게 마감했던 고대의 '요녀'와 '여우같은 계집'의 억울함을 풀어줄 수 있기를 바랄 뿐이다.

희대의 영웅이 어린 소녀를 죽였다는 이 위대한 이야기를 통해 알리고 싶은 본의는 무엇일까? 남자의 기개? 아니, 절대 아니다! 남자는 절대 여자를 호기롭게 죽이는 행동으로서 자기 기개를 보여줘서는 안 된다. 게다가 일단 남자의 기개를 화제로 하면 자칫 주제에서 벗어나 다양한 교태를 시전했던 요물을 죄다 불러내야 할 수도 있으니, 이는 건설적인 토론이 아니라 뜨거운 감자가 되기 쉽다!

게다가 중국 문화에서 기개가 사내대장부의 최고 덕목이었던 적도 없다. 다만 '사내대장부'라는 어휘 자체는 오랑캐나 쓰던 변방의 언어가 아니었다. 당나라 시인 고적高適이 쓴 〈연가행燕歌行〉에서는 "사내대장부는 본래 자기 용맹만 믿고 함부로 행동했는데, 천자는 평소와 달리 웃음이 가득하여 큰 상을 내리도다〔男兒本自重橫行, 天子非常賜顔色〕."라는 글귀가 나온다. 전촉前蜀의 화예부인花蕊夫人이 쓴 〈술국망시述國亡詩〉에도 "군왕은 성에 투항의 깃발을 꽂았지만 궁중의 처첩은 이 일을 어찌 알 수 있을까? 십사만 명이 한꺼번에 갑옷을 벗지만 사내대장부란 더욱이 없도다〔君王城上竪降旗, 妾在深宮哪得知? 十四萬人齊解甲, 更無一个是男兒〕"라는 글귀가 나온다. 이 글을 읽어보면 과거에는 사내대장부가 과연 어떤 뜻으로 쓰였는지 대략 짐작이 가능하다.

시구를 자세하게 음미해보면 '사내대장부'는 전부 '군왕'과 대립하여 호응하는 단어로서, 아무리 제멋대로 행동을 해도 결국은 천자와 군왕에게 복종해야만 하는 존재로 묘사된다. 그런데 오로지 '남성호르몬'과 연관된 문제여야 할 이 '사내대장부'라는 단어가 이 중국 땅에 만연한 병폐와 마찬가지로 정치와 연관되는 순간, 순식간에 정치화되고 말았다. 따라서 앞으로 사내대장부라는 말을 사용할 때는 다음을 주의하도록 하자.

첫째, 사내대장부는 이 세상 어디에서나 존재하는 '권력 계층' 중 신하의 등급에 속할 뿐이다. 예를 들어 옛사람은 '군왕이 얼마나 사내대장부다운

가?'라는 식의 이야기는 하지 않았다. 왜냐하면 두 단어는 서로 다른 계층에 속한 단어로서 한 계층에 동시에 사용할 수 없기 때문이다.

둘째, 황제의 권력이 크면 클수록 황제의 대척점인 사내대장부가 '제멋대로' 행동할 수 있는 범위는 점점 줄어들게 된다.

그러므로 앞선 이야기의 취지는 위대한 군주의 남성적인 기개를 드러내는 것이 아니라 오히려 군주의 어떤 중요한 특징을 드러내는 데 있다. 그 특징이란 무엇일까? 바로 '군주에게는 여인이 필요하지만 여인을 마음에 두어서는 안 된다'는 것이다.

천자에게 여인이 필요한 것은 반드시 '후사'가 될 아들이 있어야 하고 아들이 많으면 많을수록 좋기 때문이다. 《예기禮記》 등 유가의 경전이 '고대에는 천자가 된 후에 육궁을 세우고, 부인 3명, 비빈 9명, 세부世婦[9] 27명, 권문세가의 부인 81명을 세운다[古者天子後立六宮, 三夫人, 九嬪, 二十七世婦, 八十一御妻].'라는 등의 허무맹랑한 이야기를 지어낸 까닭은 어디까지나 황제는 아들을 많이 낳아야 한다고 보았기 때문이지, 절대 황제의 사리사욕을 채워주거나 남성이 한 여성을 오래 만나다보면 왼손이 자기 오른손을 잡는 것처럼 아무런 감흥도 없고 성욕도 시들시들해지니 그런 일을 미연에 방지하기 위해 매일 밤 파트너를 바꿔주겠다는 뜻이 아니었다.

그렇다면 황제가 한 여인을 마음에 두어서는 안 되는 이유는 무엇일까? 이것 역시 황제가 '요부' 한 명의 치마폭에 둘러싸여 삼천 명의 미녀를 오뉴

---

9   세부란 첩여(婕妤), 미인(美人), 재인(才人) 각 9명을 말함.

월에 서리 뿌리는 원한 맺힌 여자로 만들어 버리는 것을 막기 위해서가 아니라 유가의 논리에 기초한 것이다. 즉 황제가 한 여자만을 사랑하면 조정과 전국의 백성에게 득이 되지 않는다는 것이다. 황제의 흉금은 크고 작음을 막론하고 그 마음이 항상 일편단심이어야 하는데, 여인의 아리따움이 일편단심을 방해해서는 안 된다는 것이 그 이유였다. 그래서 우리에게 익숙한 충신과 열사는 모두 이 세상 제일가는 얼간이처럼 하루 종일 나라와 백성만을 걱정했다. 앉으나 서나 나라와 백성 걱정에 한시도 즐거울 때가 없었으니 부부생활의 즐거움이야 더 말할 나위가 없지 않겠는가. 그뿐 아니라 어쩌다 부인이 눈앞에 어른거리는 절호의 기회에도 위인들은 나라와 백성을 걱정하는 말밖에 할 줄 몰랐으니 더 뭘 기대하겠는가?

명나라 왕조 중 몇몇 황제는 한 여자만을 사랑하는 지조 있는 남성이었다. 예를 들어 헌종憲宗은 만귀비萬貴妃를 사랑했고, 효종孝宗은 장황후, 신종神宗은 정귀비를 사랑했는데 모두 일편단심으로 변함이 없었다. 그러나 결과적으로는 후대에 뭇매를 맞았는데, 역사적으로도 왕이 할 일 없이 요물단지만 늘려놨다는 평가를 받고 있다. 이와 관련된 에피소드는 뒤에서 자세히 이야기하도록 하자.

주원장은 확실히 영웅은 영웅이었다. 그가 한번 손을 세차게 흔들자, 미녀는 순식간에 연기처럼 사라져버리고, 유별난 열정만 남았으니 말이다. 그런데 이것은 과연 어떤 종류의 '열정'이었을까? 당연히 남녀 간에 암암리에 생기는 사랑의 감정이 아니라 '크게 발기'한 반역자의 열정이었다. 어린 여자 하나가 뭐 대수라고? 일단 반역에 성공해 금란전金鑾殿[10]의 주인이 되기만 한다면 여자의 아랫도리와 황금이 가득 찬 창고는 전부 자동으로 열릴 것 아닌가? 황제의 자손 만 대 동안 주씨 '조정'은 전국에서 아주 합법적으로 미녀를 징발해 올 수 있고, 후궁에는 미인이 그득그득해 가는 곳마다 화기애애한 분위기가 넘칠 텐데…… 아니, 아니! 이러면 다시 원점으로 돌아가 버리지 않는가? 승리자와 왕이 되려는 열정과 위대한 이상을 끝까지 파헤쳐보니 본래 이렇게 하잘 것 없는 꿈에 불과하다니!

이와 관련해 칭기즈칸이 명언 한마디를 남겼는데, 그것은 "남자로 태어나서 가장 즐거운 일은 적의 아내를 자기 침대에 쓰러뜨리는 일이다"라는 말이다. 칭기즈칸은 명대 사람 눈에는 몽 오랑캐 내지 북방 오랑캐였지 정상적인 '인류'가 아니었다. 그런데 주원장은 '오랑캐를 몰아내고 중화를 회복'한 후, 칭기즈칸의 말에 첨예하게 대립되는 한마디를 했다. 자신은 군사를 일으킨 이래로 "나는 한 명의 여성도 무례하게 정복한 적이 없다〔未嘗妄將一婦子〕"는 것이었다!

책 속의 '주원장'을 보면, 실제 본인이 전혀 하지 않은 말과 본인이 하지 않았던 일을 버젓이 하곤 한다. 그리고 보면 허위사실을 날조하는 편집자는 현대에만 있었던 게 아닌 듯하다. 다만 "절대 다른 어염집의 딸과 아낙네를 함부로 빼앗아 본 적이 없다"는 이 말은 확실히 주원장이 자기 입으로 직접 한 말이며, 그가 유신에게 명해 편찬하게 한《대고》에 실려 있다.

---

10    황제가 정사를 처리하거나 성대한 의식을 거행하던 궁전 이름.

그러나 사람의 혀는 손과 발에 달린 것이 아님을 명심해야 한다. 아무리 검은 것은 검고, 흰 것은 희다고 똑 부러지게 이야기한 사람이더라도 정말 그 말대로 행동하라는 법은 없는 것이다. 역사 속에서 순수한 진실은 도대체 얼마나 되고, 철저한 거짓말은 또 얼마나 되는 걸까? 본서는 독자와 함께 명 왕조의 후궁을 샅샅이 탐색하며 구중궁궐에서 발생한 은밀한 이야기를 관찰할 것이다. 또 그 희뿌연 안개 속에서 사건의 자세한 경과와 사서의 기재와 다른 부분을 살펴보고, 우리의 상식과 경험, 스스로의 판단력을 이용해 역사의 진상에 접근하여 그 진위 여부를 바로잡을 것이다. 그렇다면 마지막에는 독자 스스로가 이 황제 가정의 가풍을 자신만의 기준으로 평가해볼 수 있을 것이다.

자, 그럼 이제 주원장의 연애사와 자녀 이야기부터 이야기보따리를 풀어보도록 하자.

# 제3장 너무 고귀하여 입에 올릴 수도 없는 중팔님의 상

　앞에서 말한 것처럼 주원장은 자신의 손에 일정한 여성 자원을 쥐고 있어 한 명에서 수 명에 달하는 여성을 일개 공신 또는 장수에게 하사할 수 있었다. 이는 암컷으로 수컷의 정력을 보충하여 투지를 북돋아주는 작전이었다.

　주씨 부대가 라이벌을 하나씩 물리침에 따라 군사력은 눈덩이 커지듯 순식간에 강화되었다. 따라서 주씨 군대에서 '배급'이 가능한 여성 자원도 갈수록 풍부해졌고, 결국 '과부촌'을 운영할 정도에 이르렀다. 과부촌은 의지할 곳 없고 갈 곳 없는 수만 명에 달하는 여성의 거대한 공동거주 지역이었다.

　정사에서는 과부촌의 건설에 관해 아무런 기록도 찾을 수 없다. 그러나 명나라 초의 유진이 쓴 《국초사적》에는 기재가 남아 있다. 일 년 중 여름에서 가을로 넘어가는 시기에, 경성인 남경에 오랫동안 비가 내리지 않아 관원이 나서 기우제까지 수차례 드렸으나 아무런 효력도 나타나지 않았다. 다급했던 주원장은 원인을 분석하기 시작했으며, 각 기관과 직급의 관원에게도 가뭄의 원인을 분석하는 보고서를 제출하도록 명했다. 관원 중 가장 적극적인 반응을 보인 사람은 어사중승御史中丞 유백온劉伯溫이었는데, 그는 그 다음날로 세 가지 원인을 분석해왔다. 그중에 첫 번째가 바로 '전쟁에 출정하여 사망하거나 병사한 군사의 처가 수만 명인데, 그들을 전부 과부촌에 거주하도록 했기 때문에 음기가 뭉쳐서 하늘의 기운을 꽉 막았다'는 것이었다. 그는 이것이 하늘이 비를 내릴 수 없는 첫 번째 원인이라고 보았다.

간절히 비만 바라던 주원장은 지체 없이 이 간언을 받아들이며 즉각 명령을 하달했다.

"재가를 원하는 과부는 재가를 허락하고, 재가를 원치 않는 사람은 고향으로 보내어 친척을 의지해 살도록 하라."

또한 유백온의 나머지 두 가지 건의도 전부 승낙했다.

그러나 당시 유백온은 신선의 경지에는 이르지 못했던 탓에 예언은 보기 좋게 빗나갔다. 십 여일, 반달이 훌쩍 지났지만 비는 구경할 수도 없었다. 주원장은 그제야 화가 머리끝까지 나서 그를 삭탈관직하고 서민으로 강등시켜 귀향토록 했다. 과부촌에 관한 새 정책도 이와 함께 전면 백지화되었다. 주원장은 승상 이선장李善長에게 이렇게 말했다. "전사하거나 병사한 군사의 아내는 모두 과부촌에 거주하게 하되, 촌 밖으로 나가는 것을 절대 금지한다." 또한 과부촌을 지키는 보안인력을 강화하며, 군사를 보강히여 순시와 출입 경비를 해 '외부 남성의 과부촌 무단 침입'을 금지하고, 이를 어기는 자는 그 죄를 따져 물었다.

주원장은 출정하기 전, 이런 정책을 제정한 적이 있었다.

"나와 함께 성 정벌에 나서는 모든 군사와 장수의 아내 및 자식은 모두 도성에 머물러야 하며, 성 밖으로 나가 사는 것을 불허한다."

주원장 군대의 장수와 군사가 설령 성 밖에서 도성을 수호하거나 작전을 펼칠 때에도 가족은 데리고 나갈 수 없었고, 처자식은 반드시 남경에 남겨두어야 했다. 이는 주원장의 비상한 머리가 돋보이는 작전이었다. 신의가 실종되고 오직 힘의 논리에 의해 움직이던 그 시대의 장군과 병사에게 있어,

가족이 도성에 남아 있다는 것은 곧 주원장의 손에 인질이 잡혀 있다는 것이었다. 그래서 그들은 함부로 반란을 일으킬 수 없었다. 그랬다가는 순식간에 멸문지화를 당할 수밖에 없었기 때문이다. 만일 장수와 병사가 전사하거나 병사할 경우, 그 아내와 자식이 의지할 곳이 없고 어리면 즉시 과부촌으로 옮겨와 거주하게 했는데, 이는 일종의 우선 보장 조치로서 주원장에게도 신의 한 수가 되었다.

첫째로는 이 여인들을 '배급'에 이용할 수 있었기 때문이다. 신진 장수들에게 마누라 한 명을 바꿔주거나 한 명을 추가해 주면 그들의 마음을 회유할수 있었다.

둘째로는 염가의 노동력을 이용할 수 있었다. 옷이나 신발, 양말, 이불 등의 물자를 집약적으로 생산해서 전쟁 전 군수물자로 보급할 수 있었다.

주원장의 과부촌 관리가 아주 엄격했기 때문에, 신선 유백온마저도 이것이 바로 하늘이 비를 내리지 않는 주요원인이라고 분석한 것이다. 그렇게 많은 여자가 한 곳에 갇혀 세상과 격리되어 아무런 자유도 없이 한 치 앞도 알수 없는 삶을 살고 있으니, 뭉쳐진 음기(사실은 불만과 불평이 누적된 기운이다)가 하늘의 조화로운 질서를 상하게 할 수 밖에 없다고 생각했던 것이다. 실은 유백온은 현실의 문제를 날씨를 빌어 이야기했을 뿐이었다.

하지만 주원장은 장수를 회유하는 데는 금은보화보다 여성이 훨씬 더 효과적이라는 것을 일찌감치 간파하고 있었다. 왜냐하면 자신도 이런 회유의직접적인 수혜자였기 때문이다.

전쟁과 군영생활이라는 불가피한 환경에서 여성이 크게 부족했기에, 여성은 서로 앞다투어 빼앗으려는 자원이 되었다. 원말의 군웅이 대부분 수양딸을 길렀던 것은 아마도 이런 이유에서였을 것이다.

요컨대 당시 호걸이 수양딸을 기르기 좋아했던 이유는, 지금 사람처럼 의붓아버지와 의붓딸이라는 명의로 만나 공공연히 남부끄러운 짓을 저지르려는 것이 아니었다. 양녀는 36계 중 미인계의 핵심으로, 영웅에게 선사하거나 정략결혼시키는 방식으로 강자와 군사동맹을 체결할 수도 있고, 혹은 양녀를 먹음직스런 미끼로 삼으면 데릴사위를 낚아 자기를 위해 일하게 할 수도 있었다.

실제로 호주의 대장수인 곽자홍은 자신이 기른 수양딸 마씨를 미끼로 이용해 똑똑하고 수완 좋은 주원장을 낚을 수 있었다.

이런 정략결혼은 쌍방에게 서로 윈-윈하는 결과를 가져다주었다. 반란군의 우두머리였던 곽씨는 믿을 수 있는 유능한 인재를 얻었고, 주원장 측에서도 결혼이 신분상승의 수단이 되어 곽자홍의 부대에서 권력의 핵심으로 신속하게 이동할 수 있었으니 말이다.

주원장은 재수가 좋았다. 마씨처럼 집안 좋고 능력 있고 재능 있는 여인을 얻었으니 말이다.

그 당시에 일반 백성은 딸을 보호하기가 여간 어려운 것이 아니었다. 잡군에게 딸을 빼앗기느니 차라리 적극적으로 군대의 우두머리를 찾아가 결혼을 시키는 것이 오히려 더 마음이 놓이는 실속 있는 방법이었다. 호주에 살던 관상쟁이 곽산보郭山甫가 바로 이런 지혜로운 사람이었다.

당시 주원장은 아직 세력을 일으키기 전이었지만, 대장수의 데릴사위라는 인척관계를 이용해 호위병에서 보직을 변경해 중견간부에 해당하는 직위를 얻은 참이었다.

곽산보에겐 아들이 두 명 있었는데 큰아들은 곽흥郭興, 작은 아들은 곽영郭英으로 둘 다 곽자흥 부대에 있었기 때문에 주원장과는 동기 동창인 셈이었다.

어느 날, 무료하던 주원장은 친구 곽흥의 집에 놀러갔다. 그는 곽흥의 아버지가 관상을 아주 잘 본다는 이야기를 듣고 특별히 운세를 부탁했다. 곽산보도 아들의 친구이니 부탁을 거절하지 않고 주원장의 상을 봐주었다. 그런데 상을 본 곽산보가 크게 놀라며 말했다. "공의 상은 너무 귀해서 함부로 말을 할 수 없을 정도입니다!" 그리고 복채도 받지 않았을 뿐 아니라 자기 아내에게 큰 잔치를 열어 주원장을 극진히 대접하도록 했다.

곽산보는 주원장을 배웅하고서 자기 아들들을 불러놓고 감격하여 이렇게 말했다고 한다. "내가 보기에 너희 둘의 얼굴은 귀족으로 봉해질 상이었다. 이 애비가 처음에는 이해가 안 되어 아주 답답했더랬지! 우리처럼 비천한 사람한테 하늘에서 부귀영화가 떨어질 리도 없고? 오늘 주공을 만나보니 내가 그 이유를 알겠구나."

곽산보는 주원장의 관상을 한 번 본 후로, 그를 진정한 주군으로 인정했다. 관상쟁이라면 다른 사람은 속일 수 있겠지만 분명 자신은 속이지 않을 터이다. 《명사明史·후비전后妃傳》에서는 이 일을 이야기하며, '파견할 견遣' 자를 두 번이나 사용했다. "두 아들을 급히 파견해 장강을 건너게 하고, 또한 곽비郭妃를 보내어 태조를 모시게 했다〔亟遣從渡江, 并遣妃侍太祖〕." 곽산보는 두 아들에게 '용을 따라' 주원장을 모시도록 명하는 한편 자신의 친딸을 주원장에게 바쳐서 친인척 관계를 맺었다. 곽비의 일에도 '파견했다'는 글자를 사용한 것은 아마도 주원장이 그럴듯한 신방 하나 준비하지 않은 채 이부자리부터 펴고 잠자리부터 가진 일을 책잡지 않으려는 뜻일 것이다.

그리하여 주원장은 강을 건너기 전, 마황후의 뒤를 이어 두 번째 여인인 곽씨를 얻게 되었다. 그녀는 나중에 영비寧妃로 봉해졌으며, 곽녕비郭寧妃라고 불렸다.

이 전설 같은 이야기는 진秦나라 말년 여공呂公(여치呂雉의 아버지)이 유방劉邦이 아직 미미하던 시절에 그의 얼굴을 보고는 무슨 일이 있어도 그를 사위로 삼으려 했던 이야기와 매우 유사하다. 민간의 이야기꾼이 창작한 이 버전이 사마천司馬遷의 지적재산권을 침범하지나 않았는지 모르겠다. 그러나 여공呂公이 아내의 극심한 반대에도 친딸을 유방에게 시집을 보낸 이유는 유방의 생김새가 기이했기 때문이기도 했지만, 무엇보다도 땡전 한 푼 없으면서 '축의금 만 전'을 외친 그의 배포가 확실히 놀라웠기 때문이었다(《사기史記 · 고조본기高祖本紀》 참조). 그럼 주원장이 외모가 '준수하게' 생긴 것 외에도, 다른 특별한 행동을 했단 말인가? 어떻게 했길래 예쁜 아내 한 명을 공짜로 얻고 기댈 수 있는 든든한 시동생 두 명까지 얻을 수 있었을까?

사실 《후비전》에서 '태조가 아직 미미했을 때'라고 칭하던 그 당시, 주원장은 이미 곽자흥의 '생관甥館(사위라는 뜻)'으로서 원수의 친위병이자 양녀의 사위가 되었으니 충분히 높은 지위에 올라 있었다. 곽산보의 아들 곽흥이 곽자흥을 따르기 시작한 것은 주원장보다 조금 늦어 지정至正 13년(1353년)

에 '곽원수를 따라 군대를 일으켰다'고 쓰여 있다. 하지만 주원장과는 군대 동기인 셈이었으니 둘은 당연히 친할 수밖에 없었다.《명사明史·곽흥전郭興傳》에서는 그가 주원장을 아주 존경하여 '마음이 주원장에게로 향했다'고 말한다.

주원장이 장강을 건너 남쪽으로 세력 확대를 한 후, 국면은 대전환되었다. 주원장이 실력 면에서 모든 장수보다 월등한 위치를 차지하게 된 것이다. 이에 곽흥은 주원장의 문하로 투항하여 같은 계급의 동료 관계에서 부하 상사 관계가 되었으며, 여동생의 인척관계를 이용하여 주원장 세력의 적자가 되었다. 그가 주원장을 따른 이유가 단순히 관상을 봐준 아버지의 관상풀이 때문이라고 한다면 완벽한 답이 되기 어려울 것이다.

그런데 만약 주원장의 관상 이야기가 실제 있었던 이야기라면, 곽산보는 중국 오천 년 역사에서 랭킹 3위 안에 드는 최고의 관상가로 꼽힐 것이다. 왜냐하면 그의 예언이 한 치도 어김없이 맞아 떨어졌기 때문이다. 곽흥, 곽영 형제 중 하나는 공창후鞏昌侯(사후 섬국공陝國公에 추증), 또 하나는 무정후武定侯(사후 영국공營國公으로 추증)으로 봉해져 다가오는 대명 왕조의 외척이자 개국공신이 되었고, 뿐만 아니라 곽 노선생은 영비의 아버지이자 황제의 장인으로서 수차례 승진을 거듭해 사후에 '영국공'으로 봉해졌기 때문이다 (이것은 곽영에게 추증한 작위를 이전하여 수여한 것임). 노선생은 한 번 낚시로 왕비 하나, 귀족 둘이라는 큰 감투 세 개를 낚았으니 이것보다 더 이문이 남는 장사가 있을까?

곽산보한테는 아들이 한 명 더 있었는데 이름은 곽덕성郭德成이라 하고,

그 역시 매형의 천하정복을 거들었다. 하지만 곽덕성은 공명 대신 술을 좋아하여 두 친형처럼 명성을 얻지는 못했다. 사실 주원장은 곽녕비의 얼굴을 봐서라도 시동생에게 큰 자리를 주고 싶어 했다. 그러나 곽덕성은 '나는 머리도 안 좋고 능력도 없다. 자기 마음 편하게 살면 그게 장땡이다. 하지만 돈은 많았으면 좋겠고 배터지게 술 마시면서 살면 그걸로 만족하겠다'며 주원장의 권유를 사절했다.

만일 곽덕성이 이런 구제불능만 아니었더라면, 아니, 적어도 다른 보통사람처럼 명리에 급급해하고 자기 신분에 작위를 좀 보탠다고 한들 이를 전혀 문제 삼지 않았더라면, 곽산보의 관상 이야기는 더 완벽해졌을 것이다.

각설하고, 주원장은 정말 타고난 억세게 운 좋은 사람이었다. 곽 대사님께 관상 한 번 보고 바로 황젯감으로 낙점 받았으니 얼마나 운이 좋은가?

그런데 사실 주원장의 상이 좋다는 것은 이미 예전에 감정이 끝난 상황이었다. 그가 진짜 귀인의 상이란다! 이걸 감정한 사람은 누구인가? 바로 주원장이 당시 모신 주공이자 장인인 곽자흥이었다.

옛 사람은 툭하면 하늘의 뜻을 들먹이길 좋아하고, 역사서 역시 위대한 인물의 운명이 하늘의 뜻이었다고 이야기하길 좋아한다. 또 질리지도 않는지 그 많은 예언과 징조를 끄집어내 전설의 향불을 켜대니, 온 산을 뒤덮은 그 전설의 운무 때문에 우리도 진위는 구별이 어렵다. 그러니 독자 여러분은 책에 쓰여 있는 것이 전부 다 사실이라고 믿지는 말길 바란다! 역사책은 돈을 기록하는 장부처럼 진위가 섞인 기록에 불과하다. 가게치고 가짜 장부 만들지 않는 가게가 있던가? 이렇듯 역사책에도 수많은 허위 영수증이 섞여 있다.

역사책에 기록된 대로 하자면 우리의 대성인이신 주원장님께서는…. 아니다, 우리는 그 당시처럼 주원장의 본명을 부르는 게 낫지 않을까? 그러니까 우리의 주중팔이 천명을 받았음을 한눈에 알 수 있는 특징은 바로 그의 기이한 외모였다.

잠깐만! 독자 여러분, 우리 주위에 외모는 국무총리나 장관, 혹은 5성 장군을 하고도 남을 정도로 늠름하고 준수하게 생긴 사람들이 실제로는 자기 한 몸 건사하기도 힘들어, 넘어지고 자빠지며 낑낑대는 모습을 봐왔을 것이다. 이것만 봐도 관상책이 얼마나 못미더운지 알 수 있다. 따라서 역사서를 읽기 전에 반드시 먼저 과학적인 세계관을 확립해야 한다. 그러지 않으면 혼란이 점점 더 가중되고 세상이 빙빙 돌고, 역사서를 읽음으로써 지혜를 얻는다는 본의를 상실하기 때문이다.

여하튼 주원장은 지정 12년(1352년) 윤 3월에 친구의 소개로 호주성의 군대에 투항했다. 그런데 뜻밖에도 그는 성으로 들어가다 첩자로 오인 받아 잡히고 말았다. 첩자로 오인 받았으니 당연히 바로 사형에 처해질 운명이었다. 그런데 당시 이 소식을 들은 곽자흥이 즉각 사자를 보내어 그를 구해주고 직접 대면해 이야기를 나눴다. 이때 곽자흥은 '주원장의 모습이 기이하고 위대하여 보통 사람과 다름'을 보고 그를 주목하기 시작했다. 이렇게 해서 곽자흥이 주원장을 자기 곁에 남겨두고 친위병으로 삼았으니 황제의 길은 이때부터 시작되었다.

곽자흥이 관상을 볼 수 있었던 것은 집에서 배웠기 때문이었다. 그의 아버지 곽공은 본래 조주曹州 사람으로 일자日者(천체를 관찰하여 점을 치던 술사로서, 오늘날에는 풍수지리 대가, 역술가라고 부름) 출신으로, 사람의 길흉화복과 장수와 요절 등을 예언하는 족족 백발백중이었다고 한다. 그런데 재미있는 것은 이 대단한 사람이 장년이 될 때까지도 결혼을 못 하고 있었다는 것이다. 하지만 곽공은 끝까지 결혼을 하겠다는 소망을 포기하지 않았고 마침내 기회는 찾아왔다.

과거의 역술인은 일반적으로 유랑승이 많았기 때문에, 오늘날처럼 길가에 좌판을 벌여놓고 관상을 봐주지는 않았다. 여행을 계속하던 곽공이 하루는 정원현定遠縣에 도착했다. 읍내에는 집안은 부유하지만 맹인인 딸을 시집보내지 못해 고민하는 부잣집이 있었는데, 곽공에게 딸의 운세를 봐 줄 것을 청했다. 곽공은 순간, 인생 대박의 기회가 왔음을 깨달았다. 그는 마음속으로 결심을 하고는 자신의 생각을 밀어붙이기로 했다. 그는 짐짓 놀라며 말했다.

"댁의 따님은 참으로 귀인이십니다!" 그리고 이 말을 빌어 그 소녀의 부모에게 청혼을 했다.

만약 그 부잣집 소녀가 눈이 멀지 않았더라면 전국을 떠도는 일개 술사에 불과한 그를 거들떠보지도 않았을 터였다. 하지만 소녀의 두 눈은 이미 멀었고, 곽공이 또 귀인이라는 보증수표를 제시한 이상, 소녀의 부모는 그 말이 사실인지 아닌지 결과를 확인하고 조치를 취하기 위해서라도 이 술사를 자신들 곁에 붙잡아둘 필요가 있었다. 이렇게 곽공은 기이한 복을 거저주웠다. '부잣집 딸과 결혼을 하게 되었다'는 말은 바꿔 말하자면 부잣집의 여자 상속인과 결혼을 하게 되었다는 뜻이다. 머리 회전이 빨랐던 곽공은 순간 기발한 영감이 떠오르자 운명의 전환점이 될 이 기회를 꽉 잡고 놓치지 않았다.

이렇게 해서 '귀한 집 따님'과 결혼한 이후 곽공은 더 이상 사방팔방 방황할 필요가 없었고 삶은 갈수록 윤택해졌다(돈 많은 집안의 여성과 결혼하고 떵떵거리는 장인, 장모님까지 둔 사람의 삶이 다 이렇지 않을까?). 그리고 아들도 셋이나 낳았는데 그중의 둘째가 바로 미래의 의병대장 곽자흥이었다.

자흥이가 처음 태어났을 때, 곽공이 점을 쳐보니 점괘가 크게 길했다. 그는 너무나 기뻐 "이 아이가 이렇게 좋은 점괘를 타고 났으니, 언젠가는 크고 귀하게 되어 우리 집안을 일으킬 것이다!"라고 외쳤다. 그러나 곽자흥은 성장한 후에 의병을 일으키느라 가산을 탕진했을 뿐이었다. 비록 의병을 일으켜 지방 무장의 우두머리가 되기는 했지만 지방의 일개 소군벌에 불과했을 뿐이지 '크고 귀하게 되는' 일과는 거리가 멀었던 것이다!

이상에서 말한 내용은 모두 《명태조실록明太祖實錄》을 근거로 하고 있다. 《명사·곽자흥전》에 실린 곽자흥의 아버지 '곽 대사'의 일을 콕 집어 이야기한 이유는, '태조의 모습을 기이히 여겼다'던 곽자흥의 생각이 권위 있는 전문가의 견해이지 결코 아무렇게나 하는 이야기가 아님을 암시하고 싶었기 때문이다. 곽자흥이 태어났을 때 '곽공이 길한 점괘'를 얻어 앞으로 '크고 귀하게 될 것'이라고 한 것은 사실 주원장에 대한 복선을 깔고 싶어서 한 말이다. 곽자흥은 비록 이 난세의 틈바구니에서 쌍절곤을 멋있게 휘두르며 자신만의 전성기를 경험하기는 했지만 처음부터 끝까지 타인에게 영향을 받는 피동적인 인물이었다. 여기서 말하는 '전성기'란 우담바라 꽃처럼 잠시 피었다 사라지는 성공으로서 곽자흥은 계승자조차 남기지 못했다. 이런 상황을 과연 '길하다'고 할 수 있을까? 곽 대사가 한 '길하다'는 말의 뜻은 곽자흥이 주원장을 거느린 적이 있었기 때문에 곽자흥이 죽었어도 옛정을 보아 그를 왕으로 봉하고 사당도 세워주고 300년 동안 제사상에 돼지머리 고기를 공짜로 올려줬다는 것뿐 아닌가? 이런 뭐 같은 상황을 곽공이 여전히 '길하다'고 한다면 너무 양심이 없는 이야기 아닐까!

아무튼 '관상' 하나로 주원장과 인연을 맺은 곽자흥은 그의 능력을 높이 사 양녀 마씨를 아내로 주었는데, 주원장은 이에 힘입어 곽씨 부대 내의 고위직으로 굴기하게 된다. 곽자흥이 세상을 떠난 후, 곽자흥 부대는 저주滁州와 화주 등 장강 이북의 근거지 두 곳을 포기한 채, 전군이 모두 강을 건너 장강 이남에서 발전을 도모했다. 그러나 곽씨의 큰아들 곽천서郭天敍가 불행히도 전사하면서 곽씨 집안의 가세는 급격히 몰락했다. 반면 주원장의 세력은 안정적으로 상승하여 결국 남경을 점거하는 제후가 되었고, 천하통일의 각축전을 벌이기까지 했다.

결과적으로 곽씨 집안의 세 아들 중 두 아들은 전사하고, 막내아들은 주원장에게 음해를 당해 죽었기에 사내란 사내는 깡그리 씨가 마르고 말았다. 곽씨의 유족은 그저 과거의 데릴사위에게 기댈 수밖에 없었다. 또 곽자흥의 첩이었던 장씨 부인은 자기 목숨을 건지기 위해 어쩔 수 없이 자기 친딸을 주원장에게 주고, 양녀 마씨의 후실이요 주원장의 첩이 되도록 했다.

곽자흥의 친딸 곽씨는 주원장의 세 번째 부인으로서 미래 대명 왕조의 곽혜비郭惠妃가 된다. 한편 곽자흥은 사후에 주원장의 의장인이 되어 장인으로 지위가 '승격'되었다.

# 제4장 도지사급 간부, 주서방의 황금시대

주원장의 비였던 두 곽씨는 모두 주원장에게 아들딸을 낳아주었다. 신이 내린 관상가의 딸 곽녕비는 제10황자인 노왕魯王 주단朱檀(1370-1390년)을 낳았다.

옛 주인의 딸 곽혜비는 제11황자인 촉왕蜀王 주춘朱椿(1371-1423년), 제13황자 대왕代王 주계朱桂(1374-1446년), 제19황자 곡왕谷王 주혜朱橞(1379-1417년)등 세 명의 왕과 제12공주 영가공주永嘉公主, 제15공주 여양공주汝陽公主 등 두 딸을 낳았다.

곽씨 집안의 두 아가씨는 모두 어린 나이에 시집을 왔지만 자녀출산은 늦은 나이가 되서야 가능했다. 그녀들이 낳은 황자와 공주들의 출생 시기는 모두 대명 건국(1368년) 이후였다.

주원장은 평생 수많은 처첩을 거느렸는데 건국 전에 부부관계를 맺은 사람만 해도 마황후, 곽녕비, 곽혜비, 손귀비, 도闍씨(진우량陳友諒의 첩, 상세한 내용은 뒤에서 설명) 등 수 명에 달했고, 건국 후에는 천자의 특권을 누렸으니 아름다운 미희가 헤아릴 수 없을 만큼 많았다. 그러나《명사 · 후비전》에서는 그중 단 4명의 이야기만을 싣고 있다.

첫 번째는 말할 필요도 없이, 당연히 효자고황후孝慈高皇后 마씨의 몫이다.

명나라에는 개국역사와 관련된 전설이 많은데, 모든 전설마다 마황후가 등장한다. 그녀는 역사상 제왕을 지혜롭게 내조한 모범으로 여겨지며, 민간에도 '대발이 마황후'의 전설이 전해졌다. 마황후에 관련된 자료는 주로《명태조실록》에서도 볼 수 있으며 특히 홍무 15년(1382년) 8월, 마황후가 세상을 떠난 날에 관한 기록은 3,700자에 달했다. 특히 이 길고 긴 이야기를 통해 이 현명한 황후는 순식간에 여자 요순황제로 발돋움하게 된다.

사실 마황후와 관련된 민간 고사는 수량도 많고 이야기도 과장된 편이다. 예를 들어 주원장이 패전을 거듭하고 있었지만 그녀가 주원장을 이고 지고 적진을 내달렸기 때문에 간신히 도망을 칠 수 있었다는 둥이다. 그녀는 남편이 천하를 얻도록 마음을 다해 내조를 했으며 어렵사리 남편이 출세를 했을 때에도 전혀 교만하지 않고 과거와 똑같이 수고하며 남편의 의식주를 정성껏 챙기고, 매도 맞고 욕도 얻어먹으면서도 자신의 의무를 꿋꿋이 감당했다고 한다. 이런 이야기를 들으면 그녀야말로 역사상 최고의 황후이며, 천하제일의 모범 여성이 아닐 수 없다! 당시에 〈대명왕조를 감동시키다〉[11]라는 텔레비전 프로그램에 없었던 것이 아쉬울 따름이다. 만일 있었더라면 마황후는 분명 메마른 사람들의 가슴에 뜨거운 눈물줄기를 만들고, 위험과 공포에 시달리는 천하를 태평성세로 바꾸어 놓았을 것이다.

홍무 원년(1368년) 정월, 주원장은 즉위하자마자 마씨를 황후로 책봉했다. 예식이 끝난 후, 그는 근신과 함께 과거 국가창업의 어려웠던 시기를 감격스레 회고했다. 그는 마황후와 당 태종의 장손長孫황후를 서로 비교하며 이렇

---

11  최근 중국에서는 자신을 희생해 사회의 약자를 도운 숨은 영웅을 칭찬하는 〈중국을 감동시키다〉라는 프로그램이 유행했다.

게 말했다.

"짐은 곽씨에게 수차례 의심을 받았지만, 워낙 고지식한 사람이니 전혀 신경을 쓸 줄 몰랐지. 그러나 황후는 장수들이 가져온 군수품을 모두 곽씨에게 바치면서 곽씨의 마음을 풀어주려고 마음과 정성을 다했네. 곽씨가 수차례나 내게 불이익을 주려고 했지만 모두 황후가 간극을 채워주었기 때문에, 난관을 극복하고 재앙과 환난을 간신히 면할 수 있었지."

주원장의 말은 과거 그가 곽자흥의 그늘 아래 있을 때 확실히 처신에 문제가 있었는데, 다행히 곽씨의 양녀 마씨가 중간에서 조율을 하고 보호해주었기 때문에 간신히 위기에서 벗어날 수 있었다는 뜻이다. 당시 전쟁에서 전리품을 얻으면 주원장은 모두 부하에게 나눠주었지만 곽씨 부대의 다른 장수들은 전부 총사령관에게 바쳤다. 곽자흥은 주원장이 자신에게 일 전 한 푼 바치지 않자, 매우 기분 나빠하며 그를 안하무인이라고 생각했다. 마황후는 그 뜻을 알아차리고 그 후부터는 장수와 병사가 가져온 전리품을 전부 자흥의 처인 장씨에게 바쳤다. 그러자 양어머니 장씨는 효도를 받아 매우 기뻐했다. 게다가 마황후의 온유하고 부드러운 일처리 방법은 곽씨 부자의 마음을 세심하게 달래주었기 때문에, 결국 남편에 대한 그들의 시샘과 질투를 점점 누그러뜨릴 수 있었다. 주원장은 말했다. 마황후는 "장손황후[12]와 거의 막상막하인 수준이다."

---

12  당 태종 이세민의 처로 이세민이 '현무문의 정변'을 일으킬 때 황태자 이건성을 죽이는데 일조한 외유내강의 여장부였다.

주원장의 눈에 마황후는 그와 생사환난을 같이 한 유일한 조강지처였기 때문에 그녀가 죽은 후에도 그녀를 '내치고' 다른 새 황후를 책봉하지는 않았다. 마황후는 언제까지나 주원장 한 사람만을 위한 황후였던 것이다!

《명사·후비전》에 등장하는 두 번째 여인은 손귀비孫貴妃다.

이 귀비 역시 건국 전에 주원장이 매우 총애하던 비였지만, 젊은 나이(홍무 7년)에 요절하고 말았다. 주원장은 그녀를 매우 그리워해, 특별히 그녀의 귀비 호칭 앞에 '성목聖穆'이라는 호를 추증하기까지 했는데, 그때문에 성목귀비라고도 불린다. 귀비가 세상을 떠나자, 주원장은 특별히 자신의 다섯 번째 아들인 주왕周王 주숙朱橚에게 손귀비를 모셔 자모慈母의 상을 치르도록 명했다. 또한 태자 주표朱標를 포함한 아들들에게 그녀를 애도하며 1년간 상복을 입도록 명했으니, 주원장이 얼마나 그녀를 총애했는지 잘 알 수 있다(이 일은 각 왕의 출생의 미스터리와도 관련이 있으므로 자세한 내용은 뒤에서 다루겠다).

손귀비는 진주陳州 사람이며, 아버지는 화경和卿, 어머니는 조晁씨였다. 손귀비의 아버지는 상주常州에서 판관을 역임한 적이 있어 그 관사에서 살았다. 원말 병란이 일어나자 귀비의 부모님은 모두 돌아가시고, 큰오빠인 손영孫橉(혹은 손백영孫伯英이라고 함)은 멀리 여행을 떠나 돌아오지 않은 데다 생사조차 알 수 없었다. 나이 겨우 13세였던 귀비는 둘째 오빠 손번孫蕃을 따라 병사를 피해 양주揚州로 향했다. 그러나 양주에 막 도착하자마자 청군靑軍이 양주를 함락시키니 손번은 병란 중에 전사하고 귀비는 혼란한 전쟁 통에 천애고아가 되어 청군 원수 마세웅馬世雄이 차지해 버렸다.

그러나 하늘도 손귀비를 불쌍히 여겼던가 보다! 마 원수는 이 어린 여자 아이를 처첩 대신 양녀로 삼았다.

원말 군웅은 모두 의자녀를 키우는 습관이 있었다. 양아들을 키우는 목적은 군대에서 '혈연보다 더 강력한' 권력 기초를 놓기 위해서였고, 양부자의 관계는 이에 매우 중요했다. 심지어 주장수와 부장수 간에 본래 혈연관계가 있을 때에도 부장수를 양아들로 받아들여 관계를 한층 더 강화했다. 예를 들어 원나라의 대장 코케테무르擴廓帖木爾(Köke Temür, 중국어명 왕보보王保保)는 본래 차칸 테무르察罕帖木爾(Chaqan-temür, 중국어명 이찰한李察罕)의 외조카였으나 그에게 양자로 입양이 되어 차칸테무르가 암살당하자 정권을 이어받았다. 또한 주원장이 서주에 주둔할 때도 자신의 조카인 여아驢兒(큰 형 주중사朱重四의 차남)와 친외조카 보아保兒(둘째 누나의 아들)를 양아들로 입양했으며, 각각 주문정朱文正과 주문충朱文忠(후에는 이문충李文忠이라는 이름도 함께 사용)으로 불렀다.

군웅이 양녀를 키운 목적은 앞에서 말한 바와 같이 주로 이익교환의 도구로 사용하기 위해서였다. 예를 들어 곽자흥이 부하에게 양녀를 처첩으로 제공하여 그 마음을 사로잡았던 것처럼, 청군의 원수 역시 양녀라는 카드를 준비하고 있었다.

청군이란 원나라 왕조에 충성하는 '의용군'을 일컫는 대명사였다. 조정에 반대하는 무장 세력이 일반적으로 붉은 두건과 붉은 옷을 입어 '붉은 요괴', '홍건적'이라 불렸던데 반해, 조정을 힘써 지원하는 의용군은 파란색 옷을 입어 그와 차별화했기 때문에 청군이라고 불렀다.

주원장이 남경을 점령한 지 얼마 되지 않아, 북방의 형세에는 큰 변화가 발생했다. 한림아韓林兒[13]가 이끄는 용봉龍鳳정권의 주요정책인 삼로북벌三路北伐이 좌절된 것이다. 원나라 왕조가 '한송韓宋'[14]의 북벌군대를 섬멸시키자 원나라 군대는 다시 한번 위세를 떨쳤다. 주원장은 원나라 군대의 강한 위력을 다시 한번 절감하자 어쩔 수 없이 자기가 그렇게 비웃던 장사성의 방법 그대로, 비밀리에 원나라에 사신을 보내 투항할 준비를 하고 있었다.

만일 주원장이 대 원나라의 관작을 받아들이기만 한다면 그의 부대는 손오공이 변신술 부리듯 '반정부군'에서 순식간에 '의용군'으로 추대될 수 있었다. 이 세상의 도덕기준을 따를 때 의와 불의는 수시로 뒤바뀌었으며, 사람들도 자기 본연의 모습을 표방하기보다는 항상 상황의 변화에 따라 수시로 자신의 입장을 바꾸며 살아왔다. 모자에 청천백일青天白日 휘장을 달면 국민당 군이고, 휘장을 떼면 공산당 군이 되었던 것처럼 말이다. 이런 일은 '신비한 능력에 성스러운 덕을 지니신' 우리의 주 황제님께도 결코 예외가 아니었다.

당시 주원장의 판도는 점진적으로 확장되는 때였다. 하지만 병마는 태부족해 병사를 파견할 수 없었던 관계로 곳곳에서 주둔군 부족 현상이 일어났다. 그리하여 막 점령한 태평太平, 건강建康(즉 남경), 진강鎭江, 선주宣州, 광덕廣德 등 다섯 개 지방 민간에서 '민병'이라는 이름하에 장정을 강제 징집했다.

---

13  원나라 말기 홍건적의 지도자, 집안이 백련교도(白蓮敎徒)였음.
14  한림아가 송을 회복하겠다는 취지로 수립한 왕조. 왕조명은 송(宋), 연호는 용봉(龍鳳)

또 외적으로는 투항 권유와 무력 공격이라는 당근과 채찍을 모두 사용했다. 당시 양주 일대에는 장창長槍, 일편와一片瓦, 청군 등 수많은 잡군이 뒤섞여 서로 간에 토벌을 일삼느라 하루도 평안할 날이 없었다. 하지만 그들은 모두 동일한 곤경에 처해 있었으니, 그것은 군량미 부족이었다. 특히 장강 이북의 경우, 수년간 혼전을 거듭하며 이미 수천 리 땅이 전부 붉게 변했으니 군대가 살아남기란 하늘의 별 따기였다. 그런 상황 속에서 장창군은 주원장이 투항을 제일 먼저 받아들인 군대가 되어 전군이 장강을 건너 주원장 군에 합류했다.

주원장은 또한 양주로 사자를 파견해 청군 원수 단거인單居仁, 마세웅 등의 부대에 투항을 권유했으며 장강을 건너와 주원장의 군대와 함께 상주를 방위하도록 명했다. 상주는 주원장과 장사성이 자웅을 다투던 최전방으로서 당시에는 장사성 군대의 점령지였다. 그런데 청군이 들이닥친 후 생각지 못한 병변에 휩싸이게 되었다. 단거인의 아들 단대사單大捨가 반란을 일으켜 장사성에게 투항한데다가 군대에 머물러 있던 '두목(주원장이 이 부대에 보낸 군 감독관이었을 것)'까지 잡아간 것이다.

주원장은 단대사가 장사성에게 투항해 장사성 대신 의흥宜興을 지키게 되었다는 소식을 듣자, 단대사의 아버지 단거인을 직접 보내 투항을 권유했다. 이 대목에서 주원장의 행동에 속이 타들어가는 독자도 있을 것이다.

"아니, 게도 구럭도 다 놓치고 부자가 전부 장사성한테 투항하면 어쩌려고? 고양이한테 생선가게 맡기는 격으로 이번에 단씨 아저씨를 보내면 분명히 다시 돌아오지 않을 텐데!"

독자 여러분, 만일 그런 걱정이 들었다면 여러분은 주원장의 지능을 너무 낮게 평가한 것이다. 우리는 우선 단거인이 도망을 칠지부터 살펴야 한다. 단거인은 의흥에 도착하자마자 아들에게 말했다.

"위에 계신 분(上位, 명나라 초기 황제에 대한 존칭)께서 내게 이렇게 잘 해주시고 네 아내랑 자식도 다 남경에 남아 있으니, 돌아오너라!"

중간에서 아버지만 고충이 이만저만이 아니었다. 그런데 이 불효자의 대답은 어떠했는가? "저는 이미 투항했습니다. 다시는 부모님과 처자식을 고려할 여지가 없습니다. 예부터 충과 효는 함께 겸할 수 없다고 하지 않았습니까?" 아들은 뒤도 안 돌아보고 가버렸다.

단거인은 그저 혼자 말을 타고 돌아와 사실을 보고할 수밖에 없었다. 그는 주원장이 제시한 전도유망한 미래 때문에 투항하지 않은 것일까? 아니다. 집안의 많은 처첩과 가족 때문에 그랬던 것이다! 단거인이 청군을 거느리고 주원장에게 투항했을 때, 그는 병권을 빼앗기고 전 가족을 인질로 사로잡혀 자유를 상실했다. 주원장은 전부터 거느리던 구장이든 새로 투항을 한 신참이든 성 밖에서 군대를 지휘하게 될 경우, 가족은 전부 남경에 남아 있어야 한다는 자신만의 원칙을 고수하고 있었다. 가족의 정이라는 수단을 통해 부하를 제어한 이 방법은 확실히 효과적이었다.

"네가 나를 반역하는 것은 너의 불충이고, 내가 네 전 가족을 죽이는 것은 네 스스로 가족을 죽음에 몰아넣는 것이니 이는 너의 불효이다."

단거인은 단대사에게 현혹되어 함께 반란에 가담하지 않았다. 즉 그런 일을 꺼렸다. 하지만 단대사는 장사성의 충신이 되어야 하겠기에 집안사람들의 안위 따위는 다시는 돌아보지 않기로 했던 것이다.

훗날 주원장 군이 장사성의 대본영인 소주蘇州를 공격해 단대사를 생포하자, 주원장은 단거인에게 물었다. "장군의 아들을 이미 생포했으니 뒷일은 장군에게 맡기겠소. 알아서 처리하도록 하시오."

이 얼마나 잔인한 방법인가? "귀장의 아들을 어떻게 처리할꼬?" 주원장은 한사코 친아버지의 대답을 듣고 싶어 한 것이다. 이 대목에서 졸필은 상나라의 걸왕紂王이 주나라의 문왕文王에게 문왕의 큰아들 백읍고伯邑考의 고기를 먹으라고 명했던 이야기가 떠오른다. 단거인은 마치 문왕이 된 것처럼, 마음의 큰 고통을 억누르며 이렇게 대답했을 것이다. "불충하고 불효했으니, 찢어발겨 죽여 마땅합니다!"

친아버지도 자기 아들이 죽어 마땅하다고 하는데, 더 이상 뭘 기다리겠는가! 주원장은 즉각 단대사를 포박해 시내 번화가로 끌고 가 능지처참하도록 명했다.

단대사가 왜 처자식을 버리고 장사성에게 투항했는지 그 원인은 분명하지 않다(저자의 졸견으로는 단대사가 절대 아무런 이유도 없이 가족의 목숨을 헌신짝처럼 내버리고 장사성의 충신이 되려고 하지는 않았을 것이다). 그는 자신이 선택한 주군이 실패함으로 불행을 자초했다. 만일 최후에 천하를 얻은 사람이 장사성이었다면, 훗날 '대주국大周國'[15]의 사서는 가족을 버리고 온전한 의를 이룬 이 정의로운 대장부를 무엇이라고 찬미하였을지 알 수 없는 노릇이다!

---

15    장사성이 세운 왕조의 이름

유진의《국초사적》에서는 단거인을 주원장의 '고향의 지인'이라고 적고 있다. 아들이 반역을 하기는 했지만 자신이 이 불효자와 분명히 선을 긋고 자기 입으로 아들을 사형시켜야 한다고 했기에, 주원장은 그에게 '고향의 지인' 대우를 해주며 옥체를 보중해 퇴직한 후 고향에서 여생을 보낼 수 있는 크나큰 자비를 베풀어 주었다.

지금 여기서 시간을 할애해가며 단거인의 비참한 역사를 이야기하는 까닭은, 그와 손귀비 간에 특별한 관계가 있었기 때문이다. 즉 세간에는 손귀비는 단거인의 수양딸이었다는 추측도 전하고 있다. 사실 손귀비의 양부가 단씨이든 아니면 마씨든(단씨와 마씨는 본래 같은 부락이었다) 결론은 전혀 다를 것이 없다. 청군의 두 원수는 주원장에게 투항한 얼마 후, 18세 나이의 수양딸을 새로운 군주에게 바쳤다. 양녀 손씨는 원수가 준비하고 있던 손 안의 패에 불과했던 것이다.

손귀비는 어떻게 주원장의 궁궐에 들어가게 되었을까? 청대 모기령毛寄齡의《승조동사勝朝彤史 습유기拾遺記》는 이렇게 적고 있다.

"(주원장)이 미모와 덕을 겸비한 여성을 궁으로 불러들이고자 하니, 혹 어떤 이가 이런 비들을 보고하고 검증하니 과연 궁으로 들어갈 수 있었다[上求有容德者納宮中, 人或以妃告, 及按果然, 遂納之]."

소위 '미모와 덕'이라는 것은 '미모도 있고 덕도 있다'는 말로서 온화하고 선량하며 어른을 공경하고 검소하고 양보할 줄 아는 미덕[溫良恭儉讓] 외에 '얼굴도 예뻐야 한다'는 뜻이다. 이것이 바로 주원장의 배우자 선택기준이었다. 주원장은 '미모와 덕이 있는 사람을 궁궐로 불러들이고자 했다'고 했는데, 과연 사방으로 내시를 파견해 왕빗감을 찾았는지, 아니면 후궁 미녀선발대회 광고를 통해 원하는 사람의 신청을 받았는지는 미지수다.

'혹 어떤 이가 이런 비들을 보고했다'는 말은 참 교묘한 표현이다. 마치 입이 싼 매파가 주씨 집안에 여자가 필요하다는 이야기를 듣고 얼른 달려와 두 사람 사이에 중매를 해주었다는 것 같은데, 사실은 그렇지 않다. 주원장은 본래 처첩만도 수없이 많았는데, 그 스스로 '남에게 구하지' 않았다면 과연 누가 이 요구에 응할 수 있단 말인가?

손귀비는 분명 궁궐의 선발을 통해 입궁했을 것이다. 주원장이 남경에서 자리를 잡아감에 따라, 잡스런 부대가 계속 편입하고 장정 또한 강제로 징집하여 세력은 점점 커지게 되었다. 용봉정권의 도지사급 고위간부(행성승상行省丞相에서 승상까지 계속 승진한 케이스)로서 그의 후궁사업 역시 수차례 절정을 맞으며 희소식이 그치질 않았다. 그는 미친 듯이 후궁 후보를 탐색하며 미녀진을 확충해나갔다.

유진의《국초사적》에서는 또 한 가지 에피소드를 기록하고 있는데, 에피소드의 시작은 이러하다. "태조는 궁인을 선발하며, 웅 선사宣使[16]에게 나이 어린 동생이 있다는 것을 탐방해 알아냈다[太祖選用宮人, 訪知熊宣使有妹年少]"고 말한다. 여기서 '선발'과 '탐방'이라는 말에서 진상이 백일하에 드러난다. 즉 주원장이 아직 나라도 세우지 않고 겨우 나라 터만 잡은 상태에서 이미 미인 선발대를 파견해 사방으로 미녀를 물색했다는 것이다. 독자 여러

---

16   궁중에서 황제의 조서를 전문적으로 관활하던 환관.

분, 주원장이 과거에 한 "나는 천하를 제패할 사람이거늘, 어찌 여색에 마음을 뺏기겠느냐?"라는 말을 잘 기억하고 계시지 않은가? 누가 달았는지 몰라도, 이 문장 뒤에 물음표를 단 것은 정말 잘한 일이다!

주원장은 웅 선사의 여동생이 아름답다는 이야기를 듣자마자 음욕이 불일듯 일어나 군침을 흘렸다. 그리고 그 침이 땅에 떨어지기도 전에 사자를 보내 예물을 안겨주고 여인을 궁으로 불러들여 미색을 맛볼 생각에만 빠져 있었다. 그런데 갑자기 장래석張來碩이라는 원외랑員外郎이 참견을 하기 시작했다. "그건 절대로 아니 되옵니다. 주공!" 자기 목숨이 얼마나 귀한 줄 모르는 어리석은 사람이 나서서 간언을 한 것이다.

"웅씨 규수는 이미 참의參議 양희성楊希聖과 혼인을 약조한 사이옵니다. 주공께서 첩으로 삼으신다면 이는 도리에 어긋나는 일인 줄로 아옵니다."

주원장은 신하 앞에서 체면이 구겨지자, 창피하고 화가 나서 외쳤다.

"군주에게 그런 간언을 하다니 무엄하도다!"

그는 당장 장래석의 이빨을 전부 깨뜨려 합죽이를 만들라는 명을 내렸다. 장래석이 무슨 죄고, 또 장래석의 이빨이 무슨 죄란 말인가!

그러나 알고 보면 주원장도 웅씨 규수가 다른 사람과 혼약한 일을 모르고 있지 않았나? 얼떨결에 그냥 처자를 입궁시켜 첩을 삼으면 누이 좋고 매부 좋은 일이지, 누가 감히 '아니 되옵니다!'의 '아'자라도 꺼낼 수 있단 말인가! 이건 누가 뭐래도 장래석의 잘못이다! 그놈의 재수 없는 주둥이를 함부로 놀려대는 바람에 경사스러워야 할 혼사까지 완전히 잡쳐버리고 말았지 않았나? 신랑님의 흥이 다 깨져버렸으니 이빨을 흠씬 두들겨 맞아 땅바닥에서 이빨을 찾아 헤맨들, 그것도 당연한 일 아닌가?

주원장은 그 '재수 없는' 주둥이를 후려치고도 분이 다 풀리지 않았는지 그분을 양희성에게 쏟아 부었다. '네 놈의 집안이 내가 점찍은 여자한테 결혼 예물을 보냈다고? 이 자식이! 누가 나한테 상의도 안 하고 나보다 먼저 예물을 보내래?' 그는 자기 연적의 이름을 마음 속 깊이 새겨놓았다.

얼마 후, 양희성이 드디어 잘못을 저질렀다. 이 양씨 형님은 보스가 이름을 기억하는 사람이니, 잘못이 안 알려질 수 있겠나?

양희성과 강서참의江西參議 이음빙李飮冰은 '직권을 남용해 불법을 행한' 이유로 승상 이선장李善長의 탄핵을 받았다. 주원장이 일생 동안 가장 혐오한 일이 직권 남용인데, 지금 또 '희성'이라는 두 글자를 보니 그의 마음은 이유를 알 수 없는 분노의 불길에 휩싸였다. 그는 손수 "양희성, 이음빙 두 사람은 간교하기가 백단이요, 술수가 만장이라"는 글을 써서 중형을 선포하는데 사용하도록 했다.

중국에서 소위 말하는 중형이란, 그냥 목이나 자르고 끝내버리는 것이 아니라, 법에 쓰여 있지 않은 각종 잔혹한 수단을 사용한다는 뜻이다. 그래서 음빙의 유방을 자르고 희성의 코를 베라는 명령이 떨어졌다.

이음빙은 그 자리에서 죽었고 양희성은 코가 잘리고 죽지 않아 회안에 귀양 보내어졌지만, 그 후로는 다른 사람을 볼 낯이 없어 죽은 사람이나 마찬가지로 살아야 했다.

여기까지 읽은 독자 여러분은 이렇게 물어볼지도 모른다.

"그럼 주원장, 양희성 두 사람이 서로 차지하려고 했던 웅씨 처자는 어떻게 되었나요?"

이때 주원장이 스스로 수수께끼의 답안을 제시한다. 연적 양희성을 제거한 후, 그는 희성의 형이요, 당시 강서 참정參政을 지내던 양헌楊憲을 불러와 그에게 말했다. "자네 동생은 직권남용으로 이미 파관 말직 처리했네. 그런데 웅씨 규수는 자네 동생한테 돌려주는 걸로 하지."

이게 어찌 된 일인고 하니, 웅씨 규수는 주씨의 마수에서 벗어나지 못하고 이미 강제로 궁에 끌려가 희롱을 당했던 것이다.

독자 여러분, 과거 주중팔 장군이 화주성 총수 시절, 군사에게 결혼한 유부녀 약탈을 금지하는 방을 걸었던 일을 기억하는가? 잘한 행동은 졸필도 칭찬을 하겠지만, 퇴보하고 부패한 행동은 비난을 해야겠다. "주원장, 이 개, 돼지만도 못한 놈!"

주상이 가지고 놀았던 여자라면 범부가 감히 더럽힐 수 없는 노릇이었다. 양헌은 웅씨 규수를 다시 데리고 가라는 이야기를 듣자 펄쩍 뛰었다. 그는 애꿎은 머리만 연신 땅바닥에 찧으며 손이 발이 되도록 애원하기 시작했다. "신의 아우는 법을 어겼으니 죽어 마땅할 뿐입니다. 어찌 감히 웅씨 규수를 받아들이겠습니까?"

그러나 주원장은 뜻을 굽히지 않았다. "동생에게 하사하겠노라!" 그리하여 웅씨 규수는 궁중에서 발송되어 양희성과 함께 회안에 거하게 되었다.

본래 양씨 집안의 며느리가 될 운명이었던 한 규수가 시댁 문을 들어서기도 전에 주원장의 손에 넘겨졌다. 그리고 이제는 더 갖고 놀기 지겨우니까 다시 '천자의 성스러운 덕'으로, 본 남편에게 되돌아가야 할 처지가 되었다.

이미 정절을 잃어버린 이 규수는 그래도 지아비가 있는 곳으로 돌아와 평생 부군을 의지하고 싶은 마음도 있었을 것이다. 그러나 과거의 지아비를 만난 순간, 그녀는 혼비백산하고 말았다. 아! 낭군님의 우뚝한 코는 이미 사라져 버렸고, 그는 이미 과거 마음속으로 그리던 준수한 부군이 아니었다! 주원장은 이렇게 하나로 이어져야 할 사람의 마음까지도 완전히 박살내는 사람이었다.

미래의 대명 황제는 자신의 대권을 이용하여, 이렇게 '개인적인 원한을 갚는데 희열을 느꼈으니', '하늘의 뜻을 따르는' 현명한 군주의 기상을 추호라도 찾을 수 있겠는가? 근대 중국의 저명한 역사학자 푸쓰녠傅斯年 선생은 이렇게 말했다.

"태조는 본래 호량濠梁의 일개 무뢰배로서 황각사皇覺寺의 땡중이었다. 난세를 틈타 일어났으니 본래 천하를 얻으려는 마음도 없었던 데다가, 허랑방탕하여 멋대로 술과 미색을 즐기던 타고난 본성은 보통사람과 전혀 다름이 없었다."

정말 정확한 분석이다! 이렇게 생각해본다면, 주원장이 무주의 미녀를 살해할 때 "어찌 여색에 마음을 뺏기겠느냐?"라고 허풍을 떤 데에는 다른 이유가 있었던 게 아닐까?

황제의 조카인 주문정은 무주를 지키던 중 미색을 밝히는 숙부를 위해 미녀 한명을 물색해 놓았다. 중국 속담에 '선물을 바치는 사람을 때리는 관원은 없다'고 했다. 주문정이 미녀를 물색해 선물을 드렸는데 오히려 축하카드가 찢겨지고 문전박대를 당했으니 이 어찌 된 영문일까? 졸견에 의하면, 아마도 주원장이 제일 싫어하는 일이 호색한인 자신의 본심을 누군가에게 들키거나, 다른 사람에게 마음에 내키지도 않는 칭찬을 해야만 하는 일이었던 것 같다. 왜냐하면 이것은 자신의 이미지와도 관계된 일 아닌가! 아무튼 "나는 천하를 제패할 사람이거늘, 어찌 여색에 마음을 뺏기겠느냐?"라고 한 고백은 모두 '허풍대장'의 허풍에 불과하다. 만약 사실이라면 손귀비 역시 능지처참을 당해야 마땅하다! 손귀비 역시 다른 사람이 바친 왕후였으니 말이다! 천만다행인 것은 손씨는 궁궐에 들어온 후로 '총애를 받았다'는 것이다. 주원장은 그녀를 귀비로 책봉했을 뿐 아니라, 오랫동안 실종되었던 큰오빠 손백영을 찾아내 그에게 금은주단을 하사하고, 또한 용만龍灣의 관문을 지키는 콩고물 두둑한 자리도 선물해 주었다(용만은 남경 교외의 중요한 세관). 손백영은 누이의 총애 덕분에 하남 참정, 태복시경太僕寺卿 등을 지냈다. 누가 주원장을 보고 인재를 기용할 때 '친한 사람만 기용하지는 않았다'고 했나? 주원장은 다만 친척이나 친한 사람도 전혀 가리지 않고 죽였기 때문에 '친한 사람 위주'라는 개념이 묻혔을 뿐이다. 손백영 역시 후에 당파싸움(손귀비 사후)에 연루되어 주원장에게 무자비하게 처형되었다.

1360년, 주원장은 이미 용봉정권에서 강남행성 좌승상으로 승진했다. 승상 관저는 아직까지 후궁으로는 불릴 수 없는 상황이었지만, 여색에 탐닉했던 주승상의 본성은 아낌없이 드러났다. 손귀비만 해도 확실한 고증이 있는 네 번째 부인이었기 때문이다.

당시 사람 유본俞本이 남긴 기록인《기사록紀事錄》에서는 손씨가 주원장의 '둘째 왕비'로서 마황후에 버금가는 지위에 두 명의 곽비보다 더 총애를 받았다고 기록하고 있다. 사관은 손씨가 '영리하고 슬기로우며 용모가 단정하고 아름다웠다. 예의 발라서 행동이 모두 도리에 맞았다'고 말하고 있다 (고대 여성의 묘비에는 모두 이런 유의 케케묵은 말 일색이다). 그녀는 주원장에게 회경공주懷慶公主 등 딸 셋을 낳아주고 훗날 귀비로 책봉되었지만, 여전히 '지위는 모든 귀비의 위(홍무시기에는 아직 황귀비가 없었고, 귀비는 황후 바로 다음 가는 등급)'였다.

손귀비는 대발이 마황후를 도와 육궁을 관리했는데, 당시의 말을 빌자면 '마황후는 인자하고, 귀비는 법으로 다스리니 모두 상부상조하며 다스렸다'고 한다. 말하자면 손귀비는 분명히 비교적 엄하면서 체면도 봐주지 않는, 쉽게 접근하기 어려운 사람이었을 것이다. 그러나 마황후는 주원장에게도 손귀비는 '고대의 현명한 여인이라'고 칭찬했을 정도로 그녀를 두고 칭찬 일색이었다. 진심에서 나온 말인지 입에 발린 말인지는 알 수 없지만 말이다.

## 제5장 중팔공도 민간을 탐방했다

《명사·후비전》에서는 마황후, 곽녕비, 손귀비 외에도 이숙비李淑妃를 기재하고 있다.

이숙비는 주원장의 각 아들의 출생의 미스터리와 관계가 밀접하다. 심지어 일부 전설에 의하면 그녀는 태자 주표의 생모라고 한다(상세한 사항은 뒤에서 다루겠다). 이숙비는 수주壽州(지금의 안후이성 서우현安徽省 壽縣) 사람으로서 그 부친 이걸李傑은 홍무 원년에 광무위 지휘참사廣武衛指揮僉事로서 대장군 서달을 따라 북방 정벌을 하다가 전장에서 전사했고 그의 신도비神道碑는 저명한 유신인 송렴宋濂이 주원장의 명을 받들어 작성했다.

《선무장군宣武將軍, 첨광무위지휘사僉光武衛指揮司, 증표기장군贈驃騎將軍, 첨도독부사僉都督府事[17] 이공李公 신도비神道碑》라는 이름의 비문은 "이걸은 자는 무실이며, 수주 확구현 수안향에 거했다. 병신년에 장강을 건너 주공에게 투항했으며, 주공이 기뻐하여 그를 대장군의 휘하에 두었다〔李傑, 字茂實, 世居壽州霍邱縣壽安鄕. 丙申之歲, 渡江來屬, 上悅, 使隸大將軍麾下〕." 라고 전하고 있다.

---

17 '선무장군, 광무위 지휘참사'는 이걸의 본래 관직명이며, '증표기장군, 첨도독부사'는 그가 죽은 후에 추증된 관직명이다. 죽은 후에 더한 관직이기 때문에 '증'이라는 글자를 덧붙인다.

병신년은 원 순제順帝 지정至正 16년(A. D. 1356년)으로, 주원장이 부대를 이끌고 장강을 건넜던 다음 해를 말한다. 그때 주원장은 수많은 지방의 무장을 받아들였는데 이걸 역시 강북에서 장강을 건너 투항을 한 사람이지만 그의 관직명으로 살펴볼 때 그는 분명히 하층의 지도자에 불과했다.

그렇다면《명사·후비전》은 왜 구름 같은 주원장의 비빈 중에서 단지 마황후, 손귀비, 이숙비와 곽녕비 네 사람만 언급할 뿐 나머지는 말끔하게 제외시켰을까? 작자는 후궁을 역사에 포함시킬 기준으로 '권위'를 선택했기 때문이다.

황후는 한 궁의 주인이다. 손귀비는 '뭇 비빈의 위에 위치하여' 마황후를 도우며 내궁을 다스렸다. 반면 이숙비는 마황후의 사후에 '육궁의 사무를 섭정'했다. 소위 '섭정'이라는 말을 살펴보면, 주원장이 마황후를 그리워하여 다시는 새 황후를 세우지 않기로 결심했다는 뜻이라고 할 수 있다. 오늘날의 말로 하자면 다시 새장가 들지 않겠다는 뜻이었다. 이숙비는 궁정의 일을 맡아보기는 했지만 황후의 명의를 들먹이지는 않았고, 그래서 '섭정'이라는 말을 쓴 것이다. 그녀들은 모두 후궁 중에서 가장 존경받는 사람들이었다.

《명사·후비전》에서는 이숙비 사후에 그녀를 이어 후궁을 섭정한 사람은 곽녕비라고 하지만 기재에는 분명히 오류가 있다.

이숙비는 홍무 17년(1384년)에 마황후의 상기간이 끝난 후에 비로 책봉되었다. 그런데 마황후 임종부터 상이 끝날 때까지 2년여 간 후궁에 주인이 없을 수는 없었다. 모기령의《승조동사 습유기》에서는 곽녕비가 마황후의 붕어 후에 "육궁의 사무를 섭정했고, 황녕비皇寧妃라고 칭했다"라고 전한다.

홍무 연간에는 비의 호칭 앞에 '황皇'이라는 글자를 덧붙이는 경우가 있었는데, 이숙비와 곽녕비 둘이 그러한 유이唯二한 경우를 보인다. 그들은 '황'자를 더하면서 후궁에서 남다른 지위를 가지게 되었다. 명대 사람인 황유黃瑜는 "책봉을 받고 '황'자도 있으니, 임금처럼 바라보게 된다"라고 말한다(《쌍괴세초雙槐歲鈔》권1《귀비예제貴妃禮制》). 당시, 황후를 제외한 비의 호칭 앞에 '황'자를 덧붙인 경우가 없었으니(황귀비皇貴妃라는 칭호는 경태景泰 연간에야 발명되었다) 그 지위의 존귀함은 가히 추측할 수 있을 것이다. 사실상의 황후나 마찬가지로 궁전의 정무를 섭정했음은 의심할 필요가 없다.

곽녕비는 홍무 3년(1370년)에 책봉을 받았으므로 나이와 경력이 모두 이숙비보다 많았다. 이치대로 생각한다면 곽녕비가 먼저 육궁을 주재하고 그녀의 후임으로 이숙비가 부임해야 했다. 《후비전》에서는 이숙비가 궁전의 일을 섭정한 후 "얼마 안 되어 세상을 떠났다."고 했는데, 이 기록도 잘못되었다. 이숙비는 홍무 31년(1398년)까지 살았으며, 주원장 사후에 주원장과 함께 순장되었기 때문이다.

이처럼 마황후 이하 네 왕비가 홍무 연간에 모두 후궁을 주관했었기에, 《후비전》은 이를 근거로 그들을 같은 부류로 취급했다. 그런데 이것이 바로 '정사'의 문제점이다. 권력 있는 사람, 관직이 있는 사람만 사람 취급을 해주니 말이다.

곽녕비는 관상쟁이 곽산보가 주원장에게 바친 딸로서 공창후鞏昌侯 곽흥郭興과 무정후武定侯 곽영郭英의 여동생이었다. 홍무제의 후비 중에서 곽녕비처럼 권신을 가족으로 둔, 배경이 든든한 비빈도 없었다.

곽녕비의 아버지 곽산보는 관상쟁이로 주원장이 아직 무명 장군이던 시절, 사람을 보는 안목이 있어 그의 귀인됨을 알아보고 크게 될 인물이라고 점찍었는데, 과연 훗날 가문은 부귀를 맞게 되었다. 주원장의 많은 처첩 중에서 오직 곽녕비, 마황후만이 주원장과 어려운 시절을 함께 한 조강지처이다.

그러나 야사에서는 곽녕비가 주원장에 의해 죽었으며, 그녀와 함께 '장렬한 죽음'을 맞이한 비빈으로는 이현비李賢妃와 갈려비葛麗妃가 있다고 한다. 하루에 왕비 세 명을 한꺼번에 죽인다? 정말로 소름이 오싹 끼칠 이야기다. 그러나 이런 오싹함이 바로 수많은 '주원장 이야기들'의 공통점이다. 왜 그럴까? 우선 뜸을 좀 들였다가 뒤쪽 글에서 다시 고증을 하도록 하자.

이제 잠깐 정리를 해도 될 것 같다. 주원장의 다섯 여인(마황후, 곽녕비, 곽혜비, 손귀비, 이숙비)에게는 모두 공통점이 하나 있었다. 즉 그들은 모두 호걸(곽산보 제외)의 딸, 즉 친딸이나 양녀였는데, 그 친부모 혹은 의부에 의해 주원장에게 바쳐졌다는 것이다(이 점은 완전히 일치한다). 이것이 주원장이 여성을 받아들인 방법이자, 초기에 비빈을 맞던 주요한 방식이었다.

이렇게 많은 사람이 약속이나 한 듯이 자기 집안의 '보배'를 주원장에게 추천했다는 이야기는(이 추천은 혁명운동을 하거나 왕실 가무단에서 연예사병을 하라는 추천이 아니라, '잠자리를 같이 하라'는 추천이었다), 중팔공이 색을 탐하지 않았고, 결코 색마로 유명한 위인이 아니라는 점을 강조하기 위한 설명이지만, 졸필은 이를 절대 믿지 않는다! 아무리 훗날의 문인이 자기 태조 황제를 금욕주의자나 청교도 비슷한 사람으로 만들어버렸어도, 진실만은 오늘날 우리가 이 비밀을 밝혀주길 간절히 기다리고 있으니까 말이다.

그 외에도, 중국 사회에는 주원장이 비빈을 맞아들이던(혹은 '여성 수집'이라는 어휘가 더 적당한 느낌이 든다) 초기 상황을 두고 몇 가지 이설이 전해진다. 예를 들어 명나라의 시인 서정경徐禎卿은 《전승야문翦勝野聞》에 이런 내용을 기재하고 있다.

황제의 13자인 대왕代王 주계朱桂의 어머니는 비邳현 사람으로서, 한번은 주원장이 전쟁에서 패배하고 그녀의 집에 잠시 피신을 했을 때였다. 그녀는 이 남성의 이름이 주원장임을 알게 되자, 너무나 기쁜 나머지 이렇게 말했다고 한다. "세상에, 당신이 바로 그 유명한 분이시군요! 사람들이 하는 말이 당신은 나중에 천자가 될 거라고 하던데요!" 그녀가 이 사실을 알고 있었던 이유는 점을 치거나 관상을 볼 줄 알았기 때문이 아니라 빠른 소식통을 가지고 있었기 때문이었다. 자기 꿍꿍이가 있었던 여인은 귀인이 자기 집에 왕림하셨다는 걸 알고는 진짜 용을 모시고 하룻밤을 보내기로 결심했다. 그날 밤은 그다지 편안한 하룻밤이 되지 못했다. 침대 쿵덕거리는 소리가 요란하고 침대에 친 휘장은 미친 듯이 펄럭거렸기 때문이다……. 그 다음날 이별의 시간이 되자 이 여인은 부끄러워하며 여쭈었다. "혹시 임신이라도 하면 어떻게 하지요?" 어젯밤 그녀가 주 모씨에게 대단한 총애를 받았음을 확연히 알려주는 질문이었다. 그러자 주원장은 반으로 자른 빗 조각 하나를 정표로 남겨주었다.

독자 여러분, 자세히 살펴보시라! 이 이야기의 문제점이 보이는가?

첫째, 주원장의 제13자인 대왕의 어머니는 양갓집 부녀가 아닌 듯싶다.

전쟁 통에 험악한 세상에서 과연 어떤 규수가 혼자 집을 지키며 살 수 있단 말인가?

둘째, 그 바쁜 와중에도 한 여인을 몰래 집어삼킨 이 사나이는 당시 과연 주원장이라고 불리웠을까? 아니면 주중팔이라고 불리웠을까? 주중팔이라고 불리웠을 가능성이 7, 80 퍼센트이다. 하지만 천자가 될 사람의 이름이 주중팔이라는 소문이 그렇게 파다했다면, 왜 나중에 굳이 '주원장'이라는 듣기 좋은 이름으로 바꾸었을까? '중팔이'라는 천하가 사모하던 그 대단한 이름은 버렸단 말인가? 하하하! 그렇기 때문에 이 이야기는 꾸며낸 이야기일 가능성이 100%이다.

또한 패잔병의 장수였던 주중팔은 전쟁에서 대패했음에도 여색을 향한 탐욕은 조금도 사그라지지 않았고, 심지어 하룻밤에 만리장성을 쌓는 여유까지 부렸다. 그의 정자대군 역시 마치 손자병법이라도 배운 듯 패배의 날에도 사기가 전혀 떨어지지 않았으며, 강력한 전투력을 자랑하는 정예부대답게 일격에 임신을 성공시켜 아들을 생산케 했다.

훗날 주원장이 황제가 되고, 아이도 점점 자라자 모자는 주원장을 찾아왔다. 다행히 주원장은 화장실 갈 때 마음 다르고, 나올 때 마음이 다른 배신남은 아니었다. 그는 이 불장난을 인정하고, 곧장 공부工部에 두 모자가 거할 으리으리한 집 한 채를 지어주라는 명령을 내렸다. 유일하게 조금 아쉬웠던 점은 두 모자가 황궁에 들어오지 못하도록 출입금지 명령을 내린 것이다. 하지만 주원장은 아이를 박대하지 않았고, 그를 대왕으로 책봉해주었다. 대왕의 어머니는 궁전에 입궐할 수 없었지만, 대왕의 집에 머물며 모자가 함께 혈육의 정을 나눌 수 있었기에 분위기는 오히려 더 화기애애했다.

이것은 주원장의 야합 고사 중에 대표적인 버전이다. 야합 고사는 그 외에도 또 다른 버전이 있으며, 명나라 사람 왕문록王文錄이 쓴《용흥자기龍興慈記》에 그 글이 실려 있다.

'자상할 자慈'란 일반적으로 어머니를 가리키며, 소위 '자기慈記'란 어머니께서 이야기해주신 옛날이야기를 기록한 글을 말한다. '용흥'이란 건국 초기의 사적을 가리킨다. 왕문록은 자신의 외조부는 건국 초기를 살았던 사람으로 타인의 이야기를 듣거나 스스로 이야기하기를 매우 좋아해 자신의 어머니에게도 건국에 관련된 이야기를 많이 해줬는데, 어머니는 또다시 자신에게 건국 이야기를 전해줬다고 말한다. 가문 대대로 내려오는 비전을 책으로 출판까지 했다니 참 부러운 일이 아닐 수 없다. 또 천만다행인 것은 주씨 집의 '할머님'인 주원장이 남긴 이야기(조상의 교훈, 흠록欽錄, 기비록記非錄 등의 형식으로 작성된)는 거의 공포영화 수준으로 사람을 혼비백산하게 했던 데에 비해, 그의 외조부는 '자상한' 분이셨다는 점이다.

왕씨 집안에서 전해오는 비전에 의하면 주원장은 전쟁에서 패하여(정사에서는 항상 백전백승이건만, 야사에서는 연전연패를 거듭하누나) 밤을 틈타 한 기방으로 도망쳤다. 아! 주원장은 과연 진정한 용이었다. 어쩐지 어디로 가든 바람과 비를 부를 수 있더라니 말이다. 그는 기방에서 하룻밤을 지내며 밤새도록 거센 '비바람'을 불러 일으켰다…… 다음날 떠날 때에는 벽에 시 한 구절까지 남겼는데, 글귀는 이러했다.

"二之十, 古之一, 左七右七橫山倒出得了一, 是為之士之一."

(이지십, 고지일, 좌칠우칠횡산도출득료일, 시위지사지일)


누가 이런 귀신 씨나락 까먹는 소리를 이해할 수 있을까?

얼마 후, 그 하룻밤 거센 '구름과 비'에 흠뻑 젖은 기녀는 정말로 임신하여 떡두꺼비 같은 아들 하나를 낳게 되었다('진정한 용'의 강력한 법력이 기방의 임신 방지술을 완전히 무력하게 했는지는 알 수 없는 노릇이다. 위소보韋小寶[18]의 그 이름 모를 아버지도 양주揚州 여춘원麗春院의 저주를 깨뜨리지 않았는가?).

이 기녀는 이 포스트모더니즘 시인을 끝까지 잊지 않고 그 엉터리 시를 적어 고이 보관해 두었다. 그리고 그 시인이 황제가 되었다는 이야기를 듣자 그제야 그 시가 장래를 예언하는 참언讖言시임을 깨닫게 된 것이다. 그가 쓴 시를 번역해보면 "왕의 길한 여인이 아들을 낳아 왕이 된다〔王吉婦生子為王〕!"는 뜻이다. 그 늙은 기녀는 얼른 시를 챙겨 아들과 함께 친자 인정을 받으러 떠났다. 아마 이 황제 역시 위소보처럼 기원에서 수년간 오입질에 빠져 살던 인물이었을 텐데, 지금은 완전히 팔자를 고쳐버렸다! 주원장은 그 모자가 찾아와 과거에 진 하룻밤의 대가를 치러달라고 요구하자(원칙대로 하자면, 오입질로 일으킨 문제는 절대 오리발을 내밀어서는 안 된다는 말이 있다), 곧 공부에 왕궁 하나를 짓도록 명하고 아들을 왕으로 삼았다. 물론 그 어머니는 다시는 만나지 않았다.

---

18  김용(金庸)의 무협소설 《녹정기(鹿鼎記)》의 남주인공.

이 이야기에서는 그 기녀가 낳은 아들이 도대체 어떤 왕자인지 함구하고 있다. 하지만 눈치가 빠른 사람은 대강 한번만 훑어보아도 그 아들이 대왕代 王임을 추측할 수 있을 것이다. 이 이야기는 앞에 나온 대왕 이야기의 다른 버전이다. 혹은 앞에 나온 대왕의 이야기야말로 이 이야기의 또 다른 버전일 수 있다. 이 두 이야기는 다만 도구가 조금 다를 뿐, 이야기의 전개방식은 대략 엇비슷하다. 대왕의 이야기에는 민간의 예언이 나오는데 비해 기녀가 아들을 낳은 이야기에는 참언시가 등장한다.

중국 고대의 희곡은 이런 유의 제재를 좋아했다. 즉 '어떤 귀인이 어려움을 만나 피신을 하다가 어떤 민간의 여인 혹은 비천한 여인과 하룻밤 연을 맺고 그 업보를 남기게 되는데, 그 후 수년 후에 남겨진 가족이 다시 귀인을 찾으므로 모두 행복하게 살았다'는 줄거리이다. 이런 이야기에서 참신함을 발견할 수 있는가? 아주 고리타분하기 짝이 없다. 사실 대왕 주계의 출생은 아주 명확하기 때문에 감춰진 비밀이 있을 수 없다. 그의 어머니는 곽자흥의 딸 곽혜비이다. 이 아들은 홍무 7년(1374년)에 태어났으며, 그 당시 오랫동안 천하가 태평했다. 왜 대왕이 이야기의 등장인물로 총대를 메게 되었냐는 데에는, 이야기의 편저자가 산서山西 사람이거나 혹은 대왕의 봉지인 대동大同 사람이라서 이야기 편집 시에 소재로 사용된 듯하다.

대왕의 어머니는 특별한 이유도 없이 이야기 속의 주인공이 되어버렸다. 우리가 아는 속담으로 이야기하자면 '뒤로 자빠져도 코가 깨진 경우'다. 하지만 사람들이 이런 이야기를 꾸며낸 데는 다 이유가 있는 법이다. 결코 아닌 땐 굴뚝에서 나는 연기가 아니다. 여인 사냥을 즐기는 주원장의 변태성향은 명나라 초 사람들에게도 결코 비밀이 아니었던 것 같다. 왕문록의 외조부는 '주원장이 자주 민간에 암행하며 여인을 만났다〔微行御女〕'고 하며, 스캔들이 발생한 후에는 항상 정표를 남겨두어 장래에 상봉할 수 있는 증거를 삼았다고 한다. 그리고 상봉 후 낳았다는 아이가 해와 월만 맞아떨어지면 왕으로 봉했고, 혹은 양자로 받아들이거나 적어도 귀족으로 봉했다. 요즘 몰래닭 잡아먹고 오리발 내미는 일부 '유인원'에게 경고하건데, 이런 행동은 역사의 선배들에게 잘 배워야 할 것이다!

또한 마찬가지로 명나라 초 사람 유진이 지은 《국초사적》에는 또 다른 이야기가 전해지는데, 호주濠州의 호胡씨 집에 수절한 과부 한 명이 있었는데주원장이 이 과부를 첩으로 데려오기 원했지만 그 과부의 친어머니가 결사반대했다고 한다. 호씨 과부녀의 어머니가 왜 반대를 했는지는 모르겠지만, 아무튼 어머니가 허락하지 않으니 연분을 맺을 방도가 없었다.

추측컨대 호씨 과부녀는 절세 미녀였던 것 같다. 밝힘증 환자 주원장이그녀를 잊을 수 없어 하던 차에, 호씨 모녀가 군대를 따라 회안淮安에 왔고과부녀는 아직도 적당한 사람을 만나 재가하지 않았다는 이야기를 듣게 되었다(그녀가 만일 기혼녀였더라면, 그 남편은 분명 오호, 통재라, 끔찍한 운명을 맞이했을 것이다. 양희성의 전례만 보아도 알 수 있지 않은가?). 그는 곧 회안을 지키는 조군용趙軍用에게 편지를 써서 그 과부녀에게 자신을 소개시켜 줄 것을청했다.

이 조군용은 사실 주원장이 잘 아는 친구로, 본명은 조균용趙均用이었다.그는 과거 팽조彭早와 함께 서주에서 군사를 일으켜 전투에서 패한 후, 호주

로 도망갔으나 곽자흥과 불화하여 후에 서로 자기 길을 찾아갔다. 그는 주원
장이 장강을 건너던 그 다음 해 겨울에 회하淮河의 중요거점인 회안을 점령
했지만, 얼마 후 원나라 군대에 격파당해 산동의 익도益都로 도망쳐 홍건군
장수인 모귀毛貴의 휘하에 의탁했다. 그런데 이 사람은 신의가 없는 사람이
었다. 그는 조금 살 만해지자 자신의 군주인 모귀를 살해해버렸다. 그러나
그 역시 인생의 결말은 불운해 모귀의 부하에게 살해당해 죽고 말았다.

조균용의 기억 속 주원장은 곽자흥의 데릴사위였던 애송이에 불과했지
만, 지금은 범상치 않은 업적을 이루고 강남을 지키는 큰 군대의 원수가 되
어 있었다. 이런 주원장의 부탁을 조균용도 함부로 대할 수 없었기에, 얼른
호씨 모녀를 데리고 왔다. 과부녀의 어머니가 마음을 바꿔 주원장을 만나려
했다는 이야기는 분명 중간에 강압적인 수단이 동원되었다는 뜻이다. 즉 목
에 칼을 겨누며 위협을 했다는 것 아닌가? 어쨌든 이번에는 아무리 싫어도
말을 들을 수밖에 없었다. 주원장은 마침내 매우 기뻐하며, "그녀를 맞아들
여 호비胡妃로 세웠다"고 적고 있다.

《국초사적》은 유신이 성조成祖 주체朱棣의 명을 받아 편찬한 책이기에, 야
사와 민간의 잡설을 함부로 섞어 책을 쓸 엄두는 내지 못했을 것이다. 모두
알다시피 주원장의 비중에는 호씨 성을 가진 비빈은 둘이다. 그중에 하나는
소경충비昭敬充妃(호충비胡充妃, '소경昭敬'은 시호)로 임회臨淮 사람이며, 지정 24
년(1364년) 3월에 초왕楚王 주정朱楨을 낳았다. 호충비 아버지의 이름은 현顯
으로, 공적을 세운 덕에 정요 도지휘동지定遼都指揮同知를 세습했으며 직위는
도독까지 승진했다(1, 2품 무관). 다른 한 왕비는 호순비胡順妃이며 공신 예장

后豫章侯 호미胡美의 딸로(사계좌查繼佐의 《죄유록罪惟錄 · 상헌왕전湘獻王傳》에 따른 기록) 홍무 4년(1371년)에 상왕湘王 주백朱柏을 낳았다(《명사明史 · 호미전胡美傳》에는 호미의 딸을 귀비로 기록하고 있음).

잘 알려지지 않은 호주 호씨 왕비를 포함한다면, 주원장에게는 호씨 성을 가진 왕비가 적어도 세 명이 있었던 셈이다.

이야기가 나온 김에 부연하자면, 호씨들은 500년 전에는 모두 한 가족이었다. 즉 호씨 성을 가진 왕비들은 졸저를 쓰고 있는 본인과도 '한 집안'인 셈이다. 졸필이 대명 제국의 외척이었다고 으스대고 싶지는 않지만 본인이 주원장의 가족 비사를 쓰게 되었다는 점을 생각해보면, '이건 어쩌면 하늘이 정해주신 운명이 아닐까?'라는 생각을 금할 수 없다. 하하하!

# 제6장 나는 한 명의 여성도 무례하게 정복한 적이 없다?
## 예외도 있지!

전사는 전장에서 피비린내 나는 전투를 벌이는 외에도, 침실에서도 한껏 정복욕을 발휘해야 한다. 군병은 매음을 하거나 심지어 여자 노략질을 하기도 했지만, 힘이 있는 권력자는 권력에 빌붙는 아첨꾼이 바치는 조공을 앉아서 즐길 수 있었기에 후궁의 인력풀은 점점 더 충실해질 수 있었다.

주씨가 자신만의 후궁을 보유한 시점은 오나라 국공吳國公으로 봉해졌을 때부터라고 할 수 있다.

주원장이 1361년에 가장 큰 적수였던 진우량을 격파하고 온 세상에 명성을 떨치며 강남 최고의 실력자로 부상하게 되자, 용봉정권은 그의 마음을 사로잡기 위해 이미 수여한 '강남행성 좌승상江南行省左丞相'이라는 관직명에 더해 '개부의동삼사開府儀同三司, 녹군국중사錄軍國重事, 중서우승상中書右丞相, 태위太尉, 오국경吳國卿'을 봉하고 1363년에는 그 부친, 조부, 증조부 3대에 걸쳐 오국공吳國公과 국공부인國公夫人을 추증했다.

이쯤 되자 주원장은 용봉정권의 우승상(원말에는 우승상이 좌승상보다 더 높은 관직이었음)으로서 이미 일인지하 만인지상의 위치에 올랐으며, 한림아가 자신의 왕위를 물려주는 것 외에는 더 이상 하사할 수 있는 새로운 관직이 없을 정도였다.

이제는 주원장의 욕망을 만족시킬만한 고관대작이 없었다. 1364년, 그는 스스로 오왕이라 칭한 뒤 건강성(남경)에서 대형 토목공사를 일으켜 황성의 궁실과 동물원, 식물원을 건설했다.

주원장의 후궁은 이미 틀이 잡히고 그 휘하에 수많은 미녀를 거느린 상태였다.

남자는 본능적으로 여자를 떠나지 못하며 마치 한 쌍의 물고기처럼 서로 쫓고 쫓기기를 멈추지 않는다. 이는 제 아무리 성현이나, 혹은 행상인이나 심부름꾼이라도 매한가지이다. 다른 점이 있다면 성현은 고상하고 기품 있는 말을 사용해 성행위를 '돈륜'이라고 하는 반면, 시정잡배는 아주 간단명료한 한마디로 이야기한다는 것이다. "하자!"

이는 주원장도 전혀 거리끼지 않았으며, 과거 공개적으로 "나는 한 명의 여성도 무례하게 정복한 적이 없다"는 말을 하기까지 했다. 스스로 자신은 여성을 무례하게 정복한 적이 전혀 없으며, 정복은 안 했으면 그만이지 정복을 했다면 반드시 예의를 갖추었노라고 자랑한 것이다. 하지만 졸필에게 이 말은 마치 '나는 도둑질을 해도 남이 모를 법도를 갖추고 있다'고 떠드는 헛소리로밖에 들리지 않는다.

이 말은 어디서 유래한 것일까? 이 말은 주원장이 유신에게 명해 편집한 《대고大誥》라는 책에 나타난다. '고誥'라 함은 알린다는 뜻이며, 대고는 전국에 발표하는 문서로서 그 법률적인 지위도 상당히 높아 심지어 《대명률大明律》보다 더 높은 지위를 점했다. 주원장은 홍무 중반에 《대고삼편大誥三編》, 《대고무신大誥武臣》등을 편저하여 전국에 반포하고, 관리와 백성의 학습을 격려하였으며, 이 책들을 집에 한 권씩 비치한 사람은 범죄를 하더라도 감형을 해주는 특혜를 베풀었다.

과연 대고는 홍무 왕조의 중요한 문헌으로서 그중 《대고 · 관리가 해서는 안 될 43가지 행동에 관하여〔論官無作非爲四十三〕》라는 대목에서는 이런 금과옥조를 싣고 있다.

"짐은 아직 천하를 얻기 전, 성과 토지를 공략하였으며 군웅과 14년간 각축전을 벌였지만 군대에 있으면서는 한 명의 여인도 무례하게 정복한 적이 없다."

"본인은 절대 여인을 겁탈한 적이 없다. 맹세코 한 명도 없다!"

주원장은 진실한 맹세를 한다. 얼마나 그럴 듯한 말인가? 하지만 그 뒤로 바로 대전환이 나타난다.

"그러나 무창武昌을 친히 정벌할 때 진우량이 도적같이 국경을 침범해, 무창을 함락시킨 후 그의 첩을 데리고 돌아온 적이 있다."

그러면 그렇지, 주원장이 그렇게 대견스런 행동을 할 리가 없지!

대단한 폭로 아닌가! 주원장 본인 외에 내막을 폭로할 사람이 누가 있겠는가? 그는 화제를 이어가다가 갑자기 말꼬리를 돌려 말한다.

"짐은 돌연 스스로 의구심이 드는구나. 나의 이런 행동은 과연 여색을 탐했기 때문이었나? 아니면 호기로움을 자랑하기 위해서였나? 지혜로운 사람이라면 이를 분별할 수 있을 것이다."

짧은 말 한마디에 반전을 세 번이나 거듭하며, '반전의 미학'을 추구하는 듯하다. 만일 초등학생이 이런 식으로 작문을 한다면 분명 담임선생님께 '중심 생각'이 뭐냐고 혼쭐이 났을 것이다.

주원장은 자신이 군웅과 14년간 각축전을 벌였지만 민간의 여성을 강제로 빼앗은 적이 한 번도 없다고 말한다. 또한 칭기즈칸의 가치관도 받아들이지 않아 적수의 아내와 딸을 강탈해와 욕보이고 더럽히는 일로 즐거움을 삼지도 않는다고 했다. 다만 진우량이 사람을 너무 짜증나게 한 것이 문제였다. 왜 그 친구는 허구한 날 주원장의 국경을 넘어왔던 것일까? 주원장도 정말 화가 나고 피가 끓어올라 참을 수 없었기에 한나라漢國의 도성인 무창을 함락한 후, 피치 못하게 진우량의 왕비를 침대로 끌고 와 자기 여자로 정복해 버린 것 아닌가?

그러므로 홍무제의《대고》는 다음 사실을 확실히 증명하고 있다.

"무릇, '그러나'라는 말의 앞에 했던 말은 전부 믿을 수 없다!"

하지만 그의 논리는 아주 이상하지 않은가? 한 사람이 너무 미워지면, 반드시 그의 처와 첩을 유린해야 내 화가 풀린다? 기분 나쁜 일이 있으면 꼭 남자의 생식기를 복수의 수단으로 사용해야 한다? 주원장은 자기 얼굴에 침을 뱉는 이런 창피한 일을 대국민 공개했고, 거기에 한술 더 떠서 자신이 이렇게 행동한 이유가 색욕이 너무 강해서인지 아니면 호걸의 본능 때문인지 모르겠으니 판단은 지혜로운 여러분에게 맡긴다는 이야기까지 했다!

이 알림글은 주원장의 자기 고백이 분명하다. 타인의 아내를 범한 적이 있다는 비열한 행적을 스스로 인정하고 있기 때문이다.

스스로 한제漢帝로 칭한 진우량은 넓은 땅에 대군을 거느렸다. 장강의 중류에 자리 잡았으며 장강 하류를 점령한 주원장과의 장기전에서 수차례 공세를 퍼붓는 입장이었으나, 지정 23년(1363년) 8월 파양호鄱陽湖 결전에서 주원장에게 예상치 못한 대패를 당하고 말았다. 진우량은 전세가 위급하자 전함의 창문 밖으로 머리를 내밀고 바깥의 상황을 살피려 했는데, 마침 배 곁을 스치던 화살 하나가 진우량의 머리에 한 치의 오차도 없이 정확히 박혀버렸다. 진우량이 전사하자 한나라의 몰락은 자연스런 수순이었다. 주원장은 말했다.

"우량이 죽었으니 천하는 정벌하기가 어렵지 않구나!"

그는 대략 그때부터 국가 창업을 진지하게 생각하기 시작했다.

그해 9월, 주원장에게 백안시당하면서도 오왕이라 자칭하던 장사성(국경을 마주대고 있던 이 두 앙숙은 왕명까지 서로 같게 지었는데, 도대체 무슨 속내였는지 모르겠다)이 대군을 이끌고 진우량의 아들 진리陳理를 직접 정벌했다. 10월, 무창을 포위한 채 호북 지방의 모든 길을 공략해 낼 수 있었다. 하지만 전투는 이상하리만치 지리멸렬하여 무창만은 함락시킬 수 없었다. 그 다음 해 2월, 주원장이 직접 군사를 이끌고 사력을 다해 공격한 후에야, 더 이상 성을 지킬 수 없다고 생각한 진리가 군신을 이끌고 성문을 열어 투항하여 간신히 끝이 났다. 그러나 그 전까지 그 둘은 이미 반년이 넘도록 대치하고 있었다.

"진리가 입에 옥벽을 물고 웃통을 벗은 채, 태위太尉 장정변張定邊 등을 이끌고 투항했다."

《명태조실록》은 이 일을 멋진 영화 시나리오처럼 비약시키고 있다. 당시 한의 차세대 군주였던 진리는 군영 밖 대문에 이르러서는 엎드려 떨며, 감히 주원장을 우러러 보지 못할 정도였다고 한다. 주원장은 어리고 연약한 그를 보고 일으켜 손을 잡으며 말했다고 한다. "무서워 마라. 너의 죄를 묻지 않겠다." 그리고 환관들에게 진리를 후궁으로 모시게 하고 진우량의 부모를 위로하며 또한 "한나라 창고에 모아둔 재물은 진리가 원하는 만큼 마음대로 가져가도록 하라"는 명을 내렸다. 게다가 진리의 문무 관원을 성 밖으로 풀어주었고 아내와 자식, 자기 재산도 전부 자유롭게 가지고 나갈 수 있게 했다고 한다.

그뿐만 아니라 입성한 주원장은 구제와 위로 정책을 실행하고 '진우량의 부모를 예로써 대하여' 이에 '백성이 크게 기뻐했다'고 전한다.

여기까지 읽은 사람이라면 누구나 이렇게 외칠 것이다. "인의를 아는 장수로구나!"

그러나 이런 스토리는 현실성이 매우 떨어진다. 예를 들어 진우량 집안의 문무백관을 풀어줬다는 대목에서 졸필은 의문이 증폭된다. 앞에서는 사람들이 경계를 풀도록 배불리 먹이고 안심하고 헤어지도록 했는데, 성 밖으로 나가니까 미처 방어하지 못하고 있는 때에 단번에 섬멸시켜 버리지 않았을까? 그 신하들은 모두 가족과 자녀를 데리고 나가지 않았던가? 그러니 그 김에 후환을 철저히 없애버릴 수 있었을 것이다.

독자 여러분, 만일 사실을 믿기 어렵다면 용봉 12년(1366년) 11월 초 15일에 주원장이 서달, 상우춘에게 보낸 친필 편지를 한번 살펴보시라. 그 당시 서달 등은 막 장사성 군대를 크게 섬멸하고 육만여 명을 포로로 획득한 상태였다. 주원장은 "포로가 너무 많아서 전부 돌보기 어렵다"면서 서달에게 그 중 용맹한 정예군 1-2만 명만 남기고 그 나머지 "기용할 수 없는 사람은 군대에서 몰래 처리해버리되, 풀어줄 필요는 없다"고 명했다(왕세정王世貞,《엄산당별집弇山堂別集·조령사고2詔令咋考二》).

진우량의 문무백관은 당연히 '기용할 수 없는 사람'이었다. 그들은 주원장 군과 수년간 악전고투를 벌여왔으며 주원장이 극히 혐오하던 원수였다. 그들을 간신히 쥐덫에 몰아넣었는데, 이제 귀향해 편안한 여생을 보내라고 놓아줄 하등의 이유가 없었다. 명나라 주원장은 온갖 사탕발림으로 그들을 성 밖으로 내보낸 후, 비밀리에 역사상 유래 없이 참혹한 중국판 '카틴 숲의 대학살Katyn Forest Massacre'을 실시했을 것이다(이 사건을 알고 싶은 독자는 녹색창에 물어보기 바란다).

사실상 주원장은 '실록'의 '부실함'을 이미 자기 입으로 밝힌 바 있다. 그는 천하의 신하와 백성들에게 이런 사실을 인정한 것이다.

"나는 군사를 일으킨 이후로, 타인의 아들과 딸을 들인 적이 없다. 오늘날 진우량이 금릉을 세 번이나 침범하고 나의 태평세월을 네 번이나 훼방했기 때문에 내가 그를 심히 미워하여 그 처인 도闍씨를 몰수하여 액정궁掖庭宮[19]에 받아들인 것이다〔我自起兵以來, 未嘗納人子女, 今友諒三犯我金陵, 四犯我太平, 我甚恨之, 其妻闍氏可沒入掖庭〕."

여기서 '몰沒'이란 몰수의 몰이며, 몰입액정沒入掖庭이란 말은 도씨를 액정궁에 받아들여 후궁으로 삼았다는 것이다. 진씨 집안의 며느리가 주원장에

---

19  고대 한족 궁정의 건설양식으로, 궁녀가 거주하거나, 범죄한 관료의 가족 중 남편이 죽은 부녀들이 입궁해 노동을 하던 곳.

게 와서 후궁이 된 것은 당연히 빨래나 밥을 하기 위해서가 아니라 시침을 하기 위해서였다. 즉 주씨와 함께 자기 위해서였다!

주원장은 자신이 진우량의 마누라를 강탈해와 밤이면 밤마다 강간을 함으로써 오랜 라이벌에 대한 분노를 풀었다고 솔직하게 인정했다. 하지만 이런 허심탄회한 이야기는 자신도 전혀 예상치 못했던 심각한 후유증을 불러일으켰다. 그것은 바로 명나라 사회에 자기 아들의 출생의 미스터리에 대한 각종 비화를 탄생시켰다는 것이다(상세한 이야기는 다음 편《각 왕자 출생의 미스터리》에서 다루도록 하겠다).

그 외 유명 인사 중에 직접적인 피해자가 있었으니, 이야기보따리를 좀 더 풀어보자. 이 피해자는 바로 명나라 초기 시단의 '사걸四傑' 중 하나였던 강소성 장주長洲 사람 고계高啟였다.

고계는 뛰어난 시작 능력과 필력으로 주원장에게도 큰 인정을 받아 한때는 호부시랑戶部侍郎이라는 고위관직을 하사받기까지 했다(오늘날의 재무부 차관 겸 국가은행의 부행장에 해당하는 직위). 주원장의 편에서는 정말 파격적인 대우를 해준 셈이었다. 하지만 고계는 예술가 기질이 다분해 눈치코치가 빵점이었다. 도도한 성질머리를 버리지 못하고 관직은 절대 안 받겠으며 임하林下로 돌아가겠노라 극구 사양을 하는 바람에, 주씨 영감의 속을 영 불쾌하게 만들었다. 후에 고계는 불운을 겪게 되는데 화의 조짐은 이미 그때부터 드리우고 있었다.

홍무 7년(1374년), 당시 소주 지부知府였던 위관魏觀은 장사성 궁전의 옛터에 소주성의 관아를 건축하다가 '이미 멸망한 기초를 다시 일으키려 한다'는 모함을 받고 주살을 당하게 되었다. 주원장은 고계가 《상량문上梁文》(건축물의 대들보에 쓴 글씨)에 대필해준 '호거용반虎踞龍盤(호랑이가 버티고 앉아 있으며 용이 똬리를 틀고 있는 듯하다)'이라는 글을 보고는 옛 원한이 떠올라, 이를 계기로 고계도 함께 사형시켜버렸다. 고계는 유달리 처참하게 죽었다고 한다. 그는 허리를 작두로 잘라 죽이는 형을 받았는데, 당시 나이 겨우 39세였다.

　전하는 바에 의하면 주원장이 고계를 끔찍이 증오하게 된 까닭은 고계의 시가 궁궐의 금기를 풍자했다는 의구심을 받았기 때문이었다. 화액을 몰고 온 그 시는 단 네 구절로 각각 《궁녀도宮女圖》와 《화견畵犬》에 등장한다.


女奴扶醉踏蒼苔, 明月西園侍宴回

(여노부취탑창대, 명월서원시안회)

小犬隔花空吠影, 夜深宮禁有誰來

(소견격화공폐영, 야심궁금유수래)


궁녀가 술 취한 주인을 부축해 창대에 오르니,

서쪽 정원을 비치는 밝은 달 아래 잔치에서 돌아오는 주인을 모신다.

하룻강아지 꽃밭에 앉아 허공의 그림자를 향해 짖어대네.

깊은 밤 구중궁궐에 누가 오기라도 한 것인지.


《궁녀도宮女圖》

猧兒初長尾茸茸, 行響金鈴細草中

(구아초장미용용, 행향금령세초중)

莫向瑤階吠人影, 羊車半夜出深宮

(막향요계폐인영, 양차반야출심궁)

강아지의 갓 자란 꼬리는 복슬복슬,

걸을 때마다 짧은 풀숲 속에서 금방울은 딸랑딸랑.

옥대의 사람 그림자를 보고 짖어서는 안 된단다.

그건 한밤중에 깊은 궁전을 떠나는 양차羊車란다.

《화견畵犬》

평범한 내용의 이 시가 도대체 주원장의 어떤 민감한 신경을 건드렸을까? 《명사고明史稿》의 저자, 청나라의 역사가인 만사동萬斯同 역시 이유를 알 수 없어 친한 친구인 오교吳喬에게 원인을 물은 적이 있었다. 오교는 이렇게 대답했다.

"태조가 진우량을 쳐부수고 아름다운 첩을 노략해 와서 별실에 숨겨두었는데, 이선장의 자제 중에 그녀를 훔쳐본 자가 있었다네. 고계가 쓴 시는 바로 이 일을 풍자한 거지. 이선장의 자제와 고계가 훗날 화를 입은 것은 바로 그런 원인 때문이라네."

오교는 주원장이 진우량의 첩실과 여인을 별실에 감춰두었다고 하는데,

별실이 어디에 있는지 명확하게 말하지는 않고 있다. 어쩌면 궁궐 밖 모처의 큰 저택이었을까? 독자 여러분, 과거 하룻밤을 같이 지냈던 여자가 주원장을 찾아와 도움을 청하자 그들에게 큰 저택을 지어준 일을 기억하는가? 그런 저택이 아니라면 한국공韓國公 이선장의 별 볼 일 없던 아들이 어떻게 별실을 찾아내 훔쳐볼 수 있었을까? 또, 고계는 이를 어떻게 생각했는지도 모를 일이다. 이런 사실에 분노했을까 아니면 흥미로운 가십거리로 여겼을까? 아무튼 유능한 젊은이 하나가 하고 싶은 말이 있어 시로 이야기를 했는데, 결과적으로 어리석은 일을 저지른 장본인과 함께 변을 당하게 되었다는 설이다. 명나라 말의 정치가이자 문인인 전겸익錢謙益이 소주에서 채집한 야사에서도 고계가 궁녀시 때문에 화를 입었다고 전하고 있다. 그는 처음에는 황당한 설이라고 생각했지만 나중에 건국 초기에 반포한 《소시간당록昭示奸黨錄》등 책(승상 호유용胡惟庸 당파 사람의 죄상을 적은 서류문서)에 실린 이선장의 아들과 조카의 서신(전씨는 서신의 내용은 이야기하지 않고 있지만 서신에 궁궐의 비사가 담겨 있을 수 있다), 그리고 태조가 예장후 호미 부자의 죄상을 선고한 수기 조서(호미 부자 및 사위가 금지된 궁궐지역에 함부로 난입해 죽임을 당했다는 내용, 뒤에서 자세히 설명하겠음)를 보고서야 '계적季迪(고계의 자)을 통해, 이 시가 그와 관련된 내용을 적었다'는 것을 알게 되었다. 그 역시 고계의 시가 큰 금기를 범해 황제의 노를 불러 일으켰는데, 후에 황제가 위관을 옥에 가두며 이 사건을 빌미로 고계를 죽인 것이라고 인정했다.

하지만 어떤 이는 여전히 의문을 제기했다. 예를 들어 청대의 문학인 주이존朱彝尊은 "두 시는 경신군庚申君(즉 원나라 순제)을 풍자하여 지은 시일 수 있는데, 호사가는 이를 가지고 견강부회를 하려고 든다"고 했다. 그는 이 시는 주원장과 관계가 없고 깊은 밤에 드나들며 나쁜 짓을 하는 사람이 있던 원나라 말 액정궁의 혼란상을 풍자한 것뿐인데, 결국 소인들에게 시사문제로 견강부회되어 고계가 억울한 모함을 당했다고 주장했다. 만일 그 말이 사실이라면 고계는 너무나 억울하게 죽었다. 졸필은 고계가 현 왕조 궁궐의 비사를 까발릴 정도로 그렇게 멍청한 사람은 아니었을 것이라고 생각한다. 하지만 그는 확실히 어리석었다. 폭력과 압제가 판을 치는 그런 살벌한 시대에 하필 사람들의 입방아를 절대 불허하는 궁정 비사를 시의 소재로 삼을 필요가 있었냐는 것이다. 어느 누가 그런 이야기를 썼다하더라도 주원장은 반드시 끝까지 진실게임을 할 인물이다.

— 졸필의 성명서
*"주원장님, 제발 타임슬립해서 저를 찾아오지 마세요!"*

윗글을 통해서 주원장은 "절대 한 명의 여인도 무례하게 정복한 적이 없다."고 자부하고 있음을 알았다. 하지만 이는 진실성이 매우 떨어지는 말이다. 예외가 있기 때문이다. 그는 다른 적수를 어떻게 처벌했을까? 예를 들어 장사성, 명승明昇 등 '의사擬似 왕조'의 궁궐 여성에 대한 사료는 남아 있지 않다. 졸필 역시 함부로 이야기를 할 수는 없지만, 주원장이 원나라 궁에서 미인을 약탈했다는 것은 사실을 뒷받침할 만한 증거가 많이 있다.

홍무 원년 7월말, 명나라 왕조는 대군을 북벌시켜 즉각 원의 대도大都(지금의 베이징)로 진격했다.

전하는 바에 의하면 원 순제 토곤테무르妥歡帖木兒는 과거에 '쇠이빨을 가진 멧돼지('돼지 저猪'의 중국어 발음은 주원장의 '주朱'와 같은 발음)'가 갑자기 성 안으로 뛰어들어오는 꿈을 꾸었고, 그 후에 또 여우 두 마리('여우 호狐'는 '오랑캐 호胡'와 같음. 즉, 오랑캐를 일컬음)가 궁전에서 뛰어나가는 꿈을 꾸었다고 한다. 그는 이 꿈이 주원장은 성으로 들어가고, 오랑캐 여우는 얼른 도망가야 함을 '하늘이 알려주신 것'으로 생각했다고 한다.

하늘의 징조에 원나라 황제는 항거할 의지를 잃어 더 이상 도성을 지킬 마음이 사라졌다. 그는 명나라 병사가 쳐들어온다는 첩보를 듣자마자 도성을 버리고 북으로 도주했다. 첫 번째 도주 이후 그는 명나라 군의 완강한 추격을 받으며 죽는 날까지 평안하지 못했다.

원나라 군주는 급박하게 도주했기에 홍군의 대장정[20]처럼 인쇄기며 중형 포탄을 모두 몰수해서 하나도 남김없이 빼앗아갈 겨를이 없었다. 그는 그저 평소 아끼는 귀중한 황태자와 비빈 및 공주만을 데리고 떠났다. 궁중에 있던 절대다수의 여인은 적의 손에 넘어가도록 버리고 갈 수밖에 없었다.

주원장은 원나라 수도를 손에 넣었다는 소식을 듣자마자 원나라 궁에 즉각 내시를 파견해 뒷수습을 하도록 했다. 《명태조실록》은 이렇게 기록하고 있다. 홍무 원년 8월 갑오甲午에 "(주원장)이 내관을 파견해 원나라 궁인을 풀어주었다." 주원장은 또한 내시에게 이렇게 일렀다.

---

20  (편집자 주) 중국 공산당의 대장정을 일컫는다.

"원나라 군주는 사치하고 음란하여 국정을 아끼지 않아 멸망에 이르게 되었다. 그 궁궐 사람은 모두 양갓집 규수로 깊은 궁궐에 갇혀 있으니 실로 가련한 점이 있다. 그러므로 적당한 사람에게 보내어(즉 결혼을 시킨다는 말), 하나라도 잃어버린 바 되지 않도록 하라."

문자적으로 볼 때, 주원장은 원나라 왕조 궁중 여인의 처지를 안타까워하여 그들을 놓아주어 적절한 보금자리를 찾아가게끔 한 덕정을 실시한 듯하다. 그러나 원나라 궁궐에는 막 따낸 포도처럼 상큼하고, 금이야 옥이야 하는 아름다운 미인이 3천이나 있었는데, 여자에 환장한 주원장이 어디 그냥 놓아주겠는가?

우리 모두 주의하자. 어용 '신문'(관방실록)의 헤드라인은 절대 함부로 믿어서는 안 된다. 그럴 바에는 차라리 주위 사람을 통해 진상을 더 알아보는 것이 낫다. 조선왕조에서 편찬한 《고려사高麗史》의 기록을 보면 고려 대신 주영찬周英贊에게 딸이 하나 있었는데 '원나라에 갔다가 대명제국의 병사에게 노략되어 궁궐에 들어갔고 황제의 총애를 받게 되었다'고 기록하고 있다. 주씨의 딸이 '원나라에 갔다'는 것은 명나라에 여행을 갔다가 길에서 산적을 만났기 때문에 어쩔 수 없이 붙잡혀 산적 두목의 부인 노릇을 했다는 이야기가 절대로 아니다. 고려에는 본래 원나라에 '처녀'를 진상하는 습속이 있었는데, 원나라의 후궁은 위로는 황후에서부터 아래로는 궁녀까지, 수많은 미녀가 모두 고려(고려는 조선 이전의 왕조) 출신이었고, 그들은 원나라 궁전의 대권을 장악하고 있었다. 그중 가장 유명한 예는 원 순제의 두 번째 황후인 기씨奇氏라고 할 수 있다.

주영찬은 원나라와 명나라의 세대교체가 이뤄졌다는 이야기를 듣고는 자기의 딸은 새로운 왕조의 후궁으로 보내었으며, 게다가 딸이 총애를 입어 중국에 친척 방문을 하기까지 했다. 《고려사》에서는 주원장이 직접 한 이야기를 적고 있다.

"원나라 왕조에서 데리고 온 주씨 성의 여자아이가 있었다. 아이의 성씨를 물어보니 주朱씨라고 해서 그 여자아이를 받아들일 수 없었다. 그런데 아버지의 성을 물어보니 주周씨라고 해서 지금 이 여자아이를 남겨두는 바이다."

이것은 분명 주씨가 원나라 궁궐의 여인을 자기 여인으로 받아들이는 과정에서 한 문답이다. 주원장이 말한 "열세 살 된 여자아이는 아직 엄마 젖내가 사라지지 않았을 나이인데, 이렇게 일찍 데리고 와서 과인에게 바쳤구나."라는 말로 판단해 볼 때, 주씨 집안 소녀의 나이는 겨우 13-4세였던 듯하다. 이런 나이라면 지금으로 쳐도 '어린아이'라고 할 수 있다. 주영찬의 딸 외에 주周씨 성을 가진 또 다른 고려 여자아이가 명나라 궁궐에 들어왔다. 홍무 13년(1379년) 4월, 주원장은 요동 도지휘사서遼東都指揮使司에 내리는 칙서에서 이렇게 말했다.

"전에 원나라 경신군(원 순제)이 고려에서 여자를 찾으려 했다. 지금 고려국 사신 주의周誼의 딸이 원나라 궁에 있었는데 경신군이 도망을 쳤기에 짐의 내신이 이 여인을 찾아서 데리고 왔노라."

주원장은 말했다. "짐의 내신이 이 여인을 찾아서 데리고 왔다." 분명히 내시가 원나라 궁에서 미인을 선별하여 이 외국 미녀를 찾아 남경으로 데리고 와 주인에게 바쳤다는 이야기이다. 주원장은 거리낌 없이 그녀를 만끽하고 칙서에서 이를 공개적으로 선언하는 데 전혀 부끄러움을 느끼지 않았다.

그러나 주원장은 경계심이 아주 많았다. 그는 여성의 아버지 주의가 수차례 사신의 명목으로 명나라를 찾아오자 의구심에 휩싸였다. 고려에서 주의를 수차례나 파견하자, "어찌 특별한 저의가 없을까?"라고 생각하며, 요동 변경을 지키는 장수에게 경고했다. "경들은 만일의 경우를 대비해야 하오. 그들이 중국에 들어와 정탐하지 못하게 하시오."

당시 고려는 명나라를 향해 신하의 나라로 자처하며 정권 장악에 실패한 원나라 대신 주씨 집안을 막 의지하기 시작한 터라, 두 나라 간의 관계는 매우 복잡하며 자주 불필요한 오해와 갈등에 휘말리곤 했다. 아마도 고려는 주의의 딸이 주원장의 총애를 받게 되었다는 첩보를 입수하고 특별히 그 장인을 파견해 사신의 직을 수행하도록 한 것 같다. 주원장이 이 외국 장인에게 특별한 가족의 정을 느낄 수 있다면 이 방법이야말로 양국의 관계 개선에 매우 효과적이 아닌가? 졸필은 고려의 '특별한 저의'란 이런 것에 불과했을 것이라고 생각한다. 고려는 주원장의 체면을 살려주기 위해 가족이라는 관계성을 깨뜨리지 않고, 장인을 파견해 말하지 않아도 마음이 통하는 관계를 맺으려 한 것뿐이리라. 그런데 주원장은 이것을 너무 심각하게 생각했다. 주의가 가족 관계를 빌미로 군사상황을 정탐하러 온 것은 아닐까 의심하며 요동전선에는 전쟁 준비령까지 내린 것이다. 대단한 신경과민이다!

이 일은 명나라 사람 엄종간嚴從簡이 쓴 《수역주자록殊域周咨錄》에도 기록되어 있다. 원나라 황제가 고려에서 여인을 찾았고 주의의 딸을 궁궐로 들여보냈는데, '훗날 조선을 오가는 사신이 조선으로 데리고 갔다'고 한다. 작자는 작은 주를 달아 말하길 "당시 궁중 미인 중에는 고려라는 호를 가진 비빈이 있었는데, 동일인물이 아닌가 추측된다"고 했다. 주원장의 14녀 함산공주含山公主(홍무 13년, 1380년 출생)의 어머니가 바로 고려인 비빈이었다. '고려'라는 두 글자는 결코 비빈의 호가 아니기 때문에 이는 분명 비의 국적을 가리키는 것이다. 하지만 공주의 어머니는 한韓씨로 주周씨가 아니었다.

주원장이 후궁에 고려 여인을 받아들였던 방법은 대략 두 가지를 추측할수 있다. 하나는 원나라의 강남 핵심 거점이었던 집경로集慶路(즉 남경)를 점령한 후, 원나라 왕조의 고관친척이 거느리던 고려 여인을 빼앗아 오는 방법이 있었다. 물론 대다수의 경우는 원나라의 내궁에서 약탈해 오는 방법, 즉 '원나라 왕조에서 찾아서 데려오는 방법'을 썼을 것이다. 하지만 주원장이 원나라 궁궐에서 여성을 골라온 일은 해외 우방에는 일찍이 알려진 일이나, 명나라 사람에게는 거의 숨겨진 사실이고 그들은 고관대작의 사생활에 왈가왈부를 삼갔기 때문에 이 일이 크게 드러나지 않았을 뿐이다.

# 제7장 제나라 사람[21]의 복이 터졌네!

원 순제가 자기 후궁을 버리고 도주하자 궁중의 여자는 모두 명나라 군의 포로가 되었다. 연로하거나 성적 기능이 쇠퇴한 사람들이 해산된 것 외에, 일부 묘령의 아름다운 소녀는 모두 주원장이 파견한 전문 내시에 의해 낙점되어 그들을 따라 남하했으며 명나라 왕실의 궁정에 들어가 새로운 주인을 모시게 되었다. 홍무황제의 후궁은 이렇게 더욱 충실해졌다.

민간에는 대장군 서달이 군사를 이끌고 원 순제를 추격하다가, 막 따라잡으려는 찰나에 갑자기 징을 울려 퇴각 명령을 내리고 추격을 포기했다는 이야기가 전해진다. 어떤 이가 서달이 주원장의 명을 거슬러 원나라 황제를 일부러 놓아주었다고 주원장에게 고자질을 했다. 주원장은 매우 화를 내며 서달이 하는 변명을 들을 수 있게 그를 잡아오라고 했다. 서달이 한 자기 변호를 들어보면 그에게도 충분히 그럴만한 이유가 있었다.

"저나 군주께서는 모두 과거 원나라의 신하였습니다. 그래서 감히 묻자온데, 제가 만일 원나라의 황제를 잡아온다면 황제께서는 옛 군주를 어떻게 처리하시겠습니까?"

---

21   《맹자(孟子)・이루 하(離婁下)》의 '제나라 사람은 본처 한 명과 첩이 한 명 있다 (齊人有一妻一妾)'는 구절에서 유래된 말. 본래 본처 한 명과 첩 한 명이 협력하는 아름다운 조화를 제나라 사람의 복이라고 불렀는데 현재는 일부 일처일첩이 가능한 경제력 있는 생활을 가리킨다.

주원장은 뒤통수를 한참 쓰다듬더니 한 가지 사실을 깨닫게 되었다.

"정말 그렇군! 큰 어른을 붙잡아오면 처리하기가 영 힘들겠는데. 역시 같이 고생한 동지가 내 생각을 하나라도 더 했네!"

머리끝까지 치밀었던 화는 어느새 대견함으로 변해 서달을 칭찬하기에 바빴다고 한다.

그러나 이는 훗날 문인이 꾸며낸 말도 안 되는 이야기에 불과하다. 서달은 '일생 주원장 앞에서 조심에 조심을 거듭하며 살았는데' 어디서 그렇게 두둑한 배짱이 생겨 감히 자기 마음대로 원나라 군주를 놓아주려 했단 말인가? 졸필이 홍무 연간의 칙령을 조사해본 결과, 주원장이 홍무 3년에 장군과 병사에게 훌륭한 병마를 조련하도록 격려한 내용을 찾을 수 있었다.

"내가 한 말대로 내일 큰 어른을 정복할 때, 여러분 각자의 공로가 어떠한지 보게 될 것이오." 여기서 큰 어른(아버지)이란 바로 원나라 순제를 일컫는 말이다.

주원장은 원나라 군주를 절대 놓아주지 않을 사람이었기에, 순제 일가족은 고난의 피난길에 올라야 했다. 제일 먼저 개평開平으로 피신했다가 다시 응창應昌으로 피난했고, 순제가 그곳에서 임종하자 황태자 아유시리다(Ayuširidara, 중국어명 애유식리달랍愛猷識理達臘)가 왕위를 이었다. 원나라 왕조의 남은 자손은 명나라 군의 끈질긴 추격을 받아 편히 쉴 곳이 없었으며, 낭패하기 그지없었다. 홍무 연간 초기에 상우춘이 개평을, 이문충은 응창을 습격하여 수많은 왕, 왕비, 공주와 왕궁의 권속을 포로로 얻었다.

바로 이 과정에서 수많은 원나라 군주가 거느렸던 비빈은 모두 명나라 왕조의 대관에게 '사유화'되었다. 전하는 바에 의하면 상우춘이 목숨을 잃은 이유가 바로 이 때문이라고 한다. 명나라 사람 장합張合이 쓴《주재宙載》에서 제공한 에피소드에 의하면, 상우춘이 군대를 인솔하여 연경燕京(지금의 베이징)에 진입했는데, 원나라 군주의 딸을 아내로 달라고 억지를 부리고 포로된 자가 이를 너무 싫어하여, 뒷날 매복을 숨겨두어 그를 사로잡아 맨발로 시내를 끌고 다니다가 후에 사지를 절단했다고 한다.

상우춘의 죽음에 관하여는 또 다른 설이 있는데, 이 역시 장합이 밝힌 이야기이다. 우춘이 북방 정벌을 할 때 정벌길이 산서山西지방을 지나게 되자, 진왕晉王 주강朱棡이 상우춘과 제후, 방백 4명을 함께 청해 연회를 열었는데 그 다음날 다섯 사람은 모두 독살되어 죽었다고 한다.

"주강은 그 아버지의 비밀지령을 받아 그렇게 한 것이다."

장합은 단언하며 말했다. 또한 그는 상우춘이 독살된 자리에는 당시(가정嘉定 연간)까지 오왕묘五王廟가 남아 있었다고 했다.

장합은 상우춘의 죽음에 관한 기이한 에피소드 두 개를 단번에 세상에 알렸지만 어떤 이야기가 진짜인지는 자신도 확신하지 못했다. 그는 그저 "두 가지 설 중 한 가지는 반드시 맞는 설이다"라고만 말했다. 정사에서는 상우춘이 북방 정벌을 하다가 급환으로 죽었다고 말하고 있는데, 그렇다면 그 배후에 진정 숨겨진 내막이 있단 말인가?

이상은 상 대장군의 죽음에 관한 이설이었으며, 다음으로는 상우춘의 작은 외삼촌인 남옥에 관한 이야기가 나온다.

남옥이 북방정벌 후 아직 돌아오지 않았을 때에 어떤 이가 주원장에게 고

자질하길, 상우춘이 '원나라 군주의 비를 자기 것으로 삼았다'고 했다. 주원장은 이를 두고 조서를 내려 그를 엄하게 꾸짖고, 본래 남옥을 '양국공梁國公'으로 봉하려 했지만 생각을 바꿔 '양국공涼國公'으로 봉했다고 한다. 양梁국은 대국이고 양涼국은 소국인 것 외에도 '차가울 량(양)涼'이라는 글자를 통해 그의 야박함을 책망하려 했던 것일까?

원나라 군주의 비라고 해서 외간남자와 함부로 정분을 통하기를 바랐을까? 그저 포로의 몸이 되었으니 상황이 어쩔 수 없었던 것뿐 아닌가! 고자질을 당한 후, '비빈은 수치스러운 나머지 스스로 자살을 했다'고 한다. 그녀의 죽음에는 당연히 일말의 '수치스러움'이 포함되어 있었을 것이라고 생각한다. 하지만 더 큰 원인은 강요에 의한 것이었다.

자칭 '미색을 목적으로 하지 않는다'고 하던 주원장은 적수를 하나하나 무찌른 후, 그들의 정치적인 유산을 가로챘을 뿐 아니라 적의 여인을 전혀 거리낌 없이 기쁜 마음으로 맞이했다. 그러나 주원장이 미처 생각지 못했던 점은, 그의 이런 행동이 국민정서 면에서 강렬한 반향을 불러일으켰다는 것이다. 얼마 후 민간에서는 그의 일부 아들은 오랜 적수 진우량과 원 순제가 남긴 유복자이며, 주씨는 승리하고 이익을 차지한 것 같지만 실제로는 원수의 아들을 길러주고도 스스로 알지 못하는 멍청이처럼 살고 있다는 이야기가 흘러나왔다. 하하, 정말 한바탕 웃음이날 수 밖에!

위에서 조목조목 다룬 상세분석을 통해, 주원장이 장강을 건너기 전에 이미 마황후와 곽녕비 등 여자 둘이 있었다는 것을 알 수 있었다. 장강을 건넌 후 그는 군사와 병기를 모으고 세력을 키우는 동시에 자신의 후궁에 미녀를 끊임없이 채워 넣었다. 그는 심지어 타인의 여인을 노략질하고, 적의 처와 첩, 자녀들까지 자기 침실에서 신음케 했다.

그의 관직은 점점 더 높아져 승상, 국공에서 시작해 오왕, 황제에까지 오르게 되면서 새로운 미녀를 부단히 물색한 덕에, 비빈의 자원은 더욱 다양해지고 후궁은 충실해졌다.

주씨라는 이 성도 그에게는 썩 어울리는 듯하다. 마치 돼지처럼 강력한 생식능력을 가지고 죽어라고 황자와 공주를 출산했으니, 늙어서도 여전히 마음만 먹으면 언제든지 출산이 가능한 능력자였다. 그가 낳은 마지막 자녀는 보경공주寶慶公主로 홍무 28년(1395년)에 출생했는데, 이 늙은이의 나이 69세일 때였다. 이 때는 그가 첫 아들인 의문태자懿文太子를 낳은 지 이미 40년이 지난 때였다.

홍무 원년에 주원장이 황제로 즉위한 후 마씨가 황후로 책봉되었다. 그리고 홍무 3년 5월에 여섯 비빈이 동시에 책봉되었다.


손귀비(원나라 주판州判 손화경孫和卿의 딸, 청군 원수의 양녀)

호충비(도독 호현의 딸)

곽혜비(원나라 말 홍군 장수 곽자흥의 딸)

곽녕비(관상가 곽산보의 딸)

달정비(상세한 정보 없음, 어떤 이는 그녀가 바로 진우량에게서 빼앗은 첩이라고
　　　하나 추측일 뿐)

호순비(임회후 호미의 딸)

이상 한 명의 귀비와 다섯 명의 비는《명태조실록》에 위의 순서로 기록되어 있는데, 분명 관직과 품계 순으로 적힌 것이리라.

후궁의 여인 중에는 관직과 품계가 있어 비빈이라고 불리는 사람이 있었는가 하면, 책봉된 호가 없어 그저 '모씨某氏'라고 불리는 사람도 있었다(예를 들어 고려에서 온 주씨 소녀는 책봉된 호가 없어 행방이 묘연하다). 주원장은 자신의 후궁에서 아무 여인이나 골라잡아 임신을 시키고 아들을 낳게 하여 자신의 후사를 늘려갔다. 하지만 이 여자가 '어머니는 아들을 낳음으로써 영광을 얻는다'는 말처럼 항상 걸맞은 봉호를 가질 수 있었던 것은 아니었다. 수년 간 발굴된 주원장 아들의 묘지석을 통해 보자면, 예를 들어 경왕慶王의 어머니의 비에는 '어머니 비 여씨母妃余氏'라고 적혀 있고, 영왕寧王의 어머니의 비에는 '어머니 양씨母楊氏'라고 성씨만 적혀 있을 뿐 책봉된 호는 전혀 없었음을 알 수 있다.

그 외의 기록에 의하면 홍무 원년 9월에 '연회 명부의宴會命婦儀'라는 것을 정하여 궁궐의 좌석에 '어좌의 서쪽 가장자리에 귀비 등 여섯 비의 자리를 정했다'고 말하고 있다. 이때 주원장에게는 이미 여섯 명의 비가 있었는데 홍무 3년(1370년) 5월에 책봉한 손귀비 이하의 여섯 비를 말하는 것 같다. 홍무 15년(1382년)에 마황후가 붕어하자, 주원장은 이미 세상을 떠난 손귀비, 영永귀비, 왕汪귀비 3인을 황릉에 합장하도록 명했다. 이 세 명의 비는 생전에는 귀비로 봉해지고 사후에는 황릉에 합장이 되었지만 모두 생전에 황태자를 낳은 적은 없었다. 이를 보면, 비라는 봉호의 수여 여부, 봉호의 고하 여부는 완전히 주원장이 비를 총애한 정도에 달려 있었음을 알 수 있다. 비빈의 자질 및 황자 출산 여부와는 필연적인 관계가 없었다. 예를 들어 곽자홍의 딸은 가장 귀한 집안 출신으로 아들을 여럿이나 낳았지만, 그저 혜비라는 직위에만 머물렀을 뿐 귀비는 될 수 없었으니 황후가 될 생각은 꿈도 꾸지 말아야 했다.

주원장에게 황자를 낳아주었던 비로는 마황후, 호충비, 달정비, 곽녕비, 곽혜비, 호순비, 한비韓妃, 여비余妃, 양비楊妃, 주비, 조귀비趙貴妃, 이현비, 유혜비劉惠妃, 갈려비, 고씨郜氏가 있으며, 그 외에 일찍이 요절한 조왕趙王, 안왕安王, 황태자 남楠 등 세 황자의 어머니의 이름은 실전되었다. 또 딸을 낳은 비는 손귀비, 정안비鄭安妃, 고려비 한씨韓氏(요왕遼王 주식朱植을 낳은 한비와 동일인물인지는 확실치 않음)가 있으며, 거기에 더해 고증이 가능한 이숙비, 적비磧妃(성조 주체를 낳았다고 함), 호귀비胡貴妃(혹은 호순비), 임씨林氏(남강공주南康公主를 낳음, 공주 묘비명에 근거), 장張미인(보경공주를 낳음, 공주의 묘비명에 근거) 및《명태조실록》에 기재되어 있는 영귀비, 왕귀비 등을 합치면 28인이 된다. 그뿐 아니라, 주원장의 사후에 효릉에 순장한 비빈만도 46명에 달했으니, 이 자식, 제나라 사람의 복을 마음껏도 누렸구나!

# 제2권

---

## 왕자 출생의 미스터리

# 제8장 아들 낳기도 일 등일세

주원장은 성공한 사람이었지만, 애당초 그의 출발점은 '0'이었다. 그의 출세의 발판이 된 성공 포인트는 좋은 인연을 통해 현모양처를 얻었다는 데에 있다. 마씨는 곽자흥 장군의 양녀였는데, 마씨와 결혼함으로 주원장은 곽씨 그룹의 핵심멤버로 자리 잡을 수 있었다. 이 사실을 통해 성공한 사람의 출발점은 지극히 미미할 수 있지만 그가 날개를 펴고 하늘로 날아오르려면, 그를 하늘 위로 올려줄 바람이 필수불가결함을 알 수 있다. 주원장은 곽자흥의 총애를 받는 사위가 되었고, 이는 그의 신분상승에 일조한 첫 번째 강력한 바람이 되었다.

주로 친족과 혈연관계를 기반으로 유지되는 무장 조직에서 이런 신분이 없었다면, 출신이 미천하기 그지없는 주원장은 결코 권력의 핵심부까지 파고들지 못했을 것이다. 그러나 마씨와 결혼을 하면서 그는 마치 잔나비가 재주를 부리듯, 몇 걸음 만에 나무 꼭대기까지 껑충 솟구쳐 오를 수 있었다. 그럼에도 한 가지 아쉬움이 있다면, 이 데릴사위 앞에는 항상 '양'이라는 글자가 따라다니며 친자녀보다 한 단계 먼 관계를 표시했다는 점이다. 그러므로 그와 곽씨 가족 구성원 간의 마찰과 모순은 필연적이었으며 그들이 친밀함과 소원함을 반복한 데에는 모두 그럴 만한 정당한 이유가 있었던 셈이다.

장강을 건너 남하하기 전까지 주원장의 성공사는 곽씨 가족의 흥망사와 완벽히 일치된다고 할 수 있다. 그러나 곽자흥의 사망은 오히려 주원장의 발전을 제약했던 가장 큰 걸림돌에서 벗어나는 계기가 되었다.

장강 남하 후, 주원장은 남경에서 금세 자리를 잡았다. 그는 하늘이 준 시기와 지형적인 이점을 바탕으로 '온갖 파렴치한' 극강의 수완을 발휘해 적을 하나씩 제거했고, 용봉정권이 오국공을 수여할 당시에는 이미 강동의 군벌 중 엄연한 최고의 실력자가 되어 있었다. 이제 그의 주된 적수는 더 이상 곽씨 가족 구성원이나 다른 동료가 아닌 진우량, 장사성 같은 실력파 군벌이었다.

한편 주씨 황제는 일생 변강쇠 같은 정력을 자랑했는데, 출산에 있어서만큼은 나이가 들어서도 전혀 게으름을 부릴 줄 몰랐다. 그는 정치적으로 해가 지지 않는 강자였을 뿐 아니라, 남자로서도 고대 제왕 중에서 평균치 이상의 출중한 강인함을 자랑한 것이다.

주원장은 일생 동안 수많은 비빈을 두었기에, 밭이 많고 토양이 비옥했으며 수확량도 많아 한평생 황자 26명과 공주 16명 등 총 42명의 자녀를 낳았다. 가장 어린 공주가 출생하던 때에 그는 나이 칠순을 바라보는 노익장이었다.

그러고 보면 영웅호걸은 모두 아들을 쑥쑥 잘 낳은 것 같다. 아들 출산 기록을 따져보면 조조도 25명을 기록하여 아쉽지만 간발의 차이로 주원장에게 역대 최강의 자리를 넘겨주었다. 그런데 우리 주씨 황제님의 아들 중 몇몇은 기막힌 출생의 미스터리를 간직하고 있으며, 그 출생의 진실은 사가의 끈질긴 토론에도 지금까지 수백 년째 미궁 속에서 봉인되어 있다. 물론 고대 제왕의 가족사에는 이런 일을 자주 볼 수 있다.

그럼 각 황자의 출생의 비밀을 털어놓기 전, 우선 주씨 집안 도련님과 아가씨 및 생모의 명단을 정리해보자. 다음 명단을 통해 독자도 검증과 참고가 가능할 것이다.

※ 26명의 황자, 생모 순으로 정리

| 생모 | 황자 |
|---|---|
| 마황후 | 장자: 의문태자(懿文太子) 주표(朱標, 1355~1392) |
| | 차자: 진왕(秦王) 주상(朱樉, 1356~1398) |
| | 제3자: 진왕(晉王) 주강(朱棡, 1358~1398) |
| | 제4자: 연왕(燕王) 주체(朱棣, 1360~1424) |
| | 제5자: 주왕(周王) 주숙(朱橚, 1361~1425) |
| (※필자 주 : 마황후가 아들 다섯을 낳았다는 것은 명 정부의 공식적인 주장이며, 야사의 주장은 다음에 다루도록 하겠다) | |
| 호충비 | 제6자: 초왕(楚王) 주정(朱楨, 1364~1424) |
| 달정비 | 제7자: 제왕(齊王) 주부(朱榑, 1364~1428) |
| | 제8자: 담왕(潭王) 주재(朱梓, 1369~1390) |
| 곽녕비 | 제10자: 노왕(魯王) 주단(朱檀, 1370~1390) |
| 곽혜비 | 제11자: 촉왕(蜀獻王) 주춘(朱椿, 1371~1423) |
| | 제13자: 대왕(代王) 주계(朱桂, 1374~1446) |
| | 제19자: 곡왕(谷王) 주혜(朱橞, 1379~1417) |
| 호순비 | 제12자: 상왕(湘王) 주백(朱柏, 1371~1399) |
| 고씨(郜氏) | 제14자: 숙왕(肅王) 주영(朱楧, 1376~1419) |
| 한비 | 제15자: 요왕(遼王) 주식(朱植, 1377~1424) |

| 생모 | 황자 |
|------|------|
| (※필자 주 : 성씨를 앞에 적은 비빈은 전부 봉호가 없는 비이다. '비'는 그저 존칭으로 사용되거나 습관적으로 불렀던 명칭일 뿐 정식 지위는 아니었다. 이하 상동) | |
| 여비(余妃) | 제16자: 경왕(慶王) 주전(朱㮮, 1378~1438) |
| 양비(楊妃) | 제17자: 영왕(寧王) 주권(朱權, 1378~1488) |
| 주비(周妃) | 제18자: 민왕(岷王) 주편(朱楩, 1379~1450) |
| | 제20자: 한왕(韓王) 주송(朱松, 1380~1407) |
| 조귀비(趙貴妃) | 제21자: 심왕(沈王) 주모(朱模, 1380~1431) |
| 이현비 | 제23자: 당왕(唐王) 주경(朱桱, 1386~1415) |
| 유혜비 | 제24자: 영왕(郢王) 주동(朱棟, 1388~1414) |
| 갈려비 | 제25자: 이왕(伊王) 주이(朱㰘, 1388~1444) |
| 무명비 | 제9자: 조왕(趙王) 주기(朱杞, 1369~1371) |
| | 제22자: 안왕(安王) 주영(朱楹, 1383~1417) |
| | 제26자: 황자 주남(朱楠, 1393) |

공주는 16명이며, 제10, 13 공주는 어려서 요절한 관계로 봉호를 받지 못했고, 그 외는 다음과 같다.

| 순서 | 황녀의 봉호 | 실록에 기재된 생모 |
|------|------------|------------------|
| 제1녀 | 임안공주(臨安公主, 1360~1421) | 손귀비 |
| 제2녀 | 영국공주(寧國公主, 1364~1434) | 마황후 |
| 제3녀 | 숭녕공주(崇寧公主) | |
| 제4녀 | 안경공주(安慶公主) | 마황후 |

| 순서 | 황녀의 봉호 | 실록에 기재된 생모 |
|---|---|---|
| 제5녀 | 여령공주(汝寧公主) | |
| 제6녀 | 회경공주(懷慶公主) | 손귀비<br>(※실록에는 귀비가 '딸 세 명을 낳았는데 둘째 딸은 어려서 죽었다'고 기재되어 있다.) |
| 제7녀 | 대명공주(大名公主) | |
| 제8녀 | 복청공주(福淸公主)<br>(※묘비명의 기재: 홍무 3년에 출생) | 정안비 |
| 제9녀 | 수춘공주(壽春公主) | |
| 제11녀 | 남강공주(南康公主) | 임씨(※묘비명에 기재) |
| 제12녀 | 영가공주(永嘉公主) | 곽혜비 |
| 제14녀 | 함산공주(含山公主) | 고려비 한씨 |
| 제15녀 | 여양공주(汝陽公主) | 곽혜비 |
| 제16녀 | 보경공주(寶慶公主) | 생모 장씨(※묘비명에 기재) |

40여 명의 아이가 커서 결혼을 하면 가족은 두 배로 불어 80여 명이 된다. 거기에다 주씨 영감의 처첩 40여 명을 다 합친다면 섣달그믐 가족 식사 때에 적어도 백여 명이 함께 모여야 한다. 그 많은 사람이 모두 다 한 홀에 모인다면, 이 대가족에게 도대체 테이블이 몇 개나 필요할까?

# 제9장 '양아들 입양'은 거짓부렁?

주원장의 첫 번째 아들인 의문태자 주표는 원나라 지정 15년(1355년) 9월에 태어났다. 즉 그의 의붓 외삼촌인 곽천서郭天敍가 집경로(남경)를 공격하여 패전하고 목숨을 잃은 12일 후에 태어났다. 그 후 몇 년 동안, 주원장의 군대는 군웅의 틈바구니 속에서 생존경쟁을 벌이며 점차 실력과 근거지를 확대해 나갔다. 전쟁이 빈번하고 때마다 위기가 속출하는 환경 속에서 주원장은 눈 깜짝하지 않고 출산 장려운동을 꿋꿋이 펼쳐 나갔으며, 장자 주표 출생 후 단 몇 년의 시간 동안, 차자 주상(1356년), 3자 주강(1358년), 4자 주체(1360년), 5자 주숙(1361년), 6자 주정(1364년), 7자 주부(1364년)를 연속적으로 출생시켰다. 그들은 바로 명나라가 건국되기 전에 출생한 일곱 황자였다.

장강 남하 무렵부터 주원장은 독자적인 병력을 갖추기 시작했고, 친아들이 장성하기 전 단계에서는 주로 수양아들을 통해 부대에 대한 제어력을 강화했다. 양아들을 입양하는 것은 원말 군웅에게 성행하는 습관이었으며 자신만의 정치적인 카드로 이용되었다. 주원장의 양아들은 이십여 명에 달할 정도로 매우 많았고, 구체적으로는 보아保兒(이문충), 여아驢兒(주문정), 주사周舍, 목영沐英, 도사道舍, 시사柴舍, 마아馬兒, 금강노金剛奴, 왕부마王駙馬, 야선也先, 마여買驢, 진동眞童, 발아潑兒 등이 있었다. 이는 어떤 면에서는 주원장의 병력이 강해졌음을 보여주는 현상이었다.

보아, 여아, 마아 등은 양아들의 어린 시절 이름으로, 성인이 된 후에는 일률적으로 주씨 성을 사용했으며, '문文'자 항렬을 따랐다. 예를 들어 목영의 경우, 본래는 주목영이라고 불렀다. 양아들은 주원장이 가장 가깝게 생각한 친신으로서, 군대에서 주원장의 '화신' 역할을 하며 서달, 상우춘 등 오래된 심복들보다도 더 가까운 관계를 유지했다. 양자가 도착하는 것은 주원장이 직접 도착한 것과 마찬가지로, 양자는 살아 있는 '상방보검尚方寶劍'[22]이었다. 그들은 군대에서 장수의 조수로 일했지만 실제로는 군대를 감독하는 임무를 집행했다.

물론 양아들이란 일종의 '혈연과 유사한' 혹은 '혈연을 초월한' 관계일 뿐, 주원장의 친아들이 성장하기 전 군권을 제어하는 과도기적인 이용수단이었다. 주원장이 가장 의지하던 양아들은 초기에는 조카 주문정, 후기에는 외조카 이문충이었다.

주씨 집안은 삼촌이나 조카나 나이가 모두 비슷했기 때문에, 사실대로 말하자면 어린 시절의 소꿉친구였다. 주문정이 제주滁州에 있는 작은아버지의 휘하에 몸담았던 때는 나이 갓 20세를 넘은 때였다. 그해에 조금 늦게 주원장을 찾은 이문충은 16세에 불과했다.

이때 주문정은 주씨의 차세대 친척 중에서 의지할 수 있는 유일한 혈육이었다. 주원장은 주문정이 군권을 장악하도록 하려고 현행 최고 군사통수 기구인 '행추밀원行樞密院'을 강제 해산시키고 원나라의 원로와 중견 장수들을 전부 '행중서성行中書省(최고 행정기구)'으로 전보 발령 냈다. 그리고 젊고 경

---

22　황제가 하사한 보검.

험 없고 경력도 보잘 것 없는 주문정을 신설된 '대도독부大都督府'의 대도독으로 임명했으니 그는 주씨 집안의 엄연한 '천하 병마 대원수'가 되었다.

명나라 시대에 대도독직을 맡았던 사람은 황제의 조카인 주문정 한 사람뿐이었다. 훗날 황제의 외조카 이문충이 대권을 장악했던 시절에도 '제조도독부提調都督府'라는 기구가 있었을 뿐, 결코 '대도독' 같은 대단한 명의를 쥐여 주지는 않았다.

주문정은 '주씨 가족군대'에서 최고 적통인 핵심인물로서, 자신의 미래가 탄탄대로임을 알고 처음에는 아주 열심히 직무를 감당했다. 그는 본래 여자를 아주 밝히는 탐욕스런 인물이었음에도 무주婺州에서 시를 잘 짓는 여인 하나를 노략하자 자신이 손대기는커녕 숙부님께 양보해 드리는 효도에도 열심이었으니, 그가 얼마나 많이 계산하고 마음을 많이 썼는지 알 수 있다. 그는 '미인계'를 사용해 숙부를 공략하는 한편 전쟁에서도 매우 용맹하여 주씨 영감을 위해 착실히 천하정벌의 대업을 완수해갔다.

주문정이 명을 받들어 지키던 남창은 주원장과 진우량 두 군웅이 격돌하던 최전선이었다. 그러나 한번은 수십만 한나라군의 맹렬한 포위공격 속에서도 풍전등화 같은 남창성을 80여일이나 굳건히 지켜냄으로, 주원장의 군대가 파양호 일전에서 진우량을 최종 격파하기까지 저력을 비축해내는 중요한 역할을 했다.

주원장은 너무 기쁜 나머지 주문정에게 어떤 관직을 원하느냐고 물었다. 그러자 그는 아주 기특한 대답을 했다.

"숙부께서 앞으로 대업을 이루시면 조카인 제가 부귀영화를 걱정할 필요가 있겠습니까? 작위와 상은 전부 다른 사람에게 돌리시고, 저 대신 친구와 친척을 도와주시는 것이 옳은 일입니다."

결국에 그가 그렇게 불운하지만 않았더라면 그의 이 말은 그야말로 희대의 명언으로 천고에 회자되었을 것이다. 졸필이 추측컨대 위인이 천박했던 그가 이런 인격을 갖추었을 리는 만무하고, 참모들이 대답을 가르쳐 주었던 듯하다. 주문정이 주장군이 된 후에 인재를 중시하고 자신의 막후에 많은 인재를 모았음을 알 수 있다.

그러나 주원장이 주구장창 친아들을 출산하자, 주문정은 가장 친근하던 혈육의 자리에서 점점 멀어졌다. 지위 면에서도 미세한 변화가 일어났다. 본래 품었던 원대한 이상은 물거품이 되어 버린 것이다. 게다가 그는 수치스러운 시기를 인내하며 때를 기다리는 지혜로운 자가 아니었다(그를 성격 개조 학원에 보냈더라면 그의 운명이 크게 달라졌을지도 모른다). 성격은 강퍅하고 천박했기 때문에 화가 나면 반드시 큰 소리로 떠벌려야만 속이 시원한 스타일이었다. 그는 자주 원망과 불평을 했으며 숙부에게도 입 밖에 드러내놓고 원망을 했다.

주원장은 당연히 주문정의 배반을 용납할 리 없었다. 수차례 경고에도 약발이 듣지 않자 직접 남창을 공격해 그를 생포했으며, 각종 죄명을 뒤집어 씌워 악랄한 수단으로 그를 처형시켰다.

그 후 숙부 주원장은 이 조카에게 아주 심각한 선입관을 가지게 되었다. 훗날 그가 주문정의 아들인 정강왕靖江王 주수겸朱守謙을 혼낼 때에도 주문정의 과거 죄상을 하나도 잊지 않고, 마치 대대로 전해지는 가보라도 세듯

조목조목 열거했다. 예를 들어 주문정이 강서를 지킬 때, "위인이 제멋대로라 사람을 나무와 풀 보듯 함부로 대하며 끊임없이 나쁜 짓을 해댔고, 다른 사람의 아내를 빼앗고 한 여인의 지아비를 살해했으며, 타인의 아들을 죽이고 타인의 아비의 인생을 해쳤으며, 타인의 재물을 강제로 빼앗았다"고 했다. 또 "짐의 가르침을 듣지 않고, 수많은 악도 고칠 줄 몰랐으며, 망나니 친구와 어울렸는데 친구는 전부 아무 곳에서도 받아주지 않는 망나니들이었다. 그놈들과 어울려 하는 짓거리라고는 다른 사람의 처첩을 강간하고 재물을 강탈하는 일밖에 없었다"고 욕했다.

그는 조카 손자인 주수겸에게는 이런 말을 하기까지 했다.

"네가 정 안 믿겨진다면 집에 돌아가서 네 할머니께 여쭤봐라(즉 문정의 어머니, 주원장의 큰형수 왕씨). 네 여동생의 어머니가 어떻게 제 아버지랑 같이 살게 되었는지? 내가 이야기해주마. 네 여동생의 어머니는 네 아버지가 뺏어온 여잔데, 벌써 옛날에 내 손에 저 세상으로 갔지!"

이상은 모두 주원장이 직접 한 이야기로 원전은 《명태조 황제흠록明太祖皇帝欽錄》에 실려 있다.

이런 일은 주원장이 말하던 당시로부터 약 20여 년 전의 옛 일이었지만 그의 말 속에는 불쌍히 여기는 마음은커녕 절대 사그라지지 않는 분노의 불길이 엿보이니, 주문정에게 얼마나 원한이 사무쳤는지 잘 알 수 있다. 주문정이 죽은 지 그렇게 오래 되었건만, 생각만 해도 열불이 나서 묵은 화를 풀기 위해 욕을 꼭 해주어야만 했던 것이다.

주문정은 '외모가 주원장과 닮았다'는 말이 있는데, 실제로 이 숙부와 조카는 얼굴만 닮은 것이 아니라 잔인한 성격까지 매우 닮았다. 유진의《국초사적》은 주문정의 '황음무도荒淫無道' 함을 기록하며 그가 '민간의 규수만을 노린다'고 적었다. 자기가 점찍은 여자를 몇십 일 동안 가지고 놀다가 질리면 우물 속에 버려버리는 일이 '심히 많았다'고 기록하고 있다.

주문정은 악을 행하고는 이 사실이 숙부의 귀에 들어갈까 봐, 숙부가 보낸 감시인이 올 때마다 엄청난 돈으로 그를 매수해 '입막음'을 했다. 이렇게 뇌물을 받은 사람은 '사실을 감추고 그의 악행을 말하지 않았다'고 한다.

유본의《기사록》역시 주문정이 "진강의 서쪽에 있을 때에 나쁜 짓을 거리낌 없이 하고 불경스러웠으며, 군민의 부녀를 함부로 빼앗아 여인을 유린하고 죽여서 땅에 묻어 버렸고, 수레와 마차, 의복과 쓸 것을 무절제하게 사용했다"고 기록한다.

이것은 어쩌면 그리 큰 죄과가 아닐지도 모른다. 주원장의 아들이 한 못된 짓도 이보다 더하면 더했지 덜하지는 않았기 때문이다. 주문정에게 확실히 이용가치가 있었다면 주원장은 분명 그를 용서해줬을 것이고, 심해야 엄한 훈계뿐이지 실제로 권리를 빼앗고 파관말직을 시키거나 목숨을 빼앗는 일은 없었을 것이다.

그러나 EQ가 낮은 주문정은 상황파악을 제대로 못하고 숙부의 계속되는 경고에도 여전히 제멋대로 행하며 수차례 숙부를 언짢게 했기 때문에, 숙부와 조카 간의 충돌은 점점 더 만회할 수 없는 상태가 되었다.

결국 어떤 이가 작심을 하고 나서 주문정이 주원장을 배반하고 장사성에게 투항하려는 밀모를 꾸미고 있다고 밀고를 하는 지경이 되었다. 주원장이 외조카 이문충에게 쓴 편지에서도 주문정이 금지령을 위반하여 장사성의 관할구역에 있는 염장에 몰래 사람을 보내 소금을 구입한 사실을 질책했다. 주원장은 이미 이때부터 주문정이 '나라를 배반한 반역죄'를 저질렀다는 증거를 수집하고 있었음을 알 수 있다. 일단 썩은 내가 풍기고 파리가 꼬이면, 그를 급작스럽게 체포해 남경으로 데리고 와 '그를 불러 얼굴을 맞대고 대질심문할 태세였다.' 주문정의 머리 위로는 이미 먹구름이 짙게 드리우고 천둥번개가 치고 있었다.

만일 이 형님이 좀 똑똑한 형님이셨다면 어땠을까? 머리를 땅에 부딪쳐 죄를 인정하고 분뇨를 머리에 쏟아 부으며 '저는 개돼지보다 못한 놈입니다!'라고 자책이라도 했다면, 자기 목숨은 구할 수 있었을지도 모른다. 하지만 절체절명의 재난이 닥쳤는데도 그는 여전히 못된 버릇을 버리지 못하고 감히 숙부에게 대들었다. 그가 죽은 지 수년이 지났건만 지나간 일만 돌이키면 주원장은 화가 머리끝까지 나서 외쳤다.

"그놈의 대답은 해도 너무했다. 하느님이라도 그런 말은 참을 도리가 있나? 흉악한 반역 음모는 날이 갈수록 더 커지는구나!"

주문정은 도대체 숙부가 직접 '대질 심문'을 했을 때 대관절 무슨 말을 했길래, 주원장이 이렇게 화를 내고 '하느님이라도 참지 못할 것'이라고 한 걸까? 어떤 사람은 고집불통인 주문정이 주원장의 말을 듣지 않을 뿐 아니라, 주원장이 사실을 캐물을 때에 나이가 엇비슷한 자기 숙부에게 욕을 해대며 숙부의 '황음무도한 사생활'을 다 까발린 것이 아닐까 추측한다. 예를 들어 "내가 다른 사람의 아내를 빼앗았다고 야단을 치지만, 숙부는 그런 일이 없단 말입니까? 정말 없단 말입니까?" 주원장도 진우량의 첩을 뺏은 적이 있고 또 양씨의 정혼녀를 빼앗았으니, 이것은 전부 타인에게서 빼앗은 아내가 아니란 말인가? "지금 자기 죄를 감출 요량이거든, 차라리 오줌이라도 갈겨서 그 오줌 물에 자기가 어떤 사람인지 비춰보기나 하시지!"

숙부에게 미녀를 바치기까지 했던 조카와 미친 듯이 미녀를 수집했던 숙부, 그들은 분명 서로 엄청난 쌍욕의 포화를 퍼붓지 않았을까! 주원장은 미친 사람처럼 화를 내며 말끝마다 주문정이 '하늘을 거스르는 죄'를 지었다고 했다. 당연히 이 '하늘'이란 대기권 성층권 위에 있는 그 하늘이 아니라 주원장 본인이었다.

이때 주원장은 이미 그를 죽일 생각을 하고 있었다.

주문정의 노모, 즉 주원장의 큰형수 왕씨는 아들이 큰일을 저질렀다는 사실을 알고는 밤낮 울며 작은아버지가 용서를 해주기를, 주문정의 목숨을 한 번만 살려줄 것을 구했다. 마황후 역시 주문정은 성격이 불같고 그 어머니가 아직 살아계시니 친척의 가정을 지켜줘야 한다며 주원장을 계속 권면했다.

그러나 가장 가까운 친척을 죽이려는 결심을 하는 주원장의 마음속에는 가족의 정이 점점 희박해지고 있었다.

주문정은 큰형 주중사朱重四의 어린 아들이었다. 과거 주씨 집안은 집안의 돈을 전부 긁어모아 집안을 책임지는 가장인 중사에게 아내를 구해주었다. 1328년 음력 7월, 큰형수 왕씨가 주씨 집에 시집을 온 지 2개월 후인 9월 18일에, 갓 시부모가 된 주오사朱五四 부부는 막내아들인 주원장을 낳았다. 비록 복이 잇달아 찾아왔지만 식구가 늘어났다는 사실은 이 가난뱅이 집안에 더욱 심각한 부담만 안겨다 주었다. 그래서 주원장의 둘째 형, 셋째 형은 모두 남이 무시하는 데릴사위가 되어 아내 집에서 처가살이를 했다. 그래서 주원장은 어린 시절부터 큰형수와 함께 살았다. 큰형수 왕씨는 주씨 집에 시집와서 2남 1녀를 낳았다. 즉 장자인 성보聖保(어린시절 요절)와 차자인 여아驢兒(주문정)가 있었으며, 딸은 복성공주福成公主였다. 단 몇 년 사이에 이 가난한 농촌 가정에 아이가 네 명이나 줄줄 태어났으니 생활의 어려움은 가히 상상할 수 있을 것이다.

항렬은 높지만 나이는 어린 작은아버지였던 주원장은 이 가정에서 분명 자주 소외를 당했을 것이다. 그는 형수에게 매우 불만이 많아 한번은 조카 손자인 주수겸의 면전에서 그의 할아버지를 통렬하게 비판하기까지 했다. 그는 주중사가 아버지의 편애를 받아 어릴 때부터 버릇이 없고 커서 행실이 매우 나쁘며, '부모님을 모셨다는 것 말고는 더 이상 칭찬할 것이 없다'고 할 정도였다.

큰형과 비교할 때 오로지 둘째 누나인 불녀佛女만이 이 집을 먹여 살렸기 때문에, 주원장은 '오직 누나만이 힘을 다해 효도를 했을 뿐'이지, 큰형과 형수는 전혀 제 몫을 하지 못했다고 평했다.

형과 형수가 부모님 공양도 제대로 못하는 상황에서 주원장이라는 이 군식구는 분명히 무시와 짜증의 대상이었으며, 애정결핍과 관심부족에 시달렸을 것이다.

1344년, 주씨 집안은 엄청난 재난을 겪었다. 주원장의 부모, 큰형, 큰조카 네 사람이 단 20여 일의 시간을 두고 큰 병에 걸려 하나하나 죽고 말았던 것이다. 큰형수 왕씨는 문정과 딸을 데리고 친정으로 돌아갔다. 주씨 집안은 이때 뿔뿔이 흩어지고 17살이던 주원장은 참혹한 운명에 버림을 받은, 아무에게도 보살핌 받지 못하는 야생아로 전락했다.

어린 시절의 기억이란 그렇게 참혹하고 비통하며 무력한 것이다. 그 기억은 주원장의 마음 속 깊은 곳에 원한의 씨를 심었다. 큰형수와 조카에게 복잡한 감정을 가지고 있던 주원장에게 이 일은 어떤 선택을 할지를 결정하는 시험대가 되었다.

결국 주원장은 자신의 유일한 친조카를 '폐해 버리기(이는 주씨 영감의 말버릇으로, 사람을 죽인다는 말을 '폐해 버린다'고 했다)'로 결심했다.

주문정 같은 문제인물을 두고, 국가에서 편찬하는 국사가 사용하는 관용적인 수법은 특수 정보기관의 수법과 조금 유사한 특징이 있다. 즉 이런 성가신 인물은 납치라는 방법을 통해서 이 땅에서 증발시켜버린다는 것이다. 《명태조실록》에서는 주문정의 최후를 두고 아무런 언급도 하지 않고 있다. 그저 동성桐城에 보내어 머물게 했다는 말 외에는 아무런 기재도 찾을 수 없다. 마치 그를 화성에 이주시켜 버리기라도 했다는 듯 말이다.

주문정은 과연 어떻게 죽었을까? 주원장은 조카 손자인 주수겸에게 그의 아버지는 죄가 악하고, "사건이 발각되어 그에게 도리를 가르쳤지만 듣지 않았다. 얼마 되지 않아 내게서 도망쳐 나라를 대적하려고 했다. 또 발각이 되어 그를 가두었고 나중에는 죽었다"(《명태조 황제 흠록》)고 말했다. 마치 말 안 듣는 아이 다루듯, 수차례나 말을 듣지 않아 결국 퇴출시켜버렸다는 뜻이다. 《어제기비록御製記非錄》에서 주원장은 더 분명하게 이야기하고 있다.

"(문정의) 흉악한 반역 음모가 날이 갈수록 더욱 심해져서 채찍으로 때리자 죽고 말았다"고 말했다. 주문정은 바로 주원장에게 산 채로 채찍에 맞아 죽었던 것이다.

이 해는 원나라 지정 26년(1366년)으로 2년만 있으면 명나라가 개국할 시점이었다. 홍무 원년(1368년), 주문정은 남창왕南昌王으로 봉해져서 강서江西에 사당이 세워졌다. 그의 아들인 주수겸은 홍무 3년에 광서廣西 계림桂林에서 정강왕으로 봉해졌다.

주원장은 생전에 《어제기비록》을 편찬한 바 있는데, 수록한 내용은 전부 아들이 저지른 과실과 아버지가 내리는 훈계였다. 이 책에서 주수겸은 마치 주씨 집안 2세대 자녀들 중에서 가장 말을 안 듣는 말썽꾸러기 학생처럼 묘사되고 있다. 즉 문제학생은 항상 교실 밖으로 쫓겨나 벌을 서거나 혹은 교장실로 불려가 꾸중을 듣고 게다가 매번 '부모님을 모셔오라'는 선생님의 훈계를 듣듯, 주수겸의 문제에 주문정의 유령까지 무덤 밖으로 끌려나와 쌍으로 욕을 얻어먹어야 했다.

《명사》에서는 주원장 부부가 문정, 문충 및 목영 등 양아들을 교육하는데 "자기가 낳은 친아들처럼 사랑하고 태자와 친아들인 여러 왕이 태어나도 그들을 향한 은혜는 사라지지 않았다"고 말하고 있다. 하지만 친아들과 '양아들'이 어떻게 같을 수 있단 말인가? 태자와 여러 왕이 아직 성년이 되기 전까지는 어쩔 수 없이 양자에게 의지해야 하지만 양자는 공신보다 조금 더 가까운 친족일 뿐, 주원장과 직접적인 혈연이 없는 '근친' 관계일 뿐이었다. 이런 이들을 이용하기 위해서 주원장은 그들이 큰 권력을 누릴 수 있도록 뜨거운 은혜를 내려주었다. 양자들도 은혜를 깨닫고 은혜에 보답하고자 양아버지가 벌이는 천하제패를 위해 피비린내 나는 전투를 벌였다. 수많은 양자가 목숨으로 대가를 치렀으며 명나라 건국 때까지 살아남아 관직에 봉해진 사람은 단 몇 명에 불과했다.

주원장은 황제가 된 후, 즉 홍무 원년에 주표를 황태자로 책봉했으며, 얼마 후 홍무 3년에 또 10명의 아들을 왕(청강왕 주수겸 포함)으로 봉했다. 비록 주씨 집안의 아들이 아직 미성년이고 제일 어린 왕자는 겨우 몇 개월밖에 되지 않았지만 주원장은 더 이상 여유를 가지지 못하고 그들을 모두 '명 제국'의 통치망 속으로 편입시켜 버렸다.

# 제10장 폭군 후궁의 '탁아소'

주원장이 황제가 되기 전, 아직 사서에서 그렇게 위대하게 묘사되기 전, 그는 적지 않은 비열한 짓을 저질렀다. 하지만 제왕에게 있어서 살인, 사람 해치기, 낯부끄러운 일 등은 비열한 짓에 포함되지 않는다. 이것은 권력술이라는 학문이며, 후흑학厚黑學[23]이라는 이름으로 불린다. 물론 아무리 그렇다 하더라도, 제왕 노릇에도 지켜야 할 최저 마지노선은 있게 마련이다. 예를 들어 야합이나 타인의 처를 뺏고, 민간의 여인을 강간하는 등의 짓거리는 하지 않는다든지 하는 것이다. 하지만 그중 한 가지라도 알려져서 역사책에 쓰이게 된다면 이는 그가 황음무도한 군주임을 증명하는 빼도 박도 못할 증거가 된다.

야사 속의 주원장은 '애정의 파종기'처럼, 가는 곳마다 사랑의 씨앗을 뿌려댔다. 앞의 글에서 이야기한 것처럼, 주원장에게는 용봉이 엉켜 노니는 야합 고사가 두 개 있었다. 그중 한 이야기는 대왕代王 주계朱桂에게 직격탄이 되어, 주계는 순식간에 어디서 굴러먹다 온 근본 없는 놈으로 전락했다. 이

---

23  《후흑학(厚黑學)》은 민국 시대 이종오(李宗吾) 선생의 저작으로, 그는 본서에서 얼굴이 두껍고 자존심을 주장하지 않으며, 속마음은 시꺼멓되 자신의 색깔이 없어야만 비로소 '영웅호걸'이 될 수 있다고 주장했다. 그는 조조(曹操), 유비(劉備), 손권(孫權), 사마의(司馬懿) 등 인물을 실례로 들어 얼굴이 두껍고 얇음과 마음의 흑백이 성패와 득실에 영향을 미치는 관계를 연구했다.

이야기는 대왕 출생의 미스터리를 불러일으켰지만, 사실 대왕은 출생 기록이 아주 분명해 미스터리할 내용이 전혀 없었다.

《용흥자기》의 작가 왕문록은 수많은 가문에 전해지는 역사 고사를 기록했는데, 명나라 초기 사람이었던 그의 외할아버지의 말에 의하면 태조 황제 주원장은 자주 '사복을 입고 궁 밖으로 나가 여자를 범했다'고 한다. 그는 항상 잊지 않고 일자를 기록해 훗날 서로 알아보기 불편이 없도록 했다고 한다. 이렇게 자기 자식으로 인정한 아이 중에는 왕으로 봉해진 아이도, 양자로 인정되어 귀족에 봉해진 아이도 있었다. 왕문록 집안의 외할아버지가 말한 '양자'란 아마도 살아서는 서평후西平侯에 봉해지고, 죽어서는 검국공黔國公으로 추증된 목영沐英을 가리켰을 것이다.

주원장 자신의 소개에 의하면 목영은 부모가 모두 죽고 8살 때 입양된 첫 번째 양아들로, 주문영이라는 이름이 하사되었다. 주원장의 양자들은 대부분 인생의 마지막이 비참했지만 목영만은 공을 세워 귀족으로 봉해졌다. 게다가 더욱 기이한 일은 목영의 대에서부터 시작해 목씨 집안은 대대세세로 검국공의 신분을 세습해 운남 지역을 지키며 명나라 왕조와 흥망을 함께 했다는 것이다. 그들은 비록 주씨는 아니었지만 명나라에서 또 다른 성씨의 제왕 대접을 받았던 것이다. 이런 특권은 전체 명나라 시대를 통틀어 유일했던 예로 다른 사람은 넘볼 수 없는 특권이었다.

주원장은 일생 다른 성씨에게 권력을 빼앗길까 봐 두려워했건만, 왜 목씨만은 두려워하지 않은 걸까? 어떤 사람은 목영이 사실 주원장이 바깥여인과의 사이에 낳은 사생자라고 추측했다. 그래서 비록 목영에게 주씨 성을 따르라고는 하지 않았지만 이득이 되는 일은 빠짐없이 챙겨주었다고 한다.

그러나 야합하여 낳은 아들이 많아질수록, 모든 사생자를 다 챙겨주기란 어려운 점이 있었다. 명대의 북방에는 "선부宣府의 연병장, 울주蔚州의 성벽, 패주霸州의 병영"이라는 속담이 있었는데 그중 울주의 성벽은 홍무 연간에 지휘관인 주방周房이 건축한 것으로 경성이라도 비교할 수 없을 정도로 험준하고 견고한 성첩을 쌓았다고 한다. 울주 선비들에게 회자되던 이야기에 의하면, 이 주씨 지휘관은 다름이 아니라 주원장이 바깥여성과 야합해 낳은 아들로서, 주원장의 주朱씨 성을 따르지 않았기 때문에 그저 회원위 지휘懷遠衛 指揮라는 지위밖에 줄 수 없었다고 한다(장합의《주재》상권 참조).

앞쪽의 글에서 고찰했듯이, 명대에 용과 봉황의 사랑놀이를 즐긴 황제는 무종武宗 주후조周厚照 한 사람뿐이 아니고 태조 황제 주원장부터 이렇게 고상했으니 정말로 가풍이 아닐 수 없다.

각설하고, '사복을 입고 여자를 범하는 일'은 제왕의 체면이 크게 깎이는 일이긴 했지만 어차피 피차간에 원해서 맺은 관계라고 할 수 있다. 반면 타인의 아내를 강제로 범하는 일은 이와는 다른 성질이었지만 주원장은 이런 일도 저질렀으며, 게다가 경험도 한두 번이 아니었다. 우선 앞에서 말한 두 건이 있는데, 한 건은 신하 양희성이 정혼한 여인을 빼앗은 일이었고, 또 하나는 적국의 군주인 진우량의 애첩을 빼앗은 일이었다. 훗날 이 일은 주원장이《대고》에서 자신의 경험담으로 적은 바가 있다. 주원장이 글을 쓴 이유는 자기변명을 하기 위해서였다.

그러나 생각 있는 사람이라면 누구나 알듯이 이런 변명은 가리면 가릴수록 더욱 눈에 띄게 되고, 덧칠을 하면 할수록 더 시커멓게 변하게 된다. 제일 좋은 방법은 "여기에 황금이 없다"는 식의 변명이 아니라 부끄러운 일을 완전히 삭제해버려, 자신도 다시 이야기할 필요가 없고 타인도 이야기하지 못하도록 하는 것이다. 그러나 주원장이 가장 바보 같은 방법을 선택할 줄 누가 알았을까? 이것은 고대 야사 연구 동호회 회원과 네티즌에게 좋은 먹잇감을 던져준 셈이 아닌가? 독자 여러분이 생각할 때 주원장은 너무 순진한 것일까? 아니면 조심성이 없다 못해 간이 부은 것이었을까? 그의 집안의 네 번째 황자인 주체는 이런 면에서 보면 주원장보다 더 수완이 뛰어났다. 그는 왕위를 찬탈한 후에 얼른 《대고》를 회수하여 전부 소각시켜 버렸다. 사실 이는 자기 아버지가 저지른 잘못을 뒷수습하고 아버지의 똥칠한 엉덩이를 닦아드린 셈이었다.

그러나 주원장이 공개적으로 자기변호를 결심한 것을 보면 자신이 한 낯부끄러운 일을 아는 사람들이 점점 더 많아지고 있다는 점을 인지한 듯하다. 하지만 그는 자신이 저지른 낯부끄러운 일이 너무 많아서, 명대 사회에서는 이미 자식과 후사의 출생을 향한 각종 설왕설래가 탄생하였고 그의 가족은 친아버지인데도 친아버지가 아니고 친아들인데도 친아들이 아니라는 오해를 받게 되었다는 사실을 인지하지 못했다. 아! 저지른 죄과가 너무 많은 탓이니 과연 누구를 탓하랴?

그중에 한 설왕설래는 다음과 같다. 진우량의 첩 도闍씨가 주씨 집안의 액정궁으로 사로잡혀간 지 얼마 후에 아들을 낳았는데, 이 아들은 실제로는 진씨의 골육인데도 주원장은 바보 같이 그 차이를 전혀 구분을 못 하고 담왕으로 봉했다!

도씨는 비밀을 마음속에만 담아두고 이야기를 하지 않았고, 이 아이 역시 자신의 진정한 혈통을 모르고 있었다. 그리고 담왕이 되어 나라를 책봉받고, 어머니를 떠나 장사長沙로 부임하러 갈 때에야 그는 이 사실을 알게 되었다.

"아들아, 사실 너는 한왕의 아들이란다. 네 아버지는 원수에게 살해되셨어. 그 원수는 바로 주원장이지. 그런데도 너는 그 원수를 아버지로 알고 있구나. 이 어미는 너 하나 때문에 이 치욕을 끝까지 참으면서 지금까지 버텨왔단다. 너는 이 원한을 절대 잊지 말고 앞으로 네 친아버지의 원한을 갚아다오."

여기까지 읽다보면, 연극이나 영화를 좋아하는 사람, 책을 좋아하는 사람, 댓글 읽기를 즐기는 사람은 아마 너도 나도 흥분하기 시작할 것이다.

이 이야기는 이어서 이렇게 말한다.

담왕은 책봉을 받은 나라에 부임해 치밀어 오르는 화를 억누를 길 없어 병사를 일으켜 모반을 감행했다. 이때 주원장은 서달의 아들에게 대군을 딸려 보내 담왕을 토벌하려 했다. 담왕은 성문을 굳게 잠그고 어린 아들을 안고 성벽 위를 거닐다가 부하에게 동판 하나를 가져오라고 명하더니 동판 위에 큰 글씨로 이렇게 썼다.

"도둑의 왕초를 만나느니, 차라리 염라대왕을 만나겠다!"

그는 동판을 성 밖으로 내던지더니, 곧 성에 불을 질러 궁궐을 태워버리고 자신은 아이를 안고 성에서 뛰어내려 자살했다.

주원장은 자기는 적의 처첩을 거둔 것뿐이라고 생각했지만, 실제로는 적의 아들을 대신 기르게 될 줄은 몰랐던 것이다. 그는 너무나 화가 난 나머지 후궁의 궁인을 대대적으로 살육하기 시작했다. 하늘에 요사스런 별이 나타났다는 핑계로 궁녀를 닥치는 대로 학살한 것이다. 황후는 비녀와 귀고리도 하지 못한 채 석고대죄를 해 겨우 처형만은 면했지만 나머지는 "모두 처형을 당했다"고 기록하고 있다.

이 사건의 출처는 명나라 사람 왕오王鏊의 기록인데, 한마디로 반박할 가치조차 없는 황당하기 그지없는 이야기이다. 다른 것은 차치하고 담왕의 연령만 따져 봐도 담왕 주재朱梓는 홍무 2년(1369년)에 태어나 진우량의 죽음(1363년)과는 6년이나 차이가 나기 때문이다. 진우량의 유복자가 나타哪吒 태자[24]가 아닌 이상 어떻게 그렇게 오랫동안 엄마의 뱃속에 있을 수 있었을까?

왕오王鏊(호는 문각文恪)는 정덕正德 초년에 잠시 대학사大學士를 지내다가 얼마 후 은거를 한 인물이다. 그는 한림학사 출신으로 '국사를 오랫동안 장관'하기는 했지만 같은 고향친구인 축지산祝枝山[25]처럼 황당무계한 일을 기록하길 좋아했다. 담왕의 이야기가 바로 그 전형적인 예이다. 하지만 이 이야기가 《왕문각공필기王文恪公筆記》에 버젓이 기록된 것을 보면, 진우량의

---

24  불교의 호법신. 후에 《서유기(西游記)》와 《봉신연의(封神演義)》 등의 등장인물이 되었음. 어머니 뱃속에서 3년 6개월을 지낸 후 세상에 태어났다고 함.

25  본명 축윤명(祝允明), 중국 명대 중기의 서예가. 자는 희철(希哲), 태어날 때부터 오른쪽 손의 손가락이 하나 많았기 때문에 호를 지지(技指) 또는 지산(技山)이라 했다.

첩이 명나라 궁에서 아들을 낳았다는 소문은 명나라 중기에 이미 민간에 광범위하게 유포되었음을 알 수 있다.

담왕 주재는 전체 형제 중 여덟 번째 황자로서, 7황자인 제왕齊王 주부朱榑와 그는 모두 달정비의 소생이었다. 많은 사람은 이 달정비가 바로 홍무 3년에 책봉되었으며 주원장이 《대고》에서 만천하에 공개한 그 여자 포로라고 추측한다. 만력제萬曆帝 시대 사람인 하교원何喬遠은 《명산장名山藏》에서 확고한 어조로 주장했다. "담왕의 어머니 달정비는 '죽은 진우량의 첩'으로 달정비는 항상 담왕에게 자신이 주원장의 비가 된 이유를 이야기하며, '옛 왕은 분을 이기지 못해서 성문을 반대로 걸어 잠그고, 분신자살을 했다'고 말했다." 《명산장》은 중요한 명나라 역사 연구 자료로서 작자는 비교적 신중한 태도를 유지하고 있다. 달정비를 '죽은 진우량의 첩'이라고는 이야기했지만 담왕이 진우량의 유복자라는 말은 하지 않기 때문이다.

하지만 대다수의 야사는 자초지종을 살펴보지도 않고 대담한 상상의 나래를 펼친다. 즉 달정비가 바로 진우량의 첩이며 그의 이름은 '도씨'라고 단정하는 것이다.

담왕의 어머니의 봉호는 '정비定妃'이며, 성은 '달達'씨였다. '달'은 평범한 성씨가 아니다. 최근 사람인 이푸화李普華는 《명성조생모문제회증明成祖生母問題匯證》이라는 글에서 이렇게 말했다. "여성의 성씨는 본래 똑바로 증거를 하기가 어려운데다가, '도'와 '달'은 쌍성雙聲[26]으로 자주 하나로 사용했다. 그

---

26  2음절 이상의 단어에서 각 글자의 성모가 같은 것.

러므로 도비와 달비는 본래 동일인물이다."

이 선생은 민국시기의 명나라 역사 전문가로서 매우 뛰어난 명성을 자랑하고 있지만 오직 이 설에서만큼은 상상력을 발휘하고 있기에, 설득력이 떨어진다. 내 귀가 너무 무딘 것을 용서해주시기 바란다. 내 귀에는 '도(중국어로는 '斯'와 같은 음)'와 '달'은 서로 완전히 다른 음으로 들린다. 게다가 진우량의 첩의 성이 정말 도씨인지는 아무도 모를 일이다. 왜냐하면 '도씨'라는 인물과 담왕이 진우량의 유복자라는 설은 모두 콩으로 메주를 쑨다 해도 믿기 어려운 《왕문각공필기》에 나와 있기 때문이다. 유복자설이 스스로 성립할 설득력이 떨어진다면 무슨 근거로 '도씨' 설의 타당성을 증명할 수 있을까?

현재는 달정비가 진우량이 빼앗긴 첩이라는 확증도 없으며, 진우량의 첩의 성이 도씨이고 달정비가 바로 도씨라는 주장 모두 근거 없는 가설일 뿐이다.

홍무 3년(1370년), 겨우 두 살배기였던 주재가 담왕으로 봉해졌고 18년(1385년)에는 호광湖廣 장사長沙에 분봉지를 하사받게 되었다. 장사는 아주 큰 군으로 물자가 풍부하고 백성이 많았으니 상등 분봉지라고 할 수 있었다. 주재는 다른 형제와 마찬가지로 문예를 좋아하여 분봉지 왕궁에서 유신을 소집해 술자리를 벌이고 시를 지으며 스스로 신하들의 시를 평가하곤 했다. 이렇게 세월아, 네월아 지내던 그에게서는 주동적으로 반란을 일으킬 기미는 전혀 보이지 않았다.

담왕비 우于씨는 도독 우현于顯의 딸이었다. 그러나 홍무 연간의 저주마냥, 주씨 집안과 사돈을 맺으려던 사람들은 거의 다 죽을죄를 지어, 대부분 인생의 결말이 좋지 않았다. 아니나 다를까, 주재가 번왕이 된 후 제5년(홍무 23년, 1390년), 주원장은 전임 승상 호유용胡惟庸 당파 사건(이 안은 홍무 13년 초에 발생하여 당시까지 이미 10년의 시간이 지났음에도 주원장은 사건을 끝까지 물고 늘어지고 있었다)을 대대적으로 조사했으며, 우현과 그 아들 우호于琥는 모두 이에 연루되어 사형을 선고받았다.

주원장은 사람을 죽일 때 친분 유무는 전혀 고려하지 않았고, 필요하다고 생각할 때는 냉정하게 칼을 뽑았으며, 한번 칼을 뽑아들면 사람 죽이기를 파리 목숨 죽이듯 했다. 게다가 사람을 처치하는 것이 얼마나 전광석화 같던지 구더기 무서워 장 못 담글 일은 전혀 없었다.

하지만 여덟 번째 아들의 장인을 죽일 때는 아들이 충격을 받아 엉뚱한 일을 저지르지나 않을까 걱정이 되어, 특별히 사자를 보내어 그를 위로하며 어명을 전달하는 금부金符를 하사해 아들을 궁궐에서 접견하려 하기까지 했다. 그런데 아니나 다를까? 주재는 아버지가 자신을 접견하고 싶다는 이야기를 듣자, 극도의 두려움에 사로잡힌 나머지 왕비 우씨와 함께 분신자살을 해 주원장의 자녀 중 최초로 비명횡사한 자녀가 되었다. 그는 아들이 없어 '담국' 역시 분봉에서 제외되었다.

아버지가 친아들을 죽음으로 몰아넣는 것은 비록 제왕의 가문이라 해도 반인륜적 참사에 속한다. 게다가 주원장은 자신의 아들을 여전히 뜨겁게 사랑하지 않았는가? 그는 가문 대대로 하사한 유훈에서 특별히 이렇게 강조했다.

"제왕이 범법을 하게 될 경우, 권고와 훈계를 위주로 할 것이다. 비록 자녀가 용서할 수 없는 대역죄를 저질렀다 하더라도 자녀를 죽이는 일은 불가하다."

그런데 담왕은 왜 아버지를 호랑이 대하듯 그렇게 무서워했을까? 아버지가 궁궐에서 좀 보자는 말 한마디를 전했을 뿐인데 왜 새파랗게 질려 스스로 자살을 선택했을까?

이렇게 정확한 기록이 없는 문제는 커다란 의문의 블랙홀을 남기고, 우리를 끌어당겨 도대체 그 안의 진실은 무엇이었을까를 탐색하게 한다. 우리는 미스터리 놀이를 즐긴 후, 대담한 추측과 함께 합리적인 해석을 해 볼 수 있다. 담왕이 진우량의 유복자라는 설은 대략 이런 블랙홀에서 도출된 결론이라고 할 수 있다.

이 이야기에서 '왜 담왕이 주인공이 되었는가?'라는 문제는, 다음과 같은 두 가지 가능성을 생각해볼 수 있다. 첫째, 담왕은 주원장의 기세에 눌려 죽은 유일한 아들이었다. 호랑이가 제아무리 무섭기로서니 자기 새끼는 잡아먹지 않는다고 했는데, 담왕이 자기 친아들이라면 담왕이 지레 겁을 먹을 리가 없다. 이것은 아주 자연스러운 연상이었다. 둘째, 상류 사회에서 비교적 광범위하게 전해지던 《천황옥첩天潢玉牒》이라는 책을 보면, 담왕의 이름 아래에 '제명'이라는 두 글자가 주석으로 달려 있다. 제명이란 가문의 족보에서 제외시킨다는 것이고 주씨 집안 자손임을 인정하지 않는다는 뜻이다. 위의 이야기를 통해 볼 때, 담왕은 아버지의 고심을 헤아리지 못하고 스스로 자결을 결심했다. 아버지는 아들의 자살에 가슴이 아프겠지만 그렇다고 해서 아들을 가문의 족보에서 제적시키거나 아들임을 부인할 하등의 이유는 없지 않은가? 그가 본래 주씨 집안의 핏줄이 아닌 이상 말이다! 이 역시 '소설가'들의 창작본능에 불을 지펴준 중요한 소재가 되었다.

진상이 과연 무엇이었는지는 모두 죽은 후 황천에 내려가 주원장 본인에게 물어볼 수밖에 없겠다. 하지만 만일 주원장이 훗일을 알았거나, 자신이 각종 추문과 스캔들의 주인공이 되고 후궁은 경쟁자의 탁아소로 전락해 버린 일, 원 순제의 유복자(성조 주체, 아래 글에서 계속)건 진우량이 뿌린 화근(담왕)이건 간에 모두 자신이 양육해줬다는 오해를 받은 사실을 알았더라면, 너무 화가 나서 한 번 더 죽고 싶지 않았을까?

# 제11장 적자임을 스스로 증명한 연왕(燕王)

주원장의 장자 주표는 원 지정 15년(1355년) 9월 5일에 태어났으며, 관방 역사에서는 '효자孝慈(마)황후가 낳았다'고 적고 있다. 청나라 사람 모기령毛 奇齡의《승조동사습유기勝朝彤史拾遺記》에서는 에피소드를 보충하며, 주표가 태평부太平府의 부잣집인 진적陳迪의 집에서 태어났다고 말한다.

지정 15년 6월에 곽자흥 군이 왁자지껄하게 호숫가의 배를 타고 순풍을 맞으며 한밤중에 도강을 할 때도 전략의 방향을 전혀 알 수 없었다. 이번 행 동은 무엇보다도 수년간 반복된 강북의 대기근을 해결하기 위한 궁여지책 이었으며, 가장 직접적인 목표는 강남에서 군량미와 마초를 탈취해 오는 것 이었다. 그래서 전군은 가족과 군수물자는 전부 화주에 남겨놓은 채, 가벼운 무장 차림으로 날듯이 강을 건너갔다.

당시 마황후는 이미 임신하고 있었기에 원나라 군이 언제라도 물길을 막 아버릴 것을 염려해 일부 부녀자와 어린아이만을 인솔한 부대를 따라 매우 과감하게 도강을 선택했고, 번창현繁昌縣의 부자인 진적의 집에서 장자 주표 를 낳았다.

그녀의 예상처럼, 원나라 장수 아노회阿魯灰, 만자해아蠻子海牙는 고숙姑孰 부두를 순식간에 막아버리고 채석기采石矶를 습격하였으며, 민병 원수 진야 선陳埜先의 소속 수군인 강무재康茂才 부대 역시 강을 따라 상류로 순행하므 로, 강의 좌우는 금세 '길이 막히게' 되었다. 곽자흥 군은 남, 북의 두 부대로 나뉘었다. 격렬한 쟁탈전을 치른 후, 다음 해 2월에 채석기와 천녕주天寧洲를 수비하던 강무재를 격파한 후에야 물길은 다시 회복되었고, 곽자흥 부대의 장군과 병사, 가족 및 군수물자도 전부 강을 건널 수 있었다.

이상의 기록으로 판단해 볼 때, 마황후는 그저 주씨 집안의 '옛 가속'을 이끌고 강을 건넜을 뿐이며 곽자흥 부대 기타 장군의 가족은 아마도 마황후 측에 기대를 걸기가 힘들었을 것이다. 곽자흥이 죽고 난 후 '곽씨 집안 군대'는 비록 해체되지는 않았지만 각 부대는 서로 엇비슷한 실력으로 대부분 독자적인 행보를 보였기 때문이다.

번창은 태평로太平路(태평부)의 속현으로, 진적은 이 현에서 내노라 하는 부호였다. 실록에서는 진적을 두고 딱 한 가지 사건만 기록하고 있다. 즉 주원장이 태평을 점령한 후 금과 비단을 바친 이야기이다. 마황후가 그의 집에서 아들을 낳았으니, 이는 이해가 가는 대목이다.

마황후는 군사적인 위기의 때에 장자 주표를 낳았고 그 후 6년 동안 무려 4명의 아들과 영국, 안경 두 공주를 연이어 출산했다. 어떤 책에서는 마황후가 불임이었다고 아주 당연하게 말하는데, 이는 그녀에게 두 딸이 있었는지 모르기 때문이다.

명대의 관방 서적과 일반인은 마황후가 제일 연장인 다섯 황자를 낳았다고 주장한다. 이 다섯 황자는 장자 주표, 차자 진왕 주상, 3자 진왕 주강, 4자 연왕 주체와 5자 주왕 주숙이다. 그들은 모두 주원장의 적자이며, 기타 황자는 모두 첩(비빈)이 낳은 아들로 모두 서자였다.

각설하고, 명나라 사람은 마황후가 태자 외에 주상, 주강, 주체, 주숙 등

네 왕을 낳았다는 점에 본래 별다른 이견이 없었다. 그러나 명나라 중후기에 이르러 민간에서 '마황후 다섯 아들 출생설'이 전혀 믿을 수 없는 관방 홍보 전략으로 전락할 줄은 몰랐을 것이다. 각 왕 출생의 미스터리는 각종 설이 나타났지만 대부분의 논점은 모두 제4황자인 연왕 주체에 집중되었다. 그는 바로 훗날 대권을 찬탈해 황제가 된 영락제永樂帝이다.

만일 주체가 자기 분수를 지키며 역사의 뒤안길로 조용히 사라져간 친왕이었다면 그가 적자인지 아닌지가 초미의 관심사가 되지는 않았을 것이다. 그러나 이 제4황자는 건문제建文帝가 자신의 봉지를 취소시키자 반란군을 일으켰고, 기적처럼 정권을 뒤엎은 후 당당히 황제의 자리에 등극했다. 정당하지 못한 방법으로 얻은 황제 자리였기 때문에 즉위 후 대대적인 학살을 감행하며 종묘를 피로 물들였다. 살육에 맛을 들인 또 한 명의 군주가 탄생한 것이었다. 이는 사람들이 수군거리지 않을 수 없는 이야기였다.

주체는 스스로 자기 '왕관'을 맞춤 제작하고, 자신의 반역행위에는 정난靖難이라는 주석을 달기도 했다. '정靖'이란 '평정한다'는 뜻으로, '정난'은 조정의 내란을 평정했다는 말이다. 그가 조정과 수년간 전쟁을 벌인 이유는 정권을 쟁취하고 권리를 빼앗으려는 탐욕에 불과했다. 하지만 공식적인 역사서는 이를 두고 영락제가 '정난의 노고를 행했다'고 칭찬한다. '양두구육羊頭狗肉[27]'이라는 말이 무슨 뜻인지 알고 있는가? 바로 이런 경우를 두고 말한다.

군사를 일으켰을 때부터 주체가 입만 벙긋하면 이야기하고, 끊임없이 이

---

27 　양고기를 걸어놓고 개고기를 판다는 뜻, 표리부동한 기만의 행위를 가리킴.

야기하고, 또 기회가 있을 때마다 이야기한 말이 있다. 즉 "짐은 우리 태조 고황제와 효자고황후의 적자, 이 나라의 적통 중의 적통", "짐은 고황제의 적자", "스스로를 돌아보면 별 능력이 없는 사람이지만, 짐은 확실히 부황 태조 고황제의 친자, 모후 효자고황후의 친아들, 황태자의 친동생, 외람되지만 모든 왕의 연장자이다" 등의 말이다. 그가 자신이 적자 신분임을 매우 중요시했고 그것을 알리지 못해 안달복달했음을 잘 알 수 있다.

주체가 세상을 떠난 후 편찬했던 《명태종실록明太宗實錄》[28] 역시 그의 마음을 아주 잘 헤아려, 툭하면 '태종 문황제文皇帝'가 '조정'과 얼마나 특별하고 친밀한 관계를 유지했는지 보여주는 자료를 제공한다. 예를 들어, 건문제 원년 7년, 연왕은 상서에서 이렇게 말한다.

"소신은 의문 황태자(주표)와 한 부모님을 둔 가장 가까운 혈육임을 사무치게 생각하는 바입니다. 그러므로 지금 폐하(건문제)를 모시는 것은 하늘을 모시는 것과 같습니다."

11월, 연왕은 상서에서 말한다. "폐하와 신은 모두 태조 고황제와 효자고황후에게서 태어난 가장 가까운 핏줄입니다." 이는 스스로 자신을 적자라고 증명하는 신분증명이다.

건문 3년(1341년) 윤 3월, 연왕은 상서를 올려 말했다. "신은 폐하께서는

---

28  주체의 묘호(廟號)는 처음에는 '태종 문황제'였으나, 가정 연간에 이르러서는 '성조 문황제'로 개칭하게 된다. '조(祖)'는 '종(宗)'에 비해 한 단계가 높아진 것이다. 《명태종실록》은 선덕(宣德) 초년에 편찬한, 영락 조대의 관방 편찬 국사이다.

저와 가장 존귀하며 친근한 사이임을 믿습니다." 이번에는 건문제도 반응을 보였다. "글을 읽고 감동과 깨달음이 많았다." 건문제는 놀랍게도 반역도당의 이따위 말에 감동을 받아 유명한 산문가인 방효유方孝孺에게 이렇게 말했다. "연왕은 효강제孝康帝[29]와 같은 배에서 태어난 동생분으로, 짐의 숙부이시네. 오늘 무고한 그에게 죄를 묻는다면, 종묘사직의 조상을 볼 낯이 없지 않겠나?" 이는 건문제의 입을 통해 주체의 적자 신분을 증명한 셈이었다. 건문제는 여기에서 진지하게 자신의 잘못을 뉘우치며 자신이 '무고한 연왕에게 죄를 물었다'고 인정했다. 또한, '내가 앞으로 죽게 되면 태조 황제를 무슨 낯으로 뵌단 말인가?'고 하소연하고 있다. 이런 거짓말은 너무 과도하게 날조되어 위조의 향기가 물씬하다.

건문 4년(1342년) 6월, 연왕은 전쟁 승리의 여세를 몰아 황제의 보좌에 우뚝 섰다. 이때 모든 왕 및 군신은 표表[30]를 올려 이렇게 간언했다. "전하께서는 태조의 후사요 적자로서 모든 성인의 덕으로 관을 쓰시고 사직에 공과 덕을 돌리시니 천자의 자리에 오르시기에 합당하십니다."

모든 장군도 간하며 말했다. "전하는 문무에 뛰어나시며 자애롭고 인의와 효가 넘치신 태조의 적손이십니다."

---

29  효강제란 건문제의 아버지 의문태자 주표를 말한다. 건문제 주윤문(朱允炆)은 즉위 후, 고태자의 시호로 효강 황제를, 묘호로는 흥종(興宗)을 하사했다. 황제라는 존호는 주체가 즉위한 후 곧 폐지되었다.
30  신하가 임금에게 올리는 문장 형식. 자기의 심중을 나타내 임금에게 알린다는 의미에서 표라 하였다.

군신은 다시 그에게 간했다. "전하는 덕으로는 성인이시며, 위치는 적장자로서 홍업을 계승하시기에 적당하십니다."

이는 종실, 군신의 입을 빌려 주체의 적자 신분을 증명한 것이라 할 수 있다.

주체는 즉위 후에도 그 성질을 버리지 못했다. 자신을 배알하러온 사진왕嗣晉王(주체의 셋째형 진공왕晉恭王 주강朱橿의 아들)을 접견하며 그는 또다시 "나와 네 아버지는 모두 돌아가신 부모님 황제의 소생으로 어릴 때부터 우애가 아주 돈독했다"고 떠벌렸다. 사실 말이 났으니 말이지, 진, 연 두 왕은 비록 형제지간임에도 항상 불화해 '우애가 돈독한' 적이 한 번도 없었던 사이다. 이 말이 얼마나 위선적인 말인지는 뒷글에서 자세히 밝히도록 하겠다.

관방의 기록은 주체의 출생을 어떻게 전하는가?《명태조실록》에서는 다음과 같이 기록한다.

"(경자년庚子年) 4월 계유癸酉일에, 제4황자, 즉 현재 재위 중인 황제께서 탄생하셨으며, 효자(마)황후가 낳았다."

오늘날의《명태조실록》은 주체 즉위 후 새로 편찬된 것이기 때문에 주체를 현재 재위 중인 황제라고 표현하고 있다. 실록에서는 주표 이하의 다섯 형제를 모두 '효자 황후의 소생'이라고 말하고 있다.

주체 본인의 자술과 문무 군신의 공론, 건문제가 친히 말한 증언, 거기에다 관방 역사의 권위 있는 기록까지 더해졌기에, 주체가 태조 고황제와 고황후의 적자라는 사실은 더 이상 재론의 여지가 없는 확고부동한 사실로 받아들여진다. 하지만 '여기에 은 삼백 냥이 없다!〔此地無銀三百兩〕[31]'는 말도 너무 자주 하면 효과가 반감하고, 강요가 지나치면 반발심만 생긴다는 것쯤은 누구나 알고 있을 것이다. 그래서일까? 왕자 중에서 가장 먼저 출생 관련 미스터리가 떠돈 사람은 다름 아닌 주체였다.

명조 가정, 만력 시기의 저명한 학자 왕세정王世貞은 전고典故에 박식했는데, 그는 명나라 제왕표를 편찬하면서 마황후가 다섯 명의 적자를 낳았다는 설을 채택했다. 그 책에서는 이를 '정설(물론 정설이 정확한 설이라는 뜻은 아니다)'로 말하고 있다. 하지만 왕세정은 사료를 수집하는 과정에서 이미 이설을 발견한 바 있었다. 그는 《황명세계皇明世系》라는 책에서 주체와 주왕 주숙은 마황후의 소생이지만 의문태자와 진秦, 진晉왕은 다른 비의 소생으로 기록되어 있다고 밝혔다. 이 일설에 이제 왕세정 자신은 더 이상 시비를 고증할 수 없고 남겨진 책을 통해 의문을 제기할 수밖에 없다.

또한 왕세정과 동시기의 인물로 낭영郎瑛이라는 사람이 있는데, 그는 《노부옥첩魯府玉牒》이라는 책에도 마황후가 연왕 주체와 주왕, 주숙 두 왕만을 낳았다는 설이 실려 있다고 말한다(자세한 이야기가 궁금하다면 낭영이 저작한

---

31 중국의 고사에서 유래한 비유.
(편집자 주) 중국의 한 사나이가 번 돈을 잃어버릴까봐 은 삼백 냥을 묻고 없다고 적어두면 없는 줄 알겠지 생각하곤 '여기에 은 삼백 냥이 없다!'라고 팻말을 세웠다. 그 팻말을 발견한 왕이라는 사람이 땅 속 삼백 냥을 발견하곤 돈을 가져가며 팻말 뒤에 '왕이 돈을 가져가지 않았음'이라고 적어두었다 들통났다는 고사다. 자세한 고사의 내용과 의미는 《동아일보》한자이야기 84회(http://news.donga.com/3/all/20060728/8334354/1) 참조(2016.11.8 검색).

《칠수류고七修類稿》를 참조 바란다).

《노부옥첩》은 분명히 노왕의 가문에서 소장하고 있던 황실의 족보첩이었을 것이다. 《황명세계》라는 책은 작자미상이며 이미 실전되었지만 '족보'라는 뜻의 '세계世系'를 책의 제목으로 삼은 것으로 보아, 이 역시 분명히 황실의 계보를 적은 책일 것이다.

황제의 족보는 특별히 '옥첩'이라고 부르며, 중국 명청 시기에는 황가 종실의 사무를 관리하던 종인부宗人府에서 역대 문서를 근거로 수년에 한 번씩 지속적인 편찬을 했다. 명대의 옥첩은 지금 세상에는 존재하지 않지만, 민간에서는 《천황옥첩》이라는 책이 전승되며 명조 옥첩 중 남아 있는 일부분으로 간주되었다.

《천황옥첩》은 오늘날 다섯 개의 판본이 남아 있는데, 재미있는 것은 다섯 판본에 실려 있는 주원장의 다섯 아들의 출생의 미스터리는 서로 일치하지 않으며 두 갈래의 계통을 형성하고 있다는 점이다. 그중 하나는 이렇게 기록하고 있다.

황자 24인(요절한 두 자녀는 계산하지 않음) 중 제4자, 즉 현재의 주상(주체)과 제5자 주왕은 마황후의 소생이다.

장자 의문태자, 제2자 진민왕(秦愍王), 제3자 진공왕(晉恭王)은 각각 다른 어머니의 소생이다.

제6자 초왕, 제7자 제왕, 제8자는 제명된 담왕, 제9자 노황왕(魯荒王), 제10자 촉왕, 제12자 대왕, 제18자 곡왕, 제22자 당왕, 제23자 영왕, 제24자 윤왕은 황비의 소생이다.

제11자 상헌왕, 제13자 숙왕, 제19자 한왕, 제20자 심왕은 황귀빈의 소생이다.

제14자 요왕, 제15자 경왕, 제17자 민왕은 황귀인의 소생이다.

제16자 영왕, 제21자 안왕은 황미인의 소생이다.

— 명나라 사람 등사용鄧士龍이 편집한《국조전고國朝典故》본


이《천황옥첩》에서는 마황후가 낳은 아들은 넷째 아들 연왕, 다섯째 아들 주왕뿐이라고 주장한다. 즉 이 두 형제만이 적자일 뿐 큰아들 의문태자와 둘째 아들 진秦왕, 셋째 아들 진晉왕은 모두 '각각의 어머니가 출생한' 서자라고 기록하고 있다. 이는《황명세계》와《노부옥첩》의 기록과 동일하다.

이 판본에는 의문점이 하나 있는데, 왜 의문태자와 두 진왕을 '각각 다른 어머니'의 소생이라고 칭했느냐는 점이다. 설마 황비, 황귀빈, 황미인은 '각각 다른 어머니(즉 첩, 서모)'가 아니란 말인가? 그 말 속에 우리가 의심해 볼 만한 점이 있는 듯하다.

주원장의 각 왕자의 출생의 미스터리는 모두 네 가지 이설이 있는데, 이상은 그중의 첫 번째 이설로서 마황후가 낳은 아들은 넷째와 다섯째 아들뿐이라고 한다. 이 두 적자 외에 다른 왕은 모두 서자인 셈이다.

이 설이 놀라운 까닭은 언제나 순혈을 자랑하던 의문태자 주표가 여기서는 마황후의 소생이 아닌 아들로 적자에서 제외되었다는 점이다!

모두 알다시피, 주원장은 '황실 제도'에서 적장자 계승제를 수차례 강조,

역설했다. 그는 주표를 황제의 장자로 삼아 우선 오왕吳王 왕세자[32]로 세웠다가 명이 개국하는 해에 황태자로 만들었으니 25년 동안 그 지위는 전혀 변함이 없었다. 그가 홍무 25년(1392년) 세상을 떠난 후에도 주원장은 다른 수많은 아들 가운데서 계승자를 선택하지 않고 주표의 적자를 책봉하는 방식을 선택했다. 즉 적장손인 주윤문을 황태손으로 세운 것이다. 주표의 적자 신분은 아주 분명했던 것이다. 만일 넷째와 다섯째만 적자라면, 주원장이 어떻게 자신의 말에 위배되는 서자를 공공연히 황태자로 세웠겠는가? 다른 말로 하자면 주표가 만일 적자가 아니라면 왜 '황실 제도'에서 그의 적장자 계승권을 그렇게 주장했단 말인가? 그렇다면 누워서 침 뱉기에 황태자의 체면을 완전히 구겨버리겠다는 것 아닌가? 그러므로 이 설은 설득력이 매우 떨어지며 신뢰하기가 어렵다.

---

32  친왕의 법정 계승자를 세자라고 하며, 세자와 친왕의 관계는 황태자와 황제의 관계와 같았다.

## 제12장 큰형 출생의 진위는 넷째의 손

《천황옥첩》의 또 다른 판본은《명태조실록》과 같은 내용을 기록하고 있다. 즉 마황후가 다섯 아들을 낳았다는 '정설'을 고수한다. 한 책에서 어떻게 정설과 이설의 서로 다른 버전이 동시에 출현할 수 있을까?

《사고전서총목제요四庫全書總目提要》에서는 '이설본'《천황옥첩》이 의문태자를 각 비빈의 소생이라고 기록했다는 점을 지적하며, 마황후가 연, 주 두 왕만 낳았다는 것은 정사에는 부합하지 않는다고 말한다.

"이는 아마도 당시의 경솔하고 망령된 말이니, 실록의 내용으로 삼기에 부족하다."

청대 학자들은 모두 감히 이 설을 지지하지 못했다. 이 설을 지지하는 것은 옥첩의 편자가 주체에게 아첨하기 위해 역사를 날조하고 허무맹랑한 이야기를 적었다고 주장하는 것이나 마찬가지라고 여겼기 때문이다. 그래서 《명사明史》는 여전히 '정설'을 고수하고 있다.

해진解縉이《명태조실록》[33] 2차 수정본의 총재관[34]을 맡았기 때문에, 사람들은 이 설이《명태조실록》에도 실려 있을 것이라고 의심한다.《명태조실

---

33 《명태조실록》은 건문년에 완성되었다. 주체가 즉위하자마자 재편찬을 명한 것이 바로 2차 수정본이다. 영락 9년에 다시 재수정을 명령했으니, 이것이 3차 수정본이며 오늘날에 전해지는 판본이다. 하지만 과거 2차 수정본은 현재 실전되었다.
34 청대 중앙 편찬기관의 주관 관원이자 회시(會試)를 관장하는 관원.

록》1차본은 건문제 시대에 편찬되었지만, 책속에서 연왕 주체를 반역 도당이라 질책했기 때문에 주체가 당연히 불만을 가질 수밖에 없었다. 그는 정권을 찬탈하자마자 《명태조실록》 재편찬 명령을 내렸다. 아이러니한 것은 감수관은 군사를 이끌고 '연왕 정복'에 나섰다가 실패한 대장군 이경융李景隆이었다는 점이다! 하지만 감수는 일반적으로 명목상의 직책일 뿐, 직접적인 편찬 책임은 총재, 편수 등의 관리가 맡게 된다. 책을 재수정해 바쳤을 당시 주체는 전혀 불만을 표시하지 않았다. 그런데 9년이 지난 후 갑자기 재편찬하라 불호령이 떨어졌다. 재편찬 이유는 감수를 맡았던 이경융과 여상茹瑺이 '마음이 똑바르지 않아 세심하고 정확하게 편찬하지 않았다'는 것이었다. 여기서 '마음'을 들먹일만한 사건이라고는 '정난' 밖에 없는데 당시는 이, 여씨 두 사람이 연왕 정복에 실패한 후 유명을 달리한 상태였으므로 아마도 실록 중 주체에게 불리한 문서가 이때에 밝혀진 것이 아닌가 추측한다.

또 다른 주장에 의하면 어떤 이가 주체에게 참언을 올려 말하길, 해진이 자기 마음대로 족보를 고쳐 의문태자를 서자로 전락시킨 것은 너무나 끔찍한 일이라고 했다 한다. 해진이 고의로 주체의 출생 스캔들을 날조한 바람에 이 스캔들이 주체 최고의 약점이 되었다는 참언은 주체를 격노케 했다. 그후 해진은 군주에게 미움을 받아 죽임을 당했다. 그는 역사서 편찬 시, 머리를 굴려 똑똑한 척 폼을 잡았지만 오히려 '너무 똑똑해서 제 꾀에 넘어가고 만 것'이다.

사람들의 참언을 들은 주체는 그제야 일이 크게 잘못 되었음을 깨닫고 실록을 재편찬하라는 명령을 내렸다. 이번에는 의문태자와 두 진왕이 다시금 마황후의 친아들 체계로 들어왔다. 이것이 바로 오늘날 볼 수 있는 《명태조실록》의 '정설'이며, 《천황옥첩》 역시 재편찬을 거쳐 '정설'을 따르게 되었다. 하지만 그 몇 년 동안 옥첩은 이미 황궁에 의해 수여되거나 민간에 두루 전파되었지만(예를 들어 노왕 가문이 소장한 판본), 전파과정에서 완벽하게 필사가 되지 않았던 관계로 두 가지 다른 판본을 남기게 되었으며 결국엔 주체가 출생의 미스터리를 비밀리에 고쳐 썼다는 이야기까지 나오게 된 것이다.

만일 해진이 고의성을 가지고 누구나 다 아는 적통 황세자 의문태자를 서출로 격하시키고 주체를 적자로 격상시켰다고 가정한다면, 그는 왜 꼭 주왕 주숙까지 묶어서 그도 적자라고 주장한 것이었을까?

첫 번째 이설은 연왕, 주왕 두 왕만이 적출이고 나머지는 모두 서출이라는 주장이었다. 그런데 아주 이상한 점은, 이 주왕은 절대 적자가 아닐 뿐 아니라 서자라는 증거도 확실해 세상 사람들이 다 알고 있었다는 것이다. 이 이야기는 사실 주원장이 총애했던 손귀비와 관련이 있다.

홍무 초년, 손귀비는 궁중에서 마황후에 버금가는 지위를 누렸다. 그녀는 홍무 3년에 귀비로 봉해졌으며 '지위는 모든 비빈보다 높았다'. 하지만 천수를 다하지 못하고 홍무 7년 9월에 운명했으니 꽃다운 32살의 나이였다. 사랑하는 비의 죽음 앞에 주원장은 매우 괴로워하며 그를 '성목귀비'로 추증했다. 귀비에게는 아들이 없었기 때문에(하지만 딸은 셋) 다섯째 아들인 주숙에게 '자모의 상을 3년간 모셔' 효성을 다 하도록 했으며, 동궁과 각 왕은 모두 1년 상을 모시도록 명했다.

과거 사람들은 처첩이 많아서 아무리 같은 아버지의 자녀들이라 해도 각자 생모는 적모, 서모라는 차등이 있었다. 적모는 주인의 정식 부인으로서 아버지가 매파를 통해 공식적으로 받아들인 큰마누라였으며, 황제에게는 황후를 말했다. 서모는 아버지의 첩, 혹은 작은마누라로, 듣기 좋은 말로는 측실側室, 차부인次夫人이라고 했으며 황가에 있어서는 수많은 비빈이라고 할 수 있다. 생모란 아이를 낳은 어머니로 첩이거나 첩마저 아닌 경우도 있었다. 예를 들어서 주인어른이 몰래 땔나무 창고에서 여종을 함부로 유린해 발생한 사고가 그런 예였다. 주인이 즐길 건 다 즐기고 아이도 태어났지만 아이 편에서는 전혀 명분이 없는 경우를 말한다.

이런 대가족 제도에서 적모의 신분은 아주 중요했다. 하지만 이 지위는 종법제도를 통해 확립된 것이었을 뿐, 집안 내에서 적모가 진정한 권위를 가지는지는 가장의 지지로 결정되었다. 어떤 주인은 밖에서 몰래 즐기는 건 좋아하지만 집은 전혀 돌보지 않기도 하고, 혹은 집안에서 첩을 더 편애해 밤마다 사랑방에 틀어박혀 지내며 조강지처는 찬밥 대접을 하기도 한다. 이런 경우에 적모는 괜히 애간장만 태울 뿐 어떤 말을 해도 대수롭지 않게 치부되기 일쑤였다.

하지만 적모의 재산권과 종법권은 법률적으로 보장받았다. 무엇보다 남편이 죽은 후에 신주가 사당에 놓이는 권리는 오로지 적모만이 누릴 수 있는 권리였다. 남편이 높은 관직에 오르게 되더라도 유인孺人, 안인安人, 내지는 1품부인一品夫人 등의 월계관은 오직 적모만이 누릴 수 있는 권리였다. 또 적모가 낳은 아이는 가족 중에서 절대적으로 우세한 위치를 차지했다. 그래서 적모는 오히려 남편이 죽은 다음에야 지위적인 이점을 누리는 경우가 많았다. 반면 여우같은 첩은 남편이 살아 있을 때는 득세하지만, 남편이 죽으면 오히려 집안 내의 지위가 위태로워졌다. 첩에게 아이가 없는 경우라면 여주인은 심지어 '매파에게 부탁해 첩의 새 임자를 찾거나 첩을 팔아버리도록' 하기도 했다. 이런 이야기는 삼언이박三言二拍[35]에 자주 등장하는 소재다. 오늘날 우리에게 익숙한 말로 표현하자면 적모는 회사의 정규직, 서모는 비정규직이라고 할 수 있으며, 생모 중에서 명분 없이 불의의 사고로 아이를 낳은 사람은 아르바이트생이라고 할 수 있었다.

조정은 만민의 모범이요, 궁정에서 지키는 예법은 천하 백성에게 본보기 작용을 했다. 주원장은 적자들과 황태자 주표를 포함한 모든 황자를 동원해 서모 손귀비의 상을 모시도록 했으니, 이는 천고 이래에 없었고, 예법에도 근거가 없는 신례, 즉 새로 발명된 '애례哀禮'였던 셈이다.

다섯 번째 아들인 주숙은 손귀비를 위해 '자모慈母의 상을 모셨'고, 삼 년간 효성을 다했다. 이 '자모慈母'란, 자고이래로 '자애로운 어머니 밑에서 패륜아들이 더 많이 나온다'는 말의 그 '자모'가 아니다. '3례' 중의 하나인《의례儀禮》[36]에서 단어의 표준적인 뜻을 찾을 수 있다.

《전傳》에서는 "자모란 어떤 사람인가?"라고 묻는다.《전》의 대답은 이와

---

35 중국 명대의 소설집인《성세항언(醒世恒言)》,《경세통언(警世通言)》,《유세명언(喻世明言)》과《초각박안경기(初刻拍案驚奇)》,《이각박안경기(二刻拍案驚奇)》

36 유가 13경 중의 하나로, 중국 춘추전국 시대의 예제를 총괄해 놓았다. 총 17편으로 구성되어 있으며 주로 사대부의 예법을 위주로 하여 주(周)나라 시대의 관혼상제 등 각종 예법을 기록하고 있다.

같다. "첩으로서 아들이 없는 사람, 첩의 아들로 어머니가 없는 자가 있어서 아버지가 첩에게 '당신이 아들로 삼으시오'라고 하고, 아들에게는 '네가 어머니로 삼아라'고 하여 만일 승낙을 받으면 그녀를 평생 어머니처럼 대하고 돌보며, 세상을 떠난 후에는 친어머니처럼 삼년상을 모시도록 한다. 이는 아버지의 명령이기 때문이다."

이 말은 비교적 쉽게 이해가 된다. 즉 어떤 첩에게 아들이 없고, 또 다른 첩이 낳은 아들이 어머니를 잃은 경우, 집안의 가장인 아버지는 그들 둘에게 "당신이 그 아이를 양아들로 삼지. 네가 그분을 양어머니로 모셔라."고 건의를 하여 둘의 뜻이 맞을 경우, 본래 서로 관계가 없던 서모(아버지의 첩)는 자모(즉 양모)가 되고 첩이 낳은 아들(서자)은 그녀를 어머니로서 모시는데 자모가 죽은 후에는 삼년상을 섬겨야 한다는 것이다.

삼년상은 '참최斬衰'라 하여 애례 중 가장 중대한 예로 여긴다. 왜 자모를 위해 '삼년상을 치러야' 하는가? 이것은 '아버지의 명'이기 때문이다. 집에서 제일 큰 어른인 아버지께서 이렇게 하라고 하셨기 때문이다!

독자 여러분도 앞에서 본 것처럼, 고대 예례의 핵심에는 가부장주의가 자리 잡고 있다는 것을 알 수 있다.

주원장은 자신의 이론의 정확성을 증명하기 위해 유신에게 《효자록孝慈錄》이라는 책 한권을 편찬하라는 칙령을 내렸다. 그 책은 다음과 같은 사실을 명확하게 기재하고 있다. "자모는 아들의 생모가 죽은 경우 아버지가 그를 양육하도록 명령한 첩을 말한다". 이는 손귀비가 생전에 다섯째인 주숙과 짝을 지어 양모자 관계가 된 것이지, 손귀비가 죽은 후에 상주를 맡을 효자가 없어서 임시로 황자 하나를 불러다가 상주를 삼은 것이 아님을 알 수 있다. 손귀비는 '첩으로서 아들이 없는 자'였고, 주왕은 바로 '첩의 아들로 어머니가 없는 자'였다. 다른 말로 하자면, 주왕은 절대 마황후의 적자가 아니며 그를 사랑해주는 친엄마가 없었는데 다행히 손귀비가 몇 년을 보살펴 주다가 매우 안타깝게도 그녀 역시 유명을 달리하고 말았다는 것이다.

이런 추론은 인정과 도리에도 맞는 이야기다. 홍무 7년(1374년) 때라면 마황후가 아직 세상을 뜨지 않았을 때인데, 주숙이 만일 마황후의 소생이었다면 적모의 아들로서 어떻게 다시 서자가 되고 측실에게 효자가 되었단 말인가? 게다가 '상주를 맡아'서 삼 년간 효성을 다 했으니 양자가 된 셈이나 마찬가지였다. 정상적인 논리로 생각해 볼 때 주원장이 자신이 총애하는 손귀비에게 후사를 골라주기 원했다면, 분명 모든 아들 중에서 엄마를 잃어 외로우면서도 착하고 준수한 아들을 선택했을 터이지 어떻게 마황후의 소생을 득달같이 뺏어오겠는가? 마황후의 입장도 생각해본다면, 엄마가 죽지도 않고 버젓이 살아 있으며 아들도 잘 기를 힘이 있는데, 무슨 이유로 자기 아들을 다른 사람에게 양자로 보내겠는가?

전통적인 사회에서 적자와 서자 간의 경계는 매우 엄격했다. 엄연한 적자를 서모에게 양자로 주어 서자로 만들어 버린다는 것은 상식 밖의 일이다. 게다가 삼년상은 매우 고된 중노동이었다. 힘들 뿐만 아니라(의생활과 식생활 및 결혼 등에 모두 지장이 있었다. 예를 들어 성생활 불가, 화려한 옷 착용 금지, 기름지고 맛좋은 음식 섭취 금지 등. 결혼 역시 상이 끝나야 할 수 있었다) 또 저승에서 돈으로 쓰실 수 있도록 부모님 영전에서 그릇을 깨뜨려 드리고, 부모님을 생각하며 가슴 아프게 통곡하고, 땅에 머리를 부딪쳐 절을 하고 무릎을 꿇고 천지를 향해 곡을 해야 했다. 그런데 아직 생존하신 생모가 이 모습을 보게 된다면 이는 정말 당혹스러운 모습이고, 재수 없는 오두방정이 아닐 수 없다.

게다가 주숙은 보통 남다른 아이가 아니었다. 그는 홍무 3년에 왕으로 봉해졌고 홍무 7년에는 이미 16세였다. 비록 아버지의 명령이 추상같아 명령을 따르지 않을 수 없었다 하더라도 아무런 이유도 없이 귀중한 작은 황자에게 이런 재수 없는 일을 명했다면 주숙은 분명 불평불만이 가득했을 테고 그렇다면 이 역시 아버지가 원하는 바가 아니었을 것이다.

주왕 주숙이 손귀비를 위해 3년간 상을 치룬 이 사건을 통해서 우리는 다음과 같은 판단을 할 수 있다.

첫째, 주왕은 아주 어릴 때에 어머님을 여의었다. 생모는 그가 아주 어릴 때에 세상을 떠난 것이 분명하다. 그래서 주왕은 생모에게 효를 행한 적이 한 번도 없었지만 자모(양모)가 길러주신 은혜가 있어 효자의 예를 행하도록 명을 받은 것이다. 첫째는 생모의 사랑을 되새기고, 둘째는 양모의 은혜를 보답하라는 뜻이었다.

둘째, 만일 주, 연 두 왕의 어머니가 같다면 연왕 역시 아주 어릴 때부터 생모를 잃었을 것이고 또한 반드시 어떤 궁궐에서 길러졌을 것이다. 주왕이 '여러 비빈의 위'에 있는 손귀비에게 길러졌다면, 나이가 조금 많은 연왕은 마황후에게 길러졌다는 이런 가설이 가능하다.

명말의 산문작가 장대張岱는 연왕은 서비의 아들인데 어떻게 마황후의 적자가 되었는지는 이렇게 단언했다.

"성조(주체)가 태어났다. 효자황후가 임신하여 자신의 아들로 삼았으니, 일의 경과가 비밀에 싸여 있다(成祖朱棣生, 孝慈皇后妊為己子)"

여기서 '임신했다(妊)'는 말은 주씨 집 넷째가 태어나야 하는데, 마황후가 우선 뱃속에 큰 물건을 집어넣고 아이가 아래로 나올 때까지 기다렸다, 즉 아이를 자신의 몸에서 떨어져 나온 핏덩이로 생각했다는 뜻이다. 이는 태자를 살쾡이로 바꿔치기한 이야기[37]나 마찬가지 아닌가? 하지만 '일의 경과가 비밀에 싸여 있다'고 했는데, 장대는 이를 어떻게 알게 되었을까? 그 역시 추측을 했을 뿐이다. 그의 추측에 의하면 주숙은 일개 궁녀의 아들이지만 마황후가 입양해서 키운 아들이라는 것이다.

주왕 주숙이 서모를 위해 삼년상을 치른 이 일은 당시에 큰 파급력을 발휘했다. 게다가 궁중에서 족보 책까지 나온 상태였기 때문에 내외적으로 주왕은 서자라는 사실이 다 알려져 있었다. 하지만《천황옥첩》등의 책이 주왕을 '지금의 황상'과 함께 엮어놓았다면, 이는 어떤 유익이 있을까? 만일 주체가 적자가 아니라면, 그가 서출인 주왕을 친형제로 인정할 경우 상황은 주체에

---

37 청말 성서(成書)의 소설인《삼협오의(三俠五義)》에서는 유씨(劉氏)와 이씨(李氏)가 진종(真宗) 시기에 황태후의 자리를 다투었다는 이야기를 적었다. 유씨 비는 권모술수를 사용하여 이씨가 낳은 아들을 가죽을 벗긴 살쾡이로 바꿔치기 하고, 이씨가 요물을 낳았다고 모함했다. 진종은 크게 노하여 이씨를 거들떠 보지도 않고 유씨를 황후로 세웠다. 그러나 하늘도 이를 미워했는지 유씨가 낳은 아들은 요절을 하고 이씨가 낳은 남아는 우여곡절 끝에 살아남아 태자로 세움을 받아 황위에 오르니 그가 바로 인종(仁宗)이라는 이야기다.

게 아주 불리하게 돌아갈 것이다. 만일 해진이 아부를 하기 위해 의문태자의 신분을 고의로 비천하게 만들었다면 이것은 이해가 된다. 하지만 그는 왜 이미 서거한 황상의 둘째 형과 셋째형인 두 진왕까지 같이 비하해 전부 서출이라고 했어야 했을까? 또 왜 주왕만 그렇게 좋아해서 그를 '지금의 황상'과 함께 적자로 만들고 싶어 했던 것일까?

학자들의 해석에 따르면, 연, 주왕은 둘 다 같은 어머니의 소생인데 주체가 자신은 죽었다 깨어나도 적출이라고 우기니, 주왕도 억지로 가문을 바꿔 마황후의 무르팍 아래로 데려올 수밖에 없었다는 것이다. 우한吳晗 선생이 쓴《명성조생모기의明成祖生母記疑》라는 글은 이 설을 지지하고 있다.

이런 설명은 비교적 설득력이 있어 보이지만, 사실 관계를 따져보면 사실이 아니라는 것을 알 수 있다. 주왕이 상주로서 효자 노릇을 했던 일은《효자록》,《명태조실록》등에 실려 있으며, 궁중 예의를 장관하는 관원뿐만 아니라 내외 조신도 모두 알고 있었다. 그렇다면 궁정 내외의 사람 중 그가 서자라는 것을 모르는 사람이 있었을까? 황자들도 전부 주왕의 자모를 위해 1년 동안 상을 치렀으며, 상을 치르는 기간 동안 다섯째는 모든 황자의 모범이 되었다. 이런 일이 현대 중국에서 발생했다면, 전국의 인민은 모두 다 같이 주왕을 본받는 학습을 하거나 혹은 주왕이 텔레비전에 나와 범국민 교육이라도 해야 할 판이었다! 이런 대단한 유명인을, 주체가 꿍꿍이속을 부려 자신과 한편인 '적통으로 삼으려고' 했다? 순간 변신술을 쓰듯 손귀비의 효자를 하루아침에 마황후의 적자로 둔갑시키려 했다? 그렇다면 만천하에 진상이 밝혀지는 것은 시간문제가 아니었을까?

푸쓰녠傅斯年 선생은 명나라 때의 수기手記 중 필사본 한 권을 읽은 적이 있는데, 그중 한 대목에 이런 이야기가 있었다고 한다. 주왕의 가문에는 내려오는 전설이 하나 있는데, 성조는 주왕과 한배에서 태어났기 때문에 둘 다 마황후의 소생이 아니고, 그래서 건문제가 영지를 취소하던 당시 주왕이 제일 크게 책망을 받으며 연왕도 큰 불안을 느꼈다고 한다. 그 후 연왕이 반란에서 승리하고 수도로 돌아오자마자 주왕과 서로 부둥켜안고 서러운 눈물을 흘렸으며, 주왕은 교만하고 사치스러운 삶을 살다가 마지막까지 목숨을 부지해 받은 바 은택이 제일 컸다고 한다. 만일 푸 선생이 기록한 내용이 틀림없다면 명대에는 연, 주 두 왕이 같은 어머니의 소생으로 모두 마황후의 아들이 아니라는 설이 이미 광범위하게 퍼져 있었음을 잘 알 수 있다. 실록을 통해 볼 경우, 연왕은 즉위 후 주왕에게만 유달리 친근했으며 이것은 모든 사람이 두 눈으로 목격한 바였다. 하지만 주왕에게 조금 더 잘 해주었다는 것으로 그들이 친형제라는 사실을 증명할 수 있다는 것은 아니다. 이것은 그저 '합리적'인 추측에 불과할 뿐 믿을만한 증거는 아니기에, 이 문제는 아직까지도 미궁에 빠져 있다.

# 제13장 대명 제국의 천자가 '나와는 다른 종족?'

앞의 글에서 주원장의 다섯 황자의 출생에 관한 두 가지 이설을 살펴보았다. 즉 첫 번째 이설은 오직 주체와 주숙만이 마황후가 낳은 적자이고 나머지 아들은 전부 서자라는 설, 두 번째 이설은 주체와 주숙은 같은 어머니의 자녀지만 결코 마황후의 자녀가 아니라는 설이었다.

그 외에도 또 다른 이설이 있는데 그것은 주체가 달비達妃의 아들이라는 설이다.

왕세정王世貞의 《이사고二史考》에서는 황좌黃佐의 《혁제유사革除遺事》를 인용하며 이렇게 말했다. "《혁제유사》는 의문태자, 진왕秦王, 진왕晉王, 주왕은 고황후의 소생이지만 태종(주체)은 달비의 소생이라고 말한다." 조사에 따르면 오늘날 전해지는 《혁제유사》에는 결코 이런 내용이 없기 때문에 그 글귀가 실전된 것이 아닌지 의심되고 있다.

명나라 시대에 '달達'이란 막북漠北[38]의 몽고인을 가리키는 말로 그 예로는 달관達官(타타르인 관원) 달로達虜(타타르인 포로) 등이 있었다. 《혁제유사》에서 말하는 '달비'란 타타르인(Tatar족) 비빈이라는 뜻이다.

이 설은 다섯 아들이 모두 적자라는 '정설'과 정반대되는 설로 주체만 적자에서 제외시킨데다가 매우 기탄없이 그를 '달비의 아들'이라고 적고 있다.

---

38  고비 사막 이북 지역. 주로 외몽고를 가리킴.

그 말은 주체는 '나와는 다른 종족'이라는 의미를 내포한다.

《혁제유사》에서는 건문조의 역사를 기록하였으나 주로 건문의 군신을 동정하는 내용을 담고 있다. 그렇기 때문에 왕위를 찬탈하고 반역한 자를 고의로 깎아내리려는 고의성도 의심할 수 있다. 하지만 아니 땐 굴뚝에 연기 날 턱이 없다고 명대 중후기 성조의 생모가 타타르 인이라는 소문은 매우 광범위하게 확산되어 있었으며, 소문은 심지어 몽고지역에까지 퍼져 있었다. 그러므로 이 설은 그저 그 수많은 소문의 변종 중 하나였다.

《혁제유사》에서는 명나라의 그 '달비'의 성은 무엇이고 이름은 무엇인지 정확하게 이야기하지 않고 있다. 대략 그 무렵부터 달비의 성이 구체적으로 무엇이라는 추측이 나오기 시작했지만 여전히 통일된 의견은 성립되지 않았다. 성씨가 적磧씨, 홍길라洪吉喇씨 및 옹甕씨라는 등 여러 가지 설이 있지만 그중에서 적씨설이 가장 유력하다. 1940년대 푸쓰녠 선생이 쓴《명성조생모기의》라는 글은 명 성조 생모의 미스터리에 관한 대토론을 불러일으키며 우한, 주시쭈朱希祖, 리푸화李普華 및 수많은 자료 제공을 했던 천인커陳寅恪, 멍썬孟森 선생 등 수많은 대사학자의 참여를 이끌어냈다. 다수의 토론자는 명 성조의 생모가 마황후일 리 없고 분명히 적비일 것이라고 주장했지만 유일하게 주시쭈 선생만은 '정설'을 주장했다.

손오공이 돌 속에서 튀어나오듯 적비가 튀어나오기 전까지, 주체가 마황후의 아들이라는 점은 본래 별다른 이론이 없었다. 그렇다면 적비가 튀어나온 이 '돌'은 명조 말년에 나타난《남경태상시지南京太常寺志》였다.

태상시太常寺는 제사를 주관하던 아문으로서, 남북 두 경도에 모두 태상시라는 기구를 설치했다. 남경 태상시는 남경 내부內府와 효릉, 의문태자릉 등의 예례를 책임졌다. '지志'란 해당 기구가 관장하는 정무 및 연혁을 기록한 책으로서,《남경태상시지》는 단 한 부로 구성된 책이 아니다.《사고전서》에 실린 '목록(서명만 적혀 있을 뿐 책 내용은 포함되어 있지 않다)'에 의하면 가정 연간에 남경태상시경南京太常寺卿을 맡았던 왕종원汪宗元이 편집한 책 13권이 있다. 일부 작자는 이 책이 바로 적비를 언급한 책이라고 여기는데, 실은 그렇지 않다. 성조의 출생의 놀라운 내막을 벗겨낸 책은 심약림沈若霖이 지은 40권짜리《남경태상시지》이다. 이 책은 천계天啓 3년(1623년)에 완성되었지만 지금은 이미 실전되었다.

이 책이 명말에 사람의 주목을 끌었던 주된 이유는 명 성조의 생모로 과거 전혀 들어보지 못한 적비를 기재하고 있기 때문이었다. 또한 의문태자를 포함한 다섯 황자는 전부 마황후의 소생이 아니라는 경악할 설을 적고 있기 때문이었다. 그래서 이 책은 세상에 나오자마자 많은 사람의 주목을 한 몸에 받았다.

비록 과거 민간에서도 성조의 어머니가 달비라는 전설이 있긴 했지만 대부분의 사람은 성조가 마황후의 적출이라고 믿고 있었다. 그러나《남경태상 시지》같이 제사 전적을 기록한 지서誌書에서 성조의 생모는 무명의 적비라는 설을 폭로하고, 의문태자를 포함한 모든 황자는 전부 마황후의 소생이 아니라고 하니, 이는 경악할 만한 사실이었다. 그래서 이 책은 세상에 나온 후, 당시 사람들의 불같은 관심을 불러 일으켰다.

이 설은 옥첩(족보)이나 정사와 모순되는 유일한 자료이다. 한편 이 책은

'남태상 직장상연南太常職掌相沿'을 기록한 매우 권위가 있는 책이기에 어느 것이 맞고 어느 것이 틀렸는지는 분별하기가 더욱 어렵다. 명대의 사학자 하교원何喬遠은《명산장名山藏》에서 비록 이 설을 언급하고 있기는 하지만 결론을 낼 수 없다며, '후대인의 더 깊이 있는 연구를 위해 글을 기록해 둘 뿐'이라고 했다. 사실상 오늘날까지 '깊이 있는 연구'를 해봤지만 믿을만한 정론은 아직 없는 것이 현실이다.

어쩌면 수많은 사람이《남경태상시지》의 관점을 무조건적으로 받아들였는지도 모른다. 예를 들어 명말청초의 지식인 담천談遷은《국각國榷》에서 '성조의 어머니는 적비'라고 단도직입적인 주장을 하며 검증할 자료도 없는 신원미상의 적비를 실제 인물로 둔갑시켰다.

담천이 이렇게 말한 중요한 근거는《남경태상시지》에 실린 태조릉太祖陵(남경의 명효릉明孝陵) 향전享殿 안에 있는 각 비빈의 신주의 순서였다. 과거 종묘에서 제사를 드릴 때는 신주의 순서를 따질 때 '좌소우목左昭右穆[39]'이라는 기준이 있었다. 즉 중간에는 조상을 모시고, 그 좌측(동쪽)은 소昭, 우측(서쪽)은 목穆이라 하여 나이와 항렬, 존비의 순서대로 신주를 배열했다. 적비의 위치는 '목위 제1', 즉 태조 부부 이하 우(서쪽) 열의 첫 번째 자리였다. 담천은《조림잡적枣林雜俎 · 동관彤管편》에서《남경태상시지》가 기록한 태조 명효릉 향전 내부 신주의 배열순서 및 제왕과의 관계를 옮겨 실었다. 상세도

---

39  시조를 가운데에 모시고 2세, 4세, 6세는 시조의 왼쪽에 모시는데 이를 '소'라고 한다. 3세, 5세, 7세는 우측에 모시는데 이를 '목'이라고 한다.

는 다음과 같다.

| 태조 및 마황후 | |
| --- | --- |
| 서열(목, 穆) | 동열(소, 昭) |
| 적비(연왕의 생모) | 숙비 이씨<br>(의문태자, 진왕(秦王), 진왕(晉王)의 생모) |
| | 황○비 ○씨<br>(초, 노, 대, 영, 제, 곡, 당, 이(伊), 담왕의 생모) |
| | 황귀비 ○씨(상, 숙, 한, 심왕의 생모) |
| | 황귀비 ○씨(요왕의 생모) |
| | 황미인 ○씨(영, 안왕의 생모) |

향전에서 주원장과 마황후는 중간에 놓여 남쪽을 보고 있고, 제왕의 어머니는 모두 동열에 놓여 있되 오직 이름도 모르는 적비만 혼자 서열에 위치해 있다. 태자 및 두 진왕, 연, 주왕 등 각 왕이 모두 마황후의 적자라고 기억하는 사람이라면 이 모습을 보면 한눈에 놀라움을 금치 못할 것이다. 이 순서도에 의하면 의문태자는 마황후의 소생이 아니고, 성조 역시 마황후의 소생이 아니다. 공식 역사에서 적자 다섯 명을 낳았다고 기록된 마황후의 슬하가 이렇게 황량하다 못해 심지어 아들 하나 없다니, 이건 분명 '성하고 크게 성하도다!'가 아니라 '쇠하고 크게 쇠하도다!'라는 상황이다!

담천은 《남경태상시지》의 기록을 함부로 믿지는 않았다. 외부인은 명효릉 향전의 심오한 미스터리를 알 수 없는 노릇이기에, 담천은 이 책을 들고 효릉을 지키는 환관에게 가서 사실 관계를 물었다. 그 '방문조사' 결과, "효릉에 구름같이 많은 환관이 있어(모두 다 알고 있는 사실인데), 효자고황후는 아들이 없고, 구체적인 사실은《남경태상시지》에 기록된 것과 같다"는 대답을 들었다. 명효릉을 지키던 태감 역시 마황후는 아들이 없다며《남경태상시지》의 기록을 입증해주었다.

그렇다면 이 책의 내용은 아주 믿을만한 것이 아닌가? 그럼에도 효릉 향전 신주 위치의 명단 및 순서는《천황옥첩》과 다른 점이 많았는데, 이를 두고 담천은 그저 '향전 신주의 위치는 군주가 결정하는 것이다. 전해지는 이야기는 분명 확실한 근거가 있겠지만 옥패와는 조금 다른 부분이 있으니 실로 어떻게 해석해야 할지 모르겠다'고만 말하고 있다. 그 역시 상당한 의문을 품고 있었지만 해답을 찾기는 어려웠던 것이다.

당시 수많은 사람이 이 문제에 큰 관심을 가졌다. 예를 들어《삼원필기三垣筆記》의 작자 이청李淸은 홍광弘光 원년(1645년) 1월 1일 첫날에 예부상서 전겸익錢謙益과 함께 황제의 명을 받들어 명효릉을 배알했다. 전겸익은 명말의 뛰어난 지식인으로 평소 박학다식하기로 유명했으며《명태조실록변증明太祖實錄辨證》이라는 글을 쓴 바 있는 홍무시대 역사 전문가였다. 또 예부상서로서 제사와 전례도 바로 그의 주관하에 이루어졌다. 그래서 이청이 전겸익에게 이 내용을 물어보았지만 전겸익 역시 확실한 사실은 모르고 있었다. 이청은 곧 "내가 직접 향전에 가서《남경태상시지》의 기록이 맞는지 아닌지 확인해보겠다. 그러면 금세 알게 될 것이다"라고 건의했다. 전겸익도 이 아이디어를 좋게 여겨 두 사람은 제사를 마치자마자 기회를 보아 함께 향전을 찾아 고증을 하기 시작했다. 무거운 휘장을 걷어내고 보니 과연 그곳에 있는 신주의 배열순서는 책의 기재 내용과 똑같았다.

태조의 여러 비빈의 신주의 배열순서는 명효릉 향전만 그런 것이 아니라 남경 대내大內[40] 봉선전奉先殿 역시 마찬가지로 배열되어 있었다. 만력萬曆 14년(1586년), 남경 태상시경太常寺卿 심현화沈玄華는 과거 《경례남도봉선전기사敬禮南都奉先殿紀事》라는 시를 지어 봉선전 안에서 "고황제는 하늘에 계시고 궁중의 휘장에는 신명이 깃드셨네. 뭇 비빈은 동쪽에 위치해 있건만, 한 명의 비만 혼자 서쪽에 있네. 성조는 생모를 귀하게 여겼으니, 비빈의 덕이 감히 미치지 못하네. 한 번 보는 것이 천 번 듣는 것과 다르니 실록이 어찌 고증할 수 있을까?"라고 말했다. 심현화는 적비 혼자 서쪽에 위치해 있는 것은 '성조가 귀하게 태어난' 연고라고 지적한다.

효릉의 신주 위치는 만력 연간에 이미 이런 식으로 배치되어 있었음을 알 수 있다.

적비의 일은 전적에 기재되어 있을 뿐 아니라 그 제사와 전례를 위한 위치는 수많은 사람이 두 눈으로 목도한 바이기에 증거가 확실했다. 그래서 1930년대 학계에서 명 성조 생모의 미스터리를 재토론할 때에 다수의 학자는 주체가 적자가 아니고 생모는 적비라고 인정했으며, 이것은 명明 사학계에서 거의 정설로 굳어졌다.

《남경태상시지》 이전에도 성조의 출생에 관한 에피소드는 있었지만, 파급력은 그다지 크지 않았다. 반면 이 책이 세상에 나오자 사람들은 아이돌

---

40　명나라 사람은 자금성(紫禁城)을 습관적으로 '대내(大內)'라고 불렀다.

스타의 사생팬처럼 죽자사자 적비만 쫓아갔다. 주체가 마황후의 아들이라는 사실은 아무도 믿지 않았다.

《남경태상시지》는 관방 서적의 성질을 가지며, 황당무계한 일은 기록할 수 없다. 이 점이 전설과 다르다." 푸쓰녠 선생은 이렇게 말했다.

"역사적인 사실이 이렇게 각각의 면에서 독자적인 영향력을 갖고 있지만 서로 모순되는 사실을 주장하는 사료를 배경으로 할 경우, 오직 한 가지 해석만이 가능하다. 즉 성조는 적비에게서 태어나 고황후에게서 길러졌으며, 적씨는 천첩이기에 이 사실을 명확히 드러내지 않은 것이다."

주체는 적비에게서 태어나 마황후에게서 길러졌기에 스스로 적자라고 칭했다. 이것이 푸 선생의 주장이다. 그는 더 나아가 이렇게 설명했다. "적비가 전혀 알려지지 않은 것은 그녀의 출신이 천첩이기 때문에 명성이 '드러나지 않는 것'이다." 푸 선생은 유일하게 해석이 가능한 것은 이 방법뿐이라고 여겼다.

명 성조의 출생을 토론하던 토론자들은 현재 전하지 않는 《남경태상시지》를 다수 인용했고 이를 믿을 수 있는 자료로 여겼지만, 그러나 그중 소수는 이 책 자체에 대한 연구를 시작했다. 사실 이 책이 꼭 '관방 서적의 성격'을 가지고 있으리란 법도 없고 내용도 의심스러웠기 때문이다.

우선 이 책에서 기재하고 있는 효릉 향전의 신주 배치 위치 자체가 매우 이상했다. 홍무 시대 때부터 어느 황제의 향전이든지 비빈의 위치는 배치하지 않았다. 이유는 아주 간단했다. 조상의 묘와 사당에서 첩실(서모)의 신주를 본 사람이 있단 말인가? 그런데 바로 태조 황릉의 향전 안에서 그렇게 시끌벅적한 구경거리가 벌어졌다. 온갖 처첩이 전부 사당 안에 줄을 서서 좌우로 시립해있으니 떠들썩하지 않겠는가? 어쩐지, 그렇게 많은 학자가 그렇게 오랫동안 토론을 하고도 문제의 답이 무엇인지 전혀 감을 잡을 수 없더라니.

'정설'에 의하면 의문태자 이하의 다섯 형제는 모두 마황후의 소생이라고 하지만, 효릉 향전의 신주 위치는 정반대로 되어 있었다. 여기에서 그들은 전부 서자로 전락했으니 마황후는 고독한 여사령관이 되어 영광의 뒤안길로 완전히 사라져 버렸다.

만일 남경 명효릉 향전 및 봉천전奉天殿에서 모셔진 적비의 신주는 주체가 자기 생모를 개인적으로 제사 드리기 위해 일부러 모셔놓은 것이 확실하다면, 향전 안에는 세 명의 신주만을 모셔야 한다. 아버지 주원장, 적모이자 큰어머니인 마황후와 생모인 적비, 이렇게 세 신주를 모셔야만 합리적이라고 할 수 있다. 그는 왜 자신의 적수인 의문태자 등을 위해서 그들의 어머니까지 모셔준단 말인가? 그가 만일 의문태자 등 형제를 고의로 멸시한다 하더라도 이렇게 큰 구정물 통을 준비해 어머니의 앞에 놓아둘 필요가 있을까? 그는 냄새를 맡을 수 없을 정도로 구역질나는 일도 두려워하지 않는단 말인가? 절대로 그렇지 않았을 것 같다! 효릉 깊은 곳의 향전 안 수많은 비빈은 모두 군더더기 같은 존재였다.

일부다처제인 가정에서는 남편의 사랑을 다투기 위해 한 가족인 처첩끼리 죽기 살기로 싸우는 일도 일상사였다. 처첩은 살아서도 남편의 사랑을 다투고, 죽어서도 사랑을 경쟁했기 때문에 죽으나 사나 다툼은 끊이지 않게 마련이었다. '막상 죽으려고 결심하면, 죽은 후에는 아무것도 가져갈 수 없다는 걸 깨닫게 된다'는 말도 있는데, 죽어서는 도대체 뭘 다툴까? 답은 간단하다. 신주를 어디에 놓을 것인지, 유골은 어디에 묻을 것인지를 다투는 것이다.

우리는 사당 안의 신주 위치는 함부로 정하지 않는다는 것을 잘 알고 있다. 제사는 고대 예제의 핵심이며, '내 맘대로'라는 것은 이동통신사 광고에는 쓰일 수 있지만, '삼례'[41]에는 절대 내 마음대로가 있을 수 없었다. 설사 황제라 하더라도 자기 마음대로 규율을 어기고 잘못 처리한다면 가정 초년의 '대례의大禮儀'[42] 사건처럼, 수년 동안 그치지 않는 큰 풍파와 당쟁에 말려들게 될 것이다!

그런데 주원장 명효릉 향전 안 비빈의 신주의 위치는 예의 제도의 관점으로 보았을 때 아주 이상했다.

앞의 글에서 이야기했듯이 제왕 출생의 각종 이설은 주로 천계 3년에 완성된 《남경태상시지》로 시발된 것이다. 이 책이 제사와 전례를 기재한 관장서라면 제사하는 비빈의 성씨 및 그 봉호를 분명히 써 놓아야만 했다. 하지만 책에서는 관련 내용을 전혀 찾을 수 없다. 당시 사회 상류층에 비교적 광범위하게 전해지던 《천황옥첩》도 뭇 비빈을 두고는 황비, 황귀빈, 황귀인, 황미인이 아들을 낳았다고 두루뭉술하게만 써놓았을 뿐, 이름과 성도 없고

---

41  하늘, 땅, 종묘를 제사하던 예.
42  명 세종(世宗) 주후총(朱厚熜)이 15세 때에 번왕의 신분으로 황위를 계승했는데 제위 후에 예제를 무시하고 자신의 생부인 흥헌왕(興獻王)을 황제로 삼기 위해 군신과 반목을 일으켰던 사건.

어떤 비빈이 어떤 아들을 낳았는지도 구체적으로 기재하고 있지 않다. 책의 체제는 《남경태상시지》와 대체적으로 비슷하다. 만일 《남경태상시지》가 명 효릉 제사 전적을 실제로 기록한 것이라면 왜 각 비빈의 성명과 봉호가 전혀 적혀 있지 않은 것일까? 조정은 매년 엄청난 국고를 들여 제사를 하고 효릉의 제사와 예식은 매번 남도南都의 대원大員[43]이 직접 앞장서서 드리는데, 누구에게 돼지고기, 양고기를 드리는 것인지도 모른 채 제사를 드린다는 상황이 가능할까? 조정이 특별히 제사의식을 기록으로 남겼으면서도 '관방 서적'의 기재가 이렇게 혼란하기란 상상하기가 어렵다.

나는 《남경태상시지》가 사실은 《천황옥첩》를 베끼면서 자기 임의로 수정한 책이 아닌지 의심스럽다. 그 작자는 철저한 고증을 하기 귀찮아 'ㅇ'(빈칸)을 남용해 성씨와 비의 칭호를 대신한 것이 아닐까? 혹은 당시 사회에서 유행하던 제왕의 출생에 대한 소문을 포함시키고 능을 지키는 환관의 말을 그대로 신뢰해 옥패에 관한 내용을 함부로 고쳐 적은 것이 아닐까? '관방 서적의 성격'을 가진 책은 그렇게 탄생한 것이리라.

사실 주원장의 아들은 의문태자 및 두 진왕, 연왕, 주왕 등 다섯 왕의 출생에만 이설이 존재할 뿐, 다른 황자의 생모는 모두 명확한 사실이 기록되어 있다(앞글에서 열거한 태조 황자 및 생모 표 참고). 조금만 성실히 대조해본다면 《남경태상시지》와 모든 책의 기재가 많이 다르며 분명한 잘못도 있음을 알 수 있다. 《국각》의 작자 담천은 일찍이 이 점을 주의했다. 그는 《남경태상시

---

43　민간의 제사가 아닌 관방의 제사를 주관하던 관리.

지》는 초, 노, 대, 영, 제, 곡, 당, 이, 담 9왕이 모두 한 어머니의 소생이라는 기록이 '매우 기이하다'고 했다. 이는 '정말 기이하기 그지없다!' 라는 말이다.

우선 이 아홉 황자의 생모는 모두 제각각이다. 초왕의 생모는 호충비이고, 제왕, 담왕의 생모는 달정비, 노왕의 생모는 곽녕비, 대왕, 곡왕의 생모는 곽혜비이며 영광의 생모는 유혜비, 당왕의 생모는 이현비이다. 이는 왕세정의 《엄산당별집·동성제왕표同姓諸王表》 및 정효鄭曉의 《오학편吾學編》에 정확하게 기재되어 있으며 일부 왕의 경우는 묘비명이 이를 증거해 준다. 그런데 국가의 제사 전적이 이렇게 엉터리로 기록되어 존귀한 '용의 아들'을 함부로 무명씨(즉 '황○비 ○씨 등)에게 넘겨주다니, 말이 된단 말인가?

주원장의 24명의 아들(본래는 26명이지만 9자인 조왕趙王 기杞 및 26자인 황자 남楠이 요절했기 때문에 계산하지 않았으며 제9자 이하 모든 왕의 순서는 전부 위로 하나씩 올려 계산한다) 중에서 이 책은 20명만을 적었을 뿐, 주왕, 촉왕, 경왕과 민왕이 빠져 있다. 황자도 빼뜨리는 경우가 있나! 특히 주왕 주숙의 경우, 그는 연왕 주체와의 관계가 뒤엉켜 분명하지 않으며, 더욱 중요한 것은 《남경태상시지》에서 그의 모습은 온데 간데 없다는 점이다. 결론적으로 천계 3년에 저작된 《남경태상시지》는 완성도가 매우 떨어지고 허점투성이인 관방 서적 위조판인데도 학자들은 이를 검증하지도 않고 과도하게 신뢰해 중요 전적으로 신봉했음을 알 수 있다. 이것이 바로 '명 성조 생모는 적비설'이 의심스럽기 그지없는 또 다른 이유이다.

# 제14장 세 아들을 거저 얻은 이숙비

《남경태상시지》는 의문태자와 두 진왕을 이숙비의 이름 아래 적어두었는데, 이 역시 매우 경악스러운 설이다.

우선, 《천황옥첩》에서 태조 황제의 수많은 비빈 중 이숙비 한 사람만을 기록해 놓았던 이유는 이숙비가 주원장을 위해 순장되었기 때문에 책에서 언급을 함으로써 일종의 표창을 하기 위해서 였다.

《명사》도 이숙비의 전기를 기록하고 있다. 그녀는 수주壽州 사람으로 아버지는 이걸李傑이며, 홍무 초에 북정을 나갔다가 전사했다고 한다. 홍무 17년(1384년) 9월, 마황후의 삼년상이 끝나자 이씨는 숙비로 봉해졌으며 육궁의 일을 섭정했는데 후에 다시 황숙비로 봉해져 황후 아닌 황후로 군림하게 되었다. 하지만 아쉽게도 그녀는 얼마 지나지 않아 곧 죽고 말았다. 《명사》의 이숙비와 《천황옥첩》에서 말한 순장된 이숙비는 동일인물이다.

이걸은 사후에 남경으로 운구되어 장례를 치렀는데 명초의 저명한 문신 송염宋濂이 황제의 명을 받들어 그를 위해 신도비문을 썼다. 비문의 소개에 의하면, 이걸은 수주 곽구현霍邱縣(현재는 안휘성) 사람으로 병신丙申년에 양자강을 건너와 주원장에게 투항해 대장군 서달의 휘하에 있었다. 홍무 원년, 서달을 따라 중원 북벌을 나섰으며 그해 12월에 불행히도 전사하고 말았다. 이듬해, 그의 시신은 남경으로 운구되어 취보산聚寶山의 남쪽(이걸의 묘는 현재 처음 매장지가 아닌 난징南京 위화타이雨花台로 이장되었음)에 안장되었으며 이걸의 부인인 묘씨苗氏는 태부인太夫人으로 책봉되었다. 두 친아들 중에서 첫째 이문량李文涼은 관직이 중군도독부中軍都督府都督 도독까지 올랐으며, 둘째 이문충李文忠은 기수위지휘旗手衛指揮가 되었다. 그의 딸은 '지금의 황숙비'라고 했으니, 바로 이숙비다.

비문에서 이걸은 38세에 죽었다고 기록하므로, 그는 1331년에 출생했음을 알 수 있다. 병신년 즉 1356년이면 주원장이 이미 남경을 점령했을 때이며, 이걸은 양자강을 건너 호걸 주원장에게 의탁했던 수많은 젊은 용 중 하나로 당시 나이 25세였다.

이걸은 건국 초기에 중급 관원에 불과했으며 생전에는 정4품 무관직인 광무위 지휘첨사廣武衛指揮僉事와 종4품의 무산관武散官인 선무장군宣武將軍을 역임했다. 중국 문물부가 이걸의 묘 좌측에 세운 비문 소개에 의하면 주원장이 이걸의 딸을 받아들인 것은 홍무 15년이라고 한다. 즉 마황후가 세상을 떠난 그해였다. 아마도 이 때문에 이씨는 비록 지극한 총애를 받기는 했지만 비의 봉호는 얻지 못했던 것 같다. 하지만 이씨의 부친은 '은음恩蔭[44]'을 입어 진국장군振國將軍(종2품 무산관), 도독첨사都督僉事(정2품 무관)에 추증되었다. 홍무 17년 9월, 마황후의 복상 기간이 끝나자 그제야 '제복除服(상복을 벗어버림. 상 기간이 끝났음을 가리킴)'하고, 이씨는 바로 숙비로 책봉이 되어 후궁의

---

44  조상의 공적을 참작해 자손이 입학을 하거나 관리가 되도록 대우를 해주는 것을 말한다. 당시 과거를 제외하고 관직에 오를 수 있는 길로 중고급 문무관원의 자녀, 친척 및 그 문하생 등이 이 특권을 누릴 수 있었다.

사무를 처리했으며 후에는 또다시 황숙비로 봉해졌다.

이숙비는 주원장이 노년이 되어 시작한 새로운 사랑이었지만, 《명사》에서 말한 것처럼 후궁을 섭정하기 시작한 후 얼마 되지 않아 죽고 말았다. 《천황옥첩》에 분명하게 기재한 사실에 의하면, 이숙비는 주원장 서거 후 제6일, 즉 황제의 시신을 묻어 장사지내는 날에 자살하여 순장되었다.

현재 이걸의 묘지 앞에 있는 신도비神道碑의 비문은 비록 송염이 썼지만 비문에 기록된 시간은 '홍무 31년 여름夏 5월 20일'이란 비교적 늦은 시간이었다. 송염이 홍무 14년에 죽었으니 이 때는 작고한 지 이미 17년이나 지난 때였다. 졸필은 '여름 5월 20일'은 '윤閏 5월 20일'의 오기가 아닌지 의심한다(비문은 주시쭈의 《명성조 생모 적비설을 다시금 반박함[再駁明成祖生母爲磧妃說]》에서 인용한 것이다). 왜냐하면 주원장은 홍무 31년 윤 5월 10일에 사망했기 때문에 이 비는 이숙비의 순장(윤 5월 16일) 후 그녀의 '의로움과 충열'을 표창하기 위해 그녀의 아버지에게 새로 세워준 비임이 틀림없다.

이걸 묘는 지금 남경의 '명나라 공신묘'의 일부분으로 전국 중점 보호 문화재로 공포되어 있지만, 실은 공신이라기보다 일개 외척의 묘에 불과하다. 이걸 본인의 생전 관직도 높지 않았고 죽고 수년이 지난 후에야 왕비의 은혜로 도독첨사로 추증되었기 때문이다. 현지 고찰에 의하면 이걸의 묘는 꽤 그럴듯한 규모를 자랑한다. 그의 묘 앞에 세워진 석각은 생전에 귀족으로 봉해지고 사후에 국공으로 추증된 오량吳良, 오정吳楨, 수성仇成 등 공신의 묘에 비견한다. 이걸의 묘가 명효릉 세계문화유산 합병 프로젝트에 흡수되고 국가의 보호를 받을 수 있었던 것도 묘지의 규모가 '공신묘'와 어깨를 나란히

한 덕 때문이다. 이걸의 고분을 신도비를 세우며 새로 보수 건축한 사실을 볼 때, 본인의 실제 지위를 크게 초월하는 예제禮制가 적용된 것이 아닌가 추측한다.

이숙비의 아버지는 홍무 원년 겨울에 사망했고, 그녀 본인은 홍무 15년(1382년)에 입궁했는데 당시 나이는 분명 16,7세 가량이었을 것이다. 그렇다면 이숙비는 대략 원 지정 25, 6년(1366년 혹은 1367년)에 태어나 약 32, 3세에 죽었다고 추정할 수 있다.

이걸이 주원장을 따르기 시작한 것은 지정 16년(1356년), 태자 주표는 이미 그 전 해에 태어났기 때문에 이숙비가 태자와 두 진왕의 어머니가 되는 일은 불가능하다. 《남경태상시지》의 설은 분명 망언일 것이다. 조상을 잘못 제사하는 사람이 없는 것처럼, 국가 선조의 전적에 적힐 족보를 이렇게 틀리게 적지는 않는다. 《남경태상시지》가 태상시의 직무를 적어놓은 책이면서도 내용이 이렇게 황당무계한 것을 보면, 이 책은 분명 관방에서 편찬한 책이 아니라 민간의 '전례' 애호가가 개인적으로 편찬한 개인적인 역사서일 것이다. 다만 이 책의 작자가 각 서적의 기록 및 야사와 민간 고사를 광범위하게 수집하고 베껴 쓰는 데는 부지런했지만 대대적인 고증을 하는 데는 게을러 확실한 고찰이 실종되었으니, 이 책은 증거로 채택하기로는 부족하다.

주원장의 사후 순장자가 40여 명이었음에도 《천황옥첩》에서는 이숙비 한 사람만을 기록하고 있다. 이는 아마도 그녀가 후궁의 여성 중 지위가 가장 높았던 것과 관련이 있는 듯하다. 하지만 내막을 모르는 방관자가 볼 때는, '이 안에는 분명 뭔가가 있다'고 생각할 것이다. 다른 버전의 《천황옥첩》을 보면, 의문태자와 두 진 왕은 모두 이름을 알지 못하는 '각각의 어머니'에게서 태어났다고 하는데, 남경 집보산 아래 이숙비 아버지의 묘가 이렇게 화려하고 웅장한 것을 보면서 호사가들은 자신도 모르게, 태자 등 황자를 임의로 이숙비의 명의 아래 둔 것은 아닌가하는 연상을 하게 되었다. 이것 역시 있을 수 있는 가설이다.

우리는 이미 확증된 사실을 통해서 《남경태상시지》가 의문투성이에 허점투성이인 책임을 판단할 수 있었다. 만일 이 책이 거짓이라면 성조의 생모인 적비에 대한 모든 토론은 전부 나무에 올라가 물고기를 잡겠다는 허상이나 마찬가지다. 하지만 유달리 열심인 담천 선생은 일찍이 명효릉에 가서 능지기 환관에게 사실인지를 물어보았으며, 이청, 전겸익 두 선생 역시 고생스러움을 마다하지 않고 현지 조사를 벌여 모두 긍정적인 증거를 얻었다. 효릉 향전에는 확실히 적비라는 사람이 있었고, 게다가 서쪽 열의 제일 첫머리에 독자적인 위치를 차지하고 있었다. 문헌의 기재는 위조할 수 있다고 하지만, 장중하고 위엄 넘치는 황릉 향전에도 가짜가 있을 수 있단 말인가?

솔직하게 말하면, 여기까지 글을 쓰던 졸필 역시 '컴퓨터 앞에서 탄식할' 뿐이다.

명 성조의 출생의 비밀에 관련된 견해는 완벽한 추론이 하나도 없기 때문에 완벽한 해답을 찾기란 매우 어렵다. 어쩌면 머리 좋은 사람은 이렇게 말할지도 모르겠다. "아주 쉬운 일인데 그러네. 의문태자, 진민왕, 진공왕, 주정왕, 이 네 황자의 묘지를 파헤쳐서 그 묘지석에 뭐라고 쓰여 있는지 확인하면 수수께끼를 푸는 거야 식은 죽 먹기지."

확실히 흥분되는 방향이 아닐 수 없기에, 졸필도 이 생각대로 증거를 모아 보았다.

의문태자 주표는 효릉의 측면에 장사되었고 그 릉은 동릉東陵이라고 칭했다. 명효릉은 이미 세계문화유산에 등재되어 2릉을 일체로 보호하고 있기 때문에 왕릉 내부를 발굴할 수 있으리란 기대는 영원히 지워버려야 할 것 같다. 진민왕 주상과 진공왕 주강의 묘지 자리는 모두 확실히 알고 있지만 고고학적 발굴은 진행한 적이 없다.

하남河南 우주禹州에 위치한 주정왕周定王 주숙의 묘는 이미 발굴이 완료되었다. 또한 사람들은 옛사람의 남은 열기를 발산시켜 입장권을 팔았으며, 이로써 고고학 애호가들이 무덤 속에 들어가 미스터리를 탐구할 수 있도록 힘을 보탰다. 모두 알다시피 주왕 주숙은 매우 중요한 인물이다. 그와 주체의 관계는 가장 복잡 미묘한 문제이기 때문에, 그의 묘지석을 찾아내는데 나는 모든 기대를 걸었다. 하지만 실망스럽게도 주정왕의 묘에는 묘지석이 없었다!

지금 발견한 명대 왕릉으로 볼 때, 묘지석은 왕릉에 반드시 있어야만 하는 물품이다. 예를 들어 주왕의 동생 초소왕楚昭王, 요간왕遼簡王, 경정왕慶靖王, 영헌왕寧獻王, 당정왕唐定王 등은 모두 왕릉에서 묘혈의 묘지석이 출토되었다. 그러나 이 원칙이 항상 절대적인 것은 아니었다. 예를 들어 노황왕魯荒王, 이력왕伊厲王의 묘에서는 묘지석이 발견되지 않았다. 어떤 이는 주체가 역사를 왜곡하기 위해서 하지 않은 일이 없을 정도고, 심지어 이미 죽은 형제의 묘지석까지 가만히 놔두지 않고 지하 묘실을 전부 파헤쳐 생모의 성씨를 새겨놓은 묘지석 '물증'을 훼손시켰다고 한다. 만일 이 설이 성립한다면, 앞으로 두 진왕의 묘지를 파헤쳐도 묘지석을 찾기란 매우 어려울 것이다.

비록 몇몇 왕의 묘지석은 지금까지도 고증할 방법이 없지만 나 나름대로는 새로운 자료 하나를 발견했다. 어쩌면 제3황자인 진왕 주상이 마황후의 친아들이 아니라는 것을 증명할 수 있을지도 모르겠다.

이 자료는 《명태조 황제홈록》에서 찾을 수 있다. 이 책의 내용은 모두 주원장이 쓴 친필로서 역사적 진실성은 매우 높다. 내가 말하는 이 자료는 홍무 28년(1395년)에 주상이 급사한 이후, 주원장이 직접 작성한 유제문諭祭文[45]이다. 현대를 살았던 위핑보俞平伯 선생은 이 글을 두고 이렇게 말한 바 있다.

"《제진왕축문祭秦王祝文》은 아주 재미있는 글이다. 그동안 읽어본 많은 제문은 망자의 죽음을 슬퍼하며 애도하거나 끊임없는 찬양 일색에 진정 '닭살 돋는 낯간지러움을 기쁨으로 삼는 글'이 대부분이었다. 그러나 제문을 격문檄文[46]처럼 지은 경우는 이 글이 처음인데……, 아마 그런 제문은 모두 본 적이 없을 듯하다."

무엇을 격문이라고 하는가? 알고 보면 주원장의 이 제문은 주상의 무덤 앞에서 선언하는 일종의 토벌문이었던 셈이다(주원장의 행동 중에는 사람을 놀라 자빠지게 할 창의력과 상상력이 돋보이는 사상 초유의 쇼킹한 사건이 수두룩하다).

---

45 천자가 사자를 보내어 제사를 지낼 때 올리던 글.
46 죄를 알리거나 성토하는 공문서

그는 이미 유명을 달리한 자신의 두 번째 아들에게 이렇게 말했다.

"비록 네 몸은 죽었지만 네 죄는 여전히 뚜렷하게 남아 있다. 오늘 네가 살았을 때 지은 악행을 하나도 빠짐없이 열거할 테니, 너는 옷깃을 여미고 공경하는 마음으로 들어보도록 하거라!"

졸필이 그중에 한 대목을 적어볼 테니 모두 주씨 영감의 독창적인 제사문을 감상해 보도록 하자. 제문의 첫 대목은 이렇게 시작한다.

"너는 어머니의 상을 치를 때, 100일이 채 못 되어 슬퍼하는 기색 하나 없이 어머니께서 힘들게 너를 기른 은혜는 생각지 않고 사람을 복건, 항주, 소주 세 곳에 보내어 창고를 만들고 시집보내는 딸의 혼수를 사들였으니, 도대체 네 효심은 어디에 있는 게냐[爾居母喪, 未及百日, 略無憂慼, 不思劬勞鞠育之恩, 輒差人往福建, 杭州, 蘇州三處立庫, 收買嫁女妝奩, 孝心安在]?"

첫 대목에서 진왕이 '어머니의 상을 치를 때' 불효했음을 질책하며 주상이 상을 치른 지 100일도 되지 않아 딸의 혼숫감을 준비했으니 어머니의 은혜를 깡그리 잊어버리고 효심이 크게 부족했다는 책망을 한다.

만일 진왕의 어머니가 마황후였다면 그가 마황후의 상을 치른 시기는 분명 홍무 25년 8월(마황후 붕어)에서 17년 9월(제복) 사이의 일이었을 것이다. 이 20여 개월의 상 기간 동안에는 기쁜 일을 치를 수 없을 뿐 아니라 대외적으로는 슬프고 처량한 기색을 보여야 하는 것이 효자의 의무였다.

주상은 1356년에 태어났으니 홍무 15년(1382년)에는 갓 27세에 불과하다. 이런 청년에게 시집보낼 딸이 있었을까?

이것은 매우 불가능해 보인다. 주상이 비를 받아들인 것은 홍무 4년(1371년) 9월이었는데, 정식 왕비는 원나라의 하남왕河南王 왕보보王保保(즉 유명한 코케테무르)의 여동생으로 왕비王妃는 자녀가 없었다. 홍무 8년(1375년) 11월에 또 위국공衛國公 등유鄧愈의 딸을 차비次妃로 책봉했다. 홍무 13년(1380년) 10월, 제9 황손, 진왕의 아들 주상병朱尚炳이 출생했다. 이 아들은 세자로 세워졌고 훗날 진번秦藩의 제2대 친왕, 즉 진은왕秦隱王이 되었으니 분명히 주상의 장자다. 마황후가 세상을 떠났을 때 주상병은 3살도 채 안된 어린아이였는데, 그에게 출가할 정도로 장성한 누나가 있었단 말인가? 졸필이 추측컨대, 주상이 딸을 시집보내려면 아무리 생각해도 홍무 말년은 되어야 할 것 같다. 이렇게 본다면 진왕을 힘들게 길러준 은혜가 있던 어머니는 분명히 마황후가 아닐 것이다. 물론 이숙비는 더더욱 아니다.

하지만 무슨 까닭에서인지 사서에서는 진왕을 낳고 또한 홍무 만년까지 살았던 이 여인을 두고 한 글자의 기록도 남기지 않고 있다. 그녀 역시 마땅히 받아야 할 봉호를 받지 못하고 이름도 연유도 없이 죽어버렸다.

고증을 통해 적자로 칭하던 다섯 명의 황자 중 적어도 진왕秦王과 주왕周王은 모두 마황후의 소생이 아님을 알 수 있었다. 주왕과 연관된 연왕 주체가 적자가 아닐 가능성은 더욱 크다. 진왕은 상세한 상황을 알 수 없다. 하지만 태자 주표는 분명 마황후의 적자일 것이다. 졸필이 이런 판단을 내린 것은 그의 무너지지 않는 정치적인 지위를 근거로 한다. 오吳[47] 원년에 오왕 세

---

[47] 주원장이 명나라를 세우기 바로 전 해에 자신을 위해 지은 연호

자로 세워졌을 때부터 주표는 항상 황태자의 지위를 지켰으며 한 번도 지위가 흔들린 적이 없었다. 다음 글에서 소개하는 것처럼, 진왕은 태자와는 관계가 아주 좋았지만 연왕과는 매우 안 좋았다. 이는 어쩌면 진왕 주강과 태자 주표, 그들이야말로 마황후의 친아들이라는 뜻일 수도 있다. 혈연적으로 더 가깝기 때문에 정치적으로도 더욱 긴밀하게 연합한 것이다.

# 제15장 효릉의 관광 가이드 환관

이쯤 되면 독자 여러분도 책 읽기가 지겨울 것 같다.

"선생님, 머리 아프게 설명은 계속 해주시는데, 그럼 남경 효릉 향전에 있는 비빈의 신주 위치는 어떻게 설명하려고 하세요?"

이 건축물은 아직까지 현존하고 있으며 듣자 하니 관광품 판매상점으로 개조되었다고 한다.

"주체는 도대체 마황후의 소생인가요? 적비는 도대체 어찌된 일인가요? 자세한 분석을 한 것도, 명확한 결론을 내린 것도 아니잖아요? 명탐정 셜록 홈즈와 에르큘 포와로가 나오는 추리소설에서는 우선 결론을 내려서 범인을 잡은 다음에 사건을 처음부터 분석해 주던데, 선생님의 이야기는 완전히 본말이 전도되었네요!"

졸필이 드리는 읍을 받아주시기 바라며, 독자 여러분께서는 조금만 더 인내심을 가져주시길 소망한다. 이상의 분석에서 졸필은 배제법을 사용했다. 우선 봉황인 마황후가 낳은 다섯 아들 중에서 둘(진왕秦王, 주왕)은 이미 적자임을 믿을 수 없게 되었다. 이는 우리가 지금까지 본 제왕의 출생의 미스터리에 관한 모든 자료는 '정설'이든 '이설'이든 모두 문제가 있으며 곧이곧대로 믿을 수만은 없다는 뜻이다.

이런 자료 중에서 남경 효릉 향전의 비빈의 신주 위치야말로 가장 해석이 어려운 부분이다. 왜냐하면 신주의 위치는 많은 사람이 목격하는 조정의 제사의 전범으로, 당시의 전례가 확실히 이러했는데도 믿을 수 없다고 반박을 한다면 반박하는 입장에서도 합리적인 해석을 내놓아야 하는 것 아닌가? 이에 졸필은 '대담한 가설'의 정신에 입각하여 약간의 고찰과 추측을 해보겠다.

사실 조금만 생각해보면 효릉 향전 안 비빈의 위치와 차례가 많이 우습다는 걸 알 수 있다.

우선, 명대에는 좌측(동쪽)을 더 높은 것으로 여겼는데, 명 성조가 자신의 생모를 존중했다면 왜 생모를 동쪽 열 제일 첫 번째 위치에 두지 않았을까? 그 위치에 두지 않는다면 그녀의 신주 위치는 맞은편에 있는 이숙비의 신주 아래에 서 있어야만 한다.

그 다음으로, 명대에는 생모의 신분이 비천하더라도 황제가 황위를 계승하면 자신을 낳아준 어머니를 더 높은 지위로 추대한 경우가 적지 않았다. 예를 들어 효종孝宗, 희종熹宗 등은 모두 황위 계승 후에 자신의 어머니를 태후로 봉했다. 그들은 황제의 기운이 외부로 빠져나가는 것도 마다하지 않고 선황의 묘실을 파헤쳐 선황과 적모의 관을 옆으로 조금 옮긴 후 자신의 생모의 시신이 누울 수 있는 자리를 마련하기도 했다. 명 13릉 신종神宗 정릉定陵에 가보면 관을 놓는 자리에 세 개의 관이 나란히 놓여 사방에서 오는 관광객을 맞이하는 진풍경을 볼 수 있다.

명 성조가 효릉 향전에 '천강북두진天罡北斗陣'같은 비밀의 진법을 구사했다면, 그는 한 걸음 더 나아가 자신의 생모의 위패를 위쪽으로 상승시켜 마황후와 함께 태조 황제를 양쪽에서 보좌하며 '좌청룡, 우백호'해야 했다. 그렇게 향전에 있는 뭇 비빈을 깔아볼 수 있다면, 정말 대단하지 않겠나? 또 이렇게 못할 것은 무엇인가? 자신의 생모를 아래에 세워놓는다면 생모를 여전히 첩 취급 하는 것 아닌가! 그래서야 성조의 체면이 서겠는가?

다시 말해 주체가 효릉 향전 및 남경 봉선전에 비밀리에(사실 은밀하게 하기는 더 어렵다) 자신의 생모를 위해 위패를 세워준다면 생모의 영혼을 의탁할 곳은 생기겠지만, 생모의 시신과 무덤은 또 어떻게 처리해야 하나? 묘소를 다시 성대하게 꾸며서 효릉과 가까운 곳으로 이장을 해야 하나? 아니면 효릉을 비밀리에 파헤쳐서 쥐도 새도 모르게 태조 황제와 합장을 하나? 혹은 향전을 세운 것처럼, 묘소에 몰래 표시만 해두고 은밀히 환관을 보내어 벌초하고 성묘를 하게 해야 할까?

내 생각에는 주체의 호방함과 완고함으로 볼 때 이렇게 쩨쩨한 일은 하지 않을 것 같다. 게다가 만일 그가 적자인 척 위장을 하려 했다면 분명 한 시대의 사람만 속이는 것이 아니라 이 세상 사람을 영원히 속이길 원했을 것이다. 그가 효릉 향전에서 잔머리를 굴려 그런 미스터리한 구도를 배치했다면 후대 사람에게 발각될 후환은 두려워하지 않았을까? 이는 그가 실록과 옥첩을 반복적으로 세탁한 행동과는 완전히 다른 모습이다.

졸필은 주체가 효릉 향전 내 비빈의 신주 위치를 의도적으로 배치했다고 믿기 어렵다. 그렇다면 전겸익 등이 목격한 내용도 거짓이 아닐 텐데 이것은 또 어떻게 해석해야 할까? 그래서 명대 후기에 효릉을 지키던 환관이 당시 사회의 소문에 따라 향전의 신주를 제멋대로 배치한 것이 아닌가 의심해본다. 만일 적비, 이숙비의 위치가 영락제 시대에 이미 정해져 있었다면, 이후 100 여 년간 외부에 전혀 알려지지 않다가 천계 3년에《남경태상시지》가 발표된 후에야 사회에 파장을 불러일으키지는 않았을 것이다.

　명말은 기강이 무질서했고, 남도의 사정은 오랫동안 당국자에게 등한시 되었다(예를 들어 명나라의 정식 예법에 따르기 위해, 남내궁殿南內宮殿이 폐허가 되었음에도 수리를 허가하지 않았다). 게다가 환관은 학문 연마에는 힘쓰지 않고 소문을 듣고 옮기는 데만 열중했다. 따라서 사리사욕만을 채우고 법도를 함부로 고쳤으며 향전에 이런 광경까지 허용했으니, 이 때문에 역사학자들은 영문을 몰라 몇 백 년 동안 어리둥절해야 했다.

　당대 열조의 황릉은 매우 위엄 있고 엄숙한 곳이었다. 황릉 구역 내에 살던 백성은 다 이주를 해야 하는 것은 물론 황릉 부근 촌락의 백성도 구역 안으로 들어와 채집을 하거나 사냥을 할 수 없었다. 황릉 구역 내에는 풀 한 포기, 나무 한 그루도 모두 신령한 것으로 어느 곳이나 용맥과 관계가 있기 때문에 벌목이나 자의적인 토지 개발은 금지되었다. 그런데 당대 태조 황제의 황릉이 하루아침에 관광객에게 입장권이나 팔아 돈벌이를 하는 관광지로 전락할 줄을 누가 알았을까? 게다가 이런 현상은 관광산업 호황기인 '신중국'의 도래까지 기다릴 필요도 없이 이미 명나라 말기에도 출현했다. 문인과 선비도 돈만 내면 황릉에 들어가 공공연하게 관람을 할 수 있었기 때문이다.

　명말의 저명한 재자 장대張岱는 숭정崇禎 15년(1642년) 7월에 중원절中元節[48] 제사를 빌미로 효릉에 몰래 잠입해 한바탕 유람을 하고 나왔다. 그는 자신이 유람하며 보고 들은 내용을 《도암몽억陶庵夢憶》이라는 책에 적었다.

---

48　백중날. 음력 7월 15일, 옷을 태워 죽은 친지를 제사하는 풍속이 있음.

향전은 장대가 중점적으로 관찰한 구역이었다. 그는 쿵쾅거리는 마음을 억누르고 칠이 다 벗겨진 문을 밀고 희미한 등불이 비취는 어두운 향전 안으로 들어섰다. 향전 뒤쪽의 그다지 넓지 않은 난각暖閣[49] 안에는 사방이 황룡의 휘장으로 둘러쳐 보호가 되어 있었고 위쪽에는 교의交椅[50] 두 개가 놓여 있는데 누런 비단요가 깔려 있고 정면에는 용이 수놓아져 매우 화려하고 장중해보였다.

난각의 바닥에는 두꺼운 펠트로 된 돗자리가 있었다. 장대는 난각의 신비로운 분위기에 푹 빠져들어 신발을 벗는 것도 잊고 한걸음에 들어가려 했다. 그러자 그를 데리고 황릉에 들어갔던 환관이 얼른 그를 툭툭 건드렸다. 장대는 얼른 신발을 비벼서 벗고, 까치발을 하고 깡충 걸음으로 난각 안으로 들어섰다.

그는 너무 긴장된 나머지 목구멍이 간질거려 자신도 모르게 헛기침을 몇 차례 해야 했다. 그러자 환관이 크게 화를 내며 화가 난 얼굴로 외쳤다. "황제의 영혼을 놀라게 해서는 안 되오!" 장대는 얼른 입을 막고 눈동자를 황망히 굴리며 환관에게 미안하다는 시선을 보냈다.

사실 졸필이 짚고 넘어가고 싶은 점은, 그 태감은 분명히 뇌물을 받았기 때문에 비관계자를 황릉에 들여보내 관람을 시켜줬을 것이라는 점이다. 장대는 그의 손님일 뿐인데도 얼토당토않은 신비감을 만들며 엄숙한 분위기

---

49  큰 방에 딸린 작은 방으로 난방 설비를 하여 몸을 녹일 수 있게 했던 곳.
50  (편집자 주) 혼백이나 신주 단지를 모시는 의자.

를 자아낸 까닭은 관람객에게서 한 푼이라도 돈을 더 받아내려는 속셈이 분명하다.

장대는 더 이상 제멋대로 행동하지 못하고 몸을 공손히 굽혀 입을 가리고 난각 안을 찬찬히 살펴보았다. "이 교의交椅 두 개는 아마도 태조 황제하고 마황후를 위해 준비한 것이겠구나." 장대는 마음속으로 생각했다.

교의 아래에는 좌석이 많았는데 환관은 그중 제일 앞줄을 가리키며 그것이 바로 성조의 생모인 적비의 자리라고 말했다.

"내가 중대 기밀을 하나 알고 있는데 당신한테만 알려주지요!" 관광가이드로 투잡을 뛰고 있던 환관은 방금 전에 자신이 말한 "황제의 영혼을 놀라게 해서는 안 되오!"라던 훈계도 잊어버리고 큰 소리로 중대 기밀을 털어놓기 시작했다. "사실 성조는 마황후가 낳은 친아들이 아니요. 그 사실은 몰랐지요? 성조의 생모는 바로 이분 적비시라오! 적비가 성조를 배자마자 마황후가 배 부른 척 가장을 하고 아이를 임신했다고 이야기했지요. 그리고 성조가 태어나니까 마황후가 입양해서 자기 아들로 삼아 기른 것입니다."

"그럼 성조의 생모인 적비는 어떻게 했는데요?" 장대가 물었다.

"그건……" 환관은 실눈을 뜨고 웃으며 말했다. "궁궐의 비사는 누구나 함부로 알 수 있는 게 아니죠."

장대는 답을 듣지 못하자 뒤에 한마디를 붙여 맞장구를 칠 수밖에 없었다. "비밀스러운 궁중비사!" 그리고는 태감의 아랫도리마냥, 해야 할 말을 잘라 생략해 버렸다.

하지만 독자 여러분, 환관의 말은 가이드의 소개말처럼 한 귀로 듣고 한 귀로 흘려야지 에드워드 스노든Edward Joseph Snowden이 공개한 국가기밀을 들은 양, 촉각을 곤두세워 들어서는 절대 안 될 일이다.

다시 아래를 쳐다 본 장대는 더욱 기이한 생각에 사로잡혔다. "그 아래로는 동서로 46명의 비가 있는데, 앉아 있거나 서 있었다."

그의 묘사에 의하면 적비의 신주는 홀로 제일 앞 한 줄을 차지하고, 그 아래에 46명의 비빈이 동서로 배열되어 있되 어떤 비는 서고 어떤 비는 앉아 있었다고 한다. 이런 장면은 심약림의 《남경태상시지》에서 기술한 내용, 혹은 전겸익, 이청이 본 내용과는 모두 다른 장면이다. 그들은 적비 혼자 서쪽 열에 있다고 일관되게 진술한데 반해, 장대가 본 광경은 적비가 '조금 앞에서 황제를 더 가까이 하고 있는' 꼴이었다. 그녀의 위치는 교의에서 가장 가까운 제일 앞자리로, 그녀의 아래쪽에는 동서로 나뉜 46명의 비빈이 있었다. 그들이 '앉아 있거나 서 있는' 모습으로 묘사한 것으로 볼 때, 이것들은 석상이요, 신주가 아니었을 것이다.

졸필은 마음속의 의문으로 머리를 긁적일 수밖에 없었다. "설마 효릉을 지키는 환관이 관광업 진흥을 위해서 사재를 털어 태조 비빈의 진흙상을 만들었단 말인가?"

장대의 기록이 자신이 목격한 것만 쓴 것인지 아니면 타인의 기술을 참고로 한 것인지는 잘 모르겠다. 가정시대 사람 정효鄭曉는 《금언今言》이라는 책에서 이렇게 말했다. "태조의 효릉 안에 몇 명의 비빈을 부장했는지는 모른다. 효릉에서 제사지내는 것을 본 적이 있는데, 옆에 46개의 책상이 놓여 있고 혹은 앉아 있거나 혹은 그렇지 않았는데, 대략은 모두 태조의 비빈이었다." 언어적인 면으로 볼 때 장대의 글은 이 글과 비슷하다. 장대는 난각에 배치된 자리가 너무 많아 자세히 세어볼 겨를이 없었기 때문에 《금언》의 자료를 인용했는지도 모른다.

정효는 앞에서 수차례 언급했던 왕세정과 함께 명대 '역사 일화의 대가'로 불린다. 정효는 가정 중기에 남경 태상시경을 한차례 역임하여 남경의 제사를 주관했기 때문에 이 말은 신뢰성 있는 발언이라고 할 수 있다. 그러나 《금언》이라는 책에서는 적비가 성조를 낳은 사실 혹은 이숙비가 태자를 낳은 사실과 관련된 내용은 조금도 찾아볼 수 없다. 정효가 효릉 향전의 요란한 가족 연회를 목격하는 행운을 잡았었더라면, 자기 책에 귀중한 내부 자료를 집어넣지 못해 안달을 냈을 것이다. 그가 책에 그 내용을 쓰지 않은 것은 분명히 그때에 아직 그런 설이 없었기 때문일 것이다.

효릉의 향전에 비빈 46명의 자리를 마련해 두었다는 점은, 《남경태상시지》의 기록처럼 황자를 낳은 비빈만 제사를 모신 것이 아니라 효릉에 함께 순장된 비빈을 모두 포함해 모셨다는 것을 알 수 있다.

생각해 보자. 똑같은 당사자요, 두 눈으로 향전을 직접 목격한 장대와 이청 두 사람이 향전을 참관한 시간은 단지 3년의 시차밖에 나지 않았지만, 기록한 내용 면에서는 큰 차이가 있었다. 조정에서는 남경의 제사와 전적을 중시하지 않았기에, 묘지기 환관이 임의로 일처리를 하고 제멋대로 비행을 저지르며(예를 들어 황릉의 제삿날에 올리는 제수를 장대가 두 눈으로 직접 보고 자기 코로 직접 냄새를 맡았다는 글에서 밝혔듯, '소고기와 양고기는 이미 썩어서 냄새를 맡을 수 없을 정도'였다. 한 세대를 호령하던 주원장이 죽은 후에 썩은 고기만 먹어야 한다니 상상도 못할 일이다. 그의 자손마저 와서 살펴보지 않았던 것이다) 함부로 제사와 전적을 바꾸었을 가능성도 충분하다. 심지어 관광객의 필요에 영합하여 '관광 수입'을 벌어들이기 위해, 사회에서 유행하는 전설에 근거해 제사 예절을 '설계'했을 가능성도 다분하다! 지금 일부 관광 명소에서도 모두 이런 시스템을 차용하고 있지 않는가?

이것이 어쩌면 짐작 가능한 이유일 것이다.

# 제16장 영락제조차 속았다!

적비의 '적磧'자는 아주 드물게 보는 희귀자이다.《강희자전康熙字典》에서 이 글자를 찾아보면, 아래쪽 주에 다음과 같은 설명이 적혀 있다. '명 (태)조 비 적씨'. 자전에 이 글자가 수록된 것을 보면, 글자는 명 성조의 생모인 적비의 전설에 근거하여 생겨났음을 알 수 있다. 그 외에도, 이 글자를 다른 곳에서 사용한 예는 전혀 찾아볼 수 없다. 먼저 적비의 전설이 생겨난 후 사람들이 다시 그 성씨의 발음에 근거하여 문자를 지어냈기에 이렇게 남다르고 기이한 글자가 탄생할 수 있었던 것이다.

적비는 어떤 사람이며 어떤 내력을 가진 사람이었을까? 이를 알고 있는 사람은 아무도 없다. 사료상으로는 더욱이나 어떤 흔적도 찾을 수 없다. 단정내리기를 좋아하는 우한 선생도 이 경우에는 매우 난처한 듯 고개를 흔들며 말했다. "적비는 행적이 상세하지 않아 당분간 판단을 보류할 수밖에 없다." 그는 명 성조의 생모가 적비라고 주장했지만 그럼에도 적비가 어떤 배경의 사람인지는 도저히 알 수 없다는 것을 인정한 것이다.

적비는 본래 고증이 불가능한 인물이지만 성조의 생모를 논한 글에서는 대개 아무런 이견 없이 적비를 '달비'와 동일시했으며, 이는 비교적 합리적인 의견으로 보인다. '적'은 한족의 성씨가 아닌 음역자인 듯한데, 적비라고 하면 자연적으로 외국 국적의 여인을 연상할 수 있다. 그러나 원말 명초의 정세로 볼 때, 그녀는 몽고인('달단韃靼[타타르]'은 '달달達達'과 통한다)이었을 수도 있고, 어쩌면 색목인이나 고려인이었을 수도 있다. 하지만 유럽인 혹은 인디언은 절대 아니었을 것이다. 왜냐하면 그 당시 중국에는 그런 인종을 찾을 수 없었기 때문이다. 왜 그녀가 타타르인, 색목인, 혹은 고려인일 거라고 추측하는지 아는가?

몽고인은 더 말할 필요도 없이 막 세대교체가 된 통치 민족이었고, 지금은 비록 북방의 사막으로 도망쳤다고 하나 만리장성 안쪽 한족의 영토 안에는 몽고 상인이 대량으로 남아 있었기 때문에 통칭 타타르인으로 불렸다. 이 타타르인은 명나라에서 관직에 오르며 한족과 통혼을 한 탓에 중국 전역에 광범위하게 분포했다.

원나라가 흥성하던 시기에 서역, 중동 등 지역에서 대량의 색목인이 중원으로 유입되었다. 그들은 원나라의 신분순위에서 몽고인 다음으로 높은 지위를 차지했는데, 이는 대량의 인구를 보유했던 한족과 남인南人[51]보다 더 높은 단계였다.

당시 고려는 원나라의 속국으로서 고려 국왕은 원나라의 정동행성征東行省 승상丞相직을 겸직하고 있었다. 중국에 고려인 남성은 많지 않았지만 고려 여인과 '반쪽 남자'는 적지 않아, 그들은 주로 대도大都(지금의 북경)의 후궁에서 살며 황제의 비빈, 후궁과 환관을 모셨다. 고려는 홍무 25년(1392년)

---

51  한족은 대개 북인(北人)과 같은 개념이다. 즉 중국 북방지역의 민족을 말한다. 남인이란 중국 남쪽 지역에서 생활하는 각종 민족을 포함하며, 남북인의 경계는 송, 금 국경을 경계로 했다.

에야 이성계가 새 왕조를 건국함으로 왕권이 교체되었고 주원장이 조선이라는 국호를 하사했다.

이상 세 가지 종족 중에서 푸쓰녠 선생은 우선 색목인은 부정했다. 그 이유는 서역에서 온 색목인은 눈이 깊고 눈썹이 길어 내륙 사람의 심미안에 부합하지 않기 때문에 주원장이 좋아하기 어려울 것이라고 추측했기 때문이다. 또한 몽고인은 얼굴이 둥글 넙적하고 몸매가 우람해 우직하고 촌스러워 보이기 때문에 여성스런 아름다움이 모자라 고려인과 비교하자면 수준 차이가 많이 난다고 했다. 그래서 그는 적비는 고려인이라고 단언했으며, 설령 그렇지 않더라도 고려인일 가능성이 가장 크다고 여겼다. 하지만 졸필은 "푸 선생이 틀렸다!"고 말하고 싶다. 만일 적비가 선생님의 아내라면 이런 이유를 대도 이해가 가겠지만, 적비는 주원장이 선택한 것 아닌가? 주원장이 어떤 스타일의 여성을 좋아하고, 어떤 스타일의 여성을 싫어하는지, 우리가 주원장 대신 말할 권리가 있을까? 기가 막혀 웃음밖에 나오지 않는다.

결론적으로, 성조의 생모가 이족의 여성이라는 점은 학자들의 의견이 일치하지만, 구체적인 민족은 각자 견해를 달리하고 있다. 그리하여 전설이 전해지는 과정에서 각각 전파자의 기호와 취향에 따라서 전설이 분화되었고, 어떤 이는 그녀를 '달비'라고 했지만 어떤 이는 '고려비', 또 어떤 이는 아예 원 순제順帝의 비라고 했다.

이렇게 선택을 통해 드러나는 개인 취향은 전설의 전파 과정에서 더욱 도드라졌다. 예를 들어 현재 인터넷에서 적비는 도대체 달비인지 아니면 고려비인지 토론을 하는데, 어떤 사람이 "나는 적비가 차라리 달비인 게 낫지, 절대 고려 '오랑캐'일거라고는 믿지 않겠다"는 둥의 헛소리를 지껄일 수도 있다. 이런 식으로 과거의 저술가를 생각해본다면, 그들 역시 자기만의 선호도와 경향을 가지고 있지 않았던가?

다시 예를 들자면, 남경 남쪽 근교의 대보은사大報恩寺는 주체가 자신의 친부모를 기념하기 위해 지은 것으로 문헌에는 분명히 '태조 주원장과 마황후를 기념한다'고 기재되어 있다. 그러나 '적비'라는 이름이 출현한 후부터 사람들은 대보은사를 다시 언급하면서, '성조가 자신의 생모를 기념하기 위해 지은 절'이라고 이야기하기를 좋아했다. 적비는 주원장 부부에 비해 사람들의 더 큰 환영을 받은 듯하다.

하지만 전설은 문헌과 상충되는 점이 있게 마련인데, 이 문제를 어떻게 해결해야 할까? 새로운 설이 막 나와 말하길, 대보은사는 대외적으로는 주원장과 마황후를 기념하기 위한 절로 알려져 있지만 실제로는 적비를 기념하기 위한 절이었다고 한다면, 이것이 바로 병법에서 말하는 "성동격서(겉으로는 잔도를 만드는 체하면서, 몰래 진창陳倉으로 진격하여 기습작전을 벌인다)"라는 뜻을 내포한다.

도대체 무슨 근거로 이런 이야기를 하는 걸까? 실물 '증거'는 금세 나타났다. 바로 대보은사지궁大報恩寺地宮의 미스터리와 소위 말하는 '적비전磧妃殿'이 그 증거다. 민국 시대 사람인 천쭤린陳作霖은 어린 시절 대보은사에 놀러 갔다가 정문 안의 대전이 시종일관 굳게 닫혀 관람이 금지된 광경을 목격했다. 그런데 '한 남경토박이 어르신'께서 "대전 안에는 명 성조의 생모 적비를 모시고 있단다. 그래서 이곳 이름을 적비전이라고 부른단다"고 알려주셨다고 한다. 이 무슨 우스갯소리인가? 명 왕조가 망한 지 300년이나 지났고, 대보은사는 수차례 전란을 맞아 불 탄 곳이 또 불에 타고 폐허가 된 기와와 벽돌조각이 산을 이루었는데, 누가 이곳에서 우국충정을 지키며 명 성조를 대신해 성조의 어머니의 '적비전'을 지켜주고 있단 말인가?

졸필은 '한 남경토박이 어르신'이 제멋대로 꾸며낸 이야기로 순진한 소년 천쥐진을 놀렸을 가능성은 없다고 생각한다. 오히려 대보은사의 중이 효릉을 지키던 환관마냥 불경을 내팽개치고 속세의 미세먼지에 오염된 나머지 적비의 전설을 이용해 관광객의 호기심을 자극하고 절의 관광산업 진흥 및 입장료 수입 증가를 노렸고, 삼계三界[52] 밖의 쌈짓돈을 좀 벌어보려고 했을 가능성이 높다. 그런데 그 결과 천쥐린만 속아 넘어간 것이 아니라 수많은 역사학자마저 속아 넘어간 것이다. 그들은 천쥐린이 기록한 내용을 적비를 증거하는 확고한 증거로 여겨 진귀한 역사 자료로 활용했다. 그렇다면 우리가 어떤 산에 놀러갔다가 '왕비의 동굴' 같은 것을 발견하고 현지의 가이드에게서 "이곳은 과거 황제黃帝의 정비正妃가 쉬어갔던 곳"이라는 해설을 듣는다면, 그것은 의심할 여지없이 확고한 사실일까?

여기까지 컴퓨터 자판을 두들기며 글을 쓰던 졸필의 입에서 탄식이 흘러나왔다. "때로 우리는 자기가 배우는 내용이 실제 역사인지, 아니면 관광지의 해설인지 분간하지 못할 것 같은데…."

---

52  욕계(欲界), 색계(色界), 무색계(無色界)

명대 말기 사회에는 이미 성조 주체는 '달비'의 아들이라는 소문이 파다했다. 하지만 이 '달비'의 성은 무엇이고 이름은 무엇인지 각자 주장이 달랐다. 어떤 설은 홍길라씨라고 하고, 어떤 설은 옹씨라고 했으며, 또 적씨라는 설도 있었다. 이 성씨에 쓰인 글자들은 모두 흔히 볼 수 없는 글자로 한족의 성씨가 아니었다. 그러나 적, 홍, 옹 세 글자는 음이 비슷하고 중국어 운모韻母가 같은 점을 본다면, 전승 과정에서 와전되었거나 변이가 일어났을 가능성이 크다.

성조의 어머니 '달비'로 추정되는 인물은 유명한 적비 외에도 홍길라씨, 즉 사람들에게 원 순제의 비라고 확실히 지목된 인물이 있다. 적비설은 과도하게 터부시되는 금기였다고 한다면, 이 설은 명 성조는 원 순제의 유복자라고 이야기하므로 황당하기 그지없다고 할 수 있다.

이 설은 홍무 원년부터 전해졌다. 이 해 가을, 명군의 북벌대군은 매우 순조롭게 원 제국의 정치 중심지역인 경기京畿를 공략했으며, 원나라 말제末帝 토곤테무르는 명나라 군의 선봉대가 이미 통주通州에 도착했다는 정보를 입수하자마자 도성을 버리고 줄행랑을 쳤다.

주원장은 이렇듯 전혀 저항하지 않았던 토곤테무르에게 '하늘의 뜻에 순응하고 운명을 승낙한 인물'이라는 평가를 내리며 그의 사후에 순제라는 제호를 추증했다. 이것이 원 순제라는 이름을 얻게 된 유래이다. 하지만 토곤테무르의 자손이 그에게 붙여준 묘호廟號는 혜종惠宗이었다.

그래서 졸필은 귀차니즘을 무릅쓰고 시호책에서 '혜惠'라는 글자가 어떻게 정의되었는지 찾아보았다. 받은 느낌을 그대로 이야기하자면, 황제의 지위가 불안했던 사람, 혹은 지위를 오래 누리지 못했던 사람, 과도기적인 성격을 띠었던 인물에게는 항상 이 글자를 붙인 것 같다. 예를 들어 건문제 주윤문은 정권을 지키지 못하고 황위를 잃어버렸다. 종묘에도 그의 자리가 없었는데 명나라가 망할 무렵, '단결이 힘이다'는 위대한 사실을 깨달은 홍광제弘光帝가 이 선조에게 묘호, 시호를 추중하므로 '혜종 양제讓帝[53]'로 불리게 되었다.

순제 혹은 혜종이라는 시호는 역사의 평가와 같은 성질을 지녔다. 또 어떤 이는 토곤테무르가 출생한 해를 가지고 그를 '경신군庚申君'이라고 부르기도 했다. 예를 들어 원말 명초의 사람인 권형權衡이 편찬한 《경신외사庚申外史》에서 다루는 내용이 바로 이 마지막 황제의 재위시기에 발생한 사건이었다. 원나라의 유민에게 있어 이런 칭호는 양쪽 정권에 모두 공평한 태도를 취하는 방법이었을 것이다.

토곤테무르 본인은 분명 '순제'라는 이름을 좋아하지 않았을 것이다. 그러나 본서는 편의상, 어쩔 수 없이 이 불운하고 다사다난했던 마지막 황제를 '순제'라고 부르기로 하자!

순제 토곤테무르는 타타르인의 최고 지도자로서 '달주達主'라고 불렸으며, 그의 비 홍길라씨가 바로 '달비'이다.

그럼 본론에 들어가기 전에 먼저 옛 사람 한 명을 회고해보도록 하자. 하지만 이 옛사람의 옷섶을 붙들기 위해서는 앞 선 세 개의 왕조(명, 원, 송)를

---

53  혜종(惠宗)은 묘호, 즉 황가 종묘에서의 이름, '양(讓)'은 시호.

뛰어넘어 원나라에 투항했던 송 공제恭帝까지 과거의 시간으로 거슬러 올라가야 한다.

남송은 1276년에 멸망했으며, 공제는 당시 투항이 뭔지도 모르던 여섯 살짜리 꼬마에 불과했다. 아무튼 그는 얼떨결에 군주에서 신하로 강등되었다. 원나라 사람들은 그래도 그를 후대해 죽이지 않고 영국공瀛國公에 봉해주었다. 하지만 안타깝게도 이 공작대인은 봉지도 없었을 뿐 아니라 작위도 세습이 불가능했다. 심지어 그는 화를 피하기 위해 머리를 삭발하고 떠돌이 승이 되어 감숙甘肅과 티베트 일대에서 수행을 해야 했다. 하지만 강등된 군주의 삶은 고달프기 짝이 없었고, 수십 년 후에는 불평시를 지었다는 이유로 자살을 명령받고 말았다.

초라해진 영국공과 나라를 잃고 생활난에 정처 없이 떠돌아다니던 원 순제는 각각 두 왕조의 마지막 황제로서 사돈의 팔촌의 관계도, 어떤 관계도 없지만 사람들은 둘을 함께 엮기 좋아했다. 그래서 어떤 이는 원 순제는 송 공제의 사생자라고 하기까지 했다.

상상을 해보자. 송 공제는 에베레스트의 절벽에 서서 만년설이 뒤덮인 신산神山을 멀리 바라보며 외친다. "내 나라를 잃었지만 나는 아무런 상관없다. 내 아들은 너희의 칸과 황제가 될 테니까! 너희는 듣거라, 내 아들은 너희의 왕조를 멸망시키고 천만 마리 말들을 타고 너희의 재산과 명예와 생명을 전부 짓밟아 줄 것이다!" 이 세상에서 이것보다 더 속 시원한 복수가 있을까? 하지만 아쉽게도 이것은 멋진 상상에 불과할 뿐 전혀 사실무근한 이야기다. 그런데도 이런 설이 나온 이유를 따지자면 원나라 왕조가 너무 짧아

두 왕조의 마지막 황제들을 부자관계로 엮게끔 만든 역사를 탓해야 할 것이다.

송 공제와 원 순제의 관계를 상세하게 따져보려는 시도는 우리를 철저하게 삼천포로 빠지게 만들 것이다. 그러니 계속 원 순제와 명 성조의 '부자의 인연'을 두고만 이야기해보도록 하자. 이 황당무계한 코미디 중에서 극중 줄거리를 꿰뚫는 연결인물이 바로 순제의 비 홍길라씨이다.

명나라 사람 왕세무王世懋는 《규천외승窺天外乘》에서 이렇게 말했다. "성조 황제는 고황후의 넷째 아들임이 매우 명백하지만, 야사에서는 (성조가) 원나라 황제 비의 소생이라고 전한다." 왕세무는 왕세정의 동생으로 둘은 모두 가정, 융경隆慶, 만력 시기의 사람이다. 그의 보고에 의하면 주체가 원 황제 비의 소생이라는 전설은 명나라 중후기에 이미 유행하기 시작했다.

이 '원나라 황제의 비'란 과연 누구일까? 청나라 강희康熙 원년에 쓰인《몽고원류蒙古源流》에서는 그녀가 홍길라부弘吉喇部의 딸이라고 말한다.

이 책은 만리장성 이북지역에서 전해지던 이야기를 담고 있으며, 글의 주요내용은 "원 순제(원문에서는 몽고의 탁곤목아 오합갈도칸托袞穆爾烏哈噶圖汗) 무신년戊申年(즉 홍무 원년, 1368년), 주홍무朱洪武 나이 25세 때에 대도를 공격하여 함락시키고 칸의 위치에 오르니 대명황제가 되었다"는 것이다.

'주홍무'란 주원장이 《만문노당滿文老檔》에서 '주태조朱太祖'로 불렸던 것처럼, 본 왕조의 선비와 백성이 태조에게 사용했던 존칭이 아니었다. 청 태종

太宗 천총天聰 3년, 홍타이지皇太極[54]는 요동遼東 군민에게 보내는 서신에서 말했다. "너희 주태조는 본래 승려로서 하늘의 도움을 의지해 일어나 황제가 되었다." 주홍무, 주태조 등의 칭호에는 모두 경어가 사용되지 않았다.

《몽고원류》는 계속 말한다. "주홍무는 즉위한 후 자칭 대명 황제라 했다. 그때 원 순제의 세 번째 복진, 즉 홍길라 특탁극탁特托克托 태사太師의 딸 홍길라씨가 이미 임신 7개월이었는데 홍무 칸이 그녀를 비빈으로 맞은 것이다.

3개월이 지나 여전히 무신년이던 때에, 홍길라씨는 남자아이를 낳았다. 주홍무는 조서를 내려 말했다. "과거 칸이 내게 큰 은혜를 내려주었으니 그 은혜를 보답해야 마땅할 터요. 이 아들을 내 아들로 삼을 터이니 여러분은 기이히 여기지 마시기 바라오."


그는 홍길라씨가 낳은 아들이 원 순제의 유복자임을 잘 알고 있었으면서도 이 아이를 자신의 아들 삼아 기르려 했다. 주원장은 원 순제가 자신에게 큰 은혜를 내려주었기에 자신의 이런 행동은 그의 은덕을 보답하는 길이라는 설명까지 곁들였다. 아마도 몽고 사람은 그렇게 순박하게 행동할지 모른다. 하지만 주원장은 절대로 초원처럼 배포가 큰 사람이 아니었다.

게다가 주홍무에게는 한족 복진福晉[55] 소생의 아들이 있었는데 이름은 주대朱代라고 했다. 그러므로 이 '오랑캐 자식'까지 하나 더하여 주홍무에게는

---

54  청 태종 누르하치, 한자 이름은 애신각라 황태극(愛新覺羅·皇太極).
55  청대 만주족의 친왕(親王)·군왕(郡王)·친왕세자(親王世子) 등의 정실부인.

아들이 두 명이나 더 생긴 셈이었다.

주홍무가 재위 30년에 55세의 나이로 서거하자 신하들은 함께 모여 어떤 황자가 황위를 계승해야 하는지 의논했다. 모두 한결같이 "몽고족 복진의 아들은 비록 형이긴 하지만 성장한 후에 분명 한족과 원수가 될 것이고, 한족 복진의 아들은 비록 아우이지만 적자이므로 칸이 되어야 한다"고 주장했다. 그래서 뭇 신하들은 주대를 황제로 추대했으니 그가 29세 때의 일이다. 그러나 주대는 재위한 지 4개월 만에 죽고 아들이 없었기 때문에 군신은 어쩔 수 없이 몽고족 복진 소생의 아들을 즉위시켰다. 이 아들은 당시 32세로 22년간 재위하여 경자庚子년에 50세로 임종했다.

이것이 바로 《몽고원류》에서 말하는 이야기다. 그런데 《몽고원류》의 저자는 수학 성적이 안 좋았던 것 같다. 몽고족 복진의 아들이 32세에 즉위하여 22년간 재위했으면 임종 시의 나이는 54세 아닌가? 어떻게 50세가 된단 말인가? 그럼 나머지 4년은 누가 훔쳐갔단 말인가?

사실 이 이야기도 뒤죽박죽인 허점투성이로 민속학적인 의의만 지닐 뿐 역사적 가치는 전혀 없기 때문에 자세히 토론할 필요는 없다. 하지만 이 설은 몽고지역에서 매우 광범위하게 전래되어 몽고의 《황금사강黃金史綱》(17세기 초 편찬)에도 기록이 되어 있다. "대도성이 함락되었을 때, 순제의 비 홍길라씨는 이미 임신 3개월로 미처 도망을 치지 못하고 큰 항아리에 숨어 있다가 명나라 군사에게 수색되었다. 주원장은 그녀의 미색을 보고 반해 비로 맞아들였고 옹기 '옹甕'씨라 불렀다." '옹'씨라는 성이 여기서 비롯되었다니, 그럼 '적'씨는 어디에서 비롯되었다고 할지 심히 궁금하다.

"나는 벌써 임신을 한 몸인데, 남쪽 왕조의 저 황제가 어수룩하여 아직 잘 모르나보구나." 홍길라씨는 가슴이 두근 반 세근 반 했다. "하지만 7개월 후에는 달이 차서 아이를 낳을 텐데, 아이의 신분이 밝혀지면 죽음을 면치 못할 거야. 어떻게 하지?" 고민에 고민을 거듭한 끝에 얻은 결론은, '지금부터 아이를 10개월 동안 임신해야만 주원장이 자신의 친아들로 여기고 어른이 될 때까지 길러줄 것이다.'라는 것이었다. 그래서 홍길라씨는 하늘을 향해 간절한 기도를 올렸다. 제발 하늘께서 그녀에게 임신 기간을 3개월 더 연장시키사 순제의 남은 핏줄을 온전히 보호해 주시도록 말이다.

지성이면 감천이라던가, 홍길라씨는 총 13개월간 아이를 품어 분만을 했고 아들을 낳았으니 그가 훗날 연왕으로 책봉된 주체였다.

이 이야기는 말한다. 주원장은 이미 임신을 한 원 순제의 비빈을 맞아들여 유복자를 하나 낳았고, 훗날 이 아이는 대명 제국의 왕위에 올랐으니, 이로써 원 순제의 잃어버린 나라가 다시 '부메랑처럼 돌아왔다'고 말이다. 이 이야기와 영국공이 낳은 사생아가 순제가 되어 원 왕조의 왕위에 올랐다는 이야기는 모두 잃어버린 나라를 다시 회복한다는 내용을 담고 있다. 이야기의 주제가 어쩌나 그렇게 닮았는지. 설마 이 둘은 같은 이야기의 다른 버전이란 말인가?

주체가 원 순제의 유복자라는 전설은 완전히 허무맹랑한 이야기다. 왜냐하면 주원장이 황제로 자칭하기 이전에는 하북河北, 중원을 지난 적이 한 번도 없었으며, 홍무 원년에 군대를 일으켜 북벌을 했던 당시라면 지정 20년(1360년)에 태어난 주체의 나이 이미 9세였기 때문이다. 주체가 순제 비의 배

속으로 비집고 들어가 보려고 아무리 기를 써도 들어갈 틈도 없는 셈이다.

이 전설은 우선 대외로 수출되었다가 다시 내수용으로 전환된 것인지, 아니면 중원에서 쫓겨난 타타르인이 음흉한 의도로 억지 유언비어를 가공한 뒤 중원에 재유포 했는지 모르겠다. 하지만 이 설은 야사에서 받아들여져 민간에 광범위하게 전래되었으며, 수차례 가공을 거쳐 여러 가지 변종으로 재창조되었다.

예를 들어, 청나라 초기 사람인 유헌정劉獻廷은 '연燕(북경)의 토박이 어르신'에게서 이런 이야기를 들었다고 한다. "성조는 마황후의 아들이 아니다. 그 어머니 옹씨는 몽고인이다. 그렇지만 옹씨가 원 순제의 비였기 때문에 그 사실을 숨긴 것이다." 명나라 궁궐은 성조의 생모인 옹씨를 위하여 사당을 건축하고 따로 제사를 드렸는데 그 제사과정은 환관이 책임졌다. 이 말처럼 주체도 북경에 봉자의 사당奉慈之庙을 건축하여 '세세대대로 생모를 제사지내도록' 했다고 한다. 그렇게 보면 그는 피도 눈물도 없는 사람은 아니었던 것 같다. 비록 적자 흉내를 내기는 했지만 결국 자신의 뿌리는 잊지 않았던 셈이니 말이다. 하지만 이 사당이 존재하는지 아닌지 아주 커다란 물음표를 달아야겠다. 왜냐하면 북경 황성 안에 이런 사당이 있었다는 사실을 증명할 수 있는 사료가 전무하기 때문이다. 비록 유허정이 이 일은 '종백宗伯[56]과 관계없다', 즉 예부와는 관계가 없다는 뜻을 밝혔지만, 명말 궁궐 내부의 사정

---

56  주대 육경(六卿) 중의 하나. 종묘 제사 등을 장관했으며, 후대에 예부(禮部)가 하는 일과 같았다.

을 가장 상세하게 기록했던 환관 유약우劉若愚의《작중지酌中志》에서도 이런 사당 관련 기록은 일언반구도 없다.

유헌정의 기재가 가지는 의미는 북경에 성조 생모의 사당이 있는지를 증명하는 데 있는 것이 아니라, 명말 이래로 북경 지역에 이미 성조의 생모는 본래 원 순제의 비라는 이설이 광범위하게 전해져 있다는 것을 알리는 데에 있다. 다른 점이 있다면 이 달비는 홍길라씨가 아니라, 옹씨였다(《황금사강》은 홍길라씨와 옹씨를 하나로 만들어냈다. 즉 옹씨란 홍길라씨가 명에 귀순한 후에 생긴 별칭이라고 이해했다).

고금의 이야기를 다시 한번 정리해보면, 그 가운데에는 끊어지지 않는 보이지 않는 사슬을 발견할 수 있다. 원이 송을 멸망시켰지만 송의 말제 영국공은 원 순제를 낳았다. 여전히 조趙씨 집안의 사람이 황제가 되었으니 송은 망했으나 망한 것이 아니었다. 명은 원을 멸망시켰지만 원 순제의 유복자는 주원장의 친자가 되었고 황제가 되었다. 원나라는 여전히 자신의 핏줄을 전했으니 원은 망했으나 망한 것이 아니었다. 또한 기이한 것은 원 순제의 유복자 주체는 자신의 조카 건문제에게 모반을 일으켜 죽은 후에 인종仁宗에게 왕위를 전했고 인종은 선종宣宗에게 왕위를 전했으니, 이 선종은 과연 누구의 핏줄인가? 전승은 "선종 황제는 건문군의 아들이다. 그의 피가 세종世宗(가정제)까지 전해졌으니, 모두 건문제의 후손이다"라고 말한다. 후세가 여전히 건문제의 천하였다면, 반란을 일으키고 황위를 찬탈한 주체는 한바탕 헛수고만 한 게 아닌가? 이것이 바로 인과응보이며, 원한이 원한을 낳는 하늘의 심판이다.

# 제17장 주씨 영감네 집은 '대가족'

말이 장황했다. 이제 결론을 내야 할 때가 되었다. 우리는 앞에서 주원장의 다섯 아들의 출생의 비밀을 알아보았다. 이를 표로 나타내면 다음과 같다.

| | 의문태자 / 진왕(秦王) / 진왕(晉王) | 연왕 | 주왕 | 유래 |
|---|---|---|---|---|
| 1 | 각각의 어머니 | 마황후 | | 이설본(異說本) 《천황옥첩》, 《황명세계》 |
| 2 | 마황후 | | | 정본 《실록》, 정설본 《옥첩》 |
| 3 | 마황후 | 달비 | 마황후 | 《혁제유사》 및 기타 야사 |
| 4 | 이숙비 | 적비 | ?(비어 있음) | 천계 《남경태상지지》 |
| 5 | | 같은 어머니, 모두 마황후 소생이 아님 | | 푸쓰녠이 목격한 명나라 필사본 |

이상의 제설 중에서 의문태자와 두 진왕은 항상 같이 묶여 있었으며 그 출생에는 세 가지 설이 있었다. 첫째는 마황후의 적자(정설), 또 하나는 '각각의 어머니'의 아들, 마지막은 이숙비의 아들이라는 것이다. 정통적인 견해는 의문태자 주표는 마황후의 친아들이며 적자라는 것이다. 1930년대에 성조 생모의 미스터리에 대한 대토론이 벌어졌던 당시, 다수의 학자가 이 의견에 일치된 견해를 보였고, 졸필 본인 역시 마황후가 의문태자를 낳았다는 설을 지지한다.

윗글의 고찰을 통해 졸필은 《명태조 황제흠록》에서 발견한 새로운 사료를 근거로 진왕 주상은 서자라는 결론을 얻었다. 적어도 의문태자와 진왕秦 王은 친형제가 아니라고 할 수 있다. 그렇다면 의문태자와 두 진왕, 사료 중 에서 나타나는 그들의 합체는 이제 분리를 예고할 수도 있다. 그러므로 이상 의 세 가지 설은 모두 성립하지 않는다. 적어도 진왕秦王과 태자는 서로 같은 어머니가 아니다.

주왕 주숙을 포함하는 황자 출생의 비밀은 사실 모두 넷째 연왕 때문에 일 어난 의문이다. 학자들은 주로 주체의 출생의 비밀을 알아내기 위해 모든 번 거로움을 무릅쓰고 각 왕의 출생의 비밀을 고찰했으며 관련 사료가 의문투 성이임을 알게 되었다.

본래 연왕 주체가 마왕후의 적출임을 의심한 사람은 없었다. 그러나 명나 라 중후기가 되면서 이설이 전해지자 사람들은 주체를 서자라고 생각했다. 적어도 그의 생모에 관한 이야기는 비교적 복잡한데 간략도는 아래와 같다.

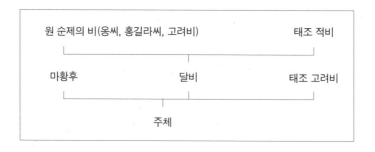

그중에서 '고려비'에는 두 가지 해석이 존재한다. 하나는 원나라 황제의 고려인 비라는 견해고, 또 하나는 주원장이 취한 고려인 비라는 견해다. 만 일 이를 둘로 나눈다면 주체 생모에 대한 '이설'은 여섯 가지나 되는 셈이다.

만일 마황후의 적자라는 정설까지 더한다면 성조 주체의 생모가 누군가라는 질문에 총 여섯 가지 설이 존재하게 된다!

독자 여러분, 여러분은 졸필의 글 실력이 이 모양 이 꼴이라 각 왕자 출생이라는 논제가 산으로 가고 머리가 지끈거린다고 생각하지는 마시라. 독자의 두통에 책임을 져야 할 대상이 있다면, 그건 가설이 너무 많다는 객관적인 사실이 책임져야 할 것이다!

푸쓰녠 선생은 주체의 어머니가 고려인이라고 의심해 마지않았다. 고려(조선)는 예부터 '작은 중화'라 칭했고 고려인도 오랫동안 중화의 풍습에 영향을 받아왔기에, 원대에는 제국의 후궁으로 수많은 미녀를 대량 수송해왔다. 《경신외사》는 이렇게 기록하고 있다. "원 순제의 두 번째 황후인 기奇 황후가 바로 고려인이며, 궁중의 급사사령給事使令은 반 이상이 고려 여인이었다. 북경의 고관대작, 귀인의 집에도 반드시 고려 여인이 있어야만 명가로 인정을 받았다. 그런 이유로 사방의 사람들은 모두 고려풍의 의복, 신발, 모자, 기물을 사용했으며 이것은 한 시대의 유행이 되었다."

이런 유행은 명 성조 때에 특히 성행하여 주체는 수차례 조선에 '처녀'를 바치도록 조서를 내렸으며, 후궁에서 총애 받는 비빈 중에는 현비賢妃 권씨權氏 등 조선 여인이 많았다. 이런 사실은 《경신외사》에서 밝힌 "고려 여인은 외모가 아름다우며 사람들에게 이해심 많고 친절해 총애를 많이 받았다"는 말과 일치한다. 주체가 조선 미녀를 사랑하여 유달리 고려 여인에 대한 '정'이 두터웠기에 사람들은 이 점에서 그의 어머니 역시 고려 여인일 것이며, 그 역시 고려의 혈통이라고 추측하는 것도 정상 참작이 가능한 가설이다.

'달비'설 역시 자세하게 구분할 수 있는데, 어떤 이는 그녀가 적비같이 주원장에게 받아들여진 타타르 여인이라고 주장하는 반면, 또 어떤 이는 그녀가 홍길라씨, 옹씨 등 원 순제의 타타르족 비빈이라고 주장한다. 이 세 가지 설은 모두 '달비'의 이설에 속한다.

그 외에도 원 순제의 비가 고려인이라 하더라도 그녀도 '달비'가 될 수 있다는 설이 있다. '달비'라는 뜻이 '달주達主'의 비라는 뜻이기 때문이다. 어떤 이는 '달비'를 '달정비(제왕, 담왕의 어머니)'라고 이해하는데 이는 완전한 오해다.

주체의 어머니 후보는 이렇게나 많다. 마황후를 제외하면 적비가 제일 유명한 편이지만, 그녀는 내력이 가장 아리송한 인물이다. 추적을 할 만한 단서가 전혀 없어 제아무리 저명한 형사감식 전문가 헨리 창위 리[57]박사가 온다 하더라도 우리는 눈만 둥그렇게 뜨고 있어야 할 판이다. 하지만 적비가 역사상 존재했던 인물이라 할지라도 분명히 원 순제의 비는 아닐 것이다. 마치 주체가 원 순제의 유복자가 아닌 것처럼 이 역시 논쟁이 필요 없는, 한 마디로 확정할 수 있는 사실이다.

---

57  (편집자 주) 헨리 창위 리(李昌鈺, Henry Chang-Yu Lee), 중국 출신으로 미국에서 활동하는 세계적인 법의학자. O. J. 심슨 사건의 해결을 도운 것으로 유명하다. 법의학 전문 연구소인 Henry C. Lee Institute of Forensic Science의 설립자이기도 하며, 국내에도 저서(《실제상황 - 닥터 헨리의 법의학 사건파일》, 북앳북스, 2007)가 번역되기도 했다.

각 왕의 출생을 여기까지 썼으니 한 단락의 결론을 도출할 때가 되었지만, 성조 주체가 적자인지 서자인지, 그의 어머니는 누구인지는 졸필도 여러분과 마찬가지로 머리가 아플 뿐이다!

주체의 수많은 엄마들 중에서 확실한 증거가 부족한 사람들, 예를 들어 원순제와 관계가 있는 인물을 우선 배제한다면 우선 홍길라씨, 옹씨와 원나라 왕의 고려비를 제외할 수 있다. 홍, 옹 두 사람은 증거가 부족하다고 한다면, 적씨 역시 신뢰하기가 어렵다! 게다가 천계《남경태상시지》이 책에 의심할 만한 구석이 매우 많다는 점을 증명했고, 적비를 기록한 서적은 유일하게 이 책뿐이기에 적비도 믿을만한 구석이 없다는 점은 자명하다.

주체는 1360년에 출생했는데, 주원장은 1359년 강남에 있는 원나라의 중요 거점 집경로(남경)를 점령했다. 시간 순서로 따져볼 때, 주원장이 몽고 귀족부에서 타타르족 혹은 고려 여인을 강제로 빼앗아 비로 삼고 그 후에 네 번째 아들인 주체를 낳았을 가능성이 전혀 없는 것은 아니다(하지만 그 사람이 적비라는 가능성도 반반이다).

그렇다면 이제부터 둘 중 하나를 선택하는 객관식 퀴즈 시간이다.

A. 마황후

B. 주원장이 남경을 점령한 후 받아들인 비의 소생

주씨 영감은 강남이라는 근거지를 안정적으로 점령하자, 사방에서 헌납한 여자를 포함해 모든 것을 받아들이기 시작했다. 만일 B를 선택한다면 이 여성은 아마도 한족일 것이다. 어쩌면 몽고인일 수도 있고 혹은 고려인일 수도 있다.

여러분은 A를 선택하겠는가? 아니면 B를 선택하겠는가?

졸필은 B를 선택하고 싶다. 이에는 본인도 확실한 증거가 없어 마황후에게는 미안한 선택을 하는 것 같다. 물론 이 답은 패스트푸드점에서 세트메뉴를 선택하듯, A세트를 먹든 B세트를 먹든 완전히 자기 입맛에 따라 결정하는 것이다. 졸필의 선택은 모든 관련 사료를 종합한 후 전체적으로 파악된 느낌에 따른 것이다. 그리고 주체가 적자이기보다는 적자 흉내를 내었을 가능성은 조금, 아주 조금 더 크기 때문이다.

주체 생모의 미스터리를 풀 수 있는 이 열쇠는 사실 주체 자체가 아니라 다섯 번째 황자인 주숙의 목에 걸려 있다. 주숙은 손귀비를 대신해서 상을 치렀고 이 사적을 기록하기 위해 《효자록》이 흠정 반포되기까지 했으니, 그는 자신이 서출이라는 신분을 가장 확실하게 드러낸 황자였다. 그래서 명 성조 생모의 미스터리에 대한 격론이 벌어졌을 때, 푸쓰녠, 우한 등의 학자는 모두 주왕을 서자로 단정했고 게다가 그와 연왕 주체는 친형제라고 보았다. 주체는 적자 행세를 하기는 해야겠기에 어쩔 수 없이 주숙을 끌어들인 것이다.

그러나 각 왕의 출생과 관련한 각종 기록을 살펴보면, 천계 《남경태상시지》에만 기재되지 않았을 뿐 다른 각 설에서는 모두 주왕을 적자로 기재하고 있다. 이 주왕은 도대체 적자일까 서자일까? 나도 모르겠다! 어떤 사람은 주원장이 다른 적자에게도 자신이 사랑했던 여인을 위해 삼년상을 치르도록 명했을 것이라고 한다. 이 설이 완전히 가능성이 없는 것은 아니다. 주씨 영감은 항상 예상 밖의 돌출 행동을 자주 했기 때문에 일반적인 정서로는 추측하기가 어렵다.

관방 역사에서는 주체와 주숙이 모두 적자라고 한다. 주체 즉위 후, 황자 중 가장 연장자인 이 다섯 형제 중에서 이 두 형님만은 생존해 있었으며 둘의 관계도 매우 친밀했다. 주왕의 출생의 비밀을 완전히 파헤칠 수 있다면 그가 적자인지 서자인지 결론을 낼 수 있고, 주체가 마황후의 소생인지도 결론을 낼 수 있다. 하지만 나는 진왕秦王이 마황후의 적출이 아니라면 주체가 왜 꼭 진왕을 끌어들여 함께 적자 행세를 하려는지는 여전히 이해가 불가능하다.

결론적으로 명·청 이래로 인쇄술이 크게 발달하고 개인 저술도 크게 유행했기 때문에 누구든지 임의로 창작을 하거나, 주위들은 소문 혹은 날조한 이야기를 적는 등 온갖 상황이 공존했고, 역사의 진실은 더욱 모호하고 구분이 어렵게 되었다.

푸쓰녠 선생은 "무릇 관방 서적의 잘못된 점은 사실을 밝히기 꺼리는 것이요, 개인적인 기록의 잘못된 점은 함부로 중상모략을 하는 것이다"라고 한다. 푸 선생은 명 성조의 생모는 적비라고 주장한다. 그는 말한다. "명대 정사에서 성조의 생모를 생략한 것은 사실을 거리낀 것이고, 반면에 야사에서 성조를 원나라의 업보(원 순제의 유복자)라고 한 것은 중상모략이다." 성조의 생모를 말하기 거리끼면 거리낄수록 민간에서는 그의 '친아버지'를 두고 더욱 심각한 중상모략을 하게 되었다.

우리는 푸쓰녠 선생의 말을 조금 더 생각해 볼 필요가 있다. 토론자는 주체의 생모를 달비라고 하는데, 사실 이 폭군에게 자꾸 오명을 뒤집어씌우는 것은 어쩌면 그에 대한 또 다른 방식의 부정적인 평가라고 할 수 있다.

이는 결코 무고한 일이 아니다. 태조 주원장이 닥치는 대로 살육을 행했기 때문에, 사람들은 황태손 주윤문에게 모든 기대를 걸게 되었다. 황태손은 유학 사상에 영향을 받고 성격이 온유해 천하의 마음이 모두 그에게 향했지만, 나라는 잘 다스리지 못해 연왕에게 멸망하고 말았다. 반면 주체는 왕좌에 오른 후에 더욱 제멋대로 살육을 하며 각종 악행을 행하여 아버지보다 더한 오명으로 유명했다. 푸쓰녠은 《명성조생모기의》라는 글에서 이렇게 말했다.

"명나라 사람은 마음속으로 영락제永樂帝는 다른 사람이 아니라 의문(태자)의 후예를 없애고 방효유方孝儒[58]의 십족을 멸한 자요, 그 생모는 절대 한 족일 리가 없다는 생각을 가졌다. 그러자 홍무 원년이 지정(순제의 연호) 연간을 이은 왕조이고 감춰진 비밀에 의하면 경신제(원 순제)는 영국공(송 말제)의 아들이었다는 설이 사람들의 마음에 크게 다가왔다. 그래서 선비들은 이런 감정적인 영향으로 단순한 모방을 하기 시작했는데, 그것이 적비는 경신제의 비요 성조는 경신제의 아들이 된 연유이다."

명나라가 멸망할 시기에 사대부의 마음속에 건문제는 정통 황제지만, 영락제는 황위를 찬탈한 자로 굳게 자리 잡고 있었다. 건문군은 분명히 죽었음에도 각종 '혁제유사'를 편집해 빈틈을 파고들었고, 죽은 사람마저 죽지 못하게 했다. 또 시대적인 감정에 사로잡혀 성조를 달비의 아들이요, 경신군의

---

58  중국 명나라 초기의 학자. 송염(宋濂)의 문하에서 뛰어난 재주로 이름을 떨쳤다. 1402년 연왕이 황위를 찬탈한 뒤, 그에게 즉위의 조(詔)를 기초하도록 명하자 붓을 땅에 내던지며 죽음을 각오하고 거부하였다. 연왕은 노하여 그를 극형에 처하였다.

아들로 여겼던 것이다. 연대도 맞지 않는데 따져보지도 않고 말이다!

결론적으로 실패자를 향한 동정과 학대자를 향한 언급 기피 등, 사람들은 각종 기이한 이야기를 만들어 냄으로 기쁨과 웃음, 분노와 욕설을 풀어냈다. '천인공노할 악인'은 꼭 '치욕적인 역사의 십자가'에만 못 박혀야 하는 것이 아니다. 그의 이름에 먹칠을 하는 것 역시 일종의 징벌과 채찍질이 될 수 있었다. 우리는 역사 속에서 사실만을 추구하는 것이 아니기 때문이다.

마지막으로 다시 한번 정리해보자. 주원장의 장성한 아들 24명 중에서 출생에 대한 이설이 존재하는 사람은 다음과 같다.


의문태자 주표, 진왕秦王 주상, 진왕晉王 주강 : 이숙비 혹은 '각각의 어머니'의 소생이라고 말한다.

연왕 주체 : 원 순제의 유복자, 혹은 달비, 고려인 비 또는 적비의 소생이라고 말한다.

대왕: 야합을 통해 탄생했다.

모왕: 기녀에게서 탄생했다.

담왕: 진우량의 유복자였다.

# 제3권

처량한 비바람 속의 명 황궁

# 제18장 '푸른 수염' 주 황제

주원장은 평생 수많은 처첩을 거느렸으며, 임종 후에는 비빈 40여 명을 전부 순장해 효릉孝陵 용혈龍穴의 좌우측에 매장했다.

사람을 순장품으로 삼는 일은 선진시대에나 있었던 습속이다.

우선 두 가지 개념을 제대로 정립해 보자. 배장陪葬과 순장殉葬. 이 둘은 완전히 다른 개념이다. 배장이란 두 사람, 혹은 여러 명이 죽으면 서로 가까운 곳에 매장하는 것으로, 신분이 낮은 사람이 신분이 높은 사람을 모신다고 하여 '배陪' 자를 사용한다. 예를 들어 당나라 시대에 유명한 대신들은 황제의 황릉에 함께 배장되는 것을 사후 최고의 영광으로 여겼다. 하지만 순장은 어떤 사람이 죽었을 때 타인에게도 죽음을 강요하는 것(가끔 자원하는 경우도 있었다)을 말하며, 돌발적인 생명의 중단 및 비정상적인 사망이라고 할 수 있다. 배장을 하는 대상은 물품이 될 수도 있었다. 진시황의 병마용이 발견된 곳을 배장구덩이라고 하고, 혹은 입관할 때에 옷과 모자, 주석 그릇, 보석 등을 같이 넣는 것을 모두 배장이라고 한다. 하지만 순장하는 대상은 반드시 사람이어야 한다. 사물을 매장하는 것은 순장이라고 해서는 안 된다. 예를 들어 한나라 말기에 황제가 치정을 잘못해 나라를 망하게 했다면 '그와 나라가 함께 망했다', '이로써 나라에 희생했다'라고 할 수 있다. 반대로 나라에 공헌하는 영광스런 죽음을 맞이한 경우라면 '나라를 위해 목숨을 바쳤다'고 할 수 있다. 하지만 나라가 사람을 위해 순국했다고 할 수는 없는 것이다.

하지만 배장과 순장은 자주 혼용되기도 했다. 예를 들어 전 왕조의 남은 신하들이 무지하고 완고하기가 화강암 같아 시대의 변혁에 죽어라 저항하는 경우가 있었다. 과거 중국의 역사책에서도 이런 사람을 대상으로 다음과 같은 구호를 외쳤다. "＊＊＊를 구시대와 함께 배장하라!" 이것은 "치욕스러운 역사의 십자가에 못 박아라!"라는 말과 같은 뜻으로, 케케묵은 구호의 전형이다.

사람을 순장한다는 것은 기본적으로 인간성에 위배되는 일이다. 그러므로 기본적인 인간성을 갖췄다면 이를 배격하고 뼈아픈 혁명을 이뤄내야 한다. 중국인이라면 누구나 성현의 책을 읽어보았을 것이다. 그중 공자가 한 말을 잊어서는 안 된다. "송장을 묻을 때 넣는 나무 형상을 최초로 만든 이에게는 후손이 없을 것이다[始作俑者, 其無後乎]!"

공자는 마음이 따뜻하고 인품이 고매한 위인으로 대가 끊어질 것이라는 등의 악독한 저주는 평생 이 한마디 외에는 해본 적이 없다. 그러한 성인이 이런 말을 한 것은 사람을 순장하는 일은 물론 나무 형상의 허수아비 같은 대체물을 사용하여 순장을 합리화해서는 안 된다고 여겼기 때문이다. 즉 이는 반인륜적인 개념 자체를 완전히 마음에서 몰아내야 된다는 강한 질책을 한 것이다.

순장은 매우 야만적이며 이기적인 행동이다. 《한무고사漢武故事》는 이런 이야기를 전한다. 한무제는 노년에도 여전히 '여자와 잠자리'를 가지고 싶어했는데 몸이 말을 듣지 않아 어쩔 수 없이 강장약을 단단히 챙겨 먹었다. 그런데 이 약을 남용하여 몸이 점점 야위고 허약해졌고, 어느 날 낮잠을 자다가 그만 숨이 넘어가고 말았다. 보정대장군輔政大將軍 곽광霍光은 무제의 장례를 다 치른 후 아직 해결되지 않은 선왕님의 근심거리를 생각하다가, 선왕이 생전에 '항상 잠자리를 함께 하던' 첩여婕妤[59] 이하 200여 명을 전부 무릉茂陵(한무제의 황릉)으로 이주하여 살게 하자는 아이디어를 냈다.

이미 똥구멍 트림을 하고 황천길로 나가떨어진 한무제가 여전히 밤마다 이런 여자들에게 황상과 밤을 함께 하는 은혜를 내려준다는 건 살아 있을 때나 완전히 똑같은 생활이었다. 곽광은 황상이 임종했다는 소식을 전해 듣자 궁녀를 다시 한 부대 압송해왔고, '고인의 영혼 위문단' 단원 총수는 500여 명까지 불어났다. 그녀들은 모두 '죽었으나 살아 있는 자와 방불한' 한무제의 방탕하고 음란한 생활을 위해 무상 제공되었던 것이다!

《한무고사》는 지괴소설志怪小說[60]로 앞선 내용은 당연히 정사가 아니다. 과학적인 눈으로 이 괴담을 살펴보자면 허무맹랑한 우스갯소리라고 할 수밖에 없다. 하지만 죽은 후에도 살아 있을 때와 같은 큰 복을 누리려는 허황된 꿈을 꾸고, 자신이 넘볼 수 없는 것을 독점하려는 고대 제왕의 탐욕은 천고의 세월에도 변하지 않는 현실이다. "나는 정말 500년을 더 살고 싶네"를 노래하는 심정이 이해가 된다. 하지만 하늘은 야속하게도 인간에게 함부로 500년의 세월을 허락하지 않기에, 그들은 있는 힘을 다해 이 세상 최고의 것을 긁어모아 전부 무덤으로 가지고 들어갔다.

---

59 한대 궁녀에게 주어진 관직 등급.
60 (편집자 주) 육조 시대의 중국에서 쓰여진 기괴한 이야기.

불교에서는 이렇게 탐욕적이고 살인을 좋아하는 사람은 바로 18층 지옥으로 던져지는 벌을 받는다고 한다. 혀를 뽑히고 정수리에 구멍이 나며 기름에 튀겨지는 형벌을 영원히 받는 이런 자는 절대 다시 인간으로 태어날 기회를 얻어서는 안 된다는 소리이다. 그런데, 불교는 일찍이 동한東漢 시절부터 전파되어 왔지만 불교 신자 중에도 음란한 승려와 돈독이 오른 중, 땡추 등이 매우 많은 것 같다. 게다가 수많은 사람이 한편으로는 불상에 절을 하고 아미타불을 부르면서도 한편으로는 여자와 학살에 빠져 두 쪽을 다 버리지 못하니 이를 어떻게 이해해야 할까?

주원장은 바로 그 전형적인 인물이었다. 그는 한편으로는 부처에게 예불을 하고 승려에게 시주를 하며 대형 법회를 거행했지만, 또 다른 한편으로는 도살의 칼을 높이 들고 도처에서 음란한 행위와 살상을 저지르면서도 조금의 갈등과 죄책감도 느끼지 않았다. 주원장의 학정과 독재 아래 그의 후궁은 마치 거대한 도살장에 끌려온 동물마냥 두려움에 떨어야 했다. 예를 들어 명나라 초기 사람인 유본의《기사록》에는 이렇게 기록되어 있다.

"수도의 궁궐에는 완의국浣衣局[61]이 있어 중죄를 범하고 재산이 몰수된 관원의 가족은 모두 이곳에 보내어져 노역을 하며 정부 기관 인원의 옷을 세탁하는 일을 했다. 어느 날 완의국에 갓난아기 하나가 버려진 채 발견되었다.

---

61  명나라 환관의 관서명, 궁중 사무를 섬기는 8국 중 하나로서 어선방(御膳房)에 다음가는 부서, 궁전 내 황제의 친척과 외척의 옷을 세탁하는 일을 담당했다. 과거 황궁에서 궁녀가 가장 많이 필요했던 관공 장소.

완의국에서 일하던 모든 여인은 '죄를 범한 여인'으로 남자가 있을 수 없는데 어떻게 이런 일이 있을 수 있었을까? 문지기 환관은 사실을 숨길 수 없어 얼른 이를 궁중에 보고했다. 주원장은 완의국의 여인과 외부인이 정을 통하지 않았을까 의심했지만, 도대체 어떤 대단한 놈이 이 같은 일을 저질렀는지 도통 알 수 없었다. 그래서 결국 그는 5,000명이 넘는 모든 완의국 사람의 가죽을 벗겨 안에 지푸라기를 채운 뒤 원래 모양대로 꿰매어 전시를 함으로써 일벌백계를 삼도록 했다. 이때 문지기 환관도 빼놓지 않고 가죽을 벗겨 감상 표본을 만들었다."

얼마나 소름이 끼치는 기록인가! 자기 눈으로 직접 보지 않고는 도저히 믿기지 않는 일이다. 일부 사람이 《기사록》은 청나라 사람들이 일부러 주원장을 깎아내리려고 쓴 음해성 자료요, 위조된 기록이라고 단언하는 것도 이해가 간다. 졸필 역시 '오천여 사람五千餘人'의 가죽을 벗겼다는 것은 아마도 '오십여 인五十餘人'을 수기로 기록하는 중에 발생한 오기, 혹은 입으로 구전되던 중 생긴 오류(예를 들어 주체가 궁녀 수천 명의 가죽을 산 채로 벗겼다는 것도 이런 유에 속한다)가 아닐까 의심하고 있다. 하지만 주원장이 이러한 일을 저지른 적이 없다 하더라도 그가 저지른 각종 참혹한 학살의 기록을 다 수집해 본다면 이 일은 그렇게 대단한 축에 끼지도 못할 것이다.

주원장은 난잡했던 원나라 궁정을 항상 경계하며, 외부 사람이 함부로 궁중의 내전에 출입하는 것을 매우 두려워했다. 궁정의 '기밀 누설 방지 조치'에 관해 주원장은 어떠한 가르침을 주었는지 살펴보자.

궁녀 중에서 병이 난 사람은 반드시 의원의 입궁을 요청해 진료를 받도록 하는데, 주씨 영감이 정한 규칙은 이러했다. "반드시 감찰관, 문지기관, 어약 국관 각 한 명, 당직 내시 세 명과 나이 든 궁녀 두 명이 의원과 함께 궁궐에 들어가 의료 행위를 감시한다." 외부에서 의사 한 명이 궁에 입궐해 진찰을 하는 데 반드시 내궁의 사감인 태감과 궁문지기 태감, 궁중 약국의 태감 각 한 명에, 당직인 태감 세 명, 궁중의 부녀(나이 많은 상궁, 혹칭 할멈) 두 명까 지, 즉 내궁 '각 관련 부서의 책임자' 여덟 명이 함께 동행해야 했다.

별것도 아닌 일에 이 많은 사람을 수고스럽게 해 진찰의 열기를 북돋울 필 요가 있었을까? 물론 이는 마오쩌둥毛澤東의 명언인 '사람이 많을수록 힘도 더 커진다(人多力量大)'는 원칙에 입각해 결정된 조치는 아니었다. 아무렴 의원이 회진할 때 한 사람씩 뒤통수를 탁 치면 좋은 생각이 비듬처럼 우수수 쏟아져 내리기 때문에 더 많은 사람을 불러 모은 것은 아니지 않은가. 이는 서로를 감시해 구린내 나는 스캔들을 방지하기 위해서였다.

과연 이 규칙을 지키지 않으면 어떻게 되었을까?

주원장은 우선 듣기 싫은 말로 이야기를 시작했다. "만일 동행자가 정원 여덟 명이 되지 못할 경우, 감찰관, 문지기관, 어약국관은 각각 태장 100대, 당직환관과 나이 든 궁녀는 각각 태장 80대를 때린다. 만일 당직 태감과 각 관리들이 게을러 움직이기 싫어해 나이 든 상궁 혼자 의사를 데리고 들어올 경우에는 하늘이 두 쪽 날 각오를 해야 한다. 감찰관, 문지기관, 어약국관은 전부 참수에 처하고, 당직 태감 및 의사, 상궁 모두 능지처참[62]에 처한다.

---

62    사형을 언도받은 사람의 몸의 살을 조금씩 잘라내 형을 받는 고통 속에서 천천히

만일 후궁의 비빈, 여자아이(황실의 공주) 등이 병이 났다면, 증상이 비교적 가벼운 경우 건청궁乾淸宮에서 진맥하며, 증상이 매우 중한 경우에만 의사가 낮에 환자의 방에서 진찰할 수 있다. 하지만 밤에 의사를 궁으로 불러오는 것은 절대 허락되지 않았다. 규정을 위반할 경우, 의사를 불러온 사람까지 함께 참수형을 당해야 했다.

만일 궁중의 하인이 병이 났을 경우, 가벼울 경우에는 궁궐 대문에 가서 진찰 받았고, 심할 경우에는 양용당養容堂에 가서 죽음을 기다리거나 진료를 받았다. 감찰관, 문지기관, 어약국관, 내사인內使人[63] 등이 의사를 모시고 가면 의사가 이곳에서 약을 주고 진료를 했다.

무릇 궁중의 부녀가 가마를 타고 외출해야 할 경우, 반드시 서화문西華門에 이르러 가마에서 내려와 문을 지나간 후에야 다시 가마를 탈 수 있었다. 이는 가마에 다른 사람이 타고 있을 가능성을 미연에 방지하기 위해서였다. 황궁 외부의 관리나 명부命婦[64]가 황제를 알현하고 경하드리기 위해 가마를 타고 황궁에 입궐할 경우 역시 이 예를 따라야 했다. 서화문 외문外門에서 가마에서 내려 보행으로 내문內門까지 걸어간 다음에야 가마에 탈 수 있었다. 수어태감守御太監 및 군사軍士는 반드시 이를 확인해야 했으며 정신을 차리지 않은 상태에서 가마를 타고 출입하는 사람을 감시하는 일은 금지되었다.

---

죽어가도록 하는 형벌.

63  황제의 어명을 전달하는 내감(內監).
64  천자에게 봉호를 하사받은 부인을 이르며, 주로 관리의 부인이나 그의 모친이해당됨.

어길 시 이 문을 지키는 군관은 태형 100대에, 태감은 사형에 처해졌다.

부녀자이든 혹은 태감이든, 궁성과 황성에 출입하는 사람은 모두 엄격한 보안 검사 제도를 통과해야 했다. 주원장은 엄준한 형벌을 제도의 방패막이로 삼아 툭하면 사람을 능지처참, 참수에 처하고, 심지어 생사람의 가죽을 벗기기까지 했으니 정말 생각만 해도 간이 콩알만해지고 머리카락이 쭈뼛할 일이었다.

그래서 《명사》에서는 궁정의 기강을 바로잡은 주원장의 행동에 흠모와 존경을 표하며 말한다. "명나라가 멸망할 때에도 궁정은 엄숙하고 깨끗했으며, 역사 평론가는 그 가문의 법을 잘 다스림이 한나라와 당나라 시대를 초월한다고 논했다." 청나라 사람들은 명나라 시대에 정치를 간섭하는 여자 군주가 없었다는 점에서 명나라를 높이 평가한다. 그들은 주원장에게 마누라가 몇 있었는지, 그 마누라들이 얼마나 편안하게 살았는지, 행복한 인생을 살았는지, 만족스런 임종을 맞이했는지에는 당연히 관심이 없다.

《명사·후비전》에서 명 태조의 후비 중 전기가 소개된 사람은 단 4명뿐이다. 기타 빈어, 미인 중 오직 자기 배에서 핏덩이 아들을 출산한 데 성공한 여인만이 《명사·제왕전諸王傳》에 성씨 하나를 남기도록 허락받았다. 사실 그녀들이 성이라도 남길 수 있었던 것은 다 아들 덕이었다.

주원장 사후에 비빈들은 아들이 있든 없든 전부 효릉에 순장되었다. 하지만 우리가 아는 바와 같이 진시황 사후에 진 2세는 그 아버지의 후궁 중 자녀를 낳지 못한 모든 비빈은 전부 순장해 진시황릉에 묻어버렸다. 이는 또 얼마나 무식하고 폭력적인 황제 2세의 행동인가? 그래도 그는 후궁의 여인을 순장시킬 때 주원장과 적어도 한 가지 차이는 두었다. 즉 자녀를 낳은 사람에 한해서는 순장 면제 신청 팻말을 들 수 있었다는 것이다. 그러나 이에 비하면 주원장은 너무 멍청해 자녀 따위는 안중에도 없었고, 후궁들은 모조리 다 데리고 떠나기로 했다! 순장을 치르기 전 최소한의 인정도 없었으니 주원장은 진정 진 2세보다 덜 떨어진 인물이 확실하다.

전설을 들어보면 주원장의 수많은 비가 전부 그에게 '비형非刑(법에 정해져 있지 않은 참혹한 형벌)'을 당해 죽었다는 데에도 다 일리가 있다. 이러한 잔인한 상황은 전대미문의 비극이었다고 설명할 수 있다. 그중 사람들에게 자주 인용되는 두 가지 예가 있다.

첫 번째는 노왕의 어머니 곽녕비, 당왕의 어머니 이현비, 이왕의 어머니 갈려비가 어떤 일로 자기 남편의 화를 돋우었는지 모르지만, 주원장의 한마디 명령에 동시에 죽음을 당했다는 것이다. 이들은 아주 큰 광주리에 담겨서, 남경 태평문太平門 밖에 매장되었다. 주원장은 화가 풀린 후 과거 함께 동침하던 정을 생각해 그들을 다시 좋은 땅에 묻어주려고 했다. 그런데 다시 염을 하고 입관을 하려고 보니, 세 사람의 시체는 극도로 부패해 '누가 누구인지' 전혀 분간할 수 없었다. 그래서 결국 한꺼번에 '삼비묘三妃墓'를 만든 것이다. 그래서 훗날 당왕唐王 주경朱桱은 어머니가 보고 싶을 때에도 그저 몰래 무덤에 찾아가 눈물을 참으며 묘소에 술을 뿌리고 어머니를 기리기만 했다고 한다.

두 번째는 초왕楚王 주정朱楨의 어머니 호충비의 일이다. 궁정에서 버려진 죽은 태아가 발견되었는데(주의하시라. 이 사건은 앞에서 인용한 완의국의 갓

난아기 유기 사건과 비슷하다) 호충비가 범인이라는 혐의를 받았다. 심문해 본 결과, 호충비는 자신이 임신한 사실을 알고는 배가 남산만 해지면 황상의 사랑을 잃게 될까 봐 두려워 아예 아이를 낙태해 버렸다고 진술했다. 주원장은 크게 진노하여 그녀를 당장 죽이고 시체는 성 밖에 버리도록 했다. 들개에게 밥으로 준 셈이었다. 충비의 아들 초왕은 조례를 드리러 왔으나 어머니가 사라지고 시체마저 찾을 수 없자, 평소에 어머니가 하던 허리띠 하나를 찾아내어 봉국으로 돌아가 장례를 드렸다고 한다.

앞글에서 주원장에게는 호씨 성을 가진 비가 몇 명 있었다고 했다. 이 이야기 속의 호비가 초왕 주정의 어머니일 가능성은 별로 없다. 왜냐하면 초왕의 묘지가 이미 발견되었지만, 거기에는 분명히 '생모는 소경태충비昭敬太充妃'라고 적혀 있기 때문이다. 호충비가 사후에 시호를 받은 것을 보면, 그렇게 참혹한 죽음을 당하지는 않았을 것이라는 것이 합리적인 추측이다.

이 이야기 속의 호충비는 호순비胡順妃를 잘못 기재한 것이 아닐까? 혹시 몇 가지 증거를 발견할 수도 있을 것 같다. 순비의 아버지는 《죄유록罪惟錄·상헌왕전湘獻王傳》의 기록으로는 임천후 호미라고 한다.

호미의 본명은 호정서胡廷瑞로, 주원장의 최대 라이벌이었던 진우량이 세운 '대한국大漢國'의 강서행성江西行省 승상이었다. 진우량이 안경安慶, 강주江州에서 연패하자 호정서는 자신에게 불리하게 돌아가는 상황 속에서 얼른 방향을 돌려 몰래 주원장에게 비밀 서한을 보냈다. 그리고 자신의 부대를 해산시키지 않는다는 조건을 걸고 남창南昌, 용흥龍興을 주원장에게 바쳤다. 때는 지정 22년(1362년) 정월이었다. 호승상이 변절하자 전체 강서 행성은 풍문만 듣고도 항복했다. 주원장의 판도가 장강을 따라 상류까지 광범위한 지역을 아우르자 전략적인 형세에는 근본적인 변화가 일어났다.

호정서는 본래 기회주의자였지만 주원장은 그의 공로를 매우 높이 평가했다. 심지어 그의 투항을 동한의 두융竇融이 한나라에 귀의한 것에 자주 빗대어 이야기하며, 건국 후 그를 개국공신으로 크게 높였다. 주원장은 제후 중에서 자기 부대를 보유하며 두 영웅 사이에서 충분히 사태를 관망할 수 있었는데도 과감하게 귀의한 사람만을 특별히 구별해냈는데, 이들은 총 7명으로 이 호순비의 아버지도 그중 하나였고 그는 임천후로 봉해졌다. 사실 호정서는 본래 진우량의 부하였으니 '자기 부대를 보유하며 두 영웅 사이에서 충분히 사태를 관망할 수 있는 사람'이라고 할 수 있었을까? 사실 그는 절대 가짜일 수 없는 진정한 '배반자 푸즈까오甫志高'[65]였는데 말이다.

호정서는 주원장에게 귀순한 후에 새로운 주인의 자가 '국서國瑞'로 자신의 이름자 '서瑞'와 같자 스스로 양보하여 이름을 호미로 개명했다. 호미의 장녀가 언제 주원장에게 시집을 갔는지는 모르겠지만, 호미의 귀순이 비교적 초기였던 것을 생각하면 호씨는 분명히 지정 22년(1362년) 호미 '기의起義' 직후 아버지가 새 주인의 비위를 맞추기 위해 바친 선물로서 황궁에 들어왔을 것이다. 주원장의 후비 중에서 공신 집안의 여성은 많지 않은데, 이 호비는 배경이 있었던 관계로 금세 귀비가 되었다(《명사》에서는 호미의 딸이 귀비라고 한다).

---

65  유명한 혁명체 소설 《홍암(紅岩)》에 등장하는 배반자.

속담에는 '예쁜 꽃은 항상 피어 있지 않고 좋은 시절은 오래가지 않는다.'는 말이 있다. 홍무 17년 어느 날, 임천후 겸 황제의 장인이었던 호미가 잘못을 저질렀다는 이유로 귀비가 별안간 자살을 명 받았다. 그의 아들과 사위는 모두 사형에 처해졌다(독자 여러분, 잊지 마시라. 주원장 역시 호미의 사위기 때문에, 촌수로 따진다면 주씨 영감과 이 사위는 사실 동서지간이었다).

홍무 중후기의 피비린내 나는 정치 환경 속에서 호미는 단지 수많은 희생자 중 하나였을 뿐이며, 누구도 그가 어떤 죄를 범했는지는 정확히 몰랐다. 아무튼 얼떨결에 사형을 당했지만 감히 이유를 묻는 사람도 없었다.

그 수수께끼는 6년이 지나 태사太師 이선장 역시 사형을 받을 때, 주원장이 친필 조서를 내려 '간당奸黨'의 죄악상을 열거함으로 풀리게 되었다. 주원장은 평상시 타인의 수치나 죄악을 전혀 숨기지 않는 자기 스타일 그대로 비밀을 대폭로했다. 그는 호미가 자신의 딸이 황궁의 귀비라는 사실을 이용해 자신의 아들, 사위를 수차례 궁중에 몰래 데리고 왔다고 했다……. 나이 드신 장인께서 아들들을 데리고 황궁을 찾아온 것은 무슨 일 때문이었을까? 조서에서는 자세히 설명하지 않고 그저 '궁궐의 금지된 곳을 함부로 들어왔다'고만 말하고 있다.

소주의 '4대 재자四大才子' 중 하나로 당백호唐伯虎와 어깨를 견주던 축지산祝枝山은 어디에서 그 비밀스러운 소문을 들었는지 자신의 《구조야기九朝野記》에서 발 빠르게 이런 글을 적었다. "예장후 호미의 장녀가 황궁에 입궁하여 귀비의 자리에 앉게 되었다. 호미 본인은 금지된 궁궐 지역을 두 차례 함부로 출입했는데, 처음에는 환관 때문에 속아서 들어갔다가('속다'라는 말은

《수호전水滸傳》에서 자주 보인다. 속이고 유혹한다는 뜻이다) 금지된 일이라는 것을 잘 알면서도 곧 다시 들어갔다. 게다가 그 자신이 금지 구역에 들어가기 전에 환관들이 이미 작은사위와 두 아들들을 데리고 궁중에서 암행을 한 지 이미 이 년여가 넘은 터였다. 홍무 17년에 사건이 발생한 후, 호미의 아들, 사위는 모두 사형에 처해졌으며, 본인 역시 자살을 명 받았다. 아쉽다. 자신이 죽고 가문이 망했으며 같은 성씨가 함께 사라졌으니 말이다〔豫章侯胡美, 長女入宮, 貴居妃位. 本人二次入亂宮禁, 初被閹人賺入, 明知不可, 次又復入. 且本人未入之先, 閹人已將其小婿並二子宮中暗行二年餘. 洪武十七年事覺, 子, 婿刑死, 本人賜以自盡, 殺身亡家, 姓氏俱沒〕!"

축지산의 책에서는 호미가 금지 구역에 '함부로 출입'한 횟수와 전후 연속된 시간까지 모두 아주 정확하게 기록하고 있다. 분명 근거가 있는 이야기이므로 호미는 죄에 대한 벌을 응당 받은 것일 테다.

호미 부자는 궁궐의 질서를 어지럽혔다는 이유로 죽임을 당했기 때문에, 호귀비의 결국 역시 분명히 좋지 않았으리라 생각된다. '호비'가 죽임을 당했다면 어쩌면 궁궐 내에서 비밀리에 처단되었을 것이고 당시 외부에도 그런 소문이 전해졌을 것이다. 그래서 주원장이 호비를 참혹하게 살해했다는 이야기는 아마 완전히 허구는 아닐 것이며, 찾아본다면 약간의 증거도 남아 있을 것이다. 다만 호충비는 호미의 딸이 아니고 이 호비는 그 호비가 아니었을 따름이다.

다시 호충비의 이야기로 돌아가자.

호충비는 일찍이 주원장에게 시집을 왔다. 그녀는 홍무 초년에 봉해진 여섯 명의 비 중 하나로, 제6황자 초왕 주정(1364년, 즉 한나라를 평정한 그 해, 초왕의 호 역시 여기서 유래함)을 낳았다. 전해지는 바로는 호충비로 불리는 그 여성은 초왕의 봉국(홍무 14년, 1381년)에서 죽음을 맞았다고 한다. 즉 호충비는 죽임을 당했을 때, 적어도 마흔 살가량이 되었을 것이다. 중년의 여성이 과연 어떤 교태를 부릴 수 있었을까? 그녀는 정말 남편을 자기 침대에 계속 붙들어놓기 위해 자기 뱃속의 태아를 모질게 낙태해버렸을까? 그 당시는 현대 중국처럼 '저렴한 가격의 마구잡이식 중절 수술'을 권장하지 않던 시대였다.[66] 뱃속의 태아를 갈고리로 끄집어낸다는 것은 매우 어려운 일이었으며 생명의 위험을 각오해야 했다. 성공한다 하더라도 침대에 누워 한 달 동안 요양해야 하기 때문에 성관계를 할 수도 없고, 외모가 초췌해지며 몸이 부어 남편의 사랑을 받을 수 없었다. 게다가 위풍당당한 귀비가 황궁에서 낙태를 하다니, 과연 누구를 속일 수 있었을까? 만 번을 양보해서 생각한다 하더라도, 정말 낙태에 성공했다면 설마 죽은 아이를 몰래 궁궐 밖으로 빼돌릴 생각을 못했을까? 궁중에서 타인에게 발견되어, 이 소식이 무시무시한 황제 남편의 귀에 들어가 경천동지할 큰 화를 자초할 이유가 어디 있단 말인가? 오천 명의 여인에게서 벗긴 가죽이 아직도 거기 걸려 있는데 말이다! 어떻게 호충비마저 이런 일을 하지 못해 안달이 났단 말인가? 이처럼 민간 전설에

---

66  중국은 산아제한 정책을 유지하고, 급격한 성 개방으로 말미암아 증가하는 미혼 여성의 혼전 임신 문제를 해결하기 위해 정책적으로 저렴한 가격의 임신중절 수술을 적극 지원하고 있음.

는 문제점이 너무 많기에 믿기가 극히 어렵다.

수많은 사적, 특별히 현대의 모 '문학사 전문가', '인터넷 작가'가 쓴 통속소설은 진위를 전혀 분별하지 않고 이런 전설을 차용했다. 그저 사람들이 말하는 대로, 그 내력도 분명히 하지 않은 내용을 가져와 독자의 환심을 사려는 것이다. 예를 들어 성조 주체의 생모가 적비라는 설은 명말 천계 연간에 책으로 나온《남경태상시지》에서만 보일 뿐 다른 곳에서는 한 글자도 기록되어 있지 않다. 그저 민간에만 적비가 '쇠치마 형벌'을 받아 죽었다는 전설이 남아 있을 뿐이다. 적비라는 사람이 역사적으로 존재했던 인물인지조차 정확히 알 수 없는 마당에, 쇠치마 형벌이란 듣도 보도 못한 이야기이다. 그럼에도 일부 저작은 이미 당당하게 적비를 '주원장에게 살해된 비빈' 리스트에 포함시키고 있다.

일부 책에서는 이현비와 갈려비가 곽녕비의 말을 듣지 않아 항상 사소한 일로 다툼을 많이 벌였고, 그들이 함께 모시는 하나뿐인 지아비를 너무나 짜증나게 하자 주원장이 그 세 누님을 한꺼번에 끌고나가선 목을 베어 죽였다고 말한다. 이는 아무런 근거도 없는 터무니없는 날조이다. 주원장이 이 세 비빈을 '어떻게 손봐 주었는지'는 아무런 기록도 없다. 졸필이 이곳에서 그녀들의 평생을 적으며 분석해 보겠으니 시비는 독자 여러분이 스스로 판단하시기 바란다.

그럼 이어서 곽녕비를 살펴보도록 하자.

곽씨는 일찍이 주원장을 따랐다. 그 역사는 곽씨 부대가 장강을 건너기 전까지 거슬러 올라간다. 그녀가 주원장을 따르게 된 것은 그녀의 아버지인 곽산보의 족집게 점 때문이었다. 그때 주원장의 지위는 아직 미천했기 때문에 곽씨는 조강지첩이라고 할 수 있었다. 곽씨의 두 형제 곽흥郭興과 곽영郭英은 모두 후작에 봉해졌고(공작으로 다시 추증됨), 특히 곽영은 주원장의 사랑과 신임을 한 몸에 받아 집안끼리 겹사돈을 맺었으며 곽영의 아홉 딸 중 두 명이 주원장의 아들에게 시집을 갔다. 또 아들 곽진郭鎭은 영가공주永嘉公主를 아내로 맞았으며, 16명의 손녀 중에서 가장 연장인 손녀는 연왕의 세자 주고치朱高熾(인종仁宗)에게 짝지어 주었다. 곽씨 가문은 황실과 3대에 걸쳐 아주 친밀한 친인척 관계를 맺었다.

곽녕비는 마황후 사후에 한때 육궁의 정치를 섭정하기까지 했으며, 비빈의 호칭 앞에 유사 이래 최초로 '황'이라는 글자를 더해 황녕비(그 외에 '황'자를 더한 사람은 홍무제 후기에 가장 총애를 받은 황숙비 이씨뿐이었음)가 되었다. 비록 정신병자 같았던 주원장이었지만, 자신과 동고동락하고 상당한 지위를 누렸던 곽녕비를 아무런 주저함 없이 죽일 것이라고 상상하기는 어렵다. 황유黃瑜의《쌍괴세초雙槐歲鈔》에서는 이렇게 말한다. "곽씨의 호칭을 황녕비로 높이고 그녀가 죽자 (황자들은) 상을 지내며 그녀를 어머니로 대했다." 이로써 곽녕비가 세상을 뜬 후, 많은 황자들이 그녀를 위해 상을 지내었고, 그녀도 손귀비와 같이 사망 후 큰 영광을 누렸다는 것을 알 수 있다. 그러므로 곽녕비의 죽음에 대한 소문은 믿을 수 없는 것이다!

그럼 이제 이현비를 이야기해 보자.

이 비는 남아 있는 사적이 없다. 그녀의 아들 당왕 주경은 제23황자로서 홍무 19년(1386년) 9월 18일에 태어났으며, 주원장과 같은 달, 같은 날에 태어났다. 아버지와 아들이 같은 날에 생일을 지낸다니, 이것은 이미 노년에 들어선 주원장에게 아주 놀라운 일이었을 것이다. 이 아들은 어쩌면 그의 특별한 사랑을 받았을지도 모르겠다. 아들을 사랑하면 그 어머니까지 예뻐 보이는 법, 이것은 아주 정상적인 이치 아닌가?

마지막으로 갈려비를 이야기해 보자.

갈려비가 낳은 제25황자 이왕伊王은 주원장의 아들 중 두 번째로 나이가 어린 아들로 홍무 21년(1388년) 6월에 태어났다. 갈려비 역시 역사에 기록된 바가 없다. 하지만 곽, 이, 갈 세 비가 함께 죽었다고 하니, 그들의 사망 시간은 홍무 21년 6월 이전일 리는 없다. 이 이야기에서는 당왕이 자기 어머니의 무덤에 몰래 찾아가 제사를 지내며 울었다는 내용이 나온다. 한 아이가 이런 행동을 할 만한 능력을 갖추려면 최소한 7, 8세는 되어야 할 것이다. 그렇기에 그들의 사망 시간은 더 뒤로 물러나, 아마도 홍무 26, 7년은 되어야 할 듯하다. 이때면 주원장이 이미 만년에 이르렀을 때인데, 그가 그때까지도 잔혹하고 정신분열증적인 모습을 벗지 못하고 자기 아들을 낳아준 마누라까지 죽였으리라고는 믿기 힘들다.

만일 이때 곽녕비가 아직 살아 있었다면 이미 50세가 넘은 나이였을 테고, 이현비, 갈려비는 아직 어린 자녀를 품에서 떼어놓지 않는 젊은 어머니였을 텐데, 그들은 대체 어떤 죽을죄를 지었기에 위대하신 지아비께서 이렇게 잔혹하게 살해해야 했단 말인가?

졸필은 비록 이상 비빈 살해의 전설의 진위를 완벽하게 고증해내지는 못했지만, 상술한 강한 의문을 떨칠 수 없다. 역사에 대한 회의는 졸필이 역사를 볼 때마다 항상 나타나는 문제로 이미 고질병이 되었지만 고칠 길은 없다. 이 병은 앞으로도 계속 도질 수 있으니 독자 여러분께서 넓은 아량으로 이해해주시길 바라며, 호충비가 왜 그렇게 참혹하게 '죽었는지' 간단히 고찰해 보도록 하자.

# 제19장 청춘의 뜨거운 피로 마른 해골을 적시리

계속 앞의 글을 이어서 이야기해야겠다. 주원장에게 아들을 낳아주었던 비빈 중에서 성씨가 호씨인 비빈은 둘이었다. 한 명은 호충비로 제6황자인 초왕 주정을 낳았고, 또 하나는 호순비로 제12황자인 상왕湘王 주백朱柏을 낳았다. 한 명은 초왕이고, 또 한 명은 상왕이지만 그들이 다스리는 곳은 모두 호광족湖廣族[67]의 땅이었다. 어떤 사적에서는 호충비가 예장후 호미의 딸이라고 설명하며 두 호비를 헷갈리는 발언을 한다. 청나라 사람 모기령은《명사·후비전》의 주요 편찬자인데, 그가 개인적으로 편찬한《승조동사습유기勝朝肜史拾遺記》라는 책에서는 호비가 임회 사람이며 아버지는 현이고, 공적을 세워 정요 도지휘동지定遼都指揮同知가 되었다가 도독으로 진급했으며 후에 직위가 무창호위武昌護衛에까지 올랐다고 적었다. 두 호비는 모두 홍무 3년에 6명의 비 중 하나로 책봉되었다.

호충비가 죽은 해는 상세히 나와 있지 않으며, 그녀의 첫 번째 아들은 갑진년甲辰年(1364년)에 태어났다. 그렇다면 그녀는 1340년대에 태어나 마황후보다 10세 가량 어렸을 것이다. 그녀의 아들 초왕 주정은 홍무 3년에 왕으로 봉해졌고, 홍무 14년(1381년) 17세 때에 호광 무창에 봉지를 소유하게 되었다.

---

67 고대 호광족의 선조는 대나무 울타리로 적을 물리친 후, 호남(湖南), 광서(廣西), 귀주(貴州)에 살았다. 이를 약칭하여 호광족(湖廣族)이라 불렀다.

초왕의 외할아버지 호현의 직위가 무창호위로 변경된 것도 바로 이때이다.

초왕 주정은 뭇 황자 중에서 연장자에 속했는데 홍무제 중후기에 수차례 대군을 이끌어 서남 오랑캐 정벌에 나섰으며 조정에서 종인부宗人府를 설립한 후에는 우종인을 맡았다. 조정에서 설립한 친번親藩[68] 중심의 군사구조에서든지 아니면 주씨 종씨 체계에서든지, 초왕 주정은 모두 중요한 지위를 차지했다. 이렇게 의지하는 아들의 친어머니를 주원장이 그렇게 잔혹한 방법으로 학대할 수 있었을까?

설령 호충비가 죽을죄를 지었다고 하더라도 자진하라는 명령을 내리고 예로써 장례를 치러주는 것, 이것이야말로 주원장이 아들들에게 가르쳐왔던 예법에 부합하는 방법이었다. 《명태조 황제흠록》을 읽어보기만 한다면 (이 책의 내용은 주원장이 아들에게 보낸 개인 서한 위주), 주원장이 아들들에게 요구한 것은 다름이 아니라 '화목함, 자기 분수 지키기, 예법 따르기'였으며, 제멋대로 행동하는 것은 화를 자초하는 길이요, 부귀를 잃어버리는 원인이라고 누누이 강조했음을 알 수 있다. 예를 들어, 차자인 진왕秦王 주상은 처음에 봉국을 하사받았을 때 궁전에 살지 않고 자신의 성문루에서 살았는데 주원장은 이것을 엄청나게 큰 잘못으로 여겨 수차례 경고를 반복했다. 또 황자들이 조례를 드리러 올 때에도 자신의 실천하는 삶을 보여주기 위해, 황자들을 자신의 침궁에 초청해 참관하도록 함으로써 아들들에게 아버지가 얼마나 모범적인 삶을 살고 있는지 알려주었다. 황족 내부의 관계에 있어서 주

---

68    황제의 종실 친척이 분봉지를 얻도록 하는 제도.

원장은 '가족과의 화목'을 가장 강조했다. 그러나 그가 제정한 종번 정책은 매우 어리석어, 주씨 집안의 이익만을 철저하게 고수했지만 성이 주씨이기만 하면 같은 종실로 여겨 근친이든 원친이든 관계가 멀든 가깝든 간에 태어나기만 하면 모두 작위와 봉국을 소유하고 황실의 철밥통을 누리도록 했다. 그는 수 세대 이후에 주씨 집안의 인구가 크게 늘어나 국가의 재정이 거대한 지출을 도저히 감당할 수 없으리란 점은 전혀 생각하지 못하고 있었다. 이를 통해 주원장은 장기적인 안목을 가진 정치가가 아님을 잘 알 수 있다. 하지만 장담하건대 그는 주판 하나는 기가 막히게 두들기는 똑 소리 나는 사람이었다.

이상의 이야기 속에서 나타나는 주원장 이미지의 공통적 특징은 극단적인 폭정과 학대로 악마조차 혀를 내두를 사람이었음을 알 수 있다. 민간에는 아무리 악독하고 포악한 남편이라도 자기 아내를 죽이는 사람이 없으며, 시체를 길에 아무렇게나 버려 사람들의 구경거리를 만들거나 들개의 먹잇감으로 제공하는 사람이 없기 때문이다! 이는 일반적인 도의와 인정에서 완전히 벗어나는 일이다. 만일 일반적인 도리에 어긋나는 일이 일반인에게서 발생했다면 독자는 꼬리를 물고 이어지는 의문을 참지 못하고 고개를 저으며 말했을 것이다. "작가님, 절 속일 생각일랑 하지 마세요. 도저히 믿을 수가 없다구요!" 하지만 이런 일들이 그 위엄 넘치는 홍무제에게서 발생했다고 한다면 독자의 상상력은 더욱 큰 나래를 펼칠 수 있다. 조금 더 용기를 내어 부녀자 오천 명을 산 채로 가죽을 벗긴 이야기 등을 믿기 시작한다면 사실인지 아닌지를 판단하는 것은 물론 열렬한 토론까지 불사할 것이다.

오직 그렇게 기이하고 참혹하게 죽어야만 주원장의 처가 될 자격이 있다는 느낌이다! 그중에 숨겨진 관음 심리는 매우 흥미로운 것으로 연구할 만한 가치가 있다.

야사에서 말하는 대로 명 태조 주원장이 스스로 자기 처첩을 도살했다는 이야기가 꼭 맞으리란 보장은 전혀 없다. 주원장은 부끄러운 일을 전혀 감출 줄 모르는 폭군으로 오직 잔혹한 형벌만이 정치와 강령을 지켜나가는 길이라고 주장한다. 마치 무관 자제들이 기녀를 데리고 놀고, 노래를 부르고, 공을 차는 모습이 눈꼴사나워서 오입질을 했던 사람은 전부 코를 베고, 노래를 했던 사람은 입술을 베고, 공차기를 했던 사람은 발을 자르라고 명령했던 것처럼 말이다. 그 주위의 여인들이 과연 주도면밀한 언행으로 때마다 황제의 환심을 살 수 있었을까? 만일 이 악마가 한번 날뛰기 시작하면 어떤 일이 벌어졌을까? 이 모든 가능성은 그가 후궁에서 어떤 학대의 행각을 벌였는지 추측을 할 수 있는 충분한 상상의 여지를 남겨주었다.

주원장의 여인 중에서 좋은 결말을 맞은 사람은 없었으며, 이는 재론의 여지가 없다. 한나라 시대 이래로 사람을 순장하던 제도는 이미 거의 사라졌었다. 그런데 명대에 이르러 별 볼 일 없는 땡중 출신의 주중팔이 앞장서서 이런 야만스럽고 낙후한 악습을 전면 부활시키고 수대 동안 궁중에 전래시켜 관례로 만들었을 뿐만 아니라, 귀한 집안의 수많은 여성의 생명을 산 채로 앗아가는 일을 하리라고는 생각지도 못했을 것이다. 가인들의 요절에 안타까움만 남을 뿐이다.

주원장은 마황후와 남경 효릉에 합장되었다. 후비들의 부장은《명태조실록》에서 홍무 15년 11월에 성목 손孫귀비, 영永귀비, 왕汪귀비 세 명을 마황후와 함께 배향配享하도록 했다는 기재만 남아 있을 뿐이다. 배향은 부장과는 다른 개념으로서, 이미 죽은 세 명의 총애하는 비빈의 신주를 효릉의 향전 안에 모셔 영혼이 제사상에서 식은 돼지고기라도 함께 먹을 수 있게 한 것이다. 이에 비해 부장은 오래된 유골을 이장하는 것이다. 생전에 사이가 좋았던 이들의 뼈를 같이 묻어 지하에서도 서로 지켜주게 한다는 의미가 있다. 명효릉 보정명루寶頂明樓 앞의 좌우에는 다수의 수직 우물이 도열해 있는데, 그 안에는 수많은 비가 매장되어 있다. 그들은 함께 사망했으며, 함께 땅에 매장되었다. 그들의 죽음은 '군주를 따라 하늘로 올랐다' 혹은 '용을 따라 지하에 거한다'는 미명으로 표현되었지만, 사실은 음모에 의해 살해된 불쌍한 사람들이었다.

《명사·후비전》에서는 이렇게 기록한다. "태조가 붕어하시니 궁인 중 많은 사람이 사자를 따랐다" 모기령의 《승조동사습유기》에서는 이렇게 말한다. "처음에 태조와 사십육 명의 비빈을 효릉에 배장했으며, 그중에서 태조를 따라 죽은 자는 궁인만 십 수 명에 달했다" 이는 아마도 감추고 싶은 부분이 있어 일부러 문자 유희를 한 것으로 보인다. 문자적으로 볼 때 46명의 비빈은 부장을 했고 순장을 한 사람은 궁인뿐이었다.

사실 주원장을 위해 죽음을 택한 사람은 아마도 일반 '궁인'이었을 테지만 영광을 받는 주체는 역시 비빈이었으며, 청대에는 이들을 모두 '주인主子'이라고 칭했다. 청나라 사람인 사계좌查繼佐는 《죄유록罪惟錄》에서 이렇게 말하고 있다. '배장한 수많은 비의 숫자는 46명이다.'

영락 초년에 만든 책인《천황귀주天潢貴胄》라는 책에서는 이숙비 한 사람이 순장되었다고 기재한다. 하지만 명나라 관방 역사에는 이에 대한 언급이 전혀 없다. 아마도 군주의 가려운 곳을 긁어주는데 특출한 재주가 있었던 사관들이 볼 때 좋은 일이 아니라고 생각한 것 같다(본 역사 시리즈에서 졸필은 과거에 역사를 편찬하던 동업자를 원색적으로 비난하고 있다. 천만다행인 것은 이 사관들이 자기가 역사에 제멋대로 기록한 선인과 마찬가지로 무덤에서 기어 나와 졸필이 자신의 지적재산권을 침해했다고 명예훼손 소송을 벌이지는 않을 것이란 점이다).

《대명회전大明會典》은 명나라의 법령과 제도를 기록한 관방 서적으로 그 중《예부禮部·능침陵寢》조는 이렇게 기록하고 있다.

"효릉의 40명의 비빈 중 오직 2명의 비만을 효릉의 동서에 장례했을 뿐 다른 사람은 모두 함께 장례를 지냈다."

효릉은 주원장의 황릉으로 여기에서는 능침으로서 본인을 대신 지칭했다. 다음 글에서는 장릉長陵(주체), 헌릉獻陵(인종 주고치)이라고 칭하는 것이 모두 동일한 예이다. 회전에서는 주원장의 40명의 비빈 중 두 사람을 빼고 나머지 사람은 모두 순장을 했다고 말한다.

만력 시대 사람 심덕부沈德符는 효릉의 동서쪽에 장례한 그 두 사람은 모두 홍무제 시대에 일찍이 사망한 비빈이라고 주장한다. 즉 그들의 매장방식은 부장 혹은 배장이지 순장이 아니라는 것이다. 효릉에 순장한 비는 청 초 사적에서는 대부분 46명이라고 기록하고 있지만《대명회전》은 38명이라고 한다. 아마도 제도를 기록한 책인《대명회전》을 기준으로 하는 것이 맞을 것이다. 사람 수는 비록 다를지라도 분명한 사실은 이러하다. 주씨 영감이 '호적에 줄긋던' 날에 — 여기서는 '붕어'라고 하지 않겠다. 또 '서거, 세상을 뜨다, 돌아가시다' 등의 단어 대신 '줄긋다'라는 단어로써 졸필의 태도를 밝히겠다 — 자신의 크고 작은 아내들을, 자식이 있는지 없는지와 상관없이 전부 데리고 간 것은 정말 양심을 저버린 미친 짓이라는 점이다!

그때 가장 작은 딸인 보경공주寶慶公主의 나이는 겨우 3살로, 공주의 어머니 역시 나이가 많을 리 없었다.

《명태종실록》에서는 보경공주의 출가 기록을 적으며 이렇게 말하고 있다. "공주, 태조 황제의 제16공주. 태어나자 태조가 붕어했고 모친 장씨도 죽었음." 이 완곡한 표현은 장씨가 순장을 당한 가슴 아픈 눈물의 역사를 숨기고 있다.

아직 철모르는 어린 딸을 버려두고 속절없이 죽을 수밖에 없던 이 젊은 어머니가 불쌍할 뿐이다. 그녀에 관해서는 실록에서는 '모친 장씨', 공주의 묘지명에서는 '생모 장씨'라고만 쓰고 있다. 보경공주의 어머니였지만 생전에 위호도 없었고 순장을 한 다음에도 추증을 받지 못했다는 것을 알 수 있다. 추증을 받았다면 실록이나 묘지명에 '장씨'라는 두 글자만 쓰지 않았을 것이다.

이 여인들은 청춘의 뜨거운 피를 그 말라붙은 뼈다귀에 쏟아 부었건만, 그들이 얻은 것은 무엇일까?

건문제 즉위 후, 장봉張鳳, 이형李衡, 조복趙福, 장벽張璧, 왕빈王賓, 손서孫瑞, 왕빈王斌, 양충楊忠, 임량林良, 이성李成, 장민張敏, 유정劉政 등 12인은 각각 금의위錦衣衛의 시백호試百戶, 산기散騎 대도사인帶刀舍人에서 금의위의 천호千戶, 백호百戶 등으로 발탁되었으며 전부 녹봉을 거저 받고 관직을 세습할 수 있었다. 이런 관직은 본래 그들의 딸 혹은 자매가 황궁에 들어가 황제를 모시면서 얻게 된 것이었다(명나라 비빈의 가까운 친속은 금의위에서 한 자리씩을 맡으며 일하지 않고도 놀면서 녹봉을 받을 수 있었으니 이것이 바로 '녹봉을 거저 받는다'는 말이었다). 그런데 당시 딸과 자매가 연장자에게 이용을 당했건만, 각 집안은 모두 세습이 가능한 관직을 하사받았으니, 이것이 그때 말하던 '황궁의 여자가장朝天女戶'이었다. 정사장程嗣章은 《명궁사明宮詞》에서 이렇게 말한다.

"액정에서 이미 수년간 주군을 섬겼으나 은택은 항상 근심해야 하고 비와 이슬은 치우침이 있느니. 황제가 비빈을 맞았기에 처음으로 작위를 받았구나, 가엾은 소녀 가장, 조정에 넘쳐나는구나〔掖廷供奉已多年, 恩澤常憂雨露偏. 龍馭上賓初進爵, 可憐女戶盡朝天〕."

이런 관직이 그렇게 좋단 말인가? 듣기 좋은 말로는 어리석은 충정이고, 듣기 싫은 말로는 자기 집 딸, 자매의 피로 자기 관작을 얻는 거지!

졸필은 또 한 사람을 크게 욕하고 싶다.

과거 건문제 주윤문을 말하는 사람은 모두 그에게 '어질 인仁'이라는 시호를 하사했다. 이 사람은 태조가 죽은 후에 그를 대신해 눈뜨고 볼 수 없이 잔인한 일을 행했으며, 애통하는 소리를 듣고도 못들은 척 눈 감은 자인데, 이것은 도대체 어떤 집안의 '어짊'일까? 그는 도저히 사람이 아니었다! 대대로 물려받은 낡은 황관 하나로 한 여인의 생명을 좌지우지할 수 있다니, 이것은 도대체 어느 집에서 가르치는 어짊이란 말인가?

만일 어떤 이가 '그건 태조가 남긴 유언이었으니까 효손이 순종하는 것 말고 무슨 방법이 있었겠느냐?'고 건문제 대신 변명을 한다면, 어린 건문제가 황제의 자리에 올라서 처리한 거의 모든 중대사안은 전부 태조에 반대하는 정치였다고 말하고 싶다. 예를 들어 번국을 없애고, 관제를 변경하고 궁전의 문까지 고쳐버렸다. 상황이 이런 판국인데, 이 효자 현손이 태조의 유훈을 정말 지키려고 노력했단 말인가? 하지만 후궁의 여성의 목숨을 끊어버리는 (이런 여성들의 촌수를 따져본다면, 모두 주윤문의 서庶조모 뻘이었다) 일 앞에서는 어떻게 착한 손자로 둔갑했을까?!

건문제가 아주 이기적인 제왕이었다면, 그의 모사인 방효유方孝孺는 왜 한 마디 권고의 말도 올리지 않았을까?

방효유는 어리석은 충신으로, 마지막까지 자기 목숨을 버려 자신의 군주를 따랐지만 이 도학 선생님께서 도리에 정말 충실하셨는지는 의문이다. 위풍당당한 대명 왕조에서 오랑캐를 내쫓고 중화를 회복하겠다고 자처했지만 그가 실천한 중화의 예의와 문물은 그렇게 비루하고 증오할 만하고, 잔혹하고 무정했단 말인가? 노선생님께서 하루 종일 주례周禮를 손에 들고 건문제와 구중궁궐에 마주 앉아 이 관직은 이런 이름으로, 저 문은 저런 이름으로 불러야 한다고 복고와 정치개혁을 토론하며, 궁전에서 온갖 지시를 하고 도를 논할 그때에, 박명한 여인들이 다른 사람에게 등 떠밀려 황천으로 향하는 구슬픈 애곡 소리를 들었을까? 간언 한마디 하지 않았을까? 노선생의 '도道' 경經 안에는 연민이란 두 글자가 없단 말인가? 하지만 당신의 '경서' 안에서, 타인의 부자지간을 이간하는 악독한 간계가 생겨났다!

사서를 많이 보다 보면 문제를 발견하고 관찰하는 각도도 늘어나게 되는데, 그렇게 살다보면 결국 어떤 현상이 나타나게 될까? 더 이상 어떤 사람도 함부로 찬양할 수 없게 된다. 졸필은 비난이 칭찬보다 오히려 더 오랫동안 고난을 견딜 수 있는 힘이 있음을 깨닫게 되었다.

# 제20장 순장에도 인간미는 필요하다

건문제는 아버지의 상을 마치고 나서, 순장 재난을 당해 효릉에 묻힌 여인(졸필은 여기서 순장을 순장 재난이라는 두 단어로 바꿔 말하고 싶다)의 아버지와 형제의 관직을 전부 더해줬다. 하지만 그 불쌍한 여인들에게 비라는 작위와 명예를 추증해줌으로써 그 죽음을 영예롭게 하지는 않았다. 그 이유는 순장이란 군주의 성덕聖德에 흠집을 내는 불미스러운 일이기에 감추고 싶어서가 아닌가? 만일 그러하다면 건문제는 순장이 결코 아름다운 일이 아님을 알고 있었다는 뜻이다.

그럼에도 순장은 이때부터 명나라 황궁의 관례가 되었으며, 황궁에 입궁한 비는 매번 비극을 재연해야 했다. 하얀 분에 검푸른 눈썹을 칠한 여인들은 생명을 담보삼아 잠시의 영광을 빌려 쓴 후, 결국 비참한 결말을 맞이해야 했다. 인생을 절반밖에 살지 않았는데 한창 나이에 죽어야 하거나, 나이든 여인도 물귀신 황상 때문에 같이 황천에 끌려들어가야 했다.

《대명회전大明會典》에서는 이렇게 기록한다. "장릉 16비는 모두 함께 장사되었다〔長陵十六妃, 俱從葬〕"

명 성조 주체의 뼈는 13릉의 첫 릉인 장릉에 묻혔다. 장릉은 여기서 명 성조를 대신하는 대명사로 쓰였으며, 아래 글의 헌릉(인종) 역시 이 예와 같았다. 《대명회전》에서 주체의 비 16명이 모두 그를 따라갔다고 말한다. 주체를 따라 뭘 하러 갔는가? 시장을 보러 가거나, 슈퍼마켓이나 놀이공원에 놀러간 것이 아니었다. 그녀들은 주체를 따라 다시는 돌아오지 않을 길을 간 것이다!

이런 비극적인 운명을 타고난 비 중에서 한 사람은 우리도 확실히 알고 있다. 그녀는 영락 15년(1417년)에 황궁에 들어간 조선 '처녀' 한씨韓氏로서 주체의 극진한 총애를 받아 '여비麗妃'로 봉해졌다. 하지만 그녀는 주체를 따른 지 7년 만에 순장을 강요받았고, 죽은 후에는 '강혜장숙康惠莊淑'이라는 시호를 받았다. 조정의 조서에 쓰인 그녀에 대한 평가는 이러했다.

"여비는 선제를 모셨고 현숙賢淑이라는 칭호를 하사받았으며, 육두 마차가 승천할 때 몸을 해함으로써 그를 좇았다. 그녀에게 시호를 더하여 추증함으로써 그 현숙한 행동을 표창한다〔麗妃恭事先帝, 允稱賢淑, 及六御升遐, 隕身以從. 旣加封諡, 以旌賢行.〕"

'육두 마차가 승천한다'는 이야기는 여섯 필의 말이 끄는 황제의 마차가 승천했다, 즉 왕이 죽었다는 것이다. '몸을 해함으로써 그를 좇았다'는 것은 순장을 말한다. 한비가 죽음을 당할 때, 그녀의 유모 김흑金黑은 현장에서 그 과정을 처음부터 끝까지 목격했다. 그녀는 자신의 두 눈으로 다음과 같은 사실을 목격했다. "황제가 붕어하시자, 궁인 중에서 30여명이 순장되었다" 이는 완벽한 궁중 비사로 김흑이 선덕宣德 10년(1435년)에 조선으로 돌아가기까지 외부인에게는 알려지지 않았던 일이었다. 그 내막은 그녀가 조선으로 돌아간 후에야 공개되었고 조선의 《세종실록世宗實錄》에 기록됨으로써 뼈아픈 역사의 참모습을 알릴 수 있었다.

사실 조선 사람들은 '천조天朝'에 사람을 순장하는 관습이 있다는 것을 일찍이 알고 있었다. 홍희洪熙 원년(1425년)[69] 10월, 조선의 군신은 예를 논하며 이를 거론한 적이 있었다. "태종 황제(주체)를 장례지낼 때 궁녀 15인을 순장했다" 또한 이런 일에 개인적으로 멸시의 뜻을 보이며 말했다.

"중국 조정의 예 중에서 고대 성현의 뜻에 맞지 않는 것이 많구나. 장례라면 세 살 먹은 어린아이도 '송장을 묻을 때 넣는 나무 형상을 최초로 만든 이에게는 후손이 없을 것이다'라는 말을 알고 있는데, 오늘날 태종 황제의 장례에 궁녀를 15명이나 순장하여 음악을 연주하며 시체를 즐겁게 하는 우虞의 시대로 돌아갔다. 이런 것은 아무리 중국 조정의 법도라 해도 배울만한 것이 아니다."

그들은 '시체를 즐겁게 하려는' 천조요, 상국의 이런 제도야말로 고대의 예법에 부합하지 않는다고 여겼다(하지만 중국의 습속에 따르자면 사람이 죽었을 때, 악대를 초청해와 한바탕 음악을 연주해야만 한다). 꼬마들까지도 공자의 명언을 아는 판국에 조정에서는 여전히 야만적인 순장을 실시하고 있으니, 이로 결론을 내자면 중국 조정의 법 중 다수는 본받고 배울만한 가치가 없다고 주장했다.

《대명회전》은 인종의 죽음 후 순장을 실시했던 상황을 기재하고 있다. "헌릉獻陵의 일곱 비 중 셋은 금산金山에 장례지내고 나머지는 모두 함께 장례를 지냈다[獻陵七妃, 三葬金山, 餘俱從葬.]"

금산은 13릉의 측면에 위치하며, 요절한 황자와 비빈을 매장하기 위해 특

---

69    명 제4대 황제 인종(仁宗) 주고치(朱高熾)의 연호로 1425년에 1년간 사용되었다.

별히 마련된 곳이다. 인종은 총 7명의 비가 있었는데, 그중에서 3명은 금산에 장사했다. 만력제 시대에 경현京縣에서 완평지현宛平知縣을 역임했던 심방沈榜의 《완서잡기宛署雜記》의 기록에 의하면 그 세 명은 이현비, 조혜비趙惠妃, 장경비張敬妃로 모두 순장된 비빈이 아니었다. 만일 '나머지는 모두 죽은 자를 따랐다'고 한다면 순장한 사람은 4명이 되어야 한다.

홍희 원년 7월, 선종宣宗은 대행황제大行皇帝[70] 인종仁宗에게 시호를 올렸으며, 같은 날에 곽귀비郭貴妃, 왕숙비王淑妃, 왕여비王麗妃, 담순비譚順妃, 황충비黃充妃 다섯 명에게 시호를 내렸다. 이 여인들은 신분상으로는 모두 선종의 '황서모皇庶母'였으며, 그녀들은 모두 인종황제의 새로운 비빈이 아니고, 일찍이 인종이 아직 황태자일 때에 동궁을 섬긴바 있는, 인종 잠저潛邸[71]의 옛 여인이었다. 예를 들어 순비順妃 담씨譚氏는 호광湖廣 상담湘潭 사람으로 《장사부지長沙府志》에서는 그녀의 간단한 전기를 전하고 있다. 아버지는 절강도어사浙江道御史를 지냈으며, 자신은 영락 21년(1423년)에 선발되어 동궁에 들어가 인종이 붕어한 후 자결하여 사망했다고 한다. 《장사부지》에서는 담순비가 순장되어 죽었다고 분명하게 적고 있다. 그와 같은 등급인 곽귀비 등도 모두 같은 원인으로 목숨을 잃었기 때문에 각 사람은 모두 정신적인 위자료에 해당하는 두 글자의 시호를 추증 받은 것이다(예를 들어 공숙恭肅, 정

---

70  황제의 사후 시호가 아직 정해져 있지 않을 때 부르던 이름.
71  태자가 아닌 신분으로 즉위한 황제가 황제 등극하기 전에 지내던 거주 장소를 특별히 지칭하던 말.

혜貞惠 등).

왕숙비 이하의 네 명의 비빈은 아마도 모두 자녀가 없었던 것 같다. 하지만 지위가 높은 귀비 곽씨는 등회왕滕懷王, 양장왕梁莊王, 위공왕衛恭王 등, 세 명의 황자를 낳았다.

인종이 세상을 떠났을 때 인종의 황후 장씨는 아직 살아 있었지만 장황후는 선종의 어머니이니 당연히 순장을 당하지 않았다. 인종의 비빈이 고작 이 다섯 명뿐이 아닐 텐데 그녀들은 어떤 이유로 이 힘든 사명을 담당하도록 선택받은 것일까? 명나라 사람 심덕부沈德符는 이에 의문을 제기하며 말했다. "선종이 황위에 등극했을 때, 귀비 곽씨, 현비 이씨, 혜비 조씨, 숙비 왕씨, 소용昭容 왕씨를 봉했는데, 그중에서 곽귀비와 왕숙비 두 사람만을 순장시키고 이현비, 조혜비, 왕소용 세 사람은 왜 순장시키지 않았는가?" 그렇다면 여기서 의문이 생기게 된다. "순장자를 선택하는 조건과 근거는 무엇이었을까?"

인종이 아직 붕어하기 2개월 전 장씨를 경비敬妃로 책봉했다. 장경비는 태사太師요 영국공英國公인 장보張輔의 딸로서 책봉 시에 그녀에 대한 칭찬이 자자했다. 이렇게 훌륭한 여인을 인종은 왜 차마 저승에 데려가려 하지 않은 것일까?

심덕부는 이렇게 설명했다. "추측컨대 조부와 아버지의 옛 공훈으로 특별히 은혜를 입은 것이다" 간단하게 이야기하자면 장보의 간청으로 자기 딸의 죽음을 면하게 한 것이다.

누구를 순장시킬 것인가 하는 선택의 기준은 융통성이 비교적 큰 편임을 알 수 있다. 어떤 이는 융통성을 발휘해 목숨을 건질 수 있었던 반면, 어떤 이는 권세와 세도를 부려 죽기를 원치 않으며 죽어 마땅하지 않은 사람마저도 순장을 당하게 했다. 심덕부는 곽귀비가 이런 피해자가 아닌가라고 의심한다. 왜냐하면 곽귀비는 황자를 세 명이나 낳았기 때문이다. 비 중에서 아들을 낳은 사람인데도 자신이 누릴 수 있는 특혜마저 누리지 못했다면, 설마 귀비 본인이 '황상의 은혜를 입에 물고 자살을 해 하늘까지 좇아갔다는 것〔銜上恩, 自裁以從天上〕'인가? 이는 당연히 눈 가리고 아웅하는 귀신 씨나락 까먹는 소리다. 순장은 분명히 죽은 귀신을 따라 '지하'로 가는 것인데, 선제를 따라서 '하늘'로 간다고 억지 주장을 하니 말이다. 이것은 명백한 속임수 아닌가? 만일 이 말을 믿는 사람이 있다면 그 사람 역시 사기꾼의 일당일 뿐이다!

심덕부는 말했다. "국가 건립 초기의 육궁 중에서 귀비는 지극히 귀했으며, 중궁 황후보다 한 단계가 낮았을 뿐이다. 선종에 이르러야 손귀비에게 '황귀비'라는 봉호를 더해 손귀비는 얼마 후 정실 중궁에 등극한 황후가 되었다. 그때부터 수많은 비중에서 황귀비로서 가장 중요한 위치에 올랐다.[72]" 그러나 여기까지 설명한 심덕부는 어인 일인지 곽귀비의 순장 강요설과 관련된 의문에는 입을 닫았다. 하지만 그는 사실을 충실하게 증언했다. 지위가 황후에 조금 못 미칠 정도로 지극히 존귀하고 황자를 세 명이나 낳은 곽귀비는 죽어서는 안 되는 인물이었다. 그럼에도 곽귀비가 죽었다면, 그 안에

---

72  다른 설에 의하면 경태(景泰) 연간에 당씨(唐氏)를 황귀비로 봉한 것이 황귀비라는 봉호의 시작이라고 한다.

는 반드시 대외적으로 말하기 힘든 비밀이 숨어 있다는 것이다!

졸필은 심 노선생의 의견에 적극 찬성하며, 더 나아가 두 가지 일을 거론하고 싶다.

하나는 인종의 비빈인 장태후는 매우 대단한 여인이라는 점이다. 그녀는 자기 아들 선종이 갑자기 승하하자 손자 영종이 어린 나이에 즉위를 했을 때 수년간 정치를 주관했는데, 수렴청정의 욕심이 없었던 것은 아니었다. 후세 사람은 '인선지치仁宣之治[73]'와 영종 초기의 정치를 이야기할 때면 항상 그녀에게 박수세례를 보내며 찬양일색의 태도를 보인다. 그러나 그녀에 대한 호평은 일부 문인의 아첨에 불과할 뿐, 실제로는 과도한 칭찬이라고 할 수 있다. 예를 들면, 정통正統 연간의 유명한 대태감大太監 왕진王振은 장태후가 개인적으로 아주 숙련되게 부린 인물이었다. 역사를 살펴보면, 태후가 정치를 주관할 때 항상 권력을 독점하는 큰 환관이 탄생했는데 장태후 역시 예외가 아니었다. 하지만 훗날 잔여 세력은 왕진을 비난하는데 포화를 집중했는데, 이는 왕 태감 배후의 더 큰 보스는 장태후라는 사실을 잊어버린 행동이었다. 왕진이야말로 장태후가 직접 키운 인물이었던 것이다. 그보다 더 한심한 사람은 다음과 같은 유언비어까지 만들어 퍼뜨렸다. 즉 왕진이 권력을 독점하고 제멋대로 날뛴다는 이야기를 들은 장태후가 그를 왕궁으로 불러들였는데, 장태후가 한번 손짓을 하자 좌우에 시립하던 여자 관원이 동시에 검을 뽑아들고 왕진의 목에 들이대며 그를 즉각 처단할 기세였다고 한다. 다행히

---

73  인종 주고치와 선종 주첨기의 치세.

영종이 무릎을 꿇고 간청하지 않았더라면 이 큰 두통거리 왕진은 이미 저세상 사람이 되어 있을 것이라는 이야기였다.

이 이야기에 속아 넘어간 사람이 한두 명이 아니었다. 고금을 막론하고 역사를 논하는 사람 중에, 장태후를 여걸 중의 여걸이라고 찬양하면서도 한편으로는 고개를 흔들고 탄식을 내뱉으며, 영종이 괜히 간청을 해서 왕진을 살려놓는 바람에 정통 정치를 어지럽혔다고 평가하는 사람을 자주 볼 수 있다. 그들은 왜 하나만 알고 둘은 모르는 것일까? 만일 장태후가 정말 왕진을 제거하려 했다면 꼭 그를 죽이는 방법 밖에 없었을까? 파관말직시키고 궁궐 밖으로 쫓아내면 되는 일 아닌가? 여자 관원이 검을 휘두르는 장난질은 해서 뭘 하려고! 이 일막을 두고 졸필은 다른 사람이 해보지 않는 대담한 상상을 해보려 한다. 즉 이를 일종의 뛰어난 연극으로 정의하고 싶다. 이 연극의 제목은 《장태후의 왕진 허위 살해기도》쯤 되겠다. 실제로 이 일은 역사적으로는 허구에 불과한 일이었다. 주고치가 태자와 황제이던 시절, 후궁에는 정말 장태후의 경쟁상대가 없었단 말인가? 후궁에서 여성들이 경쟁하던 목표는 정비正妃, 황후라는 신분이었다. 그들은 총애를 독차지하고 황제와 동침을 하기위해 숨 막히는 경쟁을 벌였다. 곽귀비가 아들 셋을 낳았던 것을 보면 분명 그녀는 인종이 매우 사랑하던 여인이었다. 그녀의 지위가 귀비에까지 올라 지위는 장황후를 넘보았으니, 장황후는 분명 큰 위협을 느끼고 곽비를 심히 미워하며 마음속에 질투의 불길이 활활 타올랐을 것이다. 장황후의 가슴에 떡 한 가닥을 붙여놓았다면? 분명 바로 따끈따끈하게 구워졌을 것이다.

우리는 인종 주고치가 강인한 인물이 아니라는 것을 잘 알고 있다. 그는 성격이 상당히 유약했던 인물이었다. 맏아들로 두 동생이 있었지만, 동생들은 전부 형의 말을 듣지 않았고 가장으로서도 처첩 간에 화목하고 평화로운 관계를 주재하지도 못했다.

인종 때에 후궁 간의 관계는 살얼음판 같아 궁인은 서로 옥신각신 다투었다. 심지어 어떤 비가 장황후를 암암리에 살해하려 하다가 인종을 잘못 해쳐 인종이 돌연사하고 말았다는 기이한 소문까지 돌 정도였다. 후궁 간의 다툼이 이 정도였으니, 인종은 정말로 무능한 왕이라고 할 수 있었다!

이런 환경 속에서 장황후와 곽귀비는 가장 핵심적인 두 라이벌이었고, 궁인은 서로 편 가르기에 나서 두 궁의 세력은 마치 물과 기름 같았을 것이다. 이런 상황에서, 인종이 즉위 일 년 만에 사망하고 장황후의 아들이 황위를 잇자 장황후가 장태후가 되어 황제 아들의 세력을 등에 업고 절대적인 권력을 독점하게 되리라고는 아무도 예측하지 못한 일인 것이다. 그리하여 그녀는 인종의 유언이라는 거짓 명분으로 곽귀비 및 평소 곽귀비와 친하던 비빈을 전부 순장시켜 과거의 원한과 빚을 단번에 갚았으니, 얼마나 속이 시원했을까!

후궁간의 전쟁이라는 이 게임도 막을 내린 것이다! 하지만 게임의 결국은 약육강식의 논리에 지배되었으며 사람들을 고통스럽고 비참하게 했다!

졸필이 생각한 두 번째 의문은 첫 번째 의문과 관계가 있다.

곽귀비의 두 번째 아들인 양장왕梁莊王은 선종의 여러 아우 중에서 큰형의 사랑을 제일 많이 받았다. 양장왕은 지금의 후베이안루湖北安陸에 장사되었으며, 묘지는 이미 발굴이 되어 그 안에서 금은보석 등 5,000여 점에 달하는 유물이 출토되었다. 유물은 매우 정교하고 아름다우며 그중에는 궁정에서 하사한 상도 대량 출토되었는데 이는 친왕의 묘 중에서도 극히 드문 예이다.

선종은 왜 양왕을 그렇게 사랑한 것일까? 선종이 양왕의 어머니를 불쌍하게 여겼기 때문에 그 아들에게 보상을 해주려고 했던 것일까?

인종의 비가 순장된 상황을 통해서 볼 때, 순장이 되고 순장이 되지 않고는 아마도 임종한 황제 본인의 뜻에 따랐을 것이다(이 의견도 아직까지 증거는 없다. 그러나 졸필의 생각에는 주원장 사후의 일처리라면 분명 본인의 뜻에 따랐을 것이라고 여겨진다). 하지만 최종 결정권은 살아 있는 사람의 손에 달려 있었다. 마치 인종이 장비는 자기를 따라 가야 한다고 특별히 유언을 남겼어도, 장씨 집안이 조정에서 권력이 있고 아는 사람도 많은데다 뇌물도 사용할 수 있었던 것처럼 말이다. 그 집안의 딸은 죽을 필요가 없었고, 결국은 절대 죽지 않았던 것이다. 그러나 기댈 데 없고 정치적으로 열세인 사람은 순장이라는 슬프고 고통스러운 운명을 받아들일 수밖에 없었을 것이다.

선덕宣德 10년(1435년) 3월, 또 한 무리의 열녀가 출현했다. 《명영종실록明英宗實錄》[74]에서는 이렇게 기록한다.

"황서모 하혜비何惠妃를 귀비로 추증하고 단정端靖이라는 시호를 내린다. 조씨趙氏는 현비로, 오씨는 혜비로, 초씨焦氏는 숙비, 조씨趙氏는 경비, 서씨

---

74  선종은 선덕 10년 정월에 붕어했으며, 이 실록은 선종의 아들 영종 시대에 기록된 실록이다.

徐氏는 순비順妃, 원씨袁氏는 여비, 제씨諸氏는 공비恭妃, 이씨는 충비充妃, 하씨何氏는 성비成妃로 추증한다. 모두에게 두 글자의 시호를 내리니 총 10명이다."

그녀들을 애도하는 책에 쓰인 글은 모두 관례에 따라 온통 과대광고 같은 칭찬 일색이지만 결국에는 진실을 말하고 말았다.

"이들은 자신의 몸을 드려 의로운 길을 걸었으며, 용을 따라 하늘로 올라 손님이 되었으니, 당연히 휘호와 시호를 내려 그녀들의 절개 있는 행동을 표창하는 바이다〔茲委身而蹈義, 隨龍馭以上賓, 宜薦徽稱, 用彰節行〕."

이 열 명의 여인은 모두 선종이라는 죽은 용을 따라 손님이 되기 위해 구천에 올랐으며, 그녀들은 '의로운 길을 걸은' 자이기에 휘호와 아름다운 시호를 추증함으로 그 '절개 있는 행동'을 표창한다고 말한다.

'의로운 길을 걸었다'는 말을 들으면 우리 입에서는 정말 비열하다는 욕이 절로 나오게 된다! 중국 역사상 이런 비열한 글이 너무나 많아 욕을 하고 싶어도 욕을 다 끝내지 못할 정도니, 독자 여러분은 다만 마음을 가라앉히고 졸필의 말을 끝까지 들어주시기 바란다.

《대명회전》에는 선종 경릉景陵의 순장 사례를 기록한다. "경릉 8비 중 하나는 금산에 장례했으며, 나머지는 모두 선종을 따라 장례되었다" 선종에게 있던 총 8명의 비 중에서 한 명만 빼고 전부 순장시켰다는 이야기이다.

여기에서 특별히 설명을 하자면 명대에는 비를 황릉에 함께 장례시키는 일이 없었다(예를 들어 유명한 만귀비, 정귀비도 모두 13릉 구역 내에 땅을 정해 시체를 따로 매장했지, 헌종憲宗과 신종神宗의 능침에 합장하지는 않았다). 회전에 나오는 '선왕을 따라 장례되었다'는 말은, 실제로는 순장이라는 두 글자의 대명사였으니, 독자 여러분은 절대 오독하지 않기를 바란다.

《태상속고太常續稿》를 찾아보면 이 여덟 명의 비는 "영사현비榮思賢妃 오씨, 이비, 삼비, 사비, 오비, 육비, 칠비, 팔비로서, 전부 시호와 성씨가 없으며 일곱 비는 선종을 따라 장사되었고, 한 명은 금산에 장사되었다"고 적혀 있다. 그중 현비 오씨는 경태제景泰帝(영종 주기진朱祁鎭의 아우, 이름은 기옥祁鈺, 처음에 성왕郕王에 봉해짐)의 생모로서 금산에 장사된 사람은 분명히 그녀일 것이다. 다른 일곱 명은 모두 순장되었으며, 선종과 태어난 날은 다르지만 같은 날에 죽었다. 이런 '사랑'은 정말 죽일 놈의 사랑이다!

하지만 상술한 두 가지 문헌은 기록한 순장자의 수와 《명영종실록》 선덕 10년 3월에 기록한 시호 추가 및 추증자 명단이 서로 부합하지 않는데, 《대명회전》 등 관방 서적에도 소홀한 면이 있어 빼놓은 내용이 있음을 알 수 있다(예를 들어 태조의 순장에 대한 기록은 매우 애매모호하다).

순장된 이 궁인 열 명 중 하혜비만 생전에 비의 지위를 가졌을 뿐, 다른 사람은 모두 비의 지위가 없었고 사후에야 비로 추증되었다. 하지만 당시 순장자의 숫자가 이 정도뿐일 리는 없다. 예를 들어 곽빈郭嬪이라는 비빈이 있었는데, 이름은 애愛였으며, 스스로 선리善理라는 자를 지어 불렀던 중도中都 봉양鳳陽 사람이었다. 그런데 곽애는 예상치 못하게도 《명사·후비전》에 기록되는 불행을 당했다. 전기에서는 그녀가 '지혜롭고 문인의 기품이 있었으며 입궁한 지 20일 만에 죽었다'고 말한다. 곽애는 입궁한 지 겨우 20일 만에 죽고 말았다. 설마 무슨 병이라도 걸려 급사했단 말인가? 아니다. 이는 선종 황제가 갑자기 붕어했기 때문이다. 그녀는 막 바쳐진 '따끈따끈한 공물'로서 불행하게도 순장자 명단에 오르게 된 것이다.

그녀는 '자신이 죽을 때가 가까운 것을 알고는 슬픈 글을 적어 자기에 대한 사랑을 표현했다[自知死期, 書楚聲以自愛]'고 했다. 또한 자결하기 전에 다음과 같은 '절명사'를 남겼다.

修短有數兮, 不足較也.

(수단유수혜, 부족교야.)

生而如夢兮, 死者覺也.

(생이여몽혜, 사자각야.)

先吾親而歸兮, 慚予之失孝也.

(선오친이귀혜, 참여지실효야.)

心凄凄而不能已兮, 是則可悼也.

(심처처불능이혜, 시칙가도야.)

셀 수 있는 짧은 시간을 지내었으니, 다른 이와 비교하기도 부족하구나.

인생은 꿈과 같으니 죽으면 깨닫게 되리.

내 부모님보다 먼저 돌아가니, 안타깝게도 효도를 하지 못하였네.

마음은 서글프지만 어쩔 수 없는 일, 그저 애도할 일일 뿐.

그녀는 재능 있는 소녀였다. 본래 큰 꿈을 가졌을 테고, '용을 따라 하늘로 올라 손님이 되기'는 결코 원치 않았을 터이다. 사망의 심연으로 떠밀린 그녀의 가슴을 가장 시리게 한 사람은 바로 부모님이었다. 그녀는 부모보다 먼저 이 세상과 작별하여 효를 다하지 못한 것을 생각하고 애도와 안타까움에 탄식했다.

이 절명사에서 그녀는 궁에 누워 매장을 기다리며, 이미 부패가 시작되어 썩은 냄새를 풍기는 용의 벗은 허물을 한 글자라도 들먹였던가?

하지만 일개 연약한 여인인 그녀가 자신에게 강요된 운명을 바꿀 힘이 있었겠는가? 스스로 목숨을 끊고 스스로를 애도하는 것 외에, 그저 비참하고 고통스러운 현실을 한바탕 악몽으로 여길 수밖에.

곽빈이 얻었던 '빈'이라는 지위는 분명 그녀가 희생한 생명의 대가로 주어진 것이다. 하지만 실록과 회전에서는 모두 그녀의 성씨를 적지 않고 있다. 명나라 국사에서 기록하고 있는 사망자의 시호 추증 명단은 전부 귀비와 비로 추증된 사람의 명단일 뿐, 빈, 재인, 미인, 심지어 궁인은 미천한 지위 때문에 그 먹물 한 방울이 아까워 한꺼번에 퇴출되어 버리고 말았다. 황제를 위해 헌신한 이런 '의기'에도 세세한 등급을 나눠 정규직과 비정규직으로 구분했으니, 이 얼마나 냉정하고 무정무자비한 중국 문화의 한 단면인가?

# 제21장 '천사(천조의 사자)'가 선발하는 미스 조선

중국 사료는 명초의 순장을 기록하던 관방 사서가 항상 범하던 잘못을 저질렀다. 꺼림칙한 일이 많기에 존귀한 사람의 체면을 살리기 위해 낯부끄럽고 더러운 일은 모두 밝히지 않고 숨겨버린 것이다. 심지어 단지 몇 구절을 적더라도 말이 두루뭉술하여 전혀 상세하지 않다. 하지만 조선왕조실록은 그것이 자기 왕조의 이야기도 아닌데다 그 시대에도 여전히 순장을 실시한다는 사실을 너무 황당하게 여겼기 때문에, 이를 글로 썼을 뿐 아니라 오히려 더 많고 상세한 이야기를 기재했다.

명조의 궁궐 비사가 어떻게 조선의 국사 사서에 기록되게 되었을까?

조선의 전 왕조였던 고려 왕조가 원나라의 속국이었기 때문이다. 원, 명의 왕조 교체 후, 고려는 원을 버리고 명나라를 찾아 신하로 자청했다. 얼마 후, 고려는 대장 이성계李成桂가 일으킨 반란으로 멸망하고, 조선이 건국된다(1392~1911년). 조선은 대명 제국을 자신의 종주국으로 계속 섬기면서 명을 향해 자신을 신하의 나라로 칭했으며, 명은 '천조'로 높인 반면 스스로는 속국으로 자처했다.

조선은 명나라와 밀접한 관계를 유지하여 때마다 신하가 황제를 배알하고 축하하던 '조하朝賀', 은혜에 감사하는 '사은謝恩', 신하가 자신의 의견을 올리는 '상표上表', 원조를 요청하는 '청걸請乞', 공물을 헌납하는 '공헌貢獻' 등의 각종 명목으로 사절단을 파견했으며 그들은 요동을 거쳐 산해관을 넘어 북경에 도착했다. 조선 사절단의 방문은 매우 빈번했는데, 사절단 본연의 임무를 완수하는 것 외에도 명나라 정치, 경제, 사회 각 방면의 동향을 이해하는 사명을 부여받았으며, 귀국 후에는 관례대로 중국에서 보고 들은 견문을 서면 보고서로 작성해 국왕에게 상세하게 보고해야 했다. 명나라 왕조는 영종英宗 정통제正統帝 이전에도 조선에 자주 사자를 보내어 공무를 처리했는데, 《조선왕조실록》에도 비교적 완벽한 기록이 실려 있다.

그래서 이씨 왕조의 국사실록은 명청 두 시대의 사료를 풍부하게 보존하고 있다. 저명한 명나라 사학자 우한吳晗 선생은 《조선 〈이조실록〉 중의 중국 사료》[75]라는 이름으로 체계적인 초록 작업을 벌인 바 있다. 이 책은 중화서국에서 12권의 대형 서적으로 출판되었는데, 내용이 백만여 자에 달하여 명청 양대의 중국 사료가 가장 많이 보존된 해외 서적으로는 《조선왕조실록》이 절대적임을 여실히 증명했다.

《조선왕조실록》은 명청 실록과 같이 모두 국가의 군주가 죽은 후에 관방에서 편수를 책임졌으며, 책이 나온 후에는 금궤석실에 보관하여 일반인에게 공개하지 않는 비밀문서로 보관했다. 한자로 기록한 이 대단한 책은 명나라 사람이 볼지도 모른다는 걱정이 필요 없었기 때문에 천조의 일을 조금도 거리낌 없이 기록했으며 명조에 대한 수많은 기재를 남겼는데, 모두 비교적 사실에 부합하며 완곡하게 위장하려는 폐단도 없었다(물론 거짓 소문이 기재되었을 가능성이 있다). 예를 들어 명조 전기에 조선에 환관을 보내어 요청한

---

75　《朝鮮〈李朝實錄〉中的中國史料》

'공물' 중에서 두 가지는 유가 사상의 입장에서 볼 때 특별히 패륜적인 것이었는데, 이는 바로 사냥개와 미녀였다.

위풍당당한 천조에서 환관을 보내 미녀나 선발하고 음란한 욕구를 한껏 채우려고 하다니, 명조의 관방 역사는 이런 이야기는 회피한 채 쓰지 않았지만 조선에서는 이를 '처녀 수집'이란 말로 표현했다.

주원장의 비 중에 고려 출신으로는 한비가 있었다. 한비는 앞에서도 이야기한 적이 있는데, 그녀는 주원장이 원나라 궁에서 노예로 잡아온 수많은 궁인 중에서 적어도 신분확인이 가능했던 고려 소녀 두 명 중 한 명이었다. 홍무 연간에 명과 고려 양국은 관계가 계속 불안정했기 때문에, 주원장이 고려에 미녀 공물을 요구했을 가능성은 비교적 적다. 한씨 성을 가진 고려비는 아마도 원나라 혹은 타타르인 측에서 '접수'해 온 여인으로, 그녀가 고려에서 공물로 바친 처녀라는 증거는 전혀 없다.

그러나 영락 및 선덕 연간에 이르러서는 조선에 툭하면 사자를 보내어 귀국에 '처녀(즉 미혼 소녀)'를 공물로 요구했다. 게다가 공물 요구 명령과 명나라 사자의 조선 방문도 너무 빈번하므로 조선은 접대에 눈코 뜰 겨를이 없을 정도였다. 영락제가 자주 요청한 공물은 처녀와 내시였고, 선덕제는 사냥개였으며, 처녀도 요청했다. 하지만 요구한 규모 면에서는 자기 조부보다 훨씬 적었다.

예로부터 주색잡기는 성군의 이미지와는 크게 거리가 멀었다. 그래서 황제를 도와 외국 미녀까지 수집해 온 사람은 주로 황제를 가까이서 모시던 환관이었다. 예를 들어 영락제 시대의 사예감司禮監 태감太監 황엄黃儼 같은 환관은 모두 황제 개인을 대표하여 이런 구린내 나는 비밀 임무를 완수했다.

타국의 미색을 탐하는 천조의 성군은 마치 힘과 권세를 믿고 날뛰는 청부 깡패의 수법처럼, 외부인에게는 강도와 절도, 부정부패를 철저히 비밀에 부쳤다. 이런 일을 문무 관원에게 맡기지 않고, 내시와 환관을 지목한 이유도 타인의 이목을 피하기 위해서였다.

하지만 천조의 내정에는 엄연한 조선 국적의 미녀가 대량으로 출현했고, 특히 영락 말년의 궁란에서 '황궁에 입궁한 수많은 조선 처녀'가 큰 역할을 했으니(상세한 설명은 아래 내용 참고) 천하 후세에 이를 어떻게 설명할 것인가? 위대하고 지혜로운 군주의 엉덩짝을 보여드려야 하는 것 아닐까?

그런 걱정일랑 접어두자. 황제에겐 확실한 필살기를 갖춘 만능 사관이 있으니까. 그 필살기란 무엇일까? 바로 '무작정 감추기'다! 그들은 조선 궁인의 내력을 한 글자도 쓰지 않고 독자의 머릿속을 안개로 가득 찬 오리무중으로 만들어 버렸다. 명나라 국사의 관방 서적만 찾아본다면 우리는 작은 단서 하나 찾아내지 못할 것이다!

이곳에서는 영락 6년(1408년)의 엽색 행각을 예로 삼아 독자 여러분에게 역사의 진실을 알려드리도록 하겠다.

이해 4월 16일, '천조의 사자(이하 약칭 '천사')' 황엄은 조선에 도착하여 우선 황릉에 쓰인 성지를 선독한 후, 황제의 언질을 그대로 전했다.

"너는 조선에 가서 국왕에게 일러, 예쁘게 생긴 여자 몇 명을 선발해 데리고 오도록 하라. 이상은 황제의 명령이다."

이는 소위 말하는 구두 선언으로, 황제의 말을 구두로 전달한다는 의미를 갖는다.

황엄의 말은 비록 매우 간단했지만, 어찌되었건 간에 '성지'가 내려진 상황이기 때문에 조선은 건성으로 대할 수 없어 곧 미녀 선발 전문 기구인 '진헌색進獻色'을 성립하고, 관원과 내시를 전국 8개 도로 보내어 처녀를 선발했다. 공노와 사노 외에 양갓집의 13세 이상, 25세 이하의 미혼 여성은 모두 선발에 응할 수 있었다. 또한 한양과 지방의 모든 혼인예식이 잠시 금지되었다.

선발된 미혼의 동녀는 천조 황제의 '성性적인 행복'을 위해 특별히 진상되는 성인용품이나 다름없었기 때문에 과거 민간에는 명나라의 미녀 선발령이 있을 때마다 딸을 후다닥 시집보내 선발을 피해가는 풍조가 있었다. 그래서 조선은 우선 백성이 소리소문 없이 딸을 시집보내거나 며느리를 맞는 일을 금지한 것이다. "미녀는 전부 남겨두어라! 제일 먼저 중국 황제에게 진상해야 한다!"는 뜻이었다. 아무튼 조선의 세자世子, 대군大君(대군은 국왕의 적자에 대한 호칭이며, 서자는 그냥 군君이라고 불렀다)의 신붓감을 선발할 때에도 전국의 처녀 가운데서 대대적인 선발작업을 해왔기 때문에, 조선 정부도 이런 쪽의 경험은 자못 풍부하다고 할 수 있었다.

1차로 선발된 처녀들이 차례차례 한양에 도착했다. 이 1차 선발을 통해 한양에서 73명, 팔도에서 총 30명의 여인이 선발되었다. 조선 태종대왕은 신중에 신중을 기하기 위해 수차례 직접 '심사'를 실시했다. 수차례의 재심을 거쳐, 부모가 상을 당했거나 무남독녀에 형제가 없는 소녀는 돌려보내고, 최후에 총 7명의 여인을 선발했다.

7월 초 이튿날, 이 일곱 명의 소녀는 조선 왕궁의 경복궁으로 가서 '천사'

의 선발을 받아야 했다.

하지만 조선의 전국을 이 잡듯이 뒤져 어렵사리 물색한 이 미녀를 보고 황엄은 별로 예쁘지 않다는 이유로 노발대발하며, 경상도에서 미녀를 물색했던 환관 박유朴輶를 당장 포박해 대령하도록 했다. 상위 심사기구가 하위 심사기구를 신랄하게 비판하기 시작한 것이다. 그는 박유를 때리며 힐문했다.

"경상도만 해도 나라의 절반은 될 텐데, 왜 미녀가 없더냐? 내가 모를 줄 알고 이런 여자를 선발했단 말이냐!"

그리고 '천사'는 소매를 휘두르고 씩씩거리며 거처인 태평관太平館으로 돌아갔다.

조선 국왕은 그 이야기를 듣자 대경실색했다. 국왕은 상세한 자초지종을 물어본 후에야 그 원인을 알게 되었다. 이 소녀들은 결코 아름답지 않았던 것이 아니었다. 모두들 선발되어 중국에 가고 싶지 않았던 것이다. 그래서 '천사'가 현장 면접을 할 때 모두 약속이나 한 듯 입과 눈을 뒤룩거리거나 머리를 부들거리는 중풍병자 흉내를 냈던 것이다. 또 다른 한 명은 다리를 저는 척 절뚝거리며 천조의 사자 앞을 왔다 갔다 했다.

조선을 대표한다는 미녀가 모두 이 모양 이 꼴이니, 황'천사'께서 화가 나지 않을 수 있겠나?

국왕은 매우 언짢았다. 상국을 섬기는 일에는 '마음과 정성'이 으뜸이거늘, 그는 급히 헌사憲司(명나라의 도찰원都察院에 해당, 고발과 탄핵 담당)에 명해 미친 척, 바보인 척을 했던 소녀들의 아버지를 잡아들여 '딸 교육이 신중하지 못했다'는 죄명으로 엄중히 탄핵하고 또한 황엄에게 사자를 보내어 이 일을 해명했다. 사자는 이 소녀들이 앞으로 부모를 멀리 떠날 것을 걱정한 나머지 밥도 제대로 먹지 못하고 날마다 수척해지다가 모습이 이렇게 기이해진 것이고 이런 현상 또한 이해를 못할 일은 아니니, 소녀들을 전부 중국 옷으로 갈아입혀 재선발을 실시하자고 요청했다!

하지만 '천사'가 한 번 퇴짜 놓은 여자를 다시 '포장'만 바꿔 선발대에 올릴 수는 없는 법, 그리하여 조선 전국은 또다시 벌집 쑤신 듯한 대대적인 미인 선발 작업에 들어가야 했다.

조선 정부는 각급 관원을 각 도로 파견해 재선발을 실시했다. 앞서 한차례 선발에서 사람들은 여자를 바치지 않기 위해 숨겨두거나, 혹은 부황 자국을 내거나, 머리를 자르거나, 고약을 붙이는 등 각종 고육책을 동원해 선발되는 불행을 피하려고 했다. 그래서 이번 재선발 시에는 처벌의 강도를 높여, 명령을 거부하며 준수하지 않는 자에게는 엄중한 처벌을 했고 심지어 '가산과 관직까지 몰수'했다. 결론적으로 미녀란 하나도 놓치지 않는 물 샐 틈 없는 선발작업을 벌인 것이다.

금세 황엄은 다시 경복궁의 미녀 심사대로 초청되었다. 이때는 꽤 많은 소녀가 선발되었고, 모두 중국식 옷과 장신구를 착용하고 있었다. 황엄은 만족스러운 표정으로 이리저리 돌아다니며 살펴보더니 고개를 끄덕이며 말했다. "이 중 서너 명은 괜찮은 편이다"

그는 태감으로 다소곳하고 얌전할 것은 배웠겠지만 무슨 재주로 미녀의 장점까지 꿰뚫고 있단 말인가?

그래서 권집중權執重, 임첨년任添年 등 가문의 소녀 31명을 남기고 낙선자는 전부 집으로 돌려보냈다. 황엄은 후보의 숫자가 너무 적다고 생각한데다, 조선이 또 진짜 미인은 감춰두려고 꾀를 쓸지도 모른다는 걱정에 스스로 전국을 돌며 미녀를 선발하려고 했으나 조선 정부의 간절한 권고에 간신히 이런 계획을 포기할 수 있었다.

각 도의 소녀들이 차례로 도착하자, 7월 9일에서부터 10월 11일까지 황엄은 또다시 11차례에 걸친 선발작업을 시작했다. 수백 명 중에서 수차례 재심을 거쳐 최후 5명이 선정되었다. 그중에서 공조전서工曹典書 권집중의 딸 권씨가 으뜸이었으며, 임첨년, 이문명李文明, 여귀진呂貴眞, 최득비崔得霏의 딸을 버금으로 했는데, 그중 권씨의 딸은 18세, 가장 어린 최씨는 14세였다.

이번에 선발이 된 소녀들은 인생 대박이 났다. 모두 '중한中韓의 귀인'이 된 것이다! 국왕과 왕비는 이들을 예로 대우해 직접 위로를 전하는 한편 과실주 및 중국식으로 바느질된 채단 옷을 선물로 하사했다.

황엄은 이번에 조선에서 약 4개월여의 시간을 보냈는데, 알려진 바에 의하면 '천사'가 북경에 막 입성할 무렵 조선에서는 지진이 일어났다고 한다. '처녀 추천 및 선발 작업'이 진행됨에 따라, 이 나라 안에서는 민간의 개와 닭까지 소동하고 민원이 끓어올랐으며 도처에서 재난과 변고가 보고되었으니, 이는 처녀 선발이 가져온 '음침한 기운 때문에 발생한 재앙'이라는 말이 나돌았다.

그렇다면 남자구실도 못하는 이 황엄이 선발한 미녀는 과연 어떤 여인이었을까? 졸필도 직접 보지는 못했기 때문에 함부로 평가는 못하겠다. 하지만 조선 태종대왕의 평가가 기록되어 있으니 참고해 봐도 좋겠다.

"황엄이 선정한 미인은 등급이 잘못되었다." 국왕은 주위에 있는 사람에게 이렇게 말했다고 한다. "임씨는 완전히 관음보살상처럼 생겨서 얼굴이 무표정하다. 여씨는 입술은 두껍고 이마는 좁으니 이런 사람을 도대체 뭘 닮았다고 해야 하나?"

그는 황 태감의 선발기준에 조금도 동의하지 않았다.

11월 12일, 황엄은 국왕과 고별하고 5명의 처녀와 수행하는 시녀 16명, 화자火者(아직 직임이 없는 내시를 말함) 12명을 이끌고 명나라로 돌아갔다. 이때 조선은 다른 사람의 이목을 피하기 위해 황엄의 지시에 따라, 처녀 진상 수행단이 사실은 종이 두루마리 등 물품을 진상하러 가노라고 허위선전까지 했다.

조선 《태종실록太宗實錄》에서는 이런 글[76]을 싣고 있다. "길을 떠나가니, 그 부모와 친척의 울음소리가 온 거리에 가득했다." 조선사람 권근權近은 "구중궁궐에서 요조숙녀를 생각함이여, 만리 밖에서도 미녀를 선발하는구나[九重思窈窕, 萬里選娉婷]"라는 시 구절로 명 황제를 꼬집었다. 중국 역사상 명나라 영락, 선덕제처럼 속국에 불원천리하고 사자를 보내 미녀를 징발한 상황은 매우 적었다.

황엄과 처녀들 일행은 육로를 따라 요동을 거쳐 산해관을 통해 북경으로 돌아갔다. 영락 7년(1409년) 2월 초 9일, 주체는 북방을 순회하며 이미 이곳에 먼저 도착해 이 여인 몇 명을 즉각 알현했다.

---

76  (편집자 주)《태종실록》16권, 태종 8년 11월 12일 丙辰 1번째 기사.

주인의 마음은 종이 가장 잘 안다고 했나? 황엄은 주체를 수년간 따른 노복으로, 황제의 기호와 취향을 속속들이 알고 있었다. 누가 아니랄까 봐 주체는 권씨 등 소녀들을 보자 매우 기뻐하며 즉석에서 권씨를 현인비顯仁妃로 봉했다. 권씨의 오빠인 권영균權永均은 동생을 배웅하러 중국 조정을 찾았는데, 명왕조는 그에게 정삼품에 해당하는 광록시경光祿寺卿 직을 수여하고 수많은 색동, 오색 명주, 금은마필을 상으로 하사했다. 다른 처녀의 가속 역시 상응하는 관작을 받았다.

권씨는 주체가 가장 총애하는 비가 되었으며 관련된 이야기는 뒤에서 소개하겠다.


각설하고 조선은 역귀를 쫓아낸 후 간신히 숨을 돌리고 있는데 생각지 못하게 그 다음 해 5월에 또다시 성지를 받들고 조선을 찾은 황대인[77]을 마주해야 했다.

황 태감은 구두로 '천자의 옥음玉音'을 선포했는데, 그가 입을 열자마자 조선의 국왕은 깜짝 놀라고 말았다.

"작년에 네가 이곳에서 보내온 여자는 뚱뚱한 사람은 퉁퉁하고, 곰보는 곰보지고, 키 작은 이는 작달막하여 전부 예쁘지 않았다."

이게 어찌된 일인가? 작년에 그렇게 신경을 써서 고르고 골라 데려간 처

---

77  조선은 환관도 기타 문무 대신과 마찬가지로 대했기 때문에, 중국에서처럼 환관을 '시아버지', '시어머니'라는 별명으로 부르지 않고 '대인'이라고 불렀다.

녀가 전부 황제의 마음에 들지 않았단 말인가? 조선의 국왕은 불안해지기 시작했다.

황엄은 조선의 국왕의 얼굴색이 파랗게 질리자, 얼른 표정과 말투를 부드럽게 바꾸며 말했다.

"황상께서 말씀하셨소. 황상은 국왕이 공경하는 마음으로 극진히 진상을 한 것을 아시고 이미 비로 봉할 사람은 비로, 미인으로 봉할 사람은 미인으로, 소용으로 봉할 사람은 소용으로 다 봉해주었소. 황상께서 지금 원하는 여인이 있으신데 많으면 둘이고 적어야 한 명일 뿐이요. 그래서 다시 오게 되었소."

국왕은 그제야 황제의 뜻을 알아차렸다. 알고 보니 황제는 한번 단맛을 보자 환장을 하기 시작한 것이었다. 밥그릇의 밥을 먹고 있으면서도 냄비 속의 밥을 욕심내고 있는 셈이었다. 그래서 지난번에 선발한 여성이 별로 예쁘지 않았다고 생트집을 잡아 조선이 재선발 작업을 하도록 문책을 했지만, 실은 이렇게 추궁해서 미녀를 몇 명이나마 더 얻어가려는 속셈이었던 것이다.

하지만 조선의 국왕은 설사 그 응큼한 속셈을 알아차렸다 하더라도 사실을 그대로 말할 수는 없었다. 성지에 따라 울며 겨자 먹기로 미색 선발작업을 선포했으며, 팔도에서 미녀가 선별되었다.

금세 두 명의 소녀가 물색되었다. 한 명은 18세의 정씨鄭氏, 또 한명은 13세의 송씨宋氏였다.

황제가 '호색한이 아니라는' 체면을 살려주기 위해, 조선이 이번에 사용한 방법은 '눈 가리고 아웅하기'였다. 즉 국왕의 친형이 중풍병을 앓고 있는데 날이 갈수록 심각해져서 사신에게 약품 목록을 딸려 북경에 약재를 사러간다는 것이었다. 그 후에는 또 '집찬비執饌婢', '창가비唱歌婢' 등 각종 이름난 미녀를 헌상했는데, 이는 모두 눈가림용 구실에 불과했다. 이런 처녀들이야말로 대명 황제의 색정병을 달래주기 위한 진정한 '약재'라는 사실을 누가 모른단 말인가?

주체는 발정한 수사자처럼, 자극적인 맛을 한번 보고 나서는 미친 듯이 신선한 맛을 원했다. 먹고 또 먹고 탐욕은 그침이 없었다. 그는 조선에서는 이렇게 발정난 추태를 부렸지만, 정작 중국 국내에서는 백성과 신하가 이런 자신의 본모습을 알아차릴까 봐 두려워했다. 중국 한림원翰林院에서 성지를 작성할 경우 문자적인 증거가 남기 때문에 자신의 '성스러운 덕'에 해가 될 것을 꺼린 주체는 황엄 등 태감이 전하는 '구전口傳(구두로 전달하는 성지)'만을 윤허했다. 하지만 환관이라는 개떼는 기회만 있으면 거짓 성지를 내려 자신의 사리사욕을 마음껏 채웠으니, 조선은 연기와 그을음으로 가득한 아수라장이 되었다.

주체는 이번에는 정말로 정씨가 예쁘지 않다며 황엄에게 정씨를 돌려보내고 다시 미색을 선발해 대령할 것을 명했다. 그러나 조선의 국왕은 대명제국이 막북을 북정한 전쟁에서 참패를 당해 대장군 기국공淇國公 구복丘福 이하 공경 1명과 귀족 4명이 모두 전사하고 전군이 패퇴했다는 외교 정보를 듣자, 개인적으로 주위의 신하에게 이렇게 말했다고 한다. "중국은 지금 전쟁을 해야 할 때인데, 황제는 계속 미녀를 수집하려고 하니 이 일이 도대체 시의적절한가?" 조선의 국왕은 주체가 이렇게 급박한 정세 속에도 끈질기게 사자를 보내어 동녀를 요구하는 걸 보니, 혹시 중국 측이 '고의로 태연한 척하고 있는 것'이 아닌지 의심했다고 한다. 동녀를 요구하는 것은 일부러 평온한 속내를 가장하기 위한 속임수가 아닌가 하고 말이다.

정말 그랬을까? 졸필은 평가를 생략한다.

# 제22장 사람의 회를 뜨는 황제, 황제가 미쳤다!

하늘이 내린 재난은 피할 수 있지만 사람이 자초한 재난은 피할 수 없다[78]
는 말이 있다. 만일 주체가 자기가 지은 죄에 스스로 천벌을 받았다면 어쩌
면 사람들의 동정을 받을 수 있었을 것이다. 하지만 그는 천만인의 생명을
손에 쥔 군주임에도 괴팍하고 이상한 성격으로 국가의 발전에 해악을 끼쳤
을 뿐 아니라 무수한 사람들의 생명에까지 관여했다. 끊임없는 정벌 중에 죽
어간 병사와 백성은 우선 차치하고, 이 폭군의 후궁에서만도 셀 수 없는 사
람이 무고하게 희생당했다.

영락제 시기에는 수차례 '궁란'이 일어나 계속적인 대학살을 초래했는데
그 피해자는 대부분 궁중의 여성이었다. 이런 궁궐 참사를 두고 관방 사적은
한 글자도 적지 않고 있으며, 개인적인 저술에서도 거의 기재를 찾아볼 수
없다. 하지만 조선의 《세종실록》에는 매우 다행스럽게도 직접 재난을 겪은
유경험자의 사료 한 부가 보관되어 있다. 이 귀중한 사료의 제공자는 주체의
비 중 조선 국적이었던 여비 한씨의 유모 김흑이었다. 한씨는 주체의 죽음
후 순장되었으며, 인종은 김흑이 이국땅에서 지내는 생활이 괴롭고 고통스
러울 것이라 걱정해 그녀를 고국으로 돌려보내주려 했지만 그녀가 조선으
로 돌아간 후 명궁의 비밀, 특히 야만적인 순장제도를 폭로해 버릴까 봐 결

---

78   天作孽, 猶可違, 自作孽, 不可逭. 《맹자(孟子) · 공손축 상(公孫醜上)》

국 그녀를 황궁에 묶어두었다. 김흑은 훗날 선종이 죽은 후에야 선종의 어머니 장태후의 특별 허가를 통해 귀국할 수 있었다.

김흑의 귀국 후, 명나라 궁정에 발생했던 그 참혹한 사건은 전부 호기심 많은 한국인에게 알려졌고 역사책에까지 기록되었다. 만일 김흑의 구술사가 없었다면 명대 후궁사상 유례가 없던 그 처량하고 비참한 비바람의 시절은 허공으로 사라졌을 것이다.

이 이야기는 우선 영락제가 총애하던 권씨에서부터 시작된다.

권비는 영락 6년(1408년)에 태감 황엄이 직접 골라서 중국으로 데려간 '처녀'였다. 《명태종실록》의 기록에 의하면 영락 7년 주체의 첫 번째 북정 중, 황제의 마차가 출발하기 전에 수 명의 처녀를 비빈으로 책봉했다고 한다. 장씨는 귀비, 권씨는 현비, 임씨는 순비, 왕씨는 소용, 이씨는 소의昭儀, 여씨는 첩여, 최씨는 미인으로, 총 7명이 책봉되었는데 그중 장귀비는 하간왕河間王 장옥張玉의 딸이요, 영국공 장보의 여동생이었으며, 왕씨는 소주 사람이었다. 그리고 그 외에 권, 임, 이, 여, 최, 다섯 명은 모두 조선에서 진상되어 액정궁으로 공수된 '처녀'들이었다.

권씨는 다섯 명 중에서 나이가 가장 많았으며, 그녀의 외모나 성격은 조선의 사적에서 평가를 찾을 수 없다. 그러나 중국의 야사에서는 '피부가 하얗고 피부 결이 뽀얗고 맑았다. 옥퉁소를 잘 불었고 얌전하고 아리따우며 목소리가 멀리까지 들렸다'고 평가했다. 이 야사 저작(즉 《승조동사습유기》)의 작자는 《명사》의 편찬에도 참가했었기 때문에 이 야사도 '정사'의 전당에 들어갈 수 있었다. 또한 《명사·후비전》에서도 권씨는 '피부 결이 뽀얗고 맑았으며, 옥퉁소를 잘 불었다'고 소개한 것을 보면, 사랑 이야기를 할 때 정사와 야사는 서로 장단이 잘 맞는다는 것을 알 수 있다.

권씨는 피부가 하얗고 다재다능한 점으로 황제의 '사랑과 연민'을 받아 현비賢妃로 봉해졌다(조선 실록에서는 '현인비顯仁妃'라고 했는데 음역이 잘못된 것이 아닌가 생각된다). 그때는 서徐황후가 이미 죽은 때였기 때문에 주체는 '권비가 육궁의 사무를 관리'하도록 했다. 즉 전 왕조의 이숙비, 곽녕비와 마찬가지로 '육궁의 사무를 섭정'하도록 했으니 칭호만 없을 뿐 실질적인 황후가 된 것이다. 그러나 젊은 외국인 여인이 언어도 통하지 않는 중국에서 나라 풍습도 잘 모르는데 육궁의 사무를 주관한다면, 육궁에 분란이 일어나지 않는 것이 오히려 이상할 일이었다.

황제가 사랑하는 사람에게 관직을 내리는 일은 너무나 당연했지만, 주체가 권비를 총애하다 보니 그녀를 너무 높은 곳까지 올려버렸다. 이 일은 이성적으로는 이해가 어렵지만 권비는 감정적으로 '내가 최고니 나는 내 맘대로 하겠다'는 태도를 보일 수 있었다. 만일 한 걸음 더 나가 권비가 아들이라도 낳았다면 '오랜 숙적' 황태자 주고치의 분노에 더욱 기름을 붓는 꼴이 되었을 것이다.

사랑은 의미적인 확장을 하게 된다. 한 사람을 사랑하면 그 사람과 관계된 모든 것을 다 좋아하게 되는 것이다. 조선 처녀들의 아버지와 형제가 북경을 방문한 명목은 모두 공물 압송이었지만, 실제로는 자기 딸과 누이를 배웅하러 온 것이었다. 주체는 그들에게 바로 수고비를 지급했다. 권비의 오빠인 권영균(《명사》에서는 권비의 아버지라고 잘못 적고 있는데, 권비의 아버지의 이름은 권집중이다)은 정삼품 광록시경을 하사받았으며, 다른 사람 역시 사, 오품에 해당하는 수도의 관직 직함을 수여받았다.

권씨는《명태종실록》에 단 두 번 출현한다. 한 번은 비로 봉해졌을 때, 또 한 번은 죽었을 때 조정에서 제사를 지내며 호를 주었다는 기록인데 그 외에는 기록을 찾아볼 수 없다. 권비가 명나라 궁중에서 생활했던 시간은 약 1년 반으로 매우 짧았다. 당시 권씨와 같이 태감 황엄을 따라 온 처녀들이 중국에 입국한 시기는 때마침 주체의 첫 번째 북방 순시 시기와 맞물렸기 때문에 처녀들은 북경에 도착한 후 어가를 기다렸다. 그녀들은 남경으로 남하하지 않고 주체가 북경에 오기를 기다렸다 후에야 그를 배알했다.

영락 8년 2월, 주체는 직접 군대를 이끌고 북정해서 본아실리本雅失裡와 아노대阿魯台를 평정했으며 7월에 개선했다. 10월에 황제의 어가가 남경으로 돌아가는 길에 권비가 황제를 모셨으나 산동 임성臨城에 도착해 갑자기 병으로 급사하고 말았다. 주체는 그녀의 시체를 '역현嶧縣'에 '가매장'해 두었다. 가매장이란 임시적인 매장, 혹은 관을 잠시 어떤 곳에 두거나 살짝 흙만 덮어놓았다가 나중에 정식 이장을 기다리는 것을 말한다. 권영균이 조선으로 돌아와 국왕에게 보고한 바로는(그가 허풍을 떨어 자기 몸값을 올리려고 한 게 아닌지 모르겠지만), 주체는 처음에는 '권비의 시체를 옮겨 노老황후(서徐황후)와 합장하려' 했다고 한다. 즉 다시 북방 순회를 할 때에 사랑하는 권비를 북경의 장릉에 옮겨 부장을 하려 했다는 것이다. 그러나 어떤 이유 때문인지 주체는 후에 생각을 바꾸었다. 권비는 영원히 산동에 머물렀고, 그녀의 무덤은 현재까지 남아 현지인에게 낭낭묘娘娘廟[79]라고 불리고 있다.

권비의 사망원인은 무엇이었을까? 실록에서는 '병'으로 사망했다고 한다.

이상은 관방 역사가 남긴 유한한 자료를 토대로 한 내용이다. 이런 자료 속의 권비는 아주 평범한 비의 한 사람이었다. 권비가 어디서 와서 어떻게 죽었는지는 어느 누구의 주목도 끌지 못하고 있다.

그녀가 죽었을 때는 나이 겨우 20세였다. 그런데 그녀가 죽은 지 3, 4년 후에 주체는 한 가지 소문을 듣게 되었다. 권비는 독살되었으며 독을 넣은 사람은 그녀와 함께 중국에 온 여呂씨라는 것이었다.

이 소문의 자초지종을 주체의 구술을 통해서 들어보자. 그는 영락 12년 (1414년)에 조선의 '흠문기거사欽問起居使'(즉 문안사절)인 윤자당尹子當에게 이렇게 말했다. "황후가 서거한 후에, 권비에게 육궁의 사무를 관리하도록 했네. 그런데 이 여씨(필자 주: 여미인)가 권씨의 면전에서 이렇게 말했다는군. '자기 자식이 있는 황후도 죽었는데, 네가 앞으로 몇 개월이나 더 버티겠느냐?' 여씨가 어떻게 이렇게 무례할 수가 있단 말인가!"

여씨와 권씨의 대화는 하인이 고발을 했기 때문에 알게 된 것이지, 주체 자신이 들은 내용은 아니었다. 여씨가 말한 '자식이 있는 황후'란 서황후를 가리키는 것이고, '자기 자식이 있는 황후도 죽었는데, 네가 앞으로 몇 개월이나 더 버티겠느냐?'는 말은 질투에서 비롯된 말처럼 들린다. 그러나 자세히 음미해보면 그 말은 더 깊은 뜻을 내포하고 있다. 그 말은 마치 "황후는

---

79   황후, 혹은 귀비의 무덤이라는 뜻.

자기 자식, 손자가 있었는데도 얼마 살지 못했는데, 네가 며칠이나 더 버틸 수 있다고 생각하나?"고 말하는 듯하다. 권씨의 생명이 길지 않기를 바라는 저주의 뜻이다. 이 말을 확실히 '무례'했다. 왜냐하면 그 말에는 마치 "아들을 낳은 서황후도 주체 때문에 죽음을 면치 못했고, 그것이 아니라면 어쩔 수 없이 자살을 선택하고 말았는데, 너 같은 대리 황후는 어떻겠느냐!"라는 뜻이 숨겨져 있는 듯 들리기 때문이다. 그런 뜻이 아니라면 여씨의 말은 어떻게 해석해야 할까?

이것은 우선 차치하고, 다시 주체의 자술을 들어보도록 하자. 여씨 궁중에는 일을 맡아하는 태감이 네 명이 있었는데, 두 명은 중국인, 다른 두 명은 조선인으로 이름은 김득金得과 김량金良이라고 했다. 이 네 사람은 '진짜 형제(단짝, 의형제의 결의를 맺었다는 뜻)'가 되었는데, 여씨가 '불의'하여 김득 등 태감과 밀모를 하고 은세공사의 집에서 빌려온 비상을 가지고 있다가 영락 8년에 남경으로 돌아가는 길에 양향良鄉(지금의 베이징 량샹良鄉)에 도착해 비상을 가루로 빻아 호두차 안에 집어넣고 권씨를 '음독'시켰다는 것이었다.

또 다른 장면에서 주체가 한 말은 조금 다르다. "(여씨가) 비상을 몰래 사와 약에 섞어 마시게 하고 다시 국수와 차를 먹이니 죽고 말았다."

"애당초 나는 이런 사실을 몰랐소." 주체가 말했다. 그렇다면 그는 이 사실을 어떻게 알게 되었을까? 영락 11년의 어느 날, 권, 여씨 두 집안의 노비가 사소한 일로 말다툼을 하다가 쌍방이 서로 쌍욕을 해대게 되었다. 권비의 노비가 여씨 집안의 노비에다 대고 말했다. "너희 큰 어른(노비의 주인인 궁중의 비)께서 약으로 우리 비를 살해했잖아!"

궁중 안에서 독약을 사용한 것은 중죄였다. 이 중대정보는 누군가에 의해서 황상에게 보고되었고, 주체는 매우 놀라 크게 진노하며 곧 "그 여가(여씨)에게 일 개월 동안 화인을 찍어 죽였다(일설에서는 능지처참을 했다고 한다)." 그리고 몇 명의 내관, 은세공사도 죽였고 여씨 궁중에 있던 사람도 전부 죽여서 씨를 말려버렸다.

주체가 이 상황을 조선의 윤자당尹子瑞에게 들려준 것은 분명히 그에게 돌아가 조선의 태종대왕에게 "여가呂家의 어버이에게 말하고서, 다시 뒷날 쉬었다가 오도록 하라"[80]는 말을 고하란 뜻이었다. 사실상 태종에게 여씨 일가를 처단하라는 명령을 했던 셈이다. 주체가 일부러 "내가 권씨에게 육궁의 사무를 관리하도록 했다"고 말한 것은, 태종에게 여씨 일족을 반드시 모반을 일으킨 대역죄에 준하여 주살해야 함을 암시한 것이었다. 이에 태종대왕은 '차마 그럴 수 없다'는 태도를 취했다. 그는 "권씨는 비이고, 여씨는 미인(정확하게는 첩여)이었다. 비록 존비의 차이는 있었지만, 정실과 첩실의 차이가 있었던 것은 아니었다. 게다가 권비가 과연 여씨의 독살로 죽었는지는 여전히 애매하기 때문에 죄를 단정지어 일족을 멸하는 것은 차마 할 수 없는 일이다"라고 했다. 결국 여씨의 친족은 전부 석방되었으며, 오로지 어머니 한 명만을 남겨두었다(여씨의 아버지 여귀진呂貴真은 영락 8년 9월에 이미 세상을 떠났음). 결국 처형을 당한 사람 역시 여씨의 어머니 한 사람뿐이었다. 조선에

---

80   (편집자 주)《태종실록》28권, 태종 14년 9월 19일 기축 1번째기사 중 "呂家親的, 再後休著他來。"

서는 이를 위해 특별히 사자를 보내어 사형의 상황을 주체에게 보고했으며, 주체는 이의를 표시하지 않았다.

조선 태종의 의구심은 나름대로 근거가 있었다. 주체의 이야기 속에서 여씨가 왜 같은 동족을 그렇게 괴롭혔고 권씨를 독살했는지 이유가 명확하지 않았고, 주체는 그저 여씨가 '불의'했다고 했는데 '불의'란 그 행위 후의 평가이지 동기는 아니었던 것이다.

여씨는 중국 궁정에 들어온 후로 첩여로 봉해졌고(《조선왕조실록》에서는 '여미인'이라 칭함), 지위는 권비보다 낮아 황제의 총애 역시 권비보다 못했다. 권비는 육궁의 사무를 관리했지만 그녀는 오히려 이를 조소하며 "네가 몇 개월이나 버티나 보자"고 했다. 그녀는 시기질투 때문에 이런 초강수를 두었단 말인가? 하지만 이 일은 두 비의 하인이 벌인 말다툼에서 발단이 되었다. 사람이 격분했을 때에는 어떤 극단적인 말을 할 가능성도 있기 때문에 그 말을 곧이곧대로 믿을 필요는 없다. 하지만 주체는 이런 근거 없는 말을 듣고 여씨와 그 궁의 궁인을 참혹하게 살해했고 이는 궁중 대참극의 시발점이 되었다.

조선 태종대왕 역시 여씨를 생각하며 이렇게 한탄했다고 한다. "(여씨는) 왜 그렇게 예쁘게 생겨 화를 자초했단 말인가?" 그러나 사실은 태종의 생각이 틀렸다! 여씨는 권비를 독살하지 않았다. 그녀는 타인에게 모함을 당해 억울하게 죽었을 뿐이다!

## 제23장 궁란! 궁란!

여씨를 모함한 사람은 다른 사람이 아닌 같은 조선에서 온 한 여인이었다. 이 여인은 《조선왕조실록》에서는 '가여賈呂'라고 부르고 있다.[81] 아마도 상고商賈(상인)의 딸이었던 듯싶다. 고대 조선사회는 엄격한 계급사회로서 상인은 모두 하층 서민계층에 속했고, '양반' 관료집안 출신인 여씨와는 신분 차이가 현격했다. 가여는 권비를 따라 중국 조정을 찾은 시녀 중의 한 명이었을 것이다. 뒷글에서 알 수 있겠지만, 주체가 비빈으로 봉한 여인은 조선에서 정식으로 진상한 '처녀'들에 한했지만 주체는 그녀들을 따라 온 시녀들도 전부 기쁘게 맞이하여 물고기가 물에서 노닐듯 쾌락을 한껏 만끽했다. 신분이 미천한 시녀가 은택의 콩고물을 누리게 되면, 평상심을 잃고 총애를 다투는 마음이 불처럼 뜨거워지게 마련이다. 그리하여 그녀는 얼마 후 '어여의 난(어씨魚氏와 여씨呂氏의 난)'을 일으키게 된다.

이하의 내용은 주로 김흑의 회상을 근거로 하며, 일부 조선 사신의 견문록도 참고로 하고 있다. 이 내용을 종합해보면, 영락 말년의 참혹한 대학살의 자초지종은 이렇다.

가여는 여첩여와 같은 성씨로, 이 때문에 서로 좋은 관계를 유지하고 싶어

---

81　(편집자 주)《세종실록》26권, 세종 6년 10월 17일 戊午 2번째 기사.

했다. 그러나 첩여에게 거절을 당하자 이 일로 마음에 원한을 품고 있었다. 권비가 죽은 후, 그녀는 여씨가 권비의 '차에 독약을 넣어' 권비를 독살했다고 모함했다. 진노한 주체는 가여의 모함을 곧이곧대로 믿고는 여첩여 및 궁의 노비, 환관 등 수백여 명을 주살해버렸다. 이 궁궐 대참사는 영락 11년에 발생했는데, 주목할 점은 이는 단지 서막에 불과했다는 것이다.

가여는 아직 젊디젊은 나이였다. 하지만 그녀는 개인적인 원한 때문에 타인이 대역죄를 지었다고 모함을 했고, 이로 말미암아 공포의 대학살을 초래했으니 진정 마음이 독사와 전갈 같은 여인이었다. 그녀는 또한 욕심이 많았다. 가정 배경이 좋지 않았던 탓에 자신의 욕망을 어떻게 예의와 도덕으로 다스려야 하는지 배우지 못했던 것이다. 그녀는 깊은 궁궐의 고독을 견디다 못해, 어씨라고 불리는 궁인과 더불어 환관과 몰래 사통을 했다.

어씨魚氏 역시 조선 사람인지는 모르겠지만, 그녀 역시 주체를 한두 차례 태운 적이 있는 암말이었다. 다만 황제가 아무리 일당백의 강력한 전투력을 자랑해도 정력은 점차 딸리게 마련이기에, 어씨는 '총애'를 많이 받으면 받을수록 자신의 '쾌감'은 작았기에 자기 능력을 맘껏 과시해보고 싶은 생각에 몸이 달았다.

가여는 이런 어씨와 죽이 딱 맞는 한패였다. 한편으로는 황제의 사랑을 받으며, 또 다른 한편으로는 환관과 치근덕거렸다. 지존하신 황상께 치욕을 선물한 바람둥이 애인은 바로 환관이었다!

그러나 수상한 낌새를 알아챈 주체는 이 일의 진상을 조사하기 시작했다. 가여와 어씨는 너무나 두려운 나머지 목을 매달아 자살했다고 한다. 가여 같은 사람을 만나게 되면, 그 사람과 친하건, 혹은 거리를 두며 백안시하건 간에, 어느 경우라도 화를 당할 수 있다. 어씨와 여첩여의 결국을 보면 그 사실을 확실히 알 수 있지 않은가! 다만 우리 곁에는 이런 사람이 없기만을 하늘에 청할 뿐이다.

가여와 어씨는 죄를 추궁 받을까 봐 두려워 자살을 선택했지만, 주체의 남은 진노는 오히려 이 때문에 모조리 폭발하고 말았다. 가여가 모함한 어씨의 일마저 풍문이 거세어왔기에 주체는 가여의 노비를 전부 잡아와 이 일을 철저히 조사하도록 명했다.

참혹한 형벌로 자백을 강요할 경우, 종종 본래 지은 죄보다 더 큰 죄를 고백하기 마련이다. 그러니 가여의 죄상은 단순한 스캔들 정도가 아니라 '시해와 반역을 기도했다'는 중죄로 업그레이드되었다. 폭군 주체에게는 죄명이 이 정도는 되어야 자신의 특이한 입맛에 맞았을 것이다. 눈 깜짝할 사이에 가여는 궁정 시해사건의 주범으로 전락했고, 비록 목매달아 자살하며 요행히 중형을 받는 비극은 모면했지만 그 시비의 구두진술이 눈덩이처럼 불어나면서 다수의 무고한 사람이 이 사건에 연루되었다.

《조선왕조실록》에서는 이렇게 기재한다. "연루된 사람은 2,800명이며 (주체는) 매번 직접 그들의 살을 발라냈다."

사람들은 이 사료를 고증도 하지 않은 채 수많은 서적에 그대로 전재, 인용했는데, 졸필은 이에 의문을 제기하고 싶다. 독자 여러분도 반문할 것이다. "그럼 새로운 증거라도 있나요?" 나는 그저 죄송스러운 대답을 할 수 밖에 없다. "죄송합니다. 없는데요." 하지만 주체가 죄수 2,800명의 살을 직접 발라냈다니 너무 경악스럽지 않은가? 졸필은 그의 잔혹하고 폭력적인 성격은 추호도 의심치 않지만, 그것이 소위 '사실'이라는 것은 여전히 믿기지 않는다. 여러분은 주원장이 완의국의 부녀 오천 명의 가죽을 벗겼던 일을 아직 기억하시는지? 졸필은 비록 사실 여부를 증명할 능력은 없지만 상식은 알고 있다. 상식적으로 볼 때, 이것은 있을 수 없는 일이다. 조선 사신은 당시 명나라 궁의 진상을 알지 못했을 테고, 게다가 북경에 각종 소문이 난무하니 과장된 이야기를 곧이곧대로 믿고 돌아가서 자기 입맛에 맞게 각색을 했다 하더라도 이는 결코 이상할 일이 아니다.

전해지는 바에 의하면 살이 발리는 형을 받았던 사람은 주체의 면전에서 입에 담지 못할 욕을 퍼부었다고 한다. "자기 정력이 딸려서 젊은 환관들이랑 통한 건데, 그게 누구 잘못이라는 거야!" 자기 몸이 곧 회로 떠질 텐데, 이제 와서 뭘 두려워하리? 지존한 군주에게 모진 욕을 퍼붓는 한이 있더라도 속이나마 통쾌해지고 싶었던 게다. 형 집행이 종결되자 주체는 가여와 환관들이 서로 끌어안고 사통을 하던 모습을 그림으로 그려 후세 사람에게 궁궐의 금기를 경계하도록 했다(하지만 실제로는 경각심을 불러일으키는 그림이 아니라 춘화로 전락했을 가능성이 백 퍼센트다). 이 같은 사실로 보아도 3,000명이 극형을 받은 이유는 시해와 반역 때문이 아니라 궁중의 음란함 때문이었다. 궁인과 환관이 서로 통정하여 간음을 하거나 혹은 서로 의지하며 세월을 보내는 일은 역사적으로 이미 오래 전부터 존재하던 일이었으며, 이를 대식對食[82], 혹은

---

82  여자와 고자 간의 '비정상적인' 행위를 말한다. 대식(對食)이란 말은 같이 잠을 자지

채호棄戶[83]라고 불렀다. 주체가 이들을 절대 용인하지 않고 철저히 숙청했다 하더라도, 이렇게 참혹한 살육을 했다는 것은 믿기 어려운 일이다.

더욱 이상한 것은 주체는 어씨의 잘못으로 그렇게 많은 사람을 죽였지만, 그 일 후에는 오히려 어씨를 잊지 못하여 그녀를 장릉의 곁에 안장하겠다는 용서의 뜻까지 보였던 것이다. 주체는 감정이 변덕스럽기가 정상인으로서는 도저히 이해할 수 없는 정도에까지 이르렀다. 그는 건강한 정신을 상실하고 미쳐버린 것일까? 그 후 인종이 즉위하자 어씨 집안의 무덤은 파헤쳐져, 시체와 해골이 들판에 버려졌다.

어, 여씨의 사건은 영락 시대 만년에 발생했으니, 대략 영락 18, 9년 때의 일이었다. 조선에서 온 여인들은 대부분 이 사건으로 유명을 달리했다. 사건의 당사자였던 가여와 어씨 외에도 자살을 한 임씨, 정씨, 처형이 된 황씨, 이씨 등은 모두 권씨 후에 명나라 궁에 차례차례 입궁한 조선 여성이었다. 《조선왕조실록》에서는 특별히 이씨를 칭찬하고 있다. 황씨가 심문을 견디지 못하고 함부로 타인을 모함하자 이씨는 그녀를 비웃으며 이렇게 말했다고 한다. "어차피 모두 죽을 목숨인데 무엇 때문에 무고한 사람을 죽게 하느냐? 나는 혼자 죽겠다." 그녀는 결국 타인을 모함하지 않고 홀로 죽음의 고통을 감내했다고 한다. 사실 주범과 공범을 조사할 때에 심문을 받는 사람은 너무 고통스러운 나머지 무고한 사람을 계속 모함하게 되는데, 이 과정에서

---

는 못하고, 그저 함께 밥을 먹으며 고독을 달래기만 하는 사이일 뿐이라는 뜻이다.
83   명대 궁녀의 '배우자'가 된 태감을 '채호(棄戶)'라고 불렀다.

결국 더 많은 사람을 연루시키는 피비린내 나는 사건을 조작하게 된다. 황씨 같은 반응은 보편적이라고 할 수 있었다. 그래서 한 사람이 조사를 받게 되면 그녀의 친구와 아는 사람도 마수에서 벗어나기가 어려웠다. 《조선왕조실록》에서는 이렇게 말한다. "본국의 여인은 모두 죽임을 당했다." 오로지 최씨만은 다른 궁녀가 모두 북경으로 옮겨졌을 때에 혼자 병이 나 남경에 남아 있었기 때문에 구사일생으로 목숨을 건졌다.

《조선왕조실록》에서는 각종 소문을 종합한 내용을 기록했다. 여기에는 명나라 사신인 태감 윤봉尹鳳(역시 조선인)이 전하는 '소문의 대략적인 줄거리' 및 한씨의 유모인 김흑이 귀국한 후의 진술 등을 포함하고 있다. 그래서 비교적 어지럽게 기재되어 있으며 기록도 혼란스럽다. 하지만 이 이야기를 정리해보면 천대미문의 참사를 일으킨 이번 후궁의 대학살은 여첩여가 권비를 독살했다고 모함한 가여의 옛날 사건 외에도 역시 궁중의 음란함이 핵심이었음을 알 수 있다. 주체가 만년에 사랑했던 궁녀 중 조선의 궁인이 많았기 때문에 이 사건의 피해자 역시 주로 조선 여자가 많았다.

어, 여 등의 궁인이 환관과 사통한 일로 주체는 조선 여인의 정절을 의심하기 시작했고, 그는 이 '처녀'들이 절대 처녀가 아닐 것이라는 의혹을 품었다. 그 예로 영락 15년에 여비 한씨와 함께 중국에 입조한 황씨 같은 여인들을 들 수 있다. 함께 진상된 처녀들 중에서 황씨, 한씨를 상등으로 평가했는데 조선왕조실록에서는 황씨는 '외모가 아름답다', 한씨는 달의 여신처럼 자태가 아리땁다고 했다. 태감 황엄 등이 선발할 때에는 한씨를 일등으로 삼았다.

비록 함께 선발이 되기는 했지만 황씨는 반발이 비교적 컸다. 하루는 황엄 '천사'가 갑자기 황씨의 집을 찾았는데, 황씨는 고의로 '병이 있다'는 구실을 대며 밖으로 나와 황엄을 영접하지 않았고, 결국 억지로 나오긴 했지만 얼굴에 눈물자국만 보일 뿐 분도 바르지 않은 모습이었다. 황엄은 대노하여 당시 크게 화를 내었다고 한다.

그 해 8월 황엄은 한씨와 황씨를 중국으로 데리고 왔다. 황씨는 아버지가 이미 돌아가셨기 때문에 중국으로 배웅하는 길에 형부 김덕장金德章이 그녀와 동행했다. 여행길에서 김덕장은 자주 황씨가 탄 가마의 창가로 몰래 달려가 시누이와 은밀히 이야기를 나누었는데 눈빛이 수상쩍은 것이 도대체 무슨 이야기를 하는지 도통 알 길이 없었다. 황엄은 그 꼴을 보며 더욱 그녀를 욕했다. 얼마 후 황씨는 복통을 앓았다. 의원이 각종 치료를 하고 여러 가지 약을 다 써보았지만 도무지 효과가 없었다. 그녀에게 아픈 증상이 어떠냐고 하자, 황씨는 '동치미'가 먹고 싶다고 했다. 황엄은 압송관인 조선첨총제朝鮮僉總制 원민생元閔生에게 동치미가 뭐냐고 묻자, 민생은 조선의 음식으로 어떻게 만드는지는 알고 있다고 대답했다. 황엄은 매우 불쾌해하면서 대답했다. "황씨가 사람고기가 먹고 싶다면 내 살이라도 잘라서 줄 수 있지만, 지금 들판을 걸어가고 있는데 어디서 동치미를 구한단 말이냐?" 황씨는 동치미도 먹지 못하고 복통은 여전했다. 매일 밤 시녀들이 손으로 배를 살살 어루만져 주어야만 아픔이 조금 덜했다. 그런데 어느 날 밤, 소변을 보는데 음부에서 무언가가 쑥 떨어졌다. 매끈매끈한 피부가 있는 살덩어리로 크기는 가지만 했다.

시녀는 너무 무서운 나머지, 이 물건을 얼른 변소에 던져버렸다. 하지만 그 비밀은 오래가지 않아 금세 모든 시녀 사이에 알려졌다. 게다가 황씨의 시녀는 황씨가 "처음 길을 출발할 때 김덕장과 서로 나무 빗을 선물했다"고 말했다. 이는 황씨와 형부인 김덕장이 간통을 했다는 것과 마찬가지 뜻이며, 게다가 중국에 보낼 동녀로 선발되기 전에 이미 임신을 하고 있었다는 이야기였다. 황씨가 여행길에서 계속 배가 아프다고 이야기하며 시녀들이 배를 문질러준 것은 배 속에 있는 태아를 떨어뜨리기 위한 행동이었으며, 그 살덩어리는 그녀 배 속에서 자라던 아기였던 셈이다.

그러나 이런 소문은 시녀들 사이에서만 퍼져 있을 뿐 흠차태감欽差太監 황엄은 여전히 그 사실을 모르고 있었다.

북경에 도착한 후 황엄은 납품을 하고, 주체는 검수를 했다. 황상은 여색의 달인이었기 때문에 암말에 올라타자마자 단번에 황씨가 처녀가 아니라는 걸 알아차렸다. 주체가 그녀를 엄하게 힐문하자 결국 진상이 드러나게 되었다. 하지만 하류 인생은 자신이 하류의 사건을 겪게 되었을 때 하류의 끝을 볼 때까지 절대 그만두려 하지 않는다는 특징이 있다. 주체는 분명히 조선 조정에 처녀를 공물로 주문했는데, 결과적으로 다른 사람이 건드린 여자를 배달받았으니 주문과 실제에 차이가 있었다. 그러자 그는 고통스런 형벌을 내려 무고한 죄를 뒤집어씌우고 그 죄를 인정하도록 강요했다. 황씨는 김덕장과의 사통을 고백했을 뿐 아니라, 이웃 및 노복과도 사통을 한 적이 있음을 인정했다.

황씨에게 어떤 남자라도 남편처럼 잠자리를 할 수 있는 창녀라는 오명을 씌우자, 주체의 가학적인 변태 심리가 겨우 만족되었다. 분기탱천한 주체는 조선에 죄를 묻는 칙서를 쓰기로 결심했다.

그러자 양씨라는 조선 궁녀가 이 일을 알고는 한씨에게 이 일을 알렸다 ('어떤 남자라도 남편처럼 잠자리를 할 수 있는' 황씨와 비교할 때, 한씨는 주체의 눈에는 그야말로 순결한 백설공주였다). 그런데 한씨 역시 자기 나라의 편에 섰기 때문에 시침 시에 주체에게 간절히 애원했다. "황씨 집안의 사사로운 사람을 우리 황상께서 어찌 아신다는 말씀이십니까?" 그러자 주체는 이 가녀린 한씨에게 그녀가 직접 황씨에게 벌을 주도록 명했다. 한씨는 어쩔 수 없이 여린 손을 들어 황씨의 뺨을 때릴 수밖에 없었다.

사실상 한씨는 이 사건에 연루된 피해자에 불과했다. 자기 동포의 편을 들었다는 이유로 그녀는 한때 아무것도 없는 빈 방에 연금되어 수일 동안 음식 공급이 중단되었고 산 채로 굶어죽기만을 기다리고 있었다. 그러나 옥문지기 환관이 그녀를 애처롭고 불쌍하게 여겨 때마다 문 안으로 먹을 것을 던져주었기 때문에 간신히 죽음만은 면할 수 있었다. 그러나 그녀의 시녀와 노비는 전부 옥중에서 죽음을 맞이해야 했다. 오직 그녀의 유모인 김흑만 유일하게 이 사건의 전말이 밝혀질 때까지 견뎌내어, 특별사면을 받고 감옥에서 나올 수 있었다. 물론 우리가 이미 아는 대로, 한씨는 결과적으로 순장을 당하는 운명에서 벗어나지 못했다.

하지만 자신의 여인이 정말 타인과 사통해서 아이까지 낳았다면 주체는 겨우 뺨 몇 대 때린 것으로 황씨를 용서할 수 있었을까? 강요였지만 황씨가 통간한 남성 및 연루된 지인을 다수 '자백'했으니 그들은 분명히 잔혹한 사형에 처해야 했다. 조선왕조실록에서는 이렇게 기록하고 있다.

그 이듬해 무술戊戌년에, 흠차태감 선재善才는 조선으로 가서 조선의 태종 대왕에게 이렇게 고했다. "황씨는 성격이 음험하고 따뜻하지 않은 것이 얼굴이 말썽을 일으킬 상이다." 그는 황씨와 수많은 조선 여성의 죽음을 황씨의 인상문제로 돌리며, 그녀가 천성적으로 말썽을 일으킬 운명을 타고났기 때문에 이렇게 많은 사람이 죽었다고 발뺌했다. 그렇다면 이 사람들은 대체 누구한테 진 빚을 갚았다는 것일까?

무술년은 영락 16년(1418년)이었다. 주체는 여, 어, 황씨 등이 이미 죽었지만, 이를 이유로 학살을 멈춰야겠다는 생각은 절대 하지 않았다. 홍무 연간에 한 차례 공신의 대학살이 있었는데, 그때 사용한 것이 '호당胡黨'이라는 명분이었다(승상 호유용胡惟庸의 반란 사건으로 홍무 13년에 발생되었지만 호당에 대한 끈질긴 조사는 홍무 26년까지 계속되었다. 이해에 남옥의 '반란' 사건이 또다시 발생했기 때문에 호, 남 두 당은 한 번에 체포되었다). 주체가 후궁을 반복 세탁할 때는 바로 '어여의 난'이라는 명분을 들먹였다.

주체는 영락 15년(1417년)부터 북경에 황궁을 건축했는데, 황궁이 점차 낙성되자 영락 18년(1420년) 말에 정식 천도를 선언했다. 수십만의 군민과 장인이 새로운 도성을 건설하는 혼란 속에서 주체의 후궁은 상서로운 기운 대신 시종일관 자욱한 먹구름에 휩싸여 있었고, 모든 궁인은 마치 저주라도 받은 듯 불행에 빠졌다. 영락 19년 4월 '어여지란'이 극에 달하여 학살이 아직 끝나지 않을 때에, 낙성한 지 며칠 되지 않은 외조의 3대전(봉천奉天, 화개華蓋, 근신謹身 3전)이 갑자기 벼락과 지진을 맞아 순식간에 잿더미로 변해버렸다. 하지만 후궁들은 걱정은커녕 모두 이렇게 생각하며 기뻐했을 것이다. '제왕은 분명 천재지변이 무서워서라도 학살을 멈출 것이다.' 그러나 졸필은 막 칠을 칠하고 채 마르지도 않은 3대전에서 갑자기 화재가 발생한 것은 분명 어떤 궁인이 고의로 방화를 한 것이라 추측한다. 천재지변이라는 구실을 빌어 이 살인 마왕을 겁주기 위해서 말이다. 그러나 현실은 소망과는 전혀 다르게 흘러갔다. "황제는 이를 징계로 여기지 않고 제멋대로 주살을 행하니 평상시와 다름이 없었다." 이 대왕 마귀가 죽어야만 궁인들의 고난은 끝이 날 수 있었다.

사실 영락 말년 궁난의 피해자는 대부분 무고한 사람이었다. 태감 황엄 역시 그중에서 아주 중요한 역할을 했다. 황엄은 인종 즉위 후에 죽임을 당했으며(《조선왕조실록》에서는 '관이 잘려지는 죄', 즉 죽은 후 관을 도끼로 패는 죄에 처했다고 하는데, 분명 잘못된 소문으로 인한 오류일 것이다), 처와 시종은 관직이 박탈되어 노비가 되었다(명나라 초기에는 환관이 처를 얻는 경우가 적지 않았다. 심지어 황제가 궁녀를 환관의 아내로 하사하기까지 했다).

조선 국적의 태감 윤봉은 선덕, 정통 연간에 수차례 조선에 사자로 파견되어 명나라 궁궐의 은밀한 상황을 다수 폭로했다. 그는 이렇게 말했다. "여씨가 권씨를 독살하고 능지처참을 당했지만, 능지처참은 그 죄 때문에 받은 것이 아니었다. (황)엄이 그를 고소했기 때문이다."

그러니까 여첩여가 능지처참을 당한 것은 단순히 가여의 모함 때문만은 아니라는 것이다. 영락 연간에 황엄은 궁궐의 물시계를 주관했는데 가여의 모함은 그가 지시했을 가능성이 농후하다는 것이다. 그렇지 않다면 일개 말단 시녀의 고발 한마디로 어떻게 수백 명의 궁인이 목숨을 잃을 수 있겠는가? 황엄이 모함을 한 것은 실제로는 자신의 사익을 위해서였다. 주왕紂王을 도와 악행을 일삼듯, 황엄이 히스테릭한 주체의 학살벽을 유발해 후궁에서 피바람을 일으키고 후궁을 피로 씻은 이유는 폭력을 통해 후궁을 제어하는 수단을 강화하려했기 때문이다.

마지막으로 한 사람을 더 이야기해야겠다. 바로 영락 7년에 권비 등과 같이 책봉을 받고 귀비가 된 왕씨의 이야기이다. 《명사·후비전》에서는 그녀가 "지혜로운 덕이 있고, 인효황후仁孝皇后를 공경하며 정성스럽게 섬기니 황제가 귀중히 여겼다. 황제는 만년에 자주 불같이 화를 냈지만, 왕비가 완곡한 말로 변호하고 중재하니 태자와 뭇 왕자, 공주가 모두 그녀를 의지했다"고 전한다. 영락 18년 7월 왕씨가 죽은 후, 그녀의 제사와 장례를 두고 주체는 모두 특별히 은혜를 더해 홍무 시대의 성목 손귀비에게 했던 예를 완전히 똑같이 따라했다.

이 설은 《조선왕조실록》도 방증하고 있다. 《세종실록》에서는 이렇게 말한다.

"제일 처음에는, 황제가 왕씨를 총애하여 황후로 세우려 했다. 그러나 왕씨가 붕어하자 황제는 심히 애통하고 애도하다 곧 실성하게 되었고 상심한 마음으로 이후 일처리를 잘못했고 사람들을 형벌로 참혹하게 학대했다."[84]

조선에서 개별적으로 기록한 국사에 등장하는 천조 상국 영락제의 모습은 사실 살인광에 미치광이에 다름 아니었던 것이다.

---

84  (편집자 주) 《세종실록》 26권, 세종 6년 10월 17일 戊午 2번째 기사.

# 제24장 엄마, 나 가요!


　명나라는 초기에 비교적 강한 국력을 배경으로 조선에 많은 위협을 가했다. 그러나 조선은 '북로남왜北虜南倭'의 불리한 형세 속에서 스스로 살아남기 위해 대명이라는 동맹국이 필요했고, '천조'의 과분한 요구에도 '큰일은 마음과 정성을 들여야 한다'는 원칙에 입각하여 최대한 요구를 만족시키고자 노력했다.

　명나라의 국력이 쇠퇴함에 따라 선덕 이후, 대외적인 방침도 점차적으로 소극적이 되어 대외에 자발적으로 사신을 파견하지 않게 되었다. 황제가 독단과 독선을 행하던 권위 역시 쇠퇴의 기세를 보이는 동시에, 황제 개인적인 욕망을 만족시키기 위해 외국에 개인적인 대표를 파견하는 일도 다시는 할 수 없게 되었다. 그리하여 조선에서도 '상국'의 요구에 따라 처녀와 내시, 기타 특산물을 진상하던 일이 선덕 연간 이후에 순식간에 사라져 버렸다. 그와 동시에 장기간 중국에 머물러 있던 조선인을 명 황국에서 귀국을 시키므로 명나라 왕궁 내부의 수많은 스캔들도 함께 알려지게 되었다.

　선덕 10년(1435년) 정월, 선종이 병으로 세상을 떠났다. 3월에 조선의 여성 김흑 등 53명이 궁정에서 풀려나 귀국하게 되었다. 김흑 등 사람들은 선덕 초년에 중국에 들어와 오랫동안 북경에 머물러 있었다. 조서는 새로 등극한 황제 영종英宗의 말투로 말하고 있다. "짐은 자신의 고향을 그리워하며 또한 부모형제를 그리는 그들을 불쌍히 여기며(朕憫其有鄉土之思, 也有父母

兄弟之望]」 특별히 환관 이충李忠, 김각金角, 김복金福 등을 다시 고향으로 돌려보내고, 또한 조선 국왕에게 그녀의 고향을 방문해 그녀가 귀향해 늙어서 보살핌을 받을 수 있도록 조서를 내렸다. 그들을 호송하는 환관 역시 모두 조선 사람으로 이충은 영락 6년에 권씨를 따라 중국 조정에 입조했으며 두 김씨는 영락 원년에 입조한 사람이었다.

김흑은 입조한 처녀 한씨의 유모였다. 한씨는 영락 15년(1417년)에 중국에 왔으며, 그 오빠인 한확韓確은 당시 조선의 부사정副司正 직을 맡고 있었다. 주체는 한씨의 미모를 보자마자 마음에 꽃이 피었고, 조선의 사신을 접견할 때에는 말도 꺼내지 못하며 '함박웃음만 짓다가' 이렇게 말했다고 한다. "오랜만에 귀국 국왕의 이런 극진한 정성을 받아, 아름답고 영리한 한씨 집안의 따님을 보내주셨으니 돌아가서는 국왕에게 이 경위를 전하게."

황상이 이렇게 기뻐했으니 한확은 복이 터졌다. 광록시소경光祿寺小卿에 봉해졌을 뿐 아니라 수많은 상까지 하사받은 것이다. 그러나 수년 후 주체가 붕어하자 궁인 중 순장자는 30여명에 달했는데 순장자 명단에는 한씨도 포함되었다.

김흑은 당시 궁인들이 억지로 사지에 끌려가던 참상을 두 눈으로 목격했다. 죽어야 하는 날, 우선 중앙 정원에서 절명반絶命飯을 먹었다. 식사가 끝나자 환관이 여인들을 이끌고 가 빈 방에 좌정시켰다. 여인들은 울기 시작했는데, 울음소리가 어찌나 크던지 전각을 쩌렁쩌렁 울리다 못해, 듣는 사람의 마음과 코끝까지 찡하게 했다. 방안에는 아무것도 없고 작은 앉은뱅이 의자가 많이 놓여 있었다. 즉 죽기로 예정된 사람들은 그 위에 올라가서 대들보에는 걸려 있는 밧줄 속에 머리를 들이민 후, 발아래의 앉은뱅이 의자를 발로 걷어차면 되는 것이었다. 비록 말은 목을 매 자진한다고 했지만 실제로는 교수형이나 마찬가지였다.

한씨는 죽기 전에 밧줄을 목에 걸고, 유모 김씨에게 계속 부르짖었다고 한다. "엄마, 나 가요! 엄마, 나 가요!" 그 구슬픈 비명이 채 끊어지기도 전에 옆에 있던 환관이 발아래 의자를 치워버리니 몸은 마치 한 가닥 버드나무 이파리처럼 대들보 아래 쉴 새 없이 버둥거렸다.

이렇게 죽음을 기다리던 여인들이 방으로 올라가기 전, 사람 좋은 인종은 직접 전에 들어와 그들과 작별인사까지 나누었다고 한다. 한씨는 흐느끼며 인종에게 부탁했다. "제 어머니는 연세가 많이 드셨습니다. 폐하께서 어머니를 고국으로 돌려 보내주셨으면 감사하겠습니다." 인종은 그러마, 하고 대답했다.

한씨는 죽은 후에 '강혜장숙康惠莊淑 여비麗妃'라는 시호를 추증받았다. 《조선왕조실록》은 김흑에게 반포되었다는 조서를 실어 이 사실을 기록하고 있지만 명나라 왕조실록에서는 이 조서가 실려 있지 않다.

인종은 생각 외로 약속을 소중히 여기는 사람이었다. 그는 한씨가 임종할 때 남긴 유언을 기억하고 김흑을 고국으로 돌려보내려 했다. 하지만 그의 결정은 궁중의 여자 수재女秀才[85]의 반대에 부딪혔다. 그 이유는 무엇이었

---

85  과거 경전의 뜻에 통하고 글과 시를 지을 수 있던 여성에 대한 미칭, 혹은 여자 관원의 관직명.

을까? "최근 발생한 궁중의 난(영락 말년의 어여의 난, 23장 참고)은 유사이래의 참극으로 기록되고 있습니다. 김흑이 귀국한다면 분명히 이 사실이 조선에 알려질 것입니다. 이런 궁란은 외국에 알려지지 않도록 해야 합니다." 인종은 주저하다가 같은 조선 국적의 태감 윤봉을 불러와 물었다. "내가 김흑을 고국으로 돌려보내고 싶은데 최근 일을 김흑이 발설할까 걱정이 되는구나, 너는 어떻게 생각하느냐?" 윤봉이 대답했다. "사람은 각자 자기 생각이 있게 마련입니다. 그 사람의 속을 저라고 어떻게 알겠습니까?" 열 길 물속은 알아도 한 길 사람 속은 모른다고, 나쁜 일은 방비하지 않을 수 없음을 말한 것이다. 인종은 결국 김흑을 조선으로 돌려보내지 않기로 결정했다. 하지만 그녀를 공인恭人으로 봉하고 이로써 자신이 식언食言을 한 데 대한 사과의 뜻을 표시했다. 이로 말미암아 김흑은 명나라 궁에서 십 년을 더 보내게 되었다.

선종 즉위 후, 윤봉은 새로운 황제의 환심을 사기 위해 상주문을 올리며 말했다. "선제께서 총애하시던 여비 한씨는 매우 아름다웠는데, 그녀의 작은여동생도 매우 아름답다고 합니다." 선종은 그 말을 듣자 금세 색정이 발동했다. 마음이 동하니 당장 행동에 옮기지 않고는 배길 수 없었다. 그래서 곧바로 윤봉을 파견해 조선에서 그녀를 '수집'해 오기로 했다.

"아이 씨! 형님! 그러면 안 되시죠!" 졸필은 그만 자기도 모르게 고함을 칠 뻔 했다. 여비의 여동생이면 항렬로 따져서 선종의 할머니뻘이 아닌가? 할아버지랑 손자가 한 자매를 같이 나눠서 즐길 생각을 하다니, 이게 과연 윤리에 맞는 생각인가?

하지만 선종은 이에 대한 걱정은 붙들어 맸다. 옛 사람의 행동에 졸필은 비판권만 있을 뿐 간언은 올릴 수 없는 사람이다. 설령 명나라 시대로 타임 슬립을 해서 황제에게 말을 하거나 건의를 할 수 있다손 치더라도 졸필 역시 감히 입을 벙긋하기는 어려울 것이다. 선종 황제는 막무가내로 행동하는 막 가파 황제였기 때문이다.

각설하고 '천사'는 재난과 같은 소식을 가지고 또다시 조선에 강림했다. 이때 어린 한씨(규방에서 부르던 이름은 계란桂蘭)가 병이 걸려서 오빠 한확이 외지에서 급히 약을 구해가지고 가져다주는 참이었다. 이 여인은 성격이 드세서 오빠에게 이렇게 반발했다. "여동생 팔아먹고 이제 부귀가 극에 달했을 텐데, 나한테 약은 왜 쓰시겠다고?" 정말 날카로운 풍자였다!

그녀의 친오빠는 자신의 두 자매를 명나라의 비로 진상했을 뿐만 아니라 딸 하나는 조선의 왕궁으로 시집보냈다. 자신의 관직은 의정부의 우의정(재상)까지 올랐는데, 관직의 길이 이렇게 순조로웠던 것은 후흑학을 의지했기 때문이 아니라 여자를 '팔아먹는 데' 능했기 때문이다. 이것은 중병이었다. 반드시 고쳐야 할 병이었다!

명나라의 외척('황제 집안의 외국 친척'으로 번역할 수 있을 것 같다)이었던 이 한확은 명나라 사람에게 '황제의 친척 한씨'라는 친절한 이름으로 불리기까지 했다.

어린 한씨는 자신의 운명이 이미 마수에 꽉 붙들려 더 이상 꼼짝달싹할 수 없음을 깨닫고는 아예 노복과 재산마저 전부 흩어버렸다. 그리고 슬픔을 억누르며 피눈물 가운데 보료를 칼로 도려내 버렸다. 보료는 조선 여성이 시집 갈 때를 위해 준비하는 혼수였다. 아! 한탄스러운 일이다!

그러나 어린 한씨는 고질병 때문에 당장 길을 떠날 수는 없었다. 이 때문에 근 1년의 시간을 연기했지만 떠나야 할 사람은 결국 떠날 수밖에 없다. 그 다음 해(선덕 3년) 10월, 떠나야 할 시간이 마침내 다가왔다. 조선 세종대왕의 왕비는 직접 왕궁 경회루에서 어린 한씨에게 송별연을 열어주었다. 그 며칠 후 명나라 사신의 동행 하에 18세 된 한계란은 두 명의 화자, 해동청, 석등잔 등 공물과 함께 길을 떠났다. 이번에도 여전히 큰오빠 한확이 그녀를 송별했다.

조선의《세종실록》에서는 당시 이별의 모습을 이렇게 기록하고 있다.

한양성의 선비와 여성들은 모두 한씨가 떠나는 모습을 바라보며 탄식했다. "언니 한씨는 영락궁의 궁인이 되더니 결국 순장을 당한 것이 너무 안타깝구나. 그런데 오늘은 동생이 또 가는구나!" 심지어 고개를 숙이고 흐느껴 우는 사람도 있었다. 그들은 이 생사이별의 일막을 두고 '산 채로 장지에 보내는 것'이라고 불렀다.

김흑은 명 황궁에서 또 다른 황제 한 명이 서거하기까지 인고의 세월을 보내야 했다. 선종은 겨우 재위 10년 만에 단번에 황천길로 들어섰다. 그가 죽자 풍수가 변하기 시작했다. 어린 한씨는 언니의 운명을 다시 반복해 그 악한 용을 '죽음으로 따를' 필요가 없었다. 선덕 연간에는 매우 많은 수의 조선 부녀, 환관이 중국으로 왔다. 영락 연간에 같은 뿌리에서 나온 그들이 서로 다툰 사건을 놓고 보자면, 내부에서 분쟁이 일어나도록 하였기에 전체가 궤멸하는 충격을 받았다고 할 수 있다. 그래서 외국의 구중궁궐에서 생활하는 조선인은 화해와 평화를 선택하기로 했다. 명나라 궁내에서 합심 단결해 힘을 규합해야만 순장자의 명단에 드는 비참한 운명에서 도망칠 세력을 가질 수 있었기 때문이다.

한 여비의 유모 김흑은 이미 오랜 시간을 궁중에서 보낸 최고참 궁인이 되어 있었다. 무엇보다 그녀는 선종의 어머니인 황태후 장씨를 섬겼는데 두 늙은이 간의 우정이 아주 돈독했다. 장태후는 김흑에게 아주 친절해 항상 커다란 선물보따리를 안겨주곤 했다. 김흑은 당연히 한 여비의 친동생인 어린 한씨를 여러 면으로 보살펴주었다. 선종을 위한 순장자 명단은 장태후가 알아서 결정하는 것이 아니었던가? 김흑이 태후를 달콤한 것으로 자꾸 홀리면 어린 한씨는 죽지 않을 수 있었다.

아무리 명나라 황궁에서 편안하게 생활했다 하더라도 고향에 대한 그리움에 사로잡힐 수밖에 없었던 김흑이었다. 그녀는 하루는 태후에게 이렇게 말했다. "저도 늙었습니다. 비록 이렇게 후한 성은을 입었지만 자기도 모르게 고향이 생각나고, 고향으로 돌아가 여생을 보내고 싶은 생각이 간절합니다." 아마도 장태후는 남편(인종)이 여비의 간청을 승낙했던 일을 기억했던 듯하다. 게다가 두 노친네는 관계도 아주 좋았던 탓에 김흑을 고향으로 보내주겠노라고 허락했다.

선종이 죽자, 후궁 여인의 머리를 옥죄고 있던 금고아[86]의 주문이 풀리

---

86  서유기에 등장하는 손오공의 머리에 둘러쳐진 관 형태의 머리띠. 삼장법사가 손오공의 행동을 조절하기 위해 씌워놓은 것으로, 나쁜 언행을 하면 머리띠가 조여

듯, 선덕 연간이 되자 강제로 중국 조정에 끌려왔던 조선 국적의 집찬비, 창가비들은 하나 둘 김흑을 찾아와 자신도 김흑과 함께 귀국해 부모님을 만날 수 있도록 태후에게 말씀을 드려줄 것을 부탁했다. 장태후는 그들의 청도 모두 허락해주었다(한계란은 신분이 달랐던 관계로 귀국하지 못하고 성화成華 19년 (1483년)까지 살다가 궁중 '외할머니'의 신분으로 병사했으니 향년 74세였다).

작별인사를 하는 날, 태후는 김흑의 손을 잡고 눈물을 흘렸다. 노 할머님은 정말로 마음이 슬퍼 손자 영종 황제에게 김흑을 위한 조서 한 통을 써달라고 부탁했다. 조선의 국왕에게 그녀가 여생 동안 아무런 근심걱정 없이 살 수 있도록 편안히 돌봐달라고 하는 내용의 조서였다.

선종의 사후, 명나라 궁에서는 마지막으로 대규모 순장이 벌어졌다. 위의 글을 참고해 본다면 장태후는 인종이 지키지 못했던 약속을 지켜 김흑 등 일단의 조선의 여성을 본국으로 돌려보내주었으며, 김흑과 이별하기 전 그녀의 손을 부여잡고 눈물까지 한바탕 흘렸으니 외적으로는 아주 선량한 사람처럼 보인다.

그러나 사람은 일언일행만 가지고 경솔하게 판단해서는 안 된다. 즉 선덕 10년에 일어났던 순장을 살펴보기로 하자. 약 10여 명이 죽었는데, 이는 순종이 내린 유지였을까? 아니면 아무런 유조도 없었는데 그저 궁중의 관례에 따라 순장을 시킨 것일까? 둘 중 어떤 상황이었든 간에 장태후는 당시 순장의 정책결정자인 동시에 집행자였다. 그녀의 아들 선종 주첨기가 죽었을 당

---

저 고통을 준다.

시, 손자인 영종 주기진은 겨우 9살이었다. 이렇게 어린아이는 죽은 사람을 보면 무서워하기만 할 뿐이다. 그러니 이런 꼬마가 그렇게 많은 황서모를 죽음으로 밀어 넣었다는 것은 상상이 불가한 일이다.

황제를 염장하는 일을 보통 외부의 신하는 알기 어려웠고 또 그를 두고 간언을 올리기도 힘들었다. 하지만 졸필이 추측컨대 장태후가 정책을 보조하는 신하(예를 들어 내각의 '삼양三楊'[87])중 누군가에게 의견을 자문하려고 했다면 그들은 아마 모두 반대의 뜻을 표했을 것 같다(표현 방법이 매우 완곡했다 할지라도). 왜냐하면 순장이란 고대의 예법에도 맞지 않을 뿐 아니라 인륜에도 부합하지 않아 유가 혹은 불가의 사상에도 모두 근본적으로 위배되었기 때문이다. 그들이 자신을 유신儒臣이라고 자처한다면 이런 악습은 절대로 지지하지 않을 것이다.

궁정 내에서 상례를 집행하는 사람은 주로 사예감司禮監 등 환관이라고 하지만, 선제의 비를 순장시키는 일에 그들이 감히 멋대로 자기주장을 할 수 있었을까? 분명히 태후의 지시를 받아 순장자의 명단을 확정했을 것이다. 그들은 형장의 망나니요, 목숨을 앗아갈 밧줄을 목에 걸어주는 사람에 불과했다.

그렇게 정통 9년(1444년)에 세상을 뜰 때까지, 장태후는 '발 뒤'에서 명나라 왕조를 장악한 최고 권력이었으며 수렴청정을 하지 않은 서태후에 비견했다.

---

87   양사기(楊士奇), 楊榮(양영), 양부(楊溥)를 가리키며, 명대 '대각체(臺閣體)' 시문의 대표인물.

이 점은 각종 기재에서도 이설을 찾을 수 없다. 많은 사람이 정통 초년에 명나라가 계속하여 비교적 맑은 정치 기상도를 유지할 수 있었던 이유를 장태후의 공로로 돌린다. 우리는 이에 평가를 보류하기로 하고, 명나라 왕궁에서 얼마나 끔찍한 일이 일어났는지만 이야기해보도록 하자.

장태후는 천자의 할머니요 태황태후의 신분으로서 조정 내외에서 막대한 권위를 가지고 있었다. 만일 그녀가 조금이라도 연민의 마음을 가지고 어머니로서 아들의 정치를 고치려고 순장이라는 구습의 철폐를 선포하거나(성년이 된 영종처럼 결단했다면), 혹은 순장제도를 개선해 최소한의 사람만을 순장하려고 했다면 안 될 것이 무엇이었으랴? 하지만 그녀는 그렇게 하지 않았다. 그녀는 심지어 이를 일종의 기회로 여겼던지, 자신이 싫어하는 비빈과 궁인(예를 들어 곽귀비)을 명단에 전부 포함시켜 이 기회에 일망타진해버렸다!

사실 선덕 연간은 명나라의 국력이 이미 '정오'를 지난 때였다. 영종 정통 연간에 이르러서는 쇠퇴의 기운이 더욱 분명했다. 정통 14년(1449년) 8월, 영종 주기진은 중국 땅에 침입해 온 몽고의 와랄부瓦剌部(Oirat) 오랑캐를 경솔하게 맞이하여 황급히 직접 정벌에 나섰다. 그러나 결과는 출병한 지 얼마 되지 않아 여섯 사단이 산해관 내에서 궤멸했으며, 영종 본인은 포로로 사로잡히게 되었다. 하지만 명나라 역사서에서는 또 눈을 가리고 콧방귀를 뀌며, 이 일을 감추어 '북방 수렵'이라 일컬으며 황상이 북방에 수렵을 하러 간 사건으로 날조했다. 왕위를 계승한 사람은 이미 성년이 되었지만 '분봉 받은 나라가 없는' 성왕郕王, 즉 경태제景泰帝 주기옥이었다.

주기옥은 명나라 역사상 일종의 '대리황제' 역할을 수행했다. 이복 큰형인 영종은 '토목의 변'으로 북방에 포로로 잡혀갔고 황자 주견심朱見深은 아직 나이가 어렸다. 나라가 어려움에 부딪힌 때에 성숙한 군주는 필수 불가결했다. 그리하여 영종의 어머니 손태후는 다급한 마음에 부득이 성왕을 청해 나라를 감독하도록 한 것이다.

손태후는 황제의 보좌란 돼지표 강력본드처럼 강력한 점성이 있다는 것을 잘 알고 있었다. 누구든 황제가 되기만 하면 보좌에 완전히 달라붙어 절대로 떨어지지 않는 것이었다. 그래서 그녀는 성왕이 나라를 감독하도록 권한을 주는 대신, 한편으로는 또 다른 예방조치를 강구했다. 즉 영종의 아들 주견심을 황태자로 책봉함으로써 주기옥이 적자의 자리를 빼앗으려는 야심을 아예 없애버리려 했다.

그러나 이 정치적인 발상은 그다지 견고하지 못한 계획이었다. 북경을 둘러쌌던 와랄의 대군이 물러가자 주기옥은 신속히 군신의 지지를 받으며 황제로 자칭했고, 연호를 경태로 바꾸었다(1450년). 와랄인이 데리고 있던 '황족' 인질의 효력을 무력하게 하기 위해, 또한 영종 주기진이 복위할 생각을 완전히 포기하도록 하기 위해, 경제는 포로가 된 자신의 형을 태상太上황제로 추증했다. '태상'이라는 두 글자를 붙인 사람은 태상노군太上老君[88]을 제외하고, 모두 한물 지나간 인물이란 뜻이다. 얼마 후 황태후 손씨를 성황聖皇태후로 높이고, 생모인 현비賢妃 오吳씨는 황태후, 비妃인 왕汪씨는 황후로 받들게 했다.

---

88 도가(道家)의 노자에 대한 존칭.

일 년이 지나자 인질로서 이미 효력을 잃은 태상황 주기진은 계륵이 되어, 북방 지역에서 양식만 축내며 아무짝에도 쓸모없는 사람 취급을 받고 있었다. 몽고인 역시 그를 돌보는 것이 귀찮아지자 그를 다시 돌려보냈다. 경제는 이미 퇴위를 한 형을 자기 정치 인생 최대의 위협요소라고 여겼기 때문에 영종을 조정으로 맞아들이길 극히 꺼렸다. 하지만 마음이 그렇게 모질지 못했던 탓에 독이 든 과자를 먹이고는 '돌연사'를 선언하는 방식으로 마음속 가장 큰 두통거리를 제거하던 옛날 사람의 방법을 따라하지는 못했다. 그는 영종을 남내南內에 연금시키는 '문전박대' 밖에 할 줄 몰랐다. 이를 봐도 경태제는 인자하고 부드러운 사람임을 알 수 있다. 그는 아마도 '좋은 사람'이었던 것 같다. 하지만 정객으로서는 무능한 사람이었고, 이것은 결국 그의 운명을 불행하게 만들고 말았다.

영종이 남내에 갇혔으니 영종의 위협은 잠시 사라진 듯 했지만, 황태자 주견심은 더욱 눈엣가시가 되었다.

주견심의 입장은 본래 매우 난처했다. 그는 황태자인데도 황제는 자신의 아버지가 아니었고 자신의 아버지는 자유를 잃은 수인이었으니, 자신도 언젠가는 퇴위가 될 것이 불 보듯 뻔하여 걱정할 필요도 없었다. 과연 경태 3년 5월, 경제는 자신의 친아들인 주견제朱見濟를 황태자로 삼고 주견심을 기왕沂王으로 폐위시켜 버렸다.

그와 동시에 폐위된 사람으로는 황후 왕汪씨가 있었다. 경제의 조강지처인 왕태후가 자기 자리를 잃어버린 중요한 원인은 아들을 낳지 못했기 때문이었다. 새 황후는 태자 주견제의 생모인 항杭씨였는데, 이것이 바로 '어머니는 아들을 낳음으로써 영광을 얻는다'는 말의 좋은 예라고 할 수 있다.

　주견제를 황태자로 추대하는 일은 본래 모두 매우 순조로웠고 별다른 변고도 없었다. 당시 각 부 대신 역시 공동제안자로서 상을 받을 정도였다. 그러나 주견제는 황태자가 될 복이 없었는지 불행히도 그 다음 해 말에 그만 죽고 말았다. 경제는 본래 심약하고 여린 사람이었던 터라 생식능력도 부족하여 다시는 아들을 낳지 못했다. 황위계승자가 없으니 통치의 보좌는 비어 있게 되었다. 경제 한 사람만이 외롭게 황위를 지켰지만 몸이 약해서 언제든지 '황천에 갈' 위험이 발생할 수 있으니 그의 지위는 자연히 풍전등화나 마찬가지였다.

# 제24장 황궁 종이 땡땡땡, 천자가 바뀌었다!

경태 8년(1457년) 정월, 경제는 돌연 병을 얻게 되었다. 그 해 12일, 그는 아픈 몸을 이끌고 도성 남쪽 교회의 재궁齋宮에 도착해 이튿날의 제천의식을 주관할 준비를 하고 있었다. 그러나 그날 밤 병세가 심해진 그는 더 이상 자리에서 일어나지 못했고, 어쩔 수 없이 무청후武淸侯 석형石亨을 보내어 대신 의식을 거행하게 할 수 밖에 없었다. 이 사건 이후로 경제는 다시는 조례를 주관하지 못했고 이해의 대보름날 관례에 따라 거행해야 했던 백관과의 명절 연회도 역시 취소되었다.

대보름 이튿날, 본래 조례를 거행하는 날이 아니었으나 백관은 황제의 건강이 염려된 나머지 모두 함께 우순문右順門을 찾아 안부를 물었다. 황제의 방에는 손님 접견 불가 팻말만 걸린 채, 태감이 나와 답을 전했다. "황상께서는 한기가 조금 드셨을 뿐입니다. 요양을 조금 하시면 좋아지실 터이니 모두 다 돌아가서도 좋을 것 같습니다."

경제는 즉위 이래로 항상 근면한 편이었다. 매일 아침 새벽 별을 보며 조정에 도착해 아침 조례를 빼먹는 적이 한 번도 없었는데 지금 연속 수일간 조례에 나오지 않고 조정의 신하를 만나지 않으니 이런 상황은 과거에는 전혀 없었던 일이었다. 그러나 궁에서 도대체 어떤 일이 벌어지고 있는지 알고 있는 사람은 아무도 없었다. 백관은 불안한 마음이 가득해졌다. 황상이 어쩌면 '돌아가셨을 것'이라는 소식은 신속하게 퍼져나갔다.

명대의 정치제도 이야기를 하자면 군주의 위치가 제일 안정적이었다고 할 수 있다. 황권을 위협하는 권신이나 세도를 쥔 환관, 변방의 장군도 없었으며, 외척이나 후비가 정치를 간섭하지도 않았다. 그러나 황태자의 자리, 즉 '국가의 근본'은 오랫동안 비워 놓을 수 없었다. 그럴 경우 통치는 정말 근본적인 위기에 부딪히게 되었다. 황태자 주견제가 죽은 후, 평온무사하게만 보였던 경태제의 조정은 새로운 위기와 균열을 배태하게 되었고, 일부 관원은 공개적인 의견제시를 통해 기왕 주견심의 태자 지위 회복을 요청했다. 이와 비슷한 의견이 비록 순식간에 제어되기는 했지만 황상이 계속 아들을 낳지 못하자 이런 여론은 가라앉기는커녕, 오히려 지하로 들어가 더욱 빠른 속도로 확장되었다.

경태제는 신하들의 경박함에 분노했다. 하지만 그는 끊임없이 계속되는 '이의'의 파도소리와 조정의 신하 가운데서 새로 솟아나기 시작한 감춰진 파랑이 사실은 매우 위험한 격랑임은 무시하고 있었다. 들풀은 공기와 햇빛이 있어야만 자라는 것처럼, 일부 신하가 미친 듯이 짖어대는 것은 그들의 마음속에 보이지 않는 등대가 있기 때문이었다. 그 등대는 바로 태자에서 폐해진 주견심으로 그들은 언제든지 그곳으로 헤쳐모여 할 준비가 되어 있었다.

파워 게임의 본질은 하나의 중심이 또 다른 중심의 생존공간을 착취해 이 생존공간이 완전히 소멸하기까지 계속한다는 것이다. 이런 도리를 말 한마디 옛말로 표현한다면, '하늘에는 두 개의 태양이 있을 수 없고, 국민에게는 두 명의 군주가 있을 수 없다'라고 할 수 있다. 경제에게 만일 잘못이 있었다면 그것은 너무 마음이 약해서, 권위를 내세우며 위력으로 군신을 신속하게 제압하는 군주로 군림하지 않았다는 것이다. 그는 특히 두 마음을 가진 신하를 제압했어야 했다. 또 다른 잘못은 사람들의 마음과 힘을 신속하게 규합할 수 있는 또 다른 중심을 과감하게 소멸시켜 버리지 않았다는 것이다. 그가 만일 그렇게 하려고 했다면 영종 부자를 둘 다 죽였어야 했다.

그러나 경제는 이런 악한 생각을 전혀 한 적이 없었다. 그랬다면 궁궐 담 몇 개만 지나면 만날 수 있던 영종 부자도 일찍이 뼛가루만 남았을 것이다.

하늘에 제사를 지낸 후 셋째 날, 일부 관원은 황태자를 세우자는 재청 상소문을 공동으로 올렸다. 경제는 몸이 매우 아파 조금이라도 신경을 쓰면 심장이 쿵쾅거렸기 때문에 이런 소란은 본 척도 하지 않고 상소장을 한편에 던져놓은 채 나 몰라라 하고 있었다.

황제의 병은 이미 조정 밖에서도 근심거리가 되어 있었다. 16일, 예부는 독자적으로 문무백관을 소집하여 다시금 태자 책봉을 요청하는 상소문을 올릴 것을 상의했다. 또한 상소문의 초안을 미리 마련해놓고 주요 대신에게 확정안을 보여준 후 날짜를 택해 상소문을 올리기로 했다. 그들은 누구를 태자로 세울 것인가는 확실하게 제안하지 않았지만 당시 유일한 후보는 바로 전 태자 주견심이었으며, 이것은 설명이 필요 없는 군신의 일치된 의견이었다.

비록 황제가 병으로 자리에 드러누워 단번에 황천길로 갈 가능성이 농후했지만 노련한 대신들은 전혀 초조해하지 않았다. 그들은 입으로는 말하지 않았지만 마음속으로는 사실상 완벽한 계획을 세워놓은 상태였다. 황상이 승하하기만 하면 상소문을 통해 바로 상성上聖 황태후 손씨, 황태후 오씨를 청해오고, 기왕 주견심을 태자로 복위시켜 당일로 즉위시키면 조정은 평온하게 위기를 넘기고 불상사가 발생하지 않을 터였다.

그런데 예상치 못한 일이 발생했다. 모두의 배후에서 음모를 꾸미는 모략가들이 비밀리에 내통한 것이다.

사설감司設監[89] 태감太監 조길상曹吉祥은 빈틈을 엿보다 궁중에서 몰래 빠져나와 무청후 석형, 좌부도어사左副都御史 서유정徐有貞 등을 만나 그들에게 사실을 털어놓았다. "황상의 병이 매우 심각하여 곧 돌아가실 것 같다." 석형은 고개를 끄덕이며 말했다. "내가 제례를 대신하던 그날에 황상께서 내게 칙령을 전하시면서 침대에서 내려오지도 못하시더군. 이제 보니 끝장이 나겠어."

그들은 갑자기 묘한 흥분에 휩싸였다. 즉각, 황상의 숨이 넘어가기 전에 새로운 군주를 옹립해 불세출의 위대한 공로를 세워보자는 비밀 결의를 다짐했다. 그러나 그들이 새로 옹립하기로 한 그 새로운 황제, 비밀 모의의 주인공은 조정의 대신이 한마음 한뜻으로 모시기로 한 전임 태자 주견심이 아니라 남궁에 이미 7년 동안 갇혀 있던 태상황 주기진이었다.

아무런 희망도 없는 사람에게 예상치 못했던 기쁜 소식을 전해 줄 때에만 그의 감동과 보답이 더욱 커지는 법이다. 만일 대신들의 생각처럼 경제가 죽은 후 주견심을 즉위시켰다면 그들은 아무런 콩고물도 얻지 못할 게 뻔했다. 이것이 바로 자력갱생이다!

---

89  천자의 행차행렬, 의장대, 우산, 우구, 큰 양산 등을 전문적으로 관리하던 부서. 장인태감(掌印太監) 한 명을 두었다.

무청후 석형은 당시에 대총병大總兵을, 도독都督 장월張軏(영국공英國公 장보張輔의 동생)은 통령금군統領禁軍을 맡고 있어, 둘 다 병권을 쥐고 있었다. 그들은 결의 후에 17일 새벽녘에 다른 일을 핑계로 병력을 도발해 갑자기 담을 허물고 남궁을 공격했다.

그때는 날이 아직 밝지 않았다. 태상황 주기진은 아침 일찍 일어나는 습관이 있어서 막 새벽의 고적한 궁전에 한가로이 앉아 있었는데, 갑자기 밖에서 소란스러운 소리가 들려왔다. 곧이어 횃불이 어지럽게 흔들리고 병기와 몽둥이가 부딪히는 소리가 들리더니 대부대의 군사가 몰려와 궁전을 겹겹이 에워쌌다. 원인을 알지 못한 주기진은 얼굴색까지 파랗게 질려 버렸다. 조금 후에 궁전을 나와 보니 무리의 지도자는 무청후 석형이었다. 석형은 성큼성큼 궁전 처마 앞으로 다가오더니 엎드려 절을 했다. 그는 주기진을 놀라게 한 죄를 사죄하며 태상황을 복위시키고 싶다는 이야기를 전했다.

석형은 이번 행동에 앞서 이미 상성황태후에게 뜻을 물었다고 태상황을 안심시키며, 이 일은 '어머님의 지시'를 받아 치르는 거사임을 특별히 설명했다.

남궁에 갇혀 산전수전을 다 겪었고 세상인심의 각박함도 뼈저리게 느꼈던 주기진은 운명적인 기회가 오자 망설임 없이 석형이 준비한 가마에 올라탔다.

일행은 동화문東華門에서 자금성紫禁城으로 입성한 후에 봉천문奉天門에서 가마를 멈추니, 덩그러니 문에 놓인 휘황찬란한 보좌만이 눈에 들어왔다. 마치 돌아온 옛 주인을 영접하는 듯했다.

이미 8년 동안 보좌에 앉아보지 못했던 영종 황제, 그는 용의에 천천히 앉았다. 차가운 의자의 감촉이 마치 꿈처럼 그를 설레게 했다. 양쪽에 시립한 시위들, 휘황하게 밝힌 촛불을 보니 이제야 실감이 들어 조금 마음이 놓였다. 곧이어 오문午門[90]에 달린 조회 소집 종이 울리자 좌우의 액문이 열리고 군신은 물 만난 고기처럼 조정으로 몰려들었다.

군신과 백관은 아무런 소식도 듣지 못했는데!

오늘 황상이 조회 소집을 할지 안 할지 알 수가 없었고, 내부적으로 조회를 취소한다는 지시도 없었다. 때문에 그날도 평일과 마찬가지로 시간이 4, 5경更이나 되었지만 오문 밖 광장 및 각 부, 각 원의 사무실에는 이미 수많은 도성의 관원이 모여 있었다. 황제의 병세와 황태자 옹립, 이 두 가지가 그들이 토론하는 화제였다.

갑자기 오문이 열리더니 금군 시위대가 반듯하게 도열했다. 각 관원은 조회 참가 골패를 검사받은 후 곧바로 입장이 허가되었다. 그들은 이제 경제의 몸이 다 나아 조회에서 백관을 접견하고 정사를 처리할 수 있게 된 줄 알고 펄쩍 뛰며 기뻐하였다.

하지만 그들이 봉천문 앞 광장으로 한걸음에 내달아 관직의 품계와 문무 동서의 반차에 맞춰서서 위를 쳐다본 순간, 봉천문 위에 단정히 앉아 있는 그분은 몸매가 수척하고 수염이 적은 경제가 아니라 둥근 얼굴, 통나무 허리에 멋진 구레나룻을 기른 태상황제였다. 모두 자신의 눈을 의심했다. 영종은 남궁에 거한 후부터 밖에 나와 본 적이 없고, 군신은 오랫동안 만난 적이

90    자금성의 (남쪽) 정문.

없었던 것이다. 지금 그를 다시 보니 조금 나이가 든 것 같이 보였다. 그러나 실제 나이는 막 30세에 접어든 때였다.

어떤 변고가 발생했는지 전혀 알 수가 없던 군신은 경악스럽기 그지없었다. 황제를 보필하던 몇몇 내각 신하를 얼른 찾아보니 그들 역시 당황하고 있기는 마찬가지였다. 당시 황상이 가장 신뢰하던 병부상서兵部尙書 우겸于謙을 찾아보니, 막 어스름이 내린 어둠 속에 수염만이 희미하게 보일 뿐 사냥감을 놓친 사냥개처럼 전전긍긍하고 있었다. 지금 이 순간, 칼날에 피 한 방울 흘리지 않고 옛 황제를 밀어내고 새 황제를 옹립한 음모가(그들은 이번 궁정 정변을 '탈문의 변奪門之變'이라고 불렀다)만이 이 상황을 알고 있었다. 기쁨에 넘쳐 고개를 쳐들고 큰 걸음으로 조정으로 들어오는 그들은 생기발랄하고 활기가 넘쳤다.

군신은 서로 의혹에 가득 찬 눈빛을 교환했지만, 누구 하나 앞으로 나서 질문을 하는 사람이 없었다. 그들은 찬예관贊禮官의 지휘에 따라 문반은 동쪽, 무반은 서쪽으로 나뉘어 각각 관직의 등급대로 줄을 서 어리둥절한 가운데 위쪽을 향해 5배 3고두의 예를 올렸다.

예가 끝난 후 황제의 의장용 채찍 소리가 나더니 용음이 들렸다. "경등이 경태제의 병환으로 짐을 맞이하여 복위를 하였으니 여러분은 예전처럼 일을 하시며 태평을 누리시기 바랍니다." 모두는 더 어리둥절하기만 했다. 이게 무슨 아닌 밤중의 홍두깨인지 알 수가 없었다. 태상황이 어떻게 복위했다는 것인지?

바로 이때 갑자기 명령이 내려오더니, 수십 명의 금의 근위병이 문에서 뛰어와 문무관 중에서 소보少保 병부상서 우겸과 이부상서吏部尚書 근신전謹身殿 대학사인 왕문王文을 체포했다. 군신이 크게 놀라고 있는데 곧 내정에서 몇 명을 끌어내는 광경이 보였다. 누군가 하니 바로 사예감 태감 왕성王誠, 서량舒良, 장영張永, 왕근王勤 등이었다. 그들은 모두 경제의 내외 친신이었는데, 지금은 꼼짝달싹할 수 없이 온통 꽁꽁 묶여 있었다.

문 위에서는 간신을 체포했으니 그들을 함께 묶어 조옥詔獄[91]에 가두라는 명이 떨어졌다.

한때의 충신과 중신이 한순간에 간당이 되었다. 그들의 죄명은 '매관매직, 법령 기만' 뿐만 아니라 경제의 병이 위중할 때에 '몰래 다른 제후의 번국藩國을 끌어들여 왕위를 계승하게 하려는 기도를 했다'는 죄명까지 추가되었다. 우스운 점은 이를 적발한 사람이 "이 일은 비록 소문이긴 하지만 사실임이 분명하다!"고 말한 것이다. 이것은 진회秦檜 노선생이 죄가 "아마 있을지도 모르오莫須有"라는 말로 악비에게 죄를 판결한 것과 똑같이 교묘한 발언이었다.[92]

군신은 이를 보자, 대략 무슨 일이 일어났는지 알 것 같았다. 내정에서 정변이 발생했고, 누가 옹립을 했는지만 모를 뿐이었다.

다시 문 위에서 전해오는 소리를 들으니, 태감이 구두로 퇴조하라는 성지

---

91  황제의 명령을 받들어 범인을 구류, 감금하던 감옥.
92  (편집자 주) 송대의 간신 진회는 사람들에게 추앙받던 명장군 악비에게 죄를 물어 죽인 뒤, 그에게 무슨 죄가 있었느냐는 추궁에 "아마 있을지도 모르오."라는 말을 남겼다.

를 선언했다. 군신은 어쩔 수 없이 만세 삼창을 외칠 도리밖에 없었다. 태상황은 보좌에서 일어나 동으로 향했다. 아마 문화전文華殿으로 가는 듯했다.

태상황 주기진(앞으로는 그를 계속 영종英宗으로 부르자)은 이렇게 복벽했으며 신하들과 인사를 한 후 즉각 천자가 일상정무를 처리하는 문화전에 도착해 계속 유지를 하달했다.

탈문의 변의 밀모자 중 하나인 좌부도어사 서유정이 제일 먼저 큰 상을 받아 한림원 학사 직위를 겸하고 내각에 포함되어 기무機務[93]에 참여했다. 영종은 그와 내각 수보대학사首輔大学士 진순陈循 등이 함께 문화전 좌춘방左春坊에서 태상황 복위에 대한 정식 조서의 초안을 작성할 것을 명했다.

이 서유정은 사실 양심에서 '정절'이 조금도 없는 사람이었다. 그의 본명은 서정徐珵이었는데, '토목지변' 이후에 와랄 기병대가 경기 지방을 공격하자, 죽음을 두려워한 나머지 날씨를 보아 밤을 틈타 남쪽으로 천도해 와랄 군대를 피해야 하며 이렇게 해야만 조정이 무사할 것이라고 공개적으로 선언한 지조 없는 사람이었다. 그는 한편으로는 도성을 버리고 도망칠 것을 선동하면서, 또 한편으로는 가족을 전부 남방으로 피난시켰다. 조정의 병부상서 우겸, 사예태감司禮太監 홍안興安 등의 사람이 내부 의견을 주도해 저항의 의지를 굳게 하고, 경제 또한 도성을 사수하겠다는 정책을 결정했기에 망정

---

93  대신이 내각에 입각해 일을 하고 기무를 처리하려면 반드시 한림원의 관리를 겸임해야 했다. 헌종(憲宗) 이후 내각의 신하는 모두 반드시 전각대학사(殿閣大學士)를 겸직해야 했는데 이것이 내각에 입각하는 조건이었다.

이지, 아니었다면 어쩔 뻔 했는가? 경제는 "다시 천도를 의논하는 자는 목을 베어버리겠다!"는 조서를 내렸다. 하지만 서정은 그때부터 명성에 크게 금이 가 관직의 길이 순조롭지 못했다. 관로가 계속 삐걱거리자, 그 후 그는 어쩔 수 없이 이름을 '정절이 있는 사람', '유정有貞'이라고 개명해야만 했다.

서유정은 당시 탈문복벽의 주요 기획자였다. 마음속에 이미 초안이 있던 터라 일사천리로 글을 써내려가 일필휘지로 조서를 완성했다. 진순이 곁에서 식은땀만 뻘뻘 흘리고 있었는데 땀을 다 닦기도 전에 조서가 완성되니, 그저 속수무책으로 동행할 뿐이었다.

영종英宗은 글을 다 보더니 매우 만족스러워하며 곧바로 예부 관원에게 넘겨, 오문 밖에서 조서를 반포하도록 했다. 조서의 요지는 이러했다. "짐은 남궁에서 7년을 거하면서 천지의 화합을 보양하며 거칠 것 없고 유유자적한 삶을 살았다. 지금 공, 후, 백작, 황제의 친족 및 조정의 문무 군신이 모두 궁문으로 달려와 상소를 올리며 현재의 황제께서는 몸이 불편하시고 수도와 지방에 위기가 닥칠 수 있으니 황제의 지위에 다시 즉위할 것을 재삼 간절히 청했다. 짐은 사양하여 이 요청을 받아들이지 않았으나 모후의 청이 있었으므로 오늘 다시금 황제의 위치에 오르노라."

군신이 믿건 아니건 간에 이 말은 반포하기만 하면 장땡이었다.

한편 날이 바뀌면서 하룻밤 사이에 태양도 바뀌었으니, 군신은 어찌된 영문인지 그 '조홧속'을 몰라 어리둥절했다. 그러니 어디 곧바로 해산할 생각이나 했겠는가? 전부 오문 밖에 모여 여러 경로로 상황을 알아보고 있던 중이었다. 그러나 선포된 조서를 듣자, 이미 대세가 결정되었음을 깨닫고 얼른 조복을 입고 다시 조정으로 들어가 영종을 모셔 봉천전奉天殿에 좌정한 후 다시금 즉위식을 거행했다(이 한 해는 본래 경태 8년이었으나, 경태라는 연호가 이렇게 폐기된 탓에 경태 8년은 시간상으로 겨우 십여 일에 불과했다).

불쌍한 경태제여! 재위한 지 8년이 되었건만 머리를 궁문에 부딪치며 경태제의 억울함을 주장하며 울어주는 신하 한 명 없이, 이렇게 어리둥절해 하다가 황위에서 밀려났구나!

# 제26장 경제에게도 스캔들이

경태제景太帝 주기옥朱祁鈺은 본래 친왕밖에 하지 못할 운명이었으나, 토목의 변이 발생했을 때 그의 나이는 이미 22세(선덕 3년, 1428년 출생)였다. 관례에 따르자면 이미 '봉국을 얻어야 할' 나이였다. 여기에서 우리는 두 가지 가설을 세워볼 수 있다. 첫째는 '만약 그가 봉지를 얻었다면'이라는 가설이고, 둘째는 '만약 그의 형 영종이 포로로 잡히지 않고 외적이 경기를 침입하여 황위가 갑자기 공중에 뜨는 긴급 상황이 발생하지 않았다면'이라는 가설이다. 그렇다면 성왕의 운명은 전혀 걱정할 필요가 없다. 그는 황위를 계승하지 못한 모든 왕자와 마찬가지로 북경과 모후를 떠나 자신의 봉국에 자기만의 작은 왕조를 건립하여 살다가 수많은 친족과 번신 사이에서 연기처럼 사라지고 아무런 흔적도 남기지 않았을 것이다. 명대 역사에 주기옥이라는 번왕이 있었다는 사실을 그 누구도 기억하지 못했을 것이다.

그러나 간사한 운명은 이 두 가지 가설을 전부 물거품이 되게 했다. 역사의 전환기에서 그는 누구도 예상치 못한 운명적인 화려한 변신을 한 것이다. 그는 단숨에 황좌에 올랐다!

8년 간 재위했던 주기옥이 우리에게 준 인상은 성격이 온화하고 유약하며 그다지 큰 특징이 없었다는 것이다. 어쩌면 사람들에게 있어 그는 과도기적 인물이자 실패자로 각인되었기 때문에 대중의 흥미를 끌지 못했을 수 있다. 하지만 주기옥의 일생에 이야깃거리가 전혀 없었던 것은 아니다. 그는 존귀하기 이를 데 없는 여느 황제와 달리 후궁에 있는 3천 명(3천이라는 숫자는 실제 숫자가 아니라 '매우 많다'는 뜻임을 미리 알려둔다)의 미녀를 포기한 채 기방의 기녀와 연애를 했으니, 이는 어떤 시대에라도 구미가 당기는 이야깃거리가 아닐까?

명나라 황제 중 주원장이 기녀와 야합하여 대왕을 낳았다는 야사 외에도 궁중 밖의 들풀을 뜯고 야생화를 꺾은 황제 두 명이 있었다. 그 이야기는 왕세정王世貞의 《봉주잡편鳳洲雜編·상행요기上幸妖妓》에 기재되어 있다. "경제 때 요기妖妓 이석아李惜兒를 불러 입궁시켰으며, 무종武宗 때 진양晉陽의 기녀 유劉씨를 압송해 왔으니 유마마님劉娘娘이라고 불렀다." 경제 주기옥 외의 또 한 명의 황제라면 바로 유명한 스캔들 제왕, 주후조朱厚照를 꼽을 수 있다.

왕세정은 이석아를 '요기'라고 불렀는데, 이는 그 야생화가 궁정의 정원으로 이식되어 수많은 비빈 모란과 함께 미모를 뽐내며 경쟁을 했기 때문에 '요망하다'는 '요'자를 붙인 것이 아니었다. '요기'라는 이 단어는 영종이 복벽한 후 황태후 손씨가 종실, 친왕 및 중외의 문무 군신에게 주는 제유制諭(주로 폐제의 각종 과실을 지적하는 조서)에서 제일 처음 언급된 단어이다. 저작권은 당연히 손태후에게 속해있다.

일반적으로 여인은 자신이 특별히 무시하고 죽이고 싶을 정도로 미워하는 동성에게 모두 '요'라는 글자를 붙여주길 좋아한다. 독자 여러분, 한번 생각해 보시라. 여자를 '요망하다'고 욕하는 사람은 대부분 여성이지, 남성 중에서 그런 욕을 하는 사람은 거의 없다. 그렇지 않은가?

이석아는 일반적인 기방의 기녀나 화류계의 여인이 아니라 교방사教坊

司[94] 아문의 관기였다. 이석아는 종고사鐘鼓司[95] 환관 진의陳義와 교방사 좌사악左司樂 진영晉榮이 경제에게 헌납한 여인이었다. 즉 경제는 무종처럼 몰래 궁을 빠져나가 민간 도처에서 용과 봉황의 놀음을 즐기며 들풀을 꺾었던 사람이 아니다. 그는 무종과 달리 개척정신을 숭상하며 간언을 물리치는 용기를 부릴 줄 모르는 착실한 사람이었기에, 그의 낭만사는 무종의 플레이보이 스토리에 완전히 묻혀 있었다.

교방사는 조정의 가무와 유희를 책임지는 기구이며, 종고사는 환관 '24아문' 중에 포함된 4사四司 중의 하나로서 조정의 종과 북 및 궁내의 잡다한 유희와 연극을 장관했다. 외부에 있는 교방사와 내부에 있는 종고사는 서로 하는 일이 관련이 되어 있는데 모두 조회, 연회, 제사 및 예례와 황족의 오락을 위한 업무를 담당했다. 이석아는 교방사에서 관공기구를 위해 일하던 관기였는데 기예가 출중했던 탓에 황제의 사랑을 받게 되었다.

경제도 이 세상의 모든 남자처럼 집안의 꽃보다는 야생화의 향기에 더 마음을 빼앗겼나 보다. 일편단심 불철주야 황제만을 간절히 바라보는 그 많은 여자는 전부 후궁에 그냥 놔둔 채, 기녀 출신의 이석아를 매우 좋아했다. 이석아가 황제의 사랑을 받은 것은 경태 7년(1456년) 여름의 일이었으니, 우리도 알듯이 이는 '탈문의 변'에 이미 아주 가까운 때였다.

---

94  중국 고대 궁정 음악기관, 당대에 시작되었으며 궁중 속악의 교습과 공연 등을 전문으로 담당하던 곳
95  환관 기구, 조회 시작 종과 북을 울리는 일과 궁내 각종 묘기와 공연을 관할, 장인태감 한 명을 두었음

석아가 후궁에 들어와 황제를 모신 후 경제는 그녀의 환심을 사기 위해, 자금성에서 가장 중요한 궁전인 봉천전 곁에 특별히 궁전 한 칸을 따로 지어 그녀가 기거할 수 있도록 해주었다. 이렇게 신분이 비천하고 더러운 여인을 하늘에 제사를 지내는 지고지엄한 봉천전 곁에 살게 했다니, 이는 경제의 평범한 겉모습과 달리 그 마음속 깊은 곳에는 어떤 것에도 길들여지지 않는 뿌리 깊은 반항심이 자리 잡고 있었다는 뜻이 아닐까? 아무튼 이런 행동은 예교의 각도에서 본다면 지나치게 무엄한 행동이었다.

이석아는 관기 출신이었으며 그녀의 동생 이안李安 역시 영인伶人[96]이었다. 경제는 이안에게 금의위의 직분 하나를 마련해주고 처음부터 백호百戶를 삼더니, 얼마 지나지 않아 천호千戶로 승진시켰다. 천호는 정5품에 해당하는 무직으로 중급 무관에 해당했는데 이안으로서는 한평생이 아니라 몇십 평생 연극을 해도 얻을 수 없는 관직이건만, 눈 깜빡할 사이에 누나의 이름을 팔아 관직을 얻게 되었다.

이안은 미천한 신분 출신으로 본래 인품은 '소인배'에 지나지 않았다. 그는 누나가 황제의 침실에서 받는 총애를 등에 업고 득의양양하여 미친 듯이 욕망의 불꽃을 태워나갔다. 당시 절강浙江을 지키던 태감 이덕李德이 죽어 북경, 절강 두 지역에 대량의 장원과 주택을 남기자 그는 넘치는 탐욕으로 황제에게 이곳을 전부 하사해주시길 공개적으로 청탁했다. 그중에는 북경 서쪽 교외에 위치한 영복사靈福寺라는 절이 한 곳이 있었는데, 이덕이 생

---

96 고대의 악공 및 재인.

전에 자금을 투자해 건설한 곳이었다. 경제는 이 절과 그에 딸린 정원을 전부 향화원香火院[97]으로 사용하도록 이안에게 하사했다. 그러니 이제 볼만하게 되었다. 누이 덕에 연극인 출신인 이씨는 물론 조상까지도 지하에서 덩달아 위엄을 떨칠 수 있게 된 것이다.

하지만 비이건, 궁인이건, 총애를 받는 기녀건 간에, 무릇 황제가 총애하는 여인이란 진짜 용이 한번 올라타기만 하면 궁전 밖에 있는 그녀의 친구는 금세 '인기 폭발'이 되는 법이다. 그들은 가슴팍을 활짝 펴고 외척의 한 축을 담당했다. 황상 집안의 친척은 이때부터 남에게 자신을 뽐내며 평범한 백성의 금쪽같은 재산을 갈취하기 시작한다. 진짜든 가짜든, 혹은 먼 친척이든 가까운 친척이든, 황상의 친척과 외척은 말로 다 할 수 없는 각양각색의 호의와 이점을 누리게 되는 것이다. 그러므로 누구나 다 이 사업에 뛰어들기를 좋아했는데 상세한 내용은 뒤에서 설명하도록 하자.

사료를 통해 볼 때 이석아 혼자만 황제의 총애를 독차지한 것 같지는 않다. 종고사 내관인 진의, 교방사 악관인 진영은 경제에게 잘 보이기 위해 그에게 관기 여러 명을 추천했기 때문이다. 예를 들어《명영종실록》에서는 이렇게 이야기하고 있다. "경태 시기에 (진)영은 (진)의에게 아첨을 해 성지를 받들어 기녀 이석아 등을 선발해 궁궐에 연달아 입궐시켰다." 경제가 폐위된 후, 교방사에서 상소문을 올려 이 일을 고발하자, '정의에 충만한' 영종은 화를 내며 이렇게 말했다. "간사한 소인이 아부로써 부귀를 탐하고 이런 행

---

97  불교 경전을 읽고 복을 기원하던, 개인이 건설한 암자식 사찰.

동을 하다니!" 곧 사예감에게 이 기녀들을 전부 궁정에서 쫓아내고 기녀의 가족이 와서 데려가도록 명했다. 또한 진의, 진영은 금의위에서 고문을 당했다. 이 두 사람은 훗날 '기녀를 황궁에 들인' '대역죄'로 말미암아 주살당했지만 경제의 시동생이었던 이안은 처형되지 않고 변방 군대의 수비군으로 보내졌다.

가족에게 보내진 기녀 중에는 천하제일의 기녀요, '요기'로 불린 이석아도 포함되어 있었는지 모르겠다.

이는 아주 흥미진진한 이야기 소재로 당시의 인터넷 작가는 다음과 같은 두 가지 가능성을 설정할 수 있었다. 이석아는 황제에게 총애를 받았던 여인으로 진짜 용과 몸을 섞었으니 몸값은 당연히 천정부지로 치솟았을 것이다. 그녀는 아마도 다시 옛 직업으로 돌아갔을 것이고, 로맨스를 사모하는 풍류객과 재자들은 이 소문을 듣고 구름떼처럼 몰려와 한 시대를 풍미했던 이 명기의 매력이 과연 무엇인지 스스로 체험해보려 했을 것이다. 이것이 첫 번째 가설이다.

황궁에서 이석아의 신분이 상승했는지 아니었는지, 그녀가 황제가 정말 가까이 했던 미녀이며 대명왕조의 명기였는지는 모르겠다. 하지만 이미 대단한 인물이 되었다면야 무엇 하러 다시 강으로 내려가 몸을 적시겠는가? 그녀에게는 이런 자존심도 있었을 것이다. 어쩌면 그녀는 경제를 향한 아련한 사모를 그대로 간직한 채 먼지가 흩날리는 이 세상을 유랑했을지도 모른다. 그러나 가는 곳마다 그녀의 명성을 전해들은 사람들이 민간을 떠돌고 있는 '국모'를 알아보고 앙모와 공경을 마지않았고, 그녀는 전설적인 여자 달인이 되었을 것이다. 이것이 그 두 번째 가설이다.

하하하! 상상은 이쯤에서 그치기로 하자. 더 많은 상상은 역사적 허무주의만 불러일으킬 뿐이다. 졸필은 이석아 이야기의 결말을 농담 식으로 풀어보았다. 하지만 경제가 폐위된 후, 이석아는 4서에서 완전히 퇴출되었다는 점을 이야기해두고 싶다(졸필은 그녀가 비밀리에 사형을 당한 것이 아닌가 의심한다. 기녀의 신분이라 순장을 당할 자격이 없기 때문이다). 역사를 기록하는 꽁생원님들은 그녀에게 별 흥미를 못 느꼈던 것이다.

진의, 진영 등과 함께 칼을 맞은 사람 중에는 금의위 백호가 있는데 우리는 이에 주목할 필요가 있다. 이 사람은 애哎씨로, 이름은 숭고崇高였다.

그는 왜 머리가 잘렸는가? 다름 아니라 그가 경제에게 최음제를 헌납했기 때문이다. 애숭고와 진의, 진영은 한 패거리로 일하는 업무의 선후 파트너였음을 잘 알 수 있다. 두 진씨는 물건을 팔고, 애 모 씨는 애프터서비스를 책임졌던 것이다.

놀 줄 알고 로맨스를 즐길 줄 아는 그렇게 많은 기녀를 우르르 궁으로 맞아들였으니, 경제도 좌우에 여자를 하나씩 끼고 엔간히 정신이 없지 않았을까? 그렇지만 한번 '엎치락뒤치락하고 나면' 몸은 견뎌내지 못하고 아랫도리는 곧바로 고개를 숙여야 했다. 그래서 바로 이때 애숭고 같은 사람이 필요했던 것이다!

독자 여러분, 처음에 그를 '금의위'라고 소개했다고 해서 절대 동에 번쩍, 서에 번쩍하는 '××맨'이나 위풍당당한 고대무사 급으로 상상하지 말길 바란다. 명대의 금의위는 섞어찌개 같은 곳으로, 황제의 총애를 받은 사람, 황제가 우대해주고 싶고 관직을 더해주고 싶은 사람이 섞여 있는 곳이었다. 후비의 친정 사람, 황제의 유모, 권세 있는 태감 및 공을 세운 대신과 그들의 자제 역시 모두 수단과 방법을 다해 금의위에 한자리를 마련하려 했다. 그래서 금의위 중 다수가 무위도식하며 밥만 축내는 인물이었지만 모두 금의위 지휘, 천호, 백호, 총기總旗, 소기小旗 등의 호패를 차고 있었다.

애숭고는 어떤 사람이었을까? 그는 본래 태의원太醫院[98]의 의사였다. 경제와 알게 된 것은 경제가 아직 주기옥, 성왕이던 시절에 종기가 나서 그를 청해 치료를 부탁했던 연유였다. 그런데 이 자식은 타인에게 붙어 자기 잇속을 챙기는데 능했던 사람이라 왕이 엉덩이에 난 종기를 보여주자, 곧 기다렸다는 듯이 이렇게 물었다. "왕께서는 바다 같은 욕망에 빠져 지내시지만, 항상 '마음은 있지만 힘은 없는' 증상이 생기지 않으십니까?" 후에 그는 경제의 황실 회춘약 전문 제공상이 되어, 황제가 침상의 악전고투 속에서 싸워도 싸워도 강함을 잃지 않고 시간이 지나도 지나도 수그러들지 않을 수 있도록 도와주었다.

애숭고는 경제의 성생활을 아주 잘 도와주었기 때문에 이로써 총애를 얻고 관직을 하사받아 금의위 백호가 되었다. 하지만 그의 머리가 잘린 것도 결국 이 때문이었다. 진실로 성공 역시 그놈의 회춘약 때문이요, 실패 역시 그놈의 회춘약 때문이었다.

---

98   궁정에서 의약을 담당하던 관서명.

# 제27장 천자가 신하를 매수하다

어떤 이는 경제 주기옥은 본래 성품이 방탕하지 않았다고 말한다. 그들은 경제의 독자인 회헌태자懷獻太子 주견제가 경태 4년(1453년) 10월에 갑자기 세상을 떠났기 때문에, 그 후에 경제가 큰 충격을 받아 자포자기하다 방탕한 생활을 시작했다고 주장한다.

하지만 이 설에는 기묘한 점이 있다. 기녀들을 황궁으로 불러들인 것은 결단코 아들을 낳고 싶어서가 아니다. 성적인 자극을 추구하려는 목적 외에는 다른 해석을 하기가 어렵다! 기녀라는 이 직업과 천자의 후계자는 천성적으로 짝이 될 수 없다. 설령 기녀가 아들을 낳았다 하더라도 그런 아들이 정당한 명분과 도리를 내걸고 대명 황제의 자리를 계승할 수 있을까?

경제의 정실은 왕汪씨로서 순천부順天府(현재의 베이징) 사람으로 정통 10년(1445년)에 성왕비로 책봉되었다. 경제가 즉위하자 왕비는 황후가 되었다. 왕씨는 딸 두 명을 낳았지만 아들은 계속 낳지 못했다. 그녀도 노력을 많이 했지만 결국은 항씨 성을 가진 비에게 자리를 뺏기고 만 것이다. 정통 모 년, 왕부에서는 '응애'하고 남자아기의 우렁찬 울음소리가 들려왔다. 황제의 독생자인 주견제가 태어난 것이다. 그 아이는 성왕의 세자로 세워졌다.

주기옥은 하늘에서 감 떨어지듯 손쉽게 황위를 얻었지만, 황위에 오른 순간부터는 어떻게 하면 그 자리를 완전히 자기 것으로 만들 수 있을까에만 골몰했다.

무엇으로 가능할까? 당연히 아들이 있어야 가능했다!

경제는 의붓아들 같은 태자, 자신의 조카 주견심(즉 미래의 헌종)을 폐하고 자신의 피붙이인 주견제를 황태자로 세우기로 용단을 내렸다.

하지만 그가 이 일을 황후와 상의하자 예상치 못한 격렬한 반대에 부딪혔다. 사서는 황후가 '따르지 않겠다고 완강한 고집을 부렸다'고 한다. 어느 정도 고집을 부렸던 것일까? 그녀는 이 때문에 '황제의 뜻을 거슬러' 황후의 자리까지 빼앗겼다고 한다. 분명 어마어마한 다툼이 일어났을 것이고, 맞고 때리기까지 했을지도 모르겠다. 다음 글에서 우리는 왕황후가 얼마나 성격이 드센 여인인지 알 수 있을 것이다. 하지만 그에 비해 경제는 성격이 매우 온화하고 유약했다.

그런데 이렇게 유약한 경제가 이번에는 여론의 반대에도 황후를 용감하게 폐위시켰음을 알 수 있다. 아들을 후계자로 세우려는 그의 의지가 얼마나 강했는지 알 수 있는 부분이다.

왕황후는 명조 역사상 처음으로 폐위된 황후였다.

그녀 이전 선종 주첨기의 호황후 역시 황후의 자리에서 강제로 내려온 바 있었다. 그러나 호황후는 왕황후와 경우가 많이 다르다고 할 수 있다. 호황후는 명예퇴직으로 황실에서는 그녀의 체면을 살려주어 진짜 퇴출이 되지 않도록 챙겼다. 그녀에게 특별히 내궁 사감에 해당하는 '정자선사靜慈仙師'라는 한직을 마련해주고 특별수당도 지급했다. 그러나 왕황후의 경우는 그대로 쫓겨나 완전히 창피를 당한 경우다. 복지 혜택, 직급 등이 철저히 사라지고 바로 냉궁으로 옮겨져 유폐되었다. 직무와 부귀영화를 빼앗겼을 뿐 아니라 체면까지 신문지짝처럼 구겨지고 말았다. 왕황후가 '순종하지 않겠다고 부린 고집' 때문에 얼마나 참혹한 대가를 치렀는지 알 수 있다.

졸필은 황제의 후계자 옹립이란, 그녀의 가정과도 밀접한 이해관계가 있는 불가피한 결정이었다고 생각한다. 생각해보자. 왕황후는 왜 소위 말하는 '국가의 정의'를 지키기 위해서, 엄청난 개인적인 위험을 무릅쓰고 황후의 왕관을 버리는 한이 있더라도 자신과 상관 없는 재수에 옴 붙은 황태자 주견심을 보호하려고 했던 것일까? 토목의 변 이후에 손태후의 주관하에 주견심을 태자로 세웠던 것은 사실 성왕의 즉위에 전제하는, 혹은 그 즉위와 교환하는 조건이었던 셈이다. 즉 경제는 즉위는 할 수 있지만 미래에는 반드시 황위를 영종의 아들에게 전해주어야 했던 것이다. 지금 경제가 후계자를 바꿔버린다면 당시 손태후와 했던 약속을 위반하는 셈이었다.

그녀는 자신의 남편에게 이미 친아들이 있고, 주견제는 성왕의 세자로서 본래는 남편의 합법적인 계승자가 되어야 함을 당연히 알고 있었을 것이다. 지금 남편이 황제가 되었으니, 남편이 주견제에게 태자의 자리를 계승하게 하고 그를 동궁에 입주시키려는 것은 실질적으로 당연한 일이요, 언젠가는 반드시 일어날 필연이었다. 모든 대신도 반대를 하지 않는데 그녀가 황제의 가장 가까운 아내로서 따르지 않겠다고 완강한 고집을 부린 이유는 무엇이란 말인가? 성왕의 세자 주견제는 영락 초년의 연왕 세자 주고치처럼, 아버지가 재위한 2년 후에도 여전히 왕세자에 불과할 뿐 태자가 아니었기 때문에 그 지위가 어색했을 뿐 아니라 도리상으로도 이해하기가 어려웠다.

그렇다면 왕황후는 무엇 때문에 경제와 다투었을까?

졸필은 왕황후가 항비를 향한 뼈에 사무치는 질투심 때문에 그녀의 아들을 책봉하는 걸 결사반대한 것이 아닐까 의심한다. 그녀 자신 역시 20대로 출산능력이 없는 것이 아니었기에, 아직 아들을 낳을 희망이 있었다. 그녀는 과거 항비의 아들을 세자로 책봉하는 일을 막을 수 없었기에 앞으로 국가의 황태자가 되는 일은 막을 수 있기를 바란 것이 아닐까? 그녀가 특히 두려워했던 일은 어머니는 아들을 낳음으로써 영광을 얻는다는 말대로 장래에 항비가 자신의 황후 자리까지 빼앗아 가는 것이었다.

졸필은 이것이 개인적인 견해일 뿐임을 인정한다. 하지만 이것도 합리적인 추측이라고 생각한다. 이런 추측은 도덕 지상주의적인 분석보다는 아마 훨씬 더 인간 정서에 부합한다고 생각한다.

왕황후가 따르지 않겠다고 완강한 고집을 부린 동기가 무엇이든지 간에, 이 때문에 그녀는 두 가지 불행한 결과와 사실을 얻게 되었다.

첫째, 왕황후와 경제가 격렬한 말다툼을 한 후 주견제가 태자로 책봉되는 일을 막지 못했을 뿐 아니라 항비가 그녀의 자리를 대신했다는 점이다.

둘째, 경제가 폐해진 후 그는 폐황후로서 폐태자 주견심을 위해 좋은 말을 했고(이 폐태자는 아버지 영종이 복벽한 후 다시 황태자가 되었다), '정의를 위한 일'을 하려다 실패를 맛보았다는 것이다. 영종의 각도에서 보면 공을 세웠다고 할 수 있었기에 영종은 그녀 모녀에게 상응하는 대우를 해주었다. 그런 대우가 없었더라면 잘못했다간 완전히 순장감이었다!

이상의 3폐(폐황제, 폐황후, 폐태자)를 보며, 사람의 운명은 얼마나 쉽게 뒤바뀌며 예측하기가 어려운지 알 수 있다! 황제, 황태후, 황태자도 이러하거늘, 우리 같은 파리 목숨이야 더 말할 필요도 없다!

독자 여러분, 이 인생길을 조심히 가기 바란다!


각설하고, 경제는 황후의 반대에도 황태자를 바꾸려는 계획을 고집했다. 그는 우선 어떤 방법으로 그 꼴 보기 싫은 밉상 주견심을 쫓아내고 사랑하는 아들 주견제를 황태자로 세울 것인지 가까운 신하와 비밀리에 상의했다.

본래 황제가 누구를 후계자로 세우고 싶어 하든지, 이것은 황제의 집안일 이기 때문에 황제의 한마디로 정해지는 것이다. 과거 주체가 후계자를 선택 할 때에도 그의 미다스의 손이 한번 지목한 사람을 두고 누구도 감히 이의를 제기할 망상을 꿈꾸지 못했다. 그러나 명 왕조는 이미 7명의 황제를 거쳐 오 늘날에 이르렀으며, 홍무, 영락 시대의 전제적인 권력은 물론 황제의 말 한 마디에 천하가 벌벌 떨며 따르던 권위는 이미 사라진 지 오래였다. 경제가 황태자를 바꾸기 위해서는 신하의 의견을 고려하지 않을 수 없었다.

만일 황후가 반대하면 황후는 폐출시킬 수 있었지만, 만일 군신이 반대하 면 황제는 어떻게 해야 할까?

사예태감 왕성, 서량은 황제를 대신해서 한 가지 아이디어를 냈다. 우선 돈으로 내각의 신하들을 매수하여 그들이 앞장서서 각종 의견과 간언을 제 시하지 않도록 입막음을 하자는 것이었다. 경제는 그 생각도 일리가 있다고 생각하여, 주견제의 생일을 빌미로 내각 대학사 진순, 고곡高穀에게 백은 백 량을 하사하고 그 외에 몇몇 내각의 신하인 강연江淵, 왕일녕王一寧, 소자蕭 鎡, 상로商輅 등에게 각각 오십 량을 하사했다.

명조의 황제가, 전제 군주의 명의는 아랑곳하지도 않고 후사를 세우기 위해 신하에게 뇌물공세까지 퍼붓다니, 유사 이래로 이런 일이 있을 수 있었을까! 그래서 경제는 결국 황태자를 바꾸는 데 성공했다. 그러나 훗날 신종神宗 시대에는 자신이 제일 사랑하는 아들을 계승자로 세우기를 원했으나 군신의 반대에 속수무책일 수밖에 없었다. 전제 황권이라도 시대가 지나갈수록 하락세를 면치 못했다.

내각의 원로는 모두 사리에 밝은 사람들이었다. 갑자기 상금을 받으니 마음으로는 분명 이상한 점을 느꼈지만 직접 물어보기 불편하기에 말을 꺼내지 않고 있었을 뿐이다.

그러나 경제는 자신의 계획을 행동에 옮길 수 있는 적당한 기회를 찾고 있었다. 시기는 아주 빨리 찾아왔다. 당시 광서廣西 지방에 토관土官[99] 한 명이 있었으니, 이름은 황왕굉黃王厷이라고 하는데 개인적인 원한으로 자기 남동생 일가를 살해한 자였다. 그의 남동생은 사명부思明府 지부知府를 역임했는데 비록 토관이기는 했지만 엄연히 조정에서 임명한 관리였으니 함부로 살해할 수는 없었다. 관련 기구가 이 일을 조정에 보고하며 살인자를 엄히 처벌해 줄 것을 구했다. 황왕굉은 사건의 규모가 점점 커지자 위기에서 벗어날 방법을 궁리했다. 그러다가 황궁에서 만 리 밖에 떨어져 있던 이 도지휘都指

---

[99] '토관'이란 서남 지방 소수민족 지역인 기미부주현(羈縻府州縣)의 관원을 말한다. 그들의 관직은 비록 형식상으로는 조정에서 임명을 받았지만, 실제로는 일부 대가족 구성원이 세습하며 역임했다.

揮가 황상이 '비밀리에 대계를 확정하고 동궁을 뒤바꿀 수 있는' 계획으로 황제의 비위를 맞춘 것이다! 그뿐 아니라 그는 경제에게 자기 말대로 하기만 하면 '수도와 지방의 마음을 하나로 모아, 가당치 않는 야심을 절멸시킬 수 있다'고 호언장담했다.

당시 동궁 주견심의 지위가 확실하지 않아 모두 황태자를 바꿀 일을 논의하고 있었음을 알 수 있다. 이 일이 이미 공공연한 비밀이 되어 심지어 저 멀리 태양의 남쪽에 위치해 있는 '오랑캐 족'까지도 이를 주제로 삼아 경제의 가려운 곳을 긁어주었으니 말이다.

정말 웃긴 것은 이 황대인이 정말 시기에 딱 맞게 굴러들어왔다는 점이다. 경제가 적합한 기회를 찾지 못해 고민을 거듭하고 있을 때 그의 상소문이 갑자기 머나먼 변경에서부터 날아왔던 것이다! 속담에 '천리 먼 길에서 선물해 온 거위 털은 가벼운 선물이라도 정은 깊다'고 했다. 그렇지만 황왕굉의 이 선물은 아주 큰 선물이라고 할 수 있었다. 게다가 그렇게 먼 곳에서부터 선물해왔으니 경제가 어찌 감동하여 죽고 싶을 정도가 아니었을까?

경제는 황왕굉의 상소문을 받은 후 크게 기뻐하며 얼른 대신 회의를 열었고, 또한 황왕굉 덕에 아무도 열지 못하던 판도라의 상자를 열게 되었으니 그 막대한 공을 참작하여 특별 사면을 선언하고 관직을 도독으로 승진시켜주었다. 이 살인범의 기회주의가 성공했다. 그는 단번에 일품의 대관원이 된 것이다.

이 황씨는 군신이 볼 때에는 너무나 얄미운 존재요, 골칫거리 제조자였다. 그의 상소문이 예부에 전달되자 상서尚書 호영胡濙은 감히 늑장을 부릴 수 없어 그 다음날로 바로 문무백관을 소집해 황성에서 정의廷議<sup>100</sup>를 거행했다.

회의장에 도착한 사람들은 서로 쳐다보기만 할 뿐 모두 감히 발언을 하지 못했다. 시간이 조금 흐르자 오직 도급사중都給事中 이간李侃, 임총林聰과 어사御史 주영朱英 만이 입을 열어 황태자를 바꾸는 것은 적절하지 않다는 발언을 했다.

젊은 간관들이 앞장서서 발언을 하고나자 회의장은 또다시 냉기에 휩싸였다. 회의에 참석한 사람 중에서 자격과 서열이 제일 높은 사람은 이부 상서 왕직王直이었다. 이부는 육부 중에 으뜸인데다가, 명나라 때는 재상이 없었기 때문에 이부상서가 백관 중에 최고의 지위를 차지했다. 모두 눈 빠지게 왕직만 쳐다보며 그의 의견을 고대했다. 그러나 그의 얼굴에는 난처한 빛만 가득했다. 그는 신음 소리만 낼 뿐 입도 벙긋하지 않았다.

어명을 받들어 '회의를 감찰하던' 사예태감 홍안은 더 이상 참을 수 없었다. 그는 그들을 엄하게 꾸짖으며 말했다. "이 일은 반드시 처리해야 하는 사안이니 각 대신께서는 절대 우유부단하지 마시기 바라오. 동의하지 않는 분은 서명하지 않으셔도 됩니다!"

홍안이 이렇게 호령하자 군신은 갑자기 기세가 꺾였다. 너도 나도 황망히 동

---

100　즉 '회의(會議, 회동 및 상의), 모 부서에서 주재를 하고 각 부원의 대신이 참가하며 조정의 중대 정치 사안을 두고 단체로 회동과 상의를 했다. 참가자는 투표를 해야 했으며, 그 결과는 주재를 한 부서에서 보고하면서 황제가 최후의 결정을 할 수 있도록 도와주는 참고 내용을 제공했다. 회동과 상의를 하는 장소가 내정(內廷)이었기 때문에 정회라고 불렸다. 이는 명나라 시대 민주 정치를 대표하는 한 형식이었다.

의를 표시했고, 이간 등의 무리는 입을 다물고 더 이상 언급을 삼갔다. 이어 모든 관료가 분분히 '서명'을 함으로써 찬성이라는 공식입장이 표명되었다.

다수의 회의 참여자가 모두 이의가 없자 홍안은 이렇게 말했다. "선생들의 아름다운 뜻이 이렇게 만장일치로 결정되었으니, 여러분의 귀한 생각을 글로 적어 내일 황상께 상소문을 올리고 일찌감치 동궁을 세워 나라의 근본을 평안하게 보호하는 것이 최선의 방법입니다."

그리하여 예부상서 호영이 권신, 도독, 상서, 내각의 신하, 시랑侍郎, 모든 사경寺卿, 육과六科의 급사중給事中, 십삼도十三道의 어사御史 등 관원과 회동한 후, 공동서명한 상소문을 작성했는데 내용을 보면 "폐하께서 하늘의 비범하고 슬기로운 명령에 응하사 나라를 중흥하시고 통치자의 지위를 슬기로운 아들께 전하시니 황왕굉이 상소한 바가 바로 이것입니다"라며 황 모 씨의 논의를 칭찬하고 있다.

경제는 매우 만족해서 크나큰 성은을 허락했다. "윤허하는 바이다." 그리고 즉시 예부에서 구체적으로 의논하도록 명했다.

경태 3년(1452년) 5월, 경제는 성지를 내려 왕汪후를 폐위하고 항杭비를 황후로 세웠으며 주견제를 황태자로, 원태자 주견심을 기왕으로 다시 봉했다. 또 그의 동생 주견청朱見淸은 영왕榮王, 주견순朱見淳은 허왕許王으로 봉하고 천하에 대사면령을 내려 백성과 함께 이를 즐거워했다. 모든 친왕, 공주 및 변경지역 중요 요새, 문무관원, 내외의 군신이 상을 얻었으며, 공이 있는 내각의 신하들은 각자 황금 50량의 큰 상금을 보너스로 받았다. 얼마 후 새로운 태자에게 간략하게 동궁이라는 관직을 부여하는 기회가 있었는데, 그때 내각의 신하들은 전부 공고公孤[101]의 관직을 더할 수 있었다(예를 들어 태자태부太子太傅, 태자소사太子少師 등). 그들은 모두 이 괜찮은 관직이 어디서 왔는지 묻지 않아도 알고 있었으며, 사양하는 사람 하나 없이 이심전심으로 기쁘게 받아들였다!

황태자를 교체하기 전, 내각의 신하는 먼저는 뇌물을 받았고 후에는 상을 받았으며 그리고 그들은 모두 찬성했다. 하지만 각 사람의 성격대로 어떤 이는 묵인하는 태도를 취한 반면, 어떤 이는 분명히 지지하는 태도를 보였다.

대사면 조서에는 아주 멋들어진 한 구절이 나온다.

"하늘이 보우하사 백성에게 임금을 내려주셨으니, 확실히 세상에 평안을 남겨주셨습니다. 아버지에게는 천하를 전해줄 아들이 있으니, 이것은 본래 만세에 흔들리지 않을 도리입니다."

요즘말로 번역을 하자면 "천하가 황제의 것인데, 천하를 황제의 아들에게 전해주지 않으면 누구한테 전해주리?"라는 아주 자신만만한 소리이다. 이 조서의 초안은 내각이 육부의 대신과 회동, 상의해 작성해야 했는데, 왜 황태자를 바꿔야 하느냐는 문제에 모두 어떤 변명을 써넣어야 할지 골머리를 앓고 있었다. 이때 문득 상서 하문연何文淵에게 반짝이는 아이디어가 떠올라 이 멋들어진 대구를 급조해 사면 조서 가운데 집어넣게 되었다.

---

101 삼공(三公)은 태사(太師), 태부(太傅), 태보(太保), 삼고(三孤)는 소사(少師), 소부(少傅), 소보(少保)를 일컬으며 모두 황제의 보좌관으로서 매우 높은 지위에 해당했다. 인원수 제한이 없으며 구체적인 책임은 없었기에 실제적으로는 실권이 없는 명예직이었으며, 중신으로 불렸다.

새로운 태자 주견제는 다음 해 2월에서야 관례를 거행하고 11월에 내각에 나와 책을 읽었다. 경제는 동궁을 위해 강독을 담당할 사부님을 마련해주었는데 모두 시문에 능통한 명사였다. 그런데 그 후 4일이 지나 태자가 별안간 급사하고 말았다. 게다가 그 어머니인 항황후 역시 복이 없는 여인이었는지, 2년 후에 죽고 말았으니 시호는 '숙효肅孝'라 했다.

이렇게 경제는 아들과 처를 모두 잃게 되었다. 그의 황위는 순식간에 휑해졌고, 그의 천하에는 서서히 붕괴를 알리는 균열이 일기 시작했다.

# 제28장 벽이 무너질 때를 대비해 자기 발로 서 있기

슬하에 자식이 없다는 것, 이 역시 한 사람이 배반을 당하는 이유가 될 수 있다. 민간에는 이런 예가 셀 수 없이 많았다. 황제의 가업은 일반인 가정과는 비교할 수 없이 크기 때문에 일단 후계자가 사라지면 천하는 모두 그를 버리고 뒤돌아서게 된다. 이것이 경제에게서 배울 수 있는 가슴 아픈 교훈이다. 그의 모든 불행의 근원은 아들이 없다는 데에 있었다. 만일 중국 문화에서 딸에게도 가문의 계승권을 허락했다면 그는 그렇게 비극적인 운명을 맞지 않았을 것이다.

황왕꿍이 기회주의를 이용해 황태자를 교체했던 것처럼 경제의 병이 위중했던 때에 석형, 조길상, 서유정 등은 이 틈을 놓치지 않고 기회주의 장사를 했으니, 그들은 자기의 판돈을 수년간 연금생활을 하고 있던 영종에게 걸었다.

예상치 못했지만 경제는 우리에서 풀려난 맹호, 자신의 형에 의해 대체되었으며, 이에 따라 다시 원래 관직인 성왕으로 돌아가 서내西內에 옮겨져 거주하다가 곧 죽고 말았다. 그의 어머니 오씨 역시 황태후의 지위를 잃어버렸지만 여전히 현태비賢太妃(이전 황제의 비는 태비라고 불렀다)로 불렸다. 이미 수년 전에 작고한 태자 주견제의 원래 시호는 '회헌태자'로 서산에 장사되었으나, 신분 조정에서 그 역시 빠질 수 없었다. 죽었지만 신분이 강등되어 현재의 '회헌세자'로 개칭되었다.

소문에 의하면 탈문의 변이 발생했을 때, 경제는 침전에 누워 요양하고 있었는데, 갑자기 조회를 알리는 종소리가 울리자 이상하다는 듯이 묻기까지 했다고 한다. "무슨 일인데 종을 울리느냐?"

정말 둔감하기 이를 데 없는 황제 아닌가! 한편 정변 후 신속하게 처결당한 상서 우겸, 대학사 왕문 등의 인물 역시 질책을 받아 자리를 빼앗겼다. 병변이 일어날 때까지 아무런 낌새도 알아채지 못한 채 황제가 황위를 잃게 만들었으니, 그들은 스스로 자기 머리를 자른 셈이다.

하문연은 황태자를 바꾸자는 사면 조서에 명구절을 집어넣는 공을 세운 후, 이미 벼슬을 그만두고 강서江西 광창廣昌의 고향집으로 내려간 상황이었다. 그런데 갑자기 북경에서 영종이 복벽했다는 소식이 전해오더니, 과거에 황태자를 바꾸는 데 도움을 주었던 사람의 죄를 추궁한다는 소문이 들려왔다! 그런데 그가 바로 "아버지에게는 천하를 전해줄 아들이 있으니"라는 구절로 공헌을 세웠기에, 조정에서 조만간 금의위를 파견해 그를 체포할 것이라는 소문이 파다하게 퍼졌다. 이 하 상서는 담이 작다 못해 담이 없는 사람이라, 너무 두려운 나머지 스스로 목매달아 죽고 말았다.

전하는 바에 의하면 하 상서何尙書는 자기가 지은 죄 때문에 안절부절못하며 불안함과 초조함으로 하루도 제대로 보내지 못할 지경이었는데 정부의 관원 한 명이 강서의 변경을 넘어왔다는 이야기를 듣자, 신경 발작을 일으켰다고 한다. 그 관원이 자신을 잡으러오는 사람이라는 망상에 사로잡힌 그는 밧줄 하나를 걸어 부리나케 목을 드리워 자살하고 말았다. 하지만 조정에서는 이게 도대체 무슨 상황인지 접수가 되지 않아 지방을 지키는 신하가 하씨 집에 가서 관을 열고 검시를 해 정말로 자살했는지 확인하도록 했다.

하씨 집의 큰아들은 하교신何喬新이라 했으며, 당시 남경 예부주사禮部主事를 맡고 있었다. 그에게는 계계揭稽라는 고향 친구가 있었는데 그는 예전에 하문연에게 사사했고, 시랑을 맡은 적도 있었다. 그러나 하교신 형제와 불화했기 때문에 이때 앞장서서 단단히 복수를 해주기로 했다. 그는 하 상서는 불효자들 때문에 어쩔 수 없이 죽음을 선택한 것이라고 하며, 또한 영감님의 시체가 아직 식기도 전에 교신 형제가 늙으신 아버지가 생전에 사랑하던 첩에게 서로 자기와 살자고 강요했으니 심히 패륜한 자식들이라고 말했다.

그러나 하교신은 계계가 광서 순무를 역임하던 시절에 황왕굉을 추천한 적이 있으며, 황왕굉이 올린 황태자 교체 상소는 계계가 대신 초안을 써준 것이라고 주장했다.

두 집안의 상호폭로전은 진실과 실제 증거를 근거로 했다는 보장은 없었다. 그저 황태자 교체라는 사건을 최대한 문제로 만들어 자기 평생의 원한을 갚아보려는 의도일 뿐이었다. 이 두 집안은 서로 개처럼 물어뜯었지만 입에 털만 가득할 뿐이었다. 결국은 모두 북경으로 불려가 대질심문을 받게 되었다. 하문연의 애첩은 집안을 어려움에서 구하기 위해 역시 북경으로 달려가 법정에서 스스로 손가락 하나를 자르며 하씨 집안 공자들의 억울함을 주장했기에, 하씨 가문의 체포 사건은 조금 호전되었다. 한편 영종은 수많은 원수 집안을 멸하자, 다시는 복수와 얽힌 일을 하고 싶지 않았다. 그래서 하씨 집안 사건은 즉위 시 특사를 선언하는 사면 관례에 준하여, 가족을 전부 석방하고 더 이상 죄를 묻지 않기로 했다.

그렇다면 영종은 복벽 후에 과연 누구를 죽였는가?

당연히 황태자를 바꾸자는 의견을 처음으로 제시한 광서의 황 도독이었다. 그는 복수의 칼날을 맞은 첫 번째 인물로 북경으로 끌려와 능지처참을 당했다. 영종의 인생이 나락으로 치달았던 그때, 원수는 셀 수 없을 정도로 많았다! 이제는 한 명씩 복수의 칼을 꽂을 때가 되었다.

그의 최대의 원수는 경태제景泰帝 아니었나?

경제는 폐위된 후 서내에 금고되었고 그 며칠도 되지 않아 비분강개한 마음을 안고 마지막 숨을 거두었다. 경제의 죽음은 민감한 사안이었기에 조정 대신은 큰 관심을 표명할 수 없었다. 모두 조심스럽게 이 화제를 외면하며 다 함께 초라해지지 않도록 힘썼다.

영종은 이 황친 동생을 용서할 수 없었던 탓에 미움과 증오 속에서 그에게 '려戾(비뚤어질 려)'라는 시호를 추증해 그를 '성려왕郕戾王'이라고 불렀다. 8년간 천자였던 그는 북경 서산 아무도 모르는 구석에 매장되었다. 그리고 성화成化 11년, 경제의 조카이자 과거의 폐태자, 지금의 헌종 황제 주견심이 집권을 하고나서야 자신의 제호를 회복해 '공인강정 경황제恭仁康定景皇帝'로 불리게 되었으며 약칭하여 경제라 했다. 후대 사람은 주기옥이라는 황제가 존재했다는 사실은 인정했지만, 주씨 가문의 종묘에 그의 자리는 없다.

수년간 죄수로 살았던 영종은 마음의 분과 치욕을 참으며 남궁에서 세상과 단절된 생활을 해왔다. 경제는 비록 형에게 위해를 가하겠다는 악한 생각을 한 적은 없었으나, 부귀를 탐하는 소인이 영종의 불행에 돌을 던지고 영종을 학대하며 이 전임 황제의 불행을 즐거움으로 삼는 가학적 쾌락주의를 저지하지 않았던 것이다.

예를 들어 영종이 처음으로 남궁에 연금되었을 때, 그의 어머니 상성上聖 황태후 손씨가 자주 그를 찾아가 보았다. 그러나 소인들은 경제에게 나쁜 꾀를 알려주었다. 다음에 손태후가 영종을 찾아갔을 때 이 기회를 이용해 문을 봉쇄하고 자물쇠를 잠가 태후도 같이 가둬버리자는 것이었다. 손태후는 이 소문을 전해 듣고는 다시는 아들을 찾아보러 갈 수 없었다.

그러나 졸필은 이 이야기는 근거 없는 억측일 가능성이 다분하다고 생각한다. 손태후는 비록 명의상으로는 '상성'이라는 칭호를 가지고 있었지만, 영종의 '태상太上'이나 마찬가지로 실질적인 권력은 반 푼어치도 없었다. 그녀는 이미 후궁에서 아무런 권세도 없는 철저한 찬밥신세로 전락해 냉궁에 버려진 것과 다름이 없었는데 남궁에 다시 가둬둘 필요가 있었을까? 그녀까지 남궁에 가둬둔다면 모자가 아침저녁 서로 만날 수 있을 테니, 그건 어머니와 아들의 소원을 풀어주는 것이 아닌가? 이런 일은 경제에게는 아무런 이익도 되지 않고 오히려 심각한 해만 가져올 뿐이었다. 사람들은 그가 덕도 없고 아량도 없어 나이 먹은 할멈 하나 품지 못한다고 비웃을 것이 분명했다.

졸필은 이 일이 영종 복벽 후 소인들이 만들어 낸 헛소리가 아니었을까 생각한다. 경제는 손태후가 영종을 찾아가서 둘이 서로 소식을 교환하는 것이 꼴 보기 싫었기 때문에 일부러 이런 말을 퍼뜨려 손태후가 남궁에 자주 찾아가는 것을 저지하려 했을 뿐이었다.

하지만 영종의 처지는 확실히 가련하기 그지없었다.

영종에게는 수행비서 같은 태감이 한명 있었는데 성은 완阮, 이름은 랑浪

으로 남내南內의 주관主管이었다. 영종은 그를 매우 신임하여 '자신의 일은 크고 작은 일을 가리지 않고 모두 그에게 의견을 물어보며 위탁했다'고 한다. 경제가 태자를 바꾼 후, 영종 부자의 상황은 더욱 험악해졌다. 하루는 금의위 지휘인 노충盧忠과 상의감尚衣監 태감인 고평高平이 공모하여 교위校尉 이선李善에게 완랑과 남성南城의 내시 왕요王瑤가 비밀리에 영종의 복위를 기도하고 있다는 허위 상소를 올리도록 했다. 이는 태상황이 모반을 하고 있다는 간접적인 고자질이나 마찬가지였다. 사안이 이렇게 중대하니, 큰일 날 일이었다. 고발자와 피고는 모두 조옥에 함께 갇히는 신세가 되었다.

사건은 수사를 거쳐 완전히 조작된 이야기였음이 밝혀졌지만 왕요는 이미 죽임을 당했고, 완랑은 '각종 고문'을 견디다 못해 옥중에서 죽음을 맞게 되었다. 이후 경제는 남궁에 대한 경비를 강화했고, 심지어 궁성의 담장 가까이 자란 나무까지 전부 잘라버렸다. 영종이 받는 대우는 수직 하강하여 병이 나도 간호해주는 사람 하나 없었다. 한번은 병이 나 어약방을 담당하는 사예태감 요관보廖官保에게 약을 구하니, 요 태감은 과거의 체면까지 신발짝처럼 내팽개치고 부탁을 단칼에 거절했다. 이런 일상은 그를 서글퍼 울게 만들었다.

그러나 이 모든 불공정과 불공평에도 존귀한 영종은 꿋꿋이 견뎌내야 했다. 견뎌내는 것 말고 또 무슨 방법이 있단 말인가? 한번은 정말 참다못해 아무도 보지 않을 때 원망과 불평을 한마디 했는데, 마침 허원許源이라는 소감少監에게 들키고 말았다. 허원은 곧바로 경제에게 달려가 태상황이 남내에서 경제를 헐뜯고 있다는 악의적인 고자질을 했다. 경제의 마음이 조금만 모질어 사실을 조금 더 자세히 추궁했더라면, 영종은 능치처참을 당하지 않았다 하더라도 최소한 사약을 한 사발 들이키고도 남았을 것이다.

아아! 담장이 무너지기 시작하면 사람은 다 같이 담장을 밀어 넘어뜨리고, 나무가 넘어지면 원숭이가 뿔뿔이 흩어진다고 누가 말했던가?

다행히 영종은 쨍하고 해 뜰 그날까지 참아내어 원수에게 복수하고 원한은 갚아주었으며, 과거와 현재의 빚을 전부 청산했다. 그는 악의적인 고자질을 한 허원, 약을 주지 않은 요보관을 전부 죽이고 무고한 모함을 한 노충과 고평을 시내로 끌고 가 사흘간 능지처참을 하며 가산을 전부 몰수해버렸다.

독자 여러분, 졸필이 시종일관 드리는 말씀은 이러하다. 바로 우리가 인생에서 수모를 당하고 미움을 받은들 그게 무슨 대수겠느냐는 것이다! 14년간 위풍당당하던 그 천자도 수모와 미움을 피할 수 없었는데, 우리 같은 범인인들 어떠하랴? 쓸데없고 의미 없는 수모와 미움을 받는다고 생각된다면, 명나라의 영종을 생각해보자. 그리고 지금 이 순간의 수치와 왕따를 참아낸다면 내일은 더 밝은 태양이 떠오를지 누가 알겠는가?

정변의 끝에 죽임을 당하는 사람은 뒤통수에 눈이 달리지 않은 사람, 영종이 복벽하리라고 꿈에도 상상하지 않은 부주의한 소인, 그리고 병사를 일으켜 '혁명의 큰 물결'에 항거하려고 한 사람일 것이다. 예를 들어 어마감御馬監 태감 학의郝義는 사예태감 왕근(이미 우겸 등과 같은 날에 기시棄市[102]형을 당했

---

102  후베이(湖北) 윈멍(雲夢)현 쑤이후디(睡虎地) 진묘(秦墓)에서 출토된 죽간에 의하면 진(秦) 시대의 사형제도에는 여러 종류가 있었는데, 마차로 찢어죽이기, 허리 잘라 죽이기, 효수, 기시가 있다고 함. 기시란 사람들이 모인 번화한 시가지에서 사형을 집행하며, 사람들에게 버림받았음을 보여주는 형벌.

음)과 같이 공모해 어마감의 용사를 보내 석형石亨, 조흠曹欽 등 '의사義士'를 사로잡고 살해하려고 했다는 사실이 밝혀지므로 체포되어 처결되었다.

또 유경劉敬이라는 금의위 지휘동지가 있었는데 그는 금의위의 지도자로서 경태제의 '아첨꾼'이라는 지목을 받았다. 현재 집권하고 있는 태감과 경제가 총애하는 비인 당씨唐氏에게 아첨을 했던 것 뿐 아니라 기녀 이석아의 집안과도 내왕하며 깊은 관계를 유지했다는 죄목이 있었다.

유경은 기녀의 집안에 잘 보이고 황제에게 여자를 소개해줬으니 그가 날마다 무엇에 몰두했는지 알 수 있다. 이 사람은 아침부터 저녁까지 이런 더러운 일을 연구하느라고 바빴으니 석정 등 황궁 내외부의 사람들이 서로 내통해 모반을 일으켰음에도 금의위에서 전혀 알아차리지 못한 것도 당연했고, 죽어 마땅했다.

이런 사람이 어떻게 다른 사람(그 다른 사람이 설령 황제일지라도)을 위해 자기 목숨을 내놓고 싸울 생각을 할 수 있겠는가!

영종이 복위를 하자 유경은 바로 줄을 바꿔 섰다. 어떤 사람을 통해 찾은 길인지 모르겠지만 자신에게 영종 황제를 맞이한 공이 있다고 헛소리를 하며 공을 가로채 도지휘첨사都指揮僉事(당시에 탈문의 공을 가로챈 사람만도 수천 명 이상이었다)로 승직되었다. 하지만 이 자식의 바보인 척, 모르는 척은 며칠이 못 가 들통나고 말았다. 육과, 십삼도에서 탄핵이라는 대형폭탄을 맞은 것이다. 고발에 의하면 그는 황상이 복위하기 전날 공물을 바치기 위해 오랑캐의 사자가 조정에 찾아온 기회를 이용해 교위 300여 명을 일부러 더 선발하고, 전직 사예태감 장영張永(우겸과 같이 처형됨)의 무리를 도와 황상의 복위를 환영하는 대신들을 죽일 계획을 했다고 했다.

이것은 복벽 초기라면 목이 달아날 중죄였기에 유경은 당장 도찰원으로 압송되었고, 결국 참수가 될 큰 죄를 판결받게 되었다.

사실 유경의 죄는 학의와 마찬가지로, 그를 죽이기 위해 억지로 붙인 죄명이요 본래 아무런 근거도 없는 헛소문일 뿐이었다. 학의가 조흠과 원수인 상황에서, 탈문의 변에서 제일 공이 큰 조 태감이 그를 삼경三更에 죽이려고 한다면 염라대왕이 그를 감히 오경五更까지 남겨둘 수 있겠는가? 탈문과 반탈문 중에 명분이 있는 쪽은 오로지 한쪽뿐이었다. 다행인 것은 유경은 집권자들의 이해관계 속에 학의처럼 발을 깊이 들여놓지는 않았다는 점이다. 거기에다 도처로 사람을 찾아 도움을 부탁한 까닭에 사람들의 뒤를 봐준 장부가 두둑했다. 지금 장부를 들춰보고 사방으로 로비를 하면 죽지 않을 길은 여전히 널찍하게 열려 있었다.

유경은 사형 판결을 인정하지 않고 상소를 제기했다. 우도어사右都御史 경구주耿九疇 역시 나쁜 사람은 되고 싶지 않았기에 상황을 봐가며 행동하고 있었다. 그는 군신을 모아 '함께 그 일을 처리'하기 위해 유경의 죄와 벌을 토론하자고 했다. 그 결과 모든 관원은 분분하게 의견을 제시했다. 비록 유경을 위해 '누명을 벗겨주지'는 못했지만 황상이 복위를 하던 시각에 그가 금의위 교위를 감독해 황제의 출행준비를 하며 도로 통행금지 작업을 했으니 이 죄명은 '의심스럽다'라는 등의 말이 나왔다.

죄명이 의심스럽다는 말이 나온 이상, 죽이지 말고 용서해 주자는 의견이 형성되었다! 그리하여 판관의 붓이 방향을 선회하자, 형은 사형에서 직위 강등으로 변경되어 유경을 산동 동창위의 지휘사로 이전했다. 유경은 자기 머리를 지켰을 뿐 아니라 머리에 쓰고 있던 관모까지 지켜낸 것이었다. 이렇게 상전벽해 가운데서 천지를 옮기는 일을 해냈다!

관원은 모두 다른 사람의 미움을 사고 싶지 않았던 터라 우선 이런 판결로 그가 지방에서 사정의 칼날을 피할 수 있도록 해주고, 몇 년 후 풍파가 그치면 스스로 뇌물을 써서 천천히 수도로 돌아올 수 있는 길을 남겨준 것이다.

이상의 이야기처럼, '탈문의 변'은 본래 일부 간신이 스스로 부귀영화를 누리기 위해 한 행동이었으나 변란 후에는 모략가들이 이 기회를 이용해 개인의 원한을 갚으려고 살육을 벌이는 경우가 많았다. 예를 들어 병부상서 우겸은 총병관總兵官 석형의 음해로 죽음을 당하게 되었다. 석형은 본래 일개 변방의 장수로 오늘날의 지위도 우겸 덕분에 얻게 되었기 때문에 마땅히 우겸의 은혜를 고마워해야 할 처지였다. 그런데 훗날 두 사람 사이에 갈등이 생기자 그는 감히 우겸의 불행에 돌을 던지며 모함을 했고, 죄 없는 우겸을 해쳤다. 영종은 복위 초기에 사람들의 충동질을 받아 선량한 사람을 함부로 죽였지만 나중에 손태후가 주의를 주자 그제야 깊이 뉘우쳤다. 하지만 현실은 후회막급이었다. 사람은 머리가 잘리면 어떤 명의의 손길로도 봉합할 수 없으니 후회해도 소용없는 일이었다.

한편 탈문의 공신은 세도가 극에 달했다. 비록 예쁜 척 가식을 많이 부렸지만 오히려 사람들은 반감을 품었고 영종에게도 증오를 샀다.

영종은 심각한 고난을 경험한 터라 복위 후에도 이상할 정도로 민감하고 의심이 많아졌다. 탈문을 한 공신들이 세도를 부리자 그는 불만을 품기 시작했다. 어떤 이가 기회를 틈타 말했다.

"황상이 복위하실 때 이미 경제가 오래 버티지 못할 상황이었습니다. 경제가 죽기만 기다렸다가 황상께서 황위를 회복하셔도 순조롭게 일을 완성하실 수 있으셨습니다. 문을 탈취할 필요가 있으셨을까요? 탈문이란 석형, 조흠, 서유정 같은 사람들이 개인적인 부귀를 얻기 위해 황상께서 위험한 길을 가시도록 고의로 유혹한 변란이었습니다. 탈문의 '탈'자는 황상의 아름다운 명예를 완전히 가리는 말입니다. 다행히 당시에 이 변란이 성공했기에 망정이지, 만약 실패했다면 결과가 어땠겠습니까? 아마 황상과 태후께서는 자기 목숨은 물론 집안까지 보전하지 못했을 것입니다! 탈문의 변이란 석형의 무리가 황상의 목숨을 담보삼아 자기 집안의 부귀와 영화를 추구한 일입니다!"

이 말 한마디에 영종의 머릿속에는 갑자기 빛이 비치는 듯 했다. 탈문공신에 대한 그의 감정은 감사에서 점차 혐오로 바뀌게 되었다. 그리하여 불과 2-3년 만에, 한때 하늘을 나는 새도 떨어뜨리던 자랑스러운 탈문공신은 너도나도 낙마하고, 부귀영화는 우담바라 꽃처럼 사라져 결국 자신의 아리따운 생명까지 완전히 망치게 되어버렸다.

# 제29장 순장의 레퀴엠, 막을 내리다

모든 것을 공정하게 고려해 본다면, 경태제는 확실히 형을 해치려는 마음이 없었다. 만일 조금이라도 그런 마음이 있었다면 완랑의 사건만으로도 자기 형을 철저히 파멸시킬 수 있었을 것이다. 아무리 이렇다 하더라도 영종 복위 초기의 사무친 원한은 마치 투우사의 검이 소를 찌르듯 어떤 것도 전혀 고려하지 않았다. 그는 동생인 폐제 주기옥이 얼른 최후의 숨을 거두기만을 소망했던 것이다.

경제는 어떻게 죽었는가?

전하는 바에 의하면 경제가 병이 났던 원인은 성생활이 너무 과도해서 양기가 심하게 고갈되고 원기가 허해졌기 때문이라고 한다. 원래 황제의 자리에서는 체력이 버티지 못할 상황이었는데, 황제의 위치를 잃고 난 다음부터는 상대할 미녀가 없어지니 양기가 조금씩 회복되고 몸은 놀랍게도 호전이 되었다. 그런데 영종은 그가 죽지 않자 마음속으로 이를 받아들일 수 없어 결국 사람을 보내 그의 목숨을 끊어놓았다고 한다. 가정嘉靖(명나라 세종의 연호, 1522~1566년) 중기 사람인 육익陸釴은 자신의 수필인《병일만기病逸漫記》에서 아무렇지 않게 말했다. "경제는 환관 장안蔣安이 비단으로 목을 졸라 죽였다고 한다."

사료학의 각도에서 말한다면 이 책은 비교적 늦게 나온 책이고 이 발언은 출처도 언급하지 않았기 때문에 신뢰도가 크게 떨어진다. 장안 또한 어디 출신 사람인지 모르겠지만, 잠시 이 이야기를 살펴보아도 좋겠다. 한편 경제가 사랑하던 비 당씨唐氏, 그녀는 확실히 한 가닥 붉은 비단으로 생명을 끊었다고 한다.

본래 경제는 자기 무덤을 이미 다 건축해 놓았다. 과거의 황제들에게는 미래를 향한 진취적인 기상이란 전혀 찾아볼 수 없는 듯하다. 그들은 자주 엉뚱한 행동을 벌였는데, 그중에서도 특히 장래에 자신의 영혼이 머물 곳에 지극정성을 쏟아 부었다. 예를 들어 한대의 황제는 즉위와 동시에 바로 연간 국가 재정 수입의 삼분의 일을 가지고 부지런히 자기의 무덤을 지었다. 경제는 젊디젊은 청년이었지만 한 살이라도 젊었을 때 자기가 살 무덤을 재빨리 마련해 두었다. 독자 여러분, 황제들이란 모두 지극히 현실적인 사람 같지 않은가?

경제는 자기 무덤이 다 완성되자, 우선 경제 7년(1456년) 2월에 죽은 항杭 황후를 매장했다. 그러나 다음 해 연초가 되자 상황은 급변했다. 경제 자신이 죽고 제호도 잃어버렸으며 항황후 역시 황후라는 이름을 빼앗겼기 때문에 각각 성려왕 및 성왕비로 강등되었다. 그들의 무덤 역시 훼손되어 버려지게 되었다. 경제는 서산의 어느 자락인지 모를 한 구석에 장사지내지고[103] 항후의 시체 역시 이장되어 자기 부군과 합장되었다. 중국에서는 항상 살아 있는 사람의 일 때문에 죽은 사람을 들들 볶아댔다.

---

103  일반적으로 황자, 비빈, 공주는 모두 서산에 장사했으며, 오직 제후와 일부 특별한 비빈만을 '13릉'에 장사지냈다.

경제가 죽자, 남아 있는 경제의 비는 영종英宗에게 골칫거리가 되어버렸다.

앞글에서 말했듯 경제의 정실인 왕황후는 황태자 교체를 반대하여 황후에서 퇴출되었으며 사서에 기록된 '폐황후'가 되었다. 왕황후는 비록 '훌륭한 일'을 했지만 영종은 복위 초기에 이 제수씨가 한 간절한 충고가 얼마나 큰 공헌이었는지 잘 몰랐던 탓인지, 그녀를 경제가 총애하던 당씨 등과 함께 순장시켜 버리려는 생각을 품고 있었다.

당비는 단맛을 보던 여인이고 왕폐후는 쓴맛을 본 여인인데 지금 함께 순장을 하겠다니, 이 세상에 공평과 정의는 어디에 갔으며 인정은 어느 곳에 서겠는가? 처음 순장 명령을 들은 순간, 왕황후는 아마도 이렇게 외쳤을 것이다!

이 이야기를 들은 내각의 신하 이현李賢도 사리에 맞지 않는 처사라고 여겨 영종에게 이렇게 건의했다. "왕황후는 비록 황후로 세워진 적이 있지만 얼마 후에 버려지고 유폐되었으니 그 고통은 불쌍히 여길 만합니다. 하물며 두 딸이 아직도 어린데 만일 경제를 따라 죽게 한다면 너무 비참한 일이고, 어린 딸은 의지할 곳도 없으니까 더 가련하지 않습니까?" 영종은 이 말을 듣더니 고개를 끄덕이며 말했다. "처음에는 제수씨가 아직 젊으니 궁에 남아 있는 것이 별로 적절하지 않다고 생각만 했지 아이에게까지 영향이 있는지는 전혀 생각 못했군!" 이에 영종이 왕황후를 순장하지 않겠노라고 허락함으로써 왕씨는 목숨을 건질 수 있었다.

정말 간이 콩알만해질 순간이 지나갔다! 만일 왕황후가 과거에 폐위되지 않았더라면 아마도 이때에는 부군을 따라 지하로 끌려들어갔을 것이다. 이는 정말 새옹塞翁이 말을 잃어버린 것이 어찌 복이 아닌지 알겠느냐는 말과 같은 상황이었다.

영종은 비록 왕황후가 공을 세웠다고까지는 생각하지 못했지만, 동궁에 새로 들어와 주인이 된 주견심은 폐태자 문제를 두고 간언을 하던 그녀의 호의에 감사하며, 왕황후를 매우 공경하고 기회가 될 때마다 영종 앞에서 그녀에 관한 좋은 말을 했다. 또한 그녀가 궁 밖의 왕부王府에 가서 살도록 허락하며, 그곳으로 떠날 때에는 궁중의 물건을 모두 가져가고 싶다는 부탁을 들어주었다.

주견심의 어머니 주周귀비 역시 왕황후에게 감사하여 함께 있는 것을 매우 좋아했으며, 매년 명절 때마다 왕황후를 궁으로 초청하여 존귀함과 비천함을 따지지 않고 항상 한 식구와 같은 예로써 대했다.

하루는 영종이 태감 유항劉恒에게 물었다. "예전에 궁궐에 허리에 묶는 옥영롱 구슬이 하나 있었던 것 같은데, 아무리 찾아도 찾을 수가 없구나." 기억을 더듬던 유항은 분명히 왕황후의 거처에 있을 것이라고 대답했다. 영종은 황제의 사자를 보내어 옥영롱을 찾아오도록 했다. 그런데 영종은 왕황후의 불같은 성격은 잘 모르고 있었다. 그녀는 허리에 묶는 옥영롱 구슬을 천천히 꺼내더니 잠시 뚫어져라 구슬을 쳐다보았다. 그리고 구슬을 내어주지는 않고, 말릴 겨를도 없이 단숨에 우물 속에 던져 넣고 말았다. 그녀는 사자에게 천연덕스럽게 이야기했다. "내가 찾아봤는데 없구나." 또 주위 사람에게 이렇게 넋두리했다. "칠 년 동안이나 천자로 살았는데, 이런 옥쪼가리 하나 누릴 복이 없단 말이냐?"

생각해보면 당시의 왕황후는 이런 식으로 경제와 말싸움을 하다가 폐위까지 되고 말았을 것이다. 그런데 이렇게 오랫동안 몰락의 길을 걷고 있는 지금도 여전히 자기 잘못을 고치려 들지 않고 제멋대로 살고 있었다. 이 이야기를 들은 영종은 화가 머리끝까지 났다. 그는 핑곗거리를 찾아 왕황후가 출궁할 때 가지고 나간 거액의 궁궐 재산을 회수할 사자를 파견하고, 궁중의 물건을 전부 반환할 것을 요구했다. 그렇게 왕부의 재산을 깡그리 몰수한 것이다.

왕황후가 다른 누구보다 대단한 점은 오래오래 장수했다는 것이다. 그녀는 그 후로도 50년을 더 살아 증손자뻘인 무종武宗 정덕正德 원년(1506년) 12월에야 이 세상을 하직했다. 남편 경제가 세상을 떠났을 때 그녀의 나이를 30세로 따져 계산한다면 왕황후는 약 80세에 죽었으니 궁인 가운데서 아주 장수한 축에 속했다.

왕황후의 장례를 토론할 때라면, 과거의 근심과 원한은 이미 옛일이 되어 있었다. 대학사 왕오王鏊는 "왕황후는 황후를 지냈던 분이기에 마땅히 비의 예로 안장하고 황후의 예로 제사를 드려야 합니다."라고 이야기했다. 그래서 그녀는 서산에 안장되어 경제의 혼과 한곳에서 쉼을 누리게 되었다. 그 다음 해에 '정혜안화貞惠安和 경황후景皇后'라는 시호를 추증했다. 경제는 생전에 두 명의 황후를 세웠는데, 한 명은 폐황후 왕씨였으며, 또 한명은 사후에 왕비로 강등된 항황후였다. 이 폐황후는 봉호가 없는 신분으로 죽었지만 저승에서는 복이 있었는지 조정은 경황후(이때 경제는 이미 제호를 회복하여 경황제가 되었다)라는 시호를 추증했다. 비록 경제는 그녀를 싫어했지만 그녀야말로 주씨 집안이 정식으로 인정하는 황후였던 것이다.

각설하고 경태 3년(1452년)에는 주견제가 황태자로 세워졌을 뿐 아니라, 태자의 어머니 항씨도 황후로 책봉되었다. 그러나 항씨의 주가가 오른 것은 어머니가 아들 때문에 귀하게 된 덕분이지, 그녀 자신이 경제에게 가장 총애를 받는 여인이었기 때문은 아니었다. 수많은 비 가운데 경제에게서 가장 총애를 받았던 비는 당씨唐氏(이석아 같은 사람은 아무런 명분도 없기 때문에 공식 석상에서는 논할 자격이 없는 인물이다)였다.

이것을 어떻게 알 수 있을까? 황제가 어떤 비를 사랑하는가는 그가 친정집안 식구를 어떻게 대하느냐를 보면 가장 잘 알 수 있다. 실록의 기록에 의하면 항황후가 세상을 뜬 이튿날이 되어서야 경제는 동생 항경杭敬에게 황후의 은덕을 물려주고, 금의위 백호로 승진시켜 주었다. 항씨는 4년간이나 황후 자리에 앉아 있었으나 그 외갓집은 스산하기 그지없었다.

앞에서 말했듯, 기녀 이석아의 동생은 며칠이 못 되어 금의위의 천호가 되었다고 했다. 한편 이 당비도 아주 큰 사랑을 받았는데 항황후를 크게 능가하고도 남는 정도였다.

경태 5년, 당비의 아버지 당홍唐興은 이미 금의위 백호가 되었다. 경제가 하사하는 대량의 장원과 금전, 비단을 얻는 은혜를 누렸는데, 실록의 말로 요약하자면 "셀 수 없이 많은 상을 받았다"고 한다. '셀 수 없다'는 것은 '셀 것이 없다'는 것이 아니라 너무 많아서 숫자를 셀 방법이 없는 정도라는 뜻이다. 당홍은 계속해서 관직이 올라 천호에서 지휘첨사를 거쳐 도독에까지 이르렀다. 그의 딸은 경태 7년 8월, 항황후가 세상을 뜬 지 반년 후에 황귀비로 책봉되었다.

이것이 바로 '황귀비'라는 새로운 칭호가 탄생한 기원이다. 따지고 보면 당씨 역시 '중국 최초'를 개척한 인물 중 하나였던 셈이다. 졸필의 아재 개그를 용서해주시기 바란다. "이것은 과연 서양보다 몇 년이나 더 빨랐을까?!"

그런데 후각이 아주 예민한 어떤 이가 이런 사실을 짚어냈다. 경제가 당씨를 황귀비로 봉한 것과 이석아의 동생인 이안에게 은혜를 내려준 것은 시기상으로 아주 가까운 일(이안을 금의위 백호로 봉하고, 향화원을 하사한 것은 당씨를 봉한 날로부터 한 달 이전에 일어남)이라고 한다. 추측하기로는 경제가 한 기녀를 총애하기 시작한 것이 당비의 질투심에 기름을 부었고, 아마도 그녀가 경제를 찾아가 몇 차례나 다툼을 벌였기에 경제는 귓불이 조용해지도록 하기 위해 이런 새로운 명칭으로 당비를 안위한 것 아닐까?

앞의 글에서 이야기했듯이, 후비의 명칭은 과거에는 황후 앞에만 '황'자를 더했을 뿐이었다. 황후 아래의 명칭이 바로 귀비였다. 주원장이 황숙비, 황녕비를 봉한 것은 모두 특별한 예외였다. 이제는 황귀비가 생겼으니 일종의 억지로 만들어낸 등급이었다.

경제는 항황후가 죽은 후 더 이상 황후를 책봉하지 않았으니 당귀비는 부황후이며 육궁의 사무를 섭정해야 했다. 졸필은 만일 당귀비가 다시 한 걸음을 더 내딛어 황후로 책봉되었다면, 경제 사후에 그녀는 과연 어떤 운명을 맞이했을까 생각해본다.

졸필이 이런 가설을 생각해 본 이유는 경제 사후에 당귀비 역시 순장을 당했기 때문이다. 졸필이 '경제를 위해 순장을 선택했다'가 아니라 '순장을 당했다'라고 생각하는 이유는 당귀비가 경제를 따라 죽은 것이 그녀 스스로의 선택이라고 생각하지 않기 때문이다.

이현의 《천순일록天順日錄》의 기록을 보면, 영종이 왕황후에게 순장을 하도록 결정을 한 이유는 '제수씨의 나이가 아직 어려 궁정 안에 머물게 하기에는 부적합하다'는 것이었다. 비록 왕황후는 요행히 죽음의 마수에서 벗어났지만 이런 이유는 당귀비나 다른 비빈에게 여전히 적용이 가능한 이유였다. 이 비빈들을 내쫓는다는 것은 정말 힘든 일이었기 때문에 아예 각 사람에게 붉은 비단 하나씩을 나눠주고 전부 순장을 권유해 일을 마무리 지은 것이다.

혹시 어떤 독자는 이렇게 물어볼 것이다. "이때 경제는 아직 성왕인 상태였는데, 친왕도 순장을 하는 전례가 있었습니까?" 사실 명나라 초기에는 각 지방의 왕부에서 친왕이 서거할 경우, 왕비, 왕부인 및 관비가 순장되는 예가 책에 끊임없이 등장하고 있다. 명나라 사람은 말했다. "왕궁의 비가 순장되는 것은 '각 왕부에 모두 있는 일이요, 특별히 황궁에서만 있었던 일이 아니다'."

딱 한 가지 예만 들어보자. 진민왕秦愍王 주상朱樉이 죽었을 때, 그의 정비, 원나라 대장 왕보보의 친동생 왕씨(전하는 바에 의하면 그녀는 《의천도룡기倚天屠龍記》에 나오는 조민趙敏의 실제 모델이라고 한다) 역시 '순장'을 당했다고 한다. 게다가 이것은 주원장이 아직 살아 있을 때에 남아 있던 전례였다.

비록 영종은 제수씨들에게 전부 순장을 명했지만 그 자신은 순장을 극도로 혐오했다. 혹은 순장을 통해서 정말 음부에서 미녀들과 쾌락을 누릴 수 있다는 사실을 믿지 않았다고 할 수 있다. 그 본인은 인생의 고난을 통해 세상의 이치를 깨닫게 되었으며 현실감도 더욱 풍부했기에, 세월의 어려움을 개탄하고 백성의 고통을 가엾이 여기는 인자함도 더욱 많을 수밖에 없었다. 그가 세상을 떠나기 전, 궁전의 비들이 더 이상 순장을 당하지 않도록 특별히 관심을 보였기 때문에 이 잔혹하고 야만적인 제도는 영원히 무덤 속으로 사라질 수 있었다.

하지만 여기서 한마디 해야겠다. 순장은 청대 초년에 사그라진 재가 다시 타오르듯 슬그머니 부활했으니, 이를 독자도 알고 계시기를 원하며 명나라 사람만 욕하지 않기를 바란다.

명나라 초기의 4대(건문제 제외)에 걸친 황제들은 모두 무서운 순장제도를 실시했으며, 순장을 당한 궁전의 비빈은 비록 생명을 바치기는 했지만 제왕 및 황후와 같은 무덤에서 장사되는 자격을 누린 것은 아니었다. 명나라 사람 장일계蔣—葵는 《장안객화長安客話》 4권 《제왕공주분諸王公主墳》에서 인종의 모든 비를 배장한 제도를 기록할 때 이렇게 말했다. "모든 비는 황릉의 굴을 따라 배장되지 않고, 외벽의 안쪽, 보산성寶山城의 바깥쪽, 명루明樓의 앞에서 좌우편으로 마주보고 차례대로 부장되었다." 즉 인종 헌릉에 순장된 각 비는 모두 인종과 같은 혈에 장사되지 않았고, 헌릉의 외벽 안쪽, 보산(즉 황릉 안의 '분봉'), 명루(분봉 안의 건축물) 앞에 좌우로 나뉘어 순서대로 부장되었다는 뜻이다.

과거의 일부 기록, 예를 들어 명나라 왕조 유민인 고염무顧炎武의 《창평산수기昌平山水記》, 양분梁份의 《제릉도설帝陵圖說》 등을 보면, 모두 13릉 중의 일부 배장묘 구역(예를 들어 동정東井, 서정西井, '정井'이란 혈이 없는 묘를 가리킴)을 순장된 궁비들의 묘소로 보고 있다. 그러나 실지 고고학 조사를 통해 이 말은 모두 틀렸음이 밝혀졌다. 명초 사릉四陵, 그 순장묘의 매장 방식은 모두 인종의 헌릉獻陵과 같은 방식이었다. 그러므로 독자 여러분이 남경 명효릉과 북경의 13릉에서 효릉, 장릉, 헌릉, 경릉景陵 등 황릉 구역을 관광하게 된다면, 명루에 가까이 가기 전 발아래를 조심하도록 하자. 수백 년 전 불행한 삶을 마감했던 여인네의 영혼이 거친 발걸음에 행여 놀라지 않도록 말이다.

# 제4권

---

## 황친과 외척의 쇠락기

# 제30장 천하 제일의 사기 계약, 주원장과 하는 계약

대명 왕조의 첫 번째 외척이라면 단연 곽자흥을 꼽아야 할 것이다.

앞의 글에서 이야기한 대로 곽자흥이 태어났을 때, 그 아버지 곽공이 점을 쳐보니 '대길'했다고 한다. 그러나 훗날의 사실은 곽공 집안의 운명이 조금도 길하지 않고 오히려 흉하기만 했음을 증명해준다. 곽자흥은 반평생 동안 우울했으며 다른 사람의 수하에 있었다. 자신의 업적은 이루지 못하고 그저 원수밖에 되지 못 한 채(당시는 사방에 널린 것이 원수였다) 죽고 말았다. 그의 큰아들은 전사하고, 나머지 부대는 자신의 두 아들과 한 명의 손아래 처남이 통솔하도록 했는데, 결과적으로 얼마 후에 모두 패망하고 양딸의 사위로 친위병 출신인 주원장만 좋은 일을 시켜주었다. 주원장은 곽자흥의 양딸인 마씨(마황후)와 결혼을 했으며, 곽씨가 멸망한 후에는 또다시 옛 주인의 친딸인 곽씨(곽혜비)와 결혼했다. 그래서 곽자흥은 명 왕조 개국황제의 백락伯樂일 뿐 아니라, 그의 수양 장인어른 겸 진정한 장인어른이었다. 곽자흥은 이런 사실 때문에, 명나라 왕조 건국 후에 저양왕滁陽王으로 추증되어 생전에 이루지 못했던 왕의 꿈을 이루었다.

마황후의 친아버지는 곽자흥의 친한 친구로서 이름은 알려져 있지 않으며, 마공馬公으로 불리웠니 오늘날로 하면 마 선생인 셈이다. 마황후는 주원장과 함께 어려움을 극복한 조강지처로서 황후의 친족이라면 반드시 만방에 힘써 드높여야 할 이름이다! 하지만 먼 친척이든 가까운 친척이든, 마황후는 친척이라곤 하나도 찾을 수 없는 무남독녀 외동딸이었다. 주원장은 어쩔 수 없이 마공을 서왕徐王에 봉함으로써 처의 마음을 조금이나마 위로했다.

주원장은 절대로 자기 아내의 친정이 별 볼 일 없다고 무시할 수 없었다. 왜냐하면 자신의 외조부 역시 '무명씨'에 성이 진陳씨라는 것 외에는 존함조차 알지 못하기 때문이었다. 그래서 외조부에게 관직을 추증할 때에도 그저 진 선생(양왕揚王 진공陳公)이라고 할 수 밖에 없었다.

사실 주원장 역시 사려가 깊지 못했다. 그는 왜 마공, 진공에게 고상한 이름을 하나 지어주지 않았을까? 이 세상에 마씨, 진씨 성을 가진 사람이 개털만큼 많은데, 서왕, 양왕이 어떤 인물인지 사람들이 어떻게 알겠는가? 손아랫사람이 손윗사람에게 이름을 바꿔주는 일을 자신이 안 해본 것도 아니니 말이다. 주원장의 아버지의 본명은 주오사朱五四지만, 그는 천하를 얻은 후 아버지의 이름이 너무 무식하다고 여겨 자기 맘대로 주세진朱世珍이라는 이름으로 개명해버린 것이다.

추증된 칭호는 본래 돈이 되는 것이 아니고 게다가 당사자가 본래 무명씨였기 때문에, 마공은 '서왕'으로 봉해진 후 금세 사람들에게 잊히고 말았다. 건문제 때에 그는 자신의 동생 주윤희朱允熙를 또다시 서왕으로 봉하고 말았다. 주윤희가 훗날 불행한 인생의 결국을 맞게 되었으니 이것은 왕호가 불길해서 그런 것이 아닐까?

개국 시기에 외척이 왕으로 봉해진 것은 이상 세 경우(양왕, 서왕, 저양왕)에 불과하다. 게다가 모두가 추증이었다.

주원장은 후비가 많고 얻게 된 경로도 다양하다는 것은 이미 앞에서 이야기한 바 있다. 그의 비 중에서 상당수는 부하의 헌납으로 얻게 되었다. 예를 들어서 그가 아주 총애하던 손귀비 역시 마찬가지였다.

손귀비는 본래 원나라 왕조 상주부판 손화경의 딸로서 청군에게 포로가 된 후에 마, 단 두 원수가 수년간 수양딸로 키우다가 후에 주원장에게 헌납되었다. 손귀비의 부모 및 둘째 오빠는 이미 작고했고, 오직 큰오빠 손백영만이 타향을 유랑하고 있었다. 그러나 누군가를 사랑하면 그와 관련된 모든 것을 사랑하게 되는 것은 인지상정이었다. 주원장은 이 비를 총애하면서 그녀 대신 가족을 찾아 헤매었다. 그리고 얼마 후, 그는 구주衢州에서 손백영을 찾아내어 남경으로 데려온 후 금은주단을 하사하고 또 콩고물이 많은 직책과 좋은 관직을 주었다. 그의 관직은 '구경九卿'의 하나인 태복시경太仆寺卿까지 올라갔다. 홍무 7년, 손귀비가 세상을 떠나자 손백영의 행운도 여기까지였다. 주원장은 귀비의 무덤을 지키는 무덤지기로 그를 쫓아낸 다음, 나중에는 다른 많은 보통사람처럼 '일을 하다가 힘들어 죽게 했다以事累死'.

'힘들어 죽게 했다'는 것은 공무가 너무 많아서 귀비의 오빠를 과로사시켰다는 것이 아니다. 무덤 관리야 무료해 죽겠다거나 답답해 죽는 경우는 있어도, 힘들어 죽었다는 경우는 들어본 적이 없다. 이 글자는 '누차累次'의 누累자로, 손백영이 여러 일에 누차 연루되었다는 것이다. 어쩌면 그가 잘못을 했을 수 있고, 어쩌면 타인의 일에 연루되었을 수도 있겠지만 결국 처형되어 죽고 말았다. 주원장은 아마 이 한물간 큰처남을 기억도 하지 못했을 것이다.

주원장은 처첩이 많기 때문에 장인과 처남, 큰처남도 엄청나게 많았다. 그중에서 여럿이 전부 개국공신이었다. 주원장의 아들들은 무럭무럭 자라나 홍무 초년에 이미 결혼을 할 나이가 되었고, 주원장이 그들에게 전부 공신들의 딸들을 점지해주었다. 이렇게 하여 주원장은 공신 집단과 긴밀하고도 복잡한 관계를 맺게 된 것이다.

그중에서 가장 전형적인 예가 무정후 곽영이다. 곽영 본인과 그 형인 곽흥은 모두 공신이었으며, 그들의 여동생은 주원장과 결혼한 곽녕비였다. 곽영의 딸 둘은 각각 요왕과 영왕에게 시집을 갔고, 곽영의 아들은 공주와 결혼을 했으며, 장손녀가 인종의 귀비가 되었다. 이런 관계는 조금 복잡해 종잡을 수 없는데, 아무튼 특별히 긴밀한 관계라 할 수 있다.

다음에서 주원장의 24명의 아들들이 결혼해 얻은 비들을 소개하도록 한다.

> 황태자: 원비(元妃)-상우춘의 딸, 계비(繼妃)-태상시경(太常寺卿) 여
> 　　　본(呂本)의 딸
> 진왕(秦王): 원비-왕보보의 누이동생, 차비(次妃)-위국공(衛國公) 등
> 　　　유(鄧愈)의 딸
> 진왕(晉王): 영평후(永平侯) 사성(謝成)의 딸
> 연왕(燕王): 위국공(魏國公) 서달(徐達)의 장녀
> 주왕(周王): 송국공(宋國公) 풍생(馮勝)의 딸
> 초왕(楚王): 정원후(定遠侯) 왕필(王弼)의 딸
> 제왕(齊王): 원비-안육후(安陸侯) 오복(吳复)의 손녀, 차비-위국공 등
> 　　　유의 딸
> 담왕(潭王): 도독 우현(于顯)의 딸

노왕비(魯王妃): 신국공(信國公) 탕화(湯和)의 차녀

촉왕비(蜀王妃): 양국공(涼國公) 남옥(藍玉)의 딸

상왕비(湘王妃): 정해후(靖海侯) 오정(吳禎)의 딸

대왕비(代王妃): 서달의 차녀

숙왕비(肅王妃): 지휘 손계달(孫繼達)의 딸

요왕비(遼王妃): 무정후(武定侯) 곽영(郭英)의 딸

경왕비(慶王妃): 지휘 손계달의 딸

영왕비(寧王妃): 병마지휘 장태(張泰)의 딸

민왕비(岷王妃): 우도독 원홍(袁洪)의 딸(주: 원홍의 아들 역시 황제의

　　　　　　　부마였음)

곡왕비(谷王妃): 병마지휘 주탁(周鐸)의 딸

한왕비(韓王妃): 우도독 풍성(馮誠)의 딸

심왕비(沈王妃): 지휘 장걸(張傑)의 딸

당왕비(唐王妃): 안육후 오복의 손녀딸

영왕비(郢王妃): 무정후 곽영의 딸

윤왕비(伊王妃): 좌도독 유정(劉貞)의 딸

안왕비(安王妃): 서달의 삼녀


수 명의 공신들이 주원장과 이중 혹은 삼중으로 겹사돈을 맺었다. 예를 들어 오랜 동지 서달은 딸 셋을 주씨 집안에 시집보냈다(연왕비, 대왕비, 안왕비). 또한 주씨 집에 딸 둘을 시집보낸 경우도 있다. 그 예로는 등유의 두 딸

(진왕 차비, 제왕 계비), 오복의 두 손녀(제왕비, 당왕비), 곽영의 두 딸(요왕비, 영왕비)를 들 수 있다. 그 외에도 딸과 아들을 모두 주어 겹사돈으로 맺은 경우도 있었다. 그런 예로는 앞에서 말한 곽영이 있고, 또 영국공 부우덕傅友德도 자신의 아들은 상수춘공주尙壽春公主와, 딸은 진왕晉王 주강朱棡의 세자 주제희朱濟熺의 비로써 주었으며, 그 외에 도독 원홍袁洪도 겹사돈을 맺었다.

전하는 바에 의하면 서달의 차녀가 황제의 큰 매형인 주체에게 점 찍혔는데, 당시 주체는 이미 서달의 장녀와 결혼을 한 상황이었다고 한다. 주체는 작은 처제까지 '양손에 떡'을 가지고 싶어 했지만 서달에게 거절을 당했다. 주체는 산적두목처럼 남의 집 귀한 딸을 함부로 강탈하지는 않았지만, 이런 말을 했다고 한다. "이 딸을 나한테 안 주면, 감히 데려갈 사람이 누가 있겠습니까?" 이것은 강도의 논리다. 내가 점 찍은 여자를 내가 못 가지면 다른 사람도 가질 수 없다! 서달은 과연 다른 사람에게 감히 혼담을 꺼내지 못했고, 딸은 결국 출가해 여승이 되어 한평생 남편 없이 살다가 의지할 곳 없이 외로운 생을 마쳤다고 한다.

이 이야기의 신뢰성을 감히 단언할 수는 없지만, 우선 대중에게 소개하며 고증을 기다리기로 하겠다.


졸필은 군신 간의 정략결혼에서 황실은 반드시 적극적인 위치를 차지한다고 생각한다. 바꾸어 말하자면 각 왕과 각 공신 가문이 결혼을 할 때, 주원장은 '갑'이 되어 자녀의 혼인과 관련한 정치적인 고려를 했을 것이란 뜻이다. 이런 결혼은 현실적인 필요에 의한 결합이므로 자연히 언제든지 현실적인 필요에 의해 끊어질 수 있었다. 수많은 공신이 과거의 '동지애'를 통해 주원장의 자녀와 혼인을 맺고 황제와 긴밀한 개인관계를 체결했다. 하지만 역사를 돌이켜보면 충성스런 부하가 황제와 사돈을 맺는 일은 신분상승이라는 일석이조는 될 수 있을지언정, 이것이 생명과 집안을 지켜주는 호신부는 되지 못했다.

명나라의 개국공신들이 결국 '토사구팽'된 것이 가장 좋은 예이다. 홍무시기에 봉해진 수십 명의 공작, 후작, 백작 중 다수에게 '사형 면제와 작위 세습권'이 주어졌다. 그 기와 모양의 철판에는 분명히 다음과 같은 자구가 새겨져 있었다. "귀하의 작위는 귀하가 세운 큰 공로로 얻은 월계관입니다. 당연히 세세토록 전해질 것이며, 영원히 몰수되지 않을 것입니다." 또한 이런 글도 새겨져 있다. "귀하가 죽을죄를 범하더라도 귀하가 세운 큰 공로를 감안하여, 1회, 2회, 혹은 3회의 사형 면제권을 드리겠습니다." 이것은 주원장이 부하와 체결한 일종의 계약서 아닐까? 하지만 주원장이 제일 잘하는 일이 바로 사기계약이었다. 등만 돌렸다 하면 약속한 내용을 인정하지 않았고, 뺏고 싶은 작위는 빼앗고 죽이고 싶은 사람은 죽였으며 신용이라곤 눈곱만큼도 없었다.

홍무시기에 공신은 황실(종실도 포함)과 통혼을 했을 뿐 아니라, 권문세족 상호 간에도 통혼을 했다. 예를 들어 악국공 상우춘의 딸은 황태자의 비였고, 그의 큰아들 상무常茂, 차자 상승常昇은 모두 송국공 풍승과 월국공 호대해의 딸과 결혼했다. 신국공 양화에게는 딸이 다섯 있었는데 장녀는 덕경후德慶侯 요권廖權(요영충廖永忠의 아들)에게 시집갔고, 둘째 딸은 노왕비가 되었으며, 나머지 셋째 딸도 위지휘衛指揮 일급의 무신 집안에 시집을 갔다.

그럼 공신이란 어떤 사람일까? 간단히 말하자면 일시적인 작위이든, 세습되는 작위이든, 작위를 받은 모든 사람을 공신이라고 했다. 공신의 주체는 무장이었으며 그들의 자녀는 문관의 자녀와 결혼하는 일이 거의 드물었다. 이는 명초에 무신의 지위가 문신보다 훨씬 높았기 때문이었다. 그러나 무를 숭상하는 풍속 및 무관의 지위는 인종, 선종 이후 급속하게 쇠락했다. 명대 후기에 이르러서는 상황이 180도 변해, 선비 집안의 딸이 무관에게 시집가는 것을 부끄러운 일로 여겼다.

문인 출신의 공신은 상대적으로 적었으며, 그중 최고로 인정을 받았던 사람으로는 태사, 좌승상을 역임했던 한국공 이선장을 꼽을 수 있다.

이선장의 장자 이기李祺는 주원장의 장녀인 임안공주와 결혼했으며, 이를 통해 이씨 가문은 '개국공신'이요, '황제의 외척'으로 발돋움했다. 이선장의 결국이 비참했던 까닭에 그 집안의 결혼 관계를 상세하게 고찰할 수 있는 묘비 기재가 남아 있지 않지만, 알 수 있는 것은 이선장의 외손녀는 위국공 등유의 아들 신국공申國公 등진鄧鎭의 부인이라는 점이다. 이씨 집안은 후임 승상 호유용과도 친척관계로서 이선장의 동생 이존의李存義의 아들 이우李佑는 호승상의 조카사위였다.

호유용은 처음에는 그저 지현知縣에 불과했지만 이선장을 통해 조정에 추천받은 후, 스스로 탁월한 능력을 발휘해 몇 년 만에 중서승상中書丞相이라는 높은 직위를 차지하게 되었다. 이선장은 홍무 초년에 실제적으로 이미 퇴거하여 이선에 머물렀지만, 호유용은 일선의 주요 지도자였다. 이선장은 다시 일선으로 돌아가 후임자를 물리치고 권력을 찾아오려는 생각을 전혀 한 적이 없었다. 그가 호유용 집안과 친척 관계를 맺은 것은 어쩌면 새로운 승상에게 의지하고 싶은 마음이 있었기 때문일지도 모른다. 아무튼 그는 이로써 이익 공동체를 형성했다.

사실 공신과 고관 가문끼리의 정략결혼은 본질적으로는 새로운 귀족 집단 결성을 알리는 서곡이었다. 명성에 걸맞은 집안끼리 결혼을 하면, 서로의 이름을 돋보이게 해주는 역할을 해 개인적인 유익을 도모할 수 있었다. 그러나, 서로 다른 뿌리끼리 접목하는 신하들 간의 복잡한 결탁관계는 오히려 주상에게 크나큰 의심과 두려움을 불러일으키고 말았다. 독자 여러분, 생각해보시기 바란다. 가지와 넝쿨이 뒤얽힌 등나무 덩굴을 청소하는 방법은 무엇일까? 한 줄기씩 떼어낼 수 있는가? '한 줄기만 잡아당겨도 전체 나무가 다 흔들린다'는 말이 있듯이 삼 타래처럼 뒤얽힌 줄기를 날카로운 칼로 잘라내고 뿌리까지 근절해 버리던지, 큰 불을 피워 모든 것을 깨끗하게 태워버리는 수밖에 없다. 그러므로 공신 집단이 강하게 결집된 순간부터 그들은 영광을 얻으면 모두가 영광스럽고, 잘못되면 모두 함께 궤멸하는 하나의 운명체, 이익공동체인 동시에 생사공동체를 형성하게 된 것이다.

이선장이 호유용과 맺은 정략결혼은(설사 아주 친한 친척이 아니라 할지라도) 그에게 있어 치유할 수 없는 악성 종양이 되기에 충분했다. 하지만 종양은 반드시 드러나게 되는 법, 주원장은 홍무 13년(1380년) 정월에 돌연 칼을 빼들었다. 모반죄라는 죄명으로 승상 호유용을 처형했으며, 그 후 무려 20년 동안 '호당胡黨' 숙청 작업을 시작한 것이다. 이선장과 이존의 부자는 그 당시는 연루되지 않았지만 이존의 부자가 간당이라는 고발이 끊이지 않았으며, 사실상 창끝은 이선장을 가리키고 있었다. 시간이 흘러 고발의 내용이 점점 더 구체적인 사실이 되고 이선장이 역모에 참가한 '사실' 역시 점점 더 상세하고 주도면밀해짐에 따라, 결국 주원장은 78세의 고령인 이선장을 결코 봐주려 하지 않게 되었다. 호당 사건이 발생한 지 10년 후, '역모를 알면서도 신고하지 않고, 여우같이 미심쩍은 태도로 양쪽을 관망만 한 대역부도한 자'라는 죄명으로 이선장의 오래된 친구와 가족은 자살을 강요받았고, 전체 친족 70여 명은 전부 주살당했다(이선장의 외손녀 사위인 신국공 등진 역시 주살되고 작위가 해제되었다). 이런 상황이야말로 '나이 많아 죽지 않으면 주위 사람에게 해만 끼친다'는 말이다!

졸필은 매번 이선장의 비참한 최후를 생각할 때면, 이천년 전 또 다른 승상의 최후가 생각난다. 그 사람은 바로 진秦나라의 승상 이사李斯이다. 이 두 이씨 승상의 인생 최후의 순간, 친척들은 남녀노소를 불문하고 전부 시내에 끌려가 목이 잘려 죽었으니 얼마나 끔찍한 일인가!

이선장의 큰아들 이기는 공주와 결혼한 관계로 목숨을 건지긴 했지만 관방 역사는 그가 공주와 함께 '강포江浦로 가서 오랜 후에 죽었다'고만 할 뿐 구체적인 사실은 얼버무리고 있다. 그들의 아들 이방李芳, 이무李茂는 주원장의 평생에 처음으로 얻은 외손자였다. 그러나 외손자는 손자이기는 하지만 역시 앞에 '외'자를 달고 있으니 친손자나 자기 손자보다는 못한 것이 분명했고, 이 때문에 죽음을 면하기는 어려웠다.

# 제31장 모든 외척의 국정 관여 금지!

무를 뽑으면 진흙이 함께 딸려 나온다. 이것은 역대 정치 투쟁에서 상대 방을 숙청할 때 사용하던 상투적인 방법이었다. '호당'을 수년간 살육하고 만년이 되자, 주원장은 또다시 새로운 과녁에 총구를 조준했다. 그들은 바로 '남옥 집단'이었다.

양국공 남옥은 홍무 25년(1392년) 말에 출정하여 조정으로 돌아왔으며 전혀 별다른 문제가 없었다. 그러나 그 다음 해 2월, 춘절을 막 지낸 주원장은 갑자기 남옥에게 돌을 던지기 시작했다. 남옥을 체포해 순식간에 사형을 시키고, 호당과 남당을 대상으로 하는 새로운 숙청작업을 시작했던 것이다. 나라에 혁혁한 공을 세운 공후작 및 수많은 무신이 하나 둘, 이 당에 연루되었고, 이런 저런 일로 연루되어 죽은 사람만 해도 1만 오천 명이 넘었다.

남옥은 봉양鳳陽 정원현定遠縣 사람으로 주원장과는 비교적 가까운 동네에 산 고향친구였으며 그의 누이는 개평왕 상우춘의 부인이었다. 남옥이 처음으로 사회에 발을 들여놓을 때 매형 상우춘이 그를 이끌어준 탓에, 그는 점차 명장으로 성장할 수 있었다. 그러나 어쨌든 처음에 봉해졌던 영창후이든 진급 후에 봉해진 양국공이든 모두 본인이 전쟁에서 공적을 세워 얻게 된 것이었다. 남옥의 공로가 크기에 그를 구슬리기 위해서, 홍무 14년(1382년) 그가 운남雲南을 정복하고 돌아왔을 때 주원장은 너무나 기쁜 나머지 남옥의 딸을 촉왕비로 책봉했다. 두 형제는 사돈이 되기로 한 것이다!

홍무 25년 전은 남옥의 전성기였다. 그는 촉왕의 장인이었으며 황태자비의 외척이었다. 황제의 외척이자 국왕의 지위를 가진 조정의 중요한 군사통수이고 혁혁한 무공을 세운 그야말로 역경 가운데서도 굴하지 않고 우뚝 서있는 대명 왕조의 기둥이었다.

태자 주표의 첫 번째 처는 상우춘의 딸이었다. 비록 상우춘이 세상을 뜬지 수년이 되었지만 남옥과 황태자 간의 관계가 여전히 견고했던 이유는, 남옥이 태자 즉위 시에 필요한 중요한 무장병력을 보장했기 때문이었다. 홍무 25년 4월 주표의 죽음은 그에게 두 가지 의미로 다가왔다. 하나는 가장 중요한 정치적 우산을 잃어버린 것이고, 또 하나는 주인을 잃은 맹견이 주원장의 눈엣가시가 되었다는 것이다. 그는 이미 조정에서 가장 위협적인 권력자로 성장해 있었다. 그러므로 태자의 죽음 후 겨우 10개월 만에 밑도 끝도 없는 남옥의 사건이 촉발된 것이다.

게다가 남옥의 사건은 누구도 예상치 못한 때에 발표되었다. 홍무 26년(1393년), 춘절이 막 지나 경성에서 명절 분위기가 채 가시지도 않은 때, 금의위 지휘인 장환蔣瓛이 조정에 반란사건을 제보했다. 그는 남옥이 경천후景川侯 조진曹震, 학경후鶴慶侯 장익張翼, 축로후舳艫侯 주수朱壽, 정원후 왕필, 남웅후南雄侯 조용趙勇과 함께 동완백東莞伯 하용何榮 및 이부상서 참휘詹徽 등과 모반을 했다고 고발했다.

《역신록逆臣錄》에서 제공한 범인 자백에 의하면 남옥이 모반을 했다고 지목한 이유는 크게 두 가지가 있다. 첫째는 조정에 불만이 있다는 것이다. 예를 들어 남옥은 항상 주위 사람에게 이렇게 말했다고 한다. "서쪽과 북쪽 변방을 정벌하며 내가 고생을 얼마나 많이 했는데, 지금은 나를 조정으로 돌아오라 해서 태사로 봉해준다고 말만 하고 실제로는 태부 직을 주었지, 태사는 다른 사람이 하게 했다." 태사(실제로는 태자태사太子太師)를 하지 못한 것 때문에 토라져서 반란을 생각했다니 이 이유는 아무리 생각해도 너무 황당하기 그지없다!

다른 원인은 역시 남옥의 자백에서 볼 수 있다. 말로는 호당 때문이라면서 수많은 공후작을 폐하고 최근 그의 친척 중 정녕후靖寧侯 엽승葉昇 역시 사건이 터지자 자신도 호당이라는 고발을 당할까 걱정이 되었고, 이 때문에 의심병이 생겨서 '아침저녁 견딜 수 없었던 터라 한바탕 일을 벌이고 조금이라도 일찍 손을 쓰는 것이 더 낫다'고 생각했다고 한다.

《역신록》은 주원장이 명을 내려 편집하게 된, '남당' 관련 범죄자 근 천 명의 자백집이었다. 그러나 그중에 남옥 본인의 자백은 없으며, 남옥의 말과 그 활동(심리활동, 즉 생각 포함)에 관한 기타 범인의 구두자백만이 나와 있다.

이 자백의 특징은 의견이 매우 일치한다는 것이었는데, 예를 들어 거의 모든 사람은 남옥이 자기 관직이 낮고 황상이 자신을 의심해서 못마땅해 한다고 자백했다. 그러면서도 수많은 자백이 앞뒤가 맞지 않았으며, 어떤 이야기는 억지로 꾸며낸 허위 자백과 강제 자백을 가지고 그의 범죄 행위를 판결했다는 냄새가 물씬 풍겼다. 예를 들어 진술에 의하면 남옥은 주원장이 출궁하여 적전례籍田禮[104]를 거행하는 틈을 타서 정변을 발발하려 했다고 하지만, 음

---

104   고대 길례(吉禮)의 일종, 즉 음력 정월, 춘경 전에 천자가 제후를 인솔하여 직접

모가들은 증언 리스트를 확인하는 것을 잊어버린 듯하다. 적전례의 날짜가 지났건만 반란 행동을 한 사람은 아무도 없었으니 말이다.

다시 각 사람의 자백을 정리해보면, 홍무 26년 정월 초부터 2월 달의 사건이 발생하는 날까지 1개월 동안 남옥은 매일 하는 일 없이 집에 앉아서 사람들에게 이 몇 마디를 반복했다는 것을 알 수 있다.

1. 황상께서 나를 의심하기 때문에 내가 반란을 일으켜야겠다! 2. 나랑 같이 한판 벌여볼 테냐? 3. 좋다. 나랑 같이 행동하길 원한다면 병마와 무기, 금전과 군량을 모아서 내 연락을 기다렸다가 같이 행동하도록 하자.

모반을 위해서 남옥은 항상 사람을 찾아 각종 물건을 요구했다. 하지만 그가 요구했다는 것은 단지 말 몇 필이나 하인 몇 명, 창 몇 개, 갑옷 몇 벌 등등이었다.

위풍당당한 대장군, 국공이 모반을 일으키기 위해 부른 사람들은 도대체 어떤 유형의 영웅인가? 그야말로 천태만상이었다! 소수의 도독 및 경위 지휘를 제외한 대다수는 천백호, 총기, 소기 등 하급 무관이었으며, 그 외에도 수많은 땅 주인, 소작인, 장원의 하인, 회계 담당자, 가정교사와 사숙 등이었다. 졸필이 《역신록》의 기록을 곧이곧대로 믿는다면, 정말 남옥이 공개적으로 '인민' 혁명전쟁을 일으킨 것으로 여겨야 할 것이다!

그러나 《역신록》은 사람들에게 신뢰를 주기 어려운 책이었다. 그래서 오히려 사람들에게 남당藍黨 사건이 위조된 사건임을 간파당하고 말았다.

---

밭을 갈던 전례

주원장은 이런 유의 책을 편찬하는 것을 좋아했다. 예를 들어 삼년 전에 펴낸 《조시간당록昭示奸黨錄》, 그리고 《대고삼편大誥三編》, 《대고무신大誥武臣》 등 책이 있었다. 대다수는 모두 사람들이 어떻게 그 자신과 그의 생각을 반대했고, 또 주원장이 어떻게 그들을 제거했는지 실례를 기재한 경고성 교재였다. 그러나 주원장은 《역신록》의 '편찬' 품질이 썩 좋지 않아 허점이 너무 많다는 것을 깨닫고는 다시 회수하라는 명령을 내려야 했다. 이 책은 거의 실전되었으나, 다행히도 몇 년 전에 유일본이 발견되어 구두점을 찍고 교감한 후 출판이 되어 우리가 오늘 남당 사건의 진상을 이해하는 중요한 사료로 남아 있다. 그러나 홍무 23년(1390년)에 편찬된 《간당록》은 오늘날 이미 찾아볼 수 없게 되었다.

주원장의 여러 가지 행동은 그의 생각이 치밀하지 못하고, 행동이 편집적이며 괴팍한 사람이라는 것을 폭로해주고 있다. 이는 그의 자손에게도 악영향을 끼쳤다. 주체는 황제가 되어서도 주원장의 똥 묻은 엉덩이를 닦아줘야 했기 때문이다. 주원장이 싸놓은 똥 중에는 홍무 연간에 반포한 수많은 서적, 측령, 조서 등이 포함되어 회수와 소각을 해야 했다.

청말 풍자소설인 《활지옥活地獄》을 읽어본 사람이라면 모두 알다시피, 과거에는 '피고인이 유죄임을 증명할 증거가 불충분한 상황에서는 피고인을 무죄로 생각한다'는 법제 사상이 전혀 없었기에 현령 혹은 관아의 졸개(일반적으로는 관아의 졸개가 더 많았음)는 우선 피의자를 확정한 후에 고문을 해 범인 자백을 받아냈다. 몇십 년 전 중국에서는 '물리적인 방법으로 자백을 강요해 믿을 수 있는 증거를 삼는다逼供信'는 단어가 출현했는데, 이는 대부분

고대의 강제 자백 문화를 크게 발전시킨 예라고 할 수 있다. 자백의 목적은 '믿게' 하기 위해서였다. 하지만 그 믿음은 '분명한 사실과 충분한 증거'를 근거로 하는 믿음이 아니라, 견딜 수 없는 악형으로 범인이 스스로를 모함하고 물어뜯게 강요해 세상 사람이 믿도록 하는 믿음이었다.

《역신록》의 자백에는 이런 내용이 여러 차례 나온다. "상위上位(황상)께서 지금 나이가 드셔서 실권이 없으시다." "상위의 나이가 많이 드시고 병이 있으신데다가 동궁의 주인은 아직 나이가 어리니, 훗날 소인들이 권력을 가지고 놀아서 아래에 있는 소인들이 지내기 어려울까 걱정이었다." 이 말은 스스로 한 자백이든, 혹은 강제자백이든, 당시의 보편적인 생각을 반영하고 있다고 할 수 있다. 즉 당시 조정에서는 황상이 나이가 많고 병이 드셔서 더 이상 살아 있을 날이 얼마 되지 않은데, 동궁(황태손)의 나이는 아직 어리니 조정의 정치에 변란이 발생하지 않을까 하는 두려움이 존재하고 있었던 것이다.

자세히 따져보지 않는다면 이런 말은 사리에 맞는 것 같다. 그러나 조금 더 깊이 따져본다면 문제를 발견할 수 있다. 동궁의 나이가 어리다? 아직 어린이란 말인가? 만일 황태손 주윤문이 갓 초등학교에 입학한 어린이라면 어떤 왕조의 황태손이라도 걱정근심을 일으켰을 것이다. 그러나 문제는 이때 주윤문은 이미 20세로 게다가 아들까지 있어 군주 중 엄연한 '연장자'에 속했다는 것이다.

이런 걱정은 과도한 걱정임을 알 수 있다. 남당 사건 기간에 천 개에 가까운 자백이 제공되었지만, 이것들은 모두 주원장이 '뒤집어씌우려 한 죄'이며 남당은 허구에 불과한 '사령부'와 '당권파當權派'[105]였다. 예기치 못한 재난을 당한 공작과 후작 및 만 명에 달하는 무고한 피해자는 실제적으로는 조정에 위협을 가할 수 없는 사람들이었다. 만일 주원장이 정말로 황손을 생각해 미래에 자신이 제어할 수 없는 국면을 두려워했다면, 무수한 하위 계층 및 관계없는 사람을 망라하여 충격을 임의로 확대할 필요 없이 그저 해당하는 정적을 제거하는 외과수술 같은 전술을 취하면 그만이었다.

주원장은 마음속에 꿍꿍이를 숨겨둔 채, 주위 사람만 가지고 난리법석을 피우며 아침저녁 상상이 주는 두려움에 떨었다. 그는 계속 커다란 사건을 일으켜 자신이 상상 속에서 두려워하던 '적대세력'을 전부 숙청해야만 잠시나마 안식을 얻고 통쾌한 쾌감을 맛볼 수 있었던 것이다.

"상위께서 지금 나이가 드시고 기력이 쇠하여 천하를 다스릴 수 없게 되었다." 이것이야말로 주원장이 진정으로 기분 나빠하고 걱정하는 일이었다. 그가 어디 주윤문 때문에 그렇게 걱정을 할 위인인가?

주원장은 만년이 될수록 오히려 더 활력이 넘쳤다. 돈키호테처럼 나귀를 타고 풍차와 마귀를 향해 끊임없이 도전을 하였으며, 두 다리를 뻗고 죽은 그날에야 마침내 자신의 뜻을 이루었다. '공신과 오랜 장수가 하나하나 사망해 모두 죽어버렸다[功勳宿將相繼盡矣].' 어쩌면 우리는 다른 각도로 생각

---

105  중요권력을 가진 사람을 일컫는 말로서, 적을 당권파라고 칭한 마오쩌둥(毛澤東)의 말에서 유래했다.

해 볼 수 있다. 이때 주씨 집안에서 잔치를 치른다면 잔치에 찾아올 친구는 많을 텐데, 잔치에 찾아온 친척은 거의 없을 것이다. 그들은 다 어디로 갔을까? 알고 봤더니 모두 주인 집안에 의해 제거되어 버린 것이다. 홍무제와 결혼을 하는 것은 엄청난 리스크를 감수해야만 하는 일로, 어떤 보험회사도 보험 가입을 거절할 일이었다.

주원장이 아직 살아 있을 때, 조상의 유훈 중에서 두 가지를 고친 적이 있다. 현재에는 1차로 수정하여 홍무 14년(1381년)에 책으로 편찬하고 지금도 현존하는 《조훈록祖訓錄》이고, 또 하나는 완성판으로 홍무 28년(1395년) 9월에 반포된 《황명조훈皇明祖訓》이었다.

먼저 《조훈록》에서 말한 외척에 관련된 규정을 살펴보자.

"무릇 외척의 국정 장악을 불허하며, 예의로써 대하여 친척의 도를 잃지 않도록 하는 것에 만족해야 한다."

이것은 일반적인 외척을 가리키는 말이고, 공신이자 외척인 경우에는 이렇게 규정하고 있다.

"창업에 공을 세운 인사가 공으로 황제와 친척이 되었을 경우, 더욱이 후하게 대접하되 그 관직과 등급은 너무 높지 않아야 한다. 직분이 높되 여유가 있는 관직을 주는 데 만족한다."

한마디로 외척의 정치 간섭을 금한다는 뜻이다. 그러나 당시 이것은 미래 정치를 두고 주원장이 생각한 일종의 계획일 뿐 실제 상황은 아니었다.

주원장은 황태자, 황태손을 위해 비를 간택할 때에 다른 왕처럼 공신원로의 딸을 선택하지 않고(태자 주표의 첫 번째 비 상씨常氏는 예외) 일부러 관직이 높지 않은 문관 가문의 딸을 선택했다. 영락 이후, 태자, 제왕의 비빈 간택은 민간의 '양갓집' 규수 중에서 간택하는 것이 관례가 되었으며, 조정 문무관원 (특히 중고급 및 현임 관원)의 자녀는 오히려 후보에도 들지 않았다. 이는 비록 후세에 번왕과 종실의 제어 강화를 위해 그들과 조정 대신 간의 연결고리를 끊는 일종의 예방조치가 되었지만, 이 조상의 유훈은 확실히 주원장이 먼저 시행착오를 겪어본 후에 확립한 내용을 담고 있다.

주원장이 외척을 제어하기 위해 선택한 제일 첫 번째 방법은 각 번왕이 비빈 간택 시에 선보였다. 각 번왕이 즉위하면 왕후의 가족은 조정의 새로운 귀족이 되는데, 만일 그들의 정치권력을 제한하지 않을 경우, 동한 시대에 일어났던 외척의 전횡처럼 꼬리가 너무 커져서 몸통이 꼬리를 휘두를 수 없는 상황을 맞을 것이기 때문이었다.

그의 이런 행동에는 아마도 또 다른 이유가 있을 것이다. 번왕이 모두 권신과 정략결혼을 할 때 오직 황태자 한 사람만 보통 선비 관료 집안의 딸을 며느리로 맞았는데, 이것은 황태자에게 있어 일종의 보호 작용이 되었다. 황태자는 복잡한 정치 이익의 갈등과 투쟁 속에 빠지지 않았고, 또한 맏형과 번왕의 황태자로서 왕 가운데에서 중재자의 초월적인 지위를 유지할 수 있었던 것이다. 또 권문세족이 갑자기 무너질 때에도 황태자의 지위만은 연루되지 않을 수 있었다.

홍무 전기에 주원장의 지휘 하에 연장자인 수많은 번왕이 모두 공신과 혼인관계를 맺었지만, 이는 주원장이 외척을 경계하려던 본의에는 부합하지 않는 일이었다. 친왕의 비빈 가족은 엄격하게 말하자면 외척으로 볼 수도 없었다. 하지만 '외척의 국정 장악을 불허한다'는 정치적인 이념은 번왕에게도 예외일 수 없었다.

공신이 차례로 숙청됨에 따라 홍무 만년에 번왕의 비빈은 일종의 정치세력으로서 거의 힘을 잃고 있었다. 비교적 늦게 낳은 성년 아들을 위해서는 주원장은 중상층 무장의 집안에서 비빈을 간택했다. 위쪽의 표에서도 알 수 있듯이 나이가 어린 다섯 황자의 장인의 직위라고 해봐야 겨우 지휘에 불과했다.

홍무 말년에 재편창한《황명조훈》은 조상의 유훈의 결정판으로《조훈록》중 '외척의 국정 장악을 불허한다'는 내용은 이미 삭제되었다. 왜냐하면 주원장은 이미 외척의 정치권력을 제한한다는 계획을 실현했기 때문이었다.

하지만 주씨 집안의 친척은 그 외의 정치, 경제 및 법률적 특권을 누려야 했다. 주원장도 그들을 통한 권력 유지가 필요했던 것이다.《황명조훈》의 제 1부분《조훈조장祖訓條章》에서는 이런 규정을 하고 있다.

"황친과 외척이 범죄를 할 경우, 번왕이 스스로 판결한다. 역모죄를 사면하지 않는 외에, 기타 범죄의 경우, 가벼운 죄는 수도에 있는 전체 친족회의에서 결정하고 중죄는 그 외의 번왕과 수도의 전체 친족 회의에서 정하되 모두 스스로 판결하도록 한다. 죄를 범한 가문은 사법적인 상소만 올릴 수 있을 뿐 함부로 체포, 심문하는 것을 불허한다."

그러니까 황친과 외척이 범죄를 하면 반역모의를 한 대역죄를 제외하고 모두 황제의 친척이 스스로 처분한다는 것이다. 황제의 처분은 친척이 함께 상의한 결과에 따를 뿐이며 사법적으로 함부로 체포와 심문을 할 수 없었다.

이것이야말로 외척만의 '치외 법권'이었다.

주원장은 '함께 합의할 친척'도 지목하여 《황명조훈》에서 열거했다. 그들은 황후의 가문, 황비의 가문, 동궁비의 가문, 왕비의 가문, 번왕의 가문, 부마의 가문, 의빈宜賓의 가문이었다. 여기서 '의빈'이란 군주郡主(친왕의 딸), 현주縣主(군왕의 딸), 군군郡君(군왕의 손녀), 현군縣君(군왕의 증손녀), 향군鄕君(군왕 현손녀) 등 여성 종족 구성원의 남편에 대한 통칭이었다. 그들은 주원장의 손녀사위, 증손녀사위…… 등으로, 여기서 '함께 합의할 친척'의 범위는 매우 넓으며, 모든 종실 구성원의 친척을 포함하고 있음을 알 수 있다.

주원장이 아직 살아 있을 때 이런 친척의 인원수는 적은 편으로 겨우 수백 명이었지만, 수대가 지나자 '주'씨 일가는 놀라운 번식력을 통해 종실 및 친척의 인구만 백만 명이라는 가공할 숫자를 달성하게 되었다. 그중 대다수는 황실과 관계가 아주 소원해져서 물이 피보다 더 진한 정도가 되었다. 하지만 의빈이 되기만 해도 지방관은 그 집안을 함부로 대할 수 없었다.

이런 진정한 친척 외에도, 주원장은 또 '합의에 참여할 친척 가문과 공신'을 열거했으니, 즉 외척 겸 공신으로 총 다섯 가문이 있었다. 즉 위국공魏国公 서씨徐氏 가문, 신국공信国公 탕씨汤氏 가문, 조국공曹国公 이씨李氏 가문, 서평후西平侯 목씨沐氏 가문, 무정후武定侯 곽씨郭氏 가문이었다. 대명의 개국 공신은 숙청의 칼바람에 차례대로 스러지고 당시 이 다섯 가문만이 남았는데, 그들은 모두 주원장과 사돈 관계를 맺고 있었다. 서, 탕, 곽씨 세 집안은 모두 딸을 주씨 집안에 시집보냈고, 곽씨 집은 황비의 가문을 겸했으며, 목씨는 양자, 조국공은 주원장의 둘째 누나의 후대였다. 주원장은 이 몇 집안을 조상의 유훈에 써넣음으로서 그들의 정치적인 충성도를 완전히 인정했다. 그들은 수많은 검증을 거친 전사로서, 주원장은 그들의 경력에 '통과'라는 도장을 찍어주고, 법률의 형식을 빌어 그들의 부귀영화를 세세대대로 보호해주기로 결정한 것이다.

신국공 탕화湯和는 홍무 26년 8월에 세상을 떴는데 이때는 바로《황명조훈》이 제작, 반포되기 바로 한 달 전이었으며, 그는 동구왕東甌王으로 추증되었다. 신국공의 집안도 조훈에 포함되기는 했지만 탕화가 사망하자 신국공의 작위는 누구에게도 계승되지 못하고 부귀영화는 여기서 끝나고 말았다. 주원장의 변덕이 얼마나 팥죽 끓듯 빈번하고, 약속을 함부로 어기는지 여기서 잘 알 수 있다.

조국공 이경융李景隆은 영락시기에 작위를 빼앗기고 금고를 선언 받아 죽고 말았다. 조국공의 작위는 집안의 가문을 계승받은 것으로, 주원장의 형부 이정李貞에서 그 아들 이문충에게 전해지고, 다시 이경융에게 전해졌는데 3대에 이르러서 끝이 나 더 이상 계승자가 없었다.

그러므로 국가 초기에 공작, 후작으로 봉해진 공신 중, 위국공 서달, 검국공 목영과 무정후 곽영 세 사람의 자손은 작위를 세습했지만 나머지는 전부 파면되었으며, 자손은 '영화는 고사하고 이민자와 노예로 전락했다'. 그렇게 100년이 지난 홍치弘治 5년(1492년)에 이르러서야 이 공신에게 미안한 마음이 들었는지, '태묘에서 모시는 공신 중 왕으로 추증된 사람'의 적자를 찾으라는 명령을 내려 각각 '공과에 따라 관직을 내리고' 이로써 선조의 제사를 모실 수 있도록 하라는 명령을 내렸다.

가정 11년(1532년)에 또다시 4왕의 후예를 책봉했다. 개평왕 상우춘의 후예는 회원후懷遠侯, 동구왕 탕화의 후예는 영벽후靈璧侯, 영하왕寧河王 등위의 후예는 정원후定遠侯, 기양왕岐陽王 이문충의 후예는 임회후臨淮侯로 봉했다. 이 몇 명은 '역대 성현을 위하여 계승이 끊어질 불후의 사업을 이은[爲往聖繼絶學]' 나라 중흥의 귀족으로서 명나라 왕조 말년까지 지위를 유지하다가 대명 천하와 함께 멸망했다.

# 제32장 외척의 마지막 정치 간섭

명대의 황후는 성조 서황후 이후 모두 신분이 높지 않았다. 예를 들어 우리가 수차례 언급했던 인종의 황후이자 선종의 어머니(황태후), 영종의 할머니(태황태후)였던 장씨는 하남河南 영성永城 사람으로 홍무 20년(1387년) 연燕세자비(주고치의 처)로 간택되었으며 그 아버지 장기張麒의 관직은 병마 부지휘였다.

명대부터 경성을 동서남북과 중앙 등 5성으로 구분하여 각 구역에 정6품의 무직에 해당하는 병마 지휘사를 배치했다.

명조의 제도에 의하면 친왕비의 아버지는 병마 지휘의 직을 수여받고, 세자와 군왕비의 아버지는 병마 부지휘의 직을 수여받았다. 무척 재미있게도, 황제와 사돈을 맺으면 바로 관직을 얻게 될 텐데 이런 관직이 결혼 예물이라도 된단 말인가?

장기가 관직을 받은 상황으로 볼 때, 5성의 병마사정兵馬司正, 부지휘를 '외척'에게 하사하는 은영관恩榮官 제도는 홍무 중기부터 시작되었음을 알 수 있다. 하지만 외척이 병마사에 임직하는 것은 명예직으로 불로소득을 챙기는 것이지 정말 책임을 지고 정식 업무를 하는 것은 아니었다. 장기는 딸을 연왕에게 시집보내기 전에 그저 일반 백성 혹은 군사에 불과했을 것이다. 태자를 사위로 맞으리라고는 생각도 못 했을 텐데, 세상에나, 인생 대박을 친 것이다. 장인은 순식간에 '외척'으로 변신했고 3급을 연속 상승해 경위지휘사京衛指揮使까지 올랐다. 그에게 있어서 가장 큰 유감은 사위가 황제가 되고 딸이 황후가 되는 그때까지 살지 못했고, 자신의 사위가 즉위한 후 장인어른을 팽성백彭城伯으로 추증하고 또 그를 귀족으로 봉했다는 사실조차 알 수 없었다는 것이다.

장기에게는 아들이 둘이 있어 하나는 창昶, 또 하나는 승昇이라 했는데 두 형제 모두 주체의 정난에 따라나섰다. 장창은 영락 초년에 금의위 지휘사가지 진급을 거듭했고 매부 인종이 즉위한 후에는 아버지에게 추증되었던 팽성백을 계승하며 자손에게 세습도 허락받았다. 이런 특혜는 분명히 장인어른 댁을 신경 써 드린 덕에 얻은 것 아닌가!

작위는 본래 국가에서 논공행상을 통해 하사하며 군공이 없으면 받을 수 없었다. 비록 과거 주원장이 자신의 외할아버지를 양왕으로, 장인어른 마공을 서왕으로 봉한 적이 있고, 인종이 장기를 팽성후로 봉한 적이 있지만, 이 모든 것은 추증에 불과할 뿐 본인 생전에는 이 특별한 영광을 맛보지 못했다. 그런데 장창의 세대에 이르러서는 여동생이 황후이기 때문에 자신은 황제의 큰처남으로서 영원히 세습이 가능한 철밥통을 건지게 된 것이다. 이것은 관례가 되어 이후 황제의 외가 근친은 일반적으로 모두 백伯에 봉하며 죽어서는 후侯에 추증했다.

과거 역사 속에는 작위는 국가가 공적에 대한 상으로 주는 것이지, 며느리 아들 아버지 장인을 주라고 있는 것이 아니라고 입바른 소리를 하는 사람이 있었다. 그러나 그들이 잊고 있는 점이 하나 있었다. 이 '국가'는 과연 누구의 것인가? 당연히 주씨 집안의 것이 아닌가? 주인이 상 주고 싶은 사람을 상 주는 것이 어쨌다는 것인지?

물론 새로운 적용례는 다음과 같은 방식으로 형성되었다. 후비는 일반적으로 보통 가정 출신이다. 과거 황실과 사돈을 맺은 가문은 명문대가, 대공신 가문이 아닌 경우가 없었다. 그런데 시간이 지날수록 명 왕조의 친척은 전부 가난하기 그지없는 찌그러져가는 가난뱅이 가정이 선발되었다. 그러니 황제와 사돈을 맺고 난 후, 특히 그 집 딸이 후궁에서 총애를 받기만 하면 그 집안은 금으로 된 보금자리에 떨어진 것이나 마찬가지였다. 그들은 주씨 일가를 위해 이렇게 훌륭하고 좋은 며느리를 키워준 감사의 표시로, 곧 높은 관직과 풍성한 봉록이라는 상과 보상을 받을 수 있었다.

장창은 백에 봉해진 후, 곧 공신의 신분으로 경사 '3대 군영' 중 하나인 5군영 우초군마右哨軍馬를 맡게 되었다. 몇 년간 임직한 후 영종이 즉위하니 여동생은 한 단계가 더 상승해 황태후에서 태황태후가 되었다. 그 후 그녀는 오빠 둘을 찾아가 오라버니들을 위해 어떤 발언을 했다. 관사官史에서는 '권고'를 했다고 하는데, 졸필이 추측하기로는 부드러운 어조지만 아주 의미심장하게 '두 외척 어른께서 실제적인 직위에서 물러나 더 이상 구체적인 정치에 간섭하지 말되 불로소득만 수령하시길 부탁한다'는 뜻이었을 것이다. 시쳇말로 하자면 부장직을 내놓으시면 도청 사무소의 부장급 대우는 해주겠다는 뜻이다.

직위에서 물러나 실제 직책을 맡지 않으면 그에 걸맞은 대우도 기대하지 말아야 하는 것이 도리인데, 개인적인 이익 챙기는 데는 머리가 기가 막히게 돌아가는 중국 사람들은 공직에서 물러나더라도 대우만은 여전히 누릴 수 있는 이런 로또 맞을 생각을 발명해낸 것이다. 우리 국민은 돈만 낭비하는 기생충을 한 무더기 기르고 있는 셈이다.

장태후가 이렇게 조치한 것은 친정 식구를 일부러 못살게 굴려는 뜻이 아니라 자기 나름대로의 복안이 있었기 때문이었다. 당시 영종은 나이가 어려 직접 정치를 할 수 없었다. 비록 명의상으로는 내각의 중신이 정치를 보조한다고 하나, 진정 대권을 가진 사람은 태황태후 한 사람이었다. 어린 황제를 대신해 서명을 하고 인장을 찍는 일은 장태후의 소관이었으니, 국가 최고 정책 결정권은 그녀의 손에 달려 있었다. 그녀가 발을 조금만 더 깊이 담가 대신을 자주 회견하고 직접 소장을 처리하고 판결을 내린다면 모후가 조정의 조회에 참가하고 수렴청정을 하는 상황이 되었다.

'장태후가 수렴청정을 하지 않을까?' 장태후는 군신이 의심에 찬 눈초리로 자신의 일거수일투족을 관찰하고 있다는 걸 잘 알고 있었다. 만일 그녀가 이전 황제들의 태후처럼 큰 은혜와 권위를 내세워 친신을 널리 키우고, 특히 친정 식구에게 더 큰 권력을 부여한다면 분명히 조정 군신의 비난을 받을 것이며, 심지어 조정에 심각한 불안을 초래할 터였다. 장씨 일족은 지금 군신이 주목하는 관심의 초점이었다! 장태후는 아주 지혜롭게도, 양보와 내려놓기를 선택해 모든 의심에서 벗어날 수 있었다. 대학사 양사기는 그녀에게 아부하며, 좌도독 장승이 '지혜로우니' 그에게 직위를 주는 것이 좋겠다고 건의했다. 하지만 그녀는 이를 허락하지 않고 황제의 외삼촌 둘이 한꺼번에, 그것도 아주 철저히 공직에서 떠날 것을 주문했다. 그녀의 이런 행동은 과연 수많은 이의 칭찬을 이끌어냈고, 당시 조정의 신하와 후세의 사관에게 지극한 존경을 받기에 이르렀다.

표면적으로 볼 때, 장씨 집안은 장태후 권세가 가장 득세할 때 정치적인 제재로 불공평한 대우를 받은 것 같다. 그러나 실제로 그들은 실질적인 잇속을 챙기게 된 것이다. 장창은 팽성백에 봉해졌을 뿐 아니라, 장승도 곧이어 세습이 가능한 혜안백의 상을 받았다. 장씨 집안 가문에서 두 사람의 백작이 탄생했을 뿐 아니라, 자손에게 세습이 가능하고 영광이 무한한 관직까지 얻게 된 것이다.

장씨 집안의 자손은 비록 모두 공을 세운 적은 없지만 후한 상을 받았다. 하지만 군신은 이에 말이 없었다. 오히려 "태황태후가 공평무사한 탓에 장씨 집안이 이미 충분히 억울한 일을 당했는데, 무슨 반박을 하겠는가?"라고 할 뿐이었다. 장씨 집안의 부귀영화와 장태후의 영예는 영원히 함께 했다. 그렇게 세종 가정 8년(1529년)에 이르러 외척 세습을 개혁하자는 논의가 일어 영종 이하의 각 조대 외척이 받은 작위와 관직이 전부 반환되었지만, 오직 장씨 집안의 팽성, 혜안 이 두 백작만은 명조 멸망 때까지 대대세세로 보호를 받았다. 150년에 달하는 이 부귀영화를 잘 살펴보자. 장태후가 장씨 집안 자손에게 얼마나 큰 공헌을 세웠나? 그녀는 남다른 안목과 선견지명을 갖춘 후궁 정치가임을 잘 알 수 있다. 그녀가 만일 효종, 무종 두 조대의 장태후 같았다면 친정식구의 온갖 악행을 전부 눈감아줬을 것이다. 효종, 무종 때의 장태후는 비록 한 시대는 번성했지만 곧 시들고 쇠했으며, 심지어 멸문지화의 비참한 운명까지 맞이했다(제6권 참조).

외갓집 식구의 정치 참여를 불허한 장태후의 조치는 과연 외갓집을 보호한 고명한 정책이었으며 정치적으로도 아주 큰 영향을 끼쳤다. 그녀는 수많은 이의 칭찬을 받는 생생한 유명 실례가 되어 외척의 정치 간섭(조정 혹은 군정)을 불허하는 조정의 제도를 강화한 것이다. 외척은 이때부터 축복의 대명사가 되었으되 국정을 넘보는 것은 불가했다. 이를 어기는 사람은 국가 제도를 어기는 것으로 심각한 규탄을 받아야 했다.

공, 후, 백작(명대에는 작위가 3개밖에 없었다)과 조정의 외척은 합하여 '훈척勳戚'이라고 불렀다. 그러나 군공으로 작위를 받은 공신은 대개 외척이 되지 않았다. 그러나 황태후, 태후의 아버지와 형제들, 속칭 국장國丈, 국구國舅[106]는 '은택봉恩澤封'으로, 작위는 공훈이 아니라 혼인관계로 얻어온 것이기에 훈척이라고 하기에는 이름에 부합하지 않는 면도 있었다. 그래서 바로 '척신戚臣'이라고 부르는 것이 더욱 적합했다.

장창의 뒤를 이어 선종의 두 번째 황후인 손황후의 오빠 손계종孫繼宗 역시 군정에 참여한 적이 있어 조정에서 어마어마한 권세를 자랑했지만, 그 후로는 같은 예가 나오지 않았다.

손황후는 앞글에서 영종의 복벽 이야기를 할 때 언급한 적이 있다. 그녀와 아들 영종 주기진은 고난을 함께 헤쳐온 사이였다. 손황후와 시어머니 장태후는 아주 인연이 깊었다. 손황후의 아버지는 영성현의 주부主簿를 담임한 적이 있었고, 장태후는 바로 영성현 사람으로 두 집안은 왕래가 긴밀했다. 아마도 장씨 집안이 아직 번창하기 전에 손주부의 보살핌을 받은 적이

---

106　국장은 황제의 장인어른, 국구는 황제의 외삼촌.

있었을 것이다. 장씨 집안의 딸이 궁에 입궁한 후, 장씨 집안의 어머니도 빈번히 궁에 들어가 딸을 만나며 손주부의 딸이 아주 현숙하다는 이야기를 자주 했다. 아마도 장황후가 손주부의 딸을 소개해 입궁 시켜주기를 바랐던 것 같다. 손황후는 이런 길을 통해 입궁했는데, 당시 나이 십여 세의 어린아이로 입궁 시에는 장태후가 직접 보살펴 주었다.

황태손 주첨기朱瞻基가 대혼大婚[107]을 치를 때 호씨胡氏는 정비로, 나이가 어린 손씨는 빈으로 간택했다. 당시 손씨는 비록 작은마누라였지만 선종에게 가장 총애 받는 비빈이었다. 명조 후궁에서 황후 아래는 귀비였고, 그 다음에는 비빈이었다. 명 황실의 제도에 따르면 황후는 금보金寶(보寶는 도장), 금책金冊(책冊이란 책봉의 글을 적은 문서)을 수여했고, 귀비 이하는 책은 있되 보는 없었다. 그런데 선종은 손씨를 비로 책봉하면서 손귀비가 이 때문에 마음이 상할까 봐 특별히 금보를 하사했으니, '귀비가 보를 받는 전통은 이때부터 시작되었다'. 황귀비라는 새로운 명칭은 경제 때에 이르러서야 발명되었으니, 이후 황제의 큰 사랑을 받거나 아들을 낳은 여인 중 다수가 황귀비라는 명칭을 받았다. 그중에서 제일 유명한 사람이 바로 헌종 때의 만귀비와 신종 때의 정귀비였다.

신덕 2년(1427년), 손귀비가 황자를 '생산'했으니, 그녀의 두 팔은 이미 등나무 넝쿨처럼 황후의 보좌를 감아 싼 것이나 마찬가지였다. 졸필이 왜 '생산'이라는 글자를 강조했는가 하는 비밀은 조금 후에 밝히도록 하겠다.

---

107    천자나 제후의 결혼을 가리키는 말.

결론적으로 말하자면, 손귀비가 아들을 낳은 이듬해에 선종은 조강지처 호씨를 폐해버리고 손귀비를 황후로 세웠다.

호황후는 술지게미나 거친 곡식은 한 입도 먹어본 적이 없으니 '조강'이라는 말로 호황후를 형용한다는 것이 적절치 않아 조금 억지스러운 감이 없지 않다. 그러나 거친 곡식을 먹지 않았다는 것이 꼭 좋은 일만은 아닌 것 같다. 과거 13릉의 정릉定陵에서 시체 3구가 발견된 적이 있었는데(신종과 아내 두 명), 모두 치아건강이 좋지 않은 상태였다. 원인은 너무 부드러운 고급 음식만 먹다 보니 각종 치주염이 생겼기 때문이었다. 사람은 필요에 따라 거친 곡식에 채소를 먹고 값싼 차와 기름지지 않은 담백한 음식을 먹어야 한다.

조강지처란 일종의 별칭으로, 호황후가 선종의 본처라는 뜻이며, 호황후는 선종이 황태손이던 시절부터 이 '나쁜 자식'과 결혼했다는 뜻이었다. 관방 역사에서는 호황후가 자신이 아이가 없고 몸이 허약해 자발적으로 황후 자리를 더 훌륭한 사람에게 양보했다고 아주 겸손하게 묘사하고 있지만, 세상에 어떤 바보가 아무 문제없이 잘 지키고 있던 '황후' 자리를 순순히 내어주고 기쁘게 '폐황후'가 될 생각을 하겠는가? 호황후의 마음속 가장 깊은 곳에서는 분명 광풍이 몰아쳤으며 이 박정한 남편에게 나쁜 자식, 죽일 놈이라고, 이 세상에 믿을 놈은 하나도 없다고 욕을 퍼부어 댔을 것이다! 이런 말은 당연히 관방 사서에 적힐 리도 없었을테니, 그녀는 벙어리 냉가슴을 앓으며 울화통만 터지고 있었을 것이다. 그러니 지금 졸필이 그녀 대신 욕을 바가지로 해주겠다.

중국 각 조대의 사람 중에서도 명나라 시대의 사람들은 명분을 제일 중시하던 사람들이었기 때문에, 한번 황후 자리에 오르면 일반적으로 폐위되는 일은 거의 없었다. 황제가 체면이 완전히 구겨질 일을 개의하지 않고, 또 아주 강력한 의지를 가진 사람이어야만 군신의 반대의 아우성을 견뎌낼 수 있었던 것이다.

명나라 신하의 뻣뻣한 고개와 솔직하고 과감한 간언은 역사적으로도 매우 유명하다. 그들은 삼복더위의 매미처럼 우렁찬 울음소리를 내며 궁정의 천장까지 날려 보낼 기세였으니, 설령 청나라처럼 궁정에 '점간처粘桿處'[108] 조직이 있고, 그 조직을 100배로 확대한다 하더라도 어떻게 할 도리가 없는 사람들이었다. 사심은 있지만 인내심과 의지가 부족한 황제라면 상대방의 의견을 떠본 후, 자신의 의견을 관철시키기 어렵다고 생각되면 곧 뒤로 물러서 버렸다. 선종은 호황후를 곧바로 폐황후를 시켰으니, 매우 강력한 황권을 가진 황제 중 한 명이었음을 알 수 있다. 하지만 어찌되었든 황제를 부추겨 중궁을 폐위시키고 자기가 그 자리를 들어차는 것은 쉽지 않은 일이기에, 손황후가 정궁이자 본처인 호황후를 넘어뜨린 그 수단과 능력은 진실로 찬탄을 할 만큼 출중했다는 것이다.

손황후의 능력은 송왕조 인종의 어머니인 류황후와 비길 만 하다.

---

108  일명 혈적자(血滴子), 청나라 세종(世宗) 애신각라(愛新覺羅) · 윤진(胤禛) (1678~1735 (1722년 즉위, 연호는 옹정(雍正)) 이 창설한 청나라 시대의 비밀 정보기관. '점간처'라는 이름은 끈적이 막대로 매미와 잠자리를 잡고 물고기를 잡는 조직이라는 뜻. 옹정제는 무림의 고수를 모집해 개인 경호대를 훈련시키고 사방으로 정보를 수집하며 반대자를 제거하는 일을 하도록 했다.

대부분의 사람은《태자를 살쾡이와 바꿔치기》한 이야기에서 류황후의 이름을 들어봤을 것이다. 극중에서는 류황후가 아이를 낳을 수 없어서 타인이 아이를 낳은 것을 질투했으며, 이비李妃가 황자를 낳자 죽은 살쾡이 한 마리를 갓난아기와 바꿔치기한 후, 이씨가 낳은 것은 요괴의 새끼라고 모함을 했다고 한다. 다행히 이비 모자는 마음 착한 궁인들의 보호를 받아 황자는 해를 입지 않았지만 민간에 18년 동안 떠돌다가 결국에는 황위에 올라 친어머니를 만났으며, 류황후는 자신의 죄상이 드러나자 결국 자살로 자신의 죄를 속죄했다는 이야기이다.

사실 이 이야기는 역사적인 사실과 다르다. 류황후는 송 진종真宗의 황후로, 아들을 낳지 못하자 진종의 마음대로 이씨가 낳은 아들을 자기 아들로 받아들이고 키우도록 했다. 이 아들이 자라서 황제가 되었으니 그가 바로 송 인종이다. 송 인종은 십년 간 재위했는데, 그가 황제를 마친 후에야 이씨가 죽었다. 하지만 인종 출생의 비밀은 물 샐 틈 없이 보호된 까닭에 인종은 류황후의 생전에는 이씨가 친어머니인 줄은 까맣게 모르고 있었다.

사람들은 모두 입방정을 떨기 좋아한다. 특히 다른 꿍꿍이속이 있을 때는 자기 목적을 달성하기 위해 어떤 말이든 하게 된다. 하지만 황제 출생의 비밀은 누구도 인종의 앞에서 입을 놀리지 못했으니, 당시 류황후와 감히 세력을 다툴 사람이 없을 정도로 그 세력이 얼마나 강력했는지 알 수 있다.

송대의 황후는 세력이 어마어마하여 내궁의 주인 노릇을 했을 뿐 아니라, 바깥 조회 때에도 적지 않은 영향력을 끼쳤다. 류황후는 그중에서도 걸출한 인물이었다. 인종 즉위 후, 류황후는 태후가 되어 천수를 다하고 죽을 때까지 조정의 권력을 손에 잡고 있었다. 인종은 바보 같은 착한 아들이 되었다가 또 바보 같은 착한 황제가 되었기에 자연히 백성의 웃음거리가 되었고 민간에서도 태자가 바뀌치기 되었다는 이야기가 생겨나며 바보 황제 아두阿斗의 명예를 드높여 준 것이다.

손귀비가 이 연극을 보았는지 모르겠다. 그녀 역시 불임의 문제를 겪었기 때문에 연극의 제1막에서 그녀는 분명히 전대의 류황후와 동병상련의 아픔을 느꼈을 것이다.

성질 급한 독자는 이렇게 물을 것이다. "손귀비는 영종의 엄마가 아닌가요? 왜 손귀비가 불임이라고 하는 건가요?"

하지만 급한 성질을 잠시만 참고 천천히 졸필의 설명을 들어보시라. 독자 여러분! 사람은 욕심이 끝이 없다는 것을 잘 아실 것이다. 궁중의 여인은 냉대를 받을 때에는 황제의 사랑을 받고 싶고, 황제의 사랑을 받은 후에는 또 아들을 낳아 계속 총애를 받고 싶은 것이 인지상정이다. 손귀비는 비록 총애를 받기는 했지만 얼른 황실의 후계자를 낳지 않으면 다른 비에게 선두를 빼앗겨 지위도 보장받지 못할 처지였다. 손귀비가 불임이라는 것은 선종이 불임이라는 뜻은 아니었다. 그녀 역시 선종이 다른 여인과 아이를 낳는 일을 금지할 방법이 없었다. 선종은 궁궐 안에 각종 성인용품으로 정성껏 장식한 '거울의 방'까지 꾸며놓았으니, 한시도 한가하게 시간을 낭비할 틈이 없었던 것이다!

과연 한 궁녀에게 용이 임하여 임신을 하게 되었다. 이때 손귀비는 일찌감치 이 연극에서 좋은 아이디어 하나를 배워와 궁녀가 낳은 아이를 강제로 빼앗아 자기 아들로 삼아버렸다. 그녀가 이렇게 할 수 있었던 것은 대략 선종의 묵인과 지지를 받았기 때문일 것이다. 선종 역시 자신의 큰아들이 적출이길 바라지, 어느 날 어느 다리 밑에서 주워온 들에서 피어난 야생화 같은 존재가 되길 바라지는 않았던 것이다. 이것이 바로 '국모'(황제의 생모, 이 말은 조금 뒤 또다시 언급될 것이다)의 비참한 운명을 좌우했다.

이때는 선덕宣德 2년으로 아이가 출생한 지 갓 4개월일 때에 황태자로 책봉되었다. '살쾡이로 아들을 바꿔치기 한' 엄마 손귀비는 아들 덕분에 귀한 몸이 되어 순조롭게 황후로 책봉될 수 있었다. 결국 호황후는 장안궁에 퇴거하여 '정안선사'라는 이름을 걸머지고 날마다 궁 안에서 염불을 외며 괴로운 나날을 보낼 수밖에 없었다.

이 아이는 송나라 인종처럼 후에 황위를 계승했으니 그가 바로 영종 주기진이다. 그가 자신의 출생의 비밀을 알았는지는 알 수 없지만, 그와 양모 간의 관계는 매우 화목했다. 정말 비참한 일은 "영종의 생모가 죽었지만 아무도 그녀를 알아보는 사람이 없었다"는 것이다.

아들이 중국 황실의 황제가 되었지만 같은 황실에서 서로 얼굴도 모른 채 살아갔다. 이 비극적인 일과 두 눈 멀쩡히 뜬 채 로또 당첨복권을 잃어버린 것, 과연 어느 것이 더 가슴 아픈 일일까? 독자 여러분, 한 번 말씀해 보시기 바랍니다!

# 제33장 명나라 황궁 버전, 태자를 살쾡이와 바꿔치기

영종이 9세에 즉위하자 선종의 손황후도 한 단계 격상한 황태후가 되었다. 그녀의 위에는 시어머니 태황태후 장씨가 있었다.

앞글에서 이야기한 것처럼, 손태후는 시어머니인 장태후의 연줄을 통해 후궁에 들어온 사람이었다. 장태후는 자기주장이 굉장히 강하고 수완이 있는 노 마나님이었는데 손씨가 후궁에서 황제의 총애를 독점하여 억지로 황후를 퇴위시켰기에 엄청난 반감을 가지고 있었다. 그녀는 냉궁에서 불교 수련에 전념할 수밖에 없던 호선사를 자신의 청녕궁淸寧宮으로 불러 함께 불만을 토로하며 그녀를 이해해 주는 반면, 손황후는 일부러 멀리하였다. 그래서 궁중에서 연회가 열리면 꼭 호선사를 청해 함께 연회에 참가했으며, 손황후가 오면 그녀를 선사보다 낮은 좌석에 앉도록 했다. 손황후는 씩씩거리며 분을 참지 못했지만 어쩔 도리가 없었다. 정통 7년(1442년) 10월, 장태후가 세상을 떠나자 자신이 비비던 언덕을 잃어버린 선사는 한바탕 통곡을 했으며 그녀 역시 그 다음 해에 죽고 말았다.

전임황후였던 호선사의 장례는 어떤 예의를 갖추어야 했을까? 선례가 없었기 때문에 사예감과 예부에서 이런 문제를 제기한 것이다. 손태후는 이때에 이미 세도를 얻었던 때라, 궁중 사무에 대한 발언권이 있었다. 그녀는 호 폐황후를 존귀한 예로 장례하자는 모든 의견을 얼굴을 딱딱하게 하고 전혀 받아들이지 않았다. 마지막으로 호 폐황후는 '빈어嬪御'의 예에 맞춰 금산金

山(북경 서산 산맥에 속하는 산)의 위쪽에 대강 장례되었다.

천순 6년(1462년) 손황후가 죽자, 영종은 전錢 황후와 대학사 이현李賢의 건의와 권고를 받아들여 호씨의 일부 지위를 회복시키고 '공양성순강목정자장황후恭讓恆順康穆靜慈章皇后'라는 시호를 내리기로 결정했으며, 약칭하여 '공양후恭讓后'라 칭하고 그녀에게 릉을 만들어 주었다(말은 '만들었다'라고 했지만 간단한 수리보수였다. 두 가지 지상 건축물을 짓고 향전의 기와를 노란색으로 바꾸는 일을 했다). 호씨가 황후의 명칭과 지위를 회복하고나서 신주를 사당 안에 놔두지 않을 뿐, 즉 위패를 왕실의 종묘인 태묘 안에 놓지 않을 뿐이었다. 그녀는 소속이 없는 사람이고, 대우가 조금 안 좋기는 했지만 여전히 주씨 집안의 며느리였음은 틀림없었던 것이다.

정통 7년에서 천순天順 6년에 이르는 20년간의 기간 동안 중간의 경태 7년을 제외한다면 후궁의 주인은 항상 손태후였다. 영종의 황후 전씨는 정통 7년에 시집을 왔고, 대혼은 영종 16세 때였으므로, 전황후는 분명 14살 정도였을 것이다. 또 그녀는 나이가 어리고 성격도 온화하고 부드러웠으므로 각종 수단을 부렸던 시어머니 손태후와 싸우기는 어려웠을 것이다.

손태후 부친의 본래 이름은 손우孫愚였으나 그의 사위인 선종은 그의 이름을 손충孫忠으로 바꿔주었다. 권력이라는 이 유희가 좋은 점은 인륜까지도 뒤엎을 수 있다는 점이다. 아들이라도 아버지를 개명할 수 있고 사위 역시 마음대로 장인의 이름을 바꾸지만, 노인네는 그저 "잘했다!"라고 말할 도리밖에 없으니 말이다.

이 전임 영성현 주부는 딸이 귀비로 책봉된 후 문관의 길을 버리고 무관으로 직책을 바꿨으며, 직위는 중군도독부의 도독첨사(정2품 무직)까지 올랐다. 딸이 황후가 된 후에는 회창백으로 봉해졌다. 손충은 명나라 황제의 장인 중 최초로 살아생전에 백으로 봉해진 사람이었다. 그는 경태 3년(1452년)에 사망했으며 이때는 바로 손태후 모자가 제일 영락했던 때였지만, 경제는 손씨 집안을 전혀 홀대하지 않고 손충을 관례에 따라 회창후(영종 복벽 후 다시 안국공을 재차 추증했다)에 추증했으며, 그 장자 손계종(손태후의 오빠)이 회창백의 작위를 계승하도록 했다.

천순 원년, 손계종은 '탈문'의 공을 세워 회창후로 작위가 상승했으며 계승이 허락되었다. 그의 남동생 몇몇도 모두 금의위 도지휘첨사가 되었다. 그러나 손계종은 여전히 만족할 수 없어 상소문을 올려 자신과 둘째 동생 손현종孫顯宗은 아들, 사위, 집안의 노비 등 43명을 이끌고 함께 탈문의 변을 예비했으니 함께 은혜를 누릴 수 있도록 구했다. 영종은 매우 관대하게 이를 허락하여 손씨 일가족은 주인과 종까지 모두 20명이 함께 관직이 승진하게 되었다.

사실 손계종이 언제 탈문의 변에 참여했던가? 그는 썩은 냄새가 나는 음식을 찾는 수많은 파리 떼처럼 더러운 잇속을 따랐을 뿐이었다. '탈문'은 영종 복벽 초기로 살진 고기가 가득 찬 큰 바구니나 마찬가지라 권문세가들은 너도나도 그 안에 비집고 들어가려는 몸싸움이 치열했다. 손계종은 손태후의 오빠이니 자연히 벼룩처럼 이리 뛰고 저리 뛰며 미친 듯이 움직였고, 모두 그의 체면을 살려주었을 뿐이었다.

손계종은 순천 원년(1457년) 5월에 회창후의 신분으로 독오군영용무督五

軍營戒務(주: 도성을 감독하며 구정을 경영하는 직책으로 모두 공신 혹은 도독이 담당했다)에 올라 후군도독부사後軍都督府事를 겸했다. 손계종의 지위는 이미 당년의 장씨 형제의 지위를 넘어섰으나 손씨 집안은 여전히 배고픔을 느꼈다. 그들은 또다시 영종 앞에서 자기 역성을 들어줄 자기 사람을 찾아 손계종의 세 번째 동생인 손소종孫紹棕에게 관직을 더해 '이로써 태후의 마음을 위로해 주실 것'을 부탁했다.

손씨 집안의 끝없는 탐욕에 영종은 짜증이 나기 시작했다. 복벽의 공신으로 자처하던 서유정, 석형, 조길상, 장월 등은 더욱 기고만장하여 입을 열어도 '탈문', 입을 닫아도 '탈문'을 들먹이며 이를 핑계로 툭하면 공과 상을 요구했다. 게다가 이들 간의 내부 분쟁도 끊이지 않아, 서로 약점을 까발리며 권력투쟁을 그치지 않으니 복벽의 초기 2년 동안 조정의 정국은 매우 불안한 난국이 펼쳐졌다.

영종은 좌우 근신이 툭하면 손소종의 관직을 더해달라고 요청하므로 내각의 신하인 이현을 특별히 접견해 그에게 말했다. "외척인 손씨 일가는 큰아들은 후로 봉하고, 둘째 아들은 고관이 되었다. 또 자손 20여명이 모두 관리를 하고 있으니 충분히 족하다! 그런데도 좌우가 여전히 그 집안을 위해 읍소를 하며 태후의 마음을 위로해 달라고 한다. 하지만 경들은 태후가 이런 일로 위로를 받지 못한다는 걸 모르시는구나. 처음에 손씨 자제에게 관직을 하사할 때 태후에 수차례 부탁을 해서야 태후가 간신히 동의했다. 그런데도 이것 때문에 수일 동안 기분이 나빠하더니, 하는 말이 '손씨가 나라에 무슨 공이 있어서 작위와 봉록을 이렇게 남발하십니까! 게다가 사물은 성하면 반드시 쇠하게 된다고 하는데, 일단 나라의 법령을 어길 경우, 나는 절대 용서할 수 없습니다!'라고 했다. 만일 태후가 너희들이 또 손소종을 위해 관직을 구한 일을 알았다면 분명히 크게 화를 냈을 것이다."

영종이 이렇게 장황하게 이야기를 한 것을 보면, 분명 오랫동안 하고 싶은 말을 하지 못하고 마음에만 간직해두고 있었다는 것을 알 수 있다. 하지만 만일 손태후가 정말로 이런 생각을 하고 있었다면 그녀는 자기 본분을 잘 지키는 지혜로운 여인이었던 셈이다.

이현은 이 기회를 놓치지 않고 이렇게 간언했다. "조상 이래로 외척은 군정에 간섭하지 않았는데 오늘날 손씨에게 군정을 맡기신 것이 설마 태후의 뜻이란 말입니까?" 그러자 영종이 고개를 흔들며 말했다. "태후의 본의가 아니다. 하지만 당초에 환관들이 올린 '변방 방어의 설'에 유혹되었던 탓이다. 지금은 후회를 하고 있다." 이현이 말했다. "이를 통해 태후의 식견이 높으심을 알게 되었습니다. 회창후는 위인이 신중하고 타인을 해하지 않지만 이후에는 전례를 남겨서는 안 됩니다." 영종도 고개를 끄덕이며 이에 동의를 표시했다.

환관이 간언한 '변방 방어의 설'은 대략 이러했다. 복벽의 초기에 근친이 군병을 장악해야 우환이 없을 수 있다는 말이 있었다. 당초에 금군의 병권은 석정 등 '외인'의 손에 쥐어져 있었기 때문에 정변이 이렇게 쉽게 이루어진 것이었다. 영종 모자는 이를 생각하며 깊은 불안감을 느끼게 되었다. 환관은 황제의 불안한 마음을 알아차리고 이런 간언을 올린 것이다. 《명사·손계종전》에서는 이렇게 말한 것도 같은 뜻이다. "경태 이전부터 외척은 병권을 가진 사람이 없었다. 황제는 석형, 장월 등이 군사력으로 탈문을 한 것을 보고 외척과 친신이 군정에 참여하도록 했으니, 이런 일은 고대의 전적에 없던 일이다."

영종은 인생에서 깊은 절망과 좌절을 몇 차례 겪은 후로 이미 어디에서도 안전감을 느끼지 못하고 있었다. 그래서 그는 재위 시절에 한편으로는 외가 친척이 군사를 맡도록 하고(종실 역시 믿을 수 없었기 때문이다) 또 한편으로는 금의위에 큰 특권을 부여해 그들로 네 곳의 자사를 맡도록 했다. 명대의 '비밀 정보기관 정치'는 영락제 이래에 영종이 복벽한 천순 연간에 두 번째 피크를 맞게 된다.

방금 전의 대화로 돌아가 보자. 우리는 그중에서 이현이 왜 천순 연간에 그렇게 복잡한 정치 국면 속에서 여유 있게 일을 처리하고 난국을 타개할 수 있었는지 알 수 있었다. 본래 시의적절한 상소를 올리는 것은 매우 중요하다. 너무 서두르지도, 초조하지도 말고 약한 불로 천천히 뜸을 들이다가 필요할 때 재빨리 불을 꺼버려야 음식을 맛있게 조리할 수 있는 것과 마찬가지 이치다. 이현은 비록 외척이 병권을 장악하는 것이 나쁘다고 생각하고 있었지만 그렇게 해서는 안 된다고 절대 조급하게 입을 놀리지 않았다. 반면 그는 천천히 황제의 마음을 열게 해서 자신의 고민거리를 말하도록 했다. 그리고 군신 간에 공감대가 형성된 후에는 황제가 손계종의 병권을 얼른 빼앗아 버리도록 건의해 사서 악역을 한 것이 아니라 '앞으로는 그런 전례가 없도록 해야 한다'고 주장하며 현재는 안정적인 상황을 유지하도록 했다. 그렇지 않으면 밀모가 폭로되어 언제 어디에서 화가 임할지 모르기 때문이다! 이현은

진정 나라를 위해 노련하게 일을 했다. 다만 그의 노력은 '일신의 영광'보다
는 나라를 위한 충성이라는 면이 더 강했을 뿐이다.

손계종은 병권을 빼앗기지 않았다. 헌종 조에 그는 12단영團營을 제독하
며 5군영軍營을 감독하는 지경연사知經筵事[109]였고, 《명영종실록》을 감수했
다. 손계종은 조정에서 매우 높은 지위를 유지했고, 조정에서 단체 회의로
대사를 결정할 때 제일 앞자리는 반드시 그의 차지였다. 이런 상황 중, 성화
10년(1474년)에 병과급사중兵科給事中이 그가 '오랫동안 병권을 쥐고 있으며,
황제의 총애를 받고 쓸데없이 벼슬자리만 차지하고 있다'고 탄핵을 하기에
이르렀다. 황실은 그제야 본인의 요청을 수렴해 병권을 해제했지만 여전히
그에게 '조정의 정치에 참여해 정무를 협의'하도록 명령했다. 5년 후, 손계종
이 85세의 나이로 임종하자 탄국공郯國公이라는 시호를 추증했다.

손계종은 일생동안 내세울만한 공적이 없었으며, 완전히 여동생이 다른
사람의 아기를 훔쳐와 태후가 된 덕에 부귀영화를 모두 누리며 무병장수했
으니 참으로 복이 터지는 사람이었다.

손계종이 세상을 떴을 때는 이미 명조 중엽이었고, 외척의 정치 간섭은 이
때에 이미 사라지게 되었다. 헌종의 외척인 주가周家(헌종의 생모 주태후의 외

---

109  경연(經筵)이란 특별히 황제에게 개설했던 경전 강의과정으로서, 일 년에 봄 가
     을 두 차례만 열리며 장중한 예식을 거행했다. '지경연사(知經筵事)'란 경연의
     총 책임자를 말하며, 일반적으로 지위가 가장 높은 권문세가의 공신이 담당했
     다. 이것은 '감수실록(監修實錄)'과 마찬가지로 주로 상직적인 명예직일 뿐, 실
     제로 직무를 수행하지는 않았다.

가)와 만가萬家(만귀비의 가문), 효종의 외척 장가張家(효종 장황후의 외가), 이런 '후궁의 외척'은 날이 갈수록 썩어가는 대명 왕조의 몸통에서 구더기처럼 들락날락 하며 돈과 재물만을 축내는 으뜸이 되었다. 그들은 "밭과 집, 개와 말, 음악이라면 뭐든지 좋아하고, 광대, 기생과 첩은 누구를 막론하고 불러들였으며, 군대와 나라의 권세는 없었으나 빈객과 붕당의 세력은 있는" '수전노'의 가문에 불과했다.

정덕, 가정 이후 외척에 대한 대우가 점점 야박해지고 조정의 뭇 신하들은 또한 극단적인 말로 언론을 격화시키니, 무능하고 재주가 없는 사람은 '사방으로 틈을 찾지만, 온 힘을 다해 공격했다'고 했다. 그래서 《명사》의 정설은 "명대는 외척이 가장 나약했던 시대이다"라고 말한다.

# 제5권

황제의 가짜 친척

# 제34장 궁중에서는 가래 뱉기 금지

《명사》에서 외척이 '나약'했다고 평가한 것은 명나라의 외척이 정치적인 세력을 형성하지 못하여 조정에 영향력을 끼치지 못했음을 의미한다. 이는 툭하면 대사마, 대장군이라고 불리던 동한의 외척과 대조된다. 후주後周의 외척 양견楊堅(황후의 아버지)은 심지어 왕조까지 갈아치워 스스로 황제가 되었으니 황당할 뿐이다. 명나라의 외척이 비록 정치적으로 별 권세가 없었다고는 하지만, 일단 황상의 집안과 연줄을 맺기만 하면 호의호식에, 사람들의 환영을 받으며 정부와 국가의 이익을 챙기는 일은 여전히 가능했다.

명조의 후궁은 본래 은혜를 남용했다. 예를 들어 내자부奶子府의 내자奶子(황자, 황녀의 유모)는 젖 한 모금 잘 먹였다고 남편이 경위京衛[110]에 와서 머릿수를 채우며 불로소득을 갈취했다. 금의위에서 탱자탱자 놀면서 공금을 수령하는 한가한 사람이 너무 많았기 때문에 지금까지도 어떤 곳에서는 문에 이런 종이쪽지를 붙이는 습관이 남아 있다. "한가한 사람은 입장 금지".

만일 금의위의 문에도 이런 종이가 붙어 있다면 얼마나 좋았겠는가? 엄청난 공금을 절약할 수 있었을 테니 말이다!

사람들은 모두 수단과 방법을 가리지 않고 자기 아들을 금의위 안으로 들

---

110    명나라 시기의 '경위'란 일반적으로 순천부(順天府, 북경) 무학(武學)을 맡으며 '경위 무학(京衛武學)'을 가르치던 직책을 말한다.

여보내려고 했다. 현재 득세하고 있는 태감은 말할 나위가 없었고, 총애를 입은 비빈과 궁인도 자신의 아버지, 오빠, 동생, 조카가 금의위에서 한가하게 놀며 공금을 수령할 수 있는 자리 하나를 건질 수 있었다. 이런 봉급을 두고 '기록寄祿'이라고 불렀다. 오늘날의 말로 하자면 행정소속은 금의위인데 금의위에서 일은 하지 않고 달마다 월급은 가져간다는 뜻이다. 이런 기생충이 지금도 너무 많다. 한편 수많은 사람이 한평생 애쓰고 수고하는 이유도 바로 이런 기생충이 되고 싶어서이다.

일하지 않고도 돈을 벌고 부당한 이익을 차지하는 사회, 하루아침에 로또 대박이 나기를 소원하며, 가난은 무시할망정 몸을 팔아 돈을 벌면 돈을 우러러보는 사회. 당시의 사회가 이러했기 때문에 경기 지역(오늘날의 베이징北京시와 허베이河北성)에서 수많은 백성은 무슨 수를 써서라도 자기 아이를 궁궐 안으로 밀어 넣기를 원했다. 남자아이는 태감을, 여자아이는 궁녀를 시킨 것이다. 한차례 또 한차례의 '자궁自宮[111]의 열기' 하에, 명나라 중기 이래 태감의 숫자는 무려 2만 명을 넘어섰다. 궁녀의 숫자는 통계가 없지만 아마도 3~5천 사이가 아니었을까 한다.

여자아이는 일반적으로 막 철이 들기 시작할 나이에 궁궐로 보냈다. 과거 사람은 '고관대작 집안의 문에 한번 들어서면 (그곳은) 바다와 같이 깊다'는 말을 했는데, 붉은 담장에 겹겹이 둘러싸이고 문이 끊임없이 이어지는 후궁

---

111 자궁(自宮)이란 남자가 생식기를 잘라 성욕을 제거하는 것으로, 고대의 태감은 자궁을 해야만 궁정에 들어갈 수 있었다.

은 마치 가없는 바닷속과 같았다. 청말 태감은 '궁궐에서 일하는 사람은 모두 고생바가지 인생'이라고 했는데 그 말이 맞았다. 복잡한 규례와 험악한 분위기의 궁정 속에서 사람들은 외롭고 의지할 데 없는 고단한 인생을 살았다. 청춘은 쉽게 사라지고 아름다운 미모는 스러지는 운명 아래, 설령 막 입궁한 귀여운 동녀라도 고난의 세월을 지내며 금세 백발의 노파가 되어야 했다. 그녀들의 행복은 가족의 입장에서는 그저 판돈에 불과하다. 그녀가 비빈이 되고 마마가 되고, 혹은 조금 더 예뻐서 황제의 총애를 받아 용의 아들이라도 낳게 된다면, 전 가족의 운명은 천지개벽할 정도로 변하고 말았기 때문이다. 사람들은 이 도박판을 어떻게 생각했을까? 판돈이 좀 많이 필요하기는 하지만, 잭팟을 터뜨릴 수만 있다면 올인도 불사할 가치가 있다고 생각했다. 자기 집 딸은 궁 안에서 호의호식할 수 있고, 또 우리 집안이 어떤 부잣집보다 더 대단한 집안이 될 수 있다면. 설령 황제의 비가 되지는 못한다 하더라도, 태감과 한 패거리가 되면 기댈 수 있는 의사위라도 얻을 수 있을 것 아닌가?

권력에 빌붙는 이런 속물근성은 어디에서 비롯된 것일까? 황가의 친척이 한 집만 탄생해도 주위 십 리 여덟 마을의 사람들은 모두 부러워 어쩔 줄 몰랐다. 그 집안사람은 어깨에 힘이 들어가고 허리가 막대기보다 더 딱딱하게 곧추서서 관청에서도 공경하고 양보할 뿐 아니라 친한 친구 이웃 역시 아부와 아첨을 그치지 않았다. 그가 돈을 벌 수 있는 방법은 당연히 다른 사람보다 많고도 많았다. 이 부귀 때문에 자기도 모르게 신경과민이 되고 심지어 나쁜 생각까지 서슴없이 일어, 명대 중후기에는 황제의 친척을 사칭하는 사기가 수차례 일어났다. 우선 헌종 성화 황제 주견심의 집안일부터 이야기해 보도록 하자.

옛말에 무슨 일이든 '첫 시작이 어렵다'는 말이 있다. 아이를 낳는 일 역시 그렇다. 주견심이 즉위한 초기 몇 년 동안 후궁에는 계속 아이가 없어서 주견심도 이 때문에 고민이 이만저만이 아니었다. 그때 귀비 만씨는 후궁에서 누구도 감히 도전을 할 수 없는 여주인공으로서 '혼자 받는 총애'를 누렸다. 그래서 '시침 전문석'이라고 불리기도 했다. 후궁의 미녀 삼천을 모두 찬바람 맞힌 그녀는 혼자 꽃다발과 비단 무더기를 누리며 황제의 사랑을 독차지할 수 있었다.

맹자孟子는 과거 양혜왕梁惠王에게 이런 질문을 한 적이 있었다. "혼자 즐거운 것과 타인과 함께 즐거운 것 중 어느 것이 더 즐겁습니까〔獨樂樂, 與人樂樂, 孰樂〕?" 양혜왕이 말했다. "함께 즐거운 것이 더 낫지〔不若與人〕." 맹자가 또 물었다. "몇몇 사람과만 즐거운 것과 많은 무리와 함께 즐거운 것, 어느 것이 더 즐겁습니까〔與少樂樂, 與眾樂樂, 孰樂〕?" 양혜왕이 말했다. "많은 무리와 함께 즐거운 것이 더 낫지〔不若與眾〕." 맹자는 아주 기뻐하며 말했다. "정답입니다!" 그렇다. 혼자 즐거워하는 것은 많은 무리와 함께 즐거워하는 것과 비교가 불가능하다. 그러나 만귀비는 그렇게 생각하지 않았다. 그녀는 말했다. "혼자 즐거워하는 것이 더 즐거워!" 그래서 그녀는 총애를 독차지하는 '황제 시침 전담 후궁'이 되기를 원했다. 요즘 말로 하자면 황제가 자기와 자는 것만 허락하고 다른 여인과 잠자리하는 것은 절대 허락하지 않았다는 뜻이다. 비록 매일 깊은 밤, 적막한 후궁에서 여인들이 한 목소리를 모아 부르는 우울한 노래가 새벽의 희뿌연 안개 사이로 오래오래 울려 퍼진다 하더라도 말이다. 제일 밉살스러운 것은 만귀비였다. 그녀 역시 무산계급 출신으로 분명 이 구슬픈 노래를 들었을 텐데, 같은 무산계급에게 아량을 베풀기는커녕 텅 빈 이불을 부여잡고 고통스러워하는 한 맺힌 여자들을 본척만척 했다. 그녀 역시 30세 전까지는 총애받지 못하는 무수리의 하나였는데, 이제는 황제의 사랑을 얻었다고 자신의 근본을 잊어버린 것이다.

역사서에서는 만귀비가 '질투를 잘 했다'고 말한다. 그녀는 혼자의 몸으로 황궁의 여인 전부를 질투했다. 조금만 예뻐 보이는 사람과는 전부 철천지원수가 되었고, 황제가 몇 번만 눈길을 주었다가는 같은 하늘 아래 있을 수 없는 불구대천의 원수가 되었다. 그러나 반대로 황궁의 차가운 밤, 싸늘한 이부자리에서 처량한 달을 쳐다보며 불쌍한 한숨만 내쉬는 여자라면 누구나 다 그녀를 질투하고 미워하지 않겠는가? 안타깝게도 궁중에서는 아무데서나 가래를 뱉지 못하도록 금지하고 있다. 그렇지만 않다면 한 사람이 한 번씩만 침을 뱉어도 만귀비를 침에 익사시켜 죽일 수 있었을 텐데!

그러나 욕을 바가지로 한다고 해서 욕으로 사람을 죽일 수 있는 건 아니다. 성화 20여 년의 시간 동안, 만귀비는 혼자 일당 삼천의 치열한 전투를 치렀다. 신기하게도 미모는 쇠했어도 총애만은 사라지지 않았으니 누군들 당할 수 있었을까? 그러나 그녀에게도 도전이 전혀 없었던 것은 아니다. 그녀의 머리 위에는 항상 쫓아낼 수 없는 먹구름이 드리워져 있었다.

우선 그녀는 황후가 될 수 없었으니, 항상 황비에게 굽실거려야 했다. 헌종의 세 왕후는 그의 아버지 영종이 재위 시에 그에게 간택해 준 비들이었다. 영종은 당시 태감에게 중국 각지를 돌며 규수를 골라오도록 지시해 총 12명의 규수를 데려왔는데, 영종이 친히 그중에서 왕씨王氏, 오씨吳氏, 백씨柏氏 세 명을 뽑아 궁중에 남겨 양육을 받도록 한 것이다. 만귀비는 그 안에 들지 못한 여인이었다.

만귀비는 비천한 집안 출신으로, 4세에 궁궐에 들어와 손귀비 궁에서 시녀로 일했다. 나중에야 겨우 동궁에서 일을 하다가 황태자인 헌종을 모시기 시작한 것이다. 전하는 바에 따르면 그녀의 나이는 주견심보다 19세나 많아, 헌종 즉위 시에 이미 나이가 35세였다고 한다. 고대 사회였다면 어머니와 아들지간의 연령차였다. 헌종이 이런 연상녀, 그것도 왕고모님 뻘의 만씨를 좋아할 줄 누가 상상이나 했겠는가?

헌종은 비록 그녀를 사랑했지만 그녀에게 제일 높은 지위를 주지는 않았다. 천순 8년(1464년) 7월, 헌종이 즉위한 지 반년 후, 생모 주태후의 주관하에 오씨를 황후로 책봉했다. 오씨와 만씨 두 사람은 분명 눈도 마주치지 않았을 터였다. 오씨는 자신이 황후요, 육궁의 주인이라는 지위를 가졌으니, 이 요물이 후궁에서 활개를 치고 다니며 눈에 거슬리게 구는 것을 용납할 리가 없었다. 게다가 신관은 부임 후 불호령만 세 차례라는 말이 있듯, 막 황후가 되었으니 만귀비(이때는 아직 귀비가 아니었다)를 가지고 위엄을 세울 수밖에 없었다. 놀랍게도 오씨 황후는 헌종 몰래 만귀비를 불러와 요물단지, 불여우라며 욕을 퍼부어 주고 몽둥이로 흠씬 두들긴 후, 죽순 고기볶음[112]을

---

112  竹筍炒肉, 대나무로 엉덩이를 때린다는 뜻을 은유하며 매를 맞는다는 의미.

대접한 뒤 식사가 끝나자마자 그녀에게 앞으로는 입조심, 행동 조심하고 자기 분수를 지켜 절대 요망스러운 꼴을 보이지 말라고 따끔하게 일렀다.

그러나 새로운 황후가 이렇게 위신을 세우는 일은 큰 금기를 깨뜨리는 일임을 누구나 잘 알고 있었다.

궁궐에 들어온 지 얼마 되지 않아 후궁이 얼마나 깊은 곳인지 다 헤아려 보지도 않은 채 황제가 가장 총애하는 비를 경솔하게 건드렸기 때문이다. 그녀는 자신은 정실이고 만귀비는 돈으로 사온 계집종이나 첩이라고 여겼기에, '내가 때렸으면 때린 것이지, 그랬다고 하늘을 뒤집겠냐?'고 생각했던 것이다. 그러나 그녀가 간과한 점이 있었다. 개를 때릴 때에도 주인이 누구인지 잘 살펴보아야 한다는 것이다! 비록 자신이 황후요, 후궁에서 '관직'이 제일 높다고 해도, 그것이 황제가 그녀를 제일 총애한다는 의미는 아니지 않는가? 게다가 후궁의 새 여주인이 된 오황후는 덕과 은혜를 충분히 베풀고 사람의 마음을 모으지도 못한 상황이었다. 모두들 아직 그녀의 달콤함도 맛보지 못했는데 먼저 칼과 창을 휘두르고 때리고 죽이는 것을 보았으니, 누군들 무서워하고 싫어하지 않겠는가? 그러니 헌종이 그녀를 두고 '거동이 경망스럽고 예법이 거칠며 직위에 걸맞는 덕을 갖추지 못했다'고 평가한 것도 그리 억울할 일은 아니었다!

오황후의 만귀비 폭행 사건 후, 궁정의 분위기는 급격하게 긴장되었다.

하지만 헌종은 분노를 폭발시켜 곧장 군사를 일으키고 죄를 묻지 않았다. 곤녕궁坤寧宮에는 알 수 없는 평온함이 흘렀고 오황후의 마음 역시 평안했다. 그런데 갑자기 헌종의 성지가 내려왔다. 사예감 태감 우옥牛玉은 '조정의 대혼을 망친' 이유로 대옥에 갇히고 그와 황후 간택에 참여했던 또 다른 태감 오희吳熹도 함께 대옥에 끌려갔다. 오황후는 그 이야기를 듣고서야 문제의 심각성을 깨닫고 자신의 경솔했던 거동을 후회했지만 엎질러진 물은 다시 담을 수 없었다.

영종은 재위 시에 황태자 주견심을 위해 여인 세 명을 간택했다고 했는데, 원래 황후 후보로는 왕씨가 내정되어 있었다. 그러나 세 사람이 입궁한 후 얼마 되지 않아 먼저 천순天順 6년 9월에 손태후가 세상을 떠났고 일 년여 후인 천순 8월 정월에 영종이 또 붕어했다. 궁중에서 연속으로 큰 상을 치르니 간택한 세 여인이 '불길함을 불러들였다는 혐의'를 쓰게 되었다. 그래서 헌종이 즉위한 후에 황태후 전씨(영종의 황후)와 주씨(헌종의 생모)는 함께 황태후의 명으로 예부가 수도에서 방을 걸어 새롭게 간택을 하도록 명령을 내렸다. 그런데 희한하게도 그 세 규수가 다시 간택이 되었으니, 다른 점이 있다면 그저 순위만 조금 바뀌었다는 것이었다. 원래 황후로 내정되었던 왕씨는 비로 강등되어 백씨와 함께 '부궁'副宮(중궁中宮의 부속궁, 즉 속칭 동궁東宮과 서궁西宮)에 들어갔으며 오씨는 단번에 황후로 떠받들어졌다.

간택을 책임졌던 사예태감 우옥이 분명 손을 써두었기에, 헌종이 만귀비 대신 복수를 할 수 있도록 오씨를 속수무책으로 만든 것이다. 먼저 이 일을 들먹였다는 것은 사실 이미 폐비를 하려는 마음을 가지고 있었다는 뜻이다.

우옥이 하옥되자, 오황후의 아버지인 오준吳俊, 오빠인 오웅吳雄 역시 잇달아 체포되었다. 심리를 마친 도찰원은 오씨가 황후로 세워진 것은 우옥이 오씨 집안의 뇌물을 받은 결과라고 판단했다. 옥중 진술에서는 이렇게 말하고 있다. 조정에서 황후를 세울 때 우옥은 왕씨가 자신이 선발한 규수가 아니었기 때문에 태후에게 유세를 해 그때까지만 해도 황후 후보였던 왕씨를 교체했다(대략 이것이 '불길함'이라는 뜻일 것이다). 그리고 나서는 바로 오씨를 간택했는데 이는 오씨 집안이 오회를 통해 우옥에게 뇌물을 주어 오씨의 순위를 앞으로 조정했던 것이다. 그리하여 본래 '부궁'에 머물러야 할 그녀가 황후로 격상된 것이다.

이것은 본래 궁중비사로 치부될 비밀이었다. 이 부끄러운 일이 밝혀질 경우 후비 및 황친에게까지 영향을 미칠 테니 밖으로 떠들썩하게 떠벌릴 이유가 있겠는가? 하지만 헌종은 이를 전혀 숨기지 않을 요량이었다. 그는 도찰원에서 보고한 옥중진술을 받아보고는 대신들이 의견을 내고 사건을 처리하도록 다관집의多官集議를 명했다.

다관회의, 즉 집의集議란 명대 '정치 민주화'의 한 형식으로 국가의 중대한 정치사가 있을 경우, 직책상 관련이 있는 부서가 주관을 하고 관련된 중신과 각 부部, 원院과 시寺의 장관을 초청해 궐문闕門 안에서 함께 상의를 한 후에 토론한 결과를 보고하여 황제의 성지를 요청하는 제도였다. 물론 조상의 제도에 의거해 볼 때 황실과 관련된 대사에도 회의라는 방식을 통해 해결하는 의안들이 있었다. 예를 들어 종실, 황친의 범법 사건은 공신, 법사法司[113] 및 수도 내에 거주하는 친왕, 황친을 요청해 함께 판결 내용을 토론했다. 하지만 궁중의 내전에 관한 일은 황제의 가정사에 속하기에 이를 놓고 외관이 회

---

113  사법과 형법, 투옥을 관리하던 관서

의를 하는 일은 거의 없다고 볼 수 있다.

집의에 참가하는 사람으로는 공후백작, 도독, 상서, 시랑, 도어사都御史, 통정사通政使[114], 대리시경, 급사중, 어사 등의 관직이 있었다. 집의에 참가한 신하들 직급만 봐도 큰일이 발생했음을 알 수 있다. 모든 관리는 감옥 진술을 듣자 재빨리 의견일치를 보았다. 그리고 회창후 손계종을 선두로 하여 토론의 결과를 상주문으로 올렸다. "소신들은 오씨가 선제 때에 황후 간택에서 퇴짜를 맞았던 여인이고, 게다가 잘못까지 저질렀으니 절대 황상과 함께 종사를 계승할 수 없다고 의견이 일치했습니다." 문무백관은 모두 총명했다. 황제의 마음을 콕 집어내고는 성지를 따라 황후의 폐출에 동의했다.

헌종은 외신들이 전부 이의가 없는 것을 보자 태후의 의견을 여쭤본 후에 오씨를 폐위시켰다.

황제의 이혼장에는 이런 글이 적혀 있었다. "짐이 황후를 선택한 이유는 종사를 함께 계승하고 육궁을 바르게 다스리기 위함인데, 덕성이 돈독하지 않고 예도가 바르지 않은 사람은 황후를 삼기에 부족하오. 당신의 언동은 경박하고, 예도는 거칠며 마음이 바르지 못하며 습관은 사악하고 음탕하니 어찌 함께 공사를 계승하며 육궁을 바르게 다스릴 수 있겠소?" 그리고 오씨에게 바로 황후의 책보를 내놓고 곤녕궁에서 나가 별궁, 즉 냉궁으로 들어갈

---

114 명대에 처음으로 설치한 '통정사사(通政使司)'의 장관을 통정사(通政使)라고 불렀다. 청대에도 존속하여 황실 내외의 상소와 글, 신하와 백성의 밀봉 소송문서 등을 담당했다.

것을 명했다. 이 '냉궁'은 사극에서 자주 나오지만 실제로 명청의 궁정에서는 냉장고와 혼동을 일으킬 만한 이름의 궁정은 없었다. 단, 황성 안에 한가하게 빈집은 많이 있었기에, 오후는 퇴위하여 서안문 안에 있는 궁에 거처했다. 그곳은 병들고 장애가 생긴 궁인만을 안치시키는 안락당安樂堂과 거리상으로 매우 가까웠다(생각지 못하게도 안락당에는 대귀인이 살고 있어서 오씨가 폐위된 후에 위로를 얻을 수 있었으니, 이 일은 뒤의 글에서 살펴보도록 하자). 이는 아마도 만귀비가 내놓은 생각이었던 것 같다. 그녀는 과거 우쭐대며 자신을 때렸던 그 폐후가 앞으로는 바이러스에 감염될지도 모르는 위험과 죽음을 알리는 곡소리에 날마다 시달리기를 바랐던 것이다.

황후를 폐출한 후에, 헌종은 군신에게 칙서를 반포하여 그 원인을 설명하며 태감 우옥이 '자신의 사사로운 이익 때문에 선제가 아직 살아계실 때 간택에서 제외했던 오씨를 다시 간택해 모후 앞에서 상소문을 올리고, 모후를 속여 오씨를 황후로 세웠음'을 질책했다. 또한 오씨는 '경박하고 거칠어' 황후가 마땅히 갖춰야 할 태도가 없으며, 중궁은 풍속 교화의 근원일진대 '불행하게도 이런 일을 했으니 (아무리 그녀를 폐위시킨다 해도) 어찌 이 문제를 종결시켰다고 할 수 있겠는가'!

오황후는 궁중에서 폐위된 첫 번째 황후가 아니었다. 하지만 전대에 호황후를 폐위시켰던 선종은 적어도 사람의 정이 있어서 호황후가 알아서 스스로 자리에서 물러나도록 하였다. 그래서 호황후는 그럴듯한 사퇴 상소문까지 올렸고, 퇴위 후에는 '선사'라는 감투까지 받았던 것이다. 경제의 황후 폐위 역시 이렇게 시끄럽고 떠들썩하지는 않았다. 이와 비교하면 헌종의 이혼서는 조서의 형식으로 전국 백성에게 공개되었고, 태도 역시 특별히 결연했다. 또한 황후의 일족도 엄격한 처벌을 받았다. 폐후의 아버지인 오준은 막 얼마 전에 딸 때문에 하늘을 날며 도독동지(종일품 무직)를 하사받았는데, 눈 깜짝할 사이에 딸 때문에 다시 하옥되어 국경방위에 끌려가게 되었다. 단 한 달 동안 맡아본 황제의 장인이라니, 참으로 안타까운 일이다! 이 불의의 화로 그의 운명은 단번에 하늘로 올랐다 또다시 땅으로 곤두박질쳤다.

이상은 관사가 밝힌 유한한 정보이다. 황후가 자리에 올라 한 달 만에 다시 폐위된 것은 너무 급작스러운 일이라 사람들은 이상함을 느꼈지만, 효종 초년에 제작한《명헌종실록》에서 이야기한 '궁전의 금기와 비밀스러운 일은 상세하게 밝힐 수 없다'는 말처럼 수많은 디테일을 우리는 정확히 알 길이 없다. 당시에는 이런 두 가지 소문이 있었다. 즉 하나는 후궁에 총애를 믿고 제멋대로 구는 여인이 있어서 황후가 질책을 했는데 이에 대한 보복성 조치로 황후가 폐위되었다는 설이다. 이 이야기에 관련된 인물이 만귀비다. 또 다른 일설은 내정에 태감 우옥의 전권을 질투하는 사람이 그 권력을 빼앗고 싶은 '은밀한 욕망이 있었기에 그런 일이 일어난' 것이다.

우옥은 당시 사예감 인장을 소유한, 영종 천순 연간에 가장 큰 권세를 누린 태감이었다. 헌종 즉위 후 소위 천자가 바뀌면 신하도 다 바뀐다고, 동궁에 소속되어 있던 시종은 전부 용을 따라 승천했다. 글을 잘 쓰는 사람은 내각에 포함되었고 '고추'가 없는 자는 사예감에 들어갔다. 새로 발탁된 귀인들은 자연히 우옥이 계속 사예감에서 기득권을 휘두르는 것을 원하지 않았기에 황후 간택을 빌미로 참언을 올리고 사건을 일으켰으며, 결국은 우옥을 넘어뜨렸다는 설이다. 우옥과 오희 두 사람은 결국 남경 효릉에서 채소밭을 돌보는 일을 하게 되었다. 아직 세상 물정 모르던 우리 오황후는 이 궁정 암투의 희생물이 되었을 뿐이었다. 하지만 그녀가 남겨둔 황후의 지위는 만씨에게 계승될 리 없었다. 그 자리를 계승한 사람은 바로 왕씨였다.

왕황후는 예상치 못한 복을 얻었고, 이는 그녀 역시 생각하지 못한 일이었다.

# 제35장 태생은 같지만, 길은 달랐다

폐황후 오씨는 명나라에서 세 번째로 폐비가 된 황후로 그녀 이전에 있던 선종의 호황후, 경제의 왕황후는 모두 아들을 낳지 못했다는 이유로 황후의 자리를 보전하지 못했다. 반면 정실의 폐위를 재촉했던 후실은 모두 황자를 낳았기 때문에 황자는 황제의 사랑을 다투는 전쟁마당에서 가장 확실한 보장을 얻었다.

만귀비는 4살 때에 입궁했다. 그녀는 비록 글도 잘 몰랐지만 평생 구중궁궐에서 살면서 수많은 인생의 희극과 비극을 목도했고, 자신도 모르는 사이에 궁정 문화의 오묘한 이치를 깨닫게 되었다. 만귀비는 폐황후 오씨에게 매를 맞을 때 귀비도 아닌 신분이었다. 만씨는 성화 2년 3월에 귀비로 봉해졌으며, 같은 날에 봉직을 받은 이로는 현비賢妃 백씨가 있었다. 그리고 하루 차이로 귀비의 아버지인 순천부 패주霸州 백성 만귀萬貴는 금의위 정천후正千戶 관직을 수여받았으며, 백씨의 아버지 금의위 지휘첨사 백진柏珍은 지휘 동지로 승직이 되었다.

백씨의 아버지는 일찌감치 금의위 지휘첨사가 되었지만 귀비의 아버지는 막 이 직책을 맡았다는 점을 보아, 그 전에 만귀비가 비록 후궁에서 총애를 받는 애첩이었지만 봉호는 아주 늦게야 받았다는 것을 알 수 있다(그녀는 이 해에 이미 아들을 낳았지만, 실록에서는 그냥 '어머니는 만씨'라고만 기록하며 어떤 비호妃號도 기록하고 있지 않다). 따라서 이때가 바로 만귀비가 작위를 획득하기 시작한 때요, 성화 시대의 실세, 만씨 황친의 온갖 부귀영화가 시작된 때였음을 알 수 있다.

만귀비는 사실 헌종에게 제일 처음으로 아들을 낳아준 비로서, 성화 2년 정월, 37세의 고령으로 헌종의 큰아들을 낳았다. 하지만 이 아들은 건강하게 목숨을 부지하지 못하고 그해 11월에 요절을 했으며 그 후로 귀비는 다른 아이를 낳지 못했다. 여인으로서 그녀 역시 꺼져가는 힘이지만 사력을 다했던 것이다.

그러나 어찌 되었든 그녀는 절대 패배를 인정하려 들지 않았다. "저는 임신하려고 계속 노력하고 있는걸요." 그리고 스스로 노력하는 것 외에도 다른 여인이 자신보다 먼저 아들을 낳는 것도 허락하지 않았다. 이것은 자기가 먼저 아들을 낳기 전까지 다른 여인은 절대 아들을 낳지 못하게 방해하던 기막힌 궁중의 암투였다. 《명사》에서는 만귀비가 모든 것을 손에 쥐고 있어, '육궁에서 황궁으로 들어가는 궁인이 거의 없었다', '육궁에서 임신을 한 사람이 있으면 모두 낙태를 시켰다'고 말한다. 누가 황제의 씨를 가지게 되었든지, 수단과 방법을 가리지 않고 낙태를 시켰다는 것이다. "액정궁에서 황상의 사랑을 입게 된 사람 중, 약을 먹고 낙태를 한 사람이 무수히 많았다." 효종은 엄마 배 속에 있을 때 귀비의 약에 당해서 갓 태어났을 때에 1촌이 넘는 머리 면적만큼 머리카락이 자라나지 않았다고 한다. 이야기는 생동감이 철철 넘치지만, 실제로는 과장된 소리일 가능성이 더 크다. 예를 들어 성화 5년(1469년) 4월에 백현비가 아들을 낳고, 곧이어 성화 6년 7월에 기씨紀氏가 또다시 아들을 낳았는데, 만일 만귀비가 정말 흉악한 독재자요 핍박자였다면 어떻게 그렇게 많은 고기를 놓칠 수 있었단 말인가?

게다가 헌종은 백비가 낳은 황태자에게 주우극朱佑極이라는 이름을 지어주고 성화 7년 11월, 나이 약 2살 반이었을 때에는 황태자로 책봉했다. 만일 42세의 만귀비가 자신도 아이를 낳을 수 있다고 생각했다면 왜 헌종이 태자를 책봉하는 일을 막지 않았을까? 예를 들어 "여보, 몇 년만 더 기다려 보세요. 저도 낳을 수 있다고요!"라고 말이다. 하지만 그녀는 그렇게 하지 않았다. 이를 보아도 그녀가 자신의 출산능력에 이미 자신감을 잃었음을 알 수 있다. 졸필은 만귀비가 제아무리 출산능력을 상실하고 앞으로 파파 할머니가 될 일만 남았다 한들 다른 사람의 출산까지 가로막아 헌종에게 후계자는 커녕 황제의 대가 끊어지도록 작심을 했다고 생각하지는 않는다. 사람들은 만귀비가 '요부'라서 아무 구정물이나 다 쏟을 수 있다고 생각하는데, 실은 사람들이 평범한 사람을 극단적으로 몰아가고 있을 뿐이다.

다시 황태자 주우극을 말한다면, 이 아이는 황태자가 될 복이 없었다. 과분한 복은 오히려 수명을 재촉하여 태자로 책봉된 지 2개월 만인 성화 8년 정월 26일에 세상을 떠나고 말았던 것이다. 헌종은 매우 비통해하며 그를 도공태자悼恭太子로 추서했다.

헌종은 갓 24세였는데 벌써 아들 둘이 죽었기에 그 상은 매우 비통했다. 본래 감수성이 매우 예민했던 그에게 이 일은 매우 큰 충격이었다.

헌종 주견심을 두고 이야기하자면 23년간 재위해 있던 시간은 짧지 않았지만 이렇다 할 만한 정적이 없었다. 명나라 황제는 구중궁궐에 거하며 군신과 같이 있는 시간이 거의 없었다. 내각의 신하처럼 친근한 신하들도 만나지 않는 이런 악습은 헌종 때부터 시작되었다. 헌종은 아버지 선종의 재능을 물려받은 단청의 명수였으며, 그림을 매우 잘 그렸다. 그가 예전에 그린《일단화기도一團和氣圖》라는 회화는 진정 평화롭고 따뜻하며 기쁨이 느껴진다. 그 자신 역시 매우 온화한 사람으로 얼굴은 평범하고 퉁퉁하게 생겼으며, 진하면서도 제멋대로 무성하지 않은 콧수염은 두꺼운 입술 위에 조용히 누워 지구 최강의 위용을 자랑했다.

아래에는 주제와는 조금 빗나간 이야기를 다뤄보도록 하겠다. 주견심에 관한 일화를 소개하며 쉬는 시간을 갖도록 하려 한다.

명나라 헌종 주견심의 적모는 영종의 전황후였다. 전황후와 영종은 환난을 함께 겪은 부부라고 할 수 있었다. 영종은 '토목의 변'으로 오이랏(Oirat)족[115]에게 포로가 되었는데, 당시 막북 사람은 자금성의 보좌와 남조의 아름다운 강산은 거저 준다고 해도 관심이 없었다. '강산의 주인으로 보좌에 앉아 있는 것'은 막북 사람의 사고방식이 아니기 때문이었다. 하지만 이 황제라는 것을 자기 손에 넣었으니 하늘에서 화수분이 떨어진 셈이나 마찬가지였다. 그들은 돈을 싹싹 긁어낼 때까지 절대 포기하지 않을 태세였다. 영종의 어머니 손태후도 이 사실을 잘 알고 있었기 때문에 황제가 포로로 사로잡혔다는 악몽 같은 소식을 듣자, 궁중의 모든 보물을 다 팔아서라도 황제를 찾아오려고 했다. 그때에는 뇌물로 오이랏족 우두머리의 마음을 사로잡는 것이 선결

---

115    명나라 때 몽골 서쪽에 있던 부족. 15세기 중엽에 에센(Esen)이 내외 몽골(內外蒙古)을 정복하여 전성기를 맞았으나, 1757년 청나라 고종(高宗)에게 정복됨.

과제여서 날마다 큰 수레 작은 수레가 명나라 황궁에서 수세기 동안 모아온 진귀한 보물을 싣고 국경으로 보내졌다. 졸필은 이런 생각이 들었다. 그럼 고궁 박물관을 전부 다 팔아먹겠다는 것 아니야? 전황후는 자기 남편을 구하는 일이니, 자연히 인색할 리가 없었다. 곤녕궁 안에 돈이 되는 살림살이들은 금은보화든, 능라주단이든 할 것 없이 전부 내왔기에 궁정에는 반짝이는 것이라고는 금쪼가리 하나 남지 않았다. 그녀는 편안한 침대까지 마다하고 밤마다 울며 하늘에 기도하다가 피곤하여 땅에 그대로 쓰러져 잠이 들었다고 한다. 오랫동안 얼어붙은 바닥에서 잠이 든 탓에 한쪽 다리를 못 쓰게 되었는데, 아마도 심한 풍습에 걸렸기 때문일 것이다. 그녀는 날마다 울기만 하다가 한쪽 눈도 버리게 되었다. 이 눈과 한 다리는 모두 스스로 원해서 하늘에 바친 제물이었다. 그녀는 자신의 육체의 고통을 통해서라도 남편이 무사귀환할 수 있기만을 바랐다. 졸필은 그녀의 기도가 하늘에 상달되었다고는 장담할 수 없다. 아무튼 1년 후에 영종은 포로생활을 마치고 북경으로 돌아오게 되었다. 그리고 예상치 못하게 동생인 경제에 의해 남궁에 연금당하게 되었다. 8년간의 수감 생활 동안 전황후는 항상 남편을 위로하였고, 두 사람은 환난을 함께 겪으며 마침내 복벽의 그날을 맞게 되었다. 천지가 새롭게 열리고 영종은 황제의 자리를 회복했으며, 전씨는 예전과 마찬가지로 황후가 되었다.

전황후는 매우 어질고 덕이 있었다. 그런데 안타깝게도 아들이 없었다. 영종의 장자, 즉 황태자로 세워졌던 주견심은 그녀와 불화한 주귀비의 아들이었다. 영종은 자신의 세상이 끝난 후에 전황후가 냉대를 받을까 봐 임종

전에 자기 아들에게 특별히 유언을 남기기까지 했다. "황후인 전씨는 본래 명예와 지위가 있던 사람이니 힘을 다해 효도와 봉양을 하는 것이 마땅하다. 전씨가 수명이 다하면 짐과 함께 장사하는 것이 옳도다."

그러나 황태자는 황위에 오르자 자신의 생모인 주귀비만을 황태후로 모시고, 적모인 전황후에게는 휘호를 하사하길 거절했다. 내각 대학사 이현, 팽시彭時 등 사람들이 극렬한 간언을 올린 후에야 두 후궁을 모두 존대하기로 했다. 하지만 영종의 능침인 유릉을 건설하기 시작하자 또 다른 풍파가 일어났다.

헌종 이전에는 만수산萬壽山 능침(즉 지금의 13릉)에 각각 한 명의 황제와 한 명의 황후를 장사지냈는데, 지금은 황태후가 두 명이 되어버린 것이다. 한 명은 아들 덕분에 귀한 몸이 되어 황금 가지를 타고 올라간 주귀비이고 또 한 명은 본래 적모이되 아들이 없는 전황후였으니, 현재 궁중의 상황은 마치 안개 정국처럼 한 치 앞도 내다볼 수 없는 지경이었다. 내각과 군신은 만장일치로 유릉裕陵 지하궁에 3개의 묘혈을 제작해 두 후궁을 함께 부장하도록 건의했다. 그러나 헌종은 주태후의 사주를 받아 이 의견을 받아들이지 않았으니, 이는 훗날 궁중 대논쟁을 촉발하는 도화선이 되었다.

성화 4년(1468) 6월, 전태후가 붕어하자 주태후는 헌종에게 전태후를 유릉에 장사지내지 말라고 강력히 요구했다. 그녀는 지하에서도 선친을 독점하기를 바랐던 것이다. 이를 통해 전, 주 두 사람은 황후와 귀비로서 매우 사이가 안 좋았다는 사실을 추측할 수 있다. 주태후는 황후의 자리를 차지하지 못했던 데 불만이 많았던지, 전태후와는 절대로 한 무덤에 묻힐 수 없다는 입장을 고수했다.

한 명은 존귀한 적모요, 또 한 명은 현재 나는 새도 떨어뜨리는 황제의 생모였다. 둘이 살아 있을 때는 모두 존대를 받았지만, 한 사람이 죽고 나서 어떻게 장례를 치를지는 황가에 닥친 새로운 두통거리가 되었다. 영종은 사리가 밝은 사람이어서 이런 갈등을 일찌감치 예견하고 죽기 전부터 이 일을 염두에 두고 준비를 했던 것이다. 다만 그는 전황후는 반드시 합장해야 한다고 이야기했지만 주귀비의 합장 여부는 전혀 언급하지 않았다. 당시는 주씨가 미래에 선제와 합장을 시도하며 전씨 황후의 합장 자격을 빼앗고 있었다. 선제의 유언이 당시에도 계속 효력을 발휘할 수 있었을까?

이 일은 큰 문제였기에 헌종도 함부로 처리할 수 없었다. 그는 태감 하시夏時, 회은懷恩을 보내 대신들을 불러 상의를 했으나, 결국 그의 속내는 어머니의 뜻을 존중하는 것이었다.

내각의 대신 팽시는 우선 반대 의견을 제기하며 말했다. "황후와 황제를 합장하고, 신주를 태묘에 모시는 것은 조정에 정해진 예이며 절대 변개할 수 없습니다." 팽시의 말은 내각의 생각을 대표한 것이었다.

다음날, 헌종은 직접 설득을 하려고 했으나, 신하들에게 이 문제의 해결책을 물었을 때, 내각의 신하들은 여전히 처음의 뜻을 굽히지 않았다. 헌종이 말했다. "자네들이 말하는 이런 것은 짐이 다 알고 있는 일이 아닌가? 짐은 그저 미래에 어머니께서 이 일을 언짢아하실까 걱정이 될 뿐이네." 이 정도까지 말했으면 전, 주, 두 황태후가 화목하지 않았기에 어쩔 수 없이 전황후에게 미안한 일을 할 수밖에 없다는 분명한 암시였다. 하지만 내각의 대신들은 "효도는 국가의 의義를 따라야 한다"는 말을 가지고 절대 반대를 표시했다. 신하들은 모두 궁중에서 물러나와 즉시 경전을 인용한 상소문을 올려 이 일을 격렬하게 변론했다. 사실 이 기회를 통해서 여론을 인도하고 황제에게 압력을 가해, 과거처럼 황제가 신하의 반대에 부딪히면 아예 '중지中旨'[116]라는 방법으로 사건을 종결시키는 일을 피하려 했던 것이다. 헌종은 대신들이 상소를 올리자 어쩔 수 없다는 것을 깨달았다. 그는 논쟁을 싫어하고 화해를 중요하게 생각하던 사람이라 그저 군신의 재협의를 명령할 수밖에 없었다.

이부상서 이병李秉과 예부상서 요기姚夔가 주재한 회의에는 조정의 신하 총 99명이 참가했다. 그들의 의견은 내각의 의견과 일치했다. 즉 전태후를 유릉의 좌측에 장사하고, 오른쪽은 비워두었다가 주태후의 임종 후를 기다리자는 주장이었다. ─ 이렇게 '자리까지 비워두고 장사를 대기하기'라니 이건 듣도 보도 못한 일이었다!

"군신의 말이 모두 일리가 있소이다." 헌종은 인내심을 가지고 설득 작업을 벌였다. "하지만 짐이 이렇게 하려는 것은, 그저 태후께 이 결정을 여러 번 말씀드렸지만 계속 허락을 받지 못했기 때문이오."

그는 매우 강조하며 말했다. "예만 강조하는 것도 효도가 아니고, 친부모님의 뜻을 거역하는 것도 효도가 아니오!"

---

116  더 이상 군신의 의견을 묻지 않고 바로 태감에게 명령을 내려 일을 처리하도록 한다는 것으로, 정부와의 토론을 피해가는 이런 행위는 합법적이 아닌 행동으로 보았다.

그러나 군신이 예를 지키는 것이 바로 효도라는 의견을 굽히지 않자, 헌종은 그들을 반박하며 말했다. "그렇다면 정녕 친부모님의 말씀을 어기는 것이 효도란 말인가?"

졸필 개인은 헌종의 뜻이 인간성과 인도주의에 더욱 부합하며 군신은 예의제도에 속박되어 있다고 생각한다. 하지만 만일 졸필이 조정회의에 참가했다면 졸필 역시 반대표를 던졌을 것이다. 왜냐하면 예법은 공적인 도구로 누구나 준수해야만 하는 것이지, 헌종의 간청이나 그 모자의 개인적인 욕심 때문에 바로 예법을 파괴한다면 다른 법률도 파괴하지 않으리라는 보장이 없기 때문이다.

만일 헌종이 자기주장이 강한 황제여서, 주원장이나 주체처럼 두 눈을 부릅뜨고 수염을 치켜세우며 "내가 예의에 부합하다고 하면 부합하는 것이야!"라고 외쳤다면 군신은 바로 가을날 매미처럼 부들거리며 눈치만 보았을 것이다. 안타깝게도 명대의 황권은 헌종 대에 와서 이미 몰락의 기세가 역력했다. 황제의 말 한마디가 중천금만큼 위력적인 시대는 지나간 것이다. 우스운 일은 헌종은 이 일을 가지고 군신과 이치를 따지며, 경서 속에 파묻혀 살면서 경서를 달달 외워 가문의 영광을 맞은 수많은 야심찬 유생들을 설복하려 했다는 것이다. 하지만 토론대회가 시작되자마자, 황제와 태후 쪽은 이미 질 것이 뻔했다.

과연 헌종이 '친부모의 말씀을 거역하는 것 역시 효가 아니다'라는 명제를 제기하자, 첨사 가잠柯潛, 급사중 위원魏元 등이 즉시 각각 상소를 올리고, 9경 대신들이 합동으로 재상소를 올려 반박을 했으니 처음과 마찬가지의 강경 일변도였다.

헌종은 자신의 입 하나만으로는 수많은 중신의 입을 꺾을 수 없자, 시합을 포기할 생각을 하게 되었다. 과연 내정에서 중지가 내려오며 전태후의 장지를 따로 알아보라는 강제 명령이 발포되었다. 하지만 황제가 아무리 시합에서 빠지려 해도, 군신이 두 손 놓고 상황 종료를 받아들이지는 않았다. 그들은 즉시 백관을 모아 문화문文華門[117] 밖에 엎드려 통곡을 하기 시작했다.

이는 명대 역사상 두 번째로 백관이 함께 내부에 모여 엎드려 통곡을 한 사건이었다. 지난번은 '토목의 변' 후에 백관이 태감 왕진王振 일족의 처단을 요청했었다. 당시 군신은 감국監國[118]을 하던 성왕(경제)을 둘러싸고 반드시 즉시 성지를 내려 왕씨 일족을 멸할 것을 요청했었다. 궁문에서 엎드려 우는 것은 백관이 황제를 위협하는 일종의 집단행동임을 잘 알 수 있다. 이런 사건은 이후 가정 연간에도 수차례 발생되었다.

헌종은 군신이 문가를 가로막고 울고 있으니 자신의 생각을 포기하고 태감에게 명을 내려 군신을 해산하도록 했다. 그러나 군신은 이마를 땅에 부딪치며 자리에서 일어날 줄 몰랐다. 그들은 황제가 전태후를 학대하는 일에 절대 동의할 수 없으니 결단코 물러설 수 없다고 말했다. 이 일이 만일 성격이 불같은 가정 황제 시절에 일어났다면 즉시 인정사정없는 방망이찜질이 시전되

---

117　황제가 군신을 만나던 편전(便殿)인 문화전의 대문.
118　중국 고대의 일종의 정치제도. 일반적으로 황제가 출타했을 때에 중요인물(예를 들어 태자)이 궁정에 남아 국가대사를 처리하는 것을 말함. 혹은 군주가 직접 정무를 볼 수 없을 때 다른 사람이 조정 정치를 대리하는 것.

었을 것이다. 헌병대를 파견하여 군신을 몰아내고 일을 끝내면 오케이였다. 그래도 말을 안 듣는 사람이 있으면 감옥에 가둬버리면 그만이었다! 하지만 헌종 황제는 성격이 부드럽고 차마 무력을 쓰지 못하는 사람이라, 군신은 궁문 앞에서 오전 아홉시 이후부터 오후 서너 시까지 꿇어앉아 울었다. 그러자 우선 헌종 황제가 견딜 수 없어 어쩔 수 없이 양보를 해야 했다. 그래서 군신은 승리를 하고 만세소리와 함께 순식간에 해산해 버렸다.

군신의 투쟁을 통해 전태후는 간신히 유릉에 합장될 수 있게 되었다. 군신 간의 대치 속에서 과거 영종의 유언을 들먹이는 사람은 아무도 없었다. 이를 통해, 어떤 존귀해 마지않은 권력도 음식처럼 유통기한이 있어 유통기한을 넘어서면 쓸모가 없어 폐기시켜 버릴 수밖에 없음을 알 수 있다.

헌종과 주태후 모자는 비록 군신의 압력을 이기지는 못 했지만, 여전히 속은 불편하였다. 그들은 유릉을 개조하도록 명령을 내리면서 전태후의 묘혈과 영종의 현궁 사이에 거리가 수 장丈이 되는 또 다른 터널 하나를 만들되, 중간은 돌로 막아버리도록 했다. 반면 주태후의 장례 입주를 위해 새롭게 또 하나의 묘혈을 파면서, 오직 주태후 지하궁의 터널만이 영종의 현궁에 직통할 수 있도록 만들었다. 황궁의 봉선전에도 전태후의 신주는 설치하지 않았다. 이렇게 한집안 세 식구는 하나의 지하궁에 동거하면서 전태후의 이 방은 막아놓고 주태후가 있는 그 방만 활짝 열어놓아 영혼이 자유롭게 왕래할 수 있도록 했다. 미래 유릉을 발굴할 때에는 여행객을 위해 안내문을 쓰면서 이런 재미있는 일화를 대서특필해야 할 것이다.

결론적으로 이것은 태감들이 생각해낸 방법이자, 태감들이 책임을 지고 실시한 일로 군신은 더 이상 간섭할 필요가 없었다. 어찌 되었건 군신은 이미 이 세상에서 승리를 쟁취했고, 전태후가 저세상에서 선제를 만날 수 있는지는 관심 밖이었기 때문이다.

# 제36장 모든 것은 황태자를 위해

헌종 주견심은 어린 시절에 고생을 많이 했다. 황제가 겪는 고생이란 일반적으로는 먹고 살기가 힘들어 입에서 단물이 나오는 상황이 아니라, 대부분은 정신적으로 반복적인 충격을 받거나 장기간 우울한 상황에 시달렸다는 것을 말한다. 이 두 가지 단어는 본래 서로 모순이 되는 것이지만 정치적으로 세력을 잃은 사람에게는 자주 교묘하게 섞이곤 한다. 주견심은 '토목의 변' 후에 국가가 위급할 때에 태자로 세워졌다가 3년 후에 폐위가 되었으며, 4년 후에 태자의 지위가 날아서 돌아왔고, 다시 8년 후에 황제가 되었다. 인생의 롤러코스터는 과연 그에게 어떤 깨달음을 주었을까? 하지만 확실한 것은 그렇게 직접적이고 명확한 영향을 끼친 것은 아니라는 것이다. 그 자신도 폐제가 되는 처참함을 체험했음에도 그는 갓 결혼한 지 한 달 된 신부를 자기 손으로 폐비시켜버렸다. 그는 왜 역지사지의 마음을 가지지 못했을까? 그럼에도 그는 일생 자기보다 훨씬 더 나이 많은 여인을 사랑하면서 전혀 피곤함을 느끼지 못했다. 한무제가 열렬하게 사랑했던 이씨 부인이 병으로 죽어가기 전, 한무제가 자신의 초췌한 얼굴을 보지 못하도록 이불 속에 숨어버렸다는 일화를 보면 그녀도 도리는 잘 알고 있었던 것 같다. "외모로 사람을 섬긴 사람은 외모가 쇠하면 사랑도 사라지고, 사랑이 사라지면 은혜도 잃어버린다"는 것 말이다. 그녀는 다 죽게 된 순간에도 황제가 자신의 창백한 얼굴을 보지 못하도록 했던 것이다. 그런데 놀랍게도 주견심은 그런 점을 개의

치 않았다. 그가 만씨와 처음 만났을 그 무렵, 그녀는 이미 늙기 시작한 서씨[119]같았다. 그러니 어디 아리따운 자태가 있었을까? 그러나 그는 만씨 곁을 20년간 지키며 사랑이 그치지 않았으니, 그 사랑이 어찌 사라졌겠는가? 만씨가 죽은 후, 주견심은 "만씨가 죽었으니, 내가 사는 낙이 있겠는가?"라고 한탄하더니 얼마 후 그녀를 따라 죽고 말았다.

주견심은 성격이 예민하고 내면세계가 매우 복잡한 사람이었다. 그는 자기 주관을 내세우기보다 세상과 다투지 않고 자신의 처지에 맞춰 만족할 줄 알았다. 또 어떤 일을 하든지 화목을 중시하여 일생 여러 가지 변고가 많이 있었지만 아주 많은 복을 누리며 살았다.

어쩌면 그가 바로 이런 사람이었기 때문에 성격이 강하고 면면에 지혜가 번득이는 만귀비에게 끌렸고, 심지어 그녀를 정신적인 지주로 삼았는지도 모르겠다. 그들의 관계는 절대로 성적인 기초 위에서 이뤄진 것은 아니었다.

주견심의 성생활과 후계자에 대한 추구는 그의 성격처럼, 자기 형편에 만족하는 선에서 이루어졌다. 다 알다시피, 만귀비는 질투심이 많지 않은가? 그렇기 때문에 최대한 그녀를 피해 자극을 주지 않는 방법을 택했기 때문에 궁중 내에 시기 질투의 냄새가 진동하지 않았던 것이다. 그는 내궁을 마음대로 산책하며 자신도 예상치 못한 때와 장소에서 용의 씨를 뿌렸고, 행운을 차지한 여인들은 용이 내린 은혜의 단비를 맞을 수 있었다. 만귀비는 이를

---

119   《남사(南史)·양원제서비전(梁元帝徐妃傳)》에 나오는 양(梁) 원제(元帝)의 후궁인 서(徐)씨는 나이가 많았지만 다정다감했다고 함.

예측도 방어도 전혀 할 수 없었다.

　하루는 주견심이 '우연히 내궁을 찾았다가', 천일天日의 남쪽에서 온 이족異族 여인에게 시선이 끌렸다. 천자는 그 처자의 손을 잡고 물었다. "네 이름은 무엇이냐? 어느 지방 사람이냐? 여기서 어떤 일을 하고 있느냐?" 하지만 여인은 부끄러워 어쩔 줄 몰라 하며 간신히 대답했다. "노비의 성은 기紀씨입니다." 대화를 하는 동안 주견심은 열에 들떠 있었다. 눈앞의 기씨는 얼굴이 갸름하고 얼굴색은 약간 가뭇가뭇하며 몸은 자그마한 것이 투박하고 장대해 보이는 북방 여자와는 다른 이국적인 정취가 풍겼다. 이유는 알 수 없지만 만귀비의 조금 통통하고 포동포동한 몸매가 갑자기 눈앞에 떠올랐다가 사라졌다. 옷매무새를 고치는 기씨를 바라보니, 길고 가는 목덜미가 눈에 들어왔다. 목덜미가 시작되는 깊은 그곳에 마치 무한한 매력이 숨겨져 있는 듯, 탐색하고자 하는 욕망을 자극했다. 짙은 흑발머리는 마치 잘 익은 포도송이가 무게를 못 이기고 아래로 탐스럽게 늘어진 것이 머리 위에는 묶어 둘 수 없는 듯 보였다. 참을 수 없는 조바심은 그를 캄캄한 욕망의 소용돌이 속으로 밀어 넣었다.

　그리고 그 우연한 운우가 영원한 한 송이 꽃을 피우게 될 줄 누가 알았을까? 기씨가 회임을 한 것이다!

　주견심이 만일 한 마리 토끼라면, 그는 둥지 가장자리에 무성하게 자란 풀을 아무 때나 한 입 베어 먹을 권리가 있었다. 그 풀을 베어 먹었다고 해서 그 풀을 특별히 신경 써서 살펴볼 필요도 없었다. 그는 다만 그 기씨 여인은 광서 사람이고 몇 년 전 양광兩廣[120]의 '서남 오랑캐'를 정복할 때에 얻은 포로로 지금 궁중에서 여사女史[121]의 직을 맡고 있다는 사실밖에 기억하지 못했다. 이번의 소소한 여색 낚시는 수많은 궁정 모험 중에서 그다지 특별할 일이 없는 것으로, 그도 길가에서 별 생각 없이 꺾은 들꽃 하나 때문에 일부러 꽃을 그리워하며 이곳저곳을 방황할 리 없었다. 주견심은 다시 그 여인과 만나리라고는 전혀 예상을 못 했던 것이다. 그렇지 않고서야 기씨가 회임한 사실에 어떻게 그렇게 깜깜했을까?

그러나 기씨가 '임신을 했다'는 소식은 아주 신속하게 만귀비 휘하 정보원의 귀에 들어갔다. 전하는 바에 의하면 만귀비는 질투와 미움이 많아 벼락같이 화를 내며 '낙태팀'을 급파해 '아기를 긁어내라'고 했다고 한다. 지금의 말로 표현하자면 강제 낙태수술을 실시하도록 한 것이다.

하지만 그녀가 파견한 궁녀들은 만귀비의 명령을 곧이곧대로 수행하지 않았다. 그녀들은 기씨에게 갔다 돌아와서 이렇게 보고했다. "그 여인은 임신을 한 게 아니라 배가 커지는 병(비괴痞塊)에 걸렸을 뿐입니다." 만귀비는 누가 임신을 했다는 이야기를 너무나 싫어했다. 며느리가 예쁘면 발뒤꿈치까지 예쁘다는 속담의 반대말 격으로, 기씨가 임신하지 않았다 하더라도 기씨의 비괴마저 혐오스러웠다. 귀비는 기씨의 여사 직위를 파면하고 안락당安樂堂에 기거하도록 명했다.

---

120  광동성(廣東省)과 광서성(廣西省) 두 성을 일컫는 말.
121  옛날, 후궁을 섬기며 기록과 문서를 맡아 보던 여관(女官).

안락당이란 어떤 곳인가? 명말 태감 유약우가 쓴《작중지》의 소개에 의하면, 궁중에서 크고 작은 태감은 병이 나면 모두 이곳에 보내져 치료를 받는다고 한다. 병이 완치되는 날에는 기쁘게 업무 복귀를 신고하고 복직할 수 있지만, 만일 불행히도 병으로 죽게 되면 궁중에서는 전문적으로 임종을 지켜주는 호스피스 내관을 파견했다. 내관이 관을 내주고 석신사惜薪司[122]에서 화장용 땔감을 보내면 시체를 북안문北安門 밖으로 들고 나가 정락당淨樂堂에서 화장을 하면 끝이었다.

이걸 보면 안락당은 결코 기분 좋은 곳이 아님을 알 수 있다. 궁인들이 병을 요양하거나 임종을 기다리는 곳이었으니 말이다.

다행히 기씨는 행운의 주인공이었기 때문에 안락당에서 얼마간 머무른 후에 열 달을 채워 순조롭게 남아를 출산했다.

이 소식은 순식간에 만귀비의 귀에까지 전해졌다. 그녀는 거의 요즘말로 '멘붕'의 지경에 이르렀다. 귀비의 원칙은 적수의 출현을 막을 수 없다면 나타난 적수를 없애버린다는 것이었다. 그녀는 얼른 궁문의 경비를 담당하던 태감 장민張敏을 안락당으로 보내 아이를 처리하고 후환을 없애도록 지시했다. 그러나 명령을 받은 장민은 크게 두려워했다. 감히 황태자를 죽이는 살인을 할 수 없었다. 게다가 일말의 동정심도 일어났다. 전후사정을 고려해본 그는 결국 아이를 은밀한 곳에 숨겨 비밀리에 양육해야겠다고 결심했다. 만귀비에게는 아이를 이미 익사시켰으니 안심하시라는 보고를 올렸다. 사

---

122   명대 궁중에 모든 땔감과 목탄을 제공하던 곳.

람에게 속을 대로 속은 만귀비는 이번에는 함부로 사람을 믿지 않았다. 그녀는 하속을 보내어 안락당을 검사하고 그 안에 아이의 흔적이 전혀 없다는 것을 확인한 후에야 비로소 안심했다.

이 아이는 공공연한 비밀이 되어 수많은 사람에게 조심스럽게 보호되었다. 오황후는 폐후가 된 후 계속 서내에서 생활했는데, 매일 고통과 원한 속에서 살았다. 그녀의 거처는 안락당과 멀지 않은데다가 기씨와 마찬가지로 만귀비의 폭정을 겪은 피해자였기 때문에 동병상련의 정을 느꼈다. 그래서 오황후는 황자를 보호하는 책임을 지겠다고 자발적으로 나서며 자주 음식을 가지고 방문했다.

이 아이는 서내에서 자라나 5, 6세가 될 때까지 머리를 잘라본 적이 한 번도 없었다고 한다.

이상은 전부 책에 기재된 내용으로서 절대 졸필의 관점을 대표하지는 않는다. 역사서에 기록된 것처럼 만귀비가 실제 그렇게 변태적인 사람이었는지, 졸필은 대답을 보류하고 싶다. 상술한 글은 사실 허점이 매우 많다. 만귀비가 그렇게 포악하고 잔혹한 인물이라면 왜 그녀에게 불복했던 사람이 그렇게 많았을까? 그들은 전부 그녀의 지시를 따르지 않고 오히려 '지하 레지스탕스'를 엄호하고 있지 않나? 만귀비가 후궁을 쥐락펴락하는 동안 안락당에서는 '썩을 자식'을 길러내고 있었던 것이다. 그 시간이 5, 6년이나 되었는데 그녀에게 밀고를 해서 공적을 쌓으려는 사람이 과연 한 사람도 없었단 말인가? 졸필이 생각할 때, 만귀비는 한 집안에서 세도를 잡은 주부처럼 함부로 첩과 노비를 무시하고 심지어는 첩과 노비와 그 아들마저 땔감 창고나 컴

컴한 가마로 보내 고생을 시킬 만한 능력이 있었고, 이는 모두 가능한 시나리오였다(고대소설에도 단골로 등장하던 스토리). 그러나 졸필은 그녀가 자기 맘대로 세도를 부리고 함부로 살인을 한 사실에, 사람들이 자기 입맛대로 너무 많은 조미료를 뿌려 이제는 본래의 맛을 잃어버렸다고 생각한다.

아무튼 주견심은 확실히 이런 아들이 살아 있다는 사실을 전혀 모르고 있었다. 도공태자가 요절한 후에 황비들은 전혀 아이를 낳지 못했다. 자기 슬하에 후계자가 한 명도 없다는 생각을 하면 그는 힘이 쭉 빠졌다. 어느 날 장민을 불러 자기 머리 빗질을 시키며 거울을 보던 그는 또다시 고뇌에 빠졌다. "아! 사람은 늙어 가는데 아들은 한 명도 없구나!"

장민의 마음속에 한 가지 생각이 번득였다. 그는 지금까지 지난 수년간 마음속에 감춰두었던 비밀을 황상에게 고백할 적절한 기회를 찾고 있었던 것이다. 눈앞에 바로 그 기회가 온 것을 보자, 그는 빗을 바닥에 던지고 얼른 무릎을 꿇고 엎드려 "제가 죽을죄를 지었습니다"라는 말만 연발했다. 주견심은 깜짝 놀라 물었다. "무슨 일이 있는 게냐?" 장민은 얼른 진상을 폭로했다. "황제 폐하, 폐하께는 이미 황태자 한 명이 계십니다!" 주견심은 부리나케 물었다. "어디에 있다는 게냐?"

말하자면 웃기지만, 누가 졸필에게 "선생님께 아들이 한 명 더 살아 있습니다."라고 한다면 나는 분명 미소를 지으며 대답할 것이다. "그렇다면 그 아들의 어머니는 어디에 있나요?" 그런데 주견심이 어머니도 묻지도 않고 아들부터 물은 것을 보면, 그는 중화의 성인인 공자의 교훈을 잊어버린 듯하다. 마구간에 불이 나면 말의 안전만 물을 것이 아니라 먼저 사람은 무사한

지 묻는 것이 순리 아닌가? 그는 그만큼 아들을 사무치게 원했던 것이다!

장민이 대답했다. "소신이 말씀드리면 저는 죽을 겁니다. 하지만 황제께서 황태자를 생각하셔서 황태자를 위한 결정을 내려주시옵소서!" 그리고 일의 자초지종을 전부 털어놓았다. 주견심은 과거 수년 전에 확실히 그런 일이 있었다는 사실을 기억해냈으며, 시간은 아귀가 딱 들어맞았다. 그는 얼른 아이를 대령할 것을 명했다.

안락당에는 보기 드문 경사스런 분위기가 넘쳤다. 황태자의 신분이 이제 밝혀졌으니 모두 자기 일처럼 기뻤던 것이다. 기씨는 아이에게 옷을 갈아입히며 단단히 주의를 주었다. "네 아버지께서 너를 데리러 오셨단다. 잘 기억해야 한다. 노란색 곤룡포를 입고 수염을 기르신 분이 바로 네 아버지야." 아이는 붉은색 작은 두루마기를 입고 달님이 뭇별에 떠받들리듯 작은 가마에 앉아 황제를 배알하러 갔다. 아이는 어렸지만 지혜롭고 사리분별이 밝아 아버지를 보자마자 단번에 그 품에 뛰어들었다. 주견심은 아이를 번쩍 들어 올렸다가 다시 껴안으며 기쁨과 슬픔, 만감이 교차하는 목소리로 되뇌었다. "이게 내 아들이구나. 날 닮았어, 정말 날 닮았어!"

이해가 바로 성화 11년(1475년)이었다.

그 외에 장민을 두고 조금 더 이야기해보자. 태감 장민은《명헌종실록》에서는 어떤 사적도 찾아볼 수 없다. 그에 관한 몇 차례의 기록은 전부 그 본인 혹은 그 자제가 입은 은혜에 관한 것뿐이었다. 《명사》에서는 그가 황태자를 보호하다가 불행히도 만귀비의 노염을 사자, 스스로 끔찍한 결말을 직감하고 '금을 삼키고 죽었다'고 하니, 이 책에서 그는 진정 황제 가문을 위해 모든 것을 희생한 모범이 되었다.

하지만 《명사》의 기록에는 오류가 있었다. 장민은 결코 죽지 않았으니, 학자들이 푸젠福建 퉁안同安에서 새로 발견한 《장씨 족보張氏族譜》에 의하면 장민은 성화 21년(1485년)까지 살아남아 일생 영화를 누리고 황제의 총애를 받으며 관직은 사예태감까지 올랐다고 한다. 그와 그의 동생인 장경張慶, 장본張本 3형제는 모두 성화, 홍치 연간에 세도가 당당하던 환관이었는데, 이는 분명 황실의 후계자를 보호한 보답으로 얻은 부귀영화일 것이다.

# 제37장 붓 하나로는 동시에 만(萬) 자 둘을 쓸 수 없다

주견심은 즉각 황태자의 신분을 대외적으로 공포하여 천하의 신민에게 조정에 계승자가 있다는 사실을 알리고 온 세상과 함께 이 사실을 즐거워하려 했다. 그런데 조금 생각을 해보니, 뭔가 적절하지 않음을 느끼게 되었다. 황태자가 손오공처럼 바위에서 갑자기 튀어나온 것도 아닌데, 황태자의 나이가 이미 6살이라는 사실을 어떻게 외부에 알려야 한단 말인가? 사예태감 회은은 곧 아이디어를 내며 말했다. "수개월 전에 건청문乾淸門에 불이 나서 지금 안팎으로 수리를 하고 있지만 재앙이 완전히 사라지지 않았을까 두려워하고 있습니다. 그러니 황태자가 태어났을 당시에 그 사실을 제대로 전하지 못해 내각의 대신이 치사를 올려 축하할 틈이 없었다고 하십시오. 건청문에 화재가 난 이때에 황제께서 이렇게 공포를 하시면 행운을 가져다주는 기쁜 뜻이 될 것입니다." 주견심은 고개를 크게 끄덕였지만 아무리 생각해도 그럴듯하지 못하다는 생각이 들어, 회은에게 내각의 신하와 상의해 반드시 가장 완전한 계책을 생각해내도록 명했다.

이 일은 확실히 둘러대기가 힘들었다. 조정의 신하는 물론이고 일반 백성까지도 후계자가 태어나면 주위의 친한 친구에게 이 사실을 알리고 만 1개월이다, 백일 혹은 돌잔치다 하며 수차례나 경축을 한 후에야 잠잠해지는 것이 순리 아닌가? 그런데, 황태자가 태어났는데 6년이나 지나서야 외부에 이 사실을 알린단 말인가? 하지만 황제의 가정사는 상세하게 묻기도 어려운 일이었다. 지금은 황제가 고민하는 이 간극을 메워주기만 하면 될 일이었다.

학사 상로商輅가 말했다. "황태자에게 이름을 짓는다는 명의로 예부에서 칙령을 내리면 어떨까요? 그러면 황상에게 아들이 있다는 것을 말하지 않아도 알게 될 테니, 더 말할 필요가 없지 않겠습니까?" 태감과 내각 원로대신들이 듣고는 모두 좋다는 의견을 표시했다. 모두들 이것이 궁궐의 금기와 관련이 있는 일이고, 얼마 지나지 않아서 진상은 곧 밝혀질 터이니 최대한 말을 아끼는 것이 상책이라고 생각했다.

주견심도 그렇게밖에 할 수 없는 것 같아 예부에 칙령을 내려 말했다. "짐의 황태자는 이미 나이 6세가 되었거늘 아직 이름을 짓지 못하였다. 한림원과 상의하여 이름을 짓도록 하라." 예부는 얼른 몇 가지 예명睿名을 작명하고(황제의 이름을 삼가 부를 때에는 '어명'이라고 하고 황태자의 이름은 '예명'이라고 한다) 주견심은 그중에서 '우탱佑樘'이라는 두 글자를 고르니 그가 바로 미래의 효종孝宗 황제, 주우탱朱祐樘이다.

도공태자의 죽음 이후로 황태자는 한 명도 태어난 적이 없었다. 황제가 무자하고 조정에도 황태자가 없다는 것은 한 왕조 전체에 영향을 미치는 심각한 문제였다. 심지어 만귀비가 황제의 동침권을 완전히 장악하고 있다는 소문을 들은 한 과도관科道官[123]은 간절한 상소를 올려 황제께서 후궁에게 '넓은 은혜를 두루 끼쳐 후계자의 범위를 확장하실 것'을 간했다. 비록 대놓고 이야

---

123　명청 육과(六科)의 급사중(給事中)과 도찰원(都察院) 각 도감찰어사(道監察御史)를 일컫는 말.

기하지는 않았지만 비난의 창끝은 모두 만귀비를 가리키고 있었던 것이다. '자기가 아이를 못 낳는다고 다른 사람까지 임신을 못하게 해?' 이것 때문에 말단 관리만 미주알고주알 하는 것이 아니라 내각의 대학사 팽시, 상서 요기 등 중신도 항상 혜성 출현 등을 핑계로 기회만 되면 상소를 올려댔다.

그런데 이제 황제에게 황태자가 생기자, '안팎의 사람들이 하나같이 기뻐했다.' 며칠이 지나지 않아 주견심은 친히 우탱을 데리고 문화문에 와서 문무대신들을 접견하며 황태자와 인사를 시켰다. 대신은 황태자가 이목구비가 뚜렷하고 행동도 예의 바르자 모두 기뻐하며 소리 높여 축하의 말을 전했다.

모두의 축하를 받은 주견심은 더욱 기뻐하며 우탱의 명분 문제를 생각하기 시작했다. 그는 내각의 대신인 상로, 만안萬安, 유상劉翔, 유길劉吉 등을 문화전으로 불러 보좌 가까이에 그들을 이끌더니 온화한 목소리로 말했다. "황자가 이미 생겼으니, 어떻게 처리하는 것이 좋겠소?" 상로 등은 이심전심으로 고개를 끄덕이며 말했다. "황제께서 즉위하신지 10년이 되셨고 황자의 자리가 비어 있으니 천하의 만민'이 기다린 지 오래였습니다. 지금 황자가 나타나신 일은 실로 종사의 복이니 황태자로 세우심이 마땅합니다."

"곧바로 책봉시켜야 하겠소?" 주견심은 다급하기 그지없는 것 같아 보였다.

"최근에 날씨가 점점 더워지고, 책봉대전은 의례가 많고 각 아문 역시 해당하는 물품을 빠짐없이 준비해야 하니 날이 시원해진 후에 거행하는 것이 좋겠습니다." 상로가 말했다.

만안은 옆에서 넌지시 이야기했다. "황태자께서 주리시든 부르시든, 추우시든 더우시든 반드시 이에 부합하는 예절이 있어야 하며, 그 외에도 이 성스러운 일을 완수하기 위해 신경을 써야 할 일이 있을 겁니다."

주견심은 그가 마음에 숨겨둔 진짜 하고 싶은 말을 잘 알고 있기에 웃으며 대답했다. "알겠소."

주견심은 본래 우탱이 황후가 낳은 적자가 아니고, 어머니의 신분도 비천해 태자로 책봉한다고 하면 외신들이 반대하지나 않을까 노심초사하고 있었던 것이다. 그런데 내각의 대신들이 모두 입을 모아 찬성하고 크게 기뻐하는 모습을 보자, 문화문 밖에 잔칫상을 차려놓고 내각의 원로를 융숭하게 대접하도록 특명을 내리는 한편 사예태감 회은, 담창覃昌도 동석하도록 했다.

사실 왕황후가 혼인한 후 11년 동안이나 자녀를 낳지 못해 군신은 적자가 태어나리란 기대는 버린 지 이미 오래였다. 그런데 다 키워진 황자가 하늘에서 뚝 떨어졌으니 더 이상 적자, 서자를 가릴 필요가 없었다. 그 아이를 바로 태자로 삼아야 했다. 게다가 헌종 본인이 적자가 아니었기 때문에 서자 계승은 이미 선례를 시작한 셈이었다. 성화 연간의 황위 계승 순위 제1위인 황태자 역시 후궁이 낳은 아들이었다. 다만 왕황후가 나중에 아들을 낳으면 어쩌나 하는 것이 걱정이었다. 그 문제는 뒷글에서 다시 다루도록 하자.

공교로운 점은 명나라 시대에는 서자를 먼저 태자로 세운 후에 적자가 출생하는 일이 한 번도 없었다는 것이다. 만력 연간에 신종의 황후 역시 오랫동안 아들을 생산하지 못하자 견디다 못한 군신은 서장자庶長子 주상락朱常洛을 태자로 책봉하자고 신종을 부추겼다. 하지만 신종은 이를 원하지 않아 계속 미루기만 했다. 그가 치켜든 방패는 '황후가 아직 젊고 아들을 낳을 희망도 남아 있는데, 서자를 황태자로 책봉할 만큼 조바심을 낼 필요가 있을까?'라는 것이었다. 하지만 합리적으로만 보이는 이 핑계도 군신은 받아들이지 않았다. 어떤 이는 "아무리 그렇다 하더라도 먼저 태자를 세우십시오. 만일 정말로 적자가 태어났는데 지혜롭고 총명하다면 과거 책봉했던 서자를 다시 분봉왕으로 퇴위시키는 것도 결코 안 되는 것은 아닙니다."라고 말했다. 주상락은 마침내 군신의 열렬한 성원 속에 태자의 자리에 올랐으며 그가 20년간 태자의 자리에 있을 동안 어머니의 배 속에서 나와 그를 좌천시킨 적자는 도무지 한 명도 태어나지 않았다.

접견을 하며 만안은 의미심장한 말 한마디를 했다. 놀랍게도 그는 중년에 아들을 얻은 아버지에게 '어렵게 얻은 아이에게 더 많은 관심을 쏟아주실 것'을 간했다. 이런 말은 사서 걱정이 아닐까? 당연히 아니다. 당시 궁궐의 주도권은 만귀비의 손에 달려 있었기에 황태자는 정체가 밝혀진 후에도 여전히 시시각각 위험에 처해 있었기 때문이다. 황태자를 온전히 보호할 수 있는 길은 황상이 더 큰 책임을 져 주는 수밖에 없었다. 장민도 땅에 머리를 부딪쳐 절을 하며 "황제께서 황태자를 위해 결정을 내려주십시오."라고 하지 않았던가? 만안의 권고는 정곡을 찌르는 한마디였다.

그렇다면 만안이 정말 이런 금과옥조를 이야기했는지 한번 의심을 해 볼 필요가 있다. 이런 에피소드라면, 내각의 다른 신하가 한 말을 자신이 한 말인 양 날조한 것일 수도 있다. 과거 이 만 학사는 '만세 내각 원로'로 유명했다. 이 별명은 황제를 알현할 때마다 '만세'를 외치는 것 말고는 별다른 고견을 피력하지 않는 그의 모습을 풍자한 것이었다. 하지만 만안은 결코 무능한 사람이 아니었다. 그는 엄숭과 같은 스타일의 인물로, 비밀스런 꿍꿍이가 많으면서도 타인을 시기하여 모질게 굴기를 잘 했다. 겉으로 보기에는 너그러워 보였지만 속으로는 매우 엄격했다. 다만 당시 내각의 권세가 훗날만큼 크지 않았기에 조정에 미치는 영향력은 엄숭보다 훨씬 작고 명성도 엄숭만큼 크지 않았을 뿐이었다.

만안은 본래 '내인 노선'을 좋아했다. 아직 큰 관직을 얻지 못했을 때 그는 일부러 사예태감 이영창李永昌의 양자 이태李泰를 사귀었다. 두 사람은 모두 한림원에서 일했는데 이태는 그보다 나이가 어려 그를 형으로 모셨다. 그런데 매번 승진 기회가 오면 의리를 중시한 이태는 승진기회를 만안에게 양보했다. 이태는 본래 만안보다 먼저 내각에 들어온 고참이었는데도 만안에게 우선권을 권했다. "만 형께서 먼저 승진하시죠. 저도 언젠가는 내각에 입각하게 될 겁니다." 왜 그랬는고 하니, 이태의 숙부 이영창은 그 시대의 권력을 휘두르던 내시였기에 이 큰 산을 의지하는 이태는 자연히 어떤 일도 초조하지 않았던 것이다. 내각의 신하라는 지위는 떼놓은 당상이나 마찬가지였기에 우선 믿을만한 형제를 만들어 놓은 후에 승진을 하더라도 늦지 않았던 것이다. 그러나 안타깝게도 이태의 복은 여기까지였다. 그는 만안을 내각으로 승진시킨 후 얼마지 않아 급작스런 병으로 죽고 말았던 것이다.

사서에서는 만안이 '학술이 없었지만 권세를 사용하여 수많은 내시와 결탁하여 도움을 줄 수 있는 내부의 세력을 만들었다'고 평가했다. 만안은 진사 출신이니 학식은 당연히 적지 않았을 것이다. 그를 아무런 학문도 기술도 없다고 평가한 까닭은 아마도 학술활동을 열심히 하기보다 마음을 삐딱하게 먹고 날마다 내궁에 빌붙어 자기 이익을 취하고, 환관과 사귀며 황제의 총애를 얻는 데만 힘썼기 때문일 것이다.

만안은 또한 만귀비를 우두머리로 하는 '내인당內人黨'의 구성원이었다. 만귀비가 후궁에서 가장 사랑받는 후궁이 된 후부터, 그녀에게 직접 아부하는 것이 다른 사람에게 아부하는 것보다 더 확실한 방법이 되었다. 그래서 만안은 환관을 통해 만귀비가 좋아할 아첨을 전하며 스스로 조카뻘이라고 자처했다. 만귀비는 본래 미천한 출신의 궁녀였다. 그러므로 부귀를 얻게 된 후에도 여전히 권문세족 출신이 아니라서 권문세족의 아부와 비호가 없는 것을 내심 부끄러워하고 있었다. 그런데 지금 내각의 원로가 스스로 조카와 이모 관계를 맺자고 하니 어찌 기쁘지 않겠는가? 그래서 만안과 의붓 친척 관계를 맺고 자신의 남동생인 만통萬通을 시켜 이런 말을 전하도록 했다. "붓 하나로는 동시에 만萬 자 두 개를 쓸 수 없습니다. 어떤 일이든 돕는 사람이 반드시 필요하니 혼자서는 하기 어려운 법이죠. 우리는 성씨가 같은 친척이니 자주 왕래하는 것이 마땅하다고 생각합니다." 만통은 과연 내각 원로의 관저까지 부지런히 발품을 팔았다. 두 집안은 왕래를 시작하자 더 이상 가까울 수 없을 정도로 친밀해졌다. 그러고도 만 대학사가 '황친'이라는 정식 이름패를 걸지 않은 것이 천만다행이랄까!

한번은 만통의 장모가 딸을 만나 모녀가 한가로이 수다를 떨다가, 과거 집안이 가난하던 시절에 여동생 한 명을 누군가의 첩으로 준 적이 있는데 지금은 어느 곳에 있는지 모르겠다는 이야기를 하게 되었다. 딸이 물었다. "어머니, 그 집이 어느 집인지 아직 기억하세요?" 노모는 고개를 갸우뚱거리며 사천의 어느 만씨 편수관의 집이라는 것밖에 기억나지 않는다고 했다. 이야기를 듣던 만통은 만안이 사천四川 미산眉山 사람이며, 한림원 편수관 출신임이 생각났다. 설마 사천에 만씨 성 편수관이 두 명이란 말인가? 쇠뿔도 단김에 뺀다고, 만씨 댁을 방문하여 자초지종을 알아보니 만안의 첩이 바로 자기 부인의 동생인 처제였던 것이다. 알고 보니 만안, 만통 두 사람은 실제 동서 사이인 의형제였던 것이다!

이 일은 장안의 화젯거리가 되었다. 이산가족이 상봉을 하고 겹사돈이 되었으니, 그 후부터 두 집안 여성의 왕래는 더욱 밀접해졌다. 궁중의 문적門籍(공중 출입증에 해당)이 있었던 만통의 아내는 궁궐의 금지구역을 아무 때나 자유롭게 출입할 수 있었다. 그녀는 매부의 끄나풀이 되길 자원하며 궁중의 크고 작은 일을 수시로 만안에게 보고했다. 그 결과, 만안은 궁중의 대소사를 어느 누구보다 먼저 알았으며, 황제의 생각까지도 다른 사람보다 더 확실하게 알고 있었다. 이는 만 내각 원로께서 황제의 총애를 받고 지위를 공고히 하는 수단이 되었다. 이렇게 처세에 능하고 교활한 사람이 헌종에게 그런 훌륭한 간언을 올렸다? 게다가 만귀비는 자신의 본가 친척이자, 첩실 관계 제부의 누나가 아닌가? (조금 복잡한가? 하지만 이해득실 앞에서는 기묘하게도, 친척관계가 복잡하면 복잡할수록 더 긴밀한 관계를 형성하게 된다) 그는 만귀비를 힘을 다해 지지하고 보호했다는 편이 더 이치에 부합한다.

그뿐만 아니라 또 다른 원인도 있다. 만안은《명헌종실록明憲宗實錄》에서는 때마다 정의를 위해 분노하며 정의로운 말을 하는 꽤 괜찮은 이미지로 묘사되어 있다. 예를 들어 서창西廠[124]을 설립했는데 조정의 신하는 서창태감 왕직汪直이 불법을 일삼는 무법자라는 이유로 만장일치로 서창을 파기하자고 요구했다. 주견심은 태감 회은을 내각에 보내어 이 일을 논의했다. 회은이 내각 원로의 의견을 물으니 만안은 매우 격앙된 태도로 서창 파기가 마땅하다는 직언을 올렸고, 서창은 과연 얼마 후 파기되었다. 이 점만 보면, 그는 이해관계는 따지지 않는 충신이자 왕직의 보복은 전혀 두려워하지 않는 강직한 사람이었다(서창은 파기된 지 얼마 후 다시 복구되었다). 뿐만 아니라 왕직 태감은 만귀비가 궁에서 가장 총애하는 사람이라는 점마저 잊고 있었다.

독자 여러분, 믿을 수 있겠는가? 졸필은 믿을 수 없다. 명대의 사학자 왕세정은 관사 기록의 이런 허구성을 일찌감치 발견했다. 그는 《명헌종실록》을 대학사 유길劉吉이 썼다는 사실에서 의구심을 표한다. 왕세정은 유길과 만안이 사이가 아주 좋았던 반면, 유길과 내각의 다른 신하인 유후劉珝는 사이가 좋지 않았기에 유길이 실록 편찬을 주재하며 함부로 사실을 왜곡하고, 타인의 공로를 자주 가로채 만안의 공으로 돌린 것이 아닌가 의심했다.

헌종이 붕어하고 침실을 정리할 때 작은 상자 하나가 발견되었다. 안에는 각종 방중술에 관련된 비밀서적이 들어 있었다. 위에 붙은 이름표에는 공손

---

124    명나라 시기에만 존재하던 관서 명칭, 정식 명칭은 '서직사창(西緝事廠)'. 명 헌종 시기에 스파이 정치를 강화하기 위해 성화 13년(1477년)에 동창(東廠) 외에 서창을 증설하고, 동서창 및 금의위를 합쳐 창위(廠衛)라고 불렀다. 서창은 태감 왕직을 제독으로 삼았는데 권력은 동창을 넘어서고 세력범위는 수도권과 각지에 미쳤다. 훗날 반대에 부딪혀 철폐되었다.

한 글씨로 이렇게 쓰여 있었다. "소신 (만)안 드림." 이것이 바로 황제의 내각 원로가 했다는 대단한 일이다.

어떤 이는 만안을 설명하며 "키가 크고 우람하며 눈썹과 눈은 아로새긴 듯하니, 겉보기에는 관대한 연장자 같지만 속마음은 냉정하기가 뼈에 사무치는 사람이다."라고 했다. 정말 생동감 넘치는 표현이다!

명나라 궁궐에 대한 이야기를 하다가 만 내각 원로에 대한 이야기로 끝났으니 삼천포로 빠져도 한참 빠졌다. 내각 원로의 이야기는 잠시 놓아두고 그가 올렸던 간언을 계속 이야기하도록 하자. 만안(혹은 타인)은 황상께서 황태자를 돌보는 일에 각별히 주의해 줄 것을 청했는데, 기 나라 사람이 하늘이 무너질까 걱정한 기우도 아닌데 황태자에게 모든 사람의 이목이 집중된 그다음 달에 황태자의 생모 기씨가 갑자기 죽음을 당하게 되었다.

# 제38장 장안에서 거들먹거리는 사기꾼 무리들

헌종이 아들을 인정한 이후로 기씨 역시 출세의 탄탄대로가 열리게 되었다. 그녀는 금방 숙비로 봉해져 거처도 영수궁永壽宮으로 옮겨졌다. 영수궁은 영원히 장수를 하라는 궁궐이니까 오래오래 살아야 맞는 일일 텐데 기씨는 손에 쥔 떡을 아직 맛도 보지 못한 채 유명을 달리하고 말았다.

《명사明史 · 효목 기태후전孝穆紀太后傳》(태후는 효종 즉위 시에 추서한 봉호)는 역사적 사실을 교묘한 관점으로 서술하고 있다. 즉 우선 기비가 영수궁으로 이사를 한 후 헌종의 잇따른 호출을 받은 일을 적고 있다. 주견심이 기비를 불러 만난 일은 밤에 화롯가에 둘러앉아 나누던 설왕설래였는지는 잘 모르겠지만, 과거 '내장內藏'에서 나눴던 두 사람의 사랑을 재점화시켰다는 점에서는 만귀비의 큰 고민거리가 되었다. 《명사》에서는 이어서 이렇게 말하고 있다. "만귀비는 밤낮을 가리지 않고 원한으로 흐느끼며 '소인 무리가 나를 속여〔群小詒我〕!'라고 말했는데, 그해 6월에 (기)비가 비명횡사했다."

만귀비가 사람들에게 속임을 당했다고 밤낮 분노했다는데,《명사》에서는 귀비의 날벼락 같은 분노를 적은 후, 그 뒤에 "기비가 비명횡사했다"는 한마디를 적고 있다. 논리적으로 생각했을 때, 기비가 만귀비라는 사자의 수염을 함부로 건드렸기 때문에 죽은 것이라는 말이었다. 모든 지각과 지혜에 뛰어나신 위대한 사관님께서는 다시 한번 옛 사람의 규방 깊숙이 들어가 만귀비가 '밤낮 원한으로 흐느낀' 사실을 알아냈고, 그녀가 '소인 무리가 나를 속여!'

라고 한 말까지 정탐대원을 통해 탐지해 내어 책에 기록한 것이다.

《기태후전》의 작자는 아직 흥이 남았는지 이런 보충의 말까지 곁들였다. "혹은 귀비가 그녀를 죽게 했다고 하고, 또 혹은 스스로 목매 죽었다고 한다." 여기서 '혹은'이란 말은 '어떤 이는 말하길'이라는 뜻인데 도대체 누가 말했는지는 작자 역시 소개를 하지 않고 있다. 기씨 사망 후 당시에는 두 가지 소문이 돌았다. 하나는 만귀비 때문에 죽임을 당했다는 것, 또 하나는 목매 자진했다는 것이다. 그러나 《명사》와 동일한 두루마리卷에 기록되어 있는 《귀비 만씨전》에서는 아주 분명하게 "기숙비의 죽음은 사실 (만귀)비의 소행이다."라고 적으며, 만귀비를 기숙비 죽음의 가해자로 단정하고 있다.

졸필은 기비가 스스로 목매 죽었다는 이야기는 그다지 신뢰하지 않는다. 기비는 내장에서부터 황제의 은혜를 받았지만, 6, 7년간 불행한 삶을 살고 있었다. 그녀는 처량한 처지를 비관했을 뿐 아니라 날마다 아이가 귀비에게 해를 당할까 봐 걱정과 근심 속에 살아야 했다. 이렇게 오랫동안 고난의 연단을 받으며 강인한 성격을 갖추게 되었을 그녀가 어떻게 이렇게 쉽게 죽음을 택할 수 있었을까? 게다가 아이가 곧 태자로 봉해질 것이고, 자신도 이미 비로 봉해져서 쨍하고 해 뜰 날이 돌아왔고 뒤에는 더 많은 부귀영화가 기다리고 있었을 텐데, 이런 마당에 왜 죽으려고 했을까?

만귀비가 어떤 수단을 써서 한 달 만에 적수를 섬멸했는지 증명할 방법은 없으며, 졸필도 함부로 이야기할 수는 없다. 다만, 귀비가 충격에서 정신을 차려 기비에게 욕설을 퍼부었거나, 독살을 했다고 치더라도 그렇게 다급하게 보복을 할 필요가 있었을까? 게다가 기비는 보통 사람이 아니고 장래

황태자의 생모인데 귀비는 전혀 거리낌이 없었단 말인가? 물론 이런 의심을 두고 어떤 이는 말할 것이다. "만귀비는 본래부터 자기가 하고 싶은 대로 함부로 행동하고, 앞으로 어떤 벌을 받게 될지 전혀 고려하지 않는 사람이에요. 이런 사람이 무슨 일을 못 하겠어요?" 졸필은 그저 몇 마디 알량한 말로 반증에 힘써 보려고 한다.

기비가 죽은 후 황자를 돌봐줄 사람이 없자, 할머니인 주태후가 아들 주견심에게 말했다. "손자아이는 내가 돌보도록 하마." 그리하여 주우탱은 태후가 거처하는 인수궁으로 옮겨져 살게 되었다. 그해 11월, 아이는 황태자로 책봉되어 여전히 인수궁에서 기거했다. 만귀비는 주우탱이 태자가 되자 어쩔 수 없이 간신히 분노를 억누르며 겉으로나마 자상한 모습으로 태자와 정을 쌓을 계획이었다. 그녀는 특별히 술자리를 준비해 태자를 궁으로 초청하며 체면을 봐서 식사라도 한 끼 하자고 했다. 귀비의 청은 거절하기가 힘든 요청이었지만 주태후는 태자에게 신신당부했다. "아이야, 가도 되기는 하지만 절대 아무것도 먹어서는 안 된다." 태자는 말을 아주 잘 듣는 착한 아이였다. 태자가 귀비의 궁에 도착하자 만귀비는 여러 가지 맛있는 음식을 내놓으며 먹기를 권했다. 그러나 태자는 모두 "배가 불러요."라며 거절했다. 그러자 귀비가 말했다. "배가 부르면 입가심으로 국이라도 마시거라." 그런데 놀랍게도 태자의 입에서는 마음속 진담이 흘러나왔다. "독이 있을까 봐 못 먹겠어요." 아이는 아이였다. 마음속 이야기를 하나도 감추지 않고 그대로 했던 것이다. 만귀비는 그 이야기를 듣자 화도 나기도 하고 두렵기도 하여 황급히 태자를 돌려보냈다. 그녀는 눈물을 닦으며 말했다고 한다. "이 아이가 이제 겨우 몇 살인데 이런 말을 한단 말이냐? 앞으로 나를 어떻게 대할지 모르겠구나!" 이것 때문에 그녀는 한바탕 병을 앓기도 했다.

이 일로 살펴볼 때 만귀비는 총애를 뒤에 업고 욕심에 눈이 먼, 어떤 결과도 전혀 고려하지 않는 사람이 아니다. 결론적으로 말하자면, 만귀비는 과연 어떤 사람이었을까? 악독하다면 과연 어느 정도 악독했을까? 드세다면 과연 어느 정도로 드셌을까? 우리는 어떻게 이를 확실히 알 수 있을까?

기비가 고질병이 있었는지는 우리도 알 길이 없다. 어쩌면 기비는 오랫동안 중병을 앓고 있었는데 아들을 맡길 곳이 없어 억지로 버티고 있다가 아들이 정당한 명분을 얻자, 그제야 겨우 안심하며 아들의 손을 놓고 세상을 떠났을 수도 있다. 이런 가능성이 없으란 법은 없다.

결국 기비의 죽음은 너무 갑자기 닥친 일이라 의심스러운 살인사건으로 주목받지 못했다. 오늘날의 호사가는 물론 기비의 아들 효종 황제 역시 이 의문을 해결하지는 못했다.

효종 주우탱은 즉위 후에 기비를 효목태후로 추서하고 헌종의 무릉에 이장했다. 생모가 살아생전에는 헌종과 한 이불 아래 있지 못했다 하더라도 죽어서는 한 무덤 안에 있도록 했다. 당시 어떤 이는 기태후 임종 시에 미심쩍은 구석이 많았는데 이는 분명 만귀비가 해코지를 했기 때문이니 성지를 내려 철저한 조사를 해달라고 요청했다.

이때 만귀비는 이미 죽었지만 가족은 아직 있었기 때문에 효종이 만일 태후의 복수를 하려고 했다면 분명 만씨 황친의 머리 위로 '뎅겅'하는 망나니의 칼자루 소리가 들렸을 것이다. 다행히 효종이 동의하지 않은 덕에 만가는 이 대참사를 피할 수 있었다. 이는 과연 효종의 어짊과 은덕 때문이었다. 하지만 다시 생각해본다면, 만일 기비가 확실히 귀비 때문에 독살을 당했다면 효종도 이를 전혀 몰랐을 리는 없었을 테고 분명 보복을 생각했을 거라는 이야기다. 어머니가 돌아가실 때 여섯 살이나 되었고, 조숙한 아이였기에 영구를 지킬 때에도 '슬픔과 그리움이 어른과 같았다'고 했다. 어머니를 살해한 원수를 어찌 그대로 놓아둘 수 있겠는가? 만일 생모가 만씨에게 죽임을 당했다는 분명한 확증이 있었다면 원수를 그렇게 쉽게 용서해 줄 수 있었을까? 그렇다면 그것은 덕이 아니라 오히려 무정하고 의롭지 못한 행동이었다.

졸필은 기비의 임종이 당시 궁중에 어떤 파문도 일으키지 못했고, 아무도 그녀의 죽음이 귀비의 음모 때문이라는 의문을 제기하지 않았을 것이라고 추측한다. 하지만 기비의 죽음이 너무 갑작스러웠던 탓에 비명횡사라는 의문을 지워내기가 어려웠다. 만귀비 사후 헌종이 바로 붕어하고 태자가 황위에 올랐을 때 누군가가 이 의혹을 제기하여 황제의 생모를 위해 광명정대하게 복수를 하자고 제안한 데에는 사실 만씨 일가와 관련된 대형 이슈를 만들어내 보복을 하자는 의도가 숨겨져 있었다. 만씨 일가가 만귀비의 세력을 믿고 북경에서 못된 짓을 행하며 많은 이의 원한을 샀기 때문에, 이제는 대가를 치러야 할 때가 온 것이다. 하지만 효종은 이 소문이 뜬구름 잡는 소리라고 여겨 전혀 동의하지 않았다. 그가 단 한 번이라도 고개를 끄덕였다면 만씨 일족이 흔적도 없이 사라지는 것은 시간 문제였다.

효종은 효성이 지극하고 정이 많은 사람이었기 때문에 한 번도 어머니를 잊은 적이 없었다. 하지만 바로 황제다운 효성을 생각하지 않았기에 가짜 황친이라는 큰 사건을 유발하는 복선을 남기게 된 것이다.

효종은 어머니를 그리워하는 추모의 정이 매우 깊었다. 그는 즉위 후에
어머니에게 존호를 올리고 그녀의 유체를 무릉茂陵에 이장했으며, 또한 어머
니의 신주를 봉자전奉慈殿에 모셔 틈만 나면 제사를 지냈다. 그러나 그는 이
정도로는 자기 효심이 부족하다고 생각했다. 어머니께서 그렇게 일찍 돌아
가시고 어머니의 친척은 일전 한 푼 혜택도 받지 못했다는 데에 생각이 미치
자 어머니에 대한 그리움과 슬픔의 정은 어머니의 친척을 찾는 일로 발전하
게 되었다.

홍치弘治 원년(1488년), 효종은 태감 채용蔡用을 특별히 광서로 파견하여
태후의 가족을 찾았다. 채용이 특별 칙령을 받들어 사명을 감당한 것 외에도
양광 지방의 진수鎭守, 순무巡撫, 총병總兵 및 광서廣西 삼사三司 관원에게 따
로 채용의 업무를 최대한 협조하여 반드시 기태후의 친척을 찾아내라는 칙
령을 내렸다. 양광 관원은 이 일의 중대성을 깨닫고는 양광 순무 송민宋旻,
광서 순안어사巡按御史 및 포정사布政司, 안찰사按察使, 도지휘사사都指揮使司
의 장인관掌印官은 모두 채용과 직접 동행하여 광서 평락부平樂府 하현賀縣까
지 와서 관원을 감독하고, 본현 계령현桂玲鄕 영은리迎恩里 용당촌龍堂村에서
덕망이 높은 어르신을 불러다가 기태후 가족 중 생존자가 있는지를 세세하
게 조사했다. 칙서에서는 태후의 가족을 찾기만 하면 즉시 가족의 어른 아이
를 막론하고 전부 북경으로 모셔오되 오는 길에 필요한 뱃삯과 인부, 양식은
전부 황실에서 내기로 했다.

두 성의 대관들은 모두 머나먼 하현으로 몰려들었는데, 그 경천동지할 광경에는 토지신까지 깜짝 놀랐을 법하다.

칙서에서는 이렇게 강조하고 있다. "함부로 백성을 선동하여 사사로운 목적으로 위탁을 하거나, 다른 성을 가진 외족이 사칭 및 가장하여 종실의 성씨를 문란케 하는 일은 엄금한다." 효종은 비록 모후의 친척을 찾고 싶은 마음이 간절했지만, 도둑 심보를 가진 사람이 태후의 친척을 가장하여 북경으로 와 부귀영화를 누릴까 걱정이 되었던 것이다.

친척 찾기 작업은 순조롭게 진전되어, 채 태감은 금세 기태후의 '재종형제' 두 사람, 즉 기부귀紀父貴와 기조왕紀祖旺을 방문하게 되었다는 보고서를 올렸다. 이 두 형제는 기태후와 혈연상으로 그다지 가깝지 않았다. 종형제는 사촌형제이고, 재종형제란 사촌형제에서 다시 한 집안을 건너뛴 사촌 관계이니, 관계가 복잡해도 좀 많이 복잡한 느낌이다. 하지만 효종은 보고를 듣자 그래도 기뻐 어쩔 줄 몰랐다. 다만 그들의 이름이 너무 촌스럽다는 생각에 각각 부귀父貴는 귀(기귀紀貴), 조왕祖旺은 왕(기왕紀旺)으로 개명했고 금의위 지휘동지와 첨사라는 관직을 내리고 더불어 대량의 금직 비단, 전답, 노비 및 북경의 저택을 하사했다.

채용은 또 태후 고비考妣(선친)의 장지를 찾아냈다고 보고하니, 효종은 하현에 있는 태후의 조상의 무덤을 전부 중수하고 무덤지기 몇 가정을 배치하도록 명을 내리는 한편 태후 위로 삼대를 중군도독부 좌도독(정일품 무직)으로, 어머니를 부인으로 추서하도록 했다.

아무튼 외척에게 줄 수 있는 영광이란 영광은 아낌없이 깡그리 하사했다.

그는 이렇게 해야만 일생 비참하고 가련하게 사신 어머니를 조금이나마 위로할 수 있다고 생각했던 것이다.

기태후가 포로로 잡혀 입궁했을 때는 나이가 너무 어려 사람들에게 자기 고향이 광서 하현이고, 성은 기씨라는 것만 말했을 뿐, 자기 부모님과 친척은 전혀 기억하지 못하고 있었다. 하지만 효종이 태후의 친척을 찾으라는 조서를 내릴 때는 태후의 고향을 '광서 평락부 하현 계령향 영은리 용당촌'이라고 했으니, 부, 현, 향, 촌까지 주소가 너무 자세해서 의심쩍은 면이 많다.

이 의문을 풀기 위해서, 우리는 태감 한 명을 이야기해야겠다. 이 사람은 육개陸愷라고 하는 광서사람인데 본래 성은 이 씨지만, 월서粵西 일대에서 '기'와 '이'는 발음이 같기 때문에 효종이 아직 동궁이었던 시절에 나쁜 꾀를 내어 자신이 기비의 오빠라는 거짓말을 했다. 태자는 언젠가는 황위에 오를 것이기에 우선 가짜 친인척 관계라도 맺어두면 언젠가는 가치가 증식하여 분명히 부귀영화를 누리는 날을 맞이할 것이라고 기대하고 있었다. 이 육 태감은 선물 투자를 아는 사람이었지만 투자 리스크는 잘 모르고 있었던 것 같다. 이런 놀이는 잘못 하다가는 자기 목이날아간다는 맹점을 간과하고 있었다.

육개가 함부로 날뛰자 이를 눈여겨보는 사람이 있었다. 하지만 그는 결코 이를 입 밖에 내지 않았는데, 그는 육개와 같은 태감으로 이름은 곽용郭鏞이라 했다. 천순 8년에 진사 육익이 저술한《병일만기》의 기재에 의하면, 곽용은 산서山西 사람으로 외모가 준수하고 성현의 글을 잘 알며《시경詩經》을 배웠다고 한다. 훗날 학문을 버리고 고자가 되어 궁에서 환관이 된 이후로 태감 장민 문하에 들어갔다. 장민이 그를 동궁에 추천하면서 태자를 모시게 된 것이다. 앞에서 말한 것처럼 장민은 효종이 황태자가 되기 전에 그를 보호하던 수호신이었기에 효종이 황태자가 된 후 동궁의 인사관리에는 그의 입김이 막대한 영향을 끼쳤다. 그는 자신의 명의 하에 동궁에 사람을 추천했는데, 이들은 장래에 모두 황제의 신하요, 새 왕조의 세도가가 될 사람이었다. 장 태감의 세력 역시 이로 인해 더욱 공고해졌다.

즉 곽 모 씨는 장 태감이 내린 한 수에 불과했다. 장민 덕분에 곽용은 효종의 어머니 기태후가 안락당에 숨어 남몰래 세월을 피하고 있을 때에 이미 여러 차례 왕래를 한 바가 있었다. 기태후는 가끔 자신의 친정을 말하며 궁궐에 끌려올 때 나이가 어렸던 탓에 집이 거의 기억이 나지 않는다고 했다. 그래서 육개가 스스로 황친을 사칭한다는 소문을 듣고, 그가 거짓말을 한다는 것을 알았지만 모르는 척 아무 말도 하지 않았던 것이다. 그가 육개의 거짓된 행동을 왜 나서서 밝히지 않았는지는 다음 글에서 분석하도록 하겠다.

육개는 자기 분수를 모른 채 날뛰는 사람이었다. 사태는 점점 더 걷잡을 수 없어졌다. 그는 고향에 있는 숙부와 형이 생각나자, 그들을 불러와 함께 태후의 친척을 사칭하자고 생각했다. 그는 곧 당시 광서 지역을 관리하던 태감 고항顧恒에게 그들을 방문해달라고 부탁했다.

하지만 모호한 기억에 의지하다 보니, 숙부의 이름은 이복변李福邊이라고 했지만 형의 이름은 영 기억이 나지 않았다. 게다가 아주 오래된 일이었기에 친척 두 사람을 찾는 일은 꽤 어려웠다. 육개에게는 위부성韋傅成이라는 제부가 있었는데, 육 태감이 황친을 사칭한다는 사실을 알게 된 그는 간이 배 밖으로 튀어나와 자신도 그대로 사칭을 했다. 현지의 관부에서는 이를 그대로 믿고, 그를 외척으로 여겨 아부와 아첨이 끊이지 않았다. 광서는 조정에서 먼 외곽지역이기 때문에 황제의 외척이 탄생한다는 것 자체가 매우 드문 일이었다. 관원과 지역 유지인 향신鄕紳은 모두 '산이 높다고 영험한 산이 아니고 신선이 있으면 영험한 산이 된다'는 속담이 천만번 맞다고 여겼다. 위부성이 이 심심산골의 신선이 되었기 때문에, 그들은 그에게 수많은 혜택을 주었다. 그에게 관용 전답 수 마지기를 떼어주었을 뿐 아니라 그가 사는 마을은 '영은리'라고 불렀다.

위부성이 황친을 사칭할 때 그의 배경을 아는 사람도 적지 않았다. 그중에는 기귀와 기왕 두 형제도 있었다. 사실 이 형제 역시 가짜였던 것이다! 두 형제는 본래 이씨로 모두 가난한 소작농이었으나 위부성이 황친을 사칭해 큰 부귀영화를 누리자 시기와 질투로 견딜 수 없었다. 그들은 소작주인 등장鄧璋을 이렇게 설득했다. "위가는 성도 다른데 황친을 사칭하고 있습니다. 우리는 성도 이씨인데 우리라고 성공 못 하겠습니까?" 그들의 꼬드김에 등장도 마음이 동했다. 그는 곧 부현府縣의 아문에 위부성은 가짜 황친이라는 소장을 올리고 자신이 허위로 편찬한 기씨 족보도 올렸다.

부현의 관원이 막 진위를 가리고 있는 이때에 때마침 태자가 즉위를 하니, 열렬한 친척 찾기 이벤트는 정식으로 시작된 셈이었다.

채 태감은 광서에 내려와 친척을 찾았지만 아무런 소득도 없자 마음이 초조하기 그지없었다. 그는 기부귀, 기조왕 두 사람이 족보를 증거로 내세웠다는 이야기를 듣자 무슨 일이 있더라도 공을 세워야 한다는 마음이 발동했다. 그는 더 이상 따져보지도 않은 채 이 두 사람을 확실한 친척으로 인정하고 곧바로 북경으로 보냈다. 어쨌든간에 그때에는 DNA검사도 없었기 때문에 족보야말로 아주 설득력 있는 증거가 되었기 때문이다.

하지만 위부성은 자기가 너무 일찍 설친 탓에 기씨 형제만큼 순조롭게 성공하지 못하자 배알이 틀렸다. 그래서 그들과 함께 북경에 올라와 조정에 상소를 올렸다.

그러자 효종 스스로도 어리둥절할 수밖에 없었다. 그는 태감 곽용과 육개에게 이 사건을 재조사하도록 명했다. 앞에서 말한 것처럼 곽용은 내막을 알고 있는 사람이었다. 그는 육개도 가짜 황친인데 그 덕에 같이 활개 친 위부성은 더한 가짜라는 것을 아주 잘 알고 있었다. 하지만 그는 이를 폭로하기는커녕 육, 위 두 사람의 빈틈을 최대한 막아주었다. 효종은 어쩔 수 없이 위부성에게 먼저 광서로 돌아가도록 하고 그에게 '치역馳驛'(정부가 파발역에서 길을 가는 차와 말에게 무료로 음식을 제공하는 서비스)의 특혜를 주었다.

그리고 효종은 곽용에게 기씨 조상의 묘를 제사지내도록 명했다. 사실 곽용 역시 짜가 인생이었다. 그러나 그가 사칭한 것은 황친이 아니라 황제 생모 생전의 절친한 친구라는 명목이었으니, 이 역시 단수 높은 사기극에 불과했다.

황제의 명을 받아 동행한 사람 중에는 공부工部 낭중郎中 고여경顧餘慶이 있었는데, 그는 광서에 가서 기씨 선조의 무덤을 보수하도록 명 받았다. 하지만 무덤 수리를 하자마자 현지에서 또다시 몇 명의 이씨가 나타나 너도나도 조정의 사신에게 자신이야말로 태후의 친척이라는 주장을 했다. 그중에는 짝을 지어 나온 사람이 있었는데 그들은 호광湖廣 본적의 감생監生[125] 둘로 하나는 장호蔣灝, 또 하나는 주곤周絹이라고 했다. 그들은 또한 광서 연산현連山縣 동인獞人 이우광李友廣을 데리고 왔는데 북경으로 상경을 할 때도 천자 앞의 신문고를 울리며 나아왔다.

독자 여러분, 두 눈 똑똑히 뜨고 보아야 할 점이 있다. '동'인이란 '큰 개 견犭' 변을 사용하는 글자다. 과거에는 소수민족을 무시하여 소수민족의 이름을 지을 때에 무례하게도 이런 변을 집어넣었다. 지금 이 글자는 사용하지 않고 동족은 장족壯族으로 이름을 바꾸었다.

장족사람 이우광은 장蔣, 주周 두 사람의 소작농이었다. 그의 성이 이씨임을 주의 깊게 보았다면, 그들이 왜 왔는지를 대략 알 수 있을 것이다. 장, 주두 사람은 이씨 성인 이우광을 데리고 와 다짜고짜 위부성은 가짜이며 이우광이야말로 진정한 황친이라고 주장했다. 당시에는 청선聽選[126]된 지현知縣 료빈廖賓이 있었는데, 그는 광서 평락현平樂縣 사람으로 우선 상황을 관망하다가 한 발을 집어넣기로 했다. 그는 위부성을 특별히 변호하는 상소문 한권을 올리며 그야말로 진정한 황친이라고 주장했다.

이제 일은 점점 더 커져만 갔다. 사람들은 자기 분수 이상의 것을 구하며 각자 자기만의 꿍꿍이속을 가지고 있었다.

---

125  명청(明淸) 시대의 최고 학부인 국자감의 학생.
126  명청 시기에 이미 직위는 수여되었으나 아직 부임하지 못하고 실제 부임을 기다리던 사람을 지칭하던 말.

한편 호부상서 이민李敏은 호부의 내부 문서를 열람하던 중, 이우광은 과거 사기죄로 호부에서 귀양을 보낸 적이 있는 매우 의심스러운 인물임을 알게 되었으나 확실한 증거를 찾지 못하고 있었다. 효종은 사예감, 내각의 뭇 관리들과 회동해 단체 심사를 하라는 명을 내렸지만 누가 진짜이고 누가 가짜인지 분별할 수가 없었다. 그 시대에는 형사 수사 기술이 발달하지 않아 주로 증인의 진술과 논리적인 추리에 기댈 수밖에 없었기에 진위를 가리기가 매우 어려웠던 것이다. 어떤 이는 간악한 무리는 억지 주장에 능하니 수도에서 입으로 한 증언만 놓고 왈가왈부할 것이 아니라, 검사관을 현지로 보내면 차라리 진상이 쉽게 밝혀질 것이라고 건의했다. 효종은 그 말도 일리가 있는 것 같아 호과戶科 좌급사중左給事中 손규孫圭와 검찰어사監察御史 등우滕祐를 광서로 파견해 공동조사를 벌이도록 했다.

이 방법은 과연 핵심을 찔렀다. 주, 장 두 사람은 먼저 겁을 집어먹고 급한 김에 한 가지 꾀를 낸 것이다. 그들은 고용高龍이라는 사람을 교사해 연산현에 급파한 후, 그가 금의위 백호를 사칭해 현재 '암행수사'를 벌이고 있다고 떠벌리게 했다. 그는 창위廠衛[127]의 위세를 빌어 현 사람들을 위협하면서 이우광의 주소 및 기태후의 친족 관련 '사실'을 위조해, 과도관이 도착하면 이를 토대로 한 보고서를 올리고는 과도관을 속여 위기를 넘길 생각이었다.

하지만 두 과도관의 머리 회전 역시 빨랐다. 그들은 연산으로 가는 대신 곧장 하현으로 향했다. 하현에 도착한 그들은 소리 소문 없이 사복으로 갈아

---

127  명나라 내정의 정찰기구.

입고 민간을 암행했는데, 그 결과 현재 각 사람이 황친을 사칭한 전말을 완벽하게 알아낼 수 있었다. 그들은 북경으로 돌아와 진상 조사 상소문을 올렸으며, 태감 채용을 황제 기만죄로 탄핵했다.

냄비 바닥이 깨져 한 조각이 없어지면 얼마 되지 않아 바닥 전체가 모두 부서져 버린다. 효종은 크게 진노하며 모든 사람을 하옥하여 엄하게 심문하도록 했는데 마지막 결과는 이러했다.

1. 이부귀, 이조왕은 황제 모후의 친족을 사칭해 사기를 했으며, 함부로 관직을 수여받았다. 고용은 '사무 감찰관'의 명의를 무단으로 사칭했다(즉 범인을 수색하기 위해 공적으로 파견한 금의위 관원을 사칭). 백성 선동, 법률에 따라 처결.

2. 태감 곽용은 간당이 사칭을 하는 것을 알고 있었으면서도 황상을 기만하고 진상을 아뢰지 않았기에 본래 사형에 처해야 하나, 우선 관대하게 처벌하여 소화자(小火者, 내시 중 가장 낮은 지위)로 강등시키고 남경의 새로운 집으로 보내어 한직에 처하도록 한다.

3. 주곤, 장호는 감생의 직위를 면직시키고 료빈의 관직을 면직시켜 모두 평민으로 강등시킨다. 이우광은 역에서 파면시킨다(파발역에서 노역을 했음).

4. 태감 육개는 이 허위극의 발단을 제공한 자이므로 법으로는 더욱이 용서할 수 없지만 부지런히 능침을 모신 공을 사서 헌종 무릉에 보내어 향불을 섬기도록 한다.

성지가 내려지자, 한림원 시독侍讀 증언曾彦, 도어사都御史 도용屠鏞 등은 이부귀, 이조왕, 고용 세 사람의 죽을죄를 용서하사 그들을 불쌍히 여겨주실 것을 청했다. 효종은 이에 동의해 군역을 보내기로 했다. 정말 법망이 엉성하다 못해 그 빈틈에 배라도 빠뜨릴 기세였다! 모든 사람이 함께 모의해 군주를 속인 이렇게 큰 죄에 한 명도 사형당하지 않고 대부분 구속도 되지 않았으니 정말 무슨 말을 해야 할지 모르겠다.

사실 효종 역시 어쩔 도리가 없었다. 그는 말했다. "나는 정말 친척을 찾을 수 있을 줄 알았다. 그래서 '100번을 속더라도 한 명이라도 진짜 친척을 찾으면 된다'고 생각한 것이다." 그는 엄중한 형벌을 내리면 앞으로 진짜 친척이 찾아올지도 모를 기회를 가로막을까 걱정이 되었던 것이다. 어찌 되었든 간에 자신의 신분을 증명한다는 것은 간단한 일이 아니었기 때문이다.

그렇게 속았음에도 효종은 전혀 포기할 줄 모르고 계속 신하를 보내 어머니 일족의 친척을 찾기를 명했다. 하지만 끝까지 아무런 소득도 얻지 못했다.

홍치 3년(1490년)에 이르러서야 예부상서 경유耿裕가 간언을 올려 말했다. "광서는 수차례 정벌 전쟁으로 인한 재난과 기근, 백성의 거주지 이탈이 있었으며 긴 시간이 흘러 친족은 종적도 찾을 수 없게 되었습니다. 과거 마황후가 병사를 일으킨 태조를 뒤따랐을 때에도 건국 후 폐하와 마찬가지로 옛 친척을 찾았지만 아무리 노력해도 찾을 수 없었습니다. 결국에는 숙주宿州에 사당을 짓고 봄가을마다 제사를 지냈을 뿐입니다. 기태후는 어린 시절에 광서를 떠난데다가, 연산과 가현은 중원이 아니니, 폐하께서 아무리 간절히 고대하신다 한들 그들을 찾을 수 있겠습니까?" 그는 개국 시기 마황후의 부친 서왕徐王 마공馬公의 이야기를 모방하여 기태후 부친의 봉호를 정하고 계림桂林에 사당을 세워 봄가을로 제사를 지낼 것을 건의했다.

효종은 이렇게 할 수밖에 없음을 깨닫고 기태후의 아버지 기공을 경원백慶元伯, 어머니는 백부인伯夫人으로 봉하고 계림부桂林府에 사당을 세워 계절마다 제사를 지내도록 했다.

경원백의 애도글은 대학사 윤직尹直이 편찬했는데, 그중 한 구절은 이러했다. "한나라 요모堯母의 문[128]을 바라보며 송나라 왕실 인종仁宗의 애통함을 더하노라〔睹漢家堯母之門, 增宋室真皇之慟〕." 효종은 매번 이 부분을 읽을 때마다 자기도 모르게 한숨을 쉬며 눈물을 흘렸다고 한다. 하지만 우리는 이 이야기를 읽으며 부귀 권세의 불 속으로 얼마나 많은 무지몽매한 사람들이 불나방처럼 뛰어들었는지를, 또한 그들이 죽는 한이 있어도 결코 회개하려 들지 않았음을 깨달아야겠다. 또 그렇게 존엄한 황제 앞에서 단체로 황제의 눈을 속이고 헛소문을 퍼뜨렸다는 사실에 진정 개탄할 뿐이다.

---

128  한나라 소제(昭帝) 유불릉(劉弗陵)은 그 어머니인 구익부인(鉤弋夫人)이 14개월 동안 임신하여 낳았다고 하는데, 이는 전설 중의 요 황제가 14개월 동안 임신하여 태어났다는 이야기와 서로 맞아떨어진다. 그러므로 한무제(武帝)는 구익부인의 문을 요모문(堯母門)이라고 불렀다.

# 제39장 특별히 진했던 효종의 사랑의 스프

효종은 특별히 정이 많았던 사람이었다. 그 정이란 사랑일 수도 있고, 의리일 수도 있다. 위로는 부모요, 수평적으로는 부부, 아래로는 신하일 수도 있었다. 신하된 자는 효종의 지극한 정을 느낄 수 있었으며, 효종의 연호는 '위대한 통치'라는 뜻을 지닌 홍치였지만 사실 효종은 일생 결코 대단한 치적을 세운 일이 없었다. 그럼에도 후세에도 매우 높은 평가를 받고 있다. 총 18년이었던 홍치 연간이 역사가에 의해 '홍치의 지극한 다스림'으로 불린 것을 보면, 효종은 명대 황제 중에서 가장 이상적인 황제의 이미지를 가지고 있었다고 볼 수 있다.

정사의 내용은 본서의 기록 목적이 아니기 때문에 우리의 이야기도 후궁을 벗어나지 않을 예정이다. 전장에서 어머니를 향한 효종의 진한 그리움을 다루었기에, 이번 장에서는 그가 어떻게 아내를 사랑했고 어떻게 아내의 친족을 비호하였는지와 이로 말미암아 발생한 애증과 갈등을 다룰 예정인데, 그 여파는 가정 연간 중반까지 영향을 미치며 조야를 흔드는 대사건을 폭발시켰다(상세한 내용은 뒤에서 다루겠다).

효종은 동궁시절에 결혼을 했는데 결혼한 해에 헌종이 세상을 떠나므로 곧바로 황위를 이어 황제가 되었다. 그해에 그의 나이 18세였다. 황태자비 장씨張氏는 지아비를 따라 황후가 되었다. 전하는 바에 의하면 장황후 출생시에, 어머니 김씨金氏는 태몽으로 둥근 달이 품안에 떨어지는 꿈을 꾸었다고 한다. 그러나 이는 분명 김씨가 딸이 황태자비가 되고 또 육궁을 주재하는 황후가 된 후에 너무 기뻐서 자기 멋대로 지어낸 덕담이었을 것이다. 우스운 점은 내로라하는 명성을 자랑하는 《명사》마저 놀랍게도 '달이 품으로 떨어지는 태몽' 같은 규방의 우스갯소리를 보란 듯이 적어두었다는 것이다. 만일 장씨가 진정 이 세상에 강림한 달의 여신이라면, 그녀 만년의 불행은 해석하기가 어려워진다. 그럼 어머니 김씨 품에 떨어진 달은 둥근 달이 아니라 이지러지고 상한 다 차지 않은 달이었단 말인가?

장황후 생애의 전반부는 순풍에 돛 단 듯했다. 홍치 4년(1491년) 9월 23일, 장황후는 아들을 한 명 낳았는데 지난 세 황제들이 모두 적자가 아니었던 데에 반해 지금은 이렇게 황후가 황태자를 낳았으니 대신들에게 이는 '황후에게 길조가 겹쳐 큰 용을 얻은 일〔椒寢慶鐘軒龍〕'이었다. 아들의 출생시간도 '신유술해申酉戌亥'로 마치 구슬을 꿴 것 같이 순조롭고 태조 황제의 생일(주원장의 생일은 9월 18일)과도 가까웠다. 이렇게 많은 길조를 발견한 군신은 기쁨에 겨운 축하의 말을 외쳤다. "우리 황제께서 아들을 낳으셨다!"

이 아이는 어떻게 생겼을까?《명무종실록明武宗實錄》은 이렇게 묘사하고 있다.

"맑은 눈동자는 옥과 같고, 모습은 빛이 나며 어린 시절부터 행동이 남달랐다."

그야말로 한 마리 옥룡의 모습이었다. 아이가 장래에 용과 봉황의 놀음을 즐겨 '정덕풍류연의正德風流演義' 여러 권이 탄생하게 된 것도 이상할 일이 아니다. 황자는 2세 경에 황태자로 책봉되었는데, 그가 바로 미래의 무종인 정덕 황제 주후조朱厚照였다.

장황후가 황제의 가문에 아름다운 아이를 낳아주었으니 가장 큰 공을 세운 셈이었다. 효종은 원래부터 장황후를 총애했는데, 지금은 모자가 함께 사랑을 받게 되어 즐겁기 그지없었다! 효종은 커다란 솥에 하나 가득 사랑의 스프를 끓였기 때문에 황후 한 사람만 먹을 수 없었다. 그래서 그녀 가족을 청해 다 같이 먹을 수밖에 없었다. 사서에서는 이렇게 말하고 있다. "황제가 외가 사람에게 매우 잘했다." 장황후의 아버지인 장만張巒은 홍치 4년에 중궁이 아들을 낳으므로 수영백壽寧伯으로 봉해졌다. 외손자가 태자로 책봉된 후에는 후侯로 진급이 되었으며 죽은 후에는 창국공昌國公으로 추서되었다. 그의 큰아들 장학령張鶴齡은 수녕후壽寧侯의 위치를 계승했으며, 둘째 아들인 장연령張延齡은 처음에는 건창백建昌伯으로 봉해졌다가 뒤에는 후로 진급되어 봉해졌다. 장씨 일가에 공 한 명과 후 두 명이 세워졌으니 정통正統 연간의 장태후 집안보다 더욱 귀하고 번성했다. 효종은 아내의 고향인 북직예北直隸 홍제현興濟縣에 가문의 사당을 건설했고, 그 사당은 매우 웅장하고 아름다워 공사 시작 후 수년이 지나서야 겨우 완성되었다고 한다.

효종의 장인인 장만은 수재 출신으로 어쨌든 공부를 했던 선비인지라, 자기 집안이 너무나 손쉽게 작위를 받았다는 사실을 뼈저리게 깨닫고 있었다. 이 복을 잘 지키지 않는다면 앞으로 잃어버리는 것은 순식간이라는 것을 잘 알기에 비록 별안간 졸부가 되었지만 어리석은 행동은 삼가려고 노력했다. 하지만 두 아들은 학식도 없는데다가 관료의 거드름만 배워, 조금씩 세도를 얻게 되자 제멋대로 행동하기 시작했다. 처음에는 논밭을 서로 다투며 주씨

황친 집안과 크게 싸웠다. 주황친의 성은 주周씨, 이름은 욱彧으로, 헌종의
어머니 주태후의 두 번째 동생이자 장녕백長寧伯으로 봉해져 있었고 명분상
으로는 효종의 외삼촌이었다. 이 주황친 역시 유명한 비행청소년으로, 북경
에서 노비들의 악행을 묵인하고 상점의 물건을 가로채며 타인의 논밭을 차
지하는 등, 안 해본 호로 짓이 없어 관부에서도 그를 함부로 건드리지 못했
다. 하지만 지금 조정이 바뀌고 세대가 바뀌어 장황친의 세력이 커지게 되자
장황친은 '우리 집안이야말로 지금 정오의 태양만큼 세력이 왕성한 황친이
건만 주황친이 뭐라고 고개를 숙이겠는가?'라고 여기고 있었다. 두 집안은
모두 궁중의 세력을 등에 업고 서로 한 발도 양보하지 않았기에, 자주 직접
적인 충돌이 발생했고 심지어 북경에서 사람을 모아 패싸움까지 벌여 관청
과 백성은 모두 그들을 피하며 매우 두려워했다.

두 황친 집안의 행동이 너무 심하다 보니, 진언과 상소장이날아와 탄핵을
받았을 뿐 아니라, 9경 대신들까지 상소의 대열에 참여했다. 그들은 주, 장,
두 가문이 "작은 일에 분노하고 다투며, 도시와 변경을 시끄럽게 하여 친척
간에 서로 관망함을 잃고 조정의 존엄을 크게 손상시켰다"라고 주장하며, 황
상이 이 두 황친 가문을 직접 다스려 줄 것을 희망했다. 효종은 그저 '가납'하
겠다고 할 뿐, 실제 조치는 전혀 취하지 않았다.

장씨 형제는 국구라는 신분을 이용해 사람을 속이고 행패를 부리며 일
삼은 못된 짓이 상상을 초월했기 때문에 피해자의 상소도 산더미처럼 쌓
여갔다. 효종은 민원이 극에 달해 민심을 달랠 길이 없자, 즉시 이부시랑
吏部侍郎 도헌屠勳과 사예태감 숙경蕭敬을 파견해 이 송사를 감사하도록 했

다. 이 두 관원은 감히 몸통은 건드릴 수 없어 장씨 집안의 가노 몇 명을 잡아들여 죄를 묻고, 감사를 적당히 얼버무리려 했다. 그러나 장씨 집안의 노비는 외부인이 함부로 건드릴 수도 없는 노비라는 걸 누가 알았으랴. 막 궁으로 돌아와 결과를 보고하던 숙경 태감은 봉황의 위엄에 된통 혼쭐이 나야 했다. 황후는 그의 코에 삿대질을 하며 입에 담지 못할 욕을 해댔다. "이 간덩이가 부은 종놈아, 네가 감히 우리 집안을 감사해? 이거 법대로 감사한 거야, 아니야?" 효종은 아내가 잘못했다는 것은 잘 알고 있었지만 동쪽에서 사자가 울어대니 자기도 모르게 공처증이 되살아나 그저 듣기 좋은 말로 화해를 권할 뿐이었다. 게다가 아내의 행동에 부화뇌동해서, 비록 몇 마디이긴 하지만 숙경 등의 신하를 책망하기까지 했다.

숙경은 그저 큰 소리 내지 않고 일을 매듭짓고 싶었을 뿐이었는데, 결과적으로 제일 재수 없는 일에 걸려든 것이었다. 게다가 황후 앞이라 말 한마디 제대로 할 수 없으니 부글거리는 분노를 속으로 삭이며 부득불 자기 죄를 인정하고 궁궐을 나설 수밖에 없었다. 그러나 효종은 현명한 군왕이 아니던가? 어떻게 말도 안 되는 황후의 억지 주장에 같이 장단을 맞추겠는가? 황후가 화가 났을 때 그는 짐짓 화를 내는 척 했지만, 암사자의 화가 가라앉은 다음에는 암암리에 숙경을 불러와 좋은 말로 그를 위로하고 "일을 잘했다"며 은 두 냥을 '위로금'으로 하사했다. 이렇게 보면 효종은 양쪽의 마음을 모두 다독일 줄 아는 왕인 것 같다. 안사람도 평안하게 하고 밖의 신하도 위로했으니 말이다. 그러나 독자님들, 숙경이 이런 불행을 맞았는데 이후에도 성심성의껏 일을 할 수 있었을까? 나라를 위해 법을 수호하려는 마음이 들까?

장기적인 안목으로는 효종이 잘못된 결정을 한 것이다. 잘못한 일은 끝까지 잘못으로 인정해야 한다. 왜 양쪽의 비위를 다 맞추려고 해서 오히려 지아비의 권위와 임금의 권위를 동시에 실추시켰는가? 효종은 비록 성정이 관대하고 따뜻하여 사람을 포용하는 배포는 있었지만, 일을 할 때는 원칙 없는 타협을 좋아해 신하가 두려워하는 권위가 부족했다.

얼마 후, 주욱이 병들어 죽게 되자, 수녕후와 건창후 두 가문이 이때부터 절대 권력을 독점하면서 점점 더 제멋대로 독단을 휘둘렀다. 그러나 그들도 미처 생각지 못했던 점이 있으니, 그들이 당시 한 일이 장씨 일족에게 심각한 화근을 심어주었다는 것이다. 20년 후, 장씨가 하루아침에 무너지고 목숨을 잃고 꿈이 깨지니 콩 심은데 콩 나고, 팥 심은 데 팥 난다는 말이 딱 맞는 말이었다. 하지만 큰 액운이 닥치기 전 장씨 가문의 지붕에도 자주 우박이나 벼락이 내리곤 했으니, 평소 전혀 기미가 없었는데 하늘이 느닷없이 장씨 집안을 처벌한 것이 아니었다.

우선 아주 대담했던 환관 한 명을 소개해 보자. 그의 성은 하何, 이름은 정鼎으로 혹은 하문정何文鼎이라고 했다. 그는 태감이었지만 상소를 올리는 일을 좋아했다. 졸필이 《명효종실록》을 살펴보니 그가 올린 세 차례 상소가 네 차례 언급이 되어 있는데, 모두 외교에 관한 일이었다. 하정이 내신의 신분으로 외교를 빈번히 언급한다는 것 자체가 예사롭지 않은데, 상소를 할 때도 전혀 두려움 없이 거리낌 없는 직언을 올렸다. 예를 들어 천순 원년(1457년) 이래, 즉 40년 동안 원칙에 맞지 않는 모든 승진 발령을 시효가 얼마나 지났는지와 상관없이 전부 철저하게 조사한 뒤 퇴직시키기를 요청했다. 생각해 보자. 그가 한 건의가 실행성이 있는지 없는지와 상관없이, 이 건의 한번으로 그가 얼마나 많은 사람에게 밉보였겠는가? 결국 얼마 지나지 않아 내정에는 '사실 그대로 글을 쓰고 대단한 직언을 하는' 하씨 할아범이 있다는 사실이 온 천하에 알려지게 되었다.

홍치 10년(1497년) 초, 갑자기 하정이 조옥詔獄[129]에 투옥되었다는 소문이 돌았다.

외부에서는 그가 하옥된 원인을 전혀 알 수 없었지만 과도관은 상소를 올려 이 미친 신하에게 '관용을 베풀어'주사 사람들이 충간을 하는 길까지 막히지 않도록 해달라고 구했다. 효종은 답으로 성지를 내리며 말했다. "하정은 유명무실한 상소를 함부로 써서 경솔하게 상소를 올리며, 조정에 기용되도록 자신을 추천하였기에 그를 투옥시켰다." 또한 효종은 잊지 않았다는 듯 그들을 책망하며 말했다. "내외에는 구별이 있는 법인데, 너희 외관들이 어찌 내정을 알고 물어본단 말이냐?" 그리고 그 두 과도관에게 대답을 하도록 하여 각각 '봉급 삭감' 6개월(반년 간 월급 몰수)을 선언했다

효종의 성지를 통해 볼 때, 하정의 두 가지 행동이 효종을 분노케 했음을 알 수 있다. 하나는 '유명무실한 상소를 함부로 써서'이다. '유명무실하다'는 것은 하정이 규율 위원회에 익명의 제보를 했다는 것이 아니라, 있지도 않은

---

129   구경(九卿) 및 군수(郡守) 1급의 2천석 고관에게 죄가 있어, 반드시 황제가 조서를 내려야만 옥에 가둘 수 있는 사건, 황제가 직접 관리하는 감옥.

일을 상소로 올렸다, 즉 안하무인이라는 뜻이었다. 효종은 또한 하정이 '조정에 기용되도록 자신을 추천하며'라고 했다. 자기를 추천한 예 중에서 역사적으로 가장 유명한 예가 바로 모수毛遂의 자천自薦[130]이다. 하지만 중국 문화에서 자천은 사람들이 그다지 좋아하지 않는 방법이다. 중국 사람은 무슨 일을 하든 완곡하고 드러나지 않게 처리하는 겸손한 태도를 중시하기 때문에 분명 간절하게 원하는 일이어도 한껏 감추고 수줍어한다. 황제가 되는 것은 꿈에도 바란 일이 틀림없지만, 황위에 오를 때조차 타인에게 '황위에 오를 것을 세 차례 간언'하도록 하여 자의 반 타의 반으로 말한다. "아! 내가 이 자리에 오른다면 분명 아무런 덕도 업적도 올리지 못할 것이다. 그런데 모두들 나를 이렇게 극력 추천하다니 이 어찌된 일인가? 그럼 어쩔 수 없으니 내가 한번 해 보도록 하겠다." 그 결과 그 자리에 앉은 후에는, 자리에서 내려오라는 사람만 만나면 분노를 퍼붓게 된다. 그러므로 조정에서 기용해주시도록 자신을 추천하는 것은 그가 군자든, 소인이든 간에 모두 비정상적인 행동으로 받아들여졌다. 하 태감의 행동이 곁에 있는 사람이 보기에는 얼마나 이상했는지 잘 알 수 있는 대목이다.

　그러나 조정의 처벌에도 하정의 팬은 겁을 먹고 물러서지 않았다. 일부 관원은 계속 상소를 올리며 감옥에 갇힌 하정을 돕기 위해 발 벗고 나섰는데

---

130 (편집자 주) 자기가 자신을 추천함을 일컫는 '모수자천(毛遂自薦)'이라는 고사성어이다. 중국 춘추전국 시대에 조나라 평원군이 초나라에 구원을 청하기 위해 사신을 물색할 때에 모수라는 사람이 스스로를 추천하였다는 데에서 유래한다.

그중에는 덕과 명망이 높은 호부상서 주경周經까지 포함되어 있었다. 그러나 외관들이 아무리 관심을 표한다 해도 이 미치광이의 생명을 구하기에는 역부족이었다. 하정은 결국 얼마 후 옥사하고 말았다.

하정이 죽은 후 어떤 이는 그의 명성을 회복하기 위한 상소를 올려 그를 두고 '태감 이광李廣을 거스르므로 죽고 말았다'고 했다. 이는 결코 정확한 말이 아니다. 하정은 실은 장학령 형제에게 밉보였기 때문에 간접적으로 장황후에게도 미움을 받아 죽어도 매장할 곳이 없도록 비참해진 것이다.

하정은 사고를 당하기 전 건청문의 태감을 맡고 있었다. 각설하고 장씨 형제는 모두 후궁의 통행증이 있었기 때문에 궁궐의 금지구역도 자유롭게 출입할 수 있었다. 다른 사람은 장씨 황친이 오면 얼른 앞으로 나와 마중하고 인사를 건네며 '편하게 들어가실 수 있도록 문을 활짝 열어'드렸다. 그러나 하정은 마음속으로 이에 분노했다. 건청궁은 천자의 침소가 있는 곳으로 조상이 정한 법도에 따르면 외부인의 출입을 금한 곳이었다. 게다가 두 형제는 자주 무례한 행동을 일삼아 술을 마신 후 술에 취한 채 궁궐을 찾아 서슴없이 궁녀를 희롱하곤 했다. 하정은 이를 모두 눈여겨보며 화를 참다가 적절한 시기가 찾아오기만을 기다리고 있었다.

하루는 장학령 형제가 또 찾아오자 효종이 식사를 대접했다. 그런데 식사를 하다가 효종이 화장실에 가자마자 장학령이 그 기회를 놓치지 않고 순식간에 효종의 모자를 덥석 집어 자기 머리에 쓰더니, 고개를 돌려 옆에 있는 사람에게 멋있는지 아닌지까지 물어보았던 것이다.

독자님들! 관원은 모두 모자를 쓰고 있다는 사실을 알아야 한다(황제 역시 관원이라고 할 수 있다). 자기의 관모를 빼앗긴다는 것은 그 관직을 빼앗긴다는 것이나 마찬가지다. 만일 황제의 모자를 빼앗아 자기가 쓰는 일이 주원장 시절에 일어났다면, 아마도 전 족속이 몰살당했을 것이다. 장학령이 이렇게 교만하고 대담했던 까닭은 술김에 담이 커진 것도 있지만, 자기의 행동이 결코 벌을 받지 않는다는 것을 잘 알고 있었기 때문이었다. 효종이 돌아왔을 때 그 모자는 이미 단정하게 원래 자리에 놓여 있었고, 곁에 있는 사람은 누구도 일언반구 내뱉지 못했다. 그러나 하정은 이를 모두 기억해 두었다. 그는 이미 끓어오르는 분노를 참을 길이 없어 그들에게 한마디를 해 주기로 결심하고 있었다.

얼마 후 또 하루는 장학령이 건청궁에 와, 궁전 문창살에 매달려 고개를 한껏 들이밀며 황제의 휘장 안을 엿보려고 이리저리 기웃거리고 있었다. 하정의 평소 좌우명은 '공자는 인을 이루라 했고, 맹자는 의를 행하라 했다〔孔曰成仁, 孟曰取義〕'는 것이었다. 황상의 처남이 한 행동은 철저하게 그를 각성시켜버렸다. 그의 눈에 장학령이 황제의 사생활을 엿보는 행동은 이미 더 말할 수 없이 악한 행실이요, 참고 싶어도 도저히 참을 수 없는 일이었다! 그는 아주 큰 수박 하나를 따서 그 악당이 문밖으로 나오면 방심한 때를 타 속 시원하게 한 방 때려주려고 궁전 문 밖에서 매복하고 있었다.

하지만 장학령은 이미 첩보를 입수한 터였기에, 옆문으로 도망가 버렸다 (일설에 의하면 태감 이광이 알려준 첩보라고 한다). 하정은 매복 공격 계획이 실패로 돌아가자 '두 장씨가 매우 불경스러우며 신하된 예가 없다'는 이유로 상소를 써서 탄핵을 했는데 조상의 가법을 인용해가며 직언으로 극력한 간언을 올렸다. 아마도 그가 평소에 목격한 눈꼴사나운 모습을 전부 상소문에 썼던 것 같다. 효종 황제는 읽다가 난감하고 부끄러워했지만 장황후는 소장을 보자마자 분기탱천하여 황제의 베개 곁에서 하정을 조옥에 처넣어야 한다고 강력하게 주장했다.

하정이 상소에 쓴 내용은 전부 황제 집안의 꼴불견이었으니 효종도 당연히 '유명무실한 상소를 함부로 썼다'고 할 수밖에 없다. '조정에 기용되도록 자신을 추천하며'라는 대목은, 아마도 하정이 예전에 그러했던 경력이 있지만 허락하지 않는데 지금 효종이 그의 경망스러운 행동을 보니 혹여 예전에 기용을 받지 못해 마음에 원한이 있어 일부러 장씨 형제 핑계를 대고 개인적인 원한을 푼 것이 아닌가 싶었기에 이렇게까지 말해버린 것이다.

옥에 갇히면 옥리는 일반적으로 다음과 같은 질문을 계속 하게 된다.

"누가 너를 부추겼느냐?" 하정은 옥에서 온갖 고초를 당했고, 고문관 역시 그에게 주모자를 밀고하라고 재촉했다. 그러나 하정은 피를 왈칵 쏟으며 말했다. "주모자는 두 사람이 있소. 두 사람의 본적은 모두 산동인데 당신이 잡지 못할까 봐 이야기 못 하겠소." 그러나 고문관이 콧방귀를 뀌며 대답했다. "한번 말이나 해 보지." 그러자 하정이 대답했다. "바로 공자, 맹자요!"

하정이 두 명의 성인의 이름을 들먹일 때는 분명 한바탕 채찍이날아왔을 것이다. 오늘 사서를 읽는 우리는 당사자가 아니기 때문에 그를 비웃어야 할지 아니면 불쌍하게 여겨야 할지 난감할 뿐이다. 하 공은 비록 내시였지만 평생 책을 읽었던 선비에 성격이 청렴해 옷상자에는 동복과 하복 겨우 몇 벌밖에 없었다고 한다. 그러나 그는 악을 너무나 혐오한 나머지 사람의 눈에 거슬리는 행동을 자처함으로 자기 생명은 너무나 가볍게 대하고 말았다.

# 제40장 원귀가 된 충신

전하는 바에 의하면 하정은 장황후가 태감 이광을 시켜 남해자南海子에서 몽둥이로 때려 죽였다고 한다.

살아서 맞아죽은 것은 비록 억울한 감이 있지만 하정은 죽은 후 지극히 아름다운 이름을 남기며 명나라의 '충성스럽고 유능한' 환관의 대표로 부상하게 되었다. 어떤 한림은 다음과 같은 시를 지어 그를 칭찬했다.

外戚擅權天下有,

(외척천권천하유)

內臣抗疏古今無.

(내신항소고금무)

道合比干惟異世,

(도합비간유이세)

心於巷伯卻同符.

(심어항백각동부)


외척이 권력을 함부로 휘두르는 일은 천하에 있었지만

내신이 상소를 올리는 일은 고금에 없던 일이구나.

그의 도는 비간과 합하여 오직 세상과는 다르고

마음은 향백과 같은 모습이구나.

후에 효종은 충성스런 간언을 올린 이런 환관을 죽이지 말았어야 했다고 후회를 하며 사자를 보내 제사를 지내고 그의 영을 달래며 어제문을 비석에 새겨 세세토록 기념하도록 했다.

사람들은 이 모든 '은혜'가 효종의 '추모의 정'에서 비롯된 것이라고 말하지만, 졸필은 황제가 무엇인가를 두려워한 것이 아닐까 조심스럽게 추측해 본다. 왜냐하면 하정이 억울하게 죽은 후에 원귀가 되면 궁중에서 기이한 일을 일으킬 수 있었기 때문이었다. 명나라 말 태감 유약우는 자신이 들은 '소문'을 근거로 하여 이 일을 《작중지》에 기록했는데, 그는 이렇게 말했다.

"(하)정은 죽었지만 금지구역에서 동銅 항아리를 끌며 소리를 내었으니, 사람들은 그의 원귀라고 했다. 궁중 안팎에서 탄식을 하니 하늘 역시 감동하고 그를 불쌍히 여겨, 특별히 돌에 조각을 하고 제사를 지내도록 했다."

하정이 죽은 후 영혼은 사라지지 않고 여전히 동 항아리를 가지고 못된 장난을 쳤다. 어찌 오싹하지 않겠는가? 이것은 명나라 황궁의 수많은 귀신 소동 중 한 예일 뿐이다!

자금성에는 커다란 도금 항아리가 300여 개 있는데, 그중 봉천전, 화개전華蓋殿과 건청문 양측에 총 18개의 도금 항아리가 진열되어 있고 각 항아리는 높이 1.2m, 직경 1.66m, 중량 약 1696kg으로 물을 붓는다면 2톤 가량의 물을 부을 수 있다. 하정은 생전에 건청문을 지켰고, 죽어서도 자신의 근거지를 떠나지 못해 밤만 되면 동 항아리를 끌고 문 앞에서 좌우로 이동하며 큰 소리를 냈다고 한다. 금속과 돌이 서로 마찰되며 나는 음울한 소리는 마치 원한을 토하는 신음소리 같았을 것이다.

하정은 궁중에서 많은 동정을 받았다. 그중에 포 태감鮑太監(유약우는 이름을 이야기하지 않았지만, 졸필은 포충鮑忠이 아닐까 생각한다. 포충은 훗날 사예감 태감을 맡았다)은 하정과 아주 관계가 돈독했다. 그들은 둘 다 장황친의 행동을 못마땅하게 생각했기 때문에 같이 이야기를 할 기회가 있으면 항상 장씨 형제 흉을 몇 마디씩 하며 묵은 화를 풀곤 했다. 포충은 그저 속마음을 털어놓고 화풀이를 했을 뿐 뒤끝은 없었다. 하지만 하정이 이런 행동을 할 줄은 정말 몰랐던 것이다.

하정은 상소문의 초고를 가다듬을 때에도 방안에만 틀어박혀 포충이 이 사실을 눈치채지 못하도록 했다. 이는 당연히 포충이 공을 가로챌까 봐 걱정되어서가 아니라, 이번 상소의 위험성을 인지하고 있었던 터라 자기 혼자만 벌을 받고 말지 두 사람이 함께 벌을 받고 싶지는 않았기 때문이었다. 그는 체포가 된 후에도 작심을 하고 소위 말하는 '주모자'는 절대 불지 않았다. 만일 그런 굳은 결심이 없었다면 자백을 강요하는 심문을 받을 때 포충까지 끌어들였을 것이다.

하정이 등불 아래 심혈을 기울여 정식 상소문을 옮겨 쓰고 있을 때 문 옆에 세워져 있던 문빗장 하나가 갑자기 움직이며 한 걸음씩 책상 앞까지 다가왔다. 하정은 조금도 무서워하지 않고 화를 내며 외쳤다.

"내가 나라를 위해 할 말을 하려고 하는데 너는 도대체 어떤 놈이기에 감히 나를 겁주려 하느냐?" 사실 그 문빗장 신은 하정이 아주 위험한 일을 하려는 것을 알고는 착한 마음을 가지고 그의 행동을 막아보려 했던 것이었다. 그러나 문빗장이 스스로 움직였다는 것 자체가 이미 요사스러운 기를 포함한 것이었기에, 올바른 기운이 가득한 하정의 목소리에 부딪히자 바로 꼼짝할 수 없었다. 문빗장은 그의 올바른 기운과 충돌해 철컹 소리를 내며 땅에 넘어졌고, 하정의 상소문은 그렇게 올라가게 되었다. 과연 불의의 화가 그를 기다리고 있었고, 억울한 생명은 사라져 버렸다.

어쩌면 하정이 참고 있던 기가 너무 왕성해서 죽어서도 바로 사라지지 못하고, 생각지 못하게도 귀신이 되어 매일 밤마다 황상 집안의 문 앞을 긁어댔는지도 모른다. 효종 두 내외는 밤마다 잠을 잘 수가 없어서 효종은 장황후를 원망했으며, 장황후 역시 후회막심이었다. 어쩔 수 없이 우리의 하 충신을 위로할 수밖에 없었다. 그러므로 그에게 감동했다든지, 불쌍히 여겼다는 것은 전부 가짜이고, 진짜로 원귀가 나올까 봐 무서웠던 것뿐이었다. 하정은 원귀이고, 게다가 충신이었으니, 그가 효종에게 준 혜택이 있다면 더이상 괴롭히지 않고 서천으로 떠나가는 것뿐이었다.


장학령 형제는 효종 때에 수차례 탄핵을 받았다. 관원이 상소와 간언을 올리면서 사용한 것은 문자적인 힘이었다. 군자는 어떤 일이든 말로 해결하지 폭력은 사용하지 않기 때문이다. 하지만 어떤 군자는 아무리 말을 해도 소용이 없자 분노를 참지 못하고 폭력을 사용해 장황친에게 따끔한 교훈을 주고 싶다는 생각을 품게 되었다.

그중에는 성은 이李씨요, 이름은 몽양夢陽이라는 명대 중기 최고의 인재도 있었다. 그가 정말로 소문난 인재라면, 글을 잘 썼다는 것 뿐 아니라 기이한 현상을 통해 그의 대단함을 설명하게 마련이다. 전설에 의하면 이몽양의 어머니는 '해가 품으로 떨어지는 꿈'을 꾸고 아들을 낳았기 때문에, 아들의 이름을 '몽양'으로 지었다고 한다. 이런 희한한 현상은 굳이 따지지 않는다면 아무렇지 않게 지나칠 수 있다. 하지만 하나하나 따져본다면 이상하다는 생각을 하게 될 것이다. 예를 들어 장황후의 어머니인 김부인도 꿈에서 달을 본 후에 장황후를 낳았다고 한다. 그런 논리로 생각한다면 황제는 엄연한 태양의 후예이며 '태양'에 속한 사람이다. 그렇다면 태양과 어울리는 것은 자연히 달이고, 달은 바로 황후의 속성을 대표한다. 김부인이 달을 보고 임신을 했다는 것은 당연히 중전마님을 낳을 것이라는 징조로 해석할 수 있다. 같은 논리로 생각한다면 몽양의 어머니는 천자를 낳았어야 하는 것 아닌가? 하지만 결과론적으로 이몽양의 어머니가 낳은 것은 글재주가 출중한 인재였을 뿐이었다. 그러므로 여자가 아이를 낳을 때 태몽으로 무엇을 보았는지 과도한 상상의 나래를 펼 필요가 전혀 없다.

이몽양은 홍치弘治 7년(1494년)에 진사가 되었으며 처음에는 호부 주사主事의 직위를 받았다가 나중에는 낭중郎中(오늘날의 정부기관 국장, 정오품)으로 승진되었다. 이몽양은 관중關中(오늘날 간쑤甘肅 칭양慶陽)의 사나이로 설득력 있는 글을 잘 쓰고 성격 역시 매우 강직했다. 그는 과거 '권력가에게 밉보여 감옥에 갇혔던(格势要)' 관계로 콩밥을 먹은 적이 있었다.

홍치 18년(1505년), 이몽양은 황제의 명령에 따라 조정의 1가지 병, 3가지 해악, 6가지 쇠약함을 적은 상소를 올렸는데, 놀랍게도 단번에 일필휘지로 5

천여 자를 적었고 글의 말미에는 특별히 황친 수녕후 장학령을 언급하며 그가 "무뢰배를 모집하고 받아들이며 이익을 탐하며 백성을 도적질했으니, 세력이 마치 날개달린 호랑이 같다[招納無賴, 罔利賊民, 勢如翼虎]"고 했다. 이몽양이 말한 이것들은 본래 신선할 것이 없는 이슈인데다가 여러 사람에게 너무 많이 회자되어 익숙한 글이었다. 장학령 역시 '이가 많이 생기면 몸이 가렵지도 않다'는 말처럼 콧방귀도 뀌지 않았다. 하지만 이몽양은 상소에서 "(황후) 폐하께서 장씨에게 잘 대해주신다"는 말 한마디 때문에 장학령에게 빌미가 잡혔다. 이 일로 장학령은 이 말 많은 선비가 입을 다물도록 한번 단단히 손을 봐줘야겠다는 결심을 하게 되었다.

장학령은 이몽양의 탄핵을 상대로 역탄핵을 했다. 그는 이몽양이 "모후가 장씨를 두둔한다고 헐뜯는 말을 했다"며 이는 큰 불경이니 그 죄를 물어 마땅히 참수해야 한다고 주장했다. 장학령은 비록 격앙된 논조로 자신의 주장을 펼쳤지만, 자신 역시 한 구절만을 놓고 잘못을 주장해서는 이몽양의 죄를 묻기 어려움을 잘 알고 있었다. 그의 이 상소는 단순한 서막에 불과했으며, 그 뒤에는 그의 짝이 기다리고 있었다. 황후의 어머니인 김부인이 궁으로 달려가 효종을 붙들고 통곡하며 억울함을 호소하도록 선동한 것이다. 김부인은 "신하는 아들이요 군주는 아버지인데 이몽양이 상소문에서 황후가 장씨를 위한다고 공개적으로 칭했으니, 그 마음에 황제를 존경하는 마음이라곤 눈곱만큼도 없습니다. 그의 욕망을 이렇게 자라게 놓아줘서는 안 됩니다. 만일 이런 불법분자를 처리하지 않으면 조정은 체통을 잃을 것이며 신하들도 존비를 알지 못할 것입니다."라고 호소했다.

효종은 귀가 얇은 편이라 황후 모녀의 한바탕 소동에 금의위에게 이몽양을 잡아오라 명하고 약간의 벌을 주고 월급에서 벌금을 조금 물도록 한 후, 바로 그를 놓아주었다.

그러나 장씨 집안은 저급하기 짝이 없었다. 집안의 위아래 사람은 모두 자기주장만 할 뿐 타인은 절대 용서하지 않는 악인이었다. 김부인은 장학령 때문에 배알이 틀린 이후로 끝까지 이몽양의 트집을 잡았다. 황제가 이몽양을 다시 벌줘야 한다고 주장하며 황제가 장모님에게 눈속임만 하고 얼렁뚱땅 넘어가지 못하게 했다. 효종은 장모님이 울며 짜며 성화를 해대자 어쩔 방법이 없어 거짓으로 대답을 하고 말았다. 며칠이 지나 남궁으로 놀러 갔을 때 그는 특별히 장황후 일가친척을 모두 불러와 함께 잔치를 벌였다. 술이 반 순배가 지나자 황후와 황태자, 김부인 등은 궁전을 나가서 유람을 하기 시작했다. 효종은 장학령을 불러 따로 남도록 한 후 장모 집안 여성들이 멀어지자 갑자기 얼굴색을 바꾸며 장학령을 호되게 꾸짖었다. 무슨 말을 했는지 사서에서는 기록되어 있지 않지만, 다만 이렇게 말할 수 있다.

"좌우 사람은 그 소리를 들을 수 없었지만, 멀리서 보니 학영이 모자를 벗고 머리를 땅에 부딪치는 것이 스스로 조금 언행을 삼가는 듯했다."

장학령은 황제의 꾸중을 듣자 잘못을 인정할 수밖에 없었을 것이다. 이것은 이제 야단을 쳤으니 다시는 죄를 묻지 않겠다는 뜻이었다. 그러나 좌우에 늘어선 태감들은 마치 황후의 원한을 대신 풀어주기라도 하려는 듯 여전히 쉬지 않고 효종에게 간했다. "듣기 싫은 말을 한 것은 큰 잘못도 아니고, 심각한 죄를 저지른 것도 아닙니다. 하지만 이몽양이 죄를 지은 대상은 노부인이시니, 제멋대로 날뛰게 할 수는 없습니다. 소인들의 소견으로는 몽양을 잡아다가 몇 대를 때리면 노부인도 화를 푸실 거라고 생각됩니다." 그러나 그 속마음은 음험하기 그지없었다. 겉으로는 이몽양의 불경죄를 다스릴 필요가 있다고 그럴듯하게 이야기했지만, 실제 형부刑部에서 죄의 판결을 명한다면 그 처벌이 감봉이나 좌천에 그칠 리 없었기 때문이었다. 이몽양은 생명까지 위험한 상황이었다.

그러나 다행히 효종은 그들의 간계를 간파하고 병부상서 유대하劉大夏에게 말했다. "이 무리는 몽양을 때려죽이고 싶어 할 뿐이다. 내가 어떻게 주위 심복의 원한을 풀어주자고 강직한 신하를 죽이겠는가?" 결국 황제가 이몽양의 죄를 묻지 않자 장씨 형제도 어쩔 수 없이 참고 말았다.

바로 이날, 장학령이 길을 걷고 있을 때였다. 최근 이몽양 때문에 사는 게 정말 재미없다고 생각하며 걷고 있던 그는 고개를 들 기운조차 없었다. 고개를 푹 숙이고 땅만 쳐다보며 아무런 생각 없이 걸어가고 있는데 갑자기 맞은편에서 말 하나가 쏜살같이 달려오는 것이 아닌가? 깜짝 놀라 고개를 들어보니 그 말은 이미 코앞까지 와 있었다. 그런데 이게 웬일인가? 말에 탄 사람은 다른 사람이 아니라 바로 자신의 호적수 이몽양이 아닌가? 몽양은 급히 말을 세우더니 수녕후의 머리에 오물을 뒤집어씌우듯 사람들 앞에서 온갖 욕을 해댔다.

장학령은 너무나 부끄럽고 화가 나, 순간 눈만 휘둥그레져 "아, 아!" 한탄만 연발하다가 아무 말도 하지 못했다. 이몽양은 자신이 압도하는 분위기를 감지하자, 욕은 한 것으로도 시원치 않아 손에 들고 있던 말채찍으로 그의 머리를 내려쳤다. 장학령은 아프다기보다는 입 안이 얼얼하다는 느낌이 들었다. 입 안에서는 무엇인가가 느껴졌다. 침을 뱉어보니 피와 함께 앞니 두 개가 쏟아져 나왔다.

중국에는 '재수가 없으면 이빨이 부러져도 피와 함께 삼켜버려야 한다'는 속담이 있는데, 이때 장학령의 모습이 바로 그러했다. 항상 득의양양하게 장안 시내를 활보하던 이 장황친은 사람들 앞에서 매를 맞았고, 길 양쪽이 환호성으로 떠들썩하며 사람마다 갈채를 보내자 더 이상 억울함도 호소하지 못했다. 애꿎은 말만 걷어차고 꼬리를 내린 채 줄행랑을 쳤다. 장황친이 길바닥에 뱉어낸 그 앞니 두 개가 재자 이몽양을 당대의 레전드로 만들었다.

# 제6권

장황친의 몰락기

# 제41장 장 국구가 반역사건의 피고로

효종의 뒤를 이은 황제는 무종武宗이었다.

장씨 형제는 무종 주후조朱厚照의 친외삼촌이었지만 주후조는 두 외삼촌인 국구와 그다지 친하지 않았다. 미세한 변화를 감지해 미래를 예측하는 능력이 뛰어난 사람이 아니더라도, 모두 장황친 집안이 정덕正德 연간에 확실히 내리막길을 걷고 있다는 것을 똑똑히 확인할 수 있었다.

주후조는 즉위한 후, 모후 장씨를 황태후로 존대했다. 정덕 5년(1510년) 12월, 모반을 일으킨 속주인 주치번朱寘鐇을 평정한 후에 모후 장씨의 존호를 한층 높여 '자수 황태후慈壽皇太后'라고 했다. 아들이 어머니께 몇 번이나 월계관을 바치는 상황이었다. 입에 발린 말을 잘하는 사람이라면 분명 이렇게 말했을 것이다. "어머님은 세상에 강림하신 달의 선녀이십니다. 이 아름다운 칭호는 모두 황제께서 달나라 궁전 뒤 화원에서 따온 걸 거예요."

사실 이런 칭호는 대부분 의례에 따른 것일 뿐, 황제의 특별한 효심을 나타내는 것은 아니다. '어머니를 기쁘게 하려는' 뜻은 더욱이 없다고 봐야 한다. 갖가지 증거는 무종이 성년이 된 후에 어머니와의 관계가 비교적 냉담해졌기 때문에, 외갓집의 지위도 자연스럽게 하락했음을 알려준다. 물론 타인의 모자 관계가 화목한지, 혹은 밖으로는 친해보여도 안으로 차가운지 아닌지는 곁에 있는 친근한 사람만이 실마리를 발견할 수 있을 것이다. 졸필은 역사에 따라 책을 쓸 뿐, 황후 곁에 있는 궁인과 친밀한 대화를 나눠보거나 솔직한 의견 교환을 한 적도 없다. 당연히 어떤 역사가처럼 천리안과 바람을 따라 소식을 듣는 귀를 가져 눈에 띄지 않는 천리 밖 일까지 관찰할 수는 없다. 졸필은 그저 분명한 사실에 근거한 추측을 할 뿐이며, 가장 중요한 증거라고 한다면 주후조는 '외척과 평소 관계가 소원했다[于外氏素疏]'라는 말을 들 수 있다.

비록 외손자가 황제가 되었지만, 장씨 가족의 집안 사정은 홍치 연간보다 훨씬 못했다. 장학령은 정덕 초년에 이미 태부太傅까지 관직이 승격되었다. 태부란 삼공(태사, 태부, 태보) 중의 하나로 명나라 때는 일품이라는 높은 관직이었지만 전부 이름뿐인 명예직으로, 주로 중신이 계속 승진을 해 경력과 자격이 늘어나면서 얻는 관직이었지 고대 삼공의 권세나 영광과는 비교할 수 없었다. 표면적으로는 계속 승진을 하며 황족으로서 후한 은혜를 받는 듯한 이면에, 장씨 형제는 확실히 현실의 냉혹함을 느꼈고 심지어 생존의 위기까지 느껴야 했다.

그들의 몸값은 점점 오르고 있었다. 과거는 황제의 어린 외삼촌이었지만, 지금은 나라의 외숙부인 국구가 되었고 황제는 그들 둘만 보면 꼬박꼬박 외삼촌이라고 부르지 않는가! 하지만 국구는 억울한 일이 많아 망연자실할 때가 많았다. 과거에는 자신들이 백성을 무시했는데, 지금은 틈만 나면 사람들이 자기 머리 꼭대기 위로 올라와 자신들을 괴롭혔다. 더 슬픈 일은 황제도 그들의 사정을 전혀 아는 척 하지 않는다는 점이었다! 그들의 누나인 황태후가 나서기도 하지만, 지금은 그것마저 약발이 잘 들고 있지 않았다.

정덕 10년(1515년) 겨울, 장황친 집안은 다른 사람에게 고소를 당했다. 죄명도 어마어마한 반역죄였다.

《명무종실록明武宗實錄》과 《명세종실록明世宗實錄》은 이 중요 사건을 모두 기록하고 있지만 사건의 해석에는 약간의 차이를 보이고 있다. 지금 그 내용을 대략적으로 정리해서 줄거리만 이야기하자면 다음과 같다.

조정曹鼎은 장연령 집안의 종이었는데 조정 부자는 서로 깊은 원한을 품고 있었다. 정덕 초년, 태감 유근劉瑾이 아직 세력을 잡고 있을 때, 조조曹祖가 경성에 달려와 상소를 올리며 아들의 죄상을 고소했다. 그는 심지어 조정이 태어났을 때의 이상 현상까지 함께 폭로했다. "천조天曹[131]의 할아비에 해당하는 징조가 응했다[兆応天曹之祖]." 이는 알다가도 모를 말이었다. 하지만 귀신이 씨나락 까먹는 말이어야 사람에게 공포감을 조장할 수 있는 것 아닌가? 아무리 조조가 '말이 많고 허무맹랑하다' 하여도, 이 말은 마치 독화살처럼 친아들의 생명을 빼앗아 갈 수 있었다.

과거 전통사회에서는 미래를 향한 징조를 매우 중요하게 여겼다. 그래서 위대한 귀인이 태어날 때에는 항상 어머니 뱃속에서 수많은 기이한 물건 혹은 부호를 가지고 태어났다. 마치 가보옥賈寶玉[132]이 입에 아름다운 돌 하나를 물고 태어난 것처럼 말이다. 그래서 조정과 관부에서는 발바닥에 북두칠성 무늬가 있거나, 몸에 용무늬가 있는 사람, 일반인과 다른 모습을 하거나 신비

---

131    도가에서 칭하는 천상의 관직명.
132    (편집자 주) 중국의 고전소설 『홍루몽』의 주인공으로, 입에 아름다운 돌을 물고 태어나 보옥(寶玉)이라는 이름이 붙었다.

한 아우라를 가진 사람을 항상 각별히 경계해왔다. 하지만 당시 사람은 이런 것들을 열렬히 신봉했기 때문에 뛰어난 지혜를 가진 사람이 나타나 미스터리를 풀어주기를 갈망했다. 그래서 사회에는 별을 보고 운명을 예측하거나 관상을 보아 밥벌이를 하는, '술사術士'라고 불리는 사람이 나타났으며, 이런 사람은 타인에게 해코지도 하곤 했다. 정부기관의 사전 속에서 그들은 '요사스런 인물妖人'로 불렸으며, 부귀를 가져다준다고 말하며 그들이 가지고 다니는 그 책은 요사스러운 책이라 불렸다. 조조는 바로 이런 사람이었다.

그들은 부자간인데 어떻게 불만이 생기게 되었는지 알 길이 없다. 아버지가 느닷없이 큰 몽둥이를 들고 아들을 패 죽이겠다고 한다면 이는 꼭 재산 싸움 때문에 생긴 원한 관계라고만은 할 수 없을 것이다.

조조가 유근을 찾은 데에는 이유가 있었다. 첫째, 유 태감은 정덕 초년에 나는 새도 떨어뜨리는 인물로 별명은 '서 있는 황제'였다. 청소년기부터 놀이만 좋아하고 정사는 제대로 돌보지 않은 명 무종은 자연히 '앉아 있는 황제'라고 해야겠다. 한편으로 유 태감은 도술을 매우 신뢰했기 때문에 그는 조양문朝陽門 밖에 현명관玄明觀이라는 상당히 큰 규모의 도장을 지었었다. 이 도장을 건축하기 위해 무력 동원도 전혀 개의치 않고 수천이나 되는 민가를 철거하고 백성의 무덤을 깎아냈다. 그는 자기 곁에 기의 운행을 살피고 풍수를 관찰하며 관상을 보는 술사를 수없이 많이 두고 경제 지원을 했는데, 조조는 기상을 관찰하던 '일자日者'로서 그들과는 동일 업계 종사자라고 할 수 있었고 그래서 유근과도 라인이 맞을 수 있었다.

유근은 조조가 친아들을 고발한 서신을 받은 후, 이상한 징조를 보였다는 피고 조정을 체포하도록 병졸을 파견한 것이 아니라 오히려 원고를 잡아와 그의 죄를 물었다. 어쩌면 장황친 집안에서 뇌물을 주었거나 사정을 부탁했을 수도 있고, 혹은 아버지가 아들을 고소했다는 자체가 인륜을 거스르는 참사이기에 유 태감의 동정을 받지 못했을 수도 있었다. 결국 조조는 목에 칼을 쓰고 절강의 본적지로 돌려보내졌다.

이것은 수년 전에 있었던 묵은 빚이었다. 그런데 수년이 지난 정덕 10년 겨울, 조조는 또다시 북경으로 돌아왔다. 실록에 의하면 그는 '조정曹鼎을 의지하러' 왔다고 했다. 즉 아들에게 의탁하려 왔다는 것이었다. 조조는 이때 나이가 들었기에 아마 조정이 그의 노후문제를 책임져 주고 편안한 만년을 보낼 수 있도록 도와주기를 바랐던 것 같다. 조정은 장황친 집안에서 꽤 괜찮게 지내고 있었기 때문이다!

그 몇 년간 있었던 변고를 우리도 알 수 없지만 상상은 해볼 수 있다. 수년 전에 이 부친은 그렇게 중대한 죄명으로 사람들이 모두 두려워하는 유 태감에게 가서 무고한 고자질을 하며, 아들을 뻔히 보이는 죽음의 길로 밀어넣었던 것이다. 다행히 계획은 이뤄지지 못했고 아들도 뼛가루가 되지 못했다. 지금 늙은이가 염치 불구하고 아들에게 죽어 장례를 치를 때까지 양로의 의무를 다해 달라고 요구를 한다면, 과연 이 아들이 믿을 수 있었을까? 조정은 당연히 믿을 수 없었기에 아버지를 쫓아내버렸다.

조조는 유명한 백수건달이었다. 아들이 자신을 믿지 않자 그는 아들에게 너 죽고 나 죽자는 물귀신 작전을 펴, 이 불효자가 견딜 수 없도록 만들었다. 그는 아예 악랄한 계획을 세워 아들 조정의 주인인 국구마저 같이 물속으로 끌어들이려 했다. 둥지를 엎어뜨리면 성한 알이 남겠는가? 이를 통해서도 이 사람의 마음이 얼마나 악독한지 알 수 있다.

마음의 계획을 확정하자, 그는 고소장 한 장을 써서 도찰원에 장황친이 '비밀리에 반역을 꾀한다'는 투서를 넣었다.

이상은 《명무종실록》의 주장이다. 조조가 상소를 한 일은 가정 시대에 또 다시 다른 사람에게 이용되어 장씨 집안을 모함하는 흑색 자료로 짜깁기 되었다. 그런 이유로 《명세종실록》은 정덕 연간의 과거지사를 약간 회고하고 있다. 《명세종실록》의 말로는 조조의 아버지가 점성술로 행운을 얻었다고 했지만, 그 '행운'이 과연 누구에게 임한 복인지는 확실하게 이야기하지 않고 있다. 그러나 아랫글에서 조조가 장연령에게 하나씩 분석한 것을 보면 그 행운의 주인공은 장학령의 동생 건창후 장연령이었다. 본래 그 부자는 모두 장황친의 저택에서 식사를 하고 있었다. 처음 그 두 부자의 관계는 전혀 나쁘지 않았다. 조정은 마경馬景 등 친구 앞에서 자기 아버지가 얼마나 대단한지 떠벌리며 아버지가 육임六壬[133]의 전술을 계승받은 직계자이며 귀신 병사도 몰아낼 수 있다고 자주 허풍을 떨었다.

중국에는 이런 속담이 있다. '돈만 있으면 귀신에게 맷돌도 갈게 할 수 있다.' 귀신에게 일을 시키는데 돈을 안 내면 되겠는가? 귀신이 뭐 부족한 것이 있다고 사람의 말을 듣는단 말인가? 하지만 만일 조조에게 돈이 있었다

---

133  육임은 중국 고대 궁정 전술의 일종으로서, 태을(太乙), 순갑(遁甲)과 함께 삼식 (三式)으로 불림.

면 다른 사람의 울타리에 기대어 다른 사람의 얼굴색을 살피며 밥을 빌어먹으며 살지 않았을 것이다. 이런 논리에 따라 생각해보면, 졸필은 조조가 '귀신 병사를 몰아낼' 능력이 있었다고는 전혀 믿지 않는다. 하지만 마경 등은 전부 장씨 집안에서 길러낸 깡패로 뇌세포의 절반 이상이 이미 두 팔의 근육 세포로 전이된 상태라, 두개골 속에는 그저 찐득거리는 액체만 좀 남아 있을 뿐이었다. 그들은 조정의 말에 얼렁뚱땅 넘어가 그를 맹신하고는 조조를 '이 세상에 살아 있는 신'으로 받들었다.

조조 역시 전혀 겸손하지 않아, 자기 자랑이 아들보다 더했다. 그는 신도의 지갑 속에서 눈먼 돈을 유용하기 위해 사종 가짜 법술을 자랑했다. 마경 같은 사람이야말로 그가 '이리저리 내몰 수 있는' 바보 멍청이 귀신이었던 것이다!

후에 조씨 부자 두 사람은 어떤 이유에서인지 철저히 갈라서게 되었다. 조정은 처음에는 아버지의 비밀을 남김없이 까발리고, 그가 귀신을 몰아냈다는 것은 거짓말이지만 남을 속여 돈을 빼앗은 것은 참말이라고 했다. 그런데 조정 아버지의 정체가 탄로 나자, 마경과 무리도 자기 지갑의 돈이 다 사라졌다는 사실을 알게 되었다. 그들은 장연령에게 달려가 조조의 죄상을 함께 폭로했고, 장연령은 그를 몰아냈다.

귀신과 이야기를 할 수 있는 사람은 사람에게 천대를 받지 않는 법이다. 조조는 너무나 화가 나고 체면이 상했던 나머지, 장연령과 그의 아들, 그리고 마경 등 사람을 전부 하나로 싸잡아 어쩌면 있었을 수도 있는 반란 사건을 날조한 후, 이들이 반역 음모를 꾸몄다는 거짓 상소를 올려 버렸다.

《명세종실록》에서는 정덕 10년 조조가 장연령을 고발한 송사를 기록하고 있다. 비록 정덕 초년 조조가 그 아들을 고발했던 사건은 빼놓았지만(어쩌면 실록에서는 이 옛일은 큰 관계가 없다고 생각했는지 모르겠다), 조씨 부자가 왜 서로 미워하며 소송까지 일으키게 되었는가 하는 구체적인 사항을 보충설명했다.

이 일은 홍치 연간까지 진척이 지지부진했다. 무뢰한이자 미치광이 한 명의 힘으로는 장씨 황친을 움직일 수 없었기 때문이었다. 하지만 조정은 바뀌고 새로운 시대가 도래했다. 무종 황제 주후조는 그 아버지처럼 체면을 중요시하는 사람이 아니었기에, 소송장을 보자 즉시 명령을 내려 피고와 원고를 각각 수감시키되, 조조는 체포하여 형부의 감옥에, 마경 등은 금의위 감옥(즉 조옥)에 가두었고, 조정 등은 동창옥東廠獄에 가두었다. 주후조는 사법부인 법사法司가 황친의 체면 때문에 사사로운 정에 따라 법을 위반해 장씨 집안사람을 풀어 줄까 봐 사예감과 동창이 법정 심문 전 과정을 감시하도록 했다. 그는 또한 장태후가 배후에서 관원에게 돈과 뇌물을 사용할까 걱정해, 이 소송에 '다수의 법관'이 법정 심문을 실시하고 대신들은 황성의 뙤약볕이 내려쬐이는 제방에 앉아 단체 심문을 하도록 했다.

주후조가 송사를 직접 감독, 추진하면서 송사의 범위는 완연히 확대되었으며 '중대 안건'의 방향으로 발전하게 되었다.

충격을 받아 정신이 없던 장태후는 황급하게 황제를 찾아 선처를 호소했지만, 그녀는 황제가 된 아들이 이미 장씨의 죄를 묻기로 단단히 결심을 한 상태라고 생각지 못했다. 무종은 누구의 이야기를 막론하고, 모후의 권고조차 콧등으로도 들으려 하지 않은 채, 오히려 모후가 두 외삼촌의 행동을 오냐오냐 해서는 안 된다고 권고했다.

장태후는 권고와 건의가 아무런 효과가 없자, 궁중에 앉아 날마다 눈물로 하루를 보냈다. 그러나 그녀가 흘린 자애로운 어머니의 눈물은 비를 부르는 봄바람이 되어 황제의 무쇠 같은 마음을 부드럽게 녹여주지는 못했다. 한편 황제 역시 아주 오랫동안 인수궁仁壽宮에 문안 가는 발길을 끊었다. 황태후도 황제의 마음을 돌릴 수 없다는 것을 알게 되자, 장황친 역시 문제의 심각성을 깨닫고 집안에 틀어박혀 언제 떨어질지 모를 큰 화를 두려워했다.

바로 이 결정적인 순간에 조조가 갑자기 옥에서 급사했다. 형부의 보고에 의하면 그는 약을 먹고 자살했다고 한다.

아무런 까닭도 없이 원고가 왜 자살을 하겠는가? 주후조는 그 말을 믿지 않았다. 누군가가 입막음을 하기 위해 살해를 한 것이라 의심했다. 그는 성지를 내려 형부 상서 장자린張子麟을 엄하게 힐책하며 금의위에게 형부 순풍주사巡風主事 조춘曹春, 제뢰주사提牢主事 진능陳能과 간수 왕자명王子明[134]을 체포하도록 명했다.

순풍주사와 제뢰주사는 형부에서 감옥의 순찰과 행정, 관리, 감독을 책임지는 관원이며, '원문原問'이란 이 안건의 원심 재판관을 일컬었다. 이렇게 되자, 이 안의 직간접 책임자는 전부 조옥에 갇혀버린 셈이었다. 황제가 얼마

---

134 《명무종실록》에서는 왕자명이 '원문주사(原問主事)'라고 말한다. 주사는 한 부의 처장급 직위였다.

나 진노했는지 잘 알 수 있겠다. 성지에 사용된 언어는 매우 심각하여 반드시 조조가 사망한 진상을 '끝까지 추궁'하겠다는 뜻을 알 수 있었다.

하지만 이것저것 심문을 해 보았어도 금의위의 형 집행 관리는 역시나 이런 보고서를 올렸다. "조조는 혼자 독약을 소지하고 있다가 죄를 추궁당할까 봐 두려워 독약을 먹었으며, 타인은 아무도 관련이 되지 않았고, 게다가 그는 장황친을 고소한 죄 외에는 다른 증거가 없다."

조조가 비록 악인이라 하더라도 그가 장씨를 고소했다는 것은 무고한 죄명에 가까웠다. 하지만 그는 분명 황제가 직접 감독하여 처분하는 '황제 감독 소송'의 중요한 증인이니, 감옥에 들어갔을 때에도 반드시 엄격한 조사를 받았을 터인데 어떻게 독약을 숨겨둘 수 있었을까? 게다가 그가 장연령을 고발한 것은 자신의 쌓인 분을 풀기 위해서이기도 하지만 또한 부귀를 얻으려는 요행심리도 있었으니 이런 사람은 담구석의 바퀴벌레요, 기와 사이의 빈대나 마찬가지로 아무리 밟아 죽이려 해도 죽이지 못할 사람인데 그가 스스로 자결할 생각을 하기나 했을까? 하지만 조조의 죽음은 비록 이해되지 않는 점도 많았지만 시기상으로는 아주 적절했다. 그가 죽었기에 장황친 사건의 제보자와 유일한 증인은 사라졌고 사건은 순식간에 유명무실해졌으며, 이로 말미암아 모든 사람은 안도의 한숨을 내쉬었다.

만일 한 사람이 그렇게 시기적절하게 죽어서 많은 사람에게 유익을 끼칠 수 있다면 그 사람의 죽음은 분명 우연이 아니라고 의심할 필요가 있다. 졸필은 간수가 조조에게 몰래 독을 먹여 죽였다고 생각한다.

사실대로 말하자면 장황친이 정말로 모반을 기도했다고 믿는 사람은 한 명도 없었다. 그 무뢰배 조조는 시도 때도 없이 짖어대는 미친개에 불과할 뿐이었다. 하지만 이 사건은 매우 민감한 사안이었다. 황제가 끝까지 철저한 조사를 요구했기 때문이었다. 북경의 관원과 백성은 이를 이해할 수 없다는 태도로 일관했다. 황상은 외삼촌 두 사람을 잘 보살펴 줘야만 하는 게 아닌가? 황상은 조조의 투서를 어떤 식으로 꽉 붙들고 놓지 않고, 장황친 가문의 역모죄를 끝까지 추적할 것인가? 장황친의 죄명이 일단 사실이라고 인정을 받으면 장씨는 멸문지화를 당해야 하는 것이 아닌가? 황제가 어떻게 황태후의 체면을 전혀 고려해주지 않는단 말인가? 궁정은 여전히 깊고 고즈넉해 보였지만 궁정 밖에서는 이미 불안한 기운이 느껴지고 있었다.

당시 금의위의 권력을 쥐고 있던 사람은 도독都督 전녕錢寧이고, 동창을 지휘하는 사람은 태감 장열張銳이었다. 그들은 이 사건을 조사하는 주요 담당자였다. 비록 황제가 구경 대신에게 이 사건을 공동 심문하라고 명했지만 구체적인 압송, 형 집행, 심문은 동창과 금의위에서 책임을 지고 있었다. 이 두 사람은 이미 인수궁의 귀띔과 전갈을 받았으며, '마음을 써서' 일을 해 줄 것을 거듭 부탁받았다. 또 한편으로는 장씨 형제에게서 대량의 뇌물을 받았기에 당연히 황친 집안이 죄명을 벗도록 있는 힘을 다했다. 그들은 이 사건을 정식으로 조사해 무슨 일이 있더라도 대역죄로 몰고 간다면, 정말 수습이 불가능해진다는 것을 잘 알고 있었다! 설마 황제가 친어머니와 외삼촌을 시내로 끌고 가 참수를 시킨단 말인가? 반란은 가장 큰 죄이고 법에 따라 모든 친척이 모두 연루되어야 하지만, 그렇다고 설마 지금 왕조의 모후 역시 체포해야 한단 말인가? 그래서 그들은 이 사건을 조사하는 과정에서도 모두 관망하는 태도로 일관했다.

확실한 것은 이 사건의 의문점을 풀어내는 관건은 첫 원고인 조조에게 달려 있다는 것이었다.

지금 조조가 죽었으니 모두가 이 의문에서 해방되었다. 황제 역시 더는 추궁을 할 수가 없어 관원 중에 형부상서 장자린 등이 '봉급 몰수' 등의 처분을 받았을 뿐이다. 벌금을 좀 냈기로서니 그게 무슨 대수겠는가? 의심의 먹구름에서 벗어났으니 모두 기뻐 어쩔 줄 몰라 했다. 전녕, 장열 두 사람은 신나게 인수궁으로 달려가 '사건 종결 진술서'를 작성했고 장태후의 칭찬을 받았다. 사건 후 장연령 역시 그들 각 사람에게 은 오백 량을 하사하며 감사를 표시했다.

이 사건을 대하던 무종의 태도는 아주 재미있었다. 조조의 상소가 올라오자 사건을 아직 다 파악하기도 전에 바로 성지를 내려 장씨 형제 둘의 조회 참가권을 파면하고 더 이상의 조회 참석을 금지했다. 또 그들에게 집에서 죄의 판결을 기다리도록 했는데, 마치 이런 기회가 오기를 아주 오랫동안 기다렸던 듯한 태도였다. 장연령은 아주 친한 천문생天文生[135]인 동장董昶에게 위탁하여 건창후의 작위를 거둬가길 구하는 상소 한편을 대리 작성해 황제의 마음을 떠보았다. 그러나 주후조는 그의 작위 사직은 물론 조회 참가권 회복도 전혀 허락하지 않았다. 이래서는 황제가 어떤 마음을 가지고 있는지 전혀 알 길이 없었다. 그리고 사건은 곧바로 손에 땀을 쥐게 할 만한 위태한 방향

---

135  고대에 하늘의 기상을 관측하고 시간과 일자를 계산하던 관리.

으로 발전했다. 조조가 돌연사하여 모든 것이 순식간에 원점으로 돌아갔을 때까지 말이다.

주후조는 왜 외삼촌 가문을 이렇게 냉정하고 잔혹하게 대했던 것일까?

죄송하지만, 졸필로서도 명조로 돌아가 본인에게 직접 사실을 확인하기란 어려운 일이다. 설령 돌아갈 수 있다고 해도 감히 물어보지는 못할 것 같다. 마치 이 사건에 연루되었던 명나라 시대의 사람처럼 졸필 역시 까딱 잘못했다가 목이 달아날까 두렵기 때문이다. 이런 일은 본래 매우 개인적인 사생활로 사서에서는 그저 무종이 '외가와 항상 소원했다', 즉 주호조가 모후 십안과 오랫동안 사이가 좋지 않았다고만 말하고 있다. 하지만 이것은 그저 결과일 뿐 결코 이유가 될 수는 없다. 우리의 의문사항은 무종이 왜 '외가와 항상 소원했는가?'라는 것이다.

앞에서 말한 것처럼, 효종은 가정 연회를 여는 것을 즐거하여 아내의 친정 식구, 장모, 처남 등을 다 같이 불러와 즐겁게 식사를 하곤 했다. 식사 후, 장씨 집안의 연장자, 외할머니, 외삼촌은 황태자 주후조를 이끌고 함께 후궁을 유람하곤 했다. 정말 즐겁고 따뜻한 광경이 아닐 수 없다.

하지만 황태자는 왜 옛정을 나 몰라라 하고 180도 태도를 바꿔 외가 친척을 모른 척 했을까? 앞에서도 말했듯 학영 형제는 불의를 자주 행하여 궁 밖에서 함부로 사고를 쳤을 뿐 아니라 궁 안에서도 규율을 지킬 줄 모르고 함부로 모리배 짓을 하는 성격을 전혀 고치지 못해 환관들조차 더 이상 봐주지 못할 정도였다. 주후조는 똑똑한 사람이라 외삼촌의 행동을 귀로 듣고 눈으로 본 후 이 두 외삼촌을 향한 편견이 생겨났다. 기회가 오기만 한다면 반드시 이 두 사람의 눈물을 쏙 빼놓겠다고 생각했다.

하지만 과거 주후조 어린이의 마음속에 심겨 있던 혐오의 싹이 무슨 일이 있더라도 외삼촌을 토벌해야 한다는 큰 나무로까지 자라란 법이 있을까? 어머니의 일족에게 반역이라는 대죄를 씌울 정도로 그렇게 혐오했단 말인가?

졸필은 이 문제의 답이 주후조 출생의 미스터리와 관련이 있다고 생각한다. 주후조의 분노가 꼭 장씨 형제 때문에 일어난 것이 아닐 수 있다는 점을 생각해보자. '술은 장공張公이 마시지만 취하기는 이공李公이 취한다'라고, 그는 사실 장태후 때문에 분풀이를 했던 것이다.

# 제42장 '정왕요언(鄭旺妖言)' 사건 — 무종 탄생의 미스터리

주후조는 영종英宗, 헌종憲宗, 효종孝宗 삼대 이래로 황후가 직접 낳은 첫 번째 황자로서, 이는 모든 사람이 기뻐할 만한 경사스런 일이었다. 그러나 홍치 17년(1504년) 겨울, 갑자기 조야를 떠들썩하게 할 '국모' 사건이 발생함으로 황태자의 신분은 안개 속으로 빠져들었다.

사건의 발단은 이렇다. 산동山東 무성중위중소武成中衛中所에서 정왕鄭旺이라고 하는 군여軍餘(즉 군대의 예비 병정, 정식군대의 보충역)가 딸 하나를 낳았는데, 그 이름은 왕여아王女兒라고 했다.

독자님들아, 왕여아는 이 여아의 본명이 아니라 궁중에서 부르는 여자아이의 이름이었다. 명나라 왕궁에서 궁인에게 이름을 정해주는 관례에 따라, 여자아이는 대개 아버지의 이름을 따라 이름을 정해 '모모녀某某女'라고 했는데, 예를 들어 조록趙祿의 딸일 경우 이름을 '조록녀趙祿女'라고 짓고, 혹은 아예 그 성을 따서 '모여아某女兒'라고 했다. '왕여아王女兒'라는 것은 왕모씨의 딸이라는 뜻이었다. 이제부터 이 여자아이가 왜 정鄭씨 성이 아닌 왕王씨 성을 따랐는지 설명해보도록 하자.

이 여자아이는 12살 때에 동녕백東寧伯 초가焦家에 팔려가 계집종이 되었는데, 얼마 후 심沈 통정사通政使의 집으로 팔려갔다가 다시 심 통정사의 집에서 남에게 팔리는 신세가 되었다. 한 사람이 짐승처럼 이리저리 팔려 다녀야 했다는 것만 해도 이미 큰 불행인데 이 여자아이는 이 사람 손에서 저 사람 손으로 계속 팔려 다녔으니, 팔려간 횟수가 많아지면서 친부모조차 딸이 어디로 팔려갔는지 행방을 알 길이 없었다.

정왕은 딸이 팔려간 곳을 계속 추적하고 있었다. 그러다 그는 타자장駝子莊의 정안鄭安의 집에 있던 아이가 궁궐에 들어갔는데 황제의 총애를 받아 정안도 곧 황친이 될 것이라는 소문을 가끔씩 듣게 되었다. 정왕은 이유는 모르겠지만 그 여자아이가 자기 딸일 것이라는 생각이 들었다. 그래서 곧장 북경으로 상경해 관련된 소식을 물으러 다녔다.

정왕은 북경에 친척이 있었다. 그 친척은 금의위의 예비군인 형제로서 형은 타강朶剛, 동생은 타홍朶洪이라고 불렸다. 정왕은 그들에게 자기 대신 방문조사를 부탁했다. 타가 형제는 시원스럽게 승낙을 했다. 타홍은 딸의 상황을 상세하게 기록해 달라고 하며 그를 데리고 궁에 들어가 아는 사람을 통해 딸의 소식을 물어보겠노라고 하기까지 했다.

정왕은 쪽지 한 장을 써서 몸에 지니고 타홍을 따라 황성에 들어갔는데, 자금성 북문인 현무문玄武門 밖까지 일사천리로 통과되었다. 이곳에서 그는 건청궁의 내시 유산劉山을 우연히 마주쳤는데 마침 타홍이 아는 사람인지라 이 일을 그에게 털어놓으며 도와줄 것을 간절히 부탁했다.

유산은 허락을 하며 또한 여자아이를 알아볼 수 있는 특징이 있는지 물었다. 정왕은 그 쪽지를 공손히 전달하며 말했다. "아이가 부스럼이 난 적이 있어서 오른쪽 늑골 위쪽에 부스럼 자국이 있으며, 척추 위쪽에 뜨거운 물에 덴 적이 있어 상처가 남아 있습니다."

독자님들아, 보시라. 그때는 비키니가 유행하지 않은 시대라 늑골 위쪽과

척추 위쪽에 흉터가 있어도 옷 속에 감춰져 있었을 것이며 다른 사람에게는 함부로 보여주지도 않았을 것이기에, 반드시 시간적인 여유를 가지고 방문 조사를 해야 했다. 하지만 정왕은 너무나 다급했다. 겨우 한 달이 지났는데 쌀가루 한 보따리를 짊어지고 유산을 찾아 결과를 재촉했다. 유산이 아직 별다른 소식이 없다고 알려주자 어쩔 수 없이 거듭 부탁을 하고 쌀가루를 남겨 놓은 채 불만에 가득 차 돌아갔다.

유노공劉老公으로 불리던 이 유산은 다른 사람이 준 물건을 함부로 배 속에 집어넣고 오리발을 내미는 사람이 아니었다. 그는 곧 한 사람을 방문했다. 정금련鄭金蓮이라고 하는 궁인이 그에게 '왕여아'라는 여자아이가 그가 찾는 사람과 아주 비슷하다는 정보를 전해 주었다. 유산은 매우 기뻐하며 바로 왕여아를 찾아 말했다. "네 아버지가 너를 찾느라 아주 고생을 많이 하셨단다!" 하지만 왕여아는 전혀 생뚱맞다는 듯 대답했다. "저희 아버지 성은 주씨지, 정씨가 아닌데요?"

유산은 크게 실망했지만 순간 아이디어가 번득였다. 정왕의 딸은 어차피 어린 나이였고, 세 번이나 팔려갔기 때문에 자신의 출생을 정확히 알 리가 만무했다. 그래서 궁에서 나와 정왕을 찾아 딸을 찾았는데 지금은 이름을 왕여아로 바꾸었다고 전했다. 그리고 그에게 이렇게 전했다. "따님이 말씀하길, 어린 시절에 팔려갔기 때문에 자신의 성씨와 가세가 기억이 제대로 나지 않고 정왕과 만나 직접 확인을 하고 싶기도 하지만 겁이 나서 만나지 못하겠다고 했습니다."

그럼에도 정왕은 확신에 가득차서 말했다. "그 아이가 맞아요. 분명히 내

딸입니다." 그 후로 그는 황친이 되었다는 의기양양한 기쁨에 벅차 자주 과일, 식품, 옷감 등의 물건을 가지고 와 유산에게 주며 자기 딸에게 전해달라고 했다. 그러나 유산은 이것을 '모두 감추었다'. 정왕이 준 물건은 자기가 받고, 의복이며 피혁 재료 등 물건을 내놓아 정왕에게 주며, 딸이 보내준 답례품이라고 사칭했다.

이상은 《명효종실록》에 나오는 내용이다. 졸필은 글을 읽으며 수많은 의문이 꼬리에 꼬리를 물고 일어났다. 만일 유노공이 단지 정왕의 재물을 유용할 목적이었다면 왜 그 많은 답례품을 주었을까? 호랑이 입에서 도로 튀어나오는 고기가 있던가? 고기가 입에 들어왔는데 뼈라고 해서 밖으로 뱉어낸단 말인가? 답례품이 너무 보잘 것 없으면 다른 사람이 믿지 않을 것이다. 너무 고급품이라면 오히려 그가 손해를 볼 것이다. 이리저리 계산을 해보면 편하게 얻을 수 있는 이익도 아니란 점을 알 수 있다.

하루는 유산이 타홍에게 좋은 소식을 알려주었다. "왕여아가 높은 분이 되셨네. 이미 건청궁에 들었으니 얼마나 좋은가? 이제 자네들은 전부 황친이 되었네!" 게다가 "절대로 소식을 퍼뜨리지 마라"며 신신당부까지 했다.

그러나 황친이 될 희망을 품게 된 타홍은 유산과 헤어지자마자 순식간에 이 로또같은 소식을 정왕에게 알려주었다. 정왕은 더욱 미칠 듯이 기뻐하며 얼른 고향에 이를 자랑하기 시작했다. 고향 사람은 모두 이를 사실로 믿고 너도나도 정황친에게 선물을 해대기 시작했다. 정왕은 인정의 빛을 적은 장부까지 기록하며 이를 《취보력聚寶歷》이라고 불렀다. 아주 두꺼운 책으로 약 600여명의 이름을 적어두었다.

정왕은 곧 있으면 여아의 생일이라는 사실이 생각나, 곧 술과 고기를 준비해 유산에게 주며 여아의 생일을 축하했다. 그러나 유산은 "이를 또 숨겼다". 그리고 이 물건 대신 이불, 신발, 비단 손수건, 채색 잡화 등을 정왕에게 돌려주며, 여전히 궁중의 답례품이라고 말했다. 이렇게 물건을 보내고 답례품을 받으며 정왕의 유명세는 점점 더 커졌다. 수많은 사람이 이런 황친이 정말 존재한다고 여기게 되었다.

효종 황제의 자매인 인화공주仁和公主는 홍치 2년(1489년)에 제세미齊世美라는 사람에게 시집을 갔는데, 제세미는 북경에서 아주 유명한 황친으로 사람들에게 제부마라고 불렸다. 제부마의 공자, 즉 공주의 아들 역시 정씨 황친의 신분을 의심하지 않고 정왕과 그의 아내 조씨에게 융숭한 선물을 대접했는데 이에는 밍크 가죽과 말안장 고삐 및 기타 비단 요와 옷가지 등 귀중품이 포함되어 있었다. 상황이 이렇게까지 발전되자, 정황친의 얼굴에 황친의 도장을 찍어준 것과 마찬가지였다. 그의 신용도가 크게 올라갔으며 믿지 않는 사람이 없었다. 정왕 역시 다른 황친이 하는 행동을 본받아 아무런 적이 없는 무리를 노비로 삼으며 위세를 부리기 시작했다.

하지만 정황친은 명성을 얻은 지 며칠이 못 되어 하루아침에 사고가 발생하는 바람에, 정왕 등 관계자가 전부 옥에 갇혀버리고 말았다.

졸필은 '사고가 발생했다'는 말이 적절한지 잘 모르겠다. 왜냐하면 정왕은 가짜 황친이기 때문에 죄상이 발각되어야지만 사고가 발생했다고 할 수 있기 때문이다. 명사에서는 이 사건을 황친 사칭 사건이라고 정의하고 있지만 오늘날 자세히 연구해 보면 수많은 의문투성이이므로 관방에서 주장하는

'사칭'이라는 결론을 받아들일 수 있을지 모르겠다.

정왕은 황친 행세를 하며 황친의 명의로 수많은 사람의 선물을 받았다. 시골에서 경성까지 그런 일이 하루 이틀도 아니었는데 왜 지금에서야 사건이 발각되었을까? 《명효종실록》에서 정왕의 집안사람이 명성과 위세를 함부로 오용하여 동창과 금의의 집사관교輯事官校[136]에게 상소를 올렸는데, 효종은 이를 듣자 "어떻게 나한테 이런 친척이 있다는 걸 짐은 몰랐단 말인가?" 놀라며 곧이어 정왕 부부에게 명을 내려 유산, 왕여아 등을 잡아오라 명하여 스스로 심문을 하기로 했다.

유산이 어전에서 어떻게 대답했는지는 매우 애매모호하게 기록되어 있다. 그저 그가 '왕여아를 잘못 도와주었다는 점을 들어 죄를 벗고자 했다'고 기록하고 있다. 하지만 효종 역시 그에게서 어떤 결과를 얻어내지 못했고, 시간이 오래 지나도록 '미해결 사건'으로 남아 있자 사건을 전문 기구에 맡겨 심문을 하기로 했다. 그리하여 효종은 뭇 범죄혐의자를 전부 금의위로 압송해 가라는 명령을 내렸다.

금의위에 도착하자 '몽둥이찜질' 아래에서 범인들은 엉덩이의 고통을 참을 수 없어 얼른 입을 열었다. 금의위는 이렇게 보고했다. "왕여아의 부모의 성명 및 그녀 본인의 나이, 입궁 내력 등은 모두 정왕이 자백한 내용과 맞지 않습니다. 다시 정왕의 처인 조씨趙氏에게 왕여아의 몸을 확인하게 해 보니, 왕여아의 오른쪽 늑골과 등에도 정왕이 말한 흔적이 없었습니다. '사실'

---

136  범인을 체포하는 일을 맡은 군관.

은 아주 간단하고 정확하기 때문에 다음과 같은 사실을 확정할 수 있습니다. '왕여아의 실제 성은 주씨이기에 정왕의 딸이 아니며' 정왕이 '거짓으로 먹고 마시며 물품의 이익을 도모한' 것은 모두 유산의 간교한 꾀 때문입니다." 금의위는 이 사건이 환관 유산이 벌인 한바탕 촌극으로 유산이 제일 큰 책임을 져야 하며 '요사스런 소문'을 만들어 낸 죄를 물어야 한다고 여겼다. 또한 정왕, 타강, 타홍은 '백성을 미혹한' 죄를 지었으므로, 참수형에 처하고 나머지 사람은 각각 징역이나 태형 등 적당한 형벌에 처해야 한다고 보고했다.

옥중 자백이 보고된 후, 입춘 전날에 성지가 내려졌다.

"유산은 궁궐 안팎으로 사람들과 연락해 함부로 요사스런 소문을 날조하고 백성을 미혹해 의혹을 선동했으니 능지처참해 죽여야 한다. 재송사를 할 필요가 없으니 곧 많은 내시들이 형 집행을 참관하도록 한다. 남은 사람은 처음 계획 그대로 따른다."

유산이 받을 형은 본래 그저 참수형이었다. 칼 한 번 맞고 몸이 두 동강 나는 것은 그다지 두렵지 않다고 할 수 있다. 하지만 황상은 그의 처벌만 참수에서 능지처참으로 바꾸었다. 법사의 '재송사'라는 과정도 생략해버린 탓에, 오늘날의 말대로 한다면 상소가 불가능해 '형장으로 압송하여 바로 형을 집행해야 했다'. 게다가 궁에 있는 내시와 태감들이 모두 나와 형을 지켜보아야 했다. 같은 일을 하는 내시들은 시내에 나와 그의 몸이 어떻게 조각조각이 나는지 바라보며 일벌백계로 삼고 다시는 유산의 전철을 밟지 않도록 해야 했다.

어떤 독자님들은 이렇게 물어볼 것이다. "황친을 사칭한 죄밖에 더 있습니까? 후궁에는 여자도 많으니까 황친도 적지 않을 텐데, 황친을 사칭한 무뢰배에게 황제가 직접 지위를 낮춰 스스로 심문을 한다고요? 유산은 그저 재물을 조금 갈취했을 뿐인데 '죄질이 심각하고 중하다'는 것은 어떻게 설명해야 할까요? 사지를 찢는 책형磔刑에 처했다면 양형이 너무 중한 것은 아닌가요? 효종은 시종일관 인자하고 너그러운 왕이 아니었나요? 왜 유노공에게는 이렇게 잔혹했을까요?" 아주 좋은 질문이다. 이 사건의 핵심을 찔렀기 때문이다.

정황친의 찬란한 영광이 갑자기 빛을 잃게 된 사건의 원인은 《명효종실록》이 비교적 상세하게 이야기하고 있지만, 모든 책임을 건청궁의 내시인 유산에게 돌리며 그가 안팎의 사람을 꼬드기고 요사스러운 소문을 함부로 만들어 냈다고 하여도 요사스러운 말의 내용은 감추기만 할 뿐 전혀 이야기를 하지 않고 있다. 사람들이 생각하는 소위 요사스러운 말이란 타인의 딸을 정왕의 딸이라고 말한 것이다. 이것이 무슨 요사스러운 말이 될 수 있을까! 정덕 초년에 책으로 발간된 《명효종실록》은 '현재의 황상'(효종)의 명예에 금기가 되는 이 사건의 중요 자백, 즉 사람들이 왕여아를 무종의 생모로 여긴다는 말을 지워버렸다. 그렇지 않고서야 일반적으로 아무리 황친이라도 정왕 같은 위풍을 떨 수가 없고 연회 한 번에 600여명이 참가하고 심지어 제부마 집안까지 선물을 준비하는 일은 보기 힘들 것이다. 바로 당시 사회를 이런 소문이 풍미했던 것이다. 당시 여전히 황태자였던 주후조가 장황후의 친아들이 아니라는 소문, 정왕의 딸이야말로 진정한 국모라는 소문 말이다!

정왕은 홍치 17년(1504년)에 참수형을 받았지만, 실제 형을 받지는 않았

고, 살아남아 황태자가 즉위할 때에 또다시 북경에 가 '국모'의 원한을 풀어
주겠노라는 선언과 함께 소송을 제기했고, 궁궐의 기밀과 관계된 이 풍파는
또다시 일어나게 되었다. 그래서 가정 연간에 편찬한 《명무종실록》에서도
이 일을 기록하고 있지만, 이 일에 대한 설명과 사실은 《명효종실록》의 기재
내용과 사뭇 다르다. 여기서는 이렇게 이야기하고 있다.

"애초에 무성중위의 군여 정왕에게 왕여아라는 딸이 있었는데, 어린 시절
에 통정사의 집에 팔려가 궁궐에 들어가게 되었다[初, 武成中衛軍餘鄭旺有
女名王女兒者, 幼鬻之高通政家, 因以進內]."

《명효종실록》에서는 왕여아는 정왕의 딸이 아니라고 말하지만, 《명무종
실록》에서는 '정왕에게 왕여아라는 이름의 딸이 있었다'고 완전히 다른 말을
하며, 또한 홍치 말년에 정왕이 내시 유산과 비밀리에 결탁하고 스스로 출세
하기를 구했다고 말한다. 유산은 그에게 말하길 "궁궐에 정금련이라고 하는
사람이 있는데, 그 사람이 바로 자네 집 딸일세. 지금 주태후(헌종의 어머니)
의 궁궐에 있으니, 황태자는 그 사람이 낳은 것이지."라고 했다.

《명효종실록》에서 정금련은 관련인물도 아니고, 나중에 나오는 처벌자
명단에서도 행방을 찾을 수 없다. 그녀는 그저 중요할 것 없는 정보 전달자
에 불과하여 "왕여아라는 아이가 있는데, 유산이 찾는 사람하고 매우 비슷하
게 생겼다"라는 말을 유산에게 알려주었을 뿐이었다. 하지만 《명무종실록》
에서는 이렇게 말한다. "정왕의 딸은 정금련이라고 하며, 태황태후 주씨의
궁에 있는 사람으로서 '동가東駕(동궁)는 그녀가 출산했다'". 정금련이 바로
태자 주후조의 생모라는 이야기이다!

《명무종실록》에서 정금련과 왕여아는 동일인물이다. 왕여아가 정금련이고, 정금련이 바로 왕여아다. 《명무종실록》의 편찬자는 심지어 무종을 위해 말을 가려주지 않고, 유산의 입을 빌어 아주 단도직입적으로 말했다. "무종은 장태후의 소생이 아니며 주태후의 궁에서 일하던 정금련이라는 궁녀의 소생이다."

《명무종실록》은 가정 초년에 편찬되었다. 세종 가정제 주후총은 무종에게 후사가 없었기 때문에 생각지 못하게 황제의 자리에 등극하게 되었다. 하지만 세종 모자와 무종의 어머니 장태후는 아주 사이가 안 좋았다. 세종은 사촌형제인 무종에게 호감이 없었고, 실록에서도 그와 어머니 둘에게 기쁘게 구정물을 퍼부었다. 이것이 바로 두 왕조의 실록이 동일한 사건을 완전히 다른 시각으로 기록하게 된 시발점이다.

'국모' 사건은 혹은 '정왕요언' 사건이라고 하며, 명나라 사람의 글에서도 기록을 찾아볼 수 있다. 진홍막陳洪謨의 《치세여문治世餘聞》은 다수의 중요 사건을 보충해준다. 진홍막은 결코 시골 노인네가 아니다. 그는 홍치 9년(1496년)에 진사를 하고 형부, 호부를 두루 역임했으며, 관직은 강서순무江西巡撫, 병부 좌시랑兵部左侍郎을 역임했다. 진홍막이 주로 홍치, 정덕 연간에 관직생활을 했기 때문에, 그의 가장 유명한 2대 저작인 《치세여문》과 《계세기문繼世紀聞》은 모두 홍치와 정덕 두 연간의 조야에서 알게 된 견문을 적고 있으며, 매우 믿을만한 정보를 담고 있다.

그의 글에 의하면 홍치 말년 정왕 사건이 발발하기 수일 전, 황실의 명을 받고 내부에서 글을 가르치던 한림원翰林院 편수編修 왕찬王瓚이 사예감 서당에서 나오는 길에, 두 어린 태감이 한 여인을 압송하여 좌순문左順門(현재는 고궁의 협화문協和們)을 통과해 총총히 사라지는 모습을 보았다고 한다. 이 부인의 얼굴은 붉은색 털이 달린 윗옷으로 칭칭 감겨 있어 볼 수 없었으며 작디작은 전족만 보였다고 했다. 호기심이 발동한 그가 몰래 따라가 보니 부인은 완의국으로 압송되었지만, 그는 그저 거기에 있는 궁인이려니 생각할 뿐이었다. 하지만 참으로 이상하게도, 완의국의 수문장 관원은 그녀를 보더니 아주 공손하게 일어나 그녀를 안으로 맞아들였다. 이 '정탐꾼'이 돌아가 이 첩보를 말하니 모두 수상쩍은 냄새가 난다고 이야기했다.

며칠 후, 조정에서 수 명을 서조西曹(형부)에 보내어 죄를 물었다고 하는데, 궁정에서도 한 명이 있으니 성은 정鄭, 이름은 왕旺으로, 북경 동쪽 패상壩上 사람(이는 실록에서 말하는 무성 중위사람과 다름)으로, ＊＊라는 이름의 딸이 있어 과거에 액정궁에 들어갔다는 증인 자백을 했다. 최근에 듣자 하니 그 딸이 황자를 낳아 태후궁에서 거주하는 모습을 볼 수 있었는데, 그는 매년마다 경동에 와서 상황을 묻고 서화문 환관 유림劉林이 계절별로 신선한 밀가루와 곡식, 야채, 과일을 전해주면 본 궁의 시녀 황여아黃女兒가 이를 가져다 건네주었고, 매번 궁전 안에도 옷가지며 바느질한 물건 등 사례품을 보내주었다. 정왕은 돌아가 고향사람에게 자랑을 했고 고향사람도 그를 정황친이라고 하며 경동 안팎의 모든 사람이 그와 인연 맺기를 원한 지 이미 2, 3년이 되었다고 했다.

이것은 진홍막이 이해한 상황이다. 이제 실록과 대비해 보도록 하자.《명효종실록》에서 말한 왕여아는 아마도 황여아일 것이다(왕王과 황黃은 발음이 비슷하기 때문에 와전되기 쉽다). '왕여아'는 확실히 존재하던 사람이며 그녀는 '태후' 궁의 시녀인 것 같다.

효종 시대의 태후라면 분명 황제의 조모인 태황태후 주씨를 말한다. 진홍막은 말한다. "＊＊라는 이름의 딸이 있는데 과거에 액정궁에 들어갔다. 최근에 듣자 하니 황자를 낳아 태후궁에서 거주하는 모습을 볼 수 있었다." 《명무종실록》에서는 환관 유산의 자백을 인용하며 말했다. "오늘날 정금련이라는 사람은 즉 정왕의 딸이며, 주태후궁에서 동궁을 낳은 자이다." 이 두 가지 말은 완전히 부합한다. 마치 정왕의 딸이 바로 정금련인 듯하다.

하지만 맞지 않는 부분도 있는데, 바로 궁전 안팎의 다리를 놓아준 사람으로《명효종실록》은 건청궁 태감 유산을 들지만, 진홍막은 서화문 태감 유림을 든다. 유산과 유림은 성이 같고 이름도 글자가 비슷한데, 동일인인지는 알 수 없다.

서화문은 자금성의 서문이다. 명나라 때에 황성문의 출입금지가 비교적 엉성했기 때문에 날마다 군인과 백성, 장사치가 들락날락하며 일반인도 아주 쉽게 혼입할 수 있었다. 그러나 궁성(자금성, 혹은 대내)의 사대문은 비교적 엄격하게 통제되고 있었다. 유림은 서화문에서 심부름을 하고 있었기에 자신의 특수한 신분을 이용해 정왕 부녀를 도와 여러 가지 물건을 전달해주었는데 이것은 황궁의 명령에 위배되는 행동이었다.

《명효종실록》에서는 정왕은 황친으로 자칭하여 사람들 역시 그를 황친으로 여긴 지 하루 이틀이 아니었다고 한다. 이러니 고향에서 잔치를 벌일 때에도 수백 명이 와서 눈도장을 찍었고, 경성의 제부마까지도 귀중한 예물을 아낌없이 증정한 것이다. 이는 '경성의 내외에서 사람들이 앞다투어 그와 관계를 맺은 지 이미 2, 3년이 되었다'는 말과 맞아떨어진다.

우리는 황태자 주후조가 홍치 4년에 태어났으니 홍치 17년에는 이미 14세가 되었다고 추산할 수 있다. 정왕이 남몰래 황친 행세를 한 지 이미 2년이란 시간이 지났다면 그는 자신의 딸이 바로 태자의 생모인 줄 알게 된 지도 이미 그렇게 오래 되었다는 뜻이다. 바꿔 말하면 거리마다 태자는 황후의 소생이 아니라는 소문이 파다해진 지 이미 오랜 시간이 지났다는 것이다. 사람들은 태자가 정씨 여자의 소생이며, 이 여인은 아직까지 아무런 명분도 없이 주태후의 궁중에서 거주하며 그녀의 아버지는 정왕이라는 사실을 알고, 또 그렇게 믿고 있었다는 말이다.

정왕은 경성에서 대단한 명성을 떨치고 있었고 경성 내외에는 선물 옵션 투자를 하려는 사람들이 미어터졌기 때문에, 수많은 사람이 큰돈을 써서 재물을 정씨 집안에 쏟아 부었다. 만일 정왕이 황친을 사칭한 완전한 사기꾼이었다면, 이렇게 오랫동안 조정의 정부기관인 동창, 금의위가 전혀 이상한 낌새를 발견하지 못했을까? 그리고 정왕이 갑자기 '요사스런 소문'을 퍼뜨렸다는 이유로 집사아문에 체포되었을 때에도, 전혀 예상치 못한 일이라 진홍막은 이렇게 말했다. "말하는 사람도 교사를 받은 것이라 여겼다〔說者以爲有所受也〕." 즉 동창과 금의위가 이렇게 한 것은 다른 악인의 교사를 받았기 때문이라고 생각했다.

황태자의 신분에 얽힌 유언비어 사건이 종결된 후, 효종은 서면지시를 발표했다.

"유림은 법률에 따라 처결하고 황여아는 완의국에 보낸다. 정모는 이미 처벌했으며 정왕은 감옥에 가둔다."

진홍막은 당시 사람들의 의견을 인용하면서 말한다. "시론은 황제가 처벌하려는 뜻을 가지고 있다고 생각하지만, 지시를 통해 황제의 뜻은 잘 알 수 있다. 만일 요사스런 소문이었다면 정왕은 죄인 중의 괴수이니 어찌 형을 더하지 않는가? 또한 정씨는 다만 '처벌을 했다'고만 했는데 그것도 매우 의심스럽다."

효종은 엄한 형벌로 내신 유림(혹은 유산)을 처형했으나 이 사건에서 가장 핵심적인 인물인 정왕은 전혀 죽이지 않고 그저 감옥에 가둬둘 뿐이었다. 정왕 사건의 성격이 요상한 유언비어의 전파라고 판단한다면, 정씨(정금련)가 바로 가짜인데 그녀를 어떻게 처벌했단 말인가? 정씨는 과연 태자의 어머니가 맞는가? '이미 처벌을 했다'는 말은 세상 사람에게 보여주려는 말인가? 황여아는 관비에 불과했는데, 완의국으로 데려가자 완의국 태감이 너무나 공손하게 대접하며 감히 밉보이지 않으려 했으니 어찌 이상하지 않은가?

정왕 사건의 기록은 형부 복건사福建司에 보관되어 있다. 그런데 이 사건은 많은 사람이 관심을 가졌던 사건이라 역시 많은 사람이 일부러 복건사까지 찾아가 이 사건의 판결문을 베껴 썼다고 한다. 진홍막은 말했다. "기대할 만한 것이 있다고 여겼던 것이다." 행간에 숨겨진 뜻은 아무리 '요사스런 소문'의 관 뚜껑을 덮고 결론을 못 박는다 하더라도 앞으로 반드시 모든 비밀이 만천하에 밝혀질 날이 올 것이라고 믿었다는 것이다.

홍치 18년(1505년) 5월, 효종이 세상을 떠나고 무종이 즉위하자, 조정은 관례에 따라 천하에 대사면령을 내렸다. 형부상서 민규閔珪는 이 기회를 이용해 정왕을 석방했다. 복건사의 관원은 마음이 놓이지 않아 그에게 이런 주의를 주었다. "이 일은 큰 사건입니다. 황제께 성지를 요청해야 하는 것이 아닐까요?" 그러나 민규는 자신의 의견을 끝까지 고수하며 대사면 조서에 사면을 할 수 없는 특별 규정이 쓰여 있지 않는 한, 모두 석방할 수 있으며 황제의 성지는 필요 없다고 주장했다. 이에 진홍막이 평론 한마디를 곁들이기를, 민 상서의 이 행동은 "아마도 그 역시 그런 생각을 가지고 있었을 것이다〔蓋亦有在云〕". 집법자로서 민규 역시 요상한 소문의 결론은 믿지 않았던 셈이다.

# 제43장 '정황친'의 화려한 귀환

　그렇다면 누가, 이 사건을 요사스런 스캔들이라고 정의했을까? 모든 사람은 창끝을 효종의 장황후에게로 돌린다. 타인의 아들을 빼앗아 자기 아들로 삼는 일은 궁정에서는 결코 희한한 일이 아니었다. 앞글에서 우리는 이미 북송의 류황후와 명조의 손태후의 예를 든 적이 있다. 영종은 손태후를 어머니로 모시고 손씨를 황태후로 높였으며, 손태후 사후에도 그녀를 경릉에 묻어 선종과 합장시키고 신주는 태묘에 모시는 등 모든 영광을 손씨에 돌렸다. 하지만 자신의 생모는 '사람이 죽으면 그 사정을 알아줄 사람이 없다'는 말처럼 역사의 뒤안길로 아스라이 사라져버렸다.

　이런 전례가 있었기 때문에 장황후는 사 년여간 황후를 하며, 아들을 낳지 못했음에도 초조해하기는커녕 궁녀가 황제의 아들을 임신한 것을 보자(아마도 효종은 헌종과 마찬가지로 진정으로 사랑해주는 사람이 너무 심하게 간섭을 했던 것 같다. 비록 비를 많이 맞아들이지는 않았지만 내궁에서 자주 순행을 하며 수시로 용의 씨를 퍼뜨렸다), 얼른 삐뚤어진 생각이 들어 선배 황후들을 따라 다른 사람의 아이를 빼앗아 자신이 낳은 양 하려 했다. 효종은 그 궁녀를 사랑했고, 또 아이를 낳자 마음이 약해져 태자의 어머니를 이때부터 차마 역사의 심연 속으로 사라지게 할 수가 없었다. 그래서 그녀를 주태후 궁중에 거주하도록 했다. 비록 아무런 명분도 없었지만 궁정 사람은 모두 그녀가 태자의 생모인 것을 알고 매우 공손하게 대했다. 그렇게 이 여인의 가족마저 그녀를 찾아오면서, 그들은 황태자 생모의 친척이라는 명분을 얻고 경성 내외에서 순식간에 명성을 얻게 되었다. 그러나 유산 등 사람들이 끼어들면서 이 일은 비밀스런 문이 열리게 되었고, 황후가 대노했을 뿐 아니라 효종 역시 매우 불쾌하게 여겨 태감을 중형에 처했다. 그러나 정씨 가족에게는 여전히 여지를 남겨둔 것이다.

이상은 졸필의 추측이다. 이런 관점도 전혀 가능성이 없는 것은 아닐 것이다.

그 후 몇 년이 지나고 눈 깜짝할 사이에 정덕 3년(1508년)이 되었다. 그런데 이게 웬일인가? 오랫동안 사라졌던 노황친 정왕이 화려한 귀환을 선언한 것이다. 그는 여전히 뜻을 같이하는 사람을 찾을 수 있었고, 이번에 그를 도와 불의를 처단하려는 사람은 왕새王璽라고 불리는 '주민'이 함께했다. 아마도 이웃사람이었던 듯하다. 그는 담이 매우 커서 정왕과 상의한 후에 혼자 동안문東安門 안으로 숨어들어가 황성 안에서 큰 소리로 억울함을 부르짖었다. 그는 정왕의 억울함을 호소한 것이 아니라 스스로 '국모'를 대신해 억울함을 호소했다. 과거지사를 잊어버린 사람들은 잠시 혼란에 빠져, 의아해하며 물었다. "국모 장태후께서는 지금 인수궁에 잘 살아계신데 무슨 억울함이 있다는 거요?" 그러자 그는 다시 큰 소리로 외쳤다. "진정한 국모는 정씨로 수년간 몰래 숨어계시며 천하의 봉양을 받지 못하고 있습니다. 오늘날 국모의 아버지께서 이곳에 아직 살아계시기에 황상의 얼굴을 직접 뵙고 상소를 올리고 싶어 하십니다!" 그 말을 듣자 모두의 머리를 스치며 떠오르는 기억이 있었다. 알고 보니 그가 앞장서서 위하는 '국모'란 지금 황제의 '생모'를 두고 하는 말이었다. 그녀는 성은 정, 이름은 금련으로, 과거 요사스런 유언비어 사건의 주동자로 지목된 정왕의 딸이었다.

왕새, 정왕 두 사람은 급히 동창에 체포되었다. 실록에서는 이에 형부에서 심문을 하여 요사스런 유언비어를 퍼뜨린 죄로 다스렸다는 아주 간단한 기록만을 남기고 있다. 두 사람은 이 죄를 인정할 수 없었고, '함께 큰 이익을 노리고자 했다'는 동기를 부인했다. 그러나 대리시大理寺[137]에서 수차례 반박 판결을 했는데, 어떤 반박을 했는지는 알 수 없다. 마지막으로 옥에서 황상에게 뜻을 구하니, 유산의 예에 따라 모두 극형에 처해졌다. 정황친의 이야기는 여기에서 일단락을 맺는다.

정왕이 떠들썩한 사건을 일으켰던 효종 시기에 무종은 나이가 어렸다. 어쩌면 이 사건을 알지 못했을 것이다. 그러나 4년 후, 무종은 이미 성인이 되었고, 대혼까지 치른 상태에서 날벼락 같은 소식을 들었으니 어떤 심정이 들었을까? 사서에서는 어떤 실마리도 제공하지 않고 오직 그가 장태후의 외가를 '매우 야박하게 대했다'라고 한 점에서, 그간 은밀했던 개인 관계의 실마리를 찾을 수 있을 듯하다.

여기까지 이야기를 듣고 난 독자는 어쩌면 이렇게 물어볼 듯하다. 이렇게 한참 이야기를 하시더니 결국 용두사미로 끝내버리려고요? 정금련이 정말로 명 무종의 어머니인지 아닌지, 결론이 있어야 할 것 아닌가요? 정말 사람 답답하게 만드는 데 재주가 있으시네요!

---

137　사법을 관장하던 중앙 기관, 오늘날의 대법원에 해당

독자의 이야기에 우선 반문을 해야겠다. 독자는 정금련이 무종의 어머니였으면 좋겠는가, 아니었으면 좋겠는가? 아마도 대다수 사람은 다음과 같은 두 가지를 원할 것 같다. 첫째, 이야기에 우여곡절이 많고 예상치 못했던 비화가 많이 들어가 있기를 바란다. 이것이 일반적인 독자의 심리다. 둘째, 장태후는 위인이 사적인 것에 치우쳐 질투를 잘하고 전혀 안목이 없으므로, 아들을 빼앗아가는 일이라도 하지 못할 사람이 아니다.

하지만 졸필의 직언을 용서해주시기 바란다. 무종의 어머니가 정금련이라는 가설은 가능성이 없을 수는 없지만 실제 가능성은 아주 희박하다고 할 수 있다.

우선, 무종은 홍치 4년(1491년)에 태어났으며, 효종과 장황후는 성화 23년(1487년)에 결혼을 하여 홍치 3년(1490년)에 무종을 임신했다. 부부가 결혼 후 삼년 여 동안 임신하지 못했다면 매우 초조했을 것이 당연하지만, 그렇다고 해서 다른 사람의 아이를 경솔하게 빼앗았을 거라고 단정할 수는 없다. 장황후는 그때에 아직도 매우 젊은 나이로 스무 살을 갓 넘긴 나이였기 때문이다. 비록 배가 아직 '배부르지'는 않았지만 용의 비늘 하나를 금방 출생할 수 있을 거라는 자신감과 기대에 가득 '배불러' 있었다. 그때에는 현대 의술이 없어서 그녀가 어떤 불임증세를 앓고 있는지는 진단할 수 없었다. 다른 궁인은 모두 아들을 낳는 것을 보며 어쩌면 그녀도 큰 긴박감을 느꼈을지도 모른다. 하지만 남의 아들을 빼앗을 정도로 그렇게 조급하고 참을 수 없는 상황은 아니었다. 무종은 태어난 지 얼마 후에 황태자로 책봉되었다. 그 아이가 궁인의 아들이라면 황후가 스스로 아들을 낳은 후 쉽게 처리할 수 있을까? 처리가 아주 어렵지 않겠는가?

많은 사람이 주후조 뒤에 장태후가 아들 하나를 더 낳았다는 사실을 간과하고 있다는 점을 짚고 넘어가야겠다. 그 아이의 이름은 주후위朱厚煒로 태어난 지 세 살만인 홍치 9년(1496년) 2월에 죽고 말았다. 정이 많았던 효종은 스스로 아들을 잃은 고통을 참을 수 없어 특히 이 아들을 위왕蔚王에 봉하고, 도悼라는 호를 하사했다.

만일 무종이 장황후의 아들이 아니라면 홍치 6년 그녀가 친아들을 낳았을 때 얼른 방도를 생각해 내 친아들이 아닌 태자를 퇴위시키고 자기가 낳은 친아들이 왕위를 계승하도록 해야 하는 것이 맞는 수순 아닐까? 태자는 결코 나이순으로 되는 것이 아니다. 영종, 무종은 모두 생후 몇 개월 만에 태자로 책봉되었다. 아이 출생 당시에는 좋은 핑곗거리가 떠오르지 않았다 하더라도 3년 동안이나 태자 교체의 빌미를 찾아내지 못했단 말인가? 위왕 역시 장황후의 아들이 아니었을 경우가 아닌 다음에야 그럴 리가 없다. 하지만 장황후는 이미 아들이 있으니 친자든, 양자든 다시 왕자를 빼앗을 필요가 없지 않은가? 이에 명나라 사람 심덕부는 사료를 상세히 분석한 적이 있다. "홍치 원년, 태감 곽용郭鏞(이 사람은 동궁 출신으로 효종 외척의 의심 사건 중에서도 나온 적이 있다)은 여자들을 간택하여 궁중에 들여보내고 혹은 북경의 뭇 왕의 관저에 배치하여 황상의 복결服闋(상기가 다 차서 상복을 벗는 일)을 기다렸다가 비 두 명을 책봉해 많은 후사를 얻으려 했다." 이 일은 좌서자左庶子 사천謝遷이 멈추기를 간하였다. 사천이 말했다. "육궁을 준비해야 하는 것은 맞지만 선제의 삼년상이 아직 끝나지도 않았고 산릉山陵 건축이 역시 아직 다 끝나지 않았는데, 이렇게 급박하게 일을 처리하는 것은 좋지 않습니다."

그 다음 해, 예과禮科 우급사중 한정韓鼎이 또다시 황제의 후사가 없다는 것을 근심하여 고대 천자가 많은 후사를 얻기 위해 12명의 아내를 취했다는 상소를 올렸다. "지금의 황후가 세운 건물은 불교에서 도모하는 것으로 이 것은 사교를 믿는 것입니다. 단지 초재를 짓고 나서 복을 빌면 복을 얻을 수 있다고 하니 어찌 헛되지 않겠습니까[今舍是弗圖. 乃信邪說. 徒建設齋醮以 徵福. 不亦惑乎]?" 한정은 효종에게 '우수한 상소문으로 회신'을 했는데도, 지난 50일 동안 황제가 명확한 답이 없자 계속 상소를 올리며 '양갓집의 규 수를 엄선하여 육궁을 보충하고, 종묘를 위한 장구한 계획을 세울 것'을 청 했다. 효종은 여전히 그의 행위만을 칭찬할 뿐 이 건의는 '급박하게 처리하 는 것이 좋지 않다'고 여겼다.

심덕부는 매우 민감한 사람으로 한정의 상소를 '세심히 음미'한 후에 '중궁 이 이미 총애를 다투고 기도로 무작정 후사를 구하고 있다. 앞에서는 비록 (한)정이 이야기했지만 결국 다른 여인에게로 그 은택을 넓히지 않고, 아마 도 황후에게 관리를 당하고 있다'는 것을 깨닫게 되었다. 그 뜻은 바로, 장황 후가 오랫동안 아들이 없어 매우 초조했지만 황제가 여러 후궁을 들이는 것 을 반대하고, 동시에 궁중 안에 제사와 법사를 통해 하늘께서 아들을 점지해 주시도록 빌고 있다는 것이었다.

우리가 이미 익숙하게 보아온 아들 낳기 경쟁으로, 황후가 된다 하더라도 아들을 낳지 않으면 매우 불리할 수밖에 없는 상황이었다.

홍치 3년이 되자 호광 기춘蘄春에 봉지가 있는 형왕荊王 주견숙朱見潚이 상소를 올렸다. 그 또한 효종이 양갓집 규수를 널리 선발해 후사를 충분히 얻도록 건의했으나 효종은 끝까지 듣지 않았다. 심덕부는 말했다. "아마도 중궁의 잠자리 독점이 이미 종실의 번족에게까지 널리 알려졌던 것 같다."

홍치 4년, 예부에서 선정한 감생 정헌丁巘이 갑자기 아무런 이유도 없이 상소를 올렸는데 "황상께서 초년에는 많은 비빈을 고르지 않으시더니 오늘날 좌우에 아부하는 신하들이 아직 황태자를 세우지 못했다는 말을 이유로 하여 처음의 뜻을 바꾸려 들까 걱정이 되오니, 처음과 같은 뜻을 끝까지 다하시기를 바라나이다" 운운의 말을 늘어놓았다. 심덕부는 이 사람의 꿍꿍이를 간파하고 이렇게 말했다. "그의 뜻은 그저 중궁에 영합하여 장씨를 즐겁게 하고 관직에 기용되려는 데 있다."

이를 통해 다음과 같은 사실을 알 수 있다. 홍치 초년에 효종 부부는 계속 아이가 없었다. 하지만 장황후는 내정에서 죽어라 기도를 올리면서 또한 효종이 비빈을 들이는 것을 저지했기 때문에, 둘 사이의 자식 농사는 넓게 심고 박하게 거두는 결과를 거두었다. 그녀의 '총애 독점' '잠자리 독점' 등의 소문은 멀리 외정까지 퍼져 원방의 종친 번족까지 이를 비난할 정도였다. 그러나 소인들은 이것을 통해서도 상소를 올려 부귀영화를 얻고자 했다. 그러므로 후대에 장황후가 타인의 아들을 빼앗아 자신의 아들로 삼았다는 등의 소문이 완전히 아니 땐 굴뚝에서 난 연기라고 할 수는 없다.

물론 이 사건의 최대 의문점은 효종이 정왕의 '요사스런 유언비어'를 관대하게 처리한 데에 있다. 이에 세상 사람은 무성한 소문을 만들었고 구실을 남기게 되었다. 정덕 14년(1519년) 강서 남창에 봉해진 영왕寧王 주신호朱宸

濠도 반란을 일으킬 때, 바로 이 일을 가지고 격문에 써서 무종의 재위는 '거나라 사람이 즉위하여 정나라를 멸한 것처럼, 태조 황제가 피를 먹지 않도록 한 것이다〔以莒滅鄭, 使太祖皇帝不血食〕'라고 했다. 이 말은 매우 듣기 거북한 말이었다. 무종을 비정통 자손이라 열거하며 아예 주씨 혈통을 부인해 버렸기 때문이다.

사실 무종이 효종의 친아들임을 증명하려면, 아마도 위왕 탄생이 가장 유력한 증거가 될 것이다. 이것은 뜬구름 잡는 이야기(완의국의 태감이 황여아를 매우 공경했다는 둥)에 비하면 근거가 확실하기 때문이다. 졸필은 효종이 왜 정왕을 죽이지 않았느냐는 이 미스터리를 더 해석하지 않기로 하겠다. 또한 여기에 더 이상 매달리지도 않겠다. 장태후가 두 아들이 있었다는 사실을 확신하면 무종이 장태후의 친아들이 아니라는 의혹을 완전히 벗어버릴 수 있기 때문이다.

무종이 왜 장씨 일족에게 그렇게 차갑게 대했는지, 그중에 숨겨진 상황은 알기가 어렵다. 혹시 정왕의 일 때문에 무종의 마음에 의혹이 일어났던 것일까? 어찌되었든, 무종은 장씨를 용서하는 마음을 가지고 있었다. 그렇지 않다면 조조가 죽었다 하더라도 죄를 뒤집어씌우는 것이야 식은 죽 먹기 아닌가? 장씨는 무종 때에 화액을 피하고 천만다행으로 구사일생했다. 그러나 가정 연간에 이르러 행운의 여신은 장황친 일가를 떠나게 되었다.

# 제44장 백부가 친부로, 친부가 숙부로 둔갑하는 요지경 세상

각설하고 장연령은 조조의 사건을 거쳐 여전히 '예전처럼 교만하고 난폭했다'. 이런 어리석은 사람들은 절대로 실수를 통해 지혜를 얻을 수 없는 사람들이다. 그들은 똥구덩이에 빠지기 전에는 무모하게 이리저리 헤매며 사고를 치지만, 결국 똥을 먹고 목이 막혀 죽는 운명을 면할 수 없다.

조조 사건이 유야무야 끝나고, 장연령이 외조카 무종의 마음을 떠보기 위해 특별히 천문생 동장을 청해 작위 사직을 요청하는 글을 쓰게 한 것처럼 말이다. '천문생'이란 어떤 직위였을까? 과거의 '천문'은 오늘과 달랐다. 비록 오늘이나 과거나 '고개를 들어 밝은 달을 바라보며' 밤에 하늘의 기상을 바라보고 별자리의 움직임을 세밀히 관찰하는 것은 똑같긴 했지만, 그 목적과 성질은 완전히 달랐다고 할 수 있다. 과거에 하늘을 우러러 별자리를 바라보는 것은 사람의 일을 내려 보아 감찰하기 위해서였다. 예를 들어 문괴성文魁星이 움직이면 지상에서 문학과 관련된 일이 창성해지고, 혜성의 꼬리가 자위항紫薇恆[138]을 끌면 나라에 큰 난리가 일어난다는 등이었다. 명나라 때 흠천감欽天監에는 천문생 약간 명을 두어 조정에 하루 종일 천문과 기상을 보고하도록 했다. 터놓고 이야기 하자면 천문생이란 정부에서 설립한 정부를 위

---

138  북극이 중심이 되어 북극 부근의 성군을 기초로 구성된 북위 50도 이북 범위의 천구.

해 일하는 '일자'와 술사였으며, 그 직무는 조정의 정치와 밀접한 상관관계를 가졌다. 하지만 민간에서는 개인적으로 천문을 배우는 일이 금지되어 있었다. 관원이 술사와 사귀고 천문을 이야기하며 몰래 천문서적을 개인 소장하는 것은 국가의 금지조항을 위반하는 일이었기에, 이는 매번 정치적인 라이벌이 상대방을 비난하는 구실이 되었다.

장연령은 바로 개인 주택에 '일자'인 조조를 두었기 때문에 한바탕 공적인 비리 사건을 만들었다. 그러나 그는 그 일을 교훈삼지 않았을 뿐 아니라 이런 사람들과 계속 사귀었고 심지어 천문생을 청해 상소장을 대신 작성하도록 하기도 했다. 그는 교만한 삶이 완전히 습관이 된 사람이라 어떤 것이 금기이고 자제가 무엇인지 인내가 무엇인지 전혀 모르고 있었다. 그리하여 가정 연간에 장학령, 연령 형제는 더욱 큰 황실 관련 사건에 연루되었고, 결국엔 염라대왕의 궁전에서 하는 잔치에 온 집안이 한꺼번에 초청받게 되었다.

장황친은 정덕 조에 '국가에서 가장 친밀한 친척'의 신분으로서 큰 충격을 받았지만, 이건 어디까지나 무종 모자에게 남모를 곤란한 사정이 있었기 때문에 생긴 일로, 그들 형제가 받은 충격은 단지 '부차적인 손실'에 불과하다. 가정 연간에 들어서 제위를 물려받은 세종 모자와 무종의 어머니 장태후는 관계가 계속 악화되어 세종은 곧 일종의 보복성 수단으로 장태후의 친정 집안을 공격했다. 장황친의 몰락은 궁정 투쟁으로 인한 '간접적인 부상'이라고 할 수 있다.

정덕 16년(1521년) 3월, 무종이 표방豹房[139]에서 급사한 후, 후손을 남기지 않았고 형제도 없었기 때문에 황위는 순식간에 비어버렸다. 장태후는 어쩔 수 없이 양정화楊廷和 등 각료의 건의를 받아들여 '형이 죽으면 동생이 자리를 잇는다'라는 조상의 유훈에 따라 황태후의 명령을 내리고, 혈연상으로 무종과 가장 가까웠던 사흥왕嗣興王 주후총을 영접해 북경에서 황위를 계승하도록 했다.

주후총은 홍헌왕興獻王 주우원朱祐杬의 아들이었다. 홍왕 주우원은 헌종의 모든 아들 중에서 효종의 제일 큰 동생이었다. 헌종의 큰아들은 만귀비의 소생이었고, 둘째 아들은 백현비의 소생이었으나 모두 요절했다. 그 다음으로는 바로 효종 주우탱이 있었다. 효종은 서내 안락당에서 6세까지 자라다가 6세가 되어서야 헌종에게 그 존재가 알려졌다. 그는 마치 코르크 병마개 같은 존재였다. 하수도를 코르크 마개로 꽉 막고 있으면 물이 전혀 통하지 않지만 코르크 마개를 뽑고 나면 하수도에 물이 꿀렁꿀렁 흘러가듯, 주씨 왕조는 그로 말미암아 단번에 통하게 되었다. 효종의 출현을 시작으로, 이미 수년간 아들을 낳지 못했던 헌종은 쑥쑥 아들을 낳기 시작했고, 앞에 있던 세 명의 아들을 포함해 총 14명의 황자를 낳았다. 홍왕 주우원은 본래 네 번째 아들이었는데《명세종실록》에서는 그가 헌종의 두 번째 아들이라고 기록하

---

139  명나라 황제 주후조(정덕제)가 건립한 장소. 그 용도로는 두 가지 견해가 있다. 첫째, 조정의 정치를 다스리는 정치 중심 및 군사 총부로 쓰임. 둘째, 정덕제의 향락장소로 쓰임.

고 있다. 요절한 두 명의 황자를 빼고 계산한 것이다. 홍왕은 소신비邵宸妃의 소생으로 효종과는 이복형제 관계였다. 홍왕은 서열상으로 효종과 가장 가깝기 때문에 '형이 죽으면 동생이 계승한다' 및 '서자라도 장유의 서열만 따질 뿐 지혜는 따지지 않는다'는 원칙에 입각하여, 효종에게 후사가 없으면 그가 즉위하는 것은 이치에 부합하는 일이었다.

사실 주원장이 조상의 유훈에서 규정한 '형이 죽으면 동생이 계승한다'는 원칙은 아주 큰 맹점을 내포하고 있었다. 주원장은 적자와 서자의 한계를 매우 강조했는데 계승서열을 두고 이 원칙을 확립했을 때에 주원장이 한 말은 이러했다.

"무릇 조정에 황자가 없을 경우, 반드시 형이 죽으면 동생이 계승을 하되, 반드시 적모가 낳은 소생이어야 한다. 서모의 소생은 비록 연장자라 할지라도 세울 수 없다. 만일 간신이 적자를 버리고 서자를 세우려 할 경우, 서자는 반드시 자신의 분수에 따라 함부로 행동해서는 안 되며 편지를 보내어 적자 중 황위에 올라야 할 대상자에게 보고를 하고, 반드시 적자가 황위를 계승하도록 한다."

주원장이 인정한 형이 죽으면 동생이 황위를 계승한다는 원칙에는 두 가지 전제가 있었다. 첫째, 황제가 자식이 없을 경우여야 한다. 둘째, 후계하는 동생은 반드시 적자여야 한다. 주체도 적자가 아닐 거라는 의심을 받았지만 얼굴에 철판을 깔고 적자인 척 했던 것도 바로 이런 이유 때문이다. 조상의 유훈에 적힌 요구에 맞아야 했기 때문이다. 이것은 사실 주원장이 제대로 정확하게 생각하지 못했기 때문이다. 그는 무엇을 믿고 후세의 황제가 반드시 아들을 낳을 수 있다는 확신을 가진 것일까? 명나라의 황제 중 다수가 아들을 낳지 못했는데 그럼 황위는 아무도 계승하지 말라는 말인가?

헌종이 바로 이런 상황이었다. 비록 아들은 많았지만 적출은 한 명도 없었다. 그렇다면 효종이 후계자가 없을 경우, 같은 서자인 흥왕이 서열상 가장 높아 그가 황위를 계승한 것은 잘못한 일이 아닌 것 같다. 그렇지만 문제는 효종에게는 후사가 있었고 효종의 아들 무종에게는 후사가 없었다는 것이다. 만일 흥왕이 이때에 아직 건재해 있다면, 그는 무종의 숙부이며, 그가 왕위를 계승하는 것은 '형이 죽으면 아우가 계승한다'가 아니라 숙부가 조카를 계승하는 것이 된다. 방계 연장자가 가업을 계승하는 것은 민간에서도 인정을 받기 어려운 일인데 황실에서는 더 말할 필요가 없었다. 이는 매우 곤란한 일이었다. 다행스러운 것은 흥왕이 이미 정덕 14년에 병으로 세상을 떠나고, 후총이라는 아들이 하나 있었다는 것이다. 흥왕이 이미 죽었으니 흥왕의 아들로 왕위를 계승하게 하는 것은 도리에 맞는 일이었다.

하지만 진지하게 비교를 해본다면, 할 말이 없는 것이 아니었다. 조상의 유훈에서 '형이 죽으면 아우가 계승한다'는 말은 친형제 간에는 서로 계승이 가능하다는 말이지, 결코 사촌형제 간에 계승이 가능하다는 것이 아니었다. 효종에게 후손이 없으면 흥왕이 계승을 해야 하고, 흥왕이 이미 죽었다면 그 다음 형제가 계승을 하는 것이 도리에 맞는 이야기이지 황제의 계승이 왜 흥왕의 일계에만 머물러 있겠는가? 내각인 양정화가 사흥왕 주후총에게 왕위계승을 하도록 하자는 의견을 내놓자 그의 정적 병부상서 왕경王瓊이 즉각 반대의견을 내놓았는데, 그가 의문을 표시한 점이 바로 이 부분이었다.

사실 누가 계승을 할 것인지는 대신들의 최고 관심사가 아니었다. 그들의 관심사는 누가 후보를 내놓고, 누가 미래의 황위 계승 정책을 내고, 황제를 세운 공은 누구에게 돌아가느냐 하는 것이었다. 하지만 "형이 죽으면 아우가 계승한다"는 것은 본래 의미 없는 명제로서 아무리 싸우고 싸워봐야 누가 목소리가 더 크고 지지자가 많냐는 싸움일 뿐 쌍방 중에서 특별히 누가 더 일리가 있는 쪽도 없었다. 결국 양정화는 황태후에게 상소를 올려 태후의 결재를 요청했다. 결국 내각의 제안은 태후의 지지를 받아 주후총이 황위를 계승하기로 결정되었다.

만일 장태후가 책을 많이 읽고 과거 역사를 잘 아는 사람이었더라면 그녀는 분명 주후총의 왕위 계승을 반대했을 것이다. 왜냐하면 주후총은 이미 15살이 되었고 아버지인 홍왕이 별세한 후, 사홍왕의 명의로 홍국興國의 정치를 주관한 지 이미 2년여가 되었기 때문이었다. 장태후는 효종과 무종 두 연간을 지나온 연장하고 연소한 유신들이 성년에 가까운 이 후계자와 조화롭게 생활할 수 있을지를 반드시 고려해야 했다. 주후총의 어머니인 홍헌왕비 장씨蔣氏는 과거 장태후와 군신君臣으로 나뉘었던 사이로 서로 간에 신분 격차가 상당했다. 이제 그녀가 북경에 와서 황궁에서 거할 테고 앞으로 고개만 들면 만날 텐데, 서로 어떻게 지낼지는 매우 큰 문제였다.

만일 장태후가 자신이 얻게 되는 이익이 무엇인지, 또한 이를 어떻게 보호할 수 있는지를 알았다면 조상의 유훈의 빈틈을 이용해 나이가 어린 적자를 하나 골라 황위를 계승하게 해야 했다. 만일 연장의 순서에 따라 계승자를 결정한다면, 왕위를 계승하는 군왕도 이것을 하늘의 뜻이라고 생각할 뿐, 타인에게 감사하지 않을 것이다. 그러나 장태후가 뭇 군신의 의논을 배척하고 직접 어린 계승자를 선택하여 궁전에 들이고 서로 정을 키워나간다면, 미래에 이 후계자는 태후에게 감사하는 마음을 가질 것이다.

당시 후계 군주 선택에 있어서 내정의 신하들은 의견이 분분했다. 만일 장태후에게 정치적인 수완이 있었다면 그 수단을 이용해 목표를 실현할 수도 있었을 것이다. 그러나 안타깝게도 우리가 앞에서 본 것처럼, 장태후는 안목이 편협한 여성의 전형이었다. 그녀는 긴 안목이 없어 미래를 멀리 내다보지 못했다. 미래 20여 년간 불행하고 절망스러운 운명 속에서 살아가도록 불운한 운명의 버튼을 누른 것은 다른 누구도 아닌 자기 자신이었다.

주후총은 조서를 받았을 당시는 진짜 봉국을 분봉 받은 상태가 아니라 신분상으로는 여전히 홍왕의 후계자인 사홍왕이었다. 홍헌왕이 별세한 후, 후총은 예에 따라 3년간의 효(실제로는 단지 27개월)를 행해야 했고, 그 기간 동안 세자의 신분으로 '홍국의 국사를 다스렸다'. 정덕 16년 초 '제복(상복을 벗음)'할 때가 가까워오자, 주후총은 신하를 북경에 보내어 작위의 정식 승계를 요청하는 상소문을 올렸다. 3월 달에 예부는 조정에 상소를 올려 윤허를 요청했고, 홍국의 세자 주후총이 홍왕의 왕위를 계승할 것에 동의했다. 홍부에서는 사자를 북경에 보내어 예부의 공문을 수령하고 아직 홍국으로 출발하지 못하고 있는데, 갑자기 황상이 붕어하시더니 사홍왕을 천자로 모시기로 결의했다는 소식이 들렸다. 홍부에서 보낸 사자는 크게 기뻐하며 달리는 말에 채찍질을 가해 호광 안륙安陸에 바람같이 돌아와 무엇보다 기쁜 이 소식을 주인에게 알려드렸다. 홍부의 사자의 앞발이 막 홍부를 짚은 찰나, 조정의 사자의 뒷발도 도착했다.

주후총은 많지 않은 수종을 거느리고 어머니 장씨蔣氏와 이별을 한 뒤 아버지의 무덤을 찾아 한바탕 통곡을 한 후, 곧 기쁘고 의기양양하게 북경으로 출발했다. 4월 22일 아침, 일행은 이미 수도의 남쪽 교외에 도착했다. 예부의 관원은 새로운 황제를 알현하며 즉위 시에 입을 의장(즉위식에 필요한 물품)을 가지고 왔는데, 모두 황태자의 황위 계승 예절에 맞춰 제작된 것이었다. 주후총은 물품을 한번 보더니, 고개를 돌려 왕부王府의 장사長史 원종고袁宗皋에게 말했다. "선왕의 유조에서는 짐이 황위를 계승하라고 명하셨지만, 황태자의 신분으로 즉위하라고 하지는 않으셨지 않은가?" 그의 말은 그는 무종의 동생이지 무종의 아들이 아니라는 뜻이었다. 그가 계승하는 것은 주씨 집안의 황위지, 아들의 신분으로 부친의 황위를 잇는 것은 아니었다. 주후총은 이 의장을 전부 가차 없이 북경으로 돌려보내며 예부에서 다시 적절한 예의제도를 정하여 상소를 올리도록 했다.

주후총이 말한 요지는 일목요연했다. 사정을 바꾸어 우리 주변 사람이 500억짜리 로또가 대박이 났다고 하자. 가족과 1억을 나눠도 좋고 5억, 10억도 상의만 잘 하면 가능한 일일 것이다. 그러나 주후총은 너무나 고집스러웠다. 천 리 길을 상경해왔지만, 바로 보좌가 코앞인데 갑자기 교외에서 천천히 대신과 이런 '사소한 일'을 논의하고 있었다. 이를 통해서 그의 나이는 어리지만 자기 주관이 매우 뚜렷하고 허례허식을 매우 중시하는 사람임을 잘 알 수 있다.

안타깝게도 내각의 수보대학사 양정화는 이 작은 징후로 새 황제의 특징을 발견하지 못하고, 나이도 어리니 세상 물정을 잘 모를 것이라고 생각했다. 황제가 제시한 몇 가지 작은 의견 역시 황제를 보좌하는 소인들이 내놓은 것일 테니, 원로로서의 경륜을 내세우며 몇 마디만 하면 황제가 고분고분 자신의 말을 들을 것이라고 생각했다. 그래서 양정화는 예부가 처음에 정한 예의 제도에 따라 주후총이 동안문으로 들어와 문화전에서 거하다가 날짜를 택일해 황위에 올라야 한다고 끝까지 주장했다. 동안문은 황성의 동대문이며, 동화문東華門을 다시 한 겹 지나면 대내에 들어가게 된다. 동화문 내부에서 멀지 않은 곳에 문화전이 있는데, 문화전은 '동궁'의 소재지였다. 이는 여전히 주후총이 황태자의 신분으로 즉위를 한다는 뜻이었다.

노련하기로 소문난 양정화도 이번에는 예상이 빗나갔다. 어린 후계 군주께서는 사신을 보내어 아주 결연한 태도로 말했다. "윤허하지 않겠노라."

이제는 큰일 났다. 군신이 아직 대면도 하지 못한 상황에서 먼저 강경 대치가 시작되었기 때문이다. 백관은 모두 모여 봉천전 밖에서 새로운 군왕의 즉위를 초조하게 기다리고 있었다. 하지만 시간은 끊임없는 협상과 흥정 속에서 지나가고 결국은 장태후가 나서서야 상황이 수습되었다. 그녀가 군신이 얼른 황제께 입성을 권하는 상주문上奏文을 보내게 하여 쌍방이 모두 곤경에서 벗어나도록 한 것이다. 그리하여 세 번의 권면과 세 번의 양보 끝에 주후총은 교외에서 상주문을 받아들었고 내각 역시 양보를 해야 했다.

당일 점심, 주후총 일행은 황성의 남정문 대명문大明門[140]을 지나 황성에 도착했다. 그는 관원을 보내 종묘사직에 제사를 지내고 조상에게 인사를 했다. "제가 왔습니다!" 무종은 아직 출상하지 않아 영구는 아직도 무영전武英殿에 놓여 있었는데 주후총은 직접 영전에 와서 후계 군주의 신분으로 술 한 잔을 따라 올리며 인사했다. "큰형님, 안녕하십니까? 감사드립니다!" 그리고 인수궁으로 가서 황태후를 알현했다. 태후와 고별한 후에 바로 전 왕조의 봉천전으로 가서 보좌에 앉아 군신의 조배를 받았다. 그는 만세 삼창 후 정식으로 등극했다. 황제의 자리에 오른 것이다.

주후총은 조서를 내려 내년을 가정 원년으로 고치고 또한 천하에 대사면령을 내려 새로운 시대의 도래를 알렸다. 또한 즉각 사신을 보내어 안륙 왕부에서 어머니 장씨를 영접해올 것과 예부의 합동논의를 통해 아버지 흥헌왕의 봉호를 정하도록 명할 것도 잊지 않았다. 그는 '매우 진지한 사람'이었다. 자신의 지위가 올랐기 때문에 아버지 역시 지위가 올라야 마땅하다고 생각한 것이다. 어머니 장비를 영접해 오는 것이나, 흥왕의 봉호에 대한 군신의 논쟁은 가정 초년에 거대한 정치 풍파를 일으켰으며, 역사는 이를 '대례의'라고 불렀다. 본문에서는 예의에 관한 논쟁 및 그로 말미암아 일어난 조정과 인사 변동은 다루지 않겠지만 궁중에서 벌어진 풍파는 이야기하도록 하겠다.

---

140 대명문은 청나라 때부터 대청문(大淸門)으로 개명했으며 민국시대에는 중화문(中華門)이라고 불렸다. 그러나 천안문(天安門) 광장을 지을 때 철거되었다.

조정이 세대 교체되자 궁전 안팎의 모든 사람이 기뻐했지만, 오직 한 사람만은 마음속에 말할 수 없는 고초를 감추고 있었다. 그녀는 바로 무종의 어머니 황태후 장씨張氏였다. 하늘은 무정하게 아들을 빼앗아갔고 멀쩡하던 한 왕조를 남의 손에 거저 줘버렸으니 괴롭지 않겠는가? 한번 살펴보자. 재궁梓宮[141]이 머물러 있는 무영전은 얼마나 썰렁한가? 다시 살펴보면, 건청궁은 얼마나 시끌벅적하고 기쁨의 환호성으로 들끓고 있으며, 새로운 주인을 맞이하기 위해 모두 분주히 뛰어다니고 있지 않은가? 그녀가 거처하는 인수궁은 벽돌 하나하나마다 서늘한 적막함과 처량함이 묻어나오고 있었다.

그녀의 마음은 한 가지 일로 불안했다. 새로운 황제의 어머니인 장씨가 곧 당도하면 장씨가 두 번째 황태후가 될 터인데 앞으로 그녀와 함께 잘 지낼 수 있을까? 장씨와 그의 아들 주후총과 잘 지낼 수 있을까? 이 모든 것은 그녀를 근심걱정에 휩싸이게 했다.

장태후는 홍치, 정덕 두 시대 30여 년 동안 편안하고 존엄하게 살아왔다. 후궁에서는 자기 맘대로 독단적인 결정이 가능했고 모든 사람이 그녀에게 의지하고 그녀의 환심을 사려 했다. 그래서 자신도 거만하게 날뛰는 성격과 타인의 아부와 아첨을 좋아하는 처세방식을 기르게 되었다. 지금 그녀는 반드시 타인과 함께 지내는 법을 배워야 하였으며, 이것은 그녀에게 아주 낯선 일이었다.

주후총이 파견한 왕후의 영접 사자가 안륙 왕부에 도착하자마자 장씨

---

141  임금이나 황후(皇后)를 높이어 그의 관(棺)을 이르는 말.

는 바로 북경으로 상경했다. 10월 초에 북경에 도착했을 때 홍헌왕비는 이미 '홍헌후'가 되어 있었다. 노정에서 그녀는 조정의 상하 대신이 새로운 황제의 '친부모' 존호 문제를 놓고 매우 골치 아파하고 있으며 급기야 조정 대신들까지 분열되고 있다는 소식을 들었다. 또 7월 달에는 그해 과거에 급제한 진사 장총張璁[142]이 상소를 올려 주후총은 '왕통을 계승하는 것이지 후계자를 계승하는 것이 아님'을 주장했다. 황상은 주씨 집안의 자손으로써 주씨 집안의 황위를 계승할 뿐이지 효종이나 무종의 후사로서 계승을 하는 것이 아니니 황제가 자신의 친부모를 존대해 홍헌왕 주우원의 묘를 수도에 세울 것을 요청했다.

주후총은 곧이어 자신이 아직 북경에 도착하지 않았을 때, 내각을 수반으로 하는 대신들이 자신을 굴복시키기 위해 황태자의 신분으로 즉위를 강요한 것을 생각해냈다. 황태자로서 즉위를 한다면 황제의 후계자가 되는 것이고, 구체적으로는 효종, 무종의 후계자가 된다는 말이었다. 후에 예부는 홍헌왕의 존호를 의논하며 효종을 고考(작고하신 아버지)로 삼고, 친아버지 홍왕을 황숙부로 개칭하라는 원래의 관점을 여전히 견지했다. 그들은 심지어 송사宋史를 예로 들어, 송 영종英宗이 생부 복왕濮王을 추서하자 송나라 시대의 대유학자 정이程頤가 내세운 의견을 찾아내 선조 현인의 예를 통해 황제

---

142 이 과거 시험은 본래 정덕 14년에 합격을 발표하지만, 무종의 남방 순시와 붕어로 계속 늦춰지다가 주후총이 즉위 한 후에야 전시(殿試)를 거행할 수 있게 되었다. 전시란, 황궁의 정전(正殿)에서 황제가 친히 주재하던 과거 제도 중 최고의 시험.

를 설득하려 시도했다.

　주후총은 자신은 본래 흥왕의 후손이고 무종은 후사가 없으며 효종은 이미 후계자가 없어졌는데, 무슨 근거로 자신이 이미 죽은 효종의 계승자가 되어야 하는지 이해가 되지 않았다. 친아버지는 숙부가 되어야 하고 알지도 못하는 백부를 친아버지로 삼으라니 이게 무슨 말인가!

　주후총은 매우 당당했다. "나는 헌종황제의 당당한 자손이고, 서열로 따지면 당연히 내가 황제가 되어야 하는 것이 정당한 것 아닌가? 내가 분명히 대명 제국의 정통을 계승하고 있는데 왜 가문을 바꾸고 조상을 버려 효종의 문하에 들어가도록 하는가?" 여기까지 생각이 미치자, 그는 예부의 건의를 완전히 돌려보냈다. 하지만 그 역시 예의도덕상으로는 어떻게 해석해야 할지 몰랐는데, 장총의 간언이 올라왔으니 그가 마침 이론적인 문제를 해결해준 것이었다.

　양정화 등 내각의 대신은 경악을 금치 못했다. 이제 막 과거에 급제한 신진 진사가 어떻게 이런 망언을 한단 말인가? 그러나 조사를 해보니 장총은 수년간 과거에 운이 없어 반백이 되어서야 겨우 진사에 급제한, 이미 사십여 세가 넘은 선비였다. 양정화는 그를 더욱 혐오하게 되었다. 그를 황제 생부의 지위와 존호 문제를 가지고 더 높은 관직을 얻을 지름길을 찾고 있는, 양심이 똑바로 박히지 않은 사람이라고 여겼다. 주후총이 장총의 상소를 가지고 내정의 대신과 토론을 시작하자 양정화는 순식간에 중신들의 세력을 규합해 황제에게 전력으로 반대하며 장총이야말로 부끄러운 줄 모르는 소인이라고 강력 호소했다. 장총은 조정 중신에게 밉보였으니 신세계가 열리지 않는 한, 평생 해 뜰 날은 기대할 수 없게 되었다.

그런데 주후총은 큰 압력을 이겨내며, 홍헌왕을 황제로 추서하겠다는 의견은 견지했고 효종을 황고로 삼으라는 건의는 거절했다. 그러나 지위가 비교적 낮은 신진 관원 외에 거의 모든 문무관원이 그에게 반기를 들었다.

이 소년은 이를 악물고 남몰래 눈물을 흘리며, 어머니께서 오셔서 자신에게 더 큰 지지를 보내주시기만을 간절히 기다리고 있었다. 이 낯선 궁전에서 그는 절실한 고독과 무력감을 느꼈다. 하지만 그는 아주 끈질긴 소년이었다. 절대로 쉽게 포기하지 않는 끈덕짐으로 결국 조정의 대신과 함께 홍헌왕을 홍헌제로 추서한다는 협상결과를 끌어냈다. 그러나 군신이 알지 못했던 사실이 있었으니, 홍헌왕을 황제로 추서한 일은 이 소년 황제의 마스터플랜에서 겨우 제1단계에 해당하는 일일 뿐이라는 것이었다. 제1단계를 달성하자 그 기세는 더욱 막기 힘들어졌다. 그는 이어서 아버지의 묘호를 쟁취해내고, 아버지의 신주를 태묘에 안치하여 역대 선조와 한 사당에 모시도록 하는 등등의 계획을 세우고 있었다.

홍헌왕이 사후에 황제로 불리게 되면서 그의 살아 있는 왕비 장씨 역시 '홍헌후'로 탈바꿈하게 되었다. 이는 자기 소망을 달성하지 못할 거라면 차라리 황위를 계승하지 않겠다는 위협을 함으로써 쟁취한 결과였다. 주후총의 성격은 그의 어머니를 훨씬 더 많이 닮았다. 장비는 야망이 크고 타인에게 아쉬운 소리하는 것을 싫어하며, 자족할 줄 모르는 성격이었다. 자신이 예상을 뒤엎고 황후에 '임명'된 일 자체가 로또 대박만큼 대단한 행운이었는데도, 조정 대신이 효종을 고로 받아들이고, '홍헌후'의 봉호에서 '황'이라는 글자를 제하라고 자기 아들에게 종용했다는 사실을 알고는 얼굴에 불편한 기색을 전혀 감추지 않았다. 그녀는 끝까지 아들을 지지하며 말했다. "내 아들이 어떻게 남의 아들이 된단 말이냐! 우리 모자가 쟁취할 건 반드시 쟁취해야지!"

홍헌후가 된 그녀의 눈앞에는 한 가지 유익이 기다리고 있었다. 그녀가 장태후를 만나러 갔을 때부터 그저 왕비의 하나가 아니라 '황후'의 신분을 가지고 대하게 되었다는 것이다. 장비는 자신이 적어도 태후와 막상막하인 지위가 되었으니 그녀가 아무리 전 황제의 태후라도 고개를 치켜들고 당당하게 맞이하리라 마음속으로 단단히 결심했다.

# 제45장 소태비(邵太妃)의 희비극 인생


장비가 북경에 도착했다는 확실한 전갈을 받자, 장태후는 이 동서를 만나기 위해 마음을 써서 준비하고 있었다. 장비가 살게 될 새 궁전의 인테리어에 간여하는 것 외에, 특별히 시종을 시켜 인수궁을 대청소하고, 화분 몇 개를 놓고 오색 비단을 걸어놓았다. 그러나 사실 이런 것은 모두 자신이 마음을 썼다는 것을 다른 사람에게 보여주기 위한 허울이었다. 그녀는 마음속으로 '벼락 황후'가 된 장비가 못내 아니꼬웠다.

그녀는 자신이 선황의 모후의 지위를 가지고 있다고 자부했다. 또 자신의 큰 복 덕분에 주후총도 황제를 하게 된 것이라 여겼기에, 주후총 모자는 반드시 자신에게 감지덕지하며 평생 자신의 말을 듣고 보답을 해야 한다고 생각했다. 그러나 안타깝게도 이것은 장태후만의 일방적인 소망이었다. 주후총 모자는 전혀 그렇게 생각하지 않았던 것이다. 그들은 황제의 자리는 조상이 물려준 것이고 하늘의 뜻이 있어야만 천자가 될 수 있는 것이니 사람에게 감사할 필요가 없다고 생각했다. 그래서 장비蔣妃(장비는 곧 흥국태후興國太后로 진급되었으며, 그 후에는 장후蔣后가 되었다)가 황제와 동행을 하여 인수궁에 '인사를 드리러' 왔을 때, 둘은 서로 동상이몽에 잠겨 있었다. 비록 예의범절에는 흠이 없었으나 둘 사이는 차갑기만 했다. 마음의 생각을 숨기는 데 별로 익숙지 않은 장태후는 대화가 유쾌하지 않자 마음속 교만한 태도를 그대로 드러냈다. 거드름 피우는 말투, 황태후가 비빈을 대하는 태도 그대로 대화를 이어나갔다.

처음 만났을 때 장비는 여전히 조금 위축되어 있었다. 비록 불만이 있기는 했지만 끝까지 애써 참으며 마음속으로 냉소만 지었다. "아들 하나 없는 늙어빠진 할망구 같으니라고, 이렇게 잘난 척 하다니, 앞으로 누가 더 잘나 갈지는 한번 두고 보시지!"

인수궁을 빠져나온 장후 모자는 또다시 황조모 소태후의 궁전을 방문했다. 소태후는 홍헌제의 생모요, 헌종의 신비宸妃로서 신분으로 볼 때 장후의 시어머니이요, 주후총의 조모가 되는 분이었다. 세종 즉위 후 그녀는 장후와 함께 황태후로 높여졌는데, 당시 소위 말하던 삼궁병존三宮並尊이란 바로 이 두 태후와 그 위아래에 끼어 있는 장張태후를 말했다.

장후는 전혀 알지도 못하던 시어머니를 만나자, 먼저 이 세상을 하직해 이런 영광도 함께 누리지 못하는 남편 생각이 나 자신도 모르게 마음이 서글퍼져 아들을 붙잡고 소태후의 품속에 와락 안겨 엉엉 울고 말았다. 할머니와 며느리, 손자, 셋이 함께 부둥켜안고 울며 한 가족의 정을 맛보았던 것이다!

소태후는 눈병을 앓고 있어 이미 시력을 잃은 상태였지만, 떨리는 기쁨 가운데 손으로 그들을 어루만졌다. 며느리의 머리부터 발끝까지 만지면 만질수록 기쁘고 웃음이 터져 나와, "너무 좋구나!"라는 말만 연발했다.

소태후는 험난한 삶을 살아왔다. 그녀는 절강 창화昌化 사람으로 부친은 집안이 가난하여 그녀를 항주의 절강을 지키는 태감부에 팔아버렸다. 태감은 그녀가 글을 읽을 줄 알고 매우 예뻤기 때문에 그녀를 궁정에 바쳤다. 그녀는 얼굴만 예쁜 것이 아니라 아이도 잘 낳았다. 얼마 되지 않아 헌종의 네 번째 아들 주우원을 낳아주었는데, 그가 바로 과거의 홍왕, 오늘날의 홍헌제였다. 그 후에도 계속 황자 두 명을 낳았으니, 헌종의 다섯 번째 아들 기왕岐王, 여덟 번째 아들 옹왕雍王이 되었다.

소씨가 아들 출산으로 공을 세우자 신비로 봉해지고 헌종의 많은 사랑을 받았다. 소신비가 헌종의 사랑을 받았다는 것을 어떻게 알 수 있을까? 당연히 헌종은 절대 꼬리가 잡힐 '스캔들성 기록'은 남기지 않았다. 하지만 실록에서 기록한 황제의 은혜를 통해 상황을 조금 꿰뚫어 볼 수 있다. 졸필이 《명헌종실록》을 찾아보니 다음과 같은 기록이 몇 번 등장한다.

"성화 12년 12월 갑신일, 태감 황사黃賜가 성지를 받아 전했는데, 금의위 정천호正千戶 만통萬通을 지휘첨사로 승진시키고 부천호副千戶 만달萬達, 군인 소종邵宗, 왕민王敏을 정천호로 승격시켜 모두 세습을 하도록 한다."

그중에 만통, 만달은 만귀비의 동생이고 소종은 소신비의 동생이며 왕민은 순비順妃의 동생이었다. 소종의 이때 신분은 그저 군인에 불과했는데 순식간에 대박을 터뜨려 세습이 가능한 정천호 관직을 얻게 된 것이다. 명대 전기의 군인은 기본적으로 전부 군호軍戶로서, 대대로 군인의 월급을 받아 사는 세습 군인이었다. 그런데 소종에서부터 소씨 집안은 금의위에서 대대손손 직위를 받게 되었으니 그 자식은 앞으로 어떤 군공이 없이도 계속 천호 직책을 계승할 수 있었던 것이다. 이 정오품 철밥통은 따 놓은 당상이었다. 이것은 모두 소비께서 주신 것이었다.

또한 이런 성지도 있었다. "(성화) 19년 3월 무술戊戌년, 태감 회은이 성지를 받들어 전하는데, 작고한 금의위 지휘첨사 소종에게 지휘사의 직을 더하되, 그의 위 3대에게 모두 직위를 하사한다. 그 아들 (소)화邵華가 지휘동지를 세습하며, 사인舍人[143] 소안邵安, 소희邵熹는 모두 금의위 백호에 임명한다."

지휘사, 지휘동지, 지휘첨사는 모두 금의위의 당상관으로 각각 정3품, 종 3품과 정4품의 지위에 해당한다. 신비의 동생 소종은 이해 3월에 세상을 떠났는데 그는 성화 12년 말에 금의위 정천호로 승직을 했고, 세상을 떠날 때는 이미 지휘첨사를 역임하고 있었다. 헌종은 그 누나의 체면을 봐서, 그에게 금의위 지휘사라는 관직을 더해주고, 그의 부친, 조부, 증조부 삼대에 모두 정삼품의 경직京職[144]을 하사했다. 소종의 아들 소화는 지휘동지로 승직하여 세습하게 되었다. 이때부터 소씨 집안의 철밥통은 정5품에서 정3품으로 승직하여 더 많은 수확을 거두게 되었으니 가세는 눈에 띄게 좋아졌다. 소씨의 자제인 소안, 소희는 모두 금의위의 백호로 승진되었다.

또한 이런 기록도 있다. "(성화) 22년 2월 경자庚子일, 태감 위태偉泰는 성지를 전하였다. 금의위 지휘동지 소화는 지휘사指揮使로 승진하며, 백호 소안, 소희는 세습을 하도록 한다."

3년이 되지 않아 소화는 또다시 금의위 지휘사로 승진이 되고, 소안, 소희는 비록 관직이 승진하지는 않았지만 그들의 백호가 세습이 허가되었으니 다시 새로운 철밥통을 차지하게 된 것이다.

---

143  군왕 혹은 귀족의 친근속관.
144  수도의 조세, 상업, 도로 등 민정사업 및 사법, 경찰 관련 업무를 담당하던 부서, 좌우 두 부(部)로 나뉘었으며, 각각 동서(東西) 절반씩을 담당했다.

이상 기록된 세 가지 은혜를 놓고 본다면, 모두 사예감 태감이 성지를 전달해 병부에서 접수하기를 요구한 경우이지, 결코 당사자가 군공을 세워 공적에 따라 승진을 한 것이 아니었다. 이것이야말로 전형적인 '낙하산 인사'였다. 이것은 완전히 황제의 개인적인 은혜에 의한 것으로 합법적이지 않은 조치라고 말해야겠다. 하지만 황제는 그렇게 많은 것을 신경 쓸 필요가 없었다. 자기 아내를 사랑하고, 그 사랑의 일부분을 물질적인 상으로 바꾸어 친정 집안 식구에게 준 것뿐이기 때문이다. 이상의 기록을 통해, 소신비는 적어도 성화 12년에 이미 총애를 얻어 이 한 해 동안 신비가 되었으며 얼마 되지 않아 다시 귀비로 봉해졌음을 알 수 있다. 헌종은 그녀를 오래도록 총애하고 사랑이 시들지 않아 그녀 가문의 자제에게 계속 관직을 더해주었다.

소귀비가 세도를 부렸다면 궁중 내 지위는 대외적으로 널리 알려진 만귀비보다 더욱 굳건했을 것이다. 왜냐하면 그녀는 단번에 황자 세 명을 연달아 낳은 데 비해 만귀비는 결국 아무런 소식도 없었기 때문이다. 만귀비는 마치 뿌리 없는 부평초처럼 무성한 잎으로 연못을 가득 덮고 있었다. 그러나 아무리 현실이 그렇더라도, 통찰력이 있는 사람이라면 노황제가 세상을 떠나시면 제아무리 연못을 가득 덮고 있던 부평초라 해도 순식간에 뽑혀 버릴 것임을 잘 알고 있었다. 만귀비도 이 점을 잘 알고 있어야 했다. 아래의 이야기를 통해 그 실마리를 추측할 수 있다.

효종 주우탱이 태자로 세워진 지 몇 년 후에 헌종이 '홍왕을 애지중지한다'는 소문이 들려왔다. 태자가 만귀비가 준비한 밥을 먹지 않고 '독이 있다'는 말까지 하자, 궁중 사람은 태자의 어머니 기씨는 귀비에게 해를 입은 것이며 만귀비는 태자 즉위 후의 보복을 두려워하고 있다고 너도나도 떠벌리고 다녔다. 그러나 그녀가 임용한 일부 개인적인 사람들, 예를 들어 태감 양방梁芳, 위흥韋興 등은 귀비의 비호를 등에 업고 온갖 나쁜 짓을 일삼으며 신기한 기술과 음란한 기교, 궁궐 내 기도 및 금은보화 등으로 황제를 현혹했다. 시간이 점차 지나자 궁궐에 쌓아놓은 보물 창고가 텅 비었다. 궁궐에는 열 개의 토굴 창고가 있어 각 창고마다 역대 황제 시대를 거친 보물과 금 약 천만을 쌓아두고 급한 때에 비상용으로 사용하려고 했는데, 천순 연간에는 비교적 완벽하게 관리되던 창고가 이때 함부로 낭비를 해 보물이 다 사라져버리고 말았다.

한번은 헌종이 토굴 창고를 순시하러 와 텅 빈 창고를 가리키며 양방, 위흥에게 이렇게 물었다. "국고가 이렇게 텅 빈 것은 너희 두 사람이 한 일인가?" 위흥은 두려워 감히 대답하지 못했지만 양방은 아주 큰 소리로 대답했다. "소신은 폐하를 위해 천하의 복을 다 마련해 드렸는데 이것을 어찌 낭비라고 하십니까?" 그는 황제를 위해 만든 삼관묘三官廟, 현령궁顯靈宮 등의 사업을 하나하나 손으로 꼽으며 대답했다. "이건 전부 폐하가 내세에서 복을 누리시도록 해드린 투자입니다!" 헌종은 불쾌하여 일어나며 말했다. "짐은 너희의 잘못을 나무라지는 않겠다. 내가 안 해도 후대 사람이 너희의 잘못을 지적할 것이다."

양방은 헌종이 동궁을 가리켜 말한 것을 깨닫고는 돌아가 잠을 잘 수 없었다. 어떤 이가 그에게 이런 제안을 했다. "그럼 소덕궁昭德宮(소덕궁은 만귀비가 기거하던 궁궐로 귀비를 가리킴)을 달래서 황상이 태자를 폐해버리고 새로

이 홍왕을 세우도록 건의하지요. 이렇게 하면 소덕은 무자식이던 사람이 아들이 생긴 것이고 홍왕도 자기 나라가 없다가 생긴 것이라 부귀를 영원토록 보존할 수 있는 방법이니 이것이야말로 화를 면하는 방법입니다!"

이 계획은 비록 독살스럽긴 하지만 절묘한 아이디어임에는 틀림없었다. "소덕은 무자식이던 사람이 아들이 생긴 것이고 홍왕도 자기 나라가 없다가 생긴 것이다"라는 말은 만귀비가 만약 헌종을 설득할 수 있어 홍왕으로 황태자를 교체한다면 본래 황위와 무관하던 홍왕 주우원도 예상치 못하게 나라를 얻게 되는 것이고 그는 반드시 너무나 기쁜 나머지 귀비를 친어머니처럼 깍듯하게 모실 것이라는 뜻이었다. 양방은 확신을 가지고 만귀비를 설득했고 헌종에게 유세를 했는데 헌종은 놀랍게도 그의 건의를 받아들였다.

하지만 황태자 교체는 황후 교체보다 더 어려웠다. 헌종은 우선 사예태감 회은을 찾아 이 일을 의논했다. 회 태감은 경험이 풍부하고 많은 사람의 존경을 받는, '내외가 모두 탄복하며' 심지어 헌종마저도 '존경하는' 신하였다. 이것은 회 태감의 권세가 크기 때문이 아니라 그의 인품이 고아하고 모든 것을 도리에 따라 처리했기 때문이었다. 도리에 맞지 않는 일을 시키는 사람이라면 아무리 황제라 하더라도 그를 함부로 좌지우지할 수 없었다. 회 태감은 올바른 원칙으로 조정을 세워나갔다. 그는 항상 "조정의 법을 그르치는 것은 바로 자신과 같은 내신들이다"라며 부하를 매우 엄하게 관리했다.

황태자 교체안은 사예감 장인태감 회은과 상의하지 않으면 안 될 일이었다. 헌종은 "이 일은 회은에게 달려 있다"는 것을 알고 있었으나 회은이 지지를 해줄지는 전혀 자신이 없었다. 그는 다른 방법을 생각해냈다. 회은을 찾아서 이야기를 하는 동안 암시를 주며 회은의 마음을 떠본 것이다. 그러자 똑똑한 회은은 즉시 황제의 내심을 알아차리고 그 자리에서 관을 벗어 머리를 찧으며, 그러나 위엄을 갖추며 이야기했다. "종은 죽더라도 순종할 수 없습니다. 천하의 백성이 몰려들어 회은을 죽이기 전에는 절대 아니 되옵니다. 차라리 폐하께서 이 회은을 죽여주시옵소서!" 그리고 곧 땅에 엎드려 대성통곡을 하며 일어날 줄을 몰랐다.

회은은 괜히 극단적인 어조로 헌종을 위협한 것이 아니었다. 명나라 황태자의 지위는 매우 중요했고 황태자를 바꾸는 것은 천하의 대사로 오직 경제 한 사람이 성공했을 뿐이었다. 그것도 내정의 주인이 바뀌었기 때문에 동궁이 황제를 따라 바뀐 것은 어느 정도 이해가 가능한 일이었다. 그러나 만력 연간에 신종 주익균朱翊鈞은 동궁을 폐하겠다는 말은 한 번도 한 적이 없음에도 조정 전체가 나서서 이미 동궁 보호전에 나섰고, 회오리바람 같은 정치 파고가 일었다. 그래서 홍무, 영락제 모두 황태자를 바꾸려는 생각이 있었다는 일설이 있었으나, 말이 쉽지, 명대에서 가장 권력이 강했던 이 두 황제 역시 황태자를 바꾸어 보지는 못했다.

헌종은 회은이 이렇게 강한 반응을 보이자 자기 생각을 포기할 수밖에 없었다. 회은은 헌종이 결코 손쉽게 중도 포기할 사람이 아니라는 것을 잘 알고 있었기에, 그때부터 집 밖으로 나오지 않으며 더 이상은 사예감 사무를 보지 않았다. 헌종 역시 그에게 화를 내며, 그를 봉양鳳陽에 보내 무덤지기 일을 맡겼다.

회은이 떠나자 사예감은 담창覃喟이 도장을 받아 사무를 주관했다. 담창은 이미 회은의 경고를 받은 터라 걱정이 태산이었다. "회 태감 같은 분도 견디지 못했는데, 나 같은 사람이 도대체 뭘 할 수 있단 말인가?" 생각이 여기에 미치자 밥맛마저 사라졌다. 황제는 과연 사자를 보내 그를 호출했다. 담창은 어떻게 해야 할지 몰라 답답해서 미칠 지경이었다. 그러자 어떤 이가 그에게 자신의 생각을 알려주었다. "내각과 상의를 해서 서로 책임을 나눠 대처하면 어떨까요?" 담창은 그제야 뭔가를 깨달은 듯 헌종에게 이렇게 말했다. "이 일은 매우 큰일이니 내각의 원로와 의논을 해야겠습니다." 그러자 헌종은 그를 내각에 보내 상의하게 하고 내각 신하 각 사람에게 금 한 상자씩을 하사하며 금전으로 신하들의 입을 막아볼 생각을 했다. 과거 경제가 헌종 자신을 폐제시킬 때에도 뇌물로 신하들을 유혹하는 이 수를 쓴 적이 있었다.

내각의 몇몇 대학사들은 회은의 과감한 대처 능력을 따라가려면 한참 멀었다. 담창은 우선 수보首輔 만안에게 물었는데 만안은 한참 고민을 했지만 감히 대답하지 못했다. 다음에 차보次輔인 유길劉吉에게 물으니 유길 역시 한참 생각을 하다가 아무런 대답도 하지 않았다. 담창은 스스로 양심에 걸렸으나 다른 사람을 책망할 수도 없어 돌아가 사실대로 보고했다. 헌종은 그가 이것도 저것도 아닌 애매한 답을 내놓았다고 화를 내며 그를 책망했다. "자네는 어떻게 생각하는가?" 담창은 놀랍게도 한마디도 대답하지 못하는 것이 아닌가? 집으로 돌아온 그는 부끄럽고 또 두려웠던 나머지 몇 차례나 목을 매어 자살을 하려 했다.

그런데 바로 이때에 동쪽의 태산에서 지진이 발생했다. 지진, 산사태, 태풍 같은 자연재해는 오늘날에는 매우 일반적이지만, 고대에는 '이적성 재난'

이라 여겼기 때문에 이를 하늘이 정치의 잘잘못을 따지는 징조로 받아들였다. 그래서 지진이 발생하면 옛 사람은 지구의 대륙판이 어느 방향으로 움직였는가를 연구한 것이 아니라 조정의 정무 중에서 원인과 재앙을 쫓아낼 방법을 찾았다. 이때 태산에 일어난 지진은 태자 주우탱과 태감 담창, 내각의 신하인 만안 등 수많은 사람의 목숨을 구한 것이라고 할 수 있었다. 왜냐하면 내령대內靈臺에서 이런 상소문을 올렸기 때문이다. "태산은 동악東岳이며, 지진은 동궁에 일어난 것이라고 할 수 있다. 그러므로 동궁에 기쁨이 있어야만 해를 상쇄할 수 있다." 헌종이 물었다. "동궁의 징조도 하늘에 나타나느냐?" 그러자 영대관이 대답했다. "폐하는 하느님이고, 동궁은 하느님의 아들인데, 어떻게 징조가 없겠습니까?" 이제는 헌종의 생각과 달리 일이 꼬여가기 시작했다. 태자는 더 이상 지위를 잃어버릴까 봐 걱정할 필요가 없었고 더군다나 아버지는 그에게 큰 기쁨을 선물해주지 않으면 안 되게 되었다.

헌종은 태자가 아직 왕비를 간택하지 않은 것이 생각나, 동궁의 왕비 간택을 명했다. 이로써 동궁에게는 큰 기쁨을 주었고, 다시는 황태자를 바꾼다는 말은 입 밖에도 꺼내지 못했다.

그러나 헌종은 갑자기 또다시 황태자를 바꾸고 싶은 마음이 들어, 사예감을 찾아 상의하고 내각도 찾아 함께 의논을 했다. 당시 만귀비의 패거리가 배후에서 속닥였기 때문에 궁내의 분위기는 분명 상당한 긴장감이 감돌았을 것이며, 수많은 사람도 이 일을 주시하고 있었을 것이다. 졸필은 태산의 지진은 사실이지만, 내령대의 상주문은 누군가의 지시로 작성된 것이라고 생각한다. 그것이 누구의 뜻인지는 졸필도 잘 모르겠다. 하지만 이 일을 통해 알 수 있는 점은 동궁의 지위는 내외 군신의 보호를 받고 있는 견고한 반석과 같아 절대 쉽게 요동하지 않는다는 것이다. 헛된 야망을 품은 자는 역시 빨리 포기하는 것이 낫다!

소귀비는 덧없고 부질없는 영화를 꿈꾸었을 뿐이었다. 그녀가 한바탕 호접몽에서 깨어났을 때는 어쩔 수 없이 잔혹한 현실을 받아들여야만 했다. 아들들은 모두 그녀를 떠나갔고, 이제는 각자 하늘 한구석으로 떨어져 평생 다시는 볼 수 없게 되었으니 말이다.

명나라의 제도에서 친왕의 아내인 국후國后는 다시 수도 북경으로 돌아가 친정을 방문할 수 없었고, 모두 봉국에 갇혀 지내야 했다. 문을 닫으면 모두 다 한통속이라고 지방관도 그녀들을 엄중하게 감시했기 때문에 사실상 그녀들은 지위가 높은 죄수나 마찬가지였다. 이런 방법은 주체 자신이 반란을 일으켰기 때문에 자신의 경험을 종합한 것이었다. 역사상 일부 왕조 역시 이런 제도가 있었는데, 예를 들어 조조曹操의 위魏나라는 종왕宗王의 권리를 각 봉지 안으로 제한하고 관원이 감시하도록 명하며, 서로 간에 방문이나 사적인 활동을 금지했다. 《삼국지》에도 이런 평론이 있었다. "골육에 대한 감사와 불순종, 《시경詩經》 상체常棣[145] 편에서의 정의와 폐함을 보니, 법을 제정한 폐해가 이 정도까지 심각하구나〔骨肉之恩乖, 常棣之義廢. 爲法之弊, 一至於此乎〕!" 청나라 강희제康熙帝는 명조의 친번 정책을 너무나 비인도적이

---

145  《시경(詩經)》 소아(小雅)의 편명(篇名). 상체(아가위나무)의 꽃을 형제의 우애에 비유한 노래다.

며, 본래 표방하려던 '가족 간에 지켜야 할 의'가 아니라고 비난했다. 강희 31년(1692년) 정월 29일 진시辰時에 강희는 건청문御乾淸門에 행차하여 의정을 수렴할 때 이렇게 말한 적이 있다.

"명나라 왕조의 홍치 연간처럼 태후가 숭왕崇王을 그리워하여 조정에서 배알을 윤허해 한 번 만날 수 있기를 소망했던 것, 이것 역시 인지상정이다. 게다가 숭왕이 봉해졌던 땅은 처음에는 그렇게 멀지 않았는데, 대신과 과도 관원이 서로 상소를 올려 논쟁을 하며 그래서는 안 된다고 말하고, 심지어 백성이 소란을 일으켜 나라가 동요할 것이라고 한 말은 정말 말도 안 되는 위협일 뿐이다. 당시 이미 숭왕에게 수도를 방문하라는 성지를 내렸지만 사람들의 말이 너무 많아 오지 못했다. 옛 성현의 책에서는 '9족까지를 친척이라고 하며 9족은 화목해야 한다'라고 했는데, 번왕으로 봉해지면 분명 다시는 만나지 못할 터이니 고대부터 제왕이 강조한 친족 간에 화목해야 한다는 도리를 어떻게 지킬 수 있겠는가?"

이것이 바로 똑같은 뜻을 말한 것 아닌가?

각설하고 홍치 7년 9월에 홍왕 주우원은 이미 성장하여 관례에 따라 봉국에 나가게 되었다. 소귀비는 매우 슬퍼하며 자신만의 바람을 이루고자 장황후를 찾아 홍왕과 함께 봉국에 가게 해달라는 부탁을 했다. 하지만 이 바람은 당연히 이뤄질 수 없었다. 장황후는 의리가 없는 사람이라고 그녀를 비난할 수 없는 것이, 친왕의 어머니는 선왕의 태비이며 명나라 왕조에서는 어머니가 친왕의 봉국으로 따라나선 선례가 없었기 때문이다. 그녀들은 유가의 윤리에 따라 옛 궁에서 거처하며 후계 군주의 봉양을 받아야 했다. 효종은 성격이 매우 신중하고 예법을 철저히 지키는 사람이었지만 너무 예법에 얽매여서 법도와 규칙을 사람의 정보다 더 우선시하고는 했다. 고대 사회 사람들의 생각 속에서, 특히 도학자의 대작들 속에서 정은 거의 욕망과 같은 등급으로 다뤄졌다. "사람이 욕망으로 철철 넘친다면 그것 참 안될 말이니, 욕망은 큰 혼란의 근원이 될 것이다!" 아무튼 이런저런 도리 때문에 소태비는 아무런 말도 못 하고 그저 크나큰 슬픔 속에 홍왕이 황궁을 떠나는 그날 빗물 같은 눈물을 하염없이 흘려야 했다.

그러나 이것은 시작에 불과했다. 그 다음 해 둘째인 기왕岐王 역시 나라를 받았다. 기왕의 봉국은 덕안德安으로 본래 홍왕에게 주어졌으나 홍왕의 봉지가 안륙으로 변경되자 다시 기왕에게 주어진 것이다. 소비는 이번에는 더 이상 분에 넘치는 기대를 할 수 없었다. 그녀는 그저 끊임없이 아들에게 당부할 뿐이었다. "덕안하고 네 형이 있는 봉국 안륙은 전부 호광에 있구나. 하늘도 불쌍한 너희를 아시나 보다. 이 엄마가 없어도 너희 형제 둘이 부지런히 만나도록 해라!" 기왕은 그저 목이 메일 뿐이었다. 마음으로는 그것이 불가능한 일임을 알고 있었다. 왜냐하면 조정의 법도에 의하면 왕부王府 간에는 개인적으로 왕래가 절대 금지되어 있기 때문이었다. 친왕은 평소에 성 밖을 나가는 것조차 사전에 허락을 받아야 했고, 함부로 성을 나갔다가는 '제도를 위반'했다는 참언을 들어야 했다. 기왕은 슬퍼하며 생각했다. '어머니, 우리 모자만 천리만리 떨어진 것이 아닙니다. 저도 형과 바로 지척에 있지만 영원히 만날 수 없으니까요!'

소비는 기왕을 배웅하고, 그저 막내인 옹왕을 지키며 세월을 보내고 있었다. 그리고 4년이 지나자 이 아이도 떠나보내야 했다. 이때부터 소비는 가장 친한 가족마저 하늘 끝으로 보내고 꿈속에서나 그리워할 가슴 아픈 어머니의 마음을 안고 살아가야 했다. 하지만 그들은 영원히 다시 만날 수 없는 운명이었다. 그리고 악몽은 계속되었으니, 기왕이 봉지에 도착한 지 몇 년 만에 죽고 만 것이다. 옹왕의 봉지는 호광 형주衡州(오늘날의 후난성 형양衡陽)였는데 몇 번 편지를 보내어 남방은 미개하고 습하여 살기가 불편하며, 새로 지은 궁전은 썩고 비가 새는데다가, 괴상한 괴물까지 자주 출몰하니 황제인 형께서 은혜를 베푸사 자신을 산동의 동평주東平州로 가게 해 달라고 부탁했다. 효종은 융통성을 모르는 사람은 아니었다. 하지만 친왕의 봉지를 변경하는 이런 큰일은 반드시 조정 신하의 회의가 우선 개최되어야 결정할 수 있었다. 하지만 조정의 신하들이 회의를 한 결과, 봉지를 재선정하여 새로 왕궁을 건설하는 것은 백성을 괴롭게 하고 국고를 낭비하는 일이니, 옹왕을 사천四川의 서주徐州로 보낼 것을 건의했다. 조정의 신하들이 이렇게 의논을 한 것은 편리를 위한 생각이었다. 왜냐하면 헌종의 제14자인 신왕申王의 본래 봉지가 서주여서 왕궁도 이미 건설을 해 놓았지만 미처 사용하기도 전에 그가 북경에서 죽어버렸기에, 옹왕은 신왕의 옛 궁전에서 살면 되고 조정에서도 돈과 힘을 절약할 수 있었기 때문이었다. 효종은 이것 역시 일석이조의 방법이라고 생각해 이 의견에 동의했다. 하지만 옹왕은 옛 사람이 쓰던 옛 물건을 쓰려 하지 않았고, 사천의 자연환경 역시 좋아하지 않았다. 게다가 그곳은 너무 먼 곳이었다. 사람들을 데리고 가기에는 매우 번거롭고 힘들었다. 일이 이렇게 지지부진해지는 사이, 큰 문제가 생겨날 줄을 누가 알

앗을까? 정덕 2년, 형주에서 갑자기 지진이 일어나 왕부가 무너졌고, 생각지 못하게도 옹왕이 압사해 죽고 만 것이다. 이것은 소비에게 매우 큰 충격이었다. 두 아들이 자기보다 먼저 죽었고 게다가 후사가 없었기에 봉국도 취소가 되었다.

그녀는 그저 천 리 밖에 있는 큰아들 홍왕만을 생각하며 그라도 평안무사하기를 기원하고 또 기원했다.

정덕 2년(1507년), 옹왕이 지진으로 죽은 바로 그해에 안륙에서 좋은 소식이 전해졌다. 그녀에게도 손자가 생긴 것이다. 홍왕은 항상 편지를 보냈는데, 매번 아주 많은 양을 할애하여 손자의 근황을 전했다. 이 아이에게 내려진 어명은 후총厚熜이었으며, 아이가 다섯 살이 되던 때에 친왕이 직접 시 짓기를 가르쳤다. 후총의 총熜은 불 '화火' 변의 총으로 그의 성격을 대표하기도 했지만 아이 본인은 매우 '총'명했다. 특히 어린 시절부터 애어른같이 철이 들어 노는 것 대신 책보기를 좋아하고 예의를 잘 알았다. 고대 사람이 말하는 예의를 안다는 말은 오늘날처럼 예의가 바르다는 뜻이 아니라 상하의 분별과 들어가고 물러나는 예법의 의식을 잘 알고, 모든 일을 규칙과 법도대로 행했다는 뜻이다.

홍왕은 편지에서 아주 자랑스럽게 이야기했다. "몇 번은 후총에게 세자의 신분으로 제사를 대행하고, 상소를 올리는 예를 행하게 했는데, 그렇게 장중한 분위기와 수많은 관원 앞에서 아이는 전혀 두려움이 없이 여전히 '나아가고 멈춤이 신중하고, 예의를 지키며 백성의 군주와 같은 엄연한 기품을 가지고 있었습니다.'" 독자 여러분! 이 몇 글자는 졸필이 《명세종실록》에서 초록

해온 것으로 홍왕의 편지 원문은 아니다. 마지막의 "백성의 군주와 같은 엄연한 기품을 가지고 있었습니다."라는 말은 분명 사관이 일부러 집어넣은 글귀일 것이다. 홍왕은 분명 감히 그렇게 이야기하지 못했을 것이며, 게다가 언젠가는 주후총이 '백성의 군주'가 될 '엄연한' 복을 누릴 수 있을 것이라고는 더욱이 생각지 못했을 것이다.

깊은 궁궐에서 고독하며 적막하게 지내던 소비에게 있어서 손자가 나날이 자라나는 소식을 듣고 이를 상상하는 것은 가장 큰 위로였다. 그러나 불행은 다시금 그녀를 찾아왔다. 정덕 14년(1519년) 홍왕 역시 죽고 만 것이다. 세 아들은 모두 그녀를 떠나버렸다. 이는 부모에게 이루 말할 수 없는 충격이다! 소비는 항상 너무 많이 울어 시력까지 나빠질 정도였다(책에서는 그녀가 "눈에 백태가 끼었다"고 전하는데 노인이 자주 앓았던 백내장을 뜻하는 말이다).

인생에는 예측불허한 일이 너무 많다. 절대 허황한 꿈을 꿀 수 없었던 소비에게도 자기 손으로 자기 손자를 만져볼 날이 온 것이다. 아이를 품에 안았던 그때까지도 그녀는 이것이 꿈이 아닌가 의심했을 것이다. '이게 내 손자가 맞나? 이 아이가 지금의 황제란 말인가?!'

주후총은 즉위한 제 2년, 즉 가정嘉靖 원년에 황조모에게 존호를 올려 그녀를 수안황태후壽安皇太后로 존대했다. 같은 해 11월, 소비가 붕어했다. 그녀는 선왕의 귀비의 신분으로 세상을 떠난 것이 아니기에 죽을 때에 '붕어'라는 글자를 누리게 되었다. 그녀는 헌종 황제와 합장이 되는 가장 큰 소망까지 이루었다. 당년의 만귀비는 어디에서 썩은 내를 풍기고 있는지 모르는 판국에 말이다. 만귀비는 반평생 동안 득의양양하며 헌종과 서로 뜨거운 사랑을 나누었지만 무릉에 묻혀 자신이 가장 사랑하던 헌종과 함께 합장이 될 자격을 얻지 못했다. 하지만 소비는 자신의 손자가 황제가 됨으로써 '효혜강숙온인의순협천우성 황태후孝惠康肅溫仁懿順協天祐聖皇太后'라는 존호로 헌종의 곁을 지키게 되었으며 봉사전奉慈殿에 들어가 분향을 받게 되었다. 가정 15년(1536년), '효혜(소) 황후孝惠邵皇后'의 신주는 무릉茂陵 향전에 정식으로 옮겨졌다.

소비는 생전에 그저 한 명의 비빈에 불과했으며 황제의 첩이었지만 죽은 후에는 결국 정실이 되었으니 그다지 큰 유감이 없었을 것이다.

그저 헌종이 조금 재수가 없었다고 할 수 있다. 홍치 때에 무릉의 지하궁을 한 번 열어 효종의 생모인 효목孝穆 기씨紀氏를 이장했고, 정덕 13년(1518년)에 또다시 죽은 공식 황후 왕씨를 합장했으며 다시 가정 때에 황릉을 열어 세종의 할머니인 효혜 소씨를 이장했기 때문이다. 50년간 황릉에 간직되었던 황제의 기운이 세 번이나 빠져나갔으니, 헌종의 뼈는 썩고 싶어도 썩지 못했을 것이다.

# 제46장 모후를 위해 결연히 일어난 황제

세종 주후총이 즉위한 앞의 수십 년 동안 예의 문제로 조정의 신하는 격렬한 랠리를 벌였다. 주후총은 예의를 고집하는 사람이라 그의 머리에는 항상 이상한 생각으로 가득 차 고대의 예식만을 시행하려고 했다. 중국은 농경사회로, 남편은 밭에 파종하고 경작하며 아내는 양잠을 하고 옷감을 짜는 것이 이상적인 고대 농촌의 청사진이었다. 황제는 농부의 총사령관이 되었기에 옛날에는 '세상에서 제일 큰 지주'라고 불릴 정도였다. 그는 농사를 권장할 의무가 있었기 때문에 '천자는 남쪽 교외에서 직접 경작을 하며 황후는 북쪽 교외에서 직접 양잠을 한다'는 고대의 예의 제도가 있었다.

주후총은 스스로 '경적례耕籍禮'를 시험해 보고 이 제도를 회복하려고 결심하고 있었다. 그는 삼공과 중신을 데리고, 사전에 잘 갈아놓고 쟁기 등 농구도 잘 준비해놓는 서원西苑의 밭에 도착했다. 대신들은 좌우 양쪽에서 황제를 붙잡고 용님께서 밭으로 들어가시기를 권했다(졸필은 강룡 18장降龍十八掌 이라는 권법의 제3세인 '견용재전見龍在田'이 생각나지 않을 수 없었다). 황제는 바지를 걷고 진흙밭으로 들어가 농구를 잡고 '세 번을 밀고 세 번을 뒤로 물러났다'. 이렇게 앞으로 세 번을 밀고 뒤로 세 걸음을 간 후에 발을 씻으러 논두렁으로 올라갈 수 있었다. 중신들은 곁에서 이를 지켜보는데 제일 앞에 선 것은 장태후의 동생으로 이미 태사요, 창국공으로 책봉된 황친 장학령이었다.

세종이 황위를 계승하도록 하는 생각은, 비록 양정화 등의 내각 대신이 제안한 논의였지만 이를 결정한 사람은 장태후였고, 게다가 태후의 의지 형식으로 이를 선포하고 장태후가 동생 장학령을 호광으로 직접 파견해 새로운 황제를 영접해 왔기 때문에 그는 황제를 영접하여 세웠다는 공로를 인정받고 있었다. 세종은 당연히 예의에 근거하여 그들을 장려해야 했고 즉위 후에 장태후는 '성모'로 칭하며 '소성자수昭聖慈壽'라는 존호를 내렸다. 이는 원래의 '자수慈壽'에 두 글자를 더한 이름이었다. 황친 수녕후 장학령은 '정해진 계획'에 따라 황제를 영접하여 세운 공을 인정받아 태사로 승격되었고(태사는 삼공의 우두머리로 정일품에 해당하지만 명예직이었음), 봉록으로 쌀 300석을 추가했으며, 그 동생 건창후 장연령은 태부로 승격되었고(태부 역시 삼공 중의 하나로, 태사 다음의 직위, 역시 정일품) 봉급으로 발급하는 쌀인 녹미禄米 1백 석이 추가되었다. 무종의 외척인 경양백慶陽伯 하신夏臣(무종 하황후의 오빠)과 비교를 해봐도, 그는 겨우 산관散官[146] 한 단계를 더했을 뿐이었다. 얼마 후 수녕후는 창국공으로 봉해졌는데 은택은 여전히 경백후보다 컸으며 하신은 그저 태자태보, 도독동지(정2품 무직)로 진급했을 뿐이었다.

장학령이 너무 큰 은혜를 입자 이부상서 교우喬宇 마저 불만을 가질 정도였다. 그는 "과거 왕조의 친척 중에서 생전에 공작 작위를 책봉 받은 사람이 없었습니다. 그런데 오직 장태후의 아버지 장만張巒만은 죽은 후에 창국공의 직위를 얻었으며, 지금은 아버지가 그 아들에게 작위를 세습해 주었으니 이것은 제도에 맞지 않습니다."

---

146 실제 직무는 없는 명예직 등급.

사실 이번 황친의 진급 과정에서, 주후총은 외척에게도 섭섭하지 않은 대접을 해 주었다(그 어머니 장씨 및 자신의 처인 진陳 황후의 친정집). 그는 아무런 공덕이 없는 장씨 형제에게 큰 직위를 하사했다. 어쩌면 그는 자신을 보호하기 위해 조정 대신의 비난의 화살을 다른 곳으로 돌릴 연막작전을 편 것인지도 모른다. 그렇다면 교우의 비난은 그의 계략이 맞아 들어갔다는 뜻이었다.

창국공은 장학령의 부친 장만이 사후에 책봉 받은 작위였으나, 세종이 사자의 작위를 살아 있는 사람에게 세습하도록 한 것은 결코 길조가 아니었다. 이것은 마치 불길한 까마귀 울음소리처럼 장씨 가족의 비참한 운명을 알리는 서곡이 되었는데, 이는 나중에 말하도록 하겠다. 하지만 경적례를 시행하는 과정에서 군신이 모두 출연한 이 장중한 농업 장려극에서 장학령은 태사와 국공의 신분으로 문무백관의 우두머리로 나서게 된 것을 매우 기뻐했다. 그는 자기가 밭에 들어가 일을 할 차례가 되자 씩씩하게 얼른 뛰어 들어갔다. 삼공관은 다섯 번을 갈아야 했기에, 앞으로 다섯 번, 뒤로 다섯 번을 가야 했는데 그는 매우 힘 있게 밭을 갈았다. 그리고 상서, 구경이 모두 아홉 번을 밀었다. 대신들이 밀고 나자 '진흙투성이가 된 밭'은 다시 직위에 맞춰 품계에 맞게 섰다. 학영과 연령 형제, 즉 태사이자 국공인 학영과 태부이자 후인 연령이 허리를 곧추세우고 무리의 앞에 섰지만 대학사 장총(그는 예의 법도를 연구해 이름을 얻었으며, 단 몇 년 만에 내각에 들어간 수재)과 적란翟鑾 및 육부상서는 모두 그 아래에 서서 함께 엎드려 절을 하며 예식을 완수한 것에 환호했다.

경적례가 끝나자 세종은 또다시 '친잠례親蠶禮'를 시행하려고 황후에 비빈,

공주와 공작과 후작, 9경의 명부命婦등 사람을 총동원해, 시가지에서 그 위용을 과시하며 남쪽 교외에 새로 건립한 선잠단先蠶壇에서 친잠례를 거행했다.

이런 연극을 통해 세종은 자신이 '하늘을 두려워한다'는 기복심리는 만족시켰지만 문무 대신은 허리와 다리가 아파야 했고, 사실 농업을 일으키는 효과는 전혀 없었다.

장황친은 관직은 높았지만 제대로 된 일은 하나도 하지 않았다. 그들은 이런 눈에 보이는 모임에 참석하고 군신의 앞에 서서 일인지하, 만인지상의 쾌감을 누렸다. 그러나 온갖 먹구름이 하늘 끝에서부터 몰려와 이미 그들의 머리 위를 덮었다는 사실을 이 두 바보들이 알 리가 없었다. 이 먹구름은 깊고 깊은 황궁에서부터 흘러왔다.

각설하고 세종 주후총이 즉위한 이래로, 예의상으로는 주후총 모자와 장태후 간에 어떤 갈등이 있다는 것을 알아차릴 수 없었다. 가정 3년(1524년)이 되어 장태후의 존호는 이미 '성모' 황태후에서 '소성자수' 황태후와 '소성강혜자수' 황태후로 계속 길어졌으니 존호는 이미 6글자가 되었다. 하지만 관직이 아무리 높다한들, 그것이 관직을 내리는 사람이 그녀를 진심으로 공경한다는 뜻은 아니었다. 그러니 장태후의 처지를 잘 관찰해 보아야지, 장태후가 얻은 관직만 보고 일방적인 판단을 내려서는 안 될 것이다.

그럼 무엇을 관찰해 봐야 할까? 황실 가족 중에서 그녀가 차지한 지위를 관찰해 보아야 한다. 그녀는 본래 황제의 친어머니였고, 아들이 죽고 조카가 출현했을 때 그녀의 본의는 조카가 황태자의 신분으로 황위를 계승하도록 하는 것이었다. 그러면 그녀는 여전히 황제의 적모가 될 수 있기 때문이다. 그러나 조카는 이에 동의하지 않았고, 누가 뭐래도 '황위는 계승하되 후계자 혈통은 계승하지 않는다'라고 주장하며 자신의 친부모만을 존대했다. 그의 아버지는 흥헌왕에서 흥헌제가 되었고, 예종제睿宗帝까지 추서되어 종묘에 모셔진 신주의 차례는 심지어 무종을 뛰어넘어 효종의 뒤에 놓여졌다. 그의 어머니는 본래 흥왕비였는데 역시 최고의 존대를 받아, 흥헌후興獻后에서 흥국태후興國太后, 본생장성 황태후本生章聖皇太后, 성모장성 황태후聖母章聖皇太后까지 이르렀으며, 존호는 두 글자에서 네 글자, 결국 '장성자인강정정수 황태후章聖慈仁康靜貞壽皇太后'라는 여덟 자까지 늘어났다. 이와 비교해볼 때 장태후는 '황백모'라고 불렀다. 즉 황제 가문의 족보에서 볼 때, 백모는 친가족이 아니라는 뜻이었다. 가정 15년에 그녀는 '소성공안강혜자수 황태후'로 역시 여덟 글자까지 존호가 늘어났지만 그녀에게 있어서 이것은 황제의 친어머니와 같은 시기에 함께 존대받은 것이 아니라, 자신은 항상 뒤에서 따라붙는 처지임을 일깨워주었다.

장태후가 말년을 보낸 반평생은 매우 처량했다. 그녀의 운명은 소태후와는 정반대였다. 소태후는 처음에는 고난이 있었다가 나중에 행복해진 반면, 그녀는 처음에는 행복했지만 나중에 고난이 있었다. 이는 인생이 포도송이와 같아 달고 큰 열매도 맺는가 하면, 작고 신 열매도 맺는다는 것을 알려준다. 우리도 둘 중에서 선택을 한다면 젊었을 때에 작고 신 포도알 몇 개를 맛볼지라도, 만년에 하늘로 돌아가야 할 때 탱글탱글하고 알알이 크고 탐스러운 달콤한 포도를 맛보는 인생을 선택하고 싶을 것이다. 하지만 인생의 운명의 순항 여부, 부침 여부를 사람이 어떻게 주관할 수 있단 말인가!

장태후張太后에게 있어서 가장 큰 불행은 무종에게 후사가 없었던 것이다. 세종 모자는 뻐꾸기가 비둘기의 둥지를 빼앗듯 했다. 황백모인 자신은 늙고 쓸데없는 폐물이 된 느낌이 다분했다. 그녀가 궁중에서 가졌던 권력이 점점 사라지고 의지할 것은 하나도 남지 않자, 그저 지극히 존대한 명분만 허공에 남게 되었다. 만일 장태후蔣太后가 조금이라도 인정을 알고 본분을 지키는 사람이었다면 두 여인은 그래도 화목하게 살 수 있었을 것이다. 그런데 장태후는 역시 그릇이 작고 제 잘난 맛에 사는 사람이었다. 그녀는 조정의 대신이 애당초 자기 아들에게 효종을 황고로 받아들이고 자신들 부부를 황숙부와 황숙모로 부르도록 강요했던 일을 끝까지 마음에 품고 있었다. 그녀는 장태후張太后가 아들의 황제 즉위에 동의한 것은 악한 동기 때문이었고, 자기 아들이 일부러 양자가 되도록 한 일도 아들과 자신이 독하게 마음을 먹었기에 그런 모욕을 받지 않은 것이라고 생각했다.

그녀가 가장 큰 불만을 가진 것은 두 황비의 순위였다. 장씨 할망구가 항상 자신의 앞에서 자기를 누르고 있었다. 가정 원년 세종의 대혼 때에도 당시 있던 삼궁의 태후 중 장태후張太后가 명분상 제일 정통이고 소태후는 비록 한 세대가 더 앞서도 결국 전 황제의 첩실에 불과했기에, 결국 장태후가 육궁의 사무를 주관했던 것처럼 말이다. 장태후蔣太后와 비교하자면 장태후張太后는 과거에는 국모요, 장태후蔣太后는 그저 일개 왕비에 불과했고 과거 그녀들은 군신의 명분으로 분별할 수 있었다. 조정의 논의 결과, 소성장태후가 대혼의 의지를 내리도록 결정되자, 장태후는 이에 결코 동의할 수 없었다. 하지만 그녀는 '흥국태후'로 갓 진급을 한 처지인데다가 존호에는 아주 중요한 '황'자가 없으니 어디 감히 의지를 내릴 군번이 되었겠는가? 그녀는 많은 사람의 논의를 설득시킬 수 없다는 것을 깨닫자, 수안소태후의 명의로 의지를 내리겠다고 끝까지 주장했다. 주후총이 이에 동의하고 이 뜻을 내각에 전달했지만, 수보 대학사 양정화의 반대에 부딪혔다. 그는 "선제께서 돌아가신 후로, 모든 내궁의 의지는 장태후張太后의 명의로 내려졌습니다. 천하가 모두 이 사실을 아는데 왜 갑자기 이를 바꾸려는 것입니까?" 그래서 결국 장태후의 명의로 의지가 내려졌다. 장태후蔣太后는 자신이 패배당했다고 생각되자 불같이 화를 냈고, 장태후張太后를 향한 적개심은 더욱 커져만 갔다.

그들 모자는 비록 잠시 양보는 했지만 마음에는 불평불만이 가득했고 마음의 매듭은 더욱 더 커져 두 내궁 간의 모순이 풀 수 없을 정도가 되었다.

가정 3년이 되자 장태후蔣太后의 존호는 이미 '본생장성 황태후'까지 늘어났다. 본생은 황제를 낳은 친어머니라는 뜻인데, 그녀의 눈에 이 존호는 방귀 뀐다고 바지를 벗는 쓸데없는 일과 다름 없었다. '내가 바로 황제의 친어머니고 그건 천하가 다 아는 사실인데, 내 존호에 꼭 그걸 표시를 해야겠어?' 주후총 역시 이 존호를 원하지 않았다. 하지만 장비를 황태후로 존대하겠다는 안은 여전히 조정의 동의를 얻지 못했다. 조정의 대신 여러 명이 모두 동의를 하지 않아 그저 존호 앞에 '본생'이라는 두 글자를 억지로 끼워 넣은 것도 그와 조정 대신의 합의하에 탄생한 결과물이었다. 하지만 이것은 그들 모자가 볼 때 적나라한 수치에 불과했다.

외조에서 주후총은 직위 강등과 곤장을 동원해 조정 대신의 반항 의지를 계속적으로 꺾어내고 분노의 불길을 전부 영수궁에 쏟아냈다.

　이 해 장태후蔣太后가 생일을 지내는데, 주후총은 조정의 관원과 명부들이 전부 조정에 입궁해 축하를 하고 열렬한 생일 축하연을 열도록 칙령을 내렸다. 연회에 참가한 명부들은 평소보다 두 배나 되는 상을 얻도록 했다. 그런데 얼마 후 장태후張太后 역시 생일이 닥치자, 주후총은 아무런 이유도 없이 축하연을 취소해 버렸다.

　황상이 이렇게 박정하니 장태후張太后의 마음이 어찌 불안하지 않겠는가? 한림원翰林院 수찬장원修撰狀元 서분수舒芬首가 먼저 장태후張太后를 두둔하는 상소를 올렸지만 봉록이 박탈되는 처벌을 받았다. 어사 주체朱渼의 부하인 임유총林惟聰 등이 잇달아 간언을 올렸지만, 역시 모두 처벌을 받고 말았다. 주후총 모자는 이런 정신적인 충격요법으로 장태후에게 보복을 감행했다.

　이 해 가을, 주후총은 이미 내각에 들어온 장총의 건의를 받아들여 장후蔣后를 '성모장성황태후'로 존대하고 '본생'이라는 두 글자를 빼버렸다. 그녀와 장후張后의 '성모소성황태후'는 단 한 글자만 다를 뿐이었다. 그 후에 조정에서 벌이는 행사에는 장성만 보일 뿐 소성은 아무런 할 일이 없었다. 가정 9년, 주후총은 유신에게 부덕婦德을 드러낸 역대의 이야기를 모아《여훈女訓》이라는 책을 한 권 편찬하여 장태후蔣太后의 명의 하에 천하에 반포하도록 했다. 이것은 태조 마황후를 따라한 행동이었다. 가정 15년, 그는 직접 장태후蔣太后를 받들어 천수산 능침을 배알했는데, 또 영종 초년에 태황태후太皇太后 장씨張氏가 했던 옛 예를 따라 대신들이 궁궐에 들어와 축하를 하도록 특명을 내렸다. 그리고 과거에 선조들이 했던 말을 그대로 모방해 "천하는 장태후蔣太后만을 알 뿐, 장태후張太后는 모른다"고 했다.

장태후張太后는 모든 위엄과 영광은 장태후蔣太后에게 빼앗기고 그저 속 쓰린 방귀 냄새나 맡아야 했다. 이제 장태후蔣太后의 유일한 불만은 자신의 휘칭이 겨우 '강정정수' 네 글자뿐이라 장씨張氏에 비하면 아직도 크게 손색이 난다는 것이었다.

오늘날 우리가 볼 때는 존호나 휘칭이 몇 글자가 되건 별로 큰 차이가 없어 보인다. '식사는 여전히 잘 나오고, 숙소도 여전히 편할 텐데 말이야'라고 의아해할 수 있다. 하지만 당시는 그렇지 않았다. 예를 들어 어떤 중요한 인물이 세상을 떠나면 그 사람의 부고를 듣게 되는데, 얼핏 듣기에는 천편일률인 것 같지만 자세히 들여다보면 그 안의 단어와 문구는 모두 예의와 예법에 맞춰서 사용되고 있다는 것을 알 수 있다. 한 글자 차이가 바로 신분의 차이를 상징하기 때문이다. 그저 사회가 오늘날까지 발전하다 보니 과거 사람의 가치관을 모방하는 것이 우습고 아무런 의미 없는 문자놀음이 될 뿐이기에 가소롭게 여겨질 뿐이다.

이 점을 이해한다면 주후총이 인색하여 친어머니께 몇 글자 더 하사해드리지 않은 것이 아님을 알 수 있다. 그의 소망으로는《강희자전康熙字典》한 세트라도 어머니에게 다 하사해 드릴 수 있었다. 하지만 명나라 사람은 예법에 세뇌를 당한 탓에 그 신비하고 심오한 예제를 매우 중시했다. 그래서 주후총이 낸 기발한 아이디어도 매번 신하의 강렬한 반대에 부딪혔고, 심지어 수백 명의 대소 관원이 합동으로 궁전 문밖에 엎드려 붉은색으로 칠한 대문을 쾅쾅 두들기고 태조와 태종을 목 놓아 부르고 황제가 성지를 거두어 주시기를 요구하기도 했던 것이다. 이 세종 황제는 예의를 매우 중시하지만 자기 주장은 막무가내였던 사람이라, 신하를 매섭게 대할 때는 금의위에게 명령해 곤장을 때리도록 했다. 그런데 위엄이 가득한 조정에서 다 큰 신하의 바지를 벗겨 엉덩이를 때리며, 똥오줌과 피와 살이 튀기게 하는 것은 과연 어떤 예의 제도였을까?

주후총은 일편단심으로 자신의 부모를 하늘 끝까지 존대하려 했지만, 신하들은 그가 윤리에 맞게 행동하기를 요구했다. 예의라는 것은 사실 분명하게 말하기가 어려운 것이다. 북처럼 쿵쿵 울려대면 아주 듣기 좋지만, 북의 가죽은 선혈을 뚝뚝 흘리는 소의 몸통에서 직접 벗겨내야 한다. 만일 맹자가 소가 죽기 전의 애곡 소리를 들었다면 또 어떤 권고를 했을지 모르겠다!

가정 초년의 대례의 논쟁은 겉으로 볼 때는 아주 번거로운 예법문 논쟁 같지만 이 논쟁의 베일을 한 꺼풀 벗겨내면 그 아래에는 사실 전부 욕망, 권리와 권세에 대한 암투 등 더러운 것으로 가득하다.

천자라는 고귀한 신분을 가졌던 주후총은 제멋대로 세도를 부리는 어머니를 위해 용감히 떨치고 일어나 사람들을 위협했다. 그랬기에 보복은 예의라는 차원에만 머무르지 않았고 악랄하기 그지없었다! 그의 보복의 창끝이 가리키는 곳은 바로 장태후張太后의 친정집이었다.

# 제47장 장황친에게 닥친 환난

가정 12년(1533년) 장황친에게 환난이 닥쳤다. 이 일가 사람은 사실 그다지 동정을 할 필요가 없었다. 그 집안의 가세가 기울어진 것은 자기네가 저지른 못된 행실로 말미암은 자업자득이었기 때문이다.

장씨의 두 형제 중에서 건창후 장연령은 그의 형인 창국공 장학령에 비해서 더욱 거리낌이 없었다. 그는 외적으로 대부업을 하고 있었고, 사총司聰이라고 하는 지휘가 장연령 대신 돈을 받고 돈을 빌려주는 일을 했다. 하지만 경영 부실로 사총은 장학령의 은 500량을 상환할 수가 없었다. 고리대금업자가 어떻게 돈을 수금하는지는 영화 속에서 자주 본 바가 있다. 장황친은 경성의 권문세가였으니 다른 사람에게서 빌려준 돈을 받아내는 수완은 분명히 대문의 옻을 벗겨내고 똥을 바르는 그런 것만은 아니었을 것이다. 아무튼 원금에 더해 눈덩이처럼 불어난 그 이자를 먹지 못할 바에야 찔러나 본다고, 분명 끔찍한 장면이 기다리고 있었을 것이다. 그렇지 않다면야 왜 그 집안의 끄나풀인 '사司 지휘'까지 막다른 골목에 몰린 쥐처럼 고양이를 물 생각을 했겠는가?

사총은 자신의 힘으로는 도저히 어쩔 수 없자, 놀랍게도 일석이조의 방법을 생각해냈다. 그는 앞에서 이야기한 적이 있는 천문생 동장의 아들 동지董至를 찾았다. 동장은 장씨 집안에서 개인참모를 맡아 장연령 대신 문서 작성을 한 일이 있었다. 아마도 동장이 죽었기 때문에 동지가 아버지의 가업을 이어받아 여전히 장씨 집안의 일을 도와주고 있었던 듯싶다. 사총은 동지를 찾아가 자기 대신 상소문을 써달라고 청하며 한 수를 부탁했다.

"황상이 태후와 화목하지 않아 장씨 집안의 잘못을 찾은 것이 하루 이틀이 아닙니다." 사총이 말했다. "과거에 조조가 장연령이 반란을 계획했다고 고발했지만 결국은 흐지부지되었습니다. 우리가 이 사건을 다시 들고 나와 재고발하면 장씨 집안은 분명히 매우 두려워할 것이고, 그렇다면 빚진 돈만 탕감받는 것이 아니라 오히려 그쪽에서 애걸복걸하며 장씨 집안으로부터 두둑한 돈까지 받아내게 될 겁니다."

사총이 이런 간계를 생각해 낸 것을 보면, 황제와 태후 간의 불화는 이미 궁궐 내부의 비밀만이 아니었음을 알 수 있다. 저잣거리의 악당과 깡패는 모두 궁궐에서 풍기는 피비린내를 맡고 쾌감을 느끼고 있었으며, 살인을 하고 죽은 자의 부귀를 빼앗으려는 일도 두려워하지 않고 있었다. 사총은 이런 계략을 내세운 첫 번째 사람도 아니었지만, 그렇다고 마지막 사람도 아니었다.

동지는 사총의 말을 듣고 내심 깜짝 놀랐지만, 얼굴에는 전혀 드러내지 않았다. 그는 사총을 도와 상소문을 써주겠노라고 대답하고 사총을 돌려보낸 후, 얼른 종이를 꺼내어 과거 조조가 장씨 집안을 고발한 내용과 장연령이 최근에 행한 악행 십여 가지를 적고 깨끗이 베껴 쓴 후 다시 사씨 집안에 가져다주도록 했다. 그는 그러나 원고는 가방에 집어넣은 뒤 그 길로 장씨 집안에 다다랐다.

그는 매우 다급한 얼굴로 하늘이 무너질 비밀을 알려주러 왔다고 했다. 주인의 집안은 벌집을 쑤셔놓은 듯 혼비백산했다. 과연 장연령은 그 원고를 읽고는 얼굴색이 파랗게 질렸다. 동지는 곧 사총이 천하에 염치를 모르는 놈이라고 한바탕 욕을 한 후 이렇게 말했다. "이 상소가 올려지면 장공은 위험해질 것입니다. 그래서 제가 특별히 알려드리러 왔습니다."

친구를 팔아서 영광을 얻어 보려는 이놈은 충신과 열사의 모습으로 자신을 위장하고 있었다.

장연령은 감격하여 눈물 콧물을 쏟으며 큰 상금을 주는 한편 사가의 집에 하인을 보내 문을 잠그고 수색을 하니 과연 아직 조정에 올리지 않은 상소문을 찾아낼 수 있었다. 장연령은 화가 머리끝까지 나서 사총을 자기 집으로 끌고 와 빈방에 가두고 몽둥이로 수백 대를 때리며 계속 괴롭히니, 사총은 결국 죽고 말았다.

장황친 역시 살인을 큰일로 생각하지 않았던 터라, 사총의 아들 사승司丞을 불러와 빚을 졌던 차용증을 돌려주고 돈 몇 푼을 상으로 주면서, 그 대신 아버지의 시체를 가져다가 알아서 화장을 하고 매장하도록 했다. 결국 돈 몇 푼을 받자고 자기 아버지의 죽음을 모른 척 한 것이다. 이것이야말로 바로 "악인은 악인이 돕는다"는 속담 그대로였다. 사총은 돈을 얻어내기는커녕, 오히려 자기 억울한 목숨만 잃고 말았다.

사승은 장씨 집안의 권세를 무서워한 나머지, 차마 사실을 말하지 못했다. 하지만 자신의 아버지가 동지에게 배반을 당했다는 사실을 알고 있었기에 그는 날마다 동지를 찾아가 온갖 욕설을 퍼부었다. 그런 날이 하루 이틀이 아니다 보니 동지도 점점 두려워지기 시작했다. 자신이 사총의 상소문을 대신 써 준 사실을 장연령도 알고 있기 때문에 그는 장연령을 두려워하며 기왕 내친 김에 끝까지 밀어붙여보기로 결정했다. 그는 탄핵 원고를 다시 꺼내어 장연령이 사총을 억울하게 살인한 일까지 추가해 새로운 상소문을 작성하고, 새 소장을 올렸다.

사총이 생각한 것처럼, 주후총은 소장을 보자마자 곧 건창후 장연령을 체포하라는 명을 내리고 형부 감옥에 가둬 철저하게 손을 봐주었다.

교활하고 악독했던 동지는 상소문에 수많은 거짓을 사실과 섞어 놓았다. 예를 들어 장연령이 법을 위반하여 관직이 몰수된 자의 저택을 개인적으로 구입했으며, 그가 지은 정원과 연못은 화려하기가 이미 신하의 예제를 벗어났고, 살인 역시 한두 번이 아니라고 고발했다. 또 장연령 집의 계집종 하나가 그 집안의 돈을 훔쳤다가 승에게 시주를 했는데 장연령이 알고는 승과 계집종을 함께 잡아와 때려죽이고는 시체는 태우고 증거를 인멸했다고 했다. 동지는 제일 마지막에 한마디를 더하는 것도 잊지 않았다. "장연령은 반란을 꾀했습니다!" 그는 이 말이야말로 이 글을 대단하게 만드는 진정한 핵심임을 잘 알고 있었다.

장연령은 최근에 온갖 악행을 행했기에 이루 다 말할 수 없는 못된 짓이 만천하에 다 알려질 기세였다. 장연령이 "반란을 꾀했다"고 조조가 고발한 죄목을 두고, 형부는 다만 "시간이 많이 지나 증거가 없다"며 증인과 증거물을 제시하지 않았기 때문에, 예제 위반과 살인 두 가지 죄목만을 인정했다. 황상께 상소에 대한 회신을 보내며 형부 상서 섭현聶賢은 장연령의 소송안은 '친신이 의논을 해야 하는 경우'에 해당하며 관례에 따르자면 너그러운 감면을 해주어야 한다고 일렀다.

그러나 주후총은 회신을 보며 분기탱천했다. 이것은 말도 안 되는 이야기였다. "역모는 역모를 했는지와 하지 않았는지로만 구분하면 되지, 역모가 성공했는지와 실패했는지를 따져야 한단 말인가?"라며 질책했다. 그는 상서 섭현 등 관리가 "사리사욕을 구하고 당파를 지어 경쟁하기 때문에 함께 뜻을 합해 도리를 속이려고 한다"고 책망했다. 그래서 그에게 속죄하는 마음으로 법사 및 금의위 진무사鎭撫司[147]와 회동하여 대의를 위해 끝까지 진실을 규명할 것을 명했다. 주후총은 또한 과거 조조가 옥중에서 독약을 먹고 죽은 일에는 분명 사주한 사람이 있을 터이니 이 김에 주모자도 같이 찾도록 명했다.

섭현은 '대의를 위해 끝까지 진실을 규명하라'는 말을 현실화하기란 하늘의 별따기라는 것을 깨닫고는 곧 무시무시한 형벌을 통해 심문을 하고 다시 옥중 진술을 받아냈다. "사총은 몽둥이에 맞아서 죽은 것이 아니라 그는 장씨 집안의 노비인 감원甘元, 장보張輔, 마경馬景 등에 의해서 목이 졸려 죽었다(즉 고의 모살죄라는 뜻). 조조와 그 아들 조정은 거짓 소문을 조작해 마경 등과 비밀리에 연락하고 반역을 꾀했다. 장연령의 역모는 비록 증거는 없었지만 참람하고 허영에 들떠 있으며 매우 교활하고 흉악해 죄로 따지면 마땅히 사형을 받아야 한다."

---

147  금의위 소속에는 남, 북 진무사가 있었는데, 특히 잔혹한 형벌로 백성을 압제하는 일을 주로 했다. 주원장은 중앙 집권 통치를 강화하기 위해 특별히 금의위에서 형옥을 장관하도록 명했으며, 순찰과 수배, 체포의 특권을 부여하되 휘하에 진무사를 설립해 사법부의 동의 없이 독자적인 수사, 체포, 심문을 할 수 있도록 했다.

과연 새로운 옥중 진술은 이미 '성스러운 뜻'의 지도를 받아 정확한 정치 노선을 따라 꽤 많은 전진을 보여주고 있다. 비록 장연령이 역모를 했다는 증거를 발견해 빼도 박도 못하도록 하지는 못했지만, 그의 사치함과 흉악함은 이미 사형에 처하고도 남을 정도였다. 즉 새로운 증거가 없었지만 사법부의 재심 공판에서 장연령은 사형을 선고받았다.

그의 형 창국공 장학령 역시 이 일에 연루되었다. 장학령에게는 "장연령의 집 바로 옆에 살면서 그의 반역죄를 앉아서 수수방관만 할 뿐 간언하지 않았으니 그 책임은 말할 수 없이 크다"고 비난했다. 장학령이 걸머진 죄명은 혹시 죄가 있을 수도 있다는 것이었다. 범죄자의 이웃집에서 살았다는 이유만으로 범죄자와 같은 책임을 져야 하는가? 이 말만 들어도 판결은 주후총의 뜻을 염두에 두고 내려진 것임을 알 수 있다. 주후총은 두 형제를 같이 멸망의 구렁텅이에 집어넣고 싶었던 것이다.

정덕 시기에 조조 사건을 조사하던 원문原問, 승행承行 등 관리 역시 '직무를 함부로 여기고 시간을 끌었다'는 이유로 추궁과 질책을 당했으며, 이에는 전임 형부상서 장자린, 시랑 장륜張綸과 양무원楊茂元, 시중 축준祝浚 및 주사 왕언王言, 진능陳能, 조춘曹春 등의 사람도 포함되었다. 그들 중 어떤 이는 이미 벼슬에서 물러났고 어떤 이는 외지에서 관직을 맡고 있었으며, 어떤 이는 집에서 병구완을 하던 중이었지만, 각지의 순안어사巡按御史에게 체포되어 북경으로 올라와 법사에서 심문을 당했다.

장연령이 옥에 갇히고 사형 판결이 내려지자 누나인 장태후는 하늘이 무너지는 느낌이었다. 그러나 후궁에서 장태후의 상황 역시 좋지 않았기 때문에 아무리 동생을 구하고 싶어도 황제에게 입을 열 수도 없는 '속수무책'의 상황이었다. 때마침 주후총의 큰아들이 태어났다(이 아들은 겨우 2개월 만에 요절했으며 시호는 애충衰衝태자였다). 그녀는 이런 경사스러운 때에, 지고지존한 황제께 연령의 비천한 목숨을 한 번만 살려달라고 간청해야겠다고 마음먹었다. 장태후는 곧 본궁의 태감을 황상에게 보내어 황백모가 직접 아기를 방문해 '경사를 축하하고 싶다'는 뜻을 전했다. 주후총이 후에 대학사 장총에게 이야기했듯, 그는 장태후의 요청을 듣자마자 황백모가 아기 탄생을 축하하겠다는 것은 핑계일 뿐, 실은 장연령을 구해달라는 부탁을 하려는 것임을 직감했다. 그는 장태후의 체면은 전혀 봐주지 않고, 태감을 불러 태후에게 회신을 보내도록 명했다. 그는 조카가 지금 가을의 연설과 선제들의 제사 등 각종 정무로 너무 바빠 손님을 대접할 겨를이 없고, 힘든 발걸음을 하셔서 '자비로운 강림慈降'을 해달라고 청할 수도 없는 입장이니, '강림을 면제'해 달라고 했다!

'자비慈'라는 글자는 일반적으로 여성인 연장자에게 사용되며, '강림降'은 방문이라는 뜻이었다. 주후총은 스스로를 조카로 칭하며 장태후의 방문을 자비로운 강림이라고 했으니 언어상으로는 극진한 예우를 갖춘 셈이다. 하지만 그 뜻과 태도는 아주 냉정했다.

얼마 지나지 않아 심히 다급했던 태후는 또다시 사람을 보내어 내일은 꼭 찾아뵙겠다는 뜻을 전했다. 주후총은 여전히 시종을 보내 "다시금 사랑과 은혜를 받아서 감사하고 순종해야 하는 것이 마땅하오나, 아기를 낳은 것은 사람 사는 집이라면 어디나 있는 평범한 일인데 백모께서 꼭 직접 방문하시도록 폐를 끼칠 수 있겠습니까? 알려주실 일이 있으시면 시종을 보내어 명해주시면 되겠습니다."라는 말을 전했다. 여전히 만나지 않겠다는 뜻이었다. 주후총이 즉위한 지 몇 년이 지났건만 아이 소식이 없어 하늘에 기도를 하고 부처에 예불을 해 어렵사리 아들을 낳았는데, 이것을 어떻게 '평범한 일'이라고 할 수 있을까? 어쨌든 죽어도 만나지 않겠다는 말이니, 태후는 속이 타들어가 선 자리에서 뱅뱅 맴을 돌 지경이었다. 어쩔 도리가 없었다.

자존심 세고 성격이 오만했던 장태후가 황제가 준 수차례 무안을 잘 견뎌낼 수 있었을까? 아무튼 동생의 생명을 보호하기 위해서는 다른 방법이 없었다. 그저 염치 불구하고 다시 한번 황제의 은혜를 구할 수밖에 없었다. 이번에 그녀는 태감 편에 황태자 탄생 축하 선물을 건청궁에 보내며 아예 툭 터놓고 사정 이야기를 했다. 그녀는 "황제께서 이렇게 큰 경사를 맞으셨으니 장연령의 일은 반드시 해결해 주셔야 합니다."라며 황제가 반드시 방안을 내놓도록 요구했다.

그러나 장태후가 툭하면 시종을 보내 도움을 청하는 이 게임에서 주후총도 즐길 만큼 즐기고 나자, 주후총은 슬슬 화가 나기 시작했다. 그는 내각이 지금까지 장연령의 처리를 묻는 회신을 보내지 않은 것이 생각나자, 태후는 우선 차치하고 내각에 얼른 장연령의 처벌에 대한 표결을 하라고 재촉하기 시작했다.

그가 말했다. "한, 당, 송 이래로 황위를 찬탈하고 군주를 죽인 사람은 모두 도적이었다." 이어서 그는 또 말했다. "연령은 짐의 황백고(효종)와도 극히 가까운 친척이며, 또 자신의 자리에 만족할 줄 알아야 하거늘 나쁜 마음을 품고 반란을 도모하였으니, 이것이 도대체 어떤 도리인가!"

황위를 찬탈하고 군주를 죽이며 반란을 도모했다는 것은 그가 장연령 사건을 두고 스스로 정한 판결 방향이었다.

황친 건창후의 사건은 조야를 뒤흔들었고, 당시의 헤드라인이 되었으며, 사람들은 모두 이 사건을 수군거렸다. 하지만 장연령 이 '수전노'가 정말 반역을 했다는 실제 증거를 믿는 사람은 아무도 없었다. 황제는 그의 죄를 더욱 중죄로 다스려 그를 죽이고야 말려고 했으니, 이것은 장태후를 흔드는 간접적인 공격에 불과했다. 하지만 신기한 것은 장연령이 억울하다고 상소를 올린 사람은 한 명도 없었다는 점이다. 장연령이 어떤 위인이라는 것은 차치하더라도 그는 선제인 효종의 황후, 현 왕조 소성황태후, 황백모의 친동생 아니던가 말이다!

장총(황제의 이름과 같은 자를 피하기 위해서, 그는 후에 장부경張孚敬으로 개명했다)은 '대례의'에서 황제를 전폭적으로 지지했던 덕에 크게 중용을 받았으며, 이때는 이미 내각에 낙하산을 타고 대학사로 임명되어 있었다. 그는 그 중에서 나는 미묘한 냄새를 맡았다. 황제의 엄한 질책(주후총은 성지의 부가적인 사항에서 '집법대신'이 죄를 판결하는 것이 너무 늦었으니, 이는 '뇌물을 바라고 의를 저버린 것'이라고 비난했다. 이 말은 내각 대신을 향한 일종의 경고였다)을 대하며 그는 여전히 황제께서 효종과 황태후의 얼굴을 보아 장연령을 관대하게 처분해 줄 것을 끝까지 주장하고 있었던 것이다.

주후총은 그에게 친필 회신을 보내었는데, 수기로 쓴 칙서에서 정색을 하며 말했다. "천하는 고황제의 천하이다. 효종황제가 지킨 것 역시 고황제의 법이다. 경은 장연령이 감옥에 갇혀 황백모의 마음을 상하게 할까 봐 걱정하고 있는데, 짐이 법 외의 인정을 허용한다면 이 때문에 고황제와 효종, 두 조상의 마음을 상하게 할 것은 전혀 생각하지 않는단 말인가?"

장총은 원론적인 말이 효과가 없자 상소를 올려 간언을 했던 본의를 이야기할 수밖에 없었다. 그는 말했다. "장태후를 백모로 부르던 일에 조정의 신하는 모두 폐하에게 잘못을 돌리고 있으며, 지금까지도 이에 대한 불만이 완전히 사라지지 않았으나 최근 장연령의 일은 상하의 신하가 모두 침묵하며 말을 삼가고 있습니다. 황상은 이것이 무슨 뜻인지 생각해 보신 적이 있으십니까? 그들은 태후의 인생이 안 좋게 끝나서 폐하의 잘못을 더욱 크게 만들기만을 바라고 있습니다! 장연령이 만일 죽게 되면 태후는 슬픔으로 세월을 보낼 것이고, 만일 다들 마음에 별다른 거리낌이 없다면 분명 황제가 태후 황백모를 사지로 몰아넣었다고 할 것입니다. 조정의 대신들은 모두 황상께서 추태를 당할 이때만을 기다리고 있습니다."

장총은 이어서 말했다. "역모는 사면을 받지 못할 큰 죄로, 판결이 끝난 이 안건은 마땅히 9족을 멸하는 형을 받아야 합니다. 장태후는 장씨가 아니란 말입니까? 장연령의 역모죄로 9족이 주살을 당하게 된다면, 폐하는 장태후를 어떻게 처리하시겠습니까?"

장총은 과연 쉬운 상대가 아니었다. 그 철저한 상황 분석에 황제도 그의 의견을 받아들일 수밖에 없었다. 주후총은 심사숙고 끝에 이렇게 선포했다. "장연령은 큰 악을 행한 죄인으로, 그 증거도 명백하니 중죄로 다스리는 것이 마땅하다. 다만 원고인 조조가 이미 죽어서 증인을 삼을 사람이 없으니 지금은 그저 무고한 사람들을 죽인 죄로 선조의 법도에 따라 처형하기로 한다." 장씨가 함부로 건설한 대세산원台謝山園과 강매했던 관직 몰수 관원의 저택은 형부에서 상소문을 조사해 처분하도록 했다.

장연령은 역시 죽어야 했다. 반역을 도모한 죄만 인정되지 않았을 뿐이었다. 명나라 왕제의 제도는 범인이 사형을 선고받으면 곧바로 집행하지 않고 형과刑科, 대리시大理寺 등 법사 아문의 '재심의'와 조정의 '형기 감량', 황제가 붉은 글자로 결재를 표시하는 일 등 일련의 재심사 과정이 있어 많은 경우 죽지 않을 기회가 보장되었다. 장연령에게 몇 개월 동안 목숨을 연장시켜 준 후 겨울에 '려수慮囚[148]' 시기가 되자 주후총은 또다시 그를 죽이려는 생각을 품었지만 장총의 권고로 단념하고 말았다. 장총은 죽이지 않는 것이 상책임을 주장했다. 주후총 역시 이 도리는 알고도 남았지만, 장씨 형제가 눈엣가시였기에 빼내지 않으면 도저히 속이 시원해지지 않을 것 같았다.

사건의 기타 관련자는, 장학령은 '같은 죄악으로 서로 도왔다'고 하여 창국공의 작위를 빼앗고 녹봉을 받는 명예직인 남경 금의위 지휘동지로 강등시켰다. 장씨 집안의 수많은 노비 중 마경은 '유언비어 유포'죄로 사형에 처했고, 감원 등 10명은 사형은 면했지만 변방으로 보내어 군대에 충원되었다. 백호 유경劉經은 면직되었다. 이 유 백호 이야기를 조금 해 보자. 실록에

---

148  일명 녹수(錄囚)라고도 하며 사예감이 삼법사(三法司)와 회동하여 남경, 북경의 2경의 범인의 죄와 벌을 재심사하는 과정을 일컬으며, 일반적으로 불쌍히 여기는 마음으로 관대한 처리를 하자는 뜻을 가지고 있다.

서 기록한 백호 유경은 아마도 호경胡經의 오기라고 추측된다. 왜냐하면 실록의 전문前文에서 동지가 소장을 만들어 장연령을 고발한 일을 기록할 때에, 장연령이 백호 호경 및 교위校尉 완표阮彪 사이에 갈등이 있어 일부러 두 사람을 상소장에 써넣으니 이는 공적인 일로 사적인 복수를 한 전형이라고 한 바 있기 때문이다. 이 유경 혹은 호경은 아마도 무고하게 연루된 사람일 것이다. 황제가 직접 판결을 하는 이런 대사건에서는 많은 사람이 억울한 누명을 썼다.

심리를 하는 관원 중에서 형부 상서 섭현은 '공의에 따라서 법을 집행하지 않고 옛 정에 따라 사사로운 개인에 치우쳤다'는 이유로 1년 간 봉급이 박탈당했다. 이 부서의 사관司官은 금의위에 잡혀가 고문을 당했다.

조조 사건의 원심관 원상서 장자린 및 원주사 왕언, 진능, 조춘 등은 체포되어 심문을 받은 후, 조조는 장연령의 세력을 두려워하여 스스로 음독자살을 했으며 다른 음모는 없었다는 사실을 주장했다. 그리하여 장자린은 '부하를 이끌어 함께 진상을 고백하지 않음' 왕언 등은 '사전에 깨닫지 못했음' 등의 죄명으로 각각 속장贖杖[149]에 처해졌으며, 각 관리들은 과거와 마찬가지로 퇴직, 병구완, 노후 생활에 전념했다. 이것은 법사의 판결이었다. 하지만 주후총은 붉은 글씨로 최종 결재를 하며 이 사람들은 전부 면직시켜 일반 서민이 되도록 했다. 이것은 매우 중한 형벌이라고 할 수 있었다.

---

149  즉 곤장형을 말함. 하지만 벌금을 납부해 곤장형을 대신할 수 있었기 때문에 속죄의 대가를 치른다는 의미에서 속장이라고 함.

# 제48장 썩은 고기를 먹는 자들의 향연

　장연령은 감옥에서 상소를 올려 자기변호를 했는데, 주후총은 그의 변호 상소를 보자마자 대노하고 말았다. 즉 장연령은 중죄를 지은 중죄인이기에 통정사通政司[150]는 아예 그의 변호 상소를 올리지 말았어야 한다며 통정사通政使는 반년 치 봉급, 좌우 통정참의通政參議는 각 3개월 치의 봉급을 박탈했다.

　이를 통해 장태후에 대한 황제의 복수심이 얼마나 뼈에 사무쳤는지 족히 알고도 남음이 있다. 마치 까마귀를 대하듯 그의 목소리만 들어도 참지 못하고 발작을 시작한 것이다.

　《명세종실록》에서 사관은 장씨 사건을 판결하던 당일 밤의 기상상황을 이렇게 기록하고 있다.

　"밤의 유성이 등잔불 같았는데, 불은 붉은색이며 빛은 온 땅을 밝혔다…. 4경에서 5경까지 사방의 크고 작은 유성이 종횡으로 엇갈리며 떨어지되 수를 셀 수 없을 정도로 많았는데, 날이 밝아서야 그쳤다."

　간단히 말하자면 그날 밤은 어지러운 유성우가 내렸다는 뜻이었다. 이는 사실상 사관이 가정 황제에게 항거하는 작디작은 반항이었다. 왜냐하면 이

---

150　명대에 처음으로 설치한 '통정사사(通政使司)'의 약칭, 장관은 통정사(通政使)라고 불렸다. 청대에도 존속되어 황실 내외의 상소와 글, 신하와 백성의 밀봉 소송 문서 등을 담당했다.

사건에서 주로 토벌을 하려는 대상은 장연령이고, 간접적인 토벌 대상은 장태후였는데, 주후총은 이 사건을 통해 장기간 겉으로는 순종하는 것 같았지만 뒤로는 황제의 명을 거역하고 협력하지 않았던 일부 관원을 토벌하려는 뜻도 가지고 있었기 때문이다. 더불어 이 사건을 판결하던 수많은 무고한 형부 관원을 중죄에 처했는데, 사실은 시범케이스를 삼아 만조의 백관에게 본보기를 보인 것에 불과했다. 이때 사관은 하늘의 어지러운 상황을 기록함으로 황제에 대한 불만을 간접적으로 표현한 것이었다.

장연령은 사형 판결은 받았지만, 집행은 차일피일 미뤄지고 형부의 큰 감옥에서 감호를 받으며 지내고 있었다. 장황친 일가는 이쯤 되면 한 숨을 돌릴 수 있었다. 하지만 나무는 조용하고자 하나 바람은 멈추지 않는다고 이것은 결코 폭풍우의 끝이 아니었다. 지옥의 사자는 지금 이 순간도 손에 해골바가지를 들고 어둠을 헤치며 한 걸음씩 다가오고 있었던 것이다.

과거 제멋대로였던 황친은 지금 죽은 돼지가 되어 썩어가는 냄새를 풍겨가고 있었고, 썩은 고기와 피를 먹으려는 수많은 무리를 불러 모으고 있었다. 장연령의 반역 사건이 해를 넘기자 그 다음 해에는 또 다른 두 사람이 나섰다. 반기班期와 우운학于雲鶴이라는 사람이 장씨 형제가 '부정한 방법을 통해 저주를 했다'며 자수를 한 것이다. 항상 소인들의 악행은 끝 간 데가 없이 솟아나온다. 이 두 악당은 학영, 연령 형제를 고발했을 뿐만 아니라, 장태후마저 사건의 소용돌이 속으로 몰아넣었다. 아마도 그들의 눈에는 태후 노마마님까지도 죽은 시체로 보였던 것 같다.

자, 이제 대머리 독수리, 사냥개, 파리, 까마귀, 소인들이 준비되었고, 만찬은 시작되었다. 모두 와서 죽음의 만찬을 즐기며 환호하자!

소시민이 현 정부의 황태후가 현임 황제를 저주했다고 제보한 사건은 명나라에서 유례를 찾아볼 수 없는 일이었을 뿐 아니라 중국 오천 년의 '식인 역사'상으로도 거의 찾아볼 수 없는 예였다. 이것만 보아도 주후총이 대의는 고려하지 않고 얼마나 독실하게 악행을 행하여 사회 전반에 악한 영향력을 끼쳤는지 잘 알 수 있다. 이런 제보처럼 후궁에 관련된 일에 소인들이 보이는 오만한 태도는 절대 싹을 허용해서는 안 된다. 만일 주후총이 성군이었다면 이런 제보편지를 절대 열어보지 말았어야 했다. 즉 불에 태워 절대 믿지 않는다는 태도를 취해 제2, 제3의 거짓제보자를 근절했어야 했다.

그러나 주후총은 그렇게 하지 않았다. 오히려 그와 반대로, 이를 신뢰할 만한 증거로 믿어 철저한 조사를 명령했다. 이것만 보아도 이 사람은 일생 자신의 '대단한 관찰력'에 우쭐해하며 그 어떤 일도 자기 눈은 피해갈 수 없다고 여겼으며, 눈이 속눈썹을 보지 못하듯 자주 자가당착에 빠졌음을 알 수 있다. 이 절에서 다루는 이야기처럼, 간사한 사람들은 부귀를 얻기 위해, 혹은 자기 죄를 조금이라도 경감시키기 위해 자신과 장태후 간에 있었던 불화를 소재로 황제의 환심을 살 보약을 지었다. 그런데 황제는 이 보약만 먹으면 흥분하여 매번 사람들에게 이용당했다. 남의 손에 총이 되어 이용을 당했으면서도 전혀 깨닫지 못했던 것이다.

그는 반기, 우운학에게서 제보 편지를 받자 즉각 남경의 명예직에 머물러 있는 장학령을 북경으로 연행해 장연령과 함께 엄하게 심문할 것을 명했다. 조사 결과, 두 사람이 고소한 내용은 완전히 뜬구름을 잡는 이야기였다. 그들은 궁궐의 비밀을 엿듣고는 자신들이 황제와 함께 낡은 담벼락을 무너뜨리고 상을 받지는 않을까 하는 망상을 했을 뿐이었다.

주후총이 진상을 알고 얼마나 창피했는지, 혹은 얼마나 분노했는지는 모르겠다. 아무튼 반기와 우운학, 두 사람은 무고죄로 군대에 충당되었다. 하지만 주후총은 장학령의 누명을 씻고 명예를 회복시켜 줄 생각이 전혀 없었다. 그는 여전히 장학령을 감옥에 가두고 감시하고 있었다. 장학령은 황제의 가마솥에 떨어졌으니 그저 죽은 오리 한 마리에 불과할 뿐, 날개를 달아 줘도 날아가기 어려울 상황이었다.

또 2년이 지나자 유동산劉東山이라는 사람이 무슨 갈등이 있었는지 모르겠지만 자신의 부친을 활을 쏴 죽였다. 그는 군대에 충원되도록 판결을 받았다. 또한 형부의 큰 감옥에 구류되었는데, 오늘날의 말대로 하자면 학영, 연령 형제와 옥중 친구가 된 셈이었다. 그런데 어느 날 유동산이 옥중에서 장씨 형제가 '꼭두각시 저주'를 했다고 제보하는 상소를 한 것이다.

장씨 형제 두 사람은 과거 피고가 '부정한 방법으로 역모를 꾀했다'는 고소를 당한 적이 있었는데, 현재 이 두 형제는 죽을 때까지 감옥에 갇혀 있을 기세였다. 또다시 고소를 당했는데, 이번에는 역모가 아니라, '꼭두각시 저주'를 했다고 한다. 이것은 장씨 형제들이 과거 술사들과 자주 어울려 살았던 데 따른 비참한 결과였다. 어찌 되었든 간사한 사람도 말을 할 때는 약점을 정확하게 파고든다. 그들은 주후총이 기도와 제사에 심혈을 기울이고 귀신의 세계에 마음이 빼앗긴 사람이요, 다른 사람의 저주를 제일 무서워하는 사람임을 꿰뚫고 있었던 것이다. 그래서 간사한 사람의 고소는 하나같이 두 형제가 제일 두려워하는 정곡을 찌르고 있었다. 이번에 유동산이 주후총의 마음을 한 손가락으로 간질이자 주후총은 단번에 흥분을 했다. 그는 장씨 형제를 형부의 대옥에서 금의위 감옥으로 이송하도록 명했다. 즉 이곳은 소옥으로 가혹한 고문을 할 수 있는 곳이었다.

독자님들아, 만일 장씨 형제가 주후총 때문에 큰 낭패를 보아 마음속으로 '칼날을 천 번, 만 번 치듯' 계속 저주를 했다면, 그런 일은 분명히 있었을 것이라고 장담한다. 그러나 그들이 정말로 허수아비를 만들어 날마다 바늘을 꽂아가며 희열을 느꼈고 옥중 친구인 동산 형에게 이를 자랑스럽게 보여주었다고 한다면, 졸필은 누가 때려죽인다 하더라도 믿지 않겠다. 유동산은 아버지를 살해한 살인범이었는데 군주에게 충성하고 애국하려는 마음이 있었을까? 그의 제보는 '황상의 환심을 사서 자신의 죄를 벗어보려'는 것뿐이었다. 또 이뿐 아니라 유동산은 엄청난 양의 제보를 했는데 고발을 당한 사람은 장씨 집안 첫째와 둘째뿐만 아니라 어사 진양陳讓 및 수안백遂安伯 진혜陳鏸 등 수십 명에 달했다.

진양은 누구였을까? 본래 유동산이 자기 아비를 쏘아 죽인 후, 한 차례 도망을 간 적이 있었는데 그만 진양에게 붙들리고 말았다. 그가 제일 미워하는 사람이 바로 이 어사 진양이었던 것이다. 그래서 이번 '대역죄' 고발 안에 아예 어사 진양을 함께 버무려 버리고 만 것이다.

다시 수안백 진혜를 조사해보면, 그는 안륙에 가서 후계 황제를 영접해온 공로로 태자태보로 승진하고 소보로 진급했으며 '무정후武定侯 곽훈郭勳에게 의탁했다'. 진혜와 곽훈은 주후총 어전에서 가장 사랑을 받는 두 총아였다.

왜 유동산이 그를 끌어들였는지는 모르겠다. 설마 평생 뼈에 사무치는 원한이 있었단 말인가? 만일 정말 있었다면 이 기회에 고발하지 않으면 또 언제 고발을 하겠는가?

또 장연령을 고소한 또 다른 사람은 유기劉琦였다. 그는 유동산과 같은 시기에 제보를 했는데, 장연령이 궁궐에서 금지한 재물을 몰래 도둑질했다고 했다.

장씨 형제 두 노인은 하옥된 지 이미 수년이 지나 그가 궁중의 재물을 도둑질했다는 일을 심문하려면 반드시 과거를 추적해야만 했고, 게다가 반드시 장태후 노마마님까지 심문을 해야 했다. 물건 도둑질은 안에서 손을 맞추고 밖에서도 입이 맞아야 하는 것 아니던가? 이것은 곧 천하가 다 알고 있는 늙은 폐물인 장태후를 우회적으로 걸고넘어지자는 수작이었다. 과거 위풍당당하던 태후가 이제는 사람들에게 소매치기 취급이나 당하다니, 참으로 안타까운 일이었다!

이상 두 사건이 제기되자 사건 관련자만 해도 100여명을 훌쩍 뛰어넘었고, 또다시 한 시대를 뒤흔드는 중대 안건이 되고 말았다.

하지만 유동산은 고발해서는 안 될 사람마저 고발을 하는 실수를 범했다. 즉 어사 진양은 옥중에서 상소를 올렸는데, 자신을 위해 변호를 하는 대신 유동산의 음험하고 사악한 심보를 이야기했다.

"동산은 간악한 무리를 선동하고 결집하여 궁중의 금기를 위협하려고 하고 있습니다. 폐하는 요왕의 화목한 덕을 가지고 계시지만, 동산은 감히 폐하에게 한무제의 꼭두각시의 화가 있었다고 이야기합니다. 폐하께서 순왕의 저예底豫하는 효행을 행하고 계시지만, 동산은 폐하가 험악한 상소로 어머니를 유배시킬 음모를 꾸미고 계신다고 말합니다. 골육 지간을 이간하는 것은 도리에 어긋나는 것이요, 아무리 이야기해도 사함을 받지 못할 죄입니다."

진양은 이에 두 가지 전고를 들고 있다. 하나는 한무제 말년에 태자와 반목을 했던 꼭두각시의 난이고, 또 하나는 진시황이 자신의 어머니인 조희의 정부 노애嫪毐를 차로 찢어죽이며 어머니를 옹雍 땅에 감금시켜버린 이야기였다. 이는 각각 장황친이 꼭두각시 저주를 했다고 한 유동산의 고소와 세종과 장태후張太后 모자의 감정 대립을 비유적으로 이야기하고 있다. 진양은 총명한 사람으로 이 소장을 통해 간적 유동산의 속내를 정확하게 지적하며 그가 "골육 지간을 이간하고 도리에 어긋나는 일을 했다"고 말했지만 지금 왕조의 꼭두각시 저주와 어머니를 유배시키려고 한 시도 자체를 들먹이며 황제의 분노를 사는 일은 하지 않았다.

어쩌면 수많은 간사한 백성의 무고를 들으며 주후총 역시 신물이 났을지 모른다. 그래서 이번에는 '황제가 큰 깨달음을 얻어' 과거처럼 단번에 대폭발을 일으키지 않았다. 이 사건의 심리를 맡은 근의위 장위지휘掌衛指揮 왕좌王佐는 아첨밖에 할 줄 모르는 어리석은 관원이 아니었다. 그는 고소장의 내용을 함부로 믿지 않았으며, 금세 두 유씨가 고소한 내용이 전부 모함이라는 사실을 밝혀냈다.

주후총은 이런 무뢰배를 다시는 용인하지 않기로 결심하고 그들을 무고죄로 감옥에 가두었다. 유동산과 유기의 결국은 과거의 반기와 우운학, 두 사람보다 더 비참했다. 무거운 칼을 쓰고 장안문 밖의 뜨거운 태양 아래서 전혀 움직이지 못하던 그들은 열흘이 되지 못해 단번에 황천길로 가고 말았다. 진양, 진혜 등 사람들은 사면을 받았다. 다만 장씨 형제는 여전히 '예전처럼 오랫동안 묶여 있었다'.

이때 장태후는 이미 자기 코가 석자였다. 그녀는 주후총을 찾아가 도움을 요청하는 것은 전혀 소용이 없는 일임을 잘 알고 있었다. 하지만 안 되는 줄 알면서도 할 수 밖에 없었다. 그녀는 간절한 부탁을 하기로 했다. 다 떨어진 누더기 옷을 입고 날마다 자리를 깔고 땅바닥에서 자며 주후총이 이 늙은 노파를 불쌍히 여겨 두 동생의 목숨만 살려주셔서 만년의 소원을 성취해주시기를 바랐다. 하지만 그녀가 이렇게 했음에도 주후총은 충분히 보복했다는 쾌감과 만족을 느끼지 못했고, 그녀를 조금도 동정하지 않았다.

가정 16년(1537년) 겨울 11월, 장학령은 옥중에서 추위와 굶주림으로 죽고 말았다. 장태후는 마침내 불행히도 동생의 죽음을 목도해야 했다. 주후총은 득의양양했다. 그는 약자와의 대결에서 또다시 한판승을 거둔 것이다. 십여 년의 시간 동안 주후총 모자는 모든 방법을 다 동원하여 장태후가 살고 싶지 않을 정도로 그녀를 괴롭혔다. 그러나 이런 괴로움이 사람을 죽음에 이르게 하지는 못했고, 득의양양한 쾌감도 수명을 오래 연장시켜주지는 못했다. 장태후는 비록 생애의 후반기가 매우 불행했지만 오래도록 장수했다. 그러나 완전한 승리를 거두고 타인의 불행을 고소해하던 장성태후章聖太后 장씨蔣氏는 가정 17년 12월, 즉 장황친 사건이 마무리된 그 다음 해에 죽고 말았다. 그녀의 시호는 '헌황후'였다. 그녀가 황후로 살아간 날은 단 하루도 없었지만 말이다.

그 후, 장태후는 그녀보다 3년을 더 살아 가정 20년(1541년) 8월에 이 세상을 떠났다. 그녀는 사망 후 아주 긴 이름을 얻게 되었다. '효강정숙장자철의 익천찬성경황후孝康靖肅莊慈哲懿翊天贊聖敬皇后', 효종의 시호가 경황제敬皇帝였기 때문에 그녀도 경황후로 불린 것이다. 그녀는 태릉에 매장되었다. 정신적으로 고통스러웠던 수년간의 시간을 거쳐 마침내 안심하고 자신이 가장 사랑하는 남편을 만날 수 있었던 것이다.

5년 후, 유일하게 살아 있던 그녀의 동생 장연령 역시 서시西市에서 목 베여 죽고 말았다.

# 제7권

최후의 황친

# 제49장 진, 왕씨 집안이 황친을 사칭한 진흙탕 사건

앞에서 이야기한대로 효종 초년에 한때 서남에서 시류에 편승하는 기회주의자가 떼로 일어나 자신이 서로 효종의 어머니 기태후의 친척이라고 주장했던 이야기를 했다. 이것은 서로 황친이 되려고 싸우던 드라마의 제 일막에 불과했다. 효종 말년과 정덕 초년에 정왕이 '국모'를 다투던 사건은 이 드라마의 두 번째 클라이맥스라고 할 수 있었다. 이제 제 삼막이 올라가는데 드라마의 주요 스토리라인은 진회陳槐, 왕승王昇 두 집안이 희종熹宗 천계제天啟帝의 외척이라고 주장하는 이야기이다.

희종 주유교朱由校는 광종 주상락의 장자요, 신종의 장손으로 만력 33년(1605년) 11월 14일에 태어났고 이듬해 2월 초사흘에 장손이 백일이 됨에 따라 천하에 주유교라는 이름으로 알려지게 되었다. 주유교의 어머니 왕씨王氏는 광종이 동궁에 있던 때의 궁인이었으나 황자를 낳으므로 재인으로 봉해지게 되었다.

서로 황친이라고 다투는 이 3대 클라이막스 중에서 진, 왕 두 집안이 서로 왕재인의 친척이라고 우긴 다툼의 시간이 가장 길었다. 관사의 기재에 의하면 이 이야기가 최초로 나타난 것은 만력 37년(1609년) 11월이었다. 사건의 원인은 부정부패로 말미암아 군대에 충당된 죄수 왕연우王延祐가 군대에서 탈영해 돌아와 내관감內官監 태감 진영수陳永壽의 문하에 의탁하여 내관감 사방司房(막료에 해당하여 이런 문안 등의 일을 대리 신청하는 일을 함) 일을 맡아

한 데에 있었다. 어사 유국진劉國縉은 이 사실을 알아내고는 곧 상소를 올려 진영수 및 그 형 금의위 백호 진방언陳邦彦이 음란, 살인 등의 죄를 지었다고 강력히 주장했다.

진영수는 만력 말년에 각종 대형 토목공사를 주재했는데, 형과 같이 허위 조작을 통해 공금을 유용해서 수많은 사람에게 끊임없이 탄핵을 받았다. 이번에 유국진의 탄핵은 동궁과 황장손과 관계되었기에 더욱이나 조야의 주목을 받게 되었다.

유국진은 방산현方山縣의 현민인 진회가 딸 하나를 낳았는데, 동궁의 재인으로 선발되어 황장손을 낳아 기르고 있다고 말했다. 재인은 출신이 미천해서 어떤 집안 출신인지 알 수 없지만 아들을 낳은 후, 어머니는 아들을 낳음으로써 영광을 얻는다는 말처럼 친정 집안 사람을 찾아 가문에 영광을 가져다주었으면 한다고 했다. 그래서 마승馬昇이라는 태감에게 '붉은 패를 들고 탐색'을 하라고 일렀다. 마승은 곧 붉은 패를 들고 그 친정 식구를 찾았는데, 황태자 주상락의 요청을 받은 것이 분명했다. 하지만 진영수는 놀랍게도 감히 붉은 패를 횡령해 와 자신의 친척인 진표陳表에게 주고 가짜 황친 역할을 하게 했다. 이상은《명신종실록》에 나온 내용이다.

서로 황친이라고 우기는 것은 일반적인 일이 아니었다. 그러나 진영수가 첫 타자가 된 후, 이후 십수년 동안 소란이 끊이지 않았으며 재판은 희종 초년까지 계속되었다.《명희종실록》에서는 약간의 정보를 보충하며 다음과 같이 말한다.

"진회가 황친이라고 우기는 건 이상하다. 왜냐하면 이미 작고한 내관감

서인태감署印太監 진영수가 뇌물로 이월녀李鉞女를 사서 황친이라고 주장하려고 했고, 지금까지 그 소란이 가라앉지 않고 있기 때문이다."

이월의 딸은 이름으로 판단해볼 때 분명히 궁인이었다. 아마도 왕재인을 모신 적이 있거나 혹은 어떤 관계가 있어 내막을 알고 있는 듯하다. 진영수는 그래서 그녀에게 뇌물을 통해 진표야말로 재인의 친척이라는 위증을 해줄 것을 부탁한 것이다.

유국진은 재인의 가짜 친척 행세를 하려는 생각은 진씨 형제와 사방司房 왕연우가 함께 공모한 것으로, 그들을 하옥하여 그 죄를 철저히 다스리기를 구했다.

신종은 비록 태자를 좋아하진 않았지만, 장손은 비교적 귀여워했다. 그렇지 않다면야 그를 위해 이름을 정한다고 천하 백성에게 알리는 그런 장중한 행사도 하지 않았을 것이다. 과거 진영수는 관직을 욕심내는 허위 죄로 자주 탄핵을 받았지만 벌은 받지 않았다. 그러자 지금 간이 배 밖으로 튀어나와 감히 황장손을 우롱하려고 했으니 성질 나쁜 신종을 잘못 건드려도 단단히 잘못 건드렸다. 그러나 당시 신종은 외부 신하들과 기 싸움을 하고 있었기 때문에 유국진의 상소를 두고 평소처럼 전혀 신경을 쓰지 않는 태도를 취했다. '결재하지 않음'. 그러나 얼마 후 진언방이 '죽을죄를 지고 자살'함으로 유국진은 다시금 상소를 올려 포기하지 않고 원흉인 태감 진영수의 죄를 다스려 주실 것을 청했다.

실록에서는 유국진의 요청에 신종이 어떤 회답을 했는지 전혀 기록하고 있지 않다. 아마도 '결재하지 않았'을 것이다. 신종 만년에는 중요한 군사안

외의 일반적인 상소(특히 관원의 이직 임명)는 주로 '유보' 혹은 '결재 하지 않음' 등 냉정한 태도를 보였다. 신종이 이렇게 정치에 태만한 것은 이해가 되지 않는 일이다. 하지만 그는 항상 본인이 모든 상소를 보고 있으며, 황제가 모두 스스로 결정을 했다고 했는데, 이는 결코 거짓말이 아니었다. 신종은 모든 중요한 상소를 하나하나 다 읽어보았으며 일반적으로 회답을 안 하기는 했지만 기타 조치를 통해 대답해주었다. 예를 들어 유국진의 상소의 결과를 한번 보도록 하자. 우선 진방언은 죄를 두려워하여 자살을 했다. 이는 신종이 다른 압박수단을 사용해 간섭을 한 결과라고 할 수 있다. 그러나 태감 진영수는 이후로는 실록에서 완전히 사라지고 만다. 졸필은 내정에서 곤장을 맞아 죽지 않았으면, 직위가 말소되어 퇴직을 했을 것이라고 추측한다.

신종은 '상소 결재'에 적극적이지 않았으며, 조정의 정무에 심각한 권태를 표시했다. 이는 더 정확하게는 군신에게 신경질을 부리고 군신과 냉전을 벌인 것이었다. 하지만 그는 정치를 아예 포기하고 돌보지 않은 것이 아니니, 아무것도 하지 않았다는 것은 과한 말이라고 할 수 있다.

희종 주유교의 생모 왕씨는 순천부의 사람이었다. 순천의 관할 경내는 지금의 베이징 시가지 및 주변 일대라고 할 수 있었다. 유국진은 왕재인이 방산 주민 진회의 딸이라고 했기 때문에, 왕재인도 방산 사람일 가능성이 매우 높다. 왕씨는 어린 시절 동궁에 선발되어 황장손을 낳은 후 재인으로 봉해졌다. 그녀는 만력 47년(1619년) 3월까지 살았다. 즉 만력 37년(1609년) 진영수가 그녀의 친정 친척을 조작해냈을 때에 이 당사자는 아직 살아 있었다는 것이다. 그렇다면 그녀가 어떻게 자기 집 대문도 잊어버릴 수 있단 말인가?

사실 정왕의 헛소문 사건을 생각해보면 이 이야기도 쉽게 이해할 수 있다. 명나라 시대의 궁녀는 후비부터 일반 궁녀까지 모두 민간 '양갓집 자제'(소위 말하는 양갓집이란 아무런 죄도 짓지 않고 큰 유전병이 없는 집안을 말한다) 중에서 선발된, 일반적으로 가난하고 별 볼 일 없는 집안 출신이었다. 그중에서 나이가 좀 많은 사람 혹 입궁과 동시에 바로 자리가 주어졌던 사람은 자연히 자신의 개인정보를 헷갈리지 않을 수 있었다. 그러나 일반적인 궁녀는 대부분 아주 어린 나이에 입궁했다(예를 들어 선종 손황후는 입궁 시 겨우 4살이었다). 어떤 때는 심지어 몇 차례 인신매매를 거쳐(예를 들어 무종의 생모로 여겨진 정금련, 세종의 할머니 소태후) 들어오는데다가, 궁궐은 매우 엄격하여 한번 황성에 들어온 후에는 안팎과 철저히 격리된 삶을 살았다. 자신의 집안에 대한 기억은 이미 뇌리에서 가물가물해진 지 오래였다. 그래서 명성을 얻은 후에는 다시 친정집 식구를 찾고 싶어도 결코 쉬운 일이 아니었다.

과거에는 인구주택총조사 시스템도 없었고, 인터넷 댓글도 없었기에 그저 구전으로 물어물어 사람을 찾을 수밖에 없었다. 입으로 사람을 찾을 때에도 탈 수 있는 기차나 비행기도 없으니, 정보를 제공해 줄 수 있는 소스도 매우 유한했다. 그러나 탐욕은 사람 모두에게 내재된 특징이었다. 그리고 특히 경기 일대에 사는 많은 가정이 자신의 아이를 궁녀로 들여보낸 적이 있으니, 궁 안에서 친척을 찾는다는 이야기만 들어도 그 누군들 자기가 바로 '친정 식구'가 되길 원하지 않을까? 욕망의 불꽃이 뜨겁게 타오르다 못해 염치까지 잃어버린 사람들은 자발적으로 일어나 진짜 행세를 해댔다.

인생에는 언제 행운과 재난이 찾아올지 모르고 달에는 명암과 둥글고 이지러짐이 있듯이, 아무리 이치원李致远이 《벽목단碧牡丹》에서 "깨진 거울은 다시 합해져 둥글어질 수 있고, 잘라졌던 비녀는 다시 합해질 수 있다〔破鏡重圓, 分釵合鈿〕"라고 노래해도 친척이 헤어진 후 명확한 징표를 남긴 경우는 필경 매우 드물었다. 물론 서로 한 가족임을 판별하기 위해 물그릇에 핏방울을 떨어뜨려 하나로 뭉쳐지면 친자식이고 뭉쳐지지 않으면 아니라는 식의 방법은 전혀 믿을 만하지 못했다. 유전자(DNA) 감식 기술이 아직 발명되지 않았기 때문에 이런 감별법은 사기꾼에게 이용당할 수 있는 허점을 남겨놓게 되었다. 만일 말 잘하는 사람을 만나면 가짜가 진짜가 되지 않으리라는 법이 없었다.

독자 여러분! 하루아침에 황제의 친척이 된다는 것이 얼마나 큰 부귀일지, 졸필이 굳이 말할 필요가 없을 것이다. 당시 '정황친' 사건 때에 시골에서 잔치 손님을 한번 초대했는데, 손님만 600여명이 참석했다는 사실을 기억해보자. 우스갯소리를 해보자면, 오늘날 우리가 타임머신을 타고 과거로 타임슬립을 하다면, 모두 '나라님'이 될 필요는 없더라도 황친이 되는 것도 나쁘지는 않다. 매년 몇 차례 생일을 지내기만 해도 부자가 될 수 있을 것이다!

만력 37년(1509년), 방산 주민 진회와 진영수의 친척 진표가 서로 황친이라고 우겼다. 진영수 형제가 죽자, 진표의 위장은 자연히 함께 구멍이 뚫리기 시작했다. 하지만 진표가 가짜라는 것은 진회가 진짜라는 것을 의미하지는 않았다. 진회는 진표와의 대결에서 잠시 승리는 했지만, 그보다 더 대단한 적수가 나타났다. 그 사람은 왕씨 성에 이름은 승이라는 사람으로 스스로를 왕재인의 오빠로 자칭했다. 왕승은 왕씨라는 점을 이용해 왕회보다 더 견고한 기반을 놓았다. 관부에서도 한두 번 조사를 벌여본 후, 같은 왕씨 성을 진짜라고 인정해 주었다.

그러나 진회는 전혀 굴복하지 않고 계속하여 변호는 하니 관부에서도 그를 성가시게 여겼다. 만력 47년(1519년) 왕재인은 여전히 자신의 진짜 친척을 가리지 못한 상황에서 극락세계로 떠났다. 이 바람에 더 큰 긴박감을 느낀 진회는 자기 계획을 실행하기로 결심했다.

그해 8월 신종의 생일에 진회는 조정의 축하 손님 중에 섞여 황성에 들어가 오문午門 앞까지 걸어갔다. 때는 마침 삼복이었다. 하늘을 울리는 북소리와 뜨거운 태양빛 아래 수천의 관원과 백성이 거친 숨을 몰아쉬며 힘겹게 오봉루五鳳樓 위에 있는 비어 있던 황제의 의자를 향해 엎드려 절을 하고 있는데, 갑자기 군중 속에서 억울하다는 소리가 들려왔다.

이 사람은 울면서 이런 이야기를 했다. "동궁의 재인으로 지금은 세상을 떠난 왕씨는 소생 중 두 번째 딸로 과거 왕승 등을 제대로 알지도 못하면서 친척으로 인정하는 바람에 사실을 판명하지도 못했으니 황제께서 이 일을 결정해주시기 바랍니다."

수년 동안 진, 왕 두 사람의 황친 논쟁이 뜨겁게 달아올랐기에 사람들은 이 사람이 바로 그 '진씨 황친'이라는 것을 한눈에 알아보았다.

"황제의 생신인 이렇게 큰 경축일에 이런 말을 하기가 적합하지 않으니 더 많은 말을 하면 황제의 노를 살까 하오." 여러 사람이 좋은 말로 그를 타일러 그가 황성 밖으로 나가도록 했지만 그가 성문 밖을 나가자마자 다시는 그가 성문 안에 발을 들여놓지 못하게 했다. 진회는 그제야 자기가 속았다는 것을 알게 되었다. 다시 1개월여가 지나 10월 초하루가 되었다. 그날은 조정이 천하 군현 및 속국에 역서를 반포하는 날이었으며 진회는 다시 과거에 써 먹었던 방법으로 수많은 사람의 눈을 피해 문화문 앞까지 섞여 들어가(명나라 말 궁정 문의 경비가 어느 정도로 허술했는지 알 수 있는 대목), 사전에 준비해 온 고소장을 꺼내 큰 소리로 억울함을 호소하니 역시 지난번에 했던 그 말이었다. 내각 대학사 방종철方從哲은 그가 툭하면 이렇게 소란을 피우도록 하는 것도 방법이 아니라는 생각에, 성지를 내려 진위를 판단케 해 달라고 상소를 올렸다. 그러나 신종은 동궁의 일에 참견하기 귀찮아 여전히 '결재하지 않음'의 태도를 취했다.

진회는 처음에는 이제야 내각이 움직여 조정이 판단 프로세스를 시작하려는 줄 알고 기뻐했으나, 결국 내각은 끝까지 미지근한 물로 전혀 끓을 기미를 보이지도 않았다.

그 다음 해 7월, 신종이 세상을 떠나고 세자 주상락(즉 광종)이 즉위했다. 진씨 부자는 상황이 긴박하여 더 이상 미룰 수 없는 지경이 되었음을 감지했다. 그들은 다른 사람이 상상할 수 없는 행동을 통해 온 도시에 센세이션을 일으켜 더 많은 사람의 시선을 집중시키자고 결정했다. 이날, 진회와 그 아들 진상곤은 몇몇 사람을 불러 모아 왕승이 항상 다니는 길목에 매복하고 있다가 이 황제가 확정한 황친이 여보라는 듯이 길을 가고 있을 때 얼른 뛰어나와 그를 납치했다.

이 왕씨는 관방이 인정한 황친이었다. 그가 진짜든 가짜든 간에, 어쨌든 재수에 옴이 붙어 진회 같은 강력한 적수를 만나 10년 동안 골머리를 썩어야 했다. 그는 큰길을 가다가 적수한테 납치되어 새 옷이 벗겨지고 북 치고 장구 치는 소란 가운데 포박이 되어 도시 전체에 끌려다니게 되었다. 그리고 "황친을 사칭한 사람을 붙잡았으니 모두 와서 보시오!"라는 고함소리를 들어야 했다. 수도 반 이상의 사람이 모두 뛰어나와 이 눈요깃감을 구경했고 왕황친은 마침내 순성어사巡城御史 아문에 보내졌으니, 온갖 수모를 다 당한 것이다!

순성어사는 감히 독자적으로 처리할 수 없어, 광종에게 상소를 써서 진회 등을 형부에 가둬 심문할 수 있도록 어명을 내려주시길 청했다. 광종이 아직 상세한 지시를 내리기도 전인 9월 초하루 황제가 붕어했다. 광종은 겨우 1개월간 재위한 단명 황제였다. 그날 주유교는 황장자의 신분으로 즉위했으며 그가 바로 희종이었다.

# 제50장 결국 애매모호한 장부만

어찌 되었든 왕승은 정부에서 공식적으로 인정한 황친이었다. 황제가 정한 황친에게 오랫동안 끈질긴 도전을 펼친 진회를 보면, 당시 조정의 위신이 어느 정도까지 떨어졌는지 금방 알 수 있다! 진회 부자가 공공연히 황친을 결박한 행위는 황실의 존엄에 매우 큰 생채기를 입혔다.

그러나 진회가 이렇게 행동한 가장 큰 원인 중 하나는 내정에도 그의 지지자가 있었기 때문이었다. 희종이 즉위한 지 며칠 후, '외인 진회와 결탁하여 함께 무고한 고소를 했다'는 이유로 진충陳忠이라는 근위태감이 형부 대옥에 보내져 진회와 함께 추궁을 당했다.

보아하니, 모든 황친 사건은 유언비어 유포 사건처럼, 성공을 하건 실패를 하건 각 황친 주장자 뒤에 모두 한 사람 혹은 다수의 내감이 자리 잡고 있었다. 내외가 결탁을 하는 것이야말로 황친이라고 주장을 하는 데 있어 필수불가결한 조건이었다.

이 사건이 형부로 이관된 지 5일째, 형부상서 황극찬黃克纘은 상서를 올려 말했다. "방산 주민 진회와 왕승의 황친 사칭 사건은 외부인이 판단하기 매우 어려우며 오직 성모聖母(희종의 생모인 왕재인王才人)만이 진위를 아실 수 있습니다. 진회는 자기 아내 유씨劉氏와 성모께서 서로 울며 헤어질 때 각각 증표를 나눠가지고 보관해왔다고 했는데, 그것이 어떤 물건인지 모르겠습니다. 성모께서 붕어하실 때에 황상께 말씀하지 않으셨는지요? 황상께서 한

마디로 결정해 주시기만을 기다리오며, 신하는 성지를 받들어 판단하겠습니다." 황 상서는 황상이 직접 증거를 가지고 오라고 말한 셈이었다.

황상의 뜻은 금세 내려왔다. 진회는 다시금 가짜로 선포되었다.

성지는 선언했다. "성모께서 아직 붕어하시기 전, 황고(광종)에게 본래 성은 왕씨요, 아버지는 왕월王鉞이라고 하셨으니 이것은 전 궁궐이 다 아는 사실이다. 방산의 진회가 말한 사실은 금시초문이고, 유씨가 서로 증표를 나누어 보관했다는 이야기도 금시초문이다. 이런 기회주의자는 거짓으로 사실을 흐리며 법률과 기강을 범하고 있으니, 형부에서는 즉시 과거의 성지에 따라 태감 진충과 그들을 엄한 형벌로 다스리고 철저히 추국하여 보고를 올려야 할 것이다."

비록 이 성지는 매우 확신에 차보이지만, 졸필은 '만일 진회가 최소한의 자신과 기댈 구석도 없었다면 황친이라는 명분을 어떻게 그렇게 오랫동안 주장할 수 있었을까?'라고 생각한다. 그가 단순한 편집증 환자였다고 한다면 아마 다른 사람을 설득하기 어려웠을 것이다. 11월, 희종의 어머니 왕씨에게 효화孝和 황태후라는 시호가 내려졌다. 황친의 은택 역시 내려왔다. 희종은 "태후의 형 왕승은 황조모皇祖母 효정孝靖 황태후의 조카였던 왕천서王天瑞의 예에 따라서 관직이 승직되며, 내각은 칙서를 입안한다"는 성지를 내렸다. 효정 황태후 왕씨, 즉 광종의 생모, 희종의 할머니의 조카 왕천서는 영녕백永寧伯으로 봉해졌다. 희종은 왕천서의 예를 따라서 왕승을 백伯으로 봉하려 한 것이다.

하지만 이 칙명은 내각의 반대에 부딪혔다. 내각의 대신은 급할 필요가 없이 순성어사 아문이 진회, 왕승의 사건을 판결한 후에 재의결해도 늦지 않다고 생각한 것이다.

본래 희종은 처음에 진회가 가짜라는 조서를 반포했지만 대신과 각료에게 전혀 인정을 받지 못하고 있었던 것이다(사실상, 어사 유국진은 상소에서 "방산의 백성 진회가 딸을 낳았는데 동궁에 들어가 재인이 되었다"고 했다. 즉 진회가 진짜라고 분명한 어조로 말하고 있다. 황친의 진위를 두고 당시 조정 대신의 의견은 일치하지 않았다). 희종은 답지에서 말하길 "짐의 성모 효화 황태후(왕재인)의 족보는 을사乙巳, 병오丙午년에 두 차례 황조의 명을 받들어 사실을 밝혔으며, 황첩에 등재되었으니 북경성에서 심사와 판결을 하는 회답 상소를 재촉할 필요가 없다." 여전히 내각에게 과거에 내린 성지에 따라 왕승이 받아야 할 작위의 초안을 작성해 올리도록 했다.

음력 을사, 병오년은 각각 음력 33년과 34년이었다. 희종은 만력 33년(1605년)에 태어났으니 황장손이 태어나자마자 왕재인은 바로 범상함을 벗은 '인재'가 되었음을 알 수 있다. 이 집안은 앞으로 황친이 될 가문이기에 신종이 이 문제로 성지를 내려 그녀의 가계를 조사한 바 있었다. 그러나 조사를 한 후에 다음 해에 재조사를 했으니, 왕월과 왕승을 재인의 친척으로 인정하려한 일이 여론의 비난에 부딪혔음을 알 수 있다. 그중 어떤 이는 사람 앞에 나서서 논쟁을 벌였다. 그중 알려진 인물로는 진표와 진회가 있는데, 특히 진회는 가장 집요해서 이 문제로 15년간이나 논쟁을 벌였다.

희종은 "태후의 가계는 황조(신종) 대에 이미 조사한 바가 있고 옥첩에까지 기록이 되었으니 재론의 여지가 없다"고 말했다. 하지만 '황제의 명령'이

막 떨어지자마자, 다른 사람에게 탄로가 나고 말았다. 옥첩은 내각에도 한 부가 보관되어 있었기에 내각의 대신들이 가져다가 찾아 보니 그런 기록은 전혀 찾아볼 수 없었던 것이다. 이것은 대신들의 눈을 가리고 아웅한 것이 아닌가? 그러자 내각의 대신들도 절대 인정사정 봐주지 않았다. 바로 상소를 올려 말하길, 작위 수여는 마땅히 신중해야 하니 왕씨의 작위 수여는 잠시 보류해 달라고 주장했다.

희종은 어쩔 수 없어 다시 칙령을 내리되, 우선 이렇게 강조했다. "왕승은 확실히 성모의 오빠이다." 그리고 두 가문이 서로 황친이라고 우긴 이 사건의 자초지종을 상세하게 소개했다.

칙서에서는 말했다. "왕승은 실제로 성모의 오라비이며, 과거 황조께서 이미 확실하고 자세하게 조사를 하셨다. 황고(광종)가 등극한 후, 또다시 동창에서 심사를 했으니 이미 아무런 의심을 할 바가 없다. 비록 황제의 족보인 옥첩에는 아직 등재되지 못했으나 만력 47년 3월 성모가 세상을 하직하실 때에 황조께서 한림원을 명하여 성모의 묘지를 쓰게 하셨는데, 당시 전해지던 성모의 부모의 성명을 썼으니, 이것 또한 증거가 될 수 있다(한림원이 내정에서 전한 자료를 가지고 묘지명을 썼음을 두고 하는 말). 왜 옥첩에 왕승의 이름이 없느냐는 문제는 묘지명에는 형제와 아들, 조카의 성명을 적지 않으니 사후에 작성되는 전기傳 안에 있는 문서에도 당연히 그의 이름을 싣지 않았을 뿐이다."

이 칙서에서는 만력 47년 왕재인을 하관할 시 묘지명에 부모의 성명이 적혀 있었으며, 그 아버지는 분명 왕월이며 어머니는 모씨가 되어야 한다고 밝혔다. 왕재인이 아직 살아 있을 때 부모의 이름을 광종에게 말한 적이 있어 광종은 이를 기억하고 있었으며, 재인이 죽은 후에 신종에게 상소를 올릴 때 신종이 곧 한림원에 묘지문을 쓰도록 명하여 묘지문을 쓸 수 있는 자료를 제공했다고 한다. 희종이 즉위한 후, 왕재인을 태후로 봉하고 덕릉으로 이장해 광종과 합장했다. 이 묘지명에는 그녀 부모의 성씨는 적혀 있었지만 왕승의 이름은 적혀 있지 않았다. 명대에 편찬한 비빈, 종실, 외척의 묘지명을 보면 일반적으로 모두 묘지 주인의 부모 이름만 적혀 있을 뿐, 형제나 아들, 조카의 이름은 적지 않는 것이 현실이다.

칙유에서는 묘지명에 왕승의 이름을 적을 필요가 전혀 없었기 때문에 내정에서 전해지는 전기에도 그의 이름을 적을 필요가 없었다고 해석한다. 과연 적지 않은 관원이 그의 신분을 의심하고 있었다는 것을 알 수 있다. 중요한 의거는 바로 만력 47년에 신종이 전한 재인 묘지 자료 안에 왕승의 이름이 없다는 것이었다. 칙유는 이를 이렇게 해석한다.

칙유는 "과거에 순성어사가 확실한 조사를 벌이라는 성지가 있었지만 어사가 오랫동안 답 상소를 올리지 않았으며, 반드시 '퇴약 지장'이 있어야 한다는 대답을 들었다고 한다. 그러나 조사는 하지 않았고, 퇴약 지장을 쓴 것은 진회가 뇌물로 모리배를 동원해 위협을 해서 얻은 것이라 이는 원래 왕승 부자의 본심이 아니었으니, 이것이 어찌 증거가 될 수 있겠는가?" 라고 말하고 있다.

정말 "왕승은 확실히 성모의 오빠이며, 과거 황조께서 이미 확실하고 자세하게 조사를 했다"고 말했다면, 이전의 보신輔臣인 방종철方從哲은 왜 현장 조사를 요청했을까? 분명 '그렇게 확실하고 자세하지 않았던 것이다'. 또한 '황고의 왕위 등극으로 또다시 동창에서 심사를 실시하도록 성지를 전했다'고 말하는데, 이것은 아마도 만력 47년 7월에 진회 부자가 매복했다가 왕승을 사로잡은 일을 말하는 것일 테다. 사건 발생 후, '과거에 순성어사가 확실한 조사를 벌이라는 성지가 있어서'라고 하고 또한 '동창에서 심사를 실시하도록 성지를 전했다'고 하니 어사에게 사건을 심사하도록 한 한편 동창에서 비밀 탐방을 실시하도록 했음을 알 수 있다. 만일 왕승이 확실히 의심할 바 없는 진짜 국구였다면 진회는 '전혀 들어본 적도 없는' 황제의 가짜 장인이니 광종이 이렇게 할 필요가 있었을까?

그 후에 순성어사가 사건을 이관 받은 후, 진회가 유력한 증거를 가지고 있기 때문에 사건을 일방적으로 판결할 수 없다고 여겨 오랫동안 보고를 하지 않았을 것이다. "반드시 '퇴약 지장'이 있어야 한다"고 말한 사람은 당연히 진회이다. '퇴약 지장'은 진회와 왕승 두 사람이 분쟁을 일으켰던 물건인데 약조서에 지장을 찍은 것으로 지장을 찍은 사람은 왕승이었다. 이 증거는 왕승에게 매우 불리했다. 하지만 칙유에서는 '지장'은 진회의 무리가 모리배와 함께 왕승을 협박하여 찍은 것이기에, 믿을 수 없고 증거로 삼을 수 없다고 여겼다.

그렇다면 도대체 어떤 퇴약이었을까? 졸필이 예상하기로는 왕승 부자가 스스로 황친이 아니라는 사실을 인정하고 그 이후로 진회와의 경쟁에서 스스로 물러난다는 퇴약이었다고 추측한다. 이 '퇴약 지장'은 아마도 진회 부자가 왕승을 납치한 후, 그를 위협하여 찍게 한 것 같다. 그래서 칙유에서는 이것은 협박으로 작성한 것이기에 왕승 부자의 본의가 아니며 이를 증언으로 삼을 수 없다고 말한다.

여기까지 보면서 독자님들도 분명히 의심의 뭉게구름이 피어올랐으리라고 생각한다. 설마 이 칙유가 15살 소년 천자의 글과 그의 '본의'에서 나왔단 말인가? 어사가 보고조차 하지 않았는데, 황상은 어떻게 '퇴약 지장'이 있었다는 사실을 알고 있었을까? 또 어떻게 그것이 진회가 뇌물로 모리배를 사서 얻어낸 결과임을 알았을까? 칙유의 편찬자는 진회, 왕승 두 사람의 다툼의 역사를 너무 잘 알고 있다. 분명히 궁중의 어느 우두머리가 왕승을 전폭 지지하고 있음이 틀림없다.

칙유에서는 또 말하길 "지금 원적지를 방문하려고 하는데, 삼성三聖이 한 말은 증거로 삼기에는 부족함이 있기 때문이다. 하지만 진회가 미혹한 말은 믿을 수 있는 말이다"라고 했다.

대신들은 성모의 원적지에 조사단을 파견해 현지 조사를 벌일 것을 건의했지만, 칙유에서 동의하지 않았기 때문에 '삼성이 한 말'이라는 말을 적은 것이다. 이것은 칙유가 태감이 대필한 글임을 알려주는 단서가 된다. 삼성이란 신종, 광종 및 지금의 희종인데, 주유교의 친필 문서라면 어떻게 자신을 '삼성'에 집어넣을 수 있단 말인가?

명대의 칙유 중에서 황제가 친필로 작성한 칙유는 매우 적다. 제도에 따라 칙유는 일반적으로 내각이 초안을 작성하여 사전에 황제에게 보여 검사를 하고 인가를 받은 후에 사예감이 붉은색 붓으로 깨끗이 정서를 했다. 때로 궁궐에서 '어필御筆'이나 '수조手詔' 등이 나돌기도 하지만 모두 황제의 친필이라고 볼 수 없는 것이, 사예태감 혹은 어전 근시가 대필을 했기 때문이다. 이런 '성'이라는 이름자가 들어간 글에서 중요한 것은, 이 글이 황제의 친필인지가 아니라 외부에서 전해지는 글을 황제가 직접 보고 인가를 했느냐하는 점이다. 소년 희종은 어수룩하고 놀이를 좋아하기로 유명한 황제인데, 졸필은 '외할아버지', '숙부'의 진위를 가리는 논쟁에 그는 아무것도 모르고 그저 시키는 대로만 행동했을 거라고 생각한다. 희종 본인 역시 이런 일에 관심이 있지는 않았을 것이다. 독자님들, 한번 생각해 보시라. 훗날 희종은 첩들이 다른 남자에게 욕보임을 당하고 죽었지만, 이 일조차 마음에 두지 않았단 말이다!

내각의 대신들은 그래도 일을 건성으로 처리하지는 않았다. 앞의 칙서에서 말하길, 을사, 병오 두 해에는 신종의 뜻을 받들어 성모의 족보를 조사해 옥첩에 등재하도록 했다고 했는데, 내각은 정말 현지답사를 떠났고 족보는 거짓이었음이 밝혀졌다. 칙유에서는 더 할 말이 없어서 그저 반문을 했을 뿐이다. "경등은 이것을 어떤 아문에 물어 조사해야 한다고 생각하기에 무슨 근거로 답 상소를 이야기하는가?" 라고 하며, "그때는 성모가 황고에게 황조를 두둔할 때였다〔彼时乃, 圣母言于, 皇考以覆, 皇祖者〕"라고 했다. 즉 신종이 성모의 원적지에서 현지조사를 하도록 사람을 보낸 적이 전혀 없음을 스스로 고백한 것이다. 이 명령은 완전히 성모가 광종에게 한 말로, 광종이 신종에게 대답을 한 내용이다.

칙유에서는 "경등은 이미 연대가 오래되어 조사가 어려운 일인데, 정사丁巳년(만력 45년, 1617년)에 진회가 관계 기관에서 소란을 부리어 황고(광종)가

전새국典璽局 등의 관리인 추의鄒義, 이실李實(전새국은 동궁에 속함)을 보내어 내각에 이런 칙유를 전했다. '왕승이 진정 황친이 맞다.' 작년이 지나간 지 얼마 되지 않는데, 원보元輔는 아직도 이 일을 기억하고 있는가? 성모의 성이 왕씨일진대 황친이 진씨인 적은 없었다. 경등은 칙유를 법사에 전달해 진회가 함부로 황친을 사칭한 죄를 무겁게 다스릴 수 있도다. 타인을 선동하는 사람은 절대 쉽게 놓아주지 않겠다."

정년은 만력 45년으로 희종의 어머니가 아직 살아계신 탓에, 진회는 전혀 포기하지 않고 '올바른 명분'을 얻기 위해 힘을 다하며 각 아문에 끊임없이 소명을 하고 있었다. 당시 태자였던 광종은 동궁 태감 추의, 이실을 내각에 보내 칙유를 전하며 왕승이 황친임을 확인했다. 소위 말하는 '원보'란 당시의 수보 대학사 방종철을 가리키며, 만력 45년에 이미 내각의 대신이 되었기 때문에 그는 당사자가 되었다. 그러나 방종철이 동궁에서 전한 칙유를 절대 무턱대고 믿지 않았다는 사실을 잘 알 수 있다. 왜냐하면 앞에서 말한 것처럼, 만력 47년 10월은 진회가 갑자기 문화문 안으로 들어와 억울함을 호소한 때였는데, 그는 황친의 진위를 조사해 보아야 한다고 상소를 올리기까지 한 것이다. 만일 태자의 말 한마디로 모든 것이 다 결정된다면, 재조사를 할 필요가 있었을까?

칙유의 이 말에는 한 가지 정보가 드러나 있다. 즉 이 칙유를 쓴 사람은 아마도 추의 혹은 이실이라는 점이다. 이 두 사람은 동궁의 오랜 관료로 광종이 즉위한 후, 황제인 용을 좇아 사예감으로 자리를 옮기고 사예감 집필 태감의 직을 맡았기 때문이다. 추의는 이때에 바로 동창을 맡고 있었다. 그는 올해 겨울에 자리를 사임했는데, 그 후임자는 심음沈蔭으로 역시 동궁의 벗이 되어 함께 수학하던 내시 출신이었다. 이렇게 희종의 즉위 초에 권력을 장악한 태감들은 모두 동궁 출신으로 왕재인과 안면이 있었는데, 그들이 모두 왕승을 진짜 황친으로 인정했다는 것은 왕재인 역시 왕승을 인정했다는 이야기라고 할 수 있다.

칙유에서 설왕설래한 내용 중에는 하나라도 정확한 증거가 있는 것이 없었다. 이 주장들이 의거한 증거는 단순한 성모의 구술뿐이었다. 그러나 성모는 어린 시절에 입궁하여 과거지사는 전혀 기억하지 못하고 있었다. 그럼에도 진회가 제일 처음 소명을 할 때는 그녀가 아직 살아 있었고, 진회의 진실성을 완전히 부정하지는 못하는 상태였다. 자신의 오빠라고 자칭하는 왕승(왕월은 이미 세상을 떠났을 것)에게는 아마도 의심의 눈길을 거두지 못했을 것이다. 그렇기에 이런 괴현상이 일어난 것이다. 한 여인이 아직 살아 있는데, 한 사람이 찾아와 자기가 아버지라고 하고, 또 다른 사람은 자기 오빠라고 하지만 스스로는 전혀 판단을 할 수가 없었던 것이다. 광종이 그녀에게 물었지만, 그녀는 자신의 성이 왕씨이며, 아버지의 성명은 왕월이고, 그 외에는 전혀 기억이 나지 않는다는 말밖에 할 수 없었다. 그래도 왕승이 인정을 받은 것은 그의 성이 왕씨였기 때문이었다. 칙유에서 언급한 "성모의 성이 왕씨일진대 황친이 진씨인 적은 없었다"는 반박의 말처럼 말이다. 그중에 어떤 연유가 있었는지는 진회가 분명 설명을 했겠지만, 우리는 알지 못할 뿐이다.

칙유에서는 말했다. "성모는 만력 27년 8월에 궁전에 들어오고, 왕승은 곧 그녀를 위해서 옷을 빨고 풀을 먹이기를 20여년간 했다고 했는데, 왕승은 당시 성모가 분명히 귀인이 될 것을 알고 이를 위해 옷을 빨고 풀을 먹인 것은 아니지 않는가? 이는 성모의 족보가 명백하다는 뜻이다."

왕재인은 만력 27년에 궁궐에 들어와 33년에 아들을 낳았으며, 47년에 세상을 떠났으니, 동궁에서만 꼬박 20년 세월을 보냈다. 우리는 왕재인이 태어난 해를 잘 모른다. 예를 들어 그녀가 16세에 아들을 낳았다면 아마도 만력 17년 경에 태어났고, 입궁 당시에는 적어도 10세가 되었을 것이다. 10살짜리 여자아이라면 자기 집을 비교적 잘 기억하는 것이 정상이다. 인신매매범이 아동을 매매할 때에도 5살 이상이면 남에게 팔아넘기기도 어렵다. 왜냐하면 아이가 나이가 많을수록 기억하고 있는 것이 많아 기르기 어렵기 때문이다. 진회가 왜 그렇게 고집을 부리며 자신이 바로 다른 사람의 친아버지라고 주장한 것일까? 정신병자가 아니고서는 말이다!

칙유에서는 성모가 궁에 들어가자, 왕승은 곧 그녀를 위해 옷을 빨고 풀을 먹이며 재인을 20여년간 섬겨왔다고 했다. 옷을 빨고 풀을 먹인다는 것은 빨래와 바느질을 해줬다, 잡일을 해줬다는 뜻이다. 그러나 왕승이 왕재인을 위해서 한 일은 설마 순전히 의무적인 노동이었다는 말인가? 그렇지 않다면 설명이 불가능하다. 그럼 그가 성모를 위해 빨래와 바느질을 해 준 것이 바로 그가 성모의 친오빠라는 증명이라도 된단 말인가? 하지만 이를 통해 왕승은 고지식한 노인네고, 진회와 진표 등의 인간은 성모가 귀인이 된 후에 튀어나온 사람임을 알 수 있다.

이 칙유의 핵심은 이치를 설명하는 데에 있었다. 하지만 독자 여러분은 진회를 믿으시는지, 아니면 왕승을 믿으시는지? 솔직히 말한다면 졸필 역시 잘 모르겠다는 입장이다. 차라리 내각의 신하들이 이 칙유를 읽은 후 어떤 반응을 보였는지를 보도록 하기로 하자.

내각의 각료들은 절대로 설득당하지 않았다. 왜냐하면 수일 후 내정에서 내각에게 하달한 조서가 있었는데 그 조서에서 이렇게 말했기 때문이다. "성모의 족보는 이미 황고께서 수차례 전하신 성지를 통해 알 수 있는데도, 어찌 글의 내용을 바꿔 조사를 하려고 하는가? 길가에서 하는 말을 함부로 믿고 삼조에서 전한 뜻을 돌아보지 않음인가? 게다가 짐이 다시금 상세한 칙유를 내렸거늘, 경등은 모두 짐이 성모에게 은혜를 갚으려는 뜻을 전혀 생각하지 않으니 이 역시 대신이 온전한 마음으로 임무를 담당하려는 뜻이 아니다. 경등의 마음은 평안한가? 아닌가? 왕승의 작위 수여 의식은 수차례 성지를 내렸으니 왕천서의 사례에 따라 속히 칙유를 작성해 행하기를 바라노라. 다시는 진회를 언급하지 말도록!"

내각의 원로 역시 정말 강철 심장을 가진 사람들이었다. 그들은 뜻밖에도 '글의 내용을 바꿔 조사를 하려'는 생각을 가지고 있었다. 하지만 조사를 하는 것도 나쁘지는 않았다. 그렇지 않으면 사실은 더욱 진흙탕이 되어 소인은 사람들을 속여서 먹고 마시며 결국 조정의 체통은 크게 손상될 터이니, 후세 사람이 역사를 읽을 때에도 무엇이 무엇인지 판단할 수 없을 것이다. 그러나 명나라 왕조는 천계 연간에 이르러서 본래 진흙탕이 되었기에 대강 할 수 있는 일은 최대한 대강 처리하려고 했으니, 조사를 한다고 해도 제대로 조사가 될 리가 없었다. 게다가 예전에 조사를 안 해본 것도 아니니 지금 조사 결과가 안 나온다 한들 무슨 상관이 있겠는가?

그러나 이 일은 계속 천계 원년(1621년) 2월까지 여전히 미해결 난제로 자리 잡았다. 형부상서 황극찬은 해묵은 조항을 다시 끄집어냈다. 즉 '두 집안이 제공한 성모의 나이가 다르고 생년월일이 다르니, 황상께서 과거에 궁중에서 성모의 생신을 축하할 때가 과연 어느 해 몇 월 며칠인지, 대조를 하기만 해도 의문은 금방 해결될 것이 아닌가?'라고 한 것이다.

이 황 상서 역시 매우 어리버리한 자세로 공직을 수행하고 있는 사람이었다. 희종의 어머니는 자기 성이 무엇인지, 고향이 어디인지도 모르는 판국인데 자기 생일을 말한다고 해도 믿을 수 있단 말인가? 이렇게 되자 내정은 토론을 하기도 귀찮아 바로 성지를 내려 진회가 황친을 사칭하고 진위를 헷갈리게 한데다가, 수차례나 금지구역에서 소란을 벌였다는 이유로 중죄로 다스리도록 했다. 그 결과 불쌍한 진회는 만리장성 이북 지역의 군대로 파견되었다. 형부의 정신없는 판결 후, 과거 후궁에서 옷을 빨던 하인은 마침내 승리를 쟁취했다. 왕승은 성모의 오빠의 신분으로 신성백新城伯이라는 작위를 받고 식록 1천석을 받게 되었으니, 죽을 때까지 배터지도록 밥을 먹을 수 있게 되었다.

그러나 이 밥은 결코 편안한 마음으로 먹을 수 없었다.

천계 원년 6월, 어사 후순侯恂이 상소를 올려 말하길 "기강을 바르게 하사 다스림을 보존하소서"라고 하였으며 그는 총 6개 조의 비리를 고발했다. 그 중에 제4조가 이러했다. "기쁜 예가 이루어졌고, 경사스러운 큰 예가 있었으나 중범죄자와 흉악한 도덕은 여전히 사칭을 하려고 합니다. 무릇 무호의 족보가 분명하거늘 어찌 감히 하늘을 덮어 황친마저 가짜 노릇을 하는지요?" 그는 이것이 '국법이날이 갈수록 약해지고, 사람의 마음이날이 갈수록 완악해지는' 증거라고 보았기에 '온전히 법대로 처리하고 실마리를 힘을 다하여 찾도록' 부탁했다. 황친의 진위를 가리는 집단 소송이 또다시 한바탕 징을 울리려고 하고 있었다. 하지만 성지는 단 한마디만 이야기했을 뿐이었다. "알겠다." 아무런 처벌도 없었다. 그러자 후순은 이 법을 엄중하게 제정하지 않으면 '약삭빠른 기회주의자들이 함께 일어나 또다시 진회의 미결안이 거듭 나오게 될 것'이라고 걱정했다. 과연 진회가 변방의 군대로 끌려간 후 또다시 새로운 사람들이 나타났는데, 다만 이들이 진회가 억울하다고 두둔을 해줄 것인지 아니면 스스로 황친을 사칭할 것인지 예측이 불가능할 뿐이었다. 아무튼, 왕승이라는 이 황친은 지금까지도 황친의 신분을 증명하기 위해 힘겨운 투쟁을 벌여왔는데 이제 또다시 고생길이 훤하게 보였다!

물론 그렇다고 해서 왕승이 제일 재수 없었던 것은 아니었다. 그 외에도 장황친이 있었는데 그는 왕승보다 더 불행했다. 이 장황친의 이름은 장국기 張國紀로 희종 황후의 부친이었는데, 그의 불행했던 일대기는 아래 글에서 기대해보자.

# 제51장 '생산력' 1, 2위를 다투던 광종

명말 태감 유약우는 매우 중요한 궁중사 저작인《작중지》를 저술한다. 그 중에는 《양조초난기략兩朝椒難紀略》이라는 장절이 있다. '초椒'자는 어떤 뜻일까? 초는 '산초'의 '초'자로 고추라는 뜻의 '초'자가 아니다. 고추는 명나라 말에 동남아에서 수입된 식물이고, 중국 전통 향신료가 바로 산초다. 서한 시대에 황후가 거처하던 궁전의 이름을 초방전椒房殿(명청시대의 곤녕궁에 해당)이라고 했는데, 이 이름은 궁전의 벽을 산초와 진흙을 섞어서 발랐던 데서 유래한다. 이렇게 하면 벽이 옅은 분홍색을 띠고 담담한 향이 나며 벌레를 막아주는 효과가 있다고 한다. 그 외의 일설로는 산초는 씨가 많은 편이기 때문에 초방전이라 불렀다고도 한다. 씨를 많이 낳으라는 뜻이었다. 후세에 '초'라는 이 글자는 또 다른 뜻을 가지게 되므로, 후궁과 비빈에 공감대를 형성하게 되었다. 유약우가 말하는 '초난'이란 황제와 비빈 사이에 당했던 재난을 의미한다.

후궁의 여인은 대부분 불행했으며 앞에서 우리는 삼천 궁녀의 운명이 모두 황제 한 사람의 희로애락에 달려 있었음을 수차례 반복해서 말했다. 그러나 유약우가 말한 '초난'이란 재난을 만난 비빈의 높이 치켜든 고개가 어쩔 수 없이 궁궐의 노비에게 수그러져야 했고, 심지어 그 운명이 거세를 한 노비나 교활한 계집종의 손에 좌우되었다는 것이다.

여기서 유약우가 말한 양조란 바로 광종과 희종 두 왕조를 일컬으며, 초난은 광종과 희종 부자 비빈의 재난을 말하는 것이다.

우리는 먼저 명나라 광종 주상락이 어떤 위인인지 이야기해보도록 하자.

주상락은 성격이 온화하고 관대한 사람이었다. 유약우는 이런 예를 들었다. 희종 주유교가 아직 어린아이였을 때에, 오른손 새끼손가락을 가지고 궁전 문 북틀 틈에 집어넣고 흙을 긁으며 놀고 있었다. 그런데 그 아버지가 갑자기 오자 유모인 객씨는 얼른 아이를 안아 일으키다가 그만 아이가 손톱이 북틀에 걸려 다쳐 엉엉 울게 되었다. 그러나 주상락은 전혀 화를 내지 않고 오히려 그녀를 위로하며 말했다고 한다. "괜찮소, 괜찮아. 아이가 조금 다치면 오히려 장수를 한다고 하오." 게다가 친절한 말로 객씨를 격려하며 앞으로는 아이를 더 잘 봐줄 것을 부탁했다고 한다.

한 사람의 성격은 이런 작은 일을 통해서 꿰뚫어볼 수 있다.

광종 주상락은 위인이 온화하고 관대하며 걱정도 없고 다른 사람의 일에 간섭하는 것도 싫어하는 군주였다. 그런데 다른 집안의 도련님이 이랬다면 어쩌면 별 문제가 없었을 수도 있지만, 주상락은 황태자였기 때문에 이 허허실실로 흐리멍덩한 성격은 큰 문제가 되었다.

주상락은 사냥을 좋아했고, 게다가 연극 감상을 좋아했다. 이 예술적인 취미 한 가지와 활동적인 취미 한 가지 중에서 그는 연극을 더 좋아했던 것 같다. 왜냐하면 그는 자주 사람을 불러 궁중에서 연극을 연습했는데, 예를 들어 근시인 하명何明, 종고사의 내관인 정계산鄭稽山 등이 대표적이었다. 주상락은 기분이 좋을 때는 아예 무대분장까지 하고 무대에 올라 경극 몇 소절을 뽑기도 했다. 주상락은 부하에게 엄하지 않았고, 좋아하는 취미도 많았기 때문에, 동궁의 태감 류조劉朝, 왕보王輔 같은 사람이 돈이나 희극을 대주었다. 그러나 이런 사람들은 외적으로는 동궁의 명의를 빌려 "사정을 부탁하는 척하며 자신의 배를 불려갔다". 동궁의 일은 주상락 역시 잘 알지 못했다. 이진충李進忠이라는 태감이 궁전 안에서 시비를 부추기며 권리를 가지고 뇌물을 받은 일이 있던 것처럼, 주상락은 이러한 일을 전혀 알지 못했고 이에 개입을 할 생각도 없었다.

사실 주상락이 쓸 만한 군주인지 아닌지를 살펴보려면 그가 무슨 거창한 이야기를 했는지를 살펴볼 것이 아니라, 그가 동궁에서 어떤 내정을 벌였는지 보고 주위 사람의 여론을 들어보면 대략 판단이 가능하다.

그러나 당시 정치적 환경에서는 아무도 이렇게 할 수 없었다. 주상락이 일단 동궁으로 이사를 가게 되면 전체 조정대신이 죽음을 무릅쓰고 수호해야만 할 계승자가 되는 것이다. 그리고 십여 년간 신종 주익균은 끊임없이 그를 폐위시킨 다음 자신이 더 좋아하는 세 번째 왕자인 복왕福王 주상순朱常洵을 태자로 세우려고 시도했으나 결국 전부 허사로 돌아가고 말았다. 복왕은 정鄭귀비의 아들로 정귀비는 전 왕조의 만귀비와 마찬가지로 시종일관 황제의 사랑을 독점했다. 정귀비는 자신이 낳은 아들이 황위를 계승하기 바라는 마음이 간절해 사산에 비석 하나를 세웠는데, 놀랍게도 비석에는 '제 삼태자三太子' 주상균의 이름이 몰래 새겨져 있었다. 태자의 자리는 본래 오직 하나뿐인데, '제 삼태자'라는 말이 가당키나 하단 말인가? 아버지는 장자 상락을 사랑하지 않았고, 그는 정귀비, 복왕만을 자기 가족으로 생각했다. 그렇게 주상락은 외롭고 쓸쓸하게 자라야 했다. 만일 군신의 보호가 없었다면 주상락은 어디에 가서 죽었는지 알 수도 없는 인물이 되었을 것이다. 하지만 비록 그렇다 하더라도 20년간의 태자의 삶은 그야말로 혼비백산할 일의 연속이었다.

이런 환경은 점차적으로 주상락의 성격을 변화시켰다. 세상과 전혀 싸우지 않고 전혀 아무 일도 하지 않고도 세상을 잘 다스렸다는 '옛 성현'을 그대로 체현하게 된 것이다. 아마도 화를 피하기 위한 자아보호 본능이었을 것이다 - 그와 같이 황제에게 사랑을 받지 못하는 아들은, 아무것도 말하지 말고 아무것도 하지 않는 것이 제일 좋다. 아니라면 하는 일마다 다 틀렸다는 이야기를 듣고 매우 큰 위험에 부딪히게 될 것이기 때문이다.

다시 본론으로 돌아오자면, 주상락의 정실 부인 곽씨(생전에는 황태자비, 사후의 시호는 효원정孝元貞 황후)는 순천부 출신이었고, 아버지 곽유성郭維城은 '딸 덕분에 성공한' 사람의 전형이었다(그렇다. 딸이 후궁으로 시집을 갔기 때문에 몸값이 순식간에 올라간 것이다). 그는 박평백博平伯에 봉해졌고 후에 박평후로 진급했다. 죽은 후에는 곽씨의 형 곽진명郭振明이 작위를 물려받았다.

자, 우리, 주상락의 나약하고 무능한 위인됨과 비실비실한 몸매만 보지 말자. 왜냐하면 그는 자녀 낳는 데 일가견이 있는 황제였기 때문이다. 그는 만력 29년(1601년)에 황태자로 세워지고 동궁에서 황위 계승을 기다렸는데, 그 한 번의 기다림에 20년의 세월이 흘러갔다. 그 세월 동안 걱정과 근심에 휩싸여 무엇 하나 잘 할 수 없었으니, 그렇다면 아이를 낳는 일밖에는 할 일이 없었다. 주상락은 한번 아이를 낳기 시작하자 단번에 아들 일곱과 딸 여덟을 낳았다. 총 15명이나 되었으니, 명조 16 황제의 '생산력' 순위표에서 태조 주원장(아들 16명, 딸 16명), 헌종(아들 14명, 딸 5명), 인종(아들 10명, 딸 7명), 영종(아들 9명, 딸 8명), 신종(아들 8명, 딸 10명)을 빼면 제6위에 해당했고, 무려 세종(아들 8명, 딸 5명), 의종(아들 7명, 딸 6명)보다도 높은 순위를 차지했다.

이렇게 왕성한 생식 능력은 세간에서 전해지던, 광종이 미색에 환장을 한다는 이미지와 매우 잘 들어맞는다. 그저 이상한 점이 있다면 다음과 같다. 주상락 역시 미색을 탐하며 여성을 제압하는 데 일가견이 있는 맹장이었다면, 왜 황제로 등극한 지 한 달 만에 몸이 완전히 거덜이 난 걸까? 주상락의 몸이 일찍이 껍데기만 남아, 외적으로는 마치 큰 산같이 장대하다 하더라도 속살은 박박 긁혀 텅 비어 있었단 말인가? 그렇다면 왜 일찍도, 늦게도 아닌, 황제가 된 지 꼭 1개월 만에 '붕어'하고 말았단 말인가?

주상락은 아버지가 사랑하지 않았던 인물로 동궁에서 숨 막히는 삶을 살았는데, 주로 정치적으로 인정을 받지 못했다. 그러나 그의 하반신은 매우 인정을 받았단 말이다. 그렇지 않고서야 어찌 1.5개 팀에 해당하는 축구 대원을 낳았단 말인가! 재미있는 사실은 인종 고치와 그의 상황이 매우 비슷하다는 것이다. 그들은 모두 다른 이의 낮은 처마 아래에 숨어서 20여년의 풍상을 겪었다. 그는 역사의 큰 무대를 호령할 수는 없었기에 그저 방문을 닫고 자신의 세계를 실현해, 단번에 열 명의 아들을 낳았다.

황태자비 곽씨는 동궁에 있을 때 주상락을 위해 딸을 하나 낳았지만 안타깝게도 성인이 될 때까지 키워내지 못하였고 그 후로는 다시 자녀를 낳지 못했다. 그 외에 왕씨王氏는 희종 주유교를 낳았다. 유씨劉氏는 숭정제 주유검을 낳았다. 왕씨는 황장손을 낳았기 때문에 어머니는 아들을 낳음으로써 영광을 얻는다는 전례에 따라, 재인으로 봉해졌다.

곽씨, 왕씨, 유씨는 나이가 모두 어렸지만 모두 태자가 황위에 등극할 때까지 견디지 못하고 만력 연간에 죽고 말았다. 그중 숭정제의 어머니는 가장 불행하여 다수의 명조 왕비와 마찬가지로 가문 역시 비천했고, 친정은 해주海州였다. 후에 북쪽으로 떠돌다가 '숙녀淑女'로서 황궁의 간택에 참여해 입궁하게 되었다.

본래 졸필은 고대의 비빈과 공주 궁녀에 낭만적인 환상을 품고 있었다. 하지만 청말 후비와 궁녀의 사진 몇 장을 보고 나서는 철저히 절망하고 말았다. 소위 궁정의 "미녀들"이란 실제로는 참아주기도 힘든 미모를 가지고 있었다. 어쩐지, 다른 사람이 볼 때는 성적으로 엄청나게 행복해야 정상인 황제들이 모두 궁정의 높은 담장을 넘어 들판의 풋과일을 훔쳐먹는 일을 그렇게 좋아하더라니. 태감들(태감들은 또 뇌물에 환장을 하는 부류가 아니던가?)이 뽑은 미녀들은 아마도 조금 특이한 '미'를 자랑하는 사람이 아니었을까 싶다.

그러므로 졸필은 유씨가 얼마나 아름다운 여성인지 감히 이야기하기가 어렵다. 어쨌든 그녀는 충분히 행운을 누린 여성이었다. 황태자에게 선택을 받는 행운을 누렸고, 특히나 더욱 행운을 누려 황태자의 생명의 씨를 임신하여 만력 38년(1610년) 12월에 미래의 숭정제인 주유검을 낳았던 것이다.

그러나 그녀의 행운은 여기까지가 끝이었다. 그 이후로는 불행이 찾아왔다. 유씨는 아이를 낳은 지 얼마 후 무슨 이유인지 모르지만 '광종의 사랑을 잃고' 냉궁에 처해져서 몇 년이 되지 않아 죽고 말았다. 그녀가 죽을 때에 초상화 한 장 남기지 않았는데 갓 5살이던 숭정제는 훗날 어머니를 그리워했지만 얼굴조차 기억이 나지 않았다.

그런데 유씨와 함께 숙녀로 황궁에 들어왔다가 또한 유씨와 이웃에서 지내었던 유씨의 옛 친구로 부의비傅懿妃라는 사람이 있었다. 그녀가 숭정제에게 궁중에 유태후와 매우 닮은 궁녀가 한 명 있다고 하자, 숭정제는 매우 기뻐하며 얼른 화공을 청해와 그 궁녀의 얼굴을 틀로 하여 유씨의 어머니, 즉 숭정제의 외할머니인 영국 태부인瀛國太夫人의 지휘 하에 어머니의 초상화 한 장을 그려내게 되었다.

그림이 완성된 후, 숭정은 아주 정중하게 각종 어가를 대령하여 태후의 어용을 정양문正陽門에서부터 자금성까지 영접하여 직접 오문午門에서 무릎을 꿇고 영접했으며 초상화를 높이 걸어놓고 궁중의 늙은 여복을 불러 살펴보도록 했다. 하지만 그녀들은 초상화를 본 후, 어떤 이는 닮았다고 했지만 어떤 이는 닮지 않았다고 했다. 그런데 그 이야기를 듣는 숭정이 눈물을 비처럼 흘리는 바람에 육궁의 부녀들마저 그를 따라 한바탕 눈물을 흘려야 했다.

만일 숭정제가 탓을 한다면 야박하고 덕이 없는 그의 부친 광종 주상락을 탓해야 했다. 《명사》에서는 이렇게 말했다. 유씨는 "책망을 받아 죽고 말았다". 그녀의 죽음은 그녀가 광종의 책망을 받아 죽은 것과 관계가 있다는 뜻이다. 어떤 '책망'을 받았는지는 알 수 없다. 하지만 유씨의 죽음 후 광종은 신종에게 이 사실을 알리지 못하게 하였으며, 오히려 궁녀들이 황태자의 생모가 사망한 사실을 부친에게 알리지 못하도록 엄금하고, 유씨를 몰래 서산에다 묻어 일을 끝내려 했다.

무슨 이유에서인지는 모르지만, 유씨가 죽은 후에도 광종은 그녀에게 아주 큰 불만을 품고 있었다. 그는 아들이 자기 어머니를 제사지내러 가지 못하게 했을 뿐 아니라 심지어 말도 꺼내지 못하게 했다. 그때 주유검은 욱근궁勖勤宮에 살고 있었는데 하루는 조용히 근시태감近侍太監에게 물었다. "듣자 하니 서산에 신의왕의 무덤이 있다고 하던데요?" 태감은 신의왕申懿王 주우개朱祐楷는 헌종의 제14자로서 번왕에 임명되기도 전에 죽고 말아 서산에 묻혔다는 것은 알고 있었지만, 어린 왕자인 주유검이 왜 이를 묻는지는 알지 못하여 곧 이렇게 대답했다. "그렇습니다." 그러자 숭정은 잠시 생각에 잠기더니 다시 이렇게 물었다. "그러면 그 옆에는 유씨 마마님 무덤이 있겠네요?" 태감은 그제야 어린 왕자가 어머니의 일을 바로 물을 수가 없어서 일부러 말머리를 빙빙 돌려 사실을 확인하고 있다는 것을 깨닫고는 감동하지 않을 수 없었다. 그는 왕자에게 유씨 마마님 무덤의 상황을 자세히 알려주었다. 숭정은 그저 연거푸 장탄식을 하면서 돈을 꺼내더니, 태감에게 제물을 사서 몰래 어머니의 무덤에 가 제사를 드리도록 했다. 그리고 자신이 즉위를 하고나서야 어머니를 효순 황태후孝純皇太后로 추서하고 영구를 서산의 경릉慶陵으로 옮겨 광종과 합장했다.

주상락을 장례했을 때 고故 황태자비 곽씨만이 광종의 '원비'와 희종의 적모의 신분으로, 또 왕씨는 희종 생모의 신분으로 광종을 따라 적막한 무덤에 함께 누었다. 칠 년이 지난 후, 숭정제가 즉위를 했을 때에야 다시 광릉을 열어 유태후의 관도 함께 집어넣었던 것이다.

이렇게 광종은 무덤 안에서 비 한명, 태후 두 명(황후, 황태후는 모두 후에 추서된 것) 등 세 명의 여자와 동고동락하게 되었다.

# 제52장 여자의 손에 넘어간 소년 황제

광종의 즉위 기간은 매우 짧았다. 본래 동궁에 있던 그의 여인들은 대개 아직 추서를 받지 못하고 모두 선시選侍로 불렸는데, 그중에 두 사람은 이씨여서 사람들은 그녀들을 동리東李, 서리西李라고 불렀다. 서리 선시는 가장 사랑을 받았으며, 광종은 어머니가 없는 두 아이, 즉 희종 주유교와 장열제莊烈帝 주유검朱由檢을 그녀에게 부탁하여 돌보도록 했다. 훗날 서리가 여자아이를 낳았는데, 그 아이가 황팔매黃八妹가 되었다. 광종은 즉시 동리가 차자 유검을 기르도록 하고, 장자 유교는 서리가 돌보도록 했다.

동리 노마마님은 장비莊妃로 봉해졌는데 유약우는 그녀를 "성격이 인자하고 어질며 검약하고, 성실하고 진실하며 말수가 적다"고 표현하고 있다. 사십 세도 되지 않은 사람이 보기에는 오십여 세의 노인처럼 보이기 때문에 궁중 사람은 "그녀에게 많이 감사하고 그녀를 칭찬했다"고 한다. 그 명성은 일찍부터 서리보다 앞서 있었다. "현숙하지만 자녀가 없던" 동리는 비록 자기아이는 없었지만 엄마를 잃은 소년 숭정제를 키웠는데, 매우 마음을 써서 의식주와 생활 습관, 생활의 방방면면을 감독하고 야단쳤기에 기울인 사랑과 관심 면에서는 친어머니보다 더 지극했다. 숭정제는 어릴 때부터 열심히 공부를 하는 습관을 길렀는데, 이는 동리가 '상을 주고 권하며 열심히 가르쳐준' 공을 무시할 수 없었다.

천계 연간에 위충현魏忠賢이 권력을 잡았을 때 그의 친한 친구들 역시 전부 날뛰어 너도나도 권세를 들먹이며 사람들을 괴롭혔다. 신왕부信王府의 승봉정乘奉正 서응원徐應元[151]처럼 간악한 신하의 세력을 의지하여 교만하기 그지없었는데, 매번 장비를 만나 땅에 이마를 찧으며 절을 할 때에도 의기양양하거나 혹은 장비 주위의 사람을 매질하고 욕하는 등 전혀 거리낌이 없었다. 그러나 장비는 성격이 신중하고 말이 적은 탓에 모욕을 당해도 말을 할 곳이 없었다. 시간이 오래되어 음기가 분노와 우울이 되니 결국 병에 걸려 죽고 말았다.

서리 이선시는 말하자면 희종의 양어머니나 마찬가지였다. 광종은 즉위하자마자 얼마 후, 중병에 걸려 곧 심각한 지경이 되었다. 그는 병든 몸을 이끌고 건청궁 난각에서 대신들을 접견했다. 대신들은 그가 국정 때문에 마음을 놓지 못하는 줄 알고, 얼른 난각으로 달려가 머리를 찧으며 이유를 물으니, 황상은 이선시를 황귀비로 봉하겠다는 말을 했다. 광종은 몇 마디 하지 않았는데 황자 주유교가 뒷문 밖에서 떠밀려 들어오며, 우물쭈물 이런 말을 했다. "선시를 황후로 봉해야 합니다." 광종이 그의 말에 채 대꾸를 하지 않았는데 예부 시랑 손여유孫如游가 일어나 상소를 했다. "두 황태후와 곽원비, 왕재인의 시호도 아직 올리지 못했습니다. 황후를 봉하는 일은 4대 예가 다 끝난 다음에 토론해도 늦지 않습니다." 맞는 말이었다. 광종이 즉위한 지 겨우 10여 일이었고 전 왕조 후비의 시호 대전大典도 아직 거행하지 않았던 것이다. 돌

---

151  숭정제 주유검은 본래 신왕으로 봉해져 있었는데, 서응원은 승봉정으로서 신부의 환관의 우두머리이자 최고 집사 역할을 했다.

아가신 분도 아직 위로를 하지 못했는데, 자기 애첩만 생각할 수 있겠는가? 손여유가 이렇게 말한 것도 황제를 위해 말한 셈이었다. 그가 볼 때 후궁에서는 이미 누가 더 높은 지위를 얻을 것인지로 싸움이 일어나고 있었다.

그런데 광종이 대신을 불러 회의를 하고 있는 동안, 이선시는 난각의 밖에서 이 과정을 몰래 엿듣고 있었다. 황후의 자리를 탐내고 있었던 그녀가 황귀비 자리를 마다하겠는가? 그녀는 손에 들고 있던 비장의 카드를 이때 내놓았다. 그녀는 양자 주유교에게 귓속말로 이야기했다. "내가 황후가 되어야 된다. 네가 가서 내 대신 이야기 좀 해 보거라." 그래서 얼른 주유교의 등을 떠밀어 보낸 것이었다.

비를 봉하는 것은 본래 황제의 집안일로 외부의 신하와 상의를 할 필요가 없었다. 황제의 뜻이 하달되면 외정의 예신禮臣이 이를 알고 책봉에 필요한 예제와 물품을 준비하면 되었다. 졸필이 추측하기로는, 광종은 이선시 때문에 어쩔 수 없이 겉으로는 공손하게 그녀의 말을 들어 대신과 상의를 하는 듯했지만 실제로는 외부 신하의 입을 빌려 그녀의 분부에서 발을 빼려 했던 것 같다. 만일 그렇다면 이 광종은 아내를 두려워하는 무능한 황제일 수밖에 없다. 양기가 너무 부족해서 음기에 제멋대로 휘둘리고 있었다. 한편 그 역시 천수를 다 채우지 못하고 황위에 등극한 지 한 달 만에 바로 저 세상으로 떠나고 말았다.

이 일을 통해, 서리 선시가 총애를 믿고 교만하며 사적인 이익만을 추구하기 좋아하는 여인임을 잘 알 수 있다. 주유교는 비록 그녀가 길러주었지만 그녀에게 혜택을 보기는커녕, 그녀에게 이용을 당하고 그녀의 명분을 지지

하는 일을 해주어야만 했다. 만일 광종이 조금 더 오래 살았더라면 이선시는 아마도 정실 중궁의 지위를 얻어냈을 것이다. 그러나 광종이 급사하고, 황후도 될 수 없게 되자 그녀는 새로운 황제의 양모라는 신분을 이용하여 황태후가 되려고 했다. 그녀의 수중에 있는 '보배'는 바로 희종이었다. 이 비장의 카드는 타인이 빼앗기 어려웠다. 그래서 광종이 붕어했지만 그녀는 보금자리를 옮길 생각을 하지 않고 자신이 계속 건청궁에서 머물며 소년 희종을 보살펴 주어야 한다고 말한 것이다.

천자의 정식침소 건청궁은 황제와 황후가 거주하는 곳인데 모후가 이곳에 거주한다면 예법과 옛 제도에 부합하지 않았다. 대신들은 업무 파업을 선언하고 선시가 반드시 궁전을 옮겨 건청궁의 공간을 내어주어야 한다고 주장했다. 하지만 황후가 되려는 이선시의 야욕이 대신들에게 깊은 인상을 주었기에, 대신들은 그녀가 지금 건청궁에 자리를 잡은 까닭이 황제를 자기 맘대로 부려 수렴청정을 하고 모후의 신분으로 조정에 간여하려는 것이 아니냐는 의심을 품게 되었다.

사실 이것은 완전히 과도한 염려요, 기우에 불과했다. 모후가 조정에 간여하는 것은 명나라 가법에서는 절대로 허락되지 않는 일이었다. 설사 이선시가 이런 생각을 가지고 있다고 하더라도 모방할 만한 선례가 없었다. 게다가 그녀는 동궁의 선시이고 지위도 낮았기 때문에 외부 조정에 아무런 호소력과 정치적 기반이 없었고 내부 조정에도 자기 사람이 없었다. 이런 그녀가 무슨 근거로 그런 생각을 품고 천하를 호령하려고 하겠는가? 마치 고양이 한 마리가 자신의 보금자리를 지키고 자기 영역에 오줌을 누어 소유권을 선언하며 또 자주 주방에 가서 생선을 훔쳐 먹듯 한 것이다. 이는 탐욕스러운 인간의 본능일 뿐, 고양이가 집안을 차지하고 주인이 되겠다는 야욕을 품었다고 생각하기는 어렵다. 대신들이 끊임없이 논쟁을 해댔다. 시끌시끌함에 일처리는 조급함을 면치 못했다. 결국 이선시는 어쩔 수 없이 처량히 비틀거리며 건청궁에서 쫓겨났다. 이것이 바로 명말 3대 사건 중의 하나인 '이궁移宮'이었다. 그 외에도 홍환, 연격이라는 두 가지 사건이 있는데 이 몇 가지 이야기는 말하는 사람이 너무 많으니, 번화한 곳은 본서에서는 피해가기로 하자.

이선시는 너무 손쉽게 쫓겨났으니 이는 그녀 자체가 그렇게 염려할 만한 인물이 아니라는 점을 잘 증명해주고 있다. 대신들이 만일 서두르지 않고 황제의 정식 결혼 후까지 시간을 조금 기다렸다면 이선시가 당연히 건청궁에서 머물 수 없을 터였는데, 강제로 그녀를 쫓아낼 필요가 있었을까? 선시가 비록 대국을 아는 것은 아니었지만 그녀는 어찌되었든 오늘날 주상 전하의 양모요 선제의 미망인이었다. 대신들은 반드시 대국적인 입장에서 바라보아야 했으며, 일처리는 당연히 연기가 최상이었다. 결과는 어땠는가? 희종이 아직 황제 자리에 등극하지도 못했는데 우선 무서운 대신들에게 이리저리 끌려다니는 것이 마치 나무 인형이 줄에 매달려 사람에게 이리저리 조정을 당하며 사람들의 힘을 당해내지 못하는 것 같았을 테니, 그의 마음도 분명히 매우 불안하고 두려웠을 것이다.

희종은 내각부 대신과 사예감의 실세 태감인 왕안의 도움을 받아 건청궁에 순조롭게 입성했다. 하지만 근심걱정 없던 소년이 이미 두려움에 어쩔 줄 모르는 아기 고양이가 되어버린 사실을 어느 누가 알고 있었을까? 아니, 관심이라도 가졌을까? 그 깊고 깊은 무정한 깊은 궁궐에서 이 소년이 누구를 의지할 수 있었을까? 친부모는 이미 돌아가시고, 양어머니는 그를 이용하려 고만 하고 외부 조정의 늙은이들은 매몰차기만 했으니……, 이때 그가 가장 그리워했던 사람은 어린 시절부터 그를 시중들고 자신을 보호해 주었던 유모였다. 그는 한시가 다급하게 성지를 내려, 이미 자기 사택으로 돌아간 유모 객씨客氏를 다시 궁으로 불러 들였다. '궁궐 이전'의 변을 통해 결국 소원을 성취한 사람은 유모 객씨였다. 객씨는 궁전에 들어온 후 또 대태감 위충현을 함께 불러 데려왔다. 그 후 이 두 사람은 항상 한패가 되어 희종이 한시도 떠나지 못하는 등골이 되었다.

희종이 성지를 발표하자 이선시가 저지른 하늘도 놀랄 두 가지 죄상이 밝혀졌다. 첫째, 그녀가 과거 성모를 괴롭히거나 심지어 구타하여 사망에 이르게 한 것이다. 성모란 바로 희종의 생모 왕재인이며, 지금은 태후로 추서된 분이었다. 희종은 "선시는 황고(광종)의 명을 받들어 짐을 돌보았으며, 먹고 쓰는 것은 모두 황조, 황고께서 주신 것인데, 선시를 함부로 모욕하고 학대해서 짐을 주야로 눈물짓게 할 줄이야 어떻게 알았겠는가? 황고는 이를 보고 역시 매우 후회되어 항상 짐을 위로했다. 선시는 성모가 돌아가시므로 자신의 죄가 드러날까 두려워하여 항상 궁인을 보내어 사정을 엿보고 성모의 곁에서 모시던 궁인 태감을 전부 체포해 가 짐이 그들과 말하지 못하도록 하여 자신의 죄악상을 덮고자 했다"고 말했다.

"둘째, 이선시는 짐을 인질로 붙잡아 수렴청정을 하려는 망령된 기도를 했다. 황고께서 돌아가신 후, 선시는 건청궁을 차지했는데 그 뜻은 짐을 인질로 붙잡으려는 것이었다. 그녀의 패거리가 떼를 지었으니 만일 짐이 일찍이 문화전으로 피난가지 않았더라면 그 후에 어떤 일이 생겼을지 감히 장담할 수 없는 노릇이다."

'짐을 인질로 잡아 수렴청정을 하려는 죄', 이것은 혹시 있을지도 모르는 죄명이었다. 성모를 구타하여 죽게 한 것은 궁궐의 극비사항이었는데, 희종은 이를 수많은 성지에 선포했으니 이는 이선시를 엄하게 다스리겠다는 뜻이 아닌가? 이것은 조정대신 중에서 심각한 반향을 일으켰으며, 어사 가속춘賈續春이 우선 상소를 올려 '선시를 위로할 것'을 청했다. 그러나 또 다른 어사 주조서周朝瑞는 곧 반박 상소를 올렸는데, 두 사람은 머리꼭지가 돌고 뚜껑이 열려 미친 듯이 싸워댔다. 만력 말년 이래로 조정의 신하들이 서로 공격을 하는 어지러운 상황은 거센 바람이 불면 바로 구름이 일어나듯 시시때때로 일어나 사람들을 답답하게 했다.

당시 사예감을 장악한 사람은 병필태감秉筆太監 왕안王安으로, '궁궐 이전 사건'에서 그는 내정의 대신들과 연합하여 강제로 이선시가 인수전으로 물러나 거처하도록 했던 사람이었다. 왕안은 이선시의 칙유 역시 자신이 반포를 주도했다고 질책하며, 조정의 의회가 논쟁하고 있을 때 이선시를 두둔하는 편을 단호하게 벌했다. 내정은 가속춘을 힐책하는 성지를 내려 결국 그의 직위를 제명(관원의 사적에서 제명을 시켜 계속 관리를 할 자격을 취소시키는 것)했다. 이선시에 대한 처분은, 선시라는 봉호를 말소함으로 '하늘에 있는 성모의 영을 위로'하기로 했다.

이선시 파면의 주요 계획자는 사예태감 왕안이었다. 나 보란 듯이 이 일을 벌였을 때, 이때 소년 황제는 이미 다른 부인의 손아귀에 들어가 있었다는 사실을 그는 미처 깨닫지 못하고 있었다.

왕안은 동궁에서 광종을 십수 년간 모셔왔으며, 동궁 전색국랑典璽局郎으로서 광종 즉위 후, 관례에 따라 사예감에 들어가 병필태감의 직을 맡아 중요한 정책 결정에 참여했다. 광종이 죽은 후, 그는 내부에서 대국을 주도하며 이선시가 황제를 제어하려는 야심을 좌절시켰다. 천계 원년에 구 사예감 장인 직을 맡았던 노수盧受는 죄를 저질러 봉양鳳陽으로 귀양을 가고 왕안은 순조롭게 다시 승진해 사예감에서 가장 중요한 장인의 지위에 오를 수 있게 되었다. 황제는 그에게 장인 직을 맡긴다는 성지를 하달했다. 그러나 이 노인네는 잠시 상황 판단력을 잃어버렸다. 그는 대세가 이미 기울어졌다는 생각에 외정 수재가 황제의 어명을 받으면 반드시 사양을 해야 한다는 예법을 모방해 거짓으로 사양을 하며 서산의 별장에 숨었다. 그는 상소를 올려 "소신은 황상께 죄를 얻을지언정 관직은 얻고 싶지 않습니다"라며 자신은 이런 직책을 맡을만한 덕도, 능력도 없다는 뜻을 표시했다. 이것은 본래 관료 사회의 상투적인 수법이었다. 그러나 그가 생각지 못했던 일이 있으니, 예법에 따라 사직을 한 상소가 황제에게 결재가 되어 동창東廠 태감 왕체건王體乾이 사예감 장인이 된 것이다. 그 배후의 밀모가 누구인지 그는 전혀 알지 못하고 있었다.

본래 위충현이 객씨를 위해 적극적으로 계략을 내며 기존 세력을 뒤집어 신진 세력을 구성하려고 하고 있었기 때문에, 이를 위해서는 반드시 왕안을 없애버려야 했던 것이다. 그들은 황제를 제어함으로 실제로 이미 내부의 권력을 장악했다. 그런데 왕안은 놀랍게도 이를 전혀 깨닫지 못했고, 결과적으로 부주의한 가운데 악랄한 계략에 걸려들고 말았다. 곧 성지가 내려와 그는 남해자충정군南海子充淨軍으로 강등되었다.

왕안은 과거 위충현의 목숨을 구해주었건만, 이제는 위충현이 그를 죽이려 하니 조금 미안한 마음이 있었다. 객씨가 왕안을 두고 말했다. "당신이 그를 죽이지 않으면 밖에서 그를 구할 자가 반드시 있을 것입니다. 황제의 마음이 다시 돌아올 때를 기다려 저와 당신이 서리와 비교를 하는 것이 어떻겠습니까? 우리는 어찌 되었든 그 사람이 잘못되어야 득을 봅니다." 위충현은 그를 죽일 결심이 서자 곧 사람을 남해자로 보내어 왕안을 비밀리에 목매달아 죽였다.

왕안이 무너지자 과거 궁전 이전 사건에 참여했던 대신 중 축출될 자는 축출되고, 파면될 자는 파면되어 조정은 전체적으로 새로운 판도를 구성했다. 이선시 역시 다시 누명이 벗겨져 선시라는 봉호를 회복하게 되었다. 또한 천계 4년(1624년) 황팔매의 결혼 시에 강비康妃로 다시 봉해지게 되었다. 그 다음 해에 《삼조요전三朝要典》(삼조란 신종, 광종, 희종의 삼대)을 편찬했는데, '이궁移宮'과 '홍환紅丸', '정격廷擊'을 3가지 사건이라 칭하니 이는 위충현 등 무리가 정적을 처벌하는 무기가 되었다. 그 후에 조정은 어지럽고 혼란스러움이 말할 수 없을 정도였다.

희종의 생모가 다른 사람에게 구타를 당해 죽었는가가 사실인지 아닌지는 더 이상 의문을 제기하는 사람이 없었다. 강비는 사람들에게 이용가치가 없어지자 더 이상 거들떠보는 사람이 없었다. 그녀가 언제 죽었는지 기재도 없다.《명사》에서는 그녀의 결국을 두고 그저 네 글자만을 적고 있다. "시간이 오래 흘러 비로소 죽었다〔久之, 始卒〕."

이선시가 성모를 구타해 죽였다고 질책을 하던 칙유를 희종 주유교가 보기는 했을까? 당시 이선시를 어떻게 처리해야 하는가에 관해 조정에서는 격렬한 논쟁이 벌어졌는데, 희종은 설마 아무것도 몰랐단 말인가? 우리는 주유교가 자기 생모의 사망의 진상에 대하여 어떤 주장을 했다는 내용도 볼 수 없다. 어쩌면 이는 오래된 사건이기 때문에 본래 처리하기가 어려울 수도 있다. 하지만 그 이후에도, 천하의 이 부잣집 도련님은 궁중에서 연속적으로 발생한 궁비 사망 사건을 놀랍게도 아주 똑같이 무감각, 무신경으로 일관했으니 기이하기 그지없는 일이다. 설마 그는 바보였단 말인가?

# 제53장 모욕당하거나 원한이 맺히거나

광종에게는 선시가 또 한명 있었는데 성은 조씨趙氏였다. 그녀는 역현(위충현), 객씨와 매우 불화했기 때문에 희종 즉위 후에 황제의 명령을 가장한 '교지矯旨'를 받아 강제로 목매달아 죽고 말았다. '교지'라고 말한 뜻은 그 성지가 본래 어린 황제 희종의 본의에서 나온 뜻이 아니라 위충현과 객씨가 꾸며낸 황제의 뜻으로, 황상의 서모 조선시를 스스로 자결하도록 만들었다는 것이다. 하지만 졸필은 '아무리 거짓 성지였다 하더라도 자결을 권한 이유는 말해야 할 터 아닌가?'라고 생각한다. 어떤 이유였는지는 모르겠지만, 선제의 비를 강제로 죽음에 몰아넣을 정도의 이유라니 정말 상상하기가 어려운 일이라고 하겠다.

유약우의 말에 의하면 조선시는 명을 받았지만 억울함을 호소할 방법이 없었으며, 죽음에 이르러서 광종이 내린 머리 장식, 금구슬 등 물건을 책상에 가지런히 모셔놓고 목욕재계를 하고 예불을 한 후 서쪽을 향해 절을 하고 (서향은 동쪽 교외에 장례된 광종에게 고별을 한 것) 한참을 통곡한 후에야 목을 줄에 걸고 자결했다고 한다. 그녀의 명의 하에 있던 근시태감 왕량王亮 등 수 명 역시 모두 곤장을 심하게 얻어맞고 남경으로 귀향 보내어졌다.

조선시는 사후에 궁인의 신분으로 장례를 치렀는데, 위, 객씨의 기도가 실패하기까지 그녀의 원통함을 풀어주려는 사람이 아무도 없었다.

유약우는 연유는 설명하지 않았지만 조선시가 죽기 전의 행동으로 볼 때 그녀는 생전에 분명히 광종의 큰 사랑을 받았던 것이 틀림없다. 사랑을 받았기 때문에 그녀는 노비의 신분으로 교만을 부렸던 위, 객 두 사람과 불화했고 갈등이 아주 심했으며, 광종이 죽자 그녀는 의지할 곳을 잃고 악독한 보복을 받고 말았던 것이다.

조선시 사후에 아무도 그녀의 원통함을 풀어주려는 사람이 없었다는 점은, 대략 그녀가 생전에 궁중의 소인들에게 별다른 은덕을 베풀지 않아 그녀를 감사하고 그리워하며 그녀를 위해 애를 쓰려는 사람이 없었다는 점을 암시한다. 그녀는 구중궁궐에서 변화무쌍한 운명의 부침을 겪는 가련한 여인 한 명에 불과할 뿐이었다. 그녀가 '역현' 때문에 죽었다는 이유 하나로 그녀를 시대에 반항한 전사로 빚을 수는 없는 노릇이다.

유약우는 말했다. "광묘光廟(광종)가 세상을 떠난 지 얼마 되지 않아 삼궁이 전부 없어졌으니 오호 통재라!" 사실 이미 죽은 광종과 비교해볼 때, 그의 아들이자 지금 임금 놀이에 빠져 있는 황제 희종이야말로 자기 처자를 보호할 수 없는 인물이니 오호 '통재라'를 외쳐야 할 것이다.

과거에 사내대장부가 무능하다고 질책을 받는 경우는 우선 '자기 처자식을 보호할' 능력이 없는 것을 말하고 그 후에 자신의 '머리'를 보호할 능력이 없는 경우를 말했다. '처자'란 사실 두 가지 뜻을 포함한다. 처와 자식, 즉 아내와 아이를 말하는 것이다. 사내대장부의 책임은 우선 집안의 아내와 후대를 보호하는 것임을 알 수 있다. 황제 중 망국의 군주는 당연히 자신의 아내와 아이를 보호할 수 없을 것이다. 예를 들어 숭정제는 그들을 보호할 수 없었을 뿐만 아니라 수많은 적이 나라를 공격했을 때에 처자에게 먼저 죽으라는 명령을 내렸다. 그는 비들이 하나하나 대들보에 목을 매고 매달린 것을 보고는 또 스스로 공주들의 목을 베려고 했으며, 결국에는 궁전에 큰 불을 놓아 황궁을 살라버렸다. 지금까지도 이 이야기를 하는 사람들에게 탄식을 자아내는 일이다. 나라가 없어졌는데, 어찌 집이 있겠는가! 조금 재수가 좋았던 청나라 시대의 손제遜帝 선통宣統 또한, 나라를 잃은 후에 첩이 놀랍게도 그와 이혼 소송을 벌이고 다른 남자에게 도망가 버렸다. 이것은 모두 나라가 망한 경우이므로 더 이야기할 필요가 없다. 그러나 나라가 망하지 않았는데도 자기 아내를 제대로 간수하지 못한 황제들은 그야말로 바보 멍청이에 개망나니라고 할 수 있다! 이 황제는 다른 사람이 아니라 대명 제국의 희종 철恝이었다. 그는 성은 주, 이름은 유교로 연호는 천계였다.

이 황제(퉤엣! 이런 놈도 황제라니!) 곁의 여인(그의 유모 객씨만 포함하지 않음)은 모두 그에게 모욕을 당하거나 원한 맺힐 운명이었던 것 같다. 유약우의 《작중지酌中志·양조초난기략兩朝椒难纪略》 등의 기재에 의하면 천계 연간에는 궁비가 돌연 사망하는 사건이 수차례 나타나는데, 모두 처참한 죽음이었다:

처참한 예 1: 조선시, 광종의 첩, 주유교의 서모, 그녀 사망의 원인은 앞에서 이야기한 바와 같음

처참한 예 2: 유비 장씨, 주유교의 첩

각설하고, 주유교의 동궁 왕마마는 북경사람이고 서궁의 단段마마는 남직예 사람으로 모두 아기가 없었다. 장마마라는 사람이 임신을 하니 주유교가 매우 기뻐하며 그녀에게 특별히 궁전 하나를 준비해 태어날 2세를 기다리도

록 하며 유비로 책봉했다. 그러나 상을 조금 일찍 내린 감이 있었다. 장유비는 출산예정일이 넘었는데도 아기를 낳지 않았던 것이다(설마 또 '병비病痞'는 아니겠지? 헌종 조에 기비가 효종을 임신했을 때 이런 설이 있었다). 게다가 객씨, 위충현에게 불리한 말을 한 후에 그 말이 두 악귀의 귀에 들어간 바람에, 그들은 유비를 자신의 적으로 간주하고 그녀를 제거해 버리기로 했다(거리끼는 말이 들리면 객씨와 역현은 그를 자신의 반대파로 여겼다). 그리하여 두 사람은 함께 힘을 합하여 바보 멍충이 주유교의 귀에 미혼탕을 한 통 들이부어 유비가 총애를 잃도록 한 다음, 또 교지를 내려 그녀의 궁에서 일했던 궁인과 환관을 전부 내쫓고 물과 불을 완전히 끊어 유비 한 사람만 궁전 담 안에 가둬버렸다. 유비는 먹을 물이 없고 먹을 음식이 없자 산 채로 며칠을 굶어야 했다. 어느 날 밤에 비가 내리자 유비는 힘껏 지붕 밑으로 달려가 빗물을 받아 마시고는 땅에 쓰러져 죽고 말았다.

황제의 비가 결국 산 채로 굶어죽고 만 것이다!

궁문을 지키는 궁인은 객, 위씨에게 보고를 하고 주유교에게 이를 상소하여 올렸다. 이것은 그와 함께 동침하고 자기 아이를 배었던, 한 나라의 존귀한 비였다. 그런데 이렇게 비참한 죽음 앞에서도 주유교는 놀랍게도 불쌍해하기는커녕, 유비의 비호를 빼앗아 버리고 보통 궁인처럼 정락당淨樂堂에 들고 가 화장시켜 버리도록 했다. 그리고 숭정제가 즉위해서야 장씨의 비호를 회복하여 다시 예의 법도에 따라 개장을 하게 되었다.

처참한 예 3: 천계 4년 2월 30일, 성비成妃, 이 마마님이 두 번째 공주를 낳았다. 이날은 마침 북경에서 지진이 발생했으며, 공주는 얼마 후 죽고 말았다. 위충현은 비를 폐했으나 숭정제가 성지를 내려 그녀를 중도中都 풍양에 안치하도록 했다. 숭정제가 칙유에서 '함부로 복을 위협한' 일이라는 예를 든 적이 있는데, 그중에서 "황형皇兄 회녕공주懷寧公主의 생모 성비 이씨는 가짜 성지로 비호가 말소되었는데, 오늘날도 그 억울함을 아직 풀지 못했다"는 말이 나온다. 이성비가 낳은 딸은 회녕공주로 봉해져야 했다.

이성비가 '가짜 성지로 비호가 말소되었던' 까닭은 그녀의 착한 마음 때문이었다. 본래 성비에게는 자매가 한 명 있었는데 그녀가 황귀비로 봉해진 범혜비范慧妃였다. 그녀는 주유교의 두 번째 아들 도회태자의 생모로 객씨와 불화한다는 이유로 황제의 총애를 잃고 학대를 받고 있었던 것이다. 이성비는 한번은 침실에서 황제 주유교가 기분이 좋은 것을 보고 혜비의 사정을 이야기했던 것이다. 그녀는 이 일이 객, 위 두 사람에게 알려지기 원치 않았다. 그들이 대노하면 이성비가 범혜비를 위해 선처를 구했던 일을 자신들에게 반대한 것이라고 여길 터였다. 이 소문은 더 이상 퍼지면 안 되었다. 곧 교지가 내려와 이성비의 비호가 말소되고 음식을 끊어 장유비가 그랬던 것처럼 그녀를 억울하게 죽게 만들려고 했다.

다행히 성비는 미리 준비를 해 놓은 것이 있었다. 유비가 산 채로 굶어죽는 것을 보자, 그녀는 평소에 궁궐 처마 기와 구멍 안에 식량을 숨겨놓고 이날을 대비했던 것이다. 다행히 선견지명이 있었던 탓에 이성비는 여러 날을 굶었지만, 나중에 객, 위씨의 노가 조금 풀어지자 죽음만은 면할 수 있었다. 책망을 받고 물러갔던 궁인들이 건서乾西의 어떤 곳으로 옮겨져 살고 있었던 것이다.

이성비가 폐해진 후, 그녀의 궁중에서 일하던 사람은 모두 그녀와 함께 액운을 겪어야 했다. 내부 궁궐에 차를 제공하던 내관 이겸李謙은 이성비 수하에서 뒤치다꺼리를 하던 졸개로 여겨져 남해자로 귀양되었고 얼마 후 교지를 받아 살해되었다. 이성비 역시 그저 목숨만 부지했을 뿐이었다. 숭정제가 황위에 올라서야 봉호가 회복되었고 그녀는 자경궁慈慶宮으로 옮겨져 노년을 준비하게 되었다.

비참한 예 4: 풍馮귀인, 사인 불명, 혹은 말하길 '기아 후 목 졸려 죽음, 혹은 몸이 쇠약해지고 병에 걸린 틈을 타서 누군가에게 암살'이라고 함

독자 여러분, 보시라! 이것을 보면 분명 이해되지 않을 것이다. 이것을 주유교가 다 알고 있었단 말인가? 개를 때리더라도 주인을 보고 때려야 한다고, 그는 어떻게 이런 악을 허용하며 자신의 마누라를 이렇게 참혹하게 해칠 수 있었단 말인가?

천계 연간의 객, 위 두 사람이 궁비를 핍박하고 해친 이야기는 유약우가 《작중지》에서 특별히 한 장을 할애하고 있는데, 《양조초난기략》에서는 광종, 희종 두 왕조 후비의 고난을 열거한 후 이렇게 말했다.

"선제(주유교) 역시 어떤 일이 있었는지 알지 못했을 뿐이니, 누가 내정을 관리하며 이런 참혹함을 참을 수 있겠는가? 오호라!"

유약우는 말했다. 비들의 죽음은 '선제(희종) 역시 알지 못하는 일'이라고. 그는 감히 황제를 힐난할 수 없어서 그저 '내정을 관리하는' 자를 힐문했던 것이다. 그는 즉 사예감 장인태감 왕체건이었다. 그러나 이때에 동창태감 위충현은 눈 가리고 아웅을 하고 있었다. 왕체건은 그에게 아부를 해도 될까

말까 할 판에 감히 이런 일에 간여를 할 수 있었겠는가?

유약우는 천계 연간에 사예감 이영정李永貞 문하에서 문서를 처리했는데, 이상의 사건은 모두 그가 목격하거나 소문을 들은 것으로 전부 사실이었다. 궁비들이 이렇게 사망을 한 원인은 '어쩌다가 말을 잘못해서 객, 위씨가 싫어하는 속살을 건드려 죽음에 이른' 경우가 대부분이었다. 모두 객씨 앞에서 조심하지 않아 죽음을 당한 것이다. 이런 후비들은 모두 주유교와 동침하고 베개를 같이 벤 자들이고 어떤 이는 그를 위해 아이를 낳아주었는데도, 아주 억울한 삶을 살았고 주유교는 알지 못했으며, 그녀들이 갑자기 죽었는데도 얼굴색 하나 깜짝하지 않았다. 이것은 얼마나 바보 멍청이 같고 개망나니 같이 살아야 할 수 있는 일일까?

객씨는 또 무슨 수완을 믿고 이렇게 황제를 손바닥 안에 넣고 쥐락펴락 했을까? 아마도 주유교는 객씨를 너무 믿었던 것 같다. 그런데 이 신임이 주인과 신하 간의 신임을 뛰어넘어, 그들 간에는 모자지간 같은 감정이 자리잡고 있었다. 이런 각도에서 본다면 노비(유모)가 여주인을 해친 것이 아니라 시어머니가 아들 내외간에 끼어들었는데 시어머니가 너무 악독하고 아들은 쓸모가 없어서 결국 며느리들만 불행을 당하게 된 것이다.

황가와 일반 백성의 일처리에 있어서 가장 큰 차이점은 궁중은 예법이 너무 엄하여 인성과 일반적인 인륜까지도 반하는 경우가 있다는 것이다. 신종에게 공주가 한 명 있었는데, 부마가 본부의 여집사(궁에서 파견했으며, 공주 집안의 나이든 궁인을 관리함)에게 괄시를 받아 궁궐에 들어와 신종을 찾아 고자질을 하고 사정을 이야기하려고 했으나, 사람에게 붙들려 결국 장인을 만나보지도 못했다. 부마는 그 수치를 참을 수 없어 결국 도망치고 말았다. 말로는 부귀한 황족이었지만, 일반 백성에게는 최소한인 천륜마저 누리지 못하는 삶이었던 것이다.

명나라 말년, 천계 칠 년에 수많은 후비가 태감과 여집사들에게 억울한 해를 당했으며 생사가 하인의 손에 좌우되었다. 이는 역사적으로 거의 보기 드문 예이다. 게다가 이 대의 황제는 당나라 말년 정도의 수준이 아니라 환관의 꼭두각시에 불과했다. 어찌 후궁에 이런 온갖 그을음이 가득할 수 있었을까? 주유교는 온몸이 마비된 중풍병자처럼 어떻게 아무런 느낌도 없었을까? 혹시 그는 바보였을까? 이것이 가장 큰 미스터리 사건이 아닐까?

# 제54장 황후는 중죄인의 딸?

천계 연간에 객씨, 위충현 두 사람이 합하여 궁궐을 독점하고 비빈의 생명까지 모두 자신의 손에 꽉 틀어쥐었으니, 정말로 "염라대왕이 3경에 죽으라고 하면, 5경까지 살려둘 수 없다"는 말이 맞다. 위 글에서 몇 가지 예를 들었듯이 이들은 모두 비와 귀인이었지만, 말을 하자면 황제의 천첩이며 시녀였지만, 객씨와 위충현 그들은 황후마저도 감히 박해하려 하였으며 심지어 작은 일도 침소봉대하여 황후를 폐해버리려는 시도를 하기도 했다!

주유교의 황후는 장씨張氏였으니, 역사상 또 한 명의 장황후가 탄생했다. 천계 원년 여름, 희종의 정식 혼인에서 선택된 중궁 마마님은 하남河南 생원生員 장국기의 딸이었으며, 동궁에는 왕씨, 서궁에는 단씨가 있었다. 태감 유약우의 말에 의하면 장황후는 '현명'했으며, 객씨는 그녀를 매우 꺼렸다고 한다.

《명사 · 후비전》은 이런 일을 기록하고 있다. 어느 날 주유교가 황후궁에 와서 장황후가 막 책을 읽고 있는 것을 보고 무슨 책을 읽고 있느냐고 물었다. 장황후는 "《조고전趙高傳》입니다." 라고 대답했다. 장황후가 《조고전》을 읽은 것은 마치 관우가 조조의 진영에 있을 때 형수님의 장막 문 앞에 서서 밤에 《춘추》를 읽은 것과 같이 강렬한 상징과 풍자적인 의미를 남겼다. 주유교 역시 《사기》에 기록된 '제왕은 말이 없었다'는 말의 뜻을 알고 있는 듯 했다.

이 기록은 소소한 궁중 일상생활에 불과한데 누가 이 사건을 목격하고 사관에게 알려주었단 말인가? 졸필은 십에 팔구는 또 역사를 편찬하는 사람의 상상에서 나왔으리라 생각한다.

　비록 이 일이 꼭 사실은 아니라 하더라도, 하지만 장황후가 한 일이라고 한다면 자연스럽기 그지없다. 주유교 임종 후 장황후는 위충현의 역모를 깨뜨리고 황위를 신왕 주유검에게 넘겨주어 조정대권이 안정적으로 전달되도록 중요한 역할을 해냈다. 주유검 즉위 후 이 황비 형수님에게는 '의안황후懿安皇后'라는 존호가 내려졌으니 이는 그녀에 대한 존중이었다. 숭정 17년(1644년) 3월 북경성이 함락될 때 장황후의 명예가 매우 높았기 때문에 이자청李自成이 궁으로 진격할 때 장황후가 다치지 않도록 보호를 하라는 명령을 내린 적이 있었다. 그러나 장황후는 이미 궁중에서 목을 매달아 순국한 후였다.

　역사에서는 장황후가 매우 엄격한 성격이었다고 기재한다. 하지만 성격이 엄한 사람은 때로 인내심이 부족하기도 하다. 장씨는 막 황후로 임명이 되자마자 노친네 객씨가 제멋대로 독단을 부리는 꼴을 보기 싫어하여 희종 앞에서 객시와 위씨 고자의 과실을 여러 차례 지적했으며 심지어 한번은 객씨를 불러와 궁중의 법을 사용해 그녀를 징계하려고 하기까지 했다.

　그러자 말벌의 집을 쑤신 격이 되었다! 헌종 초년에 오吳 황후 역시 만귀비가 총애를 믿고 교만을 떠는 꼴을 보기 싫어하여 막 황후가 되자마자 바로 권위를 세우려고 하다가 결과적으로 권위와 위풍도 세우기 전에 오히려 만귀비에게 역공을 당했다. 만귀비가 헌종의 베게 곁에서 눈물을 몇 방울 뿌리자 그녀는 황후의 자리에서 미끄러져 버렸다. 안타까운 점은 장황후가 《조고전》만 읽고 명나라 왕궁의 시작과 끝을 다룬 사서는 읽지 않아 경솔하게 행동하다가 객씨에게서 무엇인가를 얻기는커녕 오히려 그 무지막지한 여자와 풀 수 없는 적대관계를 맺고 미친 듯한 보복을 당하게 되었다는 것이다. 그러나 우선 화를 입은 것은 그녀의 친정집이었다.

제후가 정식으로 혼인한 후 두 달이 못 되어, 어떤 음지에서 들려온 소문인지는 모르겠지만, 장황후가 태강백太康伯 장국기의 친딸이 아니고, 장후의 친아버지는 손이孫二라고 불리는 중죄인이라는 소문이 들려왔다.

이 소문은 삽시간에 퍼져 장인 어르신인 장국기의 귀에까지 들어가게 되었다. 그는 순간적으로 이 소문이 분명히 황후가 객씨에게 밉보인 일과 관계가 있다는 것을 깨달았다. 유약우 역시 이는 객씨가 '궁중에서 허위사실을 유포했다'고 말하고 있다.

장국기는 근심이 가득하여 이 문제에 적극적으로 대처하기로 결심했다. 이를 위해 그는 상소를 올리고 이 일을 위해 특별히 해명하기로 했다. 이 상소에서 그는 송팔宋八이라는 사람의 '간악함'을 말하며 그는 현 감경사監京師 완평현宛平縣 대뢰리大牢里의 강도 손이, 북경 자은사慈恩寺의 땡중 모모와 함께 의형제를 맺은 사이라고 말했다. 송팔의 지시에 의해 손이가 황후의 친부이며 손이의 처 수씨는 황후의 친모라는 소문이 위조되었다고 했다. 내관 유진은 자은사에 자주 왔다 갔다 하는데 이런 일을 꾸며 소문을 퍼뜨리고, 혹 세무민하고 있으니 엄중한 법으로 다스려 주시기를 구했다.

장인 어르신의 이 상소는 피고름이 나는 상처를 뜯은 것처럼 순식간에 온갖 파리 모기를 다 끌어들였다. 주유교는 상소를 듣자 매우 기분이 나빠 성지를 내려 말했다. "깡패 패거리가 유언비어를 퍼뜨려 민중을 미혹하고 혼란시키며 가족까지도 이간하려고 한다." 그리고 본 사건에 이름이 올라간 사람은 전부 금의위에서 잡아들여 심문을 할 것을 명했다. 또 유진은 내신이었기 때문에 사예감의 확실한 조사를 기다리며 그의 직위와 권한을 빼앗을 것을 요청하는 상소를 올렸다. 얼마 후 또 유진이 내정에서 뽑혀 송팔 등과 대질심문을 받았다.

이 사건은 근의위 진무사鎭撫司의 장인인 양자梁慈가 직접 심문했으며, 금세 사건의 자초지종을 밝혀낼 수 있었다.

송팔에게는 딸이 하나 있었는데 주유교가 비를 선발할 때 낙선이 되어 마음에 원망이 많았기에 유언비어를 퍼뜨렸으며 그는 주모자 중의 하나였다.

손이는 사형죄를 범하고 형을 기다리는 중죄인으로 함부로 '초친椒親(황친의 별명)' 행세를 했으니 자신의 죄를 벗으려는 의도가 숨어 있었다. 내관 유진劉進은 손이의 친조카였는데 궁정 안에서 유진의 이름을 대신한 그는 스스로를 황후의 오빠라고 자칭하며 이 소문을 퍼뜨렸다. 또한 태감 양정조楊正朝, 후장자侯長仔 등이 그 소문에 견강부회하며 유언비어의 유포를 격려했다.

여기에서 우선 설명을 하도록 하자, 손이의 조카가 '유진의 이름을 대신했다'는 것은 과연 무슨 뜻일까? 명나라 중엽 이후 경기와 순천 등 팔부八府 일대의 백성은 궁중 습속에 큰 영향을 받았으며, 내정에 들어갈 수 있는 환관은 한계가 있기 때문에 대량의 고자가 궁궐에 들어갈 수 없게 되어 수도 일대에 모두 모여 있게 되었다. 이 사람들은 놀고먹기만 하며 일은 하지 않았으며 몸에는 각종 질병이 많아 궁에 들어가 심부름도 할 수 없으니 생계마저 문제가 되었다. 그래서 어떤 이는 나쁜 꾀를 하나 생각했는데, 어떤 태감이 죽으면 그 태감의 이름을 제명해야 되는데, '관련 부서(이 부서 역시 중국적인 특징으로 역사가 유구함)'에 감추고 보고를 하지 않는 대신 또 다른 사람을 찾아 궁궐에 들어가게 해 그 죽은 사람의 이름으로 결원을 보충했던 것이다. 이는 명조 말년 궁정 안에서 이미 결코 이상하지 않은 이상한 일이 되어버렸다. '유진'이 바로 그런 상황이었다.

금의위 진무사는 성지를 받들어 이 사건을 심리했는데, 이미 범죄사건이 성립된 후에 주유교는 법사에 알려 죄를 논했다. 이때에 필좌주畢佐週라는 어사가 상소를 올려 말하길, 송팔, 손이는 대량의 보석금을 내기를 원하거나 혹은 대피大避(사형)를 벗어나기를 원하므로 어리석은 백성이 선동하여 이같이 금기를 건드렸으니 이는 이해가 되는 일이라고 했다. 그러나 지금 금의위의 상주문 안에 내감 양정조, 후장자 등이 이를 조장하며 말했으니, 이것은 과연 어떤 이유 때문이었을까? 필좌주는 말했다. "어찌 깊은 구중궁궐에서 음모를 만들어낸 음모자들이 따로 있고, 간당은 그 화염을 북돋지 않았을까?" 그는 금의위의 헌사에 따라 내정 안에 중궁을 향한 음모에 가담한 사람이 분명 있을 것이라고 의심했지만, 이런 간사한 당(당璫이란 태감의 대명사였음)은 반역의 화염을 돕는 하수인에 불과했다.

필어사는 이어서 말했다. "신은 중궁으로 인하여 겸하여 봉성부인奉聖夫人 객씨를 걱정하는 것입니다." 그는 자신은 황후를 걱정하는 것이고, 또한 객씨(봉성부인이란 그녀의 봉호임)를 걱정하는 것이라고 말했다. 황상은 유모가 길러준 수고를 잊지 않고 봉성부인이라는 이름으로 영예를 더해주었으며, 객씨의 아버지 역시 금의위 천호라는 직무를 수여받았다. 일개 유모가 받은 성대한 은혜가 얼마나 대단한가? 이는 실제로 건국 200년 이래로 전례를 찾아볼 수 없는 첫 번째 전범이었다. 옆에 있는 사람은 이를 통해 황상이 얼마나 객씨를 존대하는지 알 수 있었고, 또한 객씨가 궁궐을 오랫동안 사모하다가 다시는 떠나기를 싫어하는 것이 아닐까 의심을 하게 되었다. 오늘날 중궁이 이미 세워졌고 게다가 삼궁(중궁, 및 동, 서 양궁)이 함께 세워져 황제를 돌보며 현숙함을 갖추었으니, 객씨가 병으로 세상을 떠나지 않았다면 그녀는 어디까지 승승장구할 수 있었을까? 황상이 만일 믿지 않는다면 내정의 대신들에게 맘껏 물어보셔도 되겠지만, 전 왕조에서는 황후를 세워두고 유모를 자기 곁에 남겨두는 경우가 있었단 말인가?

그는 희종에게 단호하게 결단을 내려 객씨가 궁궐을 떠나 자신의 자택으로 돌아가도록 할 것을 주문했다. 그는 또한 역지사지로 희종을 위해 이런 배려도 해 주었다. 만일 아직도 유모와 헤어지기를 섭섭해 한다면 그녀에게 금전이나 전답을 많이 하사해 그녀가 여생을 편히 보내고 평안하게 임종을 맞이할 수 있도록 하면 될 일이라고 했다. 그는 마지막으로 핵심을 찔렀다. "만일 그녀가 궁정을 의지해서 살게 한다면 시간이 지날수록 함부로 권세를 사용하고 세력을 독점할 것이라는 우려가 생기며, 객씨가 스스로 훗날을 올바르게 계획하지 않을까 두렵고, 또한 황상께서도 객씨에게 올바른 계획을 세워주시는 것이 아닐 것입니다." 그는 황제를 깨우쳐주는 한편 객씨에게도 궁궐에 붙어 떠나지 않는다면 앞으로 아마도 상상할 수 없는 화를 당할 것이라고 경고를 하고 있다.

필좌주가 상소를 올린 후에 이과 도급사중 설봉상薛鳳祥 등 무리와 하남도어사 유란劉蘭 등 역시 상소를 올려 객씨가 궁궐 밖의 거처에서 거해야 한다고 극력하게 주장했으나, 주유교는 모두에게 단 한마디 대답만을 했다. "이미 성지를 내렸다."

만일 객씨가 타임 슬립을 할 수 있는 능력이 있어 한나라나 당나라, 혹은 오늘날로 올 필요도 없이 바로 몇 년만 후로 이동을 하여 자신의 결국을 미리 볼 수 있었다면, 그녀는 분명 얼른 필 어사의 손을 붙들고 간절하게 감사의 마음을 전했을 것이다. "대형, 정말 말씀마다 이치에 딱딱 맞는 명언만 하셨네요!" 만일 좋은 말을 들을 수 있어 이로써 황제와 이별을 고한 뒤 후한 상을 받고 고향으로 돌아가 만년을 누릴 수 있었다면 비록 역사 속에 객씨라는 이 사람은 없었겠지만 의식주는 근심걱정이 없는 행복한 여생을 누릴 수 있었을 것이다.

그러나 이 여인은 권력의 맛을 보고 위세를 부리기 시작하자 이것을 버리기 아쉬워했다. 하지만 그녀는 처음에는 비교적 소심하여 과도, 언관言官이 돌아가며 심각한 말로 그녀를 위협하자, 뱀 같은 마음을 가지고 있었으면서도 여자였기 때문에 마음속으로는 안절부절못하며 몇 번이나 희종에게로 달려가 궁전을 떠나 집으로 돌아갈 수 있도록 해 달라고 눈물로 호소했다.

'유모의 아이'였던 주유교가 그녀와 헤어지기 아쉬워했을 뿐 아니라 그녀가 떠나가는 것을 더욱 싫어하는 사람이 있었으니, 그들은 바로 태감 위충현과 왕체건으로 모두 힘써 그녀를 만류했다. 위충현은 현재의 사예감 병필태감 겸 동창의 관리자였다. 내정에서 관리를 하는 것 역시 자격이 있어야 했다. 늦깎이로 내시가 된 문맹이 무슨 자격으로 동창을 감독하는 위치에 올랐을까? 이 모든 것이 객씨가 내려준 낙하산 인사 덕이 아니었겠는가? 그는 본래 객씨라는 길을 통해 이렇게 높은 위치에 올랐으니, 그의 권력의 덩굴은 완전히 객씨라는 이 큰 나무를 타고 오르고 있었다. 왕체건은 현임 사예감 장인태감인데, 본래 장인 자리는 그가 넘볼 수 있는 몫이 아니었다. 그러나 객씨가 잔소리가 많고 간언을 하기 좋아하는 왕안을 싫어했던 탓에 20년간 충성을 바쳤던 노신 왕안을 파직시키도록 황제를 부추겼고, 그래서 그가 장인 자리를 얻을 기회가 있었던 것이다. 하지만 내정의 수많은 사람이 그를 무시하고 말을 듣지 않아 그도 객씨가 내부에서 자신을 지지해주기를 원하고 있었다.

이 두 사람이야말로 객씨 몸에 달린 두 다리였기에, 객씨도 함부로 다른 곳으로 갈 수 없었다. 그들이 객씨가 다른 곳으로 가지 못하게 하겠다고 단단히 결심을 했기 때문에 객씨는 언덕에 도착한 나귀처럼 마음을 놓고 남아 있어야 했다.

다시 필좌주의 상소를 언급하자면, 그 앞에서 내감 양, 서 등이 '불길을 독려했다'고 말하며 궁중 내부에서 어떤 사람이 불을 질렀다고 고했는데, 갑자기 붓끝을 돌려 객씨가 궁중 밖으로 나가도록 청하므로, 객씨가 바로 '궁중 방화사건에 가담한 음모자'임을 분명히 고발한 것이었다. 이에 대한 졸필의 의견은, 손이가 황후의 아버지를 사칭했으니, 객씨가 계략(즉 유약우가 말한 '유언비어')을 말했을 가능성은 크지 않고, 송괄, 손이 등이 그녀의 대리자라고 단언할 수는 없다. 하지만 객씨와 장황후는 불화했기 때문에 황후가 중죄인의 딸이라는 유언비어를 듣기는 좋아했을 것이 당연하다. 중죄인의 딸이 국모로서 천하를 다스리는 경우가 어디에 있단 말인가? 객씨는 바로 이 유언비어를 이용해 황후를 폐비시키려는 목적을 달성할 수 있었다. 내정의 태감들이 이심전심으로 너도나도 이 유언비어를 전하며 화재를 방조하는 의혹을 선동하면서도 전혀 걱정이 없었던 것은, 이 기회를 이용해 객씨에게 아부를 하고 황후를 폐위시키는 일에 크고 작은 공로를 세우기 원했기 때문이었다.

객씨는 장황후와 원한을 맺은 후, 보복할 기회를 포기하려 하지 않았다. 유약우의 말에 의하면 천계 3년, 장황후가 임신을 했다. 앞에서 말한 바와 같이 명대 황후 중에서 아들을 낳은 사람은 매우 적었는데, 지금 황후 마마께서 용의 자손을 임신하시고 적자를 낳고 양육할 것이니 이는 얼마나 경사스러운 일이었겠는가! 황후 궁중에서는 아이를 낳아보고 태아를 보호하며 육아를 해본 경험이 풍부한 사람을 배치해야 했는데, 객씨와 위충현은 장황후 신변의 궁인을 원수처럼 여겨 전부 쫓아내고 '경험이라고는 전혀 없는' 궁인으로 교체할 것을 약속했다. 하루는 장황후가 우연히 허리가 아파서 안마를 해 달라고 했는데 안마가 너무 지나쳐 '원자 태자의 태아元子睿胎'를 상하게 했다. 원자는 첫 번째 아들이라는 뜻이고, 예睿라는 이 글자는 일반적으로 태자를 가리킨다. 유약우의 뜻은 장황후는 본래 태자를 임신했으나 궁인이 제대로 돌보지 않아 불행히 유산을 하고 말았다는 뜻이다. 장황후는 유산 후 다시는 아이를 임신하지 못했으니 객씨의 간계는 소기의 목적을 달성한 셈이었다.

희종 주유교는 7년 간 재위했으며 28세에 임종했는데 후사를 남기지 않았다. 사실 그는 아들을 낳지 못한 것은 아니었다. 모두 3명의 아들과 2명의 딸을 낳았지만 모두 제대로 크지 못하고 어린 시절에 죽고 말았다. 주유교는 아들들에게 각각 회충懷衝, 도회, 헌회獻懷 태자라는 시호를 주었으니, 이 시호만 보아도 그가 매우 고통스러웠음을 알 수 있다.

객씨는 장황후가 아들을 낳는 꼴은 보기 싫었지만 황제가 아들이 없자 그 때문에 근심했다. 우리는 객씨가 나쁜 사람이기 때문에 삶의 모든 부분이 다 나빴다고 할 수는 없다. 그는 자신이 키우고 기른 주유교에게는 사랑을 느끼고 있었다. 이 사랑이 진실하지 않았다면 주유교도 그렇게 그녀를 의지하지는 않았을 것이고 그녀의 영향력도 그렇게 클 수는 없었을 것이다. 주유교가 아들을 낳는 족족 죽어버렸기 때문에 객씨 역시 매우 초조해 했다.

# 제55장 무너진 위씨와 환관의 권력, 회복된 황권

객씨와 위충현은 궁중을 휘젓는 데에서부터 시작하여 점차 세력을 키워 갔다. 날개가 점차 강해지자 자신을 반대했던 사람을 살육하는 피비린내 나는 학살을 시작했다. 천계 4년(1624년), 도어사 양련楊漣이 위충현의 '24가지 죄'를 탄핵하는 상소를 올리므로 마침내 결별의 피바다를 불러일으키게 되었다. 위충현은 중상모략을 통해 양련, 좌광두左光斗 등 신하를 살해하고, 또한 '동림당옥東林黨獄' 사건을 일으켜 무자비한 대학살을 벌이고 자신을 반대하는 사람을 전부 내쫓았다. 사실 위충현에게 그렇게 많은 원수가 있었겠는가? 단지 방대한 환관의 세력을 의지하고 있었을 뿐이었다. 환관을 '형님'으로 모시고 있으니, 당연히 형제를 위해 얼굴을 내밀고 그들을 도와 복수와 보복을 해야 했을 뿐이다. 위충현이 사람을 죽이고 추방하거나, 은혜를 내리고 관작을 내린 일은 대부분 타인에게 이용을 당했을 뿐이었다. 타인이 그에게 의지하도록 하려면 그 역시 타인을 도와 이런 일을 해야 했고 나중에는 명예도 목숨도 잃고 목을 매달아 죽고 말았다. 게다가 천 번이나 칼에 베이는 능지처참을 당해야 했는데 이 천 번의 고통 중 적어도 990번은 타인을 위해 행한 범죄 때문에 받는 벌이었다. 그러니 그 역시 불쌍한 벌레 한 마리라고 할 수 있었다!

객, 위씨 세력이 점점 커지자, 장황친은 그제야 거스르지 말아야 할 사람의 심기를 거슬러버린 가공할 만한 결과를 몸소 겪게 되었다.

천계 6년(1626년) 9월 어느 날, 위충현이 상소를 올려 황친 장국기가 서자 강徐自強, 류응건劉應乾, 조삼성趙三省 등의 집안사람 말만 믿고 황친의 신분을 이용해 인사권에 간섭했으며, 심지어 중궁의 거짓 성지를 전하였다고 했다. 이 조서는 본래 사예감에게 준 것인데 이를 받는 사람이 있어 어전에서 '영지曹늘하여' 말하기를 "서자강이 주범으로 함부로 일을 시작하면 동창에서 이를 받아 처리를 했다." 동창은 위충현이 관리하는 곳에 상소를 올리고 스스로 처리를 하니, 일처리가 주거니 받거니 감쪽같았다.

서자강 등은 동창에서 사람을 보내 금의위 진무사로 체포 압송되어 엄한 형벌을 받고 심문을 당했다. 심문을 한 사람은 위충현이 분명 서자강에게서 자기가 원하는 것을 얻어야 한다는 것을 알고 있었기에, 서자강을 톡톡히 손을 봐주었고 결국에는 피비린내 나는 자백을 들을 수 있었다. 자백 내용은 서자강이 류응건과 공모하여 장국기를 유혹해 군영에서 지급하는 위씨라는 궁녀를 첩으로 사사로이 취했고, 또한 조삼성에게 무고한 사람을 구타해 죽이게 큰 소리로 위협하고, 백성의 민가를 강매하며 사기와 공갈 등 각종 불법을 일삼았다는 것이었다.

헌사를 상소하니 "서자강 등을 형부에 보내어 법에 따라 죄를 판결하라"는 성지를 받았다. 장황친 문하의 세 사람은 모두 중형을 받게 되었다. 서자강은 참수형, 류응건, 조삼성은 교수형에 처해졌다. 황후의 부친에게는 "장국기는 황친으로서 근신하며 예의를 지켜야 하며 모리배 일당을 함부로 사용해서는 안 되었다. 본래 국가감에 보내어 예를 연습하기를 삼 년 행해야 하지만, 우선 스스로 돌이킬 기회를 주도록 한다"고 했다.

타인을 해치려고 모의하는 사람은 길거리에서 흉악한 살인을 하는 사람보다 괜찮은 사람이 아니라는 것을 알아둬야 한다. 그들은 한 방으로도 사람을 죽음에 이르게 할 수 있기 때문이다. 법을 이용해 사람을 죽이는 사람은 고양이가 쥐를 먹듯, 한 번에 삼켜버리지 않고 꼬리부터 시작해서 조금씩 조금씩 먹어치운다. 위충현이 장국기에게 '스스로 돌이킬 기회를 주겠다'고 한 것을 두고 그를 아무런 대가 없이 용서한 것이라 오해해서는 안 된다. 졸필은 '문화대혁명' 때에 아주 많은 사람의 재앙이 처음에는 반성문을 쓰는 데서부터 시작했지만, 결국은 참혹한 결과를 피할 수 없었음을 기억한다. 지금이나 옛날이나 인간의 삶은 마찬가지이다.

과연 서자강 사건이 막 종결되자 또다시 순천부의 부승府丞 류지선劉志選이 상소를 올려 장국기를 탄핵했는데, 그가 "궁녀들을 첩으로 삼고 색을 탐하는 욕심이 하늘을 덮고, 민간에서 민가를 함부로 차지하고 약육강식을 하며, 관리를 선별할 때에도 뇌물을 받고 전조銓曹[152]를 세울 필요가 없이 판결을 사고, 때마다 의지懿旨를 칭하며 법사의 권한을 빼앗으니 심하면 작은 문제에도 눈을 부릅뜨고 말로 서로 싸우며 구타하는 주먹 아래 그 자리에 서서 죽으며, 통후通侯의 상은 이미 지극히 소수에게만 주어지던 특별한 은혜였는데도 황상 앞에서 더 많은 상을 구걸하였다"라고 했다.

이 유부승은 탄핵을 하면서 마치 음운을 맞춰 글을 짓기라도 하듯 죄상을 착착 제시했다. 그의 탄핵과 같이 놓고 보면, 장국기의 죄상이란 무엇일까?

---

152  관리 선발을 주관하던 부서.

위충현은 그가 '인사에 간섭했다'고 했다. 이는 관원의 선별과 배치 시에 부탁을 받고 뇌물을 받았다, 오늘날의 말로 하자면 관원을 도와 뇌물을 쓰며 부탁을 했다는 것이다. 또 하나는 누가 관리를 추천했는지는 모르지만, 그는 부탁을 했으며, 심지어 황후마마의 뜻을 사칭하기도 했다는 것이다(중궁의 뜻은 의지懿旨라고 하는데 반드시 글로 작성할 필요는 없는 맹점이 있었다). 그는 작은 논쟁으로 사람들을 때려죽이기도 했다. 황친으로서 그는 수차례나 조정의 특별한 은혜를 입었는데도, 이로 만족하지 못하고 자주 황제 앞으로 나가 사정조로 관작을 구걸했다.

이런 내용은 마지막 두 가지를 빼고는 사실 모두 진무사가 '구타하여' 얻어낸 자백으로 황친의 일반적인 병폐라고 할 수 있었다. 권력지상주의 사회에서 이러한 권세를 얻은 사람, 혹은 강한 힘을 가진 사람과 친인척이 된 사람 중에서 이보다 덜한 사람이 있겠는가? 위충현이 장황친을 사지로 몰아넣기 위해서 류 부승은 당연히 이런 세력을 보여주어야 했고, 모든 일에 원칙적인 관점에서 반대를 하며 대략적인 범위에서 죄를 몰아가, 이 세상에서 아무것도 의지할 수 없게 만들었다. 예를 들어 장국기 자신이 이렇게 함부로 죄를 행한 것은 그야말로 '전조(이부)를 설립하지 않고 법사가 거의 권력을 행사하지 못하게 한 것'이라는 등의 과장된 말을 했다.

류지선은 이어서 말했다. "이런 내용은 비록 악당 서자강, 류응건 등이 장국기를 도와 호가호위하여 함부로 악행을 행한 일이지만 실제로는 장국기가 늑대처럼 잔혹하게 탐욕을 씹어 삼켜 스스로 9족을 연루시키고 말았다." 그는 처음에는 주제를 간단히 이야기하고, 장황친 집안의 행위를 이야기했는데, 이는 분명 황제와 국모의 성덕에 영향을 끼칠 것이라고 말했다. "구구절절의 습속과 예의가, 질책을 받아 관방을 향해 비난을 하는 도로에 가득한 사람들의 입을 막기에 부족할까 걱정이구나." 그는 황상이 장국기에게 특별히 꾸지람을 해 장국기가 집에 가만히 틀어박혀 자신의 과실을 생각하며 개과천선하기를 바랐다. 그리고 마지막에는 핵심적인 한마디를 올렸다.

"엄하게 처벌하여 불평의 소지를 남기지 말아야 합니다. 심지어 여성에 속하는 단산丹山의 혈과 남성에 속하는 남전藍田의 종자가 영향을 받았다고 하니, 이는 실로 소신이 감히 이야기할 수 없는 내용입니다."

이 사람이 앞부분에서 여러 이야기를 한 것은 실은 모두 '단산, 남전'이라는 '감히 믿을 수 없는' 말을 위해 깔아둔 복선이다. 경성에서는 황후는 그의 자녀가 아니라는 소문이 파다하며, 만일 장국기를 엄중하게 처벌하지 않으면 '길에 가득한 사람들의 입'을 막기 힘들 것이라는 점을 암시하고 있었다. 그러나 만일 장국기를 엄중하게 처벌한다면 황후의 위치가 위태로워질 것이다! 소인의 마음 씀씀이는 이렇게 사악한 것이다!

류지선은 장황후와 어떤 원한이 있었는가? 그가 이렇게 한 것은 위충현의 요청에 응한 것으로 그 대신 일을 처리한 것뿐이다. 《명희종실록》에서 위충현은 모후를 쓰러뜨리기 위해서 진무사에 명해 장국기를 쓰러뜨릴 수 있는 부정적인 정보를 정리하도록 했는데, 작은 일을 빼고는 실제로 장씨 집안을 넘어뜨릴 수 있는 중량급 폭탄은 없었다. 그래서 그 집안 노비부터 시작하여 서자강을 체포해 엄한 형으로 고문을 하며 타인을 도와 부탁을 하고, 의지를 사칭한 류의 죄악상을 밝혀냈으며, 이로써 장국기 사건에 연루를 시켜 한 뭉

텅이의 죄상을 만들고 상소를 올려 처분을 요청했다. 그러나 그 결과 "황제
는 마음을 움직이지 않았다".

졸필은 주유교가 당시에 무슨 생각을 했는지 모르겠다! 위충현이 자기 처
가를 꽉 물고 놓아주지 않았을 때 그가 할 수 있는 일은 마음을 온화하게 다
스리는 것이었을까? 마음을 움직이지 않는 것으로 일은 다 끝났단 말인가?
사실상, 그가 미간을 한 번 찡그리고 콧방귀를 한 번 뀌기만 하면 위충현은
장국기를 계속 물고 늘어질 수 없었다. 하지만 보아하니 주유교가 아무런 소
리도 내지 않으니, 위충현은 이 틈을 노리려고 생각했다. 그래서 막빈幕賓(즉
위씨 집안을 도와 글을 쓰거나 계략을 내는 사람)에게 상소문을 기안하게 하고,
앞에서 수집했던 악한 행적을 전부 정리해서 과장된 글을 쓰고 다시 사람을
찾아 상소문을 올렸다. 어떤 이가 이 정보를 류지선에게 알려주었기에 그는
위충현에게 잘 보일 수 있는 절호의 기회라고 생각하여 얼른 상소 초안을 집
으로 가지고 가서 고심하여 정리한 후, 자신의 명의로 상소를 올렸다. 그래
서 실록에서는 류지선이 '실제로 그(충현)의 요청에 응했다'고 말하고 있다.
류지선의 탄핵 상소는 역시 위충현과 그 같은 패거리의 손에 들어가게 되었
고, 그는 그중에서 다시 손발을 놀렸다. 주유교가 고개를 끄덕이는 시늉만
하더라도, 황제의 장인어른이라도 뼛가루로 만들어버릴 수 있었다!

그런데 양몽환梁夢環이라는 어사 한 명이 있었는데, 그 역시 위 환관에게
빌붙으려는 마음이 있었다가 그만 류지선에게 기회를 빼앗기자 매우 기분
나빠하고 있었다. 그는 류지선을 무시했다. 나처럼 언론을 발표할 당당한
길이 있는 사람이 간악한 간신을 탄핵하는 것이 바른 길이지, 어떻게 이런

혼탁하고 부패한 관원[153]에게 함부로 기회를 뺏길 수 있단 말인가?

류지선이 상소를 했지만 아무런 반응도 없자, 양몽환은 슬펐던 마음을 말끔히 씻어내고 다시 한번 최선을 다해 위험에 빠진 악인을 한껏 응징하고 반드시 독주督主 구천세九千歲[154]의 큰 인정을 받고야 말겠다는 욕망이 꿈틀거렸다. 이번 탄핵의 글을 잘 쓰기 위해 설도 제대로 지내지 못하고, 대보름날 밤 사람들이 꽃등을 감상할 때에 그는 등불을 켜고 책상 앞에 앉아 탄핵 상소문의 자구를 다듬고 있었다. 하지만 안타깝게도 류지선의 상소 원고는 위씨 집안에서 유능한 인재들이 머리를 짜내어 써낸 것으로 그 내용은 이미 돼지 오줌보를 한껏 불려놓은 것처럼 꽉 찬 상태였다. 그는 아무리 생각을 해도 더 이상 새로운 글을 써내기가 힘들었다.

어찌되었든 새해가 막 지나자 그는 역시 오줌을 갈기기로 했다. 이 탄핵 상소에서 그는 장국기가 사람의 생명을 잡초처럼 우습게 여기고, 백성의 고혈을 빨아먹으며, 궁정의 세금을 빙자해 함부로 세금을 걷고 백성의 집을 함부로 차지한 등의 각종 죄악상을 열거했으며, 류지선의 상소에서 궁궐의 계집종 및 '단산의 혈, 남전의 종자' 같은 키워드를 받아들이고 모든 내용을 다시 집어넣었다. 위충현은 상소를 보고 매우 기뻐하며, 장국기가 조정의 신하

---

153  어사에게는 언론의 책임이 있었다. 즉 조정에 의견을 제시하는 책임이었는데, 육과의 관원과 함께 언로, 언관이라고 불렸다. 과도관은 질서상으로 비록 낮은 직위였지만 깨끗하고 화려한 관직이기에, 순천부승은 그들의 눈에는 부패하고 혼탁한 관원으로 보였을 뿐이다.
154  구천세는 위충현을 가리킨다. 위충현은 동창을 제독했기에 그 수하가 그를 '독주'라고 불렀다.

에게 계속 상소와 탄핵을 받으니 어찌 함부로 방종하게 할 수 있겠는가, 반드시 중형으로 죄를 다스려야 한다고 말했다. 내각의 신하는 그중에서 너그럽게 변명을 하며 말했다. "임금의 후예라 할지라도 사람의 부모이니, 아버지를 권하고 어머니를 벌주는 도리가 어디 있다는 말입니까?" 내각의 신하가 말하는 아버지는 희종이었으며, 어머니는 장황후였다. 그들은 이런 도리를 가지고 황후 일가에게 닥친 애로사항을 설명해 주었다. 그와 비교한다면 이 '아버지'는 정말 죽은 사람이었다.

내각 신하들의 설명을 거쳐 장국기는 관대한 처분을 받게 되었다. 황친을 처벌하는 성지는 다음과 같이 말했다.

"국기는 나라의 은혜를 의지하고, 삼척의 법을 수차례 위반하며 사람의 목숨을 잡초처럼 우습게 여기고, 백성의 고혈을 빨아먹으며, 궁정의 세금을 빙자해 함부로 세금을 걷고, 궁궐의 여종을 개인적으로 차지하고 각종 악행을 저질렀으니 법으로는 죗값을 다 갚기가 어렵다. 짐은 중궁의 의친과 국가의 큰 체통을 생각하여 그를 원래 본적으로 되돌림으로써 옛 행실은 가슴 아프게 참회하고 시종을 보전함으로 다시 회개하지 않는 일이 없도록 하고 스스로 후회를 하도록 하겠다."

장국기는 곤장을 맞고 자신의 본래 본적으로 돌려보내졌다. 이런 처분은 객, 위씨의 뜻에는 아직 부족한 감이 있었지만, 현 상황에서는 이것밖에는 별다른 방법이 없었다. 이때 위충현은 이미 장황친을 붙들고 물어질 마음이 없어진 상태였다. 그는 자라처럼 목을 너무 길게 늘어뜨려 이제는 목이 잘릴 위기에 놓인 것이다.

그건 또 무슨 일일까? 알고 봤더니, 천계 7년이 시작된 이후로 주유교는 갑자기 몸이 안 좋아졌던 것이다. 그는 수많은 방법을 동원해 황상의 병을 치료하려고 했으나 전혀 차도가 없었다. 그와 객씨는 이 일을 의논하며 깊은 우려를 표시했다. 하지만 상황이 이렇다 할지라도 배운 것이 없고 상스러운 위충현은 주유교가 아직 숨을 쉬고 있을 때 자신의 자녀에게 더 많은 복리를 준비해둘 궁리만 했다.

6월 동안 그의 조카 손자 위붕익魏鵬翼은 평안백으로 봉해졌으며, 8월에는 조카인 위량경魏良卿에게 태사, 위붕익에게는 소사의 직분을 더했으며, 조카 위량동魏良東에게는 동안후東安侯를 봉했다. 그는 마치 주유교와 누가 누가 더 빨리 달리나 시합이라도 하는 것처럼 보였다. 황제가 붕어하기 전에 관직을 몇 개라도 더 낚으려고 갖은 애를 썼다. 그는 머리를 굴려 가짜 성지를 전하며 자신과 왕체건의 '충절이 큰일을 계획할 만하다'고 칭찬했다. 그리고 황제가 만일 불의의 사고를 당하게 될 경우, 이 성지를 통해 여전히 자신의 부귀영화를 보존하려 했던 것이다.

위충현은 어리석음과 무지함이 날개를 나란히 펴고 날았다. '가을의 물색은 하늘과 똑같은 색이다'라는 말을 잊었나!

그는 어찌 귀족으로 봉해지는 것도 좋고 칙서와 상을 받는 것도 좋지만, 모두 종이 한 장에 불과한데, 희종이 붕어하면 하늘과 땅은 여전히 돌아갈 것이고, 그 종이 몇 장이 무슨 소용이 있는지, 전혀 생각을 안 했을까! 하지만 그 당시 어느 누가 감히 그에게 이런 생각을 알려줄 수 있었을까?

이런 면에 있어서 객씨는 그보다 훨씬 똑똑했다. 그녀는 그동안 저지른 악행이 있으니 황제가 돌아가시기만 하면 반드시 보복을 당할 것임을 잘 알고 있었다. 그럼 어떻게 한다? 그녀가 생각한 계획은 조금 반역적이었다. 그녀는 '희종이 아들을 낳을 수 없다면 임신한 여자 몇 명을 찾아 궁중에 들여보낸 뒤 아이를 낳게 하면 그게 바로 황제의 후사가 아닌가? 이렇게 되면 희종이 죽어도 전혀 상관이 없고 황위는 자연히 이 아이에게 돌아가고 이 아이를 아직도 자기 손에 쥐고 있다면 두려울 것이 무엇인가?'라고 생각했다.

이런 계책은 듣기에는 아주 절묘한 것 같았다. 하지만 안타깝게도 사람이 계획을 할지라도 그 계획을 이루는 것은 하늘이라고, 하늘이 그녀에게 시간을 빌려주지 않는데 그녀에게 무슨 방도가 있었겠는가?

주유교는 8월까지 버티다가 결국은 병상에서 일어나지 못했다. 곧이어 형제의 동생인 신왕 주유검이 황위를 계승하라는 유조가 내려졌다.

황제가 붕어했다는 소식을 들은 후, 어사 양몽환은 벼락을 다섯 번 맞은 듯 당황했다. 그의 아부는 너무 늦은 감이 있었다. 아직 부귀영화를 얻기도 전에 부귀는 이미 뜬 구름이 되어버린 것이다. 양몽환은 류지선 등과 훗날 위충현의 죄악과 잘못을 따질 적에, 모두 반역자 환관을 도와 악한 일을 하고, 황제를 모해한 탓으로 환관의 도당으로 몰렸다. 이것을 보면, 소인이 악을 행하고 선인이 선을 행한 후 어떤 결말을 맞게 되는지는 자기에게 달린 문제가 아니라, 완전히 하늘의 뜻에 달려 있음을 알 수 있다!

10월 동안 절강 가흥현의 공생貢生[155] 전가치錢嘉徵는 위충현의 '하늘을 덮

---

155　과거시대에 선부(府), 주(州), 현(縣)의 생원(生員(수재, 秀才)) 중에서 성적 혹

은 죄악' 10가지를 상소로 올렸고, 그중 두 번째가 바로 '황후를 모함한 죄'였다. 그는 이렇게 말했다.

"무릇 중궁은 천하 신민의 모후인데, 황친 장국기는 과거 용서할 수 없는 죄를 짓지 않았으며, 선제(희종)가 (위)충현에게 황후를 불러오도록 한 것을 듣고도 충현은 성지를 없앤 채 전하지 않으므로 황후가 선제의 어전에서 대역한 간신과 시비를 따지게 했다. 그 후 황친의 죄를 나열하며 그를 죽이고자 하여 중궁을 여러 차례 위험하게 했다."

이 상소는 장국기가 탄핵을 받은 후, 희종이 위충현에게 황후를 불러오도록 했다고 말한다. 아마도 직접 황후를 심문하려는 것이었겠지만, 위충현은 감히 성지를 없애버리고 전하지 않은 후에, 사정이 매우 긴박하게 되어 황후가 희종의 앞에 달려가 대질심문을 하니 위충현의 간계가 이루어지지 않았다는 것이다. 위충현은 너무 화가 난 나머지 곧 장국기의 죄를 여러 가지로 나열했다. 또 그를 죽여야 속이 시원할 것 같아 몇 년간이나 황친을 위험에 빠뜨렸으며 황후 중궁의 자리 역시 거의 보전할 수 없었다.

위충현이 마침내 무너지자 그는 봉양으로 보내어졌는데, 길을 가는 도중 숭정제가 파견한 병졸에게 붙잡혔다. 스스로 생각해도 분명 죽을 것이라는 생각에, 여관에서 자신의 수하와 함께 목매달아 죽었다.

장국기는 이 소식을 듣자 해방구의 하늘은 태양이 찬란한 하늘임을 깨닫고 달리는 말에 채찍질을 하며 북경으로 돌아와 자신의 억울함을 상소로 올

은 자격 우수자를 골라 경사의 국자감에 입학시켜 학업을 계속하도록 한 사람

렸다. 숭정제 역시 그의 억울함에 특별한 보상을 해주지는 않았으며 그의 태강백太康伯, 우도독右都督이라는 관작만 회복시켜 주었다. 명나라 왕조가 망하고 병사와 식량이 모두 없어질 때까지, 숭정제는 어쩔 수 없이 태감, 원로 신하 및 황친에게 양곡을 지급했다. 장국기는 그래도 마음을 다하여 1만 량을 모아 바쳐 후작의 직위를 얻게 되었다. 그러나 얼마 후 이자성이 북경으로 쳐들어오니 그의 집 역시 멸망을 당하고 말았다.

명나라 시대의 황제가 십여 명이었으니 황친은 십여 가문이 있었다(비까지 따진다면 숫자는 더 많아진다). 제일 처음에 운이 없었던 주원장의 사돈댁과 마지막 숭정 할아버지의 외가를 뺀다 하더라도 중간에 이 몇 대 나라의 친척 중에서 장국기 장황친 이 일가족이 얻은 콩고물이 제일 적을 것이다. 천계 수년간 날마다 공포에 떨었고, 마침내 근심의 먹구름이 흩어졌을 때는 세상은 이미 자기 사위의 천하가 아니었으니 말이다.

# 부록

## 명나라 황실 가계도

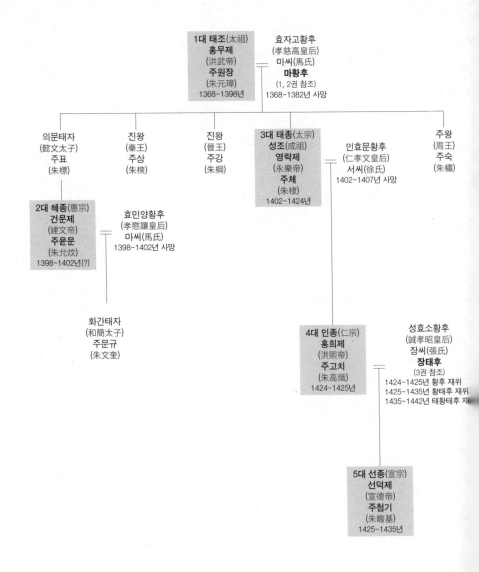

1대 태조(太祖)
**홍무제**
(洪武帝)
**주원장**
(朱元璋)
**1368~1398년**

효자고황후
(孝慈高皇后)
마씨(馬氏)
**마황후**
(1, 2권 참조)
1368-1382년 사망

의문태자
(懿文太子)
주표
(朱標)

진왕
(秦王)
주상
(朱樉)

진왕
(晉王)
주강
(朱棡)

3대 태종(太宗)
**성조**(成祖)
**영락제**
(永樂帝)
**주체**
(朱棣)
**1402~1424년**

인효문황후
(仁孝文皇后)
서씨(徐氏)
1402~1407년 사망

주왕
(周王)
주숙
(朱橚)

2대 혜종(惠宗)
**건문제**
(建文帝)
**주윤문**
(朱允炆)
**1398~1402년(?)**

효민양황후
(孝愍讓皇后)
마씨(馬氏)
1398~1402년 사망

화간태자
(和簡太子)
주문규
(朱文奎)

4대 인종(仁宗)
**홍희제**
(洪熙帝)
**주고치**
(朱高熾)
**1424~1425년**

성효소황후
(誠孝昭皇后)
장씨(張氏)
**장태후**
(3권 참조)
1424~1425년 황후 재위
1425~1435년 황태후 재위
1435~1442년 태황태후 재위

5대 선종(宣宗)
**선덕제**
(宣德帝)
**주첨기**
(朱瞻基)
**1425~1435년**

※ 영락제의 태생에는 이 책에 나오는 대로 여러 이설이 있으나, 가계도에서는 정사의 기록을 따랐다.

※ 황제는 재위 기간을, 황후는 황후 즉위부터 사망, 혹은 폐위까지의 기간을 따랐다. 황후가 아니었
지만 황제의 생모로서 생전 혹은 사후에 황후로 추존되거나 황태후가 된 경우, 사망한 연도나 황
태후로 재위한 기간을 기준으로 했다.

※ 숫자는 황후의 폐위 혹은 사망 후 다시 황후를 맞아들인 순서를 의미한다.

※ 정식 황후는 실선으로, 황후가 아니었으나 사후 추존된 자는 점선으로 연결했다.

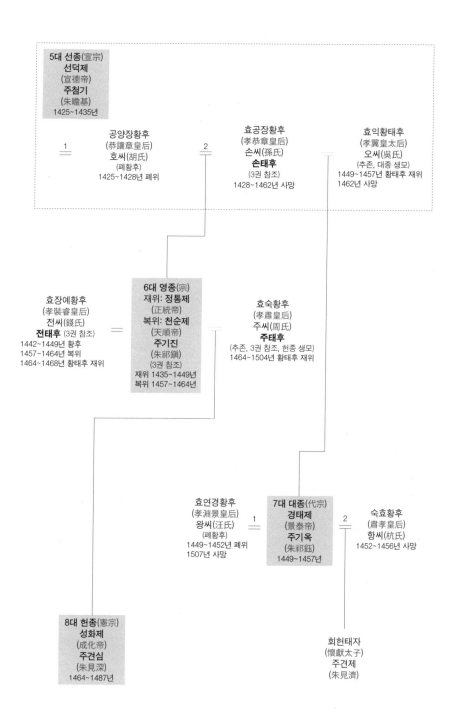

5대 선종(宣宗)
선덕제
(宣德帝)
주첨기
(朱瞻基)
1425~1435년

1
=

공양장황후
(恭讓章皇后)
호씨(胡氏)
(폐황후)
1425~1428년 폐위

2
=

효공장황후
(孝恭章皇后)
손씨(孫氏)
손태후
(3권 참조)
1428~1462년 사망

효익황태후
(孝翼皇太后)
오씨(吳氏)
(추존, 대종 생모)
1449~1457년 황태후 재위
1462년 사망

효장예황후
(孝裝睿皇后)
전씨(錢氏)
전태후 (3권 참조)
1442~1449년 황후
1457~1464년 복위
1464~1468년 황태후 재위

=

6대 영종(宗)
재위: 정통제
(正統帝)
복위: 천순제
(天順帝)
주기진
(朱祁鎭)
(3권 참조)
재위 1435~1449년
복위 1457~1464년

효숙황후
(孝肅皇后)
주씨(周氏)
주태후
(추존, 3권 참조, 헌종 생모)
1464~1504년 황태후 재위

효연경황후
(孝淵景皇后)
왕씨(汪氏)
(폐황후)
1449~1452년 폐위
1507년 사망

1
=

7대 대종(代宗)
경태제
(景泰帝)
주기옥
(朱祁鈺)
1449~1457년

2
=

숙효황후
(肅孝皇后)
항씨(杭氏)
1452~1456년 사망

8대 헌종(憲宗)
성화제
(成化帝)
주견심
(朱見深)
1464~1487년

회헌태자
(懷獻太子)
주견제
(朱見濟)

8대 헌종(憲宗)
**성화제**
(成化帝)
**주견심**
(朱見深)
1464~1487년

효목황후
(孝穆皇后)
기씨(紀氏)
(추존, 5권 참조, 효종 생모
1475년 사망
사후 황후로 추존

1
══ 폐후 오씨(吳氏)
1464년 폐위

2
══ 효정순황후
(孝貞純皇后)
왕씨(王氏)
1464~1518년 사망

9대 효종(孝宗)
**홍치제**
(弘治帝)
**주우당**
(朱祐樘)
1487~1505년

효성경황후
(孝成敬皇后)
장씨(張氏)
**장황후, 장태후(張太后)**
(5, 6권 참조)
1487~1541년 사망

10대 무종(武宗)
**정덕제**
(正德帝)
**주후조**
(朱厚照)
1505~1521년

효정의황후
(孝靜毅皇后)
하씨(夏氏)
1505~1535년 사망

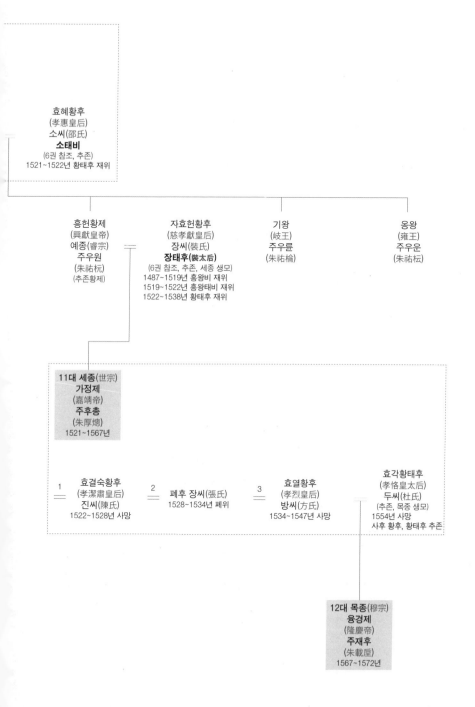

효혜황후
(孝惠皇后)
소씨(邵氏)
**소태비**
(6권 참조, 추존)
1521~1522년 황태후 재위

흥헌황제
(興獻皇帝)
예종(睿宗)
주우원
(朱祐杬)
(추존황제)

자효헌황후
(慈孝獻皇后)
장씨(裝氏)
**장태후(裝太后)**
(6권 참조, 추존, 세종 생모)
1487~1519년 흥왕비 재위
1519~1522년 흥왕태비 재위
1522~1538년 황태후 재위

기왕
(岐王)
주우륜
(朱祐棆)

옹왕
(雍王)
주우운
(朱祐枟)

**11대 세종(世宗)**
**가정제**
(嘉靖帝)
**주후총**
(朱厚熜)
1521~1567년

1
효결숙황후
(孝潔肅皇后)
진씨(陳氏)
1522~1528년 사망

2
폐후 장씨(張氏)
1528~1534년 폐위

3
효열황후
(孝烈皇后)
방씨(方氏)
1534~1547년 사망

효각황태후
(孝恪皇太后)
두씨(杜氏)
(추존, 목종 생모)
1554년 사망
사후 황후, 황태후 추존

**12대 목종(穆宗)**
**융경제**
(隆慶帝)
**주재후**
(朱載垕)
1567~1572년

**12대 목종(穆宗)**
**융경제**
(隆慶帝)
**주재후**
(朱載垕)
1567~1572년

| 1 ═ | 효의장황후<br>(孝懿莊皇后)<br>이씨(李氏)<br>(추존)<br>1553~1557년 왕비 재위<br>사후 황후 추존 | 2 ═ | 효안황후<br>(孝安皇后)<br>진씨(陳氏)<br>1558~1566년 왕비 재위<br>1567~1572년 황후 재위<br>1572~1596년 황태후 재위 | 효정황태후<br>(孝定皇太后)<br>이씨(李氏)<br>(추존, 신종 생모)<br>1572~1614년 황태후 재위 |

효단현황후
(孝端顯皇后)
왕씨(王氏)
1578~1620년 사망
═
**13대 신종(神宗)**
**만력제**
(萬曆帝)
**주익균**
(朱翊鈞)
1572~1620년
효정황태후
(孝靖皇太后)
왕씨(王氏)
(추존, 광종 생모)
1611년 사망
사후 황태후 추존

**14대 광종(光宗)**
**태창제**
(泰昌帝)
**주상락**
(朱常洛)
1620-1620년
(29일 재위)

| ═ 효원정황후<br>(孝元貞皇后)<br>곽씨(郭氏)<br>(추존)<br>1601~1613년 사망<br>황태자비, 사후 황후 추존 | 효화황태후<br>(孝和皇太后)<br>왕씨(王氏)<br>**왕재인**<br>(추존, 7권 참조, 희종 생모)<br>1619년 사망<br>사후 황태후 추존 | 효순황태후<br>(孝純皇太后)<br>유씨(劉氏)<br>(추존, 숭정제 생모)<br>1615년 사망<br>사후 황태후 추존 |

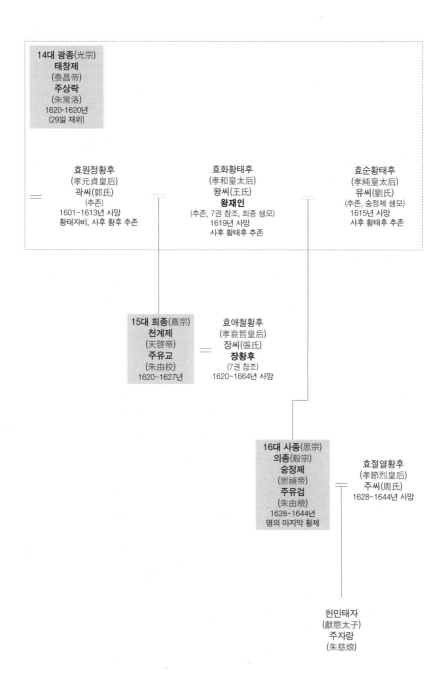

14대 광종(光宗)
**태창제**
(泰昌帝)
**주상락**
(朱常洛)
1620-1620년
(29일 재위)

효원정황후
(孝元貞皇后)
곽씨(郭氏)
(추존)
1601~1613년 사망
황태자비, 사후 황후 추존

효화황태후
(孝和皇太后)
왕씨(王氏)
**왕재인**
(추존, 7권 참조, 희종 생모)
1619년 사망
사후 황태후 추존

효순황태후
(孝純皇太后)
유씨(劉氏)
(추존, 숭정제 생모)
1615년 사망
사후 황태후 추존

15대 희종(熹宗)
**천계제**
(天啓帝)
**주유교**
(朱由校)
1620~1627년

효애철황후
(孝哀哲皇后)
장씨(張氏)
**장황후**
(7권 참조)
1620~1664년 사망

16대 사종(思宗)
의종(毅宗)
**숭정제**
(崇禎帝)
**주유검**
(朱由檢)
1628~1644년
명의 마지막 황제

효절열황후
(孝節烈皇后)
주씨(周氏)
1628~1644년 사망

헌민태자
(獻愍太子)
주자랑
(朱慈烺)

## 역자 이성희

1973년 서울에서 태어났다. 이화여대 중어중문과와 남경 사범대 한어과를 졸업하였다. 대학에서 중국어와 문학을 전공한 중국 역사 문물 애호가이다. 중국인 남편을 만나 결혼하여 현재 중국 남경에서 10년 이상 거주중이며 사회 · 경제 · 정치 · 대중문화 등 현지의 최신 동향을 발 빠르게 포착하며 스펙트럼을 넓히고 있다. 10년 이상 통번역가로 활동하며 생활과 책, 문서 속의 중국어를 생생하고도 맛깔스러운 한국어로 옮기는 데에 힘써 왔다. 서울시와 대검찰청 등 정부 기관과 인천 아시안 게임, 남경 유스 올림픽 게임과 같은 국제 행사 공식 홈페이지의 한-중, 중-한 번역을 담당했으며, 중국 문학계의 수상작과 드라마 극화소설 다수를 유머러스하고도 생동감 넘치는 필치로 번역했다. 기업 관련 문서와 특허신청서, 관광도시 홍보 자료, 한류스타의 인터뷰 자료에 이르기까지 산업 · 공공 · 문화의 다양한 분야 번역을 맡았으며 중한 교류에 기여할 이 분야 최고 번역가를 꿈꾼다. 현재 번역 에이전시 엔터스코리아에서 출판기획 및 중국어 전문 번역가로 활동하고 있다.

주요 역서로는 《동양의 탈무드 장자》, 《삼국지 인문학: 명언으로 읽는 고전의 즐거움》, 《알기 쉽게 풀어쓴 상쾌한 순자 현대인을 꾸짖다》, 《알기쉽게 풀어쓴 명쾌한 논어 21세기에 답하다》, 《알기쉽게 풀어쓴 유쾌한 노자 현대인과 소통하다》, 《와신상담4: 리선샹 역사소설》, 《우화에서 발견한 인생 지혜》, 《황금의 시대》, 《사자개》, 《허명규의 인내경》, 《천추홍망: 세계 최대의 강국 한나라》 등 다수가 있다.